2017
全国企业创新调查年鉴

国家统计局社会科技和文化产业统计司 编

中国统计出版社
China Statistics Press

图书在版编目（CIP）数据

全国企业创新调查年鉴. 2017 / 国家统计局社会科技和文化产业统计司编. -- 北京 : 中国统计出版社, 2017.9
ISBN 978-7-5037-8375-3

Ⅰ. ①全… Ⅱ. ①国… Ⅲ. ①企业创新－中国－2017－年鉴 Ⅳ. ①F279.23-54

中国版本图书馆 CIP 数据核字(2017)第 240944 号

全国企业创新调查年鉴—2017

作　　者/国家统计局社会科技和文化产业统计司　编
责任编辑/徐　涛　李　胤
封面设计/李　静
出版发行/中国统计出版社
通信地址/北京市丰台区西三环南路甲 6 号　邮政编码/100073
电　　话/邮购（010）63376909　书店（010）68783171
网　　址/http://www.zgtjcbs.com/
印　　刷/河北鑫兆源印刷有限公司
经　　销/新华书店
开　　本/880mm×1230mm　1/16
字　　数/1304 千字
印　　张/40.75
版　　别/2017 年 10 月第 1 版
版　　次/2017 年 10 月第 1 次印刷
定　　价/380.00 元

如有印装差错，由本社发行部调换。

《全国企业创新调查年鉴—2017》

编 辑 人 员

编者说明

《全国企业创新调查年鉴》是国家统计局社会科技和文化产业统计司编辑的反映我国企业创新活动年度调查结果的统计资料书。

为全面了解我国企业创新进展状况，更好地服务创新驱动发展战略，国家统计局在2014年全国企业创新调查的基础上，从2016年起对全国企业创新情况进行年度调查。调查范围涉及工业，建筑业，批发和零售业，交通运输、仓储和邮政业，信息传输、软件和信息技术服务业，租赁和商务服务业，科学研究和技术服务业，水利、环境和公共设施管理业等创新活动相对密集的行业。调查的主要内容包括企业开展各类创新活动的基本情况，企业创新投入及产出、产学研合作创新、创新信息来源、创新阻碍因素、知识产权及相关情况等，以及企业家对创新的认识、创新激励措施实施、创新政策落实效果、创新战略目标制定等情况。

本资料收录了我国企业创新调查最新年度的主要统计数据，是较为全面反映我国当前企业创新活动开展情况的统计资料书。全书共分为十八个部分：第一部分为企业创新主要指标情况，第二至第十六部分为规模（限额）以上企业创新情况，按各行业被调查企业、工业企业、建筑业企业、服务业企业对企业创新调查主要指标进行了汇总分列，第十七部分为规模以下企业创新情况，第十八部分为国际比较情况。资料最后附有调查简要技术说明和主要统计指标解释。

本资料有关符号说明：各表中的“空格”表示该项统计指标数据不足本表最小单位数、数据不详或无该项数据；“#”表示其中的主要项；“*”或“①”表示本表下有注解。

本资料未对因调查方法不同等原因产生的与其它调查的数据差异进行技术处理，也未对因四舍五入产生的误差做配平处理。

目 录

一、企业创新主要指标(2016 年)

二、规模(限额)以上企业基本情况(2016 年)

三、规模(限额)以上企业创新活动总体情况(2016 年)

四、规模(限额)以上企业产品和工艺创新情况(2016 年)

五、规模(限额)以上企业产品或工艺创新活动类型及创新费用情况(2016年)

六、规模(限额)以上企业产品或工艺创新信息来源情况(2016年)

七、规模(限额)以上企业产品或工艺创新合作情况(2016年)

八、规模(限额)以上企业产品或工艺创新阻碍因素情况(2016年)

九、规模（限额）以上企业知识产权及相关情况（2016 年）

十、规模（限额）以上企业组织和营销创新情况（2016 年）

十一、规模（限额）以上企业企业家基本情况（2016 年）

十二、创新对规模（限额）以上企业的影响情况（2016 年）

十三、规模(限额)以上企业创新成功影响因素情况(2016年)

十四、规模(限额)以上企业创新激励措施及效果情况(2016年)

十五、政策对规模(限额)以上企业创新的影响情况(2016年)

十六、规模(限额)以上企业创新战略目标制定情况(2016年)

十七、规模以下企业创新及相关情况（2016 年）

十八、国际比较

附　录

一、企业创新主要指标

（2016 年）

1-1 规模(限额)以上企业创新基本情况

指标	单位	合计	工业	建筑业	服务业
一、企业基本情况					
企业数	个	726139	378579	40416	307144
年末从业人员	万人	16072	9275	3512	3285
主营业务收入	亿元	1949975	1158994	156112	634869
利润总额	亿元	112119	71900	5705	34514
资产总计	亿元	2216476	1085445	160360	970670
二、创新活动总体情况					
在规模(限额)以上企业中,					
开展创新活动的企业数	个	283604	183619	11227	88758
#实现创新企业	个	262289	166462	10820	85007
#同时实现四种创新企业*	个	57027	41801	1423	13803
#既实现产品或工艺创新，也实现组织或营销创新的企业	个	116064	84014	3890	28160
#实现产品或工艺创新，未实现组织或营销创新的企业	个	43694	36197	1174	6323
#实现组织或营销创新，未实现产品或工艺创新的企业	个	102531	46251	5756	50524
开展创新活动企业占比	%	39.1	48.5	27.8	28.9
#实现创新企业占比	%	36.1	44.0	26.8	27.7
#同时实现四种创新企业占比	%	7.9	11.0	3.5	4.5
#既实现产品或工艺创新，也实现组织或营销创新的企业占比	%	16.0	22.2	9.6	9.2
#实现产品或工艺创新，未实现组织或营销创新的企业占比	%	6.0	9.6	2.9	2.1
#实现组织或营销创新，未实现产品或工艺创新的企业占比	%	14.1	12.2	14.2	16.5
三、产品和工艺创新情况					
(一)产品和工艺创新分布情况					
在规模(限额)以上企业中,					
开展产品或工艺创新活动企业数	个	192215	144792	5919	41504
#实现产品或工艺创新企业	个	159758	120211	5064	34483
#实现产品创新企业	个	121008	92872	2661	25475
#实现工艺创新企业	个	130056	97921	4828	27307
未开展产品或工艺创新活动企业数	个	533924	233787	34497	265640
开展产品或工艺创新活动企业占比	%	26.5	38.2	14.6	13.5
#实现产品或工艺创新企业占比	%	22.0	31.8	12.5	11.2
#实现产品创新企业占比	%	16.7	24.5	6.6	8.3
#实现工艺创新企业占比	%	17.9	25.9	11.9	8.9
#1.同时实现产品和工艺创新企业占比	%	12.6	18.6	6.0	6.0
2.仅实现产品创新企业占比	%	4.1	5.9	0.6	2.3
3.仅实现工艺创新企业占比	%	5.3	7.2	5.9	2.9
4.仅有正在进行或中止的产品或工艺创新活动企业占比	%	4.5	6.5	2.1	2.3
(二)产品创新开发情况					
在实现产品创新企业中,以下列形式进行开发的企业占比					
本企业独立开发	%	80.0	86.1	58.8	59.9
本企业与集团内企业合作开发	%	6.7	5.3	14.3	11.0
本企业与境内其他企业合作开发	%	8.2	6.7	15.4	12.8
本企业与境内研究机构合作开发	%	2.3	2.1	4.4	2.8
本企业与境内高等学校合作开发	%	10.8	11.6	15.8	7.1
本企业与境外企业或机构合作开发	%	2.5	2.5	1.9	2.6

注：1. 四种创新指产品创新、工艺创新、组织创新、营销创新。
2. 调查范围、口径等与2014年有所不同。具体内容请参阅附录1《2016年全国企业创新调查简要技术说明》。

1-1 续表 1

指　　标	单位	合计	工业	建筑业	服务业
在其他单位开发的基础上调整或改进	%	6.2	4.8	16.8	10.5
其他企业或机构开发	%	4.3	2.2	13.8	11.0
其他	%	8.6	5.6	20.4	18.3
(三)工艺创新开发情况					
在实现工艺创新企业中,以下列形式进行开发的企业占比					
本企业独立开发	%	71.4	78.6	53.9	48.6
本企业与集团内企业合作开发	%	7.4	6.1	12.1	10.9
本企业与境内其他企业合作开发	%	9.9	8.8	15.0	12.9
本企业与境内研究机构合作开发	%	2.1	2.0	3.2	2.4
本企业与境内高等学校合作开发	%	9.9	10.8	15.1	5.8
本企业与境外企业或机构合作开发	%	2.2	2.2	1.5	2.3
在其他单位开发的基础上调整或改进	%	9.4	7.9	8.8	13.0
其他企业或机构开发	%	8.6	5.4	17.3	18.7
其他	%	11.2	8.3	18.4	20.3
(四)新产品情况					
在实现产品创新企业中有市场新产品的企业占比	%	61.7	60.3	72.3	66.4
新产品销售收入	亿元	259205	174604	26332	58269
新产品销售收入占主营业务收入的比重	%	13.3	15.1	16.9	9.2
1.仅市场新的产品	%	5.4	6.6	6.3	2.8
2.仅本企业新的产品	%	7.9	8.4	10.6	6.3
四、产品或工艺创新活动类型及创新费用情况					
(一)产品或工艺创新活动类型					
在开展产品或工艺创新活动企业中，有下列活动形式的企业占比					
内部研发	%	48.9	60.0	14.4	15.2
外部研发	%	8.7	10.0	5.9	4.5
获得机器设备和软件	%	43.2	48.8	37.9	24.3
从外部获取相关技术	%	4.1	2.4	11.9	9.0
相关培训	%	37.6	35.5	52.7	42.9
市场推介	%	19.9	18.4	25.3	24.5
相关设计	%	19.0	20.9	6.7	14.2
其他创新活动	%	24.6	23.5	31.9	27.2
(二)工业企业创新费用支出情况					
创新费用支出合计	亿元	17479	17479		
1.内部研发经费支出	亿元	10945	10945		
所占比重	%	62.6	62.6		
2.外部研发经费支出	亿元	605	605		
所占比重	%	3.5	3.5		
3.获得机器设备和软件经费支出	亿元	5246	5246		
所占比重	%	30.0	30.0		
4.从外部获取相关技术经费支出	亿元	683	683		
所占比重	%	3.9	3.9		
五、产品或工艺创新信息来源情况					
在开展产品或工艺创新活动企业中,下列信息对创新影响较大的企业占比					
企业内部信息	%	36.6	36.4	37.2	37.1
企业集团内部信息	%	11.5	9.8	19.6	16.6
来自高等学校的信息	%	7.6	8.0	9.5	6.0

1-1 续表 2

指 标	单位	合计	工业	建筑业	服务业
来自研究机构的信息	%	9.6	10.4	9.0	6.9
来自政府部门的信息	%	14.4	11.9	28.5	21.2
来自行业协会的信息	%	17.5	16.7	34.2	18.0
来自供应商的信息	%	17.6	18.6	21.7	13.7
来自客户的信息	%	42.4	43.3	22.5	41.9
来自竞争对手或同行业企业的信息	%	21.2	21.0	20.1	22.1
来自市场咨询机构的信息	%	6.4	5.8	6.9	8.6
来自展会的信息	%	14.8	16.6	5.2	9.9
来自文献、期刊的信息	%	3.2	3.1	7.0	3.3
来自互联网的信息	%	12.7	10.0	20.0	21.1
其他	%	7.1	6.0	9.1	10.4
六、产品或工艺创新合作情况					
(一)产品或工艺创新合作开展情况					
开展创新合作的企业数	个	120164	88401	4039	27724
创新合作企业占全部企业的比重	%	16.5	23.4	10.0	9.0
在创新合作企业中,与下列伙伴开展合作的企业占比					
集团内其他企业	%	28.2	26.0	38.0	34.0
高等学校	%	31.5	34.0	37.8	22.9
研究机构	%	19.2	20.7	21.0	14.1
政府部门	%	11.3	9.1	16.2	17.6
行业协会	%	19.7	18.2	32.6	22.6
供应商	%	34.7	36.2	37.6	29.8
客户	%	41.8	42.2	23.9	43.0
竞争对手或同行业企业	%	15.4	14.1	18.7	19.0
市场咨询机构	%	11.1	10.1	13.0	14.0
风险投资机构	%	1.3	0.9	1.5	2.5
其他合作对象	%	17.5	15.0	20.8	25.0
(二)产品或工艺创新合作伙伴					
在创新合作企业中,下列合作伙伴对企业创新有较大价值的企业占比					
集团内其他企业	%	23.0	21.3	30.3	27.6
高等学校	%	25.5	27.7	30.9	17.6
研究机构	%	15.2	16.7	15.3	10.2
政府部门	%	8.9	6.9	13.1	14.5
行业协会	%	15.3	14.2	26.7	17.3
供应商	%	29.1	30.4	31.3	24.8
客户	%	38.4	39.0	20.5	39.0
竞争对手或同行业企业	%	12.6	11.5	15.1	15.5
市场咨询机构	%	8.2	7.5	9.7	10.5
风险投资机构	%	0.7	0.4	0.7	1.4
其他合作对象	%	12.9	10.9	14.3	19.0
(三)产学研合作形式					
开展产学研合作的企业数	个	47049	37527	1771	7751
在创新合作企业中产学研合作企业占比	%	39.2	42.5	43.8	28.0
在产学研合作企业中,以下列为主要合作形式的企业占比					
共同完成科研项目	%	67.3	67.0	73.8	67.3
在企业建立研发机构	%	28.6	28.5	31.3	28.2

1-1 续表 3

指 标	单位	合计	工业	建筑业	服务业
在高校或研究机构中设立研发机构	%	10.9	10.0	12.1	15.3
聘用高校或研究机构人员到企业兼职	%	31.7	31.1	33.4	34.2
其他形式	%	25.7	24.4	27.7	31.6
七、产品或工艺创新阻碍因素情况					
在规模(限额)以上企业中，下列各项是创新主要阻碍因素的企业占比					
缺乏内部资金	%	10.5	10.7	13.4	9.9
缺乏风险投资	%	7.2	7.4	7.7	6.8
缺乏银行贷款	%	10.9	12.8	9.8	8.7
创新成本过高	%	17.2	20.5	15.6	13.3
缺乏人才或人才流失	%	24.0	26.4	26.1	20.7
缺乏技术信息	%	14.4	17.5	16.2	10.3
缺乏市场信息	%	9.5	9.3	8.8	9.8
难以找到创新合作伙伴	%	6.8	6.5	8.2	6.9
市场已被占领	%	3.0	2.4	2.4	3.9
不能确定市场需求	%	10.7	11.5	11.5	9.6
创新成果易被低成本模仿	%	4.9	6.2	3.0	3.7
没有创新的必要	%	16.2	12.1	20.6	20.6
八、知识产权及相关情况					
(一)采取知识产权保护或相关措施情况					
采取了知识产权保护或相关措施的企业数	个	373090	209120	18461	145509
采取了知识产权保护或相关措施的企业占全部企业的比重	%	51.4	55.2	45.7	47.4
在规模(限额)以上企业中，采取下列知识产权保护或相关措施的企业占比					
申请了发明专利	%	5.5	9.6	2.4	0.8
申请了实用新型或外观设计专利	%	6.0	10.6	2.7	0.7
申请了注册商标	%	12.0	15.6	4.7	8.5
进行了版权登记	%	2.6	2.3	1.3	3.1
形成了国家或行业技术标准	%	6.5	7.6	7.8	5.1
对技术秘密进行内部保护	%	12.6	15.9	9.9	8.8
应用了难以复制的复杂技术	%	2.7	3.2	2.9	2.1
发挥了时间上的先发优势	%	20.7	16.2	22.0	26.1
(二)专利情况					
年末拥有有效发明专利数	件	894345	769847	24180	100318
九、组织和营销创新情况					
在规模(限额)以上企业中，					
实现组织或营销创新企业数	个	218595	130265	9646	78684
#实现组织创新企业	个	175802	105049	9058	61695
#实现营销创新企业	个	164884	102032	4208	58644
实现组织或营销创新企业占比	%	30.1	34.4	23.9	25.6
#实现组织创新企业占比	%	24.2	27.7	22.4	20.1
#实现营销创新企业占比	%	22.7	27.0	10.4	19.1
#同时实现组织和营销创新企业占比	%	16.8	20.3	9.0	13.6
#仅实现组织创新企业占比	%	7.4	7.5	13.5	6.5
#仅实现营销创新企业占比	%	5.9	6.7	1.5	5.5

1-2 规模(限额)以上企业企业家对创新的认识及相关情况

指标	单位	合计	工业	建筑业	服务业
一、企业家基本情况*					
(一)企业家性别和年龄构成					
在企业家中,下列各类人员占比					
#1.男性	%	79.6	77.9	83.2	72.8
2.女性	%	20.4	22.1	16.8	27.2
#1.29岁及以下	%	12.4	11.8	12.2	13.4
2.30-39岁	%	31.8	31.1	26.4	34.3
3.40-49岁	%	36.9	37.9	36.6	35.5
4.50-59岁	%	16.7	16.9	21.9	15.1
5.60岁及以上	%	2.2	2.3	2.9	1.8
(二)企业家教育程度构成					
在企业家中,下列各类人员占比					
1.博士	%	1.1	1.2	0.7	1.2
2.硕士	%	6.0	5.2	4.2	7.7
3.本科	%	37.2	34.1	42.7	40.5
4.大专	%	29.3	29.3	31.7	28.7
5.其他	%	26.3	30.2	20.7	21.9
(三)企业家对创新的总体认识					
在企业家中,认为创新对企业的生存和发展					
起了重要作用的人员占比	%	22.8	27.2	17.4	18.1
起了一定作用的人员占比	%	58.5	58.6	61.4	58.1
不起作用的人员占比	%	18.7	14.3	21.1	23.8
二、创新对企业的影响情况					
(一)影响最大的创新类型					
在实现创新企业中,认为下列各类创新对企业影响最大的企业家占比					
产品创新	%	31.6	38.6	13.4	20.2
工艺创新	%	17.7	23.4	17.8	6.4
组织创新	%	26.5	20.0	58.8	35.1
营销创新	%	24.3	18.0	10.1	38.3
(二)产品创新对企业的影响					
在实现产品创新企业中,认为下列各项对企业影响程度为“高”的企业家占比*					
增加了产品品种	%	75.3	78.6		71.5
提高了产品性能	%	81.8	82.7	79.3	78.5
开拓了新市场	%	75.1	76.1	67.0	72.1
扩大了市场份额	%	69.5	70.4	60.7	67.2
取代了过时产品	%	65.5	66.7	62.6	61.4
(三)工艺创新对企业的影响					
在实现工艺创新企业中,认为下列各项对企业影响程度为“高”的企业家占比					
提高了生产的灵活性	%	72.0	73.6	67.7	67.3
提高了生产效率	%	80.5	82.9	79.9	71.8
降低了人力成本	%	66.4	68.7	66.6	58.0
节约了原材料	%	61.4	65.0	62.9	48.1
降低了能源消耗	%	63.5	67.4	62.0	49.6
减少了环境污染	%	64.2	68.0	62.9	50.8
改善了工作条件	%	62.2	63.9	61.4	56.5
(四)组织创新对企业的影响					
在实现组织创新企业中,认为下列各项对企业影响程度为“高”的企业家占比					
加快了对客户或供应商的响应速度	%	72.2	74.7	63.6	69.3

注：1. 本资料中的企业家是指企业副总经理或相应级别以上高层管理人员。与2014年调查只反映填表企业家信息不同，此次调查反映被调查企业整个企业家团队的信息。
2. 与2014年调查中各题程度分为四档不同，此次调查各题程度均分为三档，如“高、低、无”。具体内容请参见相应章节。

1-2 续表

指 标	单位	合计	工业	建筑业	服务业
提高了新产品或新工艺的开发能力	%	63.4	69.7	50.0	54.5
提高了产品质量	%	73.2	76.6	62.6	69.1
降低了单位成本	%	60.3	65.1	58.7	52.2
提高了信息交换与共享的水平	%	65.0	65.8	64.2	63.7
改善了员工工作条件	%	60.9	63.0	59.8	57.5
提升了管理效率	%	77.0	78.1	78.3	74.8
(五)营销创新对企业的影响					
在实现营销创新企业中,认为下列各项对企业影响程度为“高”的企业家占比					
保持或扩大了市场份额	%	70.9	73.3	62.1	67.5
开拓了新客户群体	%	71.5	73.2	63.9	69.2
开拓了新区域市场	%	67.8	70.1	63.0	64.0
三、创新成功影响因素情况					
在开展创新活动企业中,认为下列各项因素对创新成功影响程度为“高”的企业家占比					
有创新精神的企业家	%	68.1	71.1	64.9	62.5
充足的经费支持	%	62.3	65.6	57.0	56.4
高素质的人才	%	71.3	73.5	70.7	67.1
员工对企业的认同感	%	71.3	71.2	71.7	71.4
企业内部的激励措施	%	69.4	69.7	69.5	68.6
有效的技术战略或计划	%	65.0	66.6	63.2	62.0
畅通的信息渠道	%	65.7	66.1	63.2	65.2
可信赖的创新合作伙伴	%	58.4	59.6	55.4	56.6
优惠政策的扶持	%	57.4	59.3	51.9	54.3
四、创新激励措施及效果情况					
在开展创新活动企业中,认为下列措施对激励创新效果较明显的企业家占比					
股权或期权	%	19.5	19.4	18.1	19.9
增加工资或奖金	%	68.2	70.1	62.7	65.0
汽车住房等物质奖励	%	22.3	23.1	21.6	20.8
岗位调整或升职机会	%	60.2	60.9	59.1	59.0
培训或深造机会	%	48.8	49.4	51.6	47.2
五、政策对创新的影响情况					
在开展创新活动企业中,认为下列政策效果较明显的企业家占比					
企业研发费用加计扣除税收优惠政策	%	50.8	56.1	42.7	41.3
高新技术企业所得税减免政策	%	49.9	54.6	40.9	41.8
企业研发活动专用仪器设备加速折旧政策	%	44.9	49.8	39.1	36.1
技术转让、技术开发收入免征增值税和技术转让减免所得税优惠政策	%	42.4	45.2	38.1	37.4
科技开发用品免征进口税收政策	%	37.6	40.7	32.9	32.0
鼓励企业吸引和培养人才的相关政策	%	54.2	56.7	52.8	49.5
金融支持相关政策	%	50.7	53.9	45.4	45.2
创造和保护知识产权的相关政策	%	55.1	60.1	48.5	46.3
优先发展产业的支持政策	%	51.2	54.9	44.2	44.8
关于推进大众创业万众创新的各项政策	%	49.2	52.1	44.2	44.1
六、未来创新战略目标制定情况					
制定创新战略目标的企业数	个	372568	215370	20014	137184
制定创新战略目标企业占规模(限额)以上企业的比重	%	51.3	56.9	49.5	44.7
在制定创新战略目标企业中,制定下列目标的企业占比					
保持本领域的国际领先地位	%	4.0	4.3	1.9	3.7
赶超同行业国际领先企业	%	5.4	6.3	2.4	4.4
赶超同行业国内领先企业	%	19.4	20.2	15.0	18.8
增加创新投入，提升企业竞争力	%	52.2	52.4	58.2	51.1
保持现有的技术水平和生产经营状况	%	18.7	16.6	22.3	21.4
其他目标	%	0.3	0.2	0.2	0.5

1-3 分地区规模(限额)以上企业创新基本情况

指标	单位	合计	东部地区	中部地区	西部地区	东北地区
一、企业基本情况						
企业数	个	726139	422136	156828	110931	36243
年末从业人员	万人	16072	9312	3489	2565	706
主营业务收入	亿元	1949975	1214141	366234	283058	86541
利润总额	亿元	112119	74397	19724	15434	2563
资产总计	亿元	2216476	1341828	365850	398628	110170
二、创新活动总体情况						
在规模(限额)以上企业中,						
开展创新活动的企业数	个	283604	178420	56984	39546	8654
#实现创新企业	个	262289	164474	52363	37366	8086
#同时实现四种创新企业*	个	57027	35990	12151	7282	1604
#既实现产品或工艺创新，也实现组织或营销创新的企业	个	116064	72815	23870	16087	3292
#实现产品或工艺创新，未实现组织或营销创新的企业	个	43694	32788	6501	3509	896
#实现组织或营销创新，未实现产品或工艺创新的企业	个	102531	58871	21992	17770	3898
开展创新活动企业占比	%	39.1	42.3	36.3	35.6	23.9
#实现创新企业占比	%	36.1	39.0	33.4	33.7	22.3
#同时实现四种创新企业占比	%	7.9	8.5	7.7	6.6	4.4
#既实现产品或工艺创新，也实现组织或营销创新的企业占比	%	16.0	17.2	15.2	14.5	9.1
#实现产品或工艺创新，未实现组织或营销创新的企业占比	%	6.0	7.8	4.1	3.2	2.5
#实现组织或营销创新，未实现产品或工艺创新的企业占比	%	14.1	13.9	14.0	16.0	10.8
三、产品和工艺创新情况						
(一)产品和工艺创新分布情况						
在规模(限额)以上企业中,						
开展产品或工艺创新活动企业数	个	192215	126058	37442	23602	5113
#实现产品或工艺创新企业	个	159758	105603	30371	19596	4188
#实现产品创新企业	个	121008	82755	21841	13323	3089
#实现工艺创新企业	个	130056	83828	25926	16758	3544
未开展产品或工艺创新活动企业数	个	533924	296078	119386	87329	31130
开展产品或工艺创新活动企业占比	%	26.5	29.9	23.9	21.3	14.1
#实现产品或工艺创新企业占比	%	22.0	25.0	19.4	17.7	11.6
#实现产品创新企业占比	%	16.7	19.6	13.9	12.0	8.5
#实现工艺创新企业占比	%	17.9	19.9	16.5	15.1	9.8
#1.同时实现产品和工艺创新企业占比	%	12.6	14.4	11.1	9.5	6.7
2.仅实现产品创新企业占比	%	4.1	5.2	2.8	2.6	1.8
3.仅实现工艺创新企业占比	%	5.3	5.4	5.4	5.7	3.0
4.仅有正在进行或中止的产品或工艺创新活动企业占比	%	4.5	4.8	4.5	3.6	2.6
(二)产品创新开发情况						
在实现产品创新企业中,以下列形式进行开发的企业占比						
本企业独立开发	%	80.0	82.2	77.0	72.2	74.5
本企业与集团内企业合作开发	%	6.7	6.0	7.6	8.9	9.1
本企业与境内其他企业合作开发	%	8.2	7.5	8.9	10.8	9.1
本企业与境内研究机构合作开发	%	2.3	2.0	2.6	3.6	3.8
本企业与境内高等学校合作开发	%	10.8	9.8	13.9	11.6	11.2
本企业与境外企业或机构合作开发	%	2.5	2.8	1.7	1.8	3.9

1-3 续表 1

指　　标	单位	合计	东部地区	中部地区	西部地区	东北地区
在其他单位开发的基础上调整或改进	%	6.2	5.7	6.7	8.5	6.5
其他企业或机构开发	%	4.3	3.8	4.7	6.6	5.2
其他	%	8.6	7.7	9.4	12.3	12.4
(三)工艺创新开发情况						
在实现工艺创新企业中,以下列形式进行开发的企业占比						
本企业独立开发	%	71.4	74.2	69.0	61.9	67.4
本企业与集团内企业合作开发	%	7.4	6.8	7.6	9.4	9.6
本企业与境内其他企业合作开发	%	9.9	9.6	9.8	11.6	9.9
本企业与境内研究机构合作开发	%	2.1	1.9	2.5	2.7	3.1
本企业与境内高等学校合作开发	%	9.9	9.2	12.4	9.9	10.2
本企业与境外企业或机构合作开发	%	2.2	2.4	1.7	1.5	2.8
在其他单位开发的基础上调整或改进	%	9.4	8.7	10.1	12.1	8.9
其他企业或机构开发	%	8.6	7.9	8.9	11.5	8.8
其他	%	11.2	10.0	11.9	15.5	14.2
(四)新产品情况						
在实现产品创新企业中有市场新产品的企业占比	%	61.7	61.8	61.4	59.9	69.6
新产品销售收入	亿元	259205	183548	43586	24138	7933
新产品销售收入占主营业务收入的比重	%	13.3	15.1	11.9	8.5	9.2
1.仅市场新的产品	%	5.4	6.2	4.9	3.2	3.1
2.仅本企业新的产品	%	7.9	8.9	7.0	5.3	6.1
四、产品或工艺创新活动类型及创新费用情况						
(一)产品或工艺创新活动类型						
在开展产品或工艺创新活动企业中，有下列活动形式的企业占比						
内部研发	%	48.9	53.4	43.3	36.0	39.6
外部研发	%	8.7	8.2	9.4	9.8	9.8
获得机器设备和软件	%	43.2	42.0	46.8	45.4	35.2
从外部获取相关技术	%	4.1	4.1	3.7	4.6	4.1
相关培训	%	37.6	36.4	37.4	44.0	38.9
市场推介	%	19.9	18.8	20.5	24.7	21.4
相关设计	%	19.0	18.8	18.7	20.7	17.5
其他创新活动	%	24.6	24.9	22.0	26.6	27.6
(二)工业企业创新费用支出情况						
创新费用支出合计	亿元	17479	11596	3051	2089.0	743.5
1.内部研发经费支出	亿元	10945	7484	1897	1141.9	421.4
所占比重	%	62.6	64.5	62.2	54.7	56.7
2.外部研发经费支出	亿元	605	434	76	61.9	32.6
所占比重	%	3.5	3.7	2.5	3.0	4.4
3.获得机器设备和软件经费支出	亿元	5246	3140	1028	802.6	275.8
所占比重	%	30.0	27.1	33.7	38.4	37.1
4.从外部获取相关技术经费支出	亿元	683	538	49	82.5	13.7
所占比重	%	3.9	4.6	1.6	3.9	1.8
五、产品或工艺创新信息来源情况						
在开展产品或工艺创新活动企业中,下列信息对创新影响较大的企业占比						
企业内部信息	%	36.6	37.5	34.8	34.4	36.0
企业集团内部信息	%	11.5	11.1	10.7	14.3	17.1

1-3 续表 2

指　　标	单位	合计	东部地区	中部地区	西部地区	东北地区
来自高等学校的信息	%	7.6	7.1	9.4	6.8	9.1
来自研究机构的信息	%	9.6	9.3	10.3	9.4	11.8
来自政府部门的信息	%	14.4	13.2	15.2	19.0	18.4
来自行业协会的信息	%	17.5	17.2	18.2	18.5	16.4
来自供应商的信息	%	17.6	17.3	18.0	19.5	15.4
来自客户的信息	%	42.4	43.7	38.8	42.0	38.6
来自竞争对手或同行业企业的信息	%	21.2	21.7	19.1	22.4	19.0
来自市场咨询机构的信息	%	6.4	6.6	5.7	6.9	5.8
来自展会的信息	%	14.8	16.2	12.0	12.1	12.6
来自文献、期刊的信息	%	3.2	3.1	3.1	3.7	4.2
来自互联网的信息	%	12.7	12.2	12.9	15.3	13.5
其他	%	7.1	6.3	7.6	10.2	7.9
六、产品或工艺创新合作情况						
(一)产品或工艺创新合作开展情况						
开展创新合作的企业数	个	120164	75963	24358	16609	3234
创新合作企业占全部企业的比重	%	16.5	18.0	15.5	15.0	8.9
在创新合作企业中,与下列伙伴开展合作的企业占比						
集团内其他企业	%	28.2	28.2	26.9	29.6	33.4
高等学校	%	31.5	30.7	34.0	31.1	35.8
研究机构	%	19.2	17.9	21.1	21.1	24.2
政府部门	%	11.3	10.1	12.2	15.0	13.8
行业协会	%	19.7	18.8	22.0	20.7	18.1
供应商	%	34.7	34.8	33.4	36.9	30.3
客户	%	41.8	42.7	39.7	41.8	36.1
竞争对手或同行业企业	%	15.4	15.2	15.5	16.7	12.6
市场咨询机构	%	11.1	11.6	9.7	11.2	8.1
风险投资机构	%	1.3	1.2	1.4	1.5	1.5
其他合作对象	%	17.5	16.5	18.3	20.9	17.6
(二)产品或工艺创新合作伙伴						
在创新合作企业中,下列合作伙伴对企业创新有较大价值的企业占比						
集团内其他企业	%	23.0	23.2	21.6	23.4	27.4
高等学校	%	25.5	25.0	27.8	23.6	29.7
研究机构	%	15.2	14.3	16.5	16.1	20.2
政府部门	%	8.9	7.9	9.5	12.2	11.4
行业协会	%	15.3	14.6	17.3	15.8	13.6
供应商	%	29.1	29.5	27.4	30.5	25.0
客户	%	38.4	39.6	36.1	37.4	32.7
竞争对手或同行业企业	%	12.6	12.5	12.5	13.4	10.2
市场咨询机构	%	8.2	8.8	6.9	8.0	5.7
风险投资机构	%	0.7	0.6	0.8	0.7	1.0
其他合作对象	%	12.9	12.2	13.1	15.6	13.2
(三)产学研合作形式						
开展产学研合作的企业数	个	47049	28737	10369	6517	1426
在创新合作企业中产学研合作企业占比	%	39.2	37.8	42.6	39.2	44.1
在产学研合作企业中,以下列为主要合作形式的企业占比						
共同完成科研项目	%	67.3	67.8	65.6	66.8	72.9

1-3 续表 3

指标	单位	合计	东部地区	中部地区	西部地区	东北地区
在企业建立研发机构	%	28.6	28.4	30.1	26.8	28.1
在高校或研究机构中设立研发机构	%	10.9	10.7	12.0	10.1	12.3
聘用高校或研究机构人员到企业兼职	%	31.7	30.5	34.0	34.1	26.9
其他形式	%	25.7	24.1	26.7	31.0	25.9
七、产品或工艺创新阻碍因素情况						
在规模(限额)以上企业中，下列各项是创新主要阻碍因素的企业占比						
缺乏内部资金	%	10.5	9.5	11.8	12.8	10.7
缺乏风险投资	%	7.2	6.6	8.6	7.3	7.0
缺乏银行贷款	%	10.9	8.6	14.0	15.2	10.8
创新成本过高	%	17.2	17.3	17.7	17.9	12.3
缺乏人才或人才流失	%	24.0	23.8	24.4	25.9	17.8
缺乏技术信息	%	14.4	14.5	14.8	14.9	10.3
缺乏市场信息	%	9.5	9.2	9.6	10.6	8.5
难以找到创新合作伙伴	%	6.8	6.5	7.1	7.5	6.0
市场已被占领	%	3.0	3.0	2.8	3.6	3.2
不能确定市场需求	%	10.7	10.9	10.4	11.7	8.0
创新成果易被低成本模仿	%	4.9	5.5	4.5	4.2	2.8
没有创新的必要	%	16.2	15.0	15.8	20.9	16.2
八、知识产权及相关情况						
(一)采取知识产权保护或相关措施情况						
采取了知识产权保护或相关措施的企业数	个	373090	213266	81958	61470	16396
采取了知识产权保护或相关措施的企业占全部企业的比重	%	51.4	50.5	52.3	55.4	45.2
在规模(限额)以上企业中，采取下列知识产权保护或相关措施的企业占比						
申请了发明专利	%	5.5	6.4	4.7	3.8	2.7
申请了实用新型或外观设计专利	%	6.0	7.3	4.7	3.7	2.6
申请了注册商标	%	12.0	11.7	13.0	12.8	9.5
进行了版权登记	%	2.6	2.8	2.3	2.2	1.7
形成了国家或行业技术标准	%	6.5	6.1	6.5	8.4	6.3
对技术秘密进行内部保护	%	12.6	12.8	12.2	13.5	9.4
应用了难以复制的复杂技术	%	2.7	2.7	2.8	2.7	2.5
发挥了时间上的先发优势	%	20.7	19.7	21.7	23.2	20.8
(二)专利情况						
年末拥有有效发明专利数	件	894345	656846	131742	80990	24767
九、组织和营销创新情况						
在规模(限额)以上企业中，						
实现组织或营销创新企业数	个	218595	131686	45862	33857	7190
#实现组织创新企业	个	175802	104561	37407	28023	5811
#实现营销创新企业	个	164884	97728	36512	25219	5425
实现组织或营销创新企业占比	%	30.1	31.2	29.2	30.5	19.8
#实现组织创新企业占比	%	24.2	24.8	23.9	25.3	16.0
#实现营销创新企业占比	%	22.7	23.2	23.3	22.7	15.0
#同时实现组织和营销创新企业占比	%	16.8	16.7	17.9	17.5	11.2
#仅实现组织创新企业占比	%	7.4	8.0	6.0	7.8	4.9
#仅实现营销创新企业占比	%	5.9	6.4	5.4	5.3	3.8

1-4 分地区规模(限额)以上企业企业家对创新的认识及相关情况

指标	单位	合计	东部地区	中部地区	西部地区	东北地区
一、企业家基本情况						
(一)企业家性别和年龄构成						
在企业家中,下列各类人员占比						
#1.男性	%	79.6	78.8	79.6	81.8	81.2
2.女性	%	20.4	21.2	20.4	18.2	18.8
#1.29岁及以下	%	12.4	11.6	13.3	13.6	12.5
2.30-39岁	%	31.8	32.8	31.5	29.7	29.5
3.40-49岁	%	36.9	36.6	37.5	37.4	36.7
4.50-59岁	%	16.7	16.5	15.9	17.4	18.9
5.60岁及以上	%	2.2	2.4	1.7	1.9	2.4
(二)企业家教育程度构成						
在企业家中,下列各类人员占比						
1.博士	%	1.1	1.3	1.0	0.8	0.9
2.硕士	%	6.0	7.2	4.4	4.5	5.1
3.本科	%	37.2	38.8	34.8	34.9	38.7
4.大专	%	29.3	28.5	32.1	29.5	25.6
5.其他	%	26.3	24.2	27.7	30.2	29.7
(三)企业家对创新的总体认识						
在企业家中,认为创新对企业的生存和发展						
起了重要作用的人员占比	%	22.8	23.0	21.6	24.3	20.0
起了一定作用的人员占比	%	58.5	58.1	60.4	58.0	56.2
不起作用的人员占比	%	18.7	18.8	17.9	17.7	23.8
二、创新对企业的影响情况						
(一)影响最大的创新类型						
在实现创新企业中,认为下列各类创新对企业影响最大的企业家占比						
产品创新	%	31.6	35.6	26.8	21.8	26.4
工艺创新	%	17.7	18.1	18.3	15.8	14.5
组织创新	%	26.5	24.6	27.1	33.2	29.4
营销创新	%	24.3	21.7	27.7	29.4	29.7
(二)产品创新对企业的影响						
在实现产品创新企业中,认为下列各项对企业影响程度为“高”的企业家占比						
增加了产品品种	%	75.3	75.0	77.6	74.4	73.7
提高了产品性能	%	81.8	81.2	83.8	82.0	80.3
开拓了新市场	%	75.1	74.3	78.2	75.1	74.7
扩大了市场份额	%	69.5	68.5	73.2	69.2	71.6
取代了过时产品	%	65.5	65.1	68.7	62.8	63.7
(三)工艺创新对企业的影响						
在实现工艺创新企业中,认为下列各项对企业影响程度为“高”的企业家占比						
提高了生产的灵活性	%	72.0	71.9	74.0	69.7	72.8
提高了生产效率	%	80.5	80.2	82.1	79.6	78.4
降低了人力成本	%	66.4	65.7	69.5	64.9	65.3
节约了原材料	%	61.4	60.2	66.0	59.8	63.2
降低了能源消耗	%	63.5	62.2	68.2	62.3	64.6
减少了环境污染	%	64.2	62.5	69.1	64.8	64.4
改善了工作条件	%	62.2	60.7	66.7	63.1	62.5
(四)组织创新对企业的影响						
在实现组织创新企业中,认为下列各项对企业影响程度为“高”的企业家占比						
加快了对客户或供应商的响应速度	%	72.2	72.0	74.9	70.1	69.7
提高了新产品或新工艺的开发能力	%	63.4	64.4	65.3	57.2	61.7
提高了产品质量	%	73.2	72.6	76.1	72.1	71.8

1-4 续表

指　标	单位	合计	东部地区	中部地区	西部地区	东北地区
降低了单位成本	%	60.3	59.2	64.7	58.2	60.4
提高了信息交换与共享的水平	%	65.0	64.9	67.4	62.4	63.2
改善了员工工作条件	%	60.9	59.5	65.5	60.0	60.8
提升了管理效率	%	77.0	75.8	79.9	77.8	74.8
(五)营销创新对企业的影响						
在实现营销创新企业中,认为下列各项对企业影响程度为“高”的企业家占比						
保持或扩大了市场份额	%	70.9	70.7	73.8	67.8	71.2
开拓了新客户群体	%	71.5	71.0	74.4	69.7	70.8
开拓了新区域市场	%	67.8	66.9	71.3	65.8	67.9
三、创新成功影响因素情况						
在开展创新活动企业中,认为下列各项因素对创新成功影响程度为“高”的企业家占比						
有创新精神的企业家	%	68.1	68.5	70.2	63.6	67.1
充足的经费支持	%	62.3	63.1	64.0	57.0	60.5
高素质的人才	%	71.3	71.8	72.9	67.4	70.2
员工对企业的认同感	%	71.3	70.3	73.6	72.5	71.1
企业内部的激励措施	%	69.4	68.3	72.2	70.5	68.1
有效的技术战略或计划	%	65.0	64.9	65.9	64.3	65.0
畅通的信息渠道	%	65.7	65.0	68.3	65.7	64.3
可信赖的创新合作伙伴	%	58.4	58.1	61.0	56.4	58.1
优惠政策的扶持	%	57.4	56.2	61.2	57.4	57.4
四、创新激励措施及效果情况						
在开展创新活动企业中,认为下列措施对激励创新效果较明显的企业家占比						
股权或期权	%	19.5	19.9	21.6	14.7	19.6
增加工资或奖金	%	68.2	68.3	71.3	63.9	65.1
汽车住房等物质奖励	%	22.3	22.8	24.7	16.6	22.4
岗位调整或升职机会	%	60.2	60.0	62.8	58.0	59.4
培训或深造机会	%	48.8	47.4	51.7	50.6	49.6
五、政策对创新的影响情况						
在开展创新活动企业中,认为下列政策效果较明显的企业家占比						
企业研发费用加计扣除税收优惠政策	%	50.8	51.8	52.9	43.6	50.7
高新技术企业所得税减免政策	%	49.9	50.6	52.2	43.4	51.0
企业研发活动专用仪器设备加速折旧政策	%	44.9	44.6	49.4	39.6	47.3
技术转让、技术开发收入免征增值税和技术转让减免所得税优惠政策	%	42.4	41.9	46.8	38.0	44.7
科技开发用品免征进口税收政策	%	37.6	37.4	41.4	32.8	39.6
鼓励企业吸引和培养人才的相关政策	%	54.2	53.3	58.7	51.7	55.3
金融支持相关政策	%	50.7	49.2	56.8	48.5	51.8
创造和保护知识产权的相关政策	%	55.1	55.1	58.3	51.0	55.6
优先发展产业的支持政策	%	51.2	49.5	57.1	49.8	53.1
关于推进大众创业万众创新的各项政策	%	49.2	47.7	55.7	46.6	50.4
六、未来创新战略目标制定情况						
制定创新战略目标的企业数	个	372568	215594	83093	58998	14882
制定创新战略目标企业占规模(限额)以上企业的比重	%	51.3	51.1	53.0	53.2	41.1
在制定创新战略目标企业中,制定下列目标的企业占比						
保持本领域的国际领先地位	%	4.0	4.7	2.7	2.8	5.0
赶超同行业国际领先企业	%	5.4	6.1	4.4	4.2	6.1
赶超同行业国内领先企业	%	19.4	20.1	18.5	17.8	20.3
增加创新投入，提升企业竞争力	%	52.2	51.0	54.6	54.8	46.7
保持现有的技术水平和生产经营状况	%	18.7	17.8	19.5	20.0	21.5
其他目标	%	0.3	0.3	0.3	0.5	0.3

1-5 规模以下企业创新及相关情况

指标	单位	合计	工业	服务业
一、创新活动总体情况				
调查企业数	个	54449	24276	30173
在调查企业中，				
开展创新活动的企业数	个	10542	4313	6229
#实现创新企业	个	10241	4229	6012
#实现产品或工艺创新企业	个	5967	2686	3281
#实现产品创新企业	个	4181	1632	2549
#实现工艺创新企业	个	3027	1734	1293
#实现组织或营销创新企业	个	6841	2585	4256
#实现组织创新企业	个	3997	1373	2624
#实现营销创新企业	个	4042	1711	2331
开展创新活动企业占比	%	19.4	17.8	20.6
#实现创新企业占比	%	18.8	17.4	19.9
#实现产品或工艺创新企业占比	%	11.0	11.1	10.9
#实现产品创新企业占比	%	7.7	6.7	8.4
#实现工艺创新企业占比	%	5.6	7.1	4.3
#实现组织或营销创新企业占比	%	12.6	10.6	14.1
#实现组织创新企业占比	%	7.3	5.7	8.7
#实现营销创新企业占比	%	7.4	7.0	7.7
二、技术创新资金和技术来源情况				
(一)资金来源情况				
在实现技术创新企业中，从以下来源筹集创新资金的企业占比				
自有资金	%	87.2	91.1	83.5
众筹	%	2.7	2.0	3.3
风险投资	%	0.9	0.5	1.3
银行贷款	%	16.0	13.3	18.6
政府资金	%	5.2	2.8	7.6
民间借贷	%	9.2	7.7	10.7
接受委托资金	%	0.7	0.4	1.0
其他	%	1.3	0.8	1.8
(二)技术来源情况				
在实现技术创新企业中，利用以下技术来源的企业占比				
独立研发	%	62.0	64.9	59.1
合作开发	%	24.0	19.9	28.1
购买技术	%	16.8	17.8	15.8
委托开发	%	7.5	6.2	8.7
其他	%	4.1	2.7	5.4
三、技术创新合作情况				
有技术创新合作企业所占比重	%	24.0	19.9	28.1
在技术创新合作企业中，与以下伙伴开展合作的企业占比				
高等学校或研究机构	%	33.4	25.6	38.8
#高等学校	%	24.3	18.4	28.4
#研究机构	%	18.5	16.7	19.7
客户或供应商	%	51.8	65.4	42.4
其他企业	%	33.2	23.5	40.0
其他	%	3.7	2.1	4.8

注：调查范围、内容和方法与规模(限额)以上企业有所不同。具体内容请参阅附录1《2016年全国企业创新调查简要技术说明》。

1-5 续表

指 标	单位	合计	工业	服务业
四、技术创新面临困难情况				
在实现技术创新企业中，创新中遇到以下困难的企业占比				
资金不足	%	49.1	47.0	51.2
人才短缺	%	49.8	49.4	50.2
知识产权保护不力	%	8.0	8.6	7.5
适用技术短缺	%	18.0	21.1	15.0
市场环境不佳	%	34.5	35.2	33.8
其他	%	2.7	2.4	3.0
五、创新政策情况				
(一)享受创新政策情况				
享受了创新相关政策的企业占开展创新活动企业比重	%	47.2	39.8	53.3
在享受创新相关政策企业中，享受了以下相关政策的企业占比				
税费减免	%	69.0	61.9	73.3
金融服务	%	9.2	10.8	8.2
人才保障	%	12.2	14.5	10.8
知识产权保护	%	12.8	15.4	11.1
政府采购	%	4.7	2.1	6.3
平台支撑	%	17.9	18.7	17.4
其他	%	2.9	3.3	2.7
(二)影响创新政策落实的主要因素				
在开展创新活动企业中，对影响创新政策落实的原因作出以下判断的企业占比				
不知道有相关政策	%	41.2	44.1	38.9
不满足享受政策的条件	%	37.9	39.0	37.1
政策吸引力不足	%	14.4	14.2	14.6
政策办理手续繁琐	%	19.9	18.6	21.0
政策执行力度不够	%	13.8	13.3	14.3
其他	%	3.3	2.8	3.7
六、创新成效情况				
在开展创新活动企业中，取得了以下创新成效的企业占比				
降低了生产经营成本	%	25.3	28.0	23.1
增加了利润	%	19.7	19.2	20.1
提高了生产效率	%	27.7	39.3	18.3
扩大了出口	%	3.2	5.2	1.5
增加了产品或服务的品种	%	28.4	28.2	28.6
提高了产品或服务的质量	%	35.9	34.3	37.2
扩大了市场份额	%	19.2	18.8	19.5
减少了环境污染	%	9.6	12.0	7.7
改善了工作条件	%	16.7	16.2	17.2
其他	%	2.5	1.3	3.4
七、创新发展规划情况				
有创新发展规划的企业占开展创新活动企业比重	%	89.0	89.8	88.4
在有创新发展规划企业中，有以下规划企业占比				
开发新产品	%	47.6	59.4	37.9
获取新技术	%	31.9	31.8	31.9
引进新设备	%	28.1	38.8	19.1
拓展市场或采用新的营销手段	%	53.1	45.7	59.2
涉足新的行业或领域	%	14.5	9.5	18.6
其他	%	1.5	1.0	1.9

1-6 分地区规模以下企业创新及相关情况

指 标	单位	合计	东部地区	中部地区	西部地区	东北地区
一、创新活动总体情况						
调查企业数	个	54449	25091	9880	16077	3401
在调查企业中,						
开展创新活动的企业数	个	10542	5278	1858	2953	453
#实现创新企业	个	10241	5117	1811	2867	446
#实现产品或工艺创新企业	个	5967	3040	1021	1648	258
#实现产品创新企业	个	4181	2091	712	1181	197
#实现工艺创新企业	个	3027	1676	482	747	122
#实现组织或营销创新企业	个	6841	3303	1260	1999	279
#实现组织创新企业	个	3997	1897	731	1210	159
#实现营销创新企业	个	4042	1991	741	1141	169
开展创新活动企业占比	%	19.4	21.0	18.8	18.4	13.3
#实现创新企业占比	%	18.8	20.4	18.3	17.8	13.1
#实现产品或工艺创新企业占比	%	11.0	12.1	10.3	10.3	7.6
#实现产品创新企业占比	%	7.7	8.3	7.2	7.3	5.8
#实现工艺创新企业占比	%	5.6	6.7	4.9	4.6	3.6
#实现组织或营销创新企业占比	%	12.6	13.2	12.8	12.4	8.2
#实现组织创新企业占比	%	7.3	7.6	7.4	7.5	4.7
#实现营销创新企业占比	%	7.4	7.9	7.5	7.1	5.0
二、技术创新资金和技术来源情况						
(一)资金来源情况						
在实现技术创新企业中,从以下来源筹集创新资金的企业占比						
自有资金	%	87.2	88.6	87.7	83.0	83.6
众筹	%	2.7	2.5	2.9	2.9	3.0
风险投资	%	0.9	1.1	1.0	0.2	1.5
银行贷款	%	16.0	14.3	16.1	21.2	14.9
政府资金	%	5.2	4.0	5.2	8.0	11.9
民间借贷	%	9.2	7.2	11.9	13.9	9.0
接受委托资金	%	0.7	0.5	0.6	1.3	1.5
其他	%	1.3	1.3	1.6	1.5	
(二)技术来源情况						
在实现技术创新企业中,利用以下技术来源的企业占比						
独立研发	%	62.0	63.5	61.9	56.3	67.2
合作开发	%	24.0	21.4	26.5	30.0	29.9
购买技术	%	16.8	16.9	15.8	17.4	13.4
委托开发	%	7.5	7.2	7.4	8.2	9.0
其他	%	4.1	3.8	4.8	4.2	4.5
三、技术创新合作情况						
有技术创新合作企业所占比重	%	24.0	21.4	26.5	30.0	29.9
在技术创新合作企业中,与以下伙伴开展合作的企业占比						
高等学校或研究机构	%	33.4	30.2	34.1	37.1	55.0
#高等学校	%	24.3	21.3	25.6	28.0	40.0
#研究机构	%	18.5	16.7	23.2	17.5	35.0
客户或供应商	%	51.8	57.1	40.2	47.6	45.0
其他企业	%	33.2	29.6	46.3	35.7	20.0
其他	%	3.7	3.1	7.3	3.5	

1-6 续表

指 标	单位	合计	东部地区	中部地区	西部地区	东北地区
四、技术创新面临困难情况						
在实现技术创新企业中，创新中遇到以下困难的企业占比						
资金不足	%	49.1	45.5	49.4	59.2	58.2
人才短缺	%	49.8	50.7	50.3	47.9	40.3
知识产权保护不力	%	8.0	8.5	7.7	7.4	3.0
适用技术短缺	%	18.0	19.4	16.8	14.9	14.9
市场环境不佳	%	34.5	33.0	37.7	37.0	34.3
其他	%	2.7	3.2	1.6	1.9	3.0
五、创新政策情况						
(一)享受创新政策情况						
享受了创新相关政策的企业占开展创新活动企业比重	%	47.2	45.7	53.8	49.1	38.7
在享受创新相关政策企业中，享受了以下相关政策的企业占比						
税费减免	%	69.0	66.8	75.4	70.0	73.9
金融服务	%	9.2	9.9	10.9	5.9	6.5
人才保障	%	12.2	13.2	9.6	12.1	4.3
知识产权保护	%	12.8	13.5	13.1	10.6	10.9
政府采购	%	4.7	4.2	5.1	5.9	4.3
平台支撑	%	17.9	17.4	19.2	18.7	15.2
其他	%	2.9	3.5	1.9	2.2	
(二)影响创新政策落实的主要因素						
在开展创新活动企业中，对影响创新政策落实的原因作出以下判断的企业占比						
不知道有相关政策	%	41.2	42.8	33.2	41.1	45.4
不满足享受政策的条件	%	37.9	39.3	38.5	34.1	30.3
政策吸引力不足	%	14.4	13.3	16.5	16.7	15.1
政策办理手续繁琐	%	19.9	20.1	20.3	20.1	12.6
政策执行力度不够	%	13.8	12.1	18.0	16.8	10.9
其他	%	3.3	3.3	2.9	3.0	5.0
六、创新成效情况						
在开展创新活动企业中，取得了以下创新成效的企业占比						
降低了生产经营成本	%	25.3	25.5	24.9	25.8	17.6
增加了利润	%	19.7	19.0	18.6	23.3	14.3
提高了生产效率	%	27.7	30.5	23.0	22.6	22.7
扩大了出口	%	3.2	4.1	1.9	1.3	3.4
增加了产品或服务的品种	%	28.4	28.5	30.2	27.8	21.8
提高了产品或服务的质量	%	35.9	35.3	35.7	37.1	42.0
扩大了市场份额	%	19.2	18.2	17.9	22.4	25.2
减少了环境污染	%	9.6	9.1	9.1	11.6	10.9
改善了工作条件	%	16.7	16.1	17.0	19.0	14.3
其他	%	2.5	2.2	2.4	2.9	6.7
七、创新发展规划情况						
有创新发展规划的企业占开展创新活动企业比重	%	89.0	89.7	87.1	90.6	72.3
在有创新发展规划企业中，有以下规划企业占比						
开发新产品	%	47.6	51.0	44.8	37.7	57.0
获取新技术	%	31.9	31.4	34.9	31.6	29.1
引进新设备	%	28.1	28.0	25.4	29.6	32.6
拓展市场或采用新的营销手段	%	53.1	51.0	56.4	57.4	53.5
涉足新的行业或领域	%	14.5	12.1	15.4	20.8	20.9
其他	%	1.5	1.6	1.4	1.2	2.3

二、规模（限额）以上企业基本情况（2016 年）

2-1 规模(限额)以上企业基本情况

项　　目	企业数(个)	年末从业人员(人)	主营业务收入(万元)	利润总额(万元)	资产总计(万元)
总　计	**726139**	**160721205**	**19499749912**	**1121185338**	**22164755834**
#有创新活动的企业	283604	95390132	11936326248	741328274	13950225268
#有技术创新活动的企业	192215	78884226	9703815783	631143363	11601793188
一、按规模分*					
大型企业	21166	57237592	7411600365	466375198	9320664798
中型企业	144807	58515741	6398643958	317063006	6201976401
小型企业	491556	43817378	5123497043	315883371	5672113020
微型企业	68610	1150494	566008545	21863763	970001615
二、按登记注册类型分					
内资企业	661505	135513448	16062331631	873379900	18938788292
国有企业	12564	6867603	795947819	74471369	1897579834
集体企业	7207	1771429	109063502	6874613	101308192
股份合作企业	1922	270972	20913092	1323273	26182810
联营企业	348	90093	5327242	283675	3901017
#国有联营企业	59	10739	536547	24399	681311
有限责任公司	217756	56545452	7128610341	340867712	10150230662
#国有独资公司	11465	7657546	1124739339	59128870	3571339267
股份有限公司	23519	13545357	1808992219	124727712	2962923883
私营企业	393440	56083301	6161932397	325808967	3778382032
其他企业	4749	339241	31545021	-977421	18279862
港、澳、台商投资企业	30747	12726871	1376504741	101091834	1406139005
合资经营企业	8806	3292461	417280021	30708390	464585753
合作经营企业	759	253878	30150162	3295127	29324760
港、澳、台商独资经营企业	20167	8621791	855520731	58439022	800702507
港、澳、台商投资股份有限公司	722	463646	62257551	7963517	96306831
其他港、澳、台投资企业	293	95095	11296276	685779	15219154
外商投资企业	33887	12480886	2060913540	146713603	1819828537
中外合资经营企业	10828	4217495	861995194	64425655	732405826
中外合作经营企业	689	218715	28647171	2755223	32093515
外资企业	21307	7520245	1088892907	72884508	946539841
外商投资股份有限公司	653	404951	59535961	5714644	93515491
其他外商投资企业	410	119480	21842308	933573	15273864
三、按行业分					
采矿业	12545	6114634	480692935	18017993	957602464
制造业	355529	83032864	10477369323	652578716	8353196483
电力、热力、燃气及水生产和供应业	10505	3597951	631873117	48404506	1543653032
建筑业	40416	35122397	1561123361	57046852	1603600898
批发和零售业	193174	11918267	4953869751	122834579	2609196102
交通运输、仓储和邮政业	39286	7927054	456232094	32815444	1792028835
信息传输、软件和信息技术服务业	16566	3991179	379581818	72721558	915420897

注：按规模分小型企业和微型企业仅包括规模(限额)以上小型企业和微型企业，本章至第十六章各表同。

2-1 续表

项　　目	企业数（个）	年末从业人员（人）	主营业务收入（万元）	利润总额（万元）	资产总计（万元）
租赁和商务服务业	32977	5544830	344604902	96193864	3717352852
科学研究和技术服务业	19840	2672514	184771658	17064698	429503099
水利、环境和公共设施管理业	5301	799515	29630954	3507128	243201173
四、按地区分					
东部地区	422136	93117928	12141412804	743974606	13418275810
中部地区	156828	34893587	3662342877	197239784	3658501105
西部地区	110931	25652392	2830580174	154337902	3986279167
东北地区	36243	7056638	865409344	25632899	1101696532
北　京	22118	4967629	1033079534	106968744	2795467219
天　津	14940	2338480	644170490	26929069	741779899
河　北	23288	5260061	647896723	32895026	661645317
山　西	8538	2903979	260565159	4497416	490776688
内蒙古	8012	1702747	259663586	14636643	444347338
辽　宁	17307	3510703	396701189	5334301	564925158
吉　林	11155	1956920	291619801	14748568	283694139
黑龙江	7781	1589015	177088355	5550030	253077236
上　海	23337	5178864	1279234163	71424530	1418040482
江　苏	85016	19748194	2287403864	140458550	2019872963
浙　江	68075	15369752	1321740991	74033293	1303555921
安　徽	31373	5333700	584982733	30205408	590673105
福　建	34211	7290538	718308433	39026957	612082567
江　西	17814	4468593	461193031	29099950	366478846
山　东	68921	12821078	1955506002	111945314	1468548785
河　南	44842	10748151	1047023912	67128079	959343933
湖　北	29326	6257339	753924250	39062341	774354751
湖　南	24935	5181825	554653792	27246590	476873782
广　东	80968	19840761	2205792912	137766608	2306159342
广　西	10757	2943911	317304021	17161978	327226362
海　南	1262	302571	48279693	2526515	91123315
重　庆	16668	4151652	415837802	30580651	502891468
四　川	26679	6462426	636037763	32612665	718845228
贵　州	9439	1730041	188265028	14983658	293271915
云　南	9622	1975468	226279134	10377000	424377039
西　藏	417	64391	5450288	145048	18486641
陕　西	13587	3275078	369562940	21563785	501601780
甘　肃	5245	1207263	143830475	2344512	203497521
青　海	1390	358819	40098821	1071442	108581070
宁　夏	2214	460158	54059579	1738504	106710494
新　疆	6901	1320438	174190736	7122017	336442310

2-2　规模以上工业企业基本情况

项　　目	企业数（个）	年末从业人员（人）	主营业务收入（万元）	利润总额（万元）	资产总计（万元）	出口交货值（万元）
总　计	**378579**	**92745449**	**11589935375**	**719001215**	**10854451979**	**1178319121**
#有创新活动的企业	183619	62584144	8186547103	523730894	8325919274	933153131
#有技术创新活动的企业	144792	55781453	7333904033	470393556	7661243411	891994616
一、按规模分						
大型企业	9644	31878810	4364414025	267691326	5078593310	657273040
中型企业	52669	28259091	2864794257	194012196	2587850962	289752185
小型企业	299097	32259955	4183727498	246182563	2920117841	223205255
微型企业	17169	347593	176999594	11115131	267889866	8088641
二、按登记注册类型分						
内资企业	329026	71377335	9086173387	542985224	8727297528	466054181
国有企业	2441	2573818	404937469	17403322	670478146	3428107
集体企业	2091	524582	59193873	4331654	49217335	2913575
股份合作企业	946	121821	13216074	1000456	7697655	716343
联营企业	111	21753	2268834	121948	1091890	44229
#国有联营企业	10	2510	165400	639	284221	1849
有限责任公司	96247	27037475	3450394051	187477880	4059304206	168802223
#国有独资公司	3438	3821386	470488113	19025333	913949509	13441254
股份有限公司	12001	7736778	1038433889	76610974	1537498372	78736245
私营企业	214309	33232801	4101869458	254947478	2395445072	210868597
其他企业	880	128307	15859739	1091511	6564851	544862
港、澳、台商投资企业	23429	10742072	991728041	66041112	882999878	311197421
合资经营企业	7037	2803664	336391466	24131400	327884253	56903155
合作经营企业	580	196611	23922606	2064938	17177864	4610904
港、澳、台商独资经营企业	15175	7354588	583837786	34725580	474994354	241689774
港、澳、台商投资股份有限公司	478	326173	39609360	4652371	51123750	6503828
其他港、澳、台投资企业	159	61036	7966823	466822	11819657	1489760
外商投资企业	26124	10626042	1512033947	109974879	1244154573	401067519
中外合资经营企业	9037	3716140	704090448	57754621	602951491	95908520
中外合作经营企业	540	184192	24541983	1933081	21067498	5476819
外资企业	15858	6329410	727006033	46226702	550494297	287602115
外商投资股份有限公司	453	321265	48588260	3829234	62986128	11024443
其他外商投资企业	236	75035	7807223	231242	6655159	1055622
三、按行业分						
采矿业	12545	6114634	480692935	18017993	957602464	783942
煤炭开采和洗选业	5049	3770201	223202484	11589929	533684466	201435
石油和天然气开采业	136	680906	64699576	-5670526	199956581	81817
黑色金属矿采选业	1878	440258	60858259	4109059	96742882	28326
有色金属矿采选业	1654	445521	61747686	4595450	58784832	226684

2-2 续表 1

项　目	企业数（个）	年末从业人员（人）	主营业务收入（万元）	利润总额（万元）	资产总计（万元）	出口交货值（万元）
非金属矿采选业	3634	460491	54354715	4056976	39955541	220518
开采辅助活动	168	313922	15526843	-678435	28257839	25162
其他采矿业	26	3335	303372	15540	220322	
制造业	355529	83032864	10477369323	652578716	8353196483	1175795984
农副食品加工业	26010	4072410	688216945	36233491	339243236	28363400
食品制造业	9043	2103112	239553823	20834262	154968300	11144489
酒、饮料和精制茶制造业	6962	1564526	185380326	19085188	167615307	2562050
烟草制品业	128	185620	86848240	10381927	101967988	412373
纺织业	19752	4265932	408442071	22856290	245228307	35217316
纺织服装、服饰业	15445	4212761	237413570	14282873	137480787	47482454
皮革、毛皮、羽毛及其制品和制鞋业	8727	2610563	151630391	9880729	73962640	33825901
木材加工和木、竹、藤、棕、草制品业	9123	1349634	147913292	9051495	64980200	8922266
家具制造业	5777	1221644	87796381	5743911	55528207	17863274
造纸和纸制品业	6586	1240735	146228201	8668659	141173205	5698155
印刷和记录媒介复制业	5577	970979	80574799	5751063	59400485	4813114
文教、工美、体育和娱乐用品制造业	9262	2239777	169928804	10187607	89319651	43977350
石油加工、炼焦和核燃料加工业	1875	861910	345160736	18814513	263861941	6102065
化学原料和化学制品制造业	24584	4679538	872887960	51798907	760665056	43334288
医药制造业	7540	2278700	281985870	31127079	287660840	14604230
化学纤维制造业	1820	464873	77824760	3887478	71486808	5599580
橡胶和塑料制品业	18298	3271960	324565490	20808076	226335778	37432917
非金属矿物制品业	35026	5591855	619994468	42466560	508643868	17762196
黑色金属冶炼和压延加工业	8499	3196049	619814414	17737215	635084146	23189693
有色金属冶炼和压延加工业	7022	1937924	533153183	19857157	399620258	11194479
金属制品业	20748	3638813	402548396	24011743	273390490	36493825
通用设备制造业	23674	4404292	481660084	31773882	432425596	49289792
专用设备制造业	17605	3363670	374024458	22791612	368427272	30245244
汽车制造业	14499	4841569	812493376	68505173	684425862	31856261
铁路、船舶、航空航天和其他运输设备制造业	4947	1743164	192851603	11657511	236336217	34020322
电气机械和器材制造业	23601	6099832	736252068	51474153	631071307	100920449
计算机、通信和其他电子设备制造业	15220	8859135	996891903	50680351	790448932	470796048
仪器仪表制造业	4337	1019703	94976517	8197818	87474931	13525279
其他制造业	1886	390763	27513040	1739768	21277965	4596791
废弃资源综合利用业	1582	178378	40708219	2131818	21192536	149217
金属制品、机械和设备修理业	374	173043	12135937	160410	22498369	4401168
电力、热力、燃气及水生产和供应业	10505	3597951	631873117	48404506	1543653032	1739195
电力、热力生产和供应业	7266	2870132	549934480	41271414	1344389273	821392
燃气生产和供应业	1498	290251	60584260	5043343	82787242	499498
水的生产和供应业	1741	437568	21354377	2089750	116476517	418305

2-2 续表 2

项目	企业数(个)	年末从业人员(人)	主营业务收入(万元)	利润总额(万元)	资产总计(万元)	出口交货值(万元)
四、按地区分						
东部地区	219523	52861746	6732615279	446261131	5819873828	950997031
中部地区	88686	21885540	2569726899	149462275	2126885048	124497661
西部地区	52390	13459980	1719590576	101880598	2207874178	76515481
东北地区	17980	4538183	568002620	21397212	699818925	26308948
北京	3340	1018208	197073842	16085208	430443349	9547240
天津	5198	1424885	258846112	20470851	250605806	24727307
河北	14764	3488801	473286261	28154731	445871389	15379267
山西	3554	1924670	143742074	2968358	338318787	9270335
内蒙古	4295	1158150	202570409	13482206	312980370	1696616
辽宁	8019	2068115	220227869	5753280	360708132	21022607
吉林	6003	1400785	234313690	12684904	189694654	4020865
黑龙江	3958	1069283	113461062	2959028	149416139	1265476
上海	8351	2081954	343151474	29139106	398382369	72861540
江苏	47899	10968455	1565904493	105744435	1145309407	232995014
浙江	40127	6847222	654536276	44693593	694685606	115401320
安徽	19833	3178855	421639327	22402970	334971413	23199011
福建	17262	4090589	425244322	28920984	320591074	69616300
江西	10938	2731384	361710264	24505335	221469259	21358494
山东	39563	8747451	1506397690	88203737	1050403378	86126735
河南	23680	7328348	792816567	52166879	597606281	37225212
湖北	16297	3433654	458483923	27133476	379388104	19048873
湖南	14384	3288629	391334744	20285258	255131204	14395735
广东	42682	14097451	1291485622	83829822	1055939626	322406783
广西	5454	1666210	221703785	13925723	159405201	8393403
海南	337	96730	16689189	1018664	27641824	1935526
重庆	6783	1877252	234864446	16488009	202432707	29270641
四川	13818	3378715	415337554	23414854	415200441	22324173
贵州	5123	950469	111928522	8461664	143026191	1819084
云南	4190	899445	101318576	3312116	194194040	2680069
西藏	108	20267	1718230	169397	11106497	254
陕西	5862	1732697	210277338	15889994	308289059	7570082
甘肃	2097	566697	77986833	638406	119658409	1119529
青海	593	194813	22444735	800210	61437711	29105
宁夏	1174	305290	36461043	1432324	85211765	948442
新疆	2893	709975	82979106	3865694	194931788	664083

2-3 资质等级以上建筑业企业基本情况

项目	企业数（个）	年末从业人员（人）	主营业务收入（万元）	利润总额（万元）	资产总计（万元）
总计	**40416**	**35122397**	**1561123361**	**57046852**	**1603600898**
#有创新活动的企业	11227	18050097	1007299213	34204319	1050260993
#有技术创新活动的企业	5919	13604950	856367660	28674098	910278341
一、按规模分					
大型企业	2284	13245753	904350989	31027818	993578564
中型企业	18007	18661094	587701066	23307527	487456428
小型企业	16229	2990258	66604691	2283911	100128374
微型企业	3896	225292	2466615	427597	22437532
二、按登记注册类型分					
内资企业	40003	34924436	1548222809	56405493	1583225915
国有企业	1385	1276415	63767342	1203687	69584976
集体企业	972	847019	20677078	830462	14042204
股份合作企业	120	79356	2416049	68961	1972143
联营企业	25	43594	1137358	29559	737925
#国有联营企业	5	2469	44123	294	57410
有限责任公司	15712	16470153	924210534	29666538	973644842
#国有独资公司	860	1641045	164535796	4486342	225394765
股份有限公司	1755	2682467	133432702	8506589	199091433
私营企业	20012	13516255	402414166	16096058	323990118
其他企业	22	9177	167581	3640	162274
港、澳、台商投资企业	268	142483	8050653	352572	11928651
合资经营企业	178	102322	5435030	235509	7214081
合作经营企业	15	11412	508176	27758	1184832
港、澳、台商独资经营企业	58	24794	1892891	84056	3310805
港、澳、台商投资股份有限公司	8	1976	120705	3383	189519
其他港、澳、台投资企业	9	1979	93851	1865	29414
外商投资企业	145	55478	4849898	288787	8446332
中外合资经营企业	86	38424	1911415	52423	2063620
中外合作经营企业	9	1271	115931	4019	157241
外资企业	48	15544	2817105	232378	6218238
三、按行业分					
房屋建筑业	18600	25933471	938616767	33907893	798436552
土木工程建筑业	8197	6105448	460594550	16235572	628586083
建筑安装业	5520	1569380	84840255	3686182	94953475
建筑装饰和其他建筑业	8099	1514098	77071790	3217206	81624788

注：本表资质等级以上建筑业企业仅包括特、一、二级总承包、专业承包建筑业企业。以下各表同。

2-3 续表

项　　目	企业数(个)	年末从业人员(人)	主营业务收入(万元)	利润总额(万元)	资产总计(万元)
四、按地区分					
东部地区	18549	20264801	871662963	33418756	896662775
中部地区	9012	7227191	348259674	12849727	310380413
西部地区	9146	6568358	286181891	9223514	314767936
东北地区	3709	1062047	55018833	1554856	81789774
北　京	1609	416736	113260012	7152013	214908000
天　津	825	251892	37923244	843971	55585392
河　北	1287	830549	44803588	1264386	43404457
山　西	991	391335	29021609	800642	42626088
内蒙古	412	199308	8929073	356721	15625993
辽　宁	1859	648444	28400705	749165	46730859
吉　林	794	208272	14602703	510648	17590201
黑龙江	1056	205331	12015425	295043	17468714
上　海	1348	541666	73017125	1985947	84161256
江　苏	4087	6065828	193765175	8305663	150108552
浙　江	2935	6477839	170477114	5031724	106139416
安　徽	1390	1306295	45795148	1623512	47766191
福　建	1542	2212584	59604234	2085239	37344377
江　西	950	1120790	39686413	1452691	26584403
山　东	2879	1896650	83744464	3240583	96494634
河　南	2890	1708709	69647858	2953640	60824389
湖　北	1841	1629716	106390199	4234202	92656834
湖　南	950	1070346	57718447	1785040	39922509
广　东	1928	1510608	92469677	3415392	106245685
广　西	476	762958	25227161	502080	15744369
海　南	109	60449	2598330	93838	2271008
重　庆	1259	1323733	45155768	2151336	44272866
四　川	2159	1808819	64887289	2033836	74037387
贵　州	396	427598	20971536	512793	29047956
云　南	1073	531271	26004408	1108028	38099795
西　藏	120	20236	1067076	91126	1811620
陕　西	1617	722640	52270192	1448060	50934581
甘　肃	628	389914	14970040	419978	14942253
青　海	189	76429	4029655	119854	5068945
宁　夏	306	60631	5170402	149644	6065246
新　疆	511	244821	17499290	330058	19116926

2-4 规模(限额)以上服务业企业基本情况

项　　目	企业数(个)	年末从业人员(人)	主营业务收入(万元)	利润总额(万元)	资产总计(万元)
总　计	**307144**	**32853359**	**6348691177**	**345137271**	**9706702957**
#有创新活动的企业	88758	14755891	2742479932	183393061	4574045001
#有技术创新活动的企业	41504	9497823	1513544089	132075709	3030271437
一、按规模分					
大型企业	9238	12113029	2142835351	167656054	3248492925
中型企业	74131	11595556	2946148636	99743283	3126669011
小型企业	176230	8567165	873164854	67416897	2651866805
微型企业	47545	577609	386542337	10321036	679674216
二、按登记注册类型分					
内资企业	292476	29211677	5427935435	273989184	8628264849
国有企业	8738	3017370	327243008	55864360	1157516712
集体企业	4144	399828	29192550	1712498	38048653
股份合作企业	856	69795	5280969	253856	16513012
联营企业	212	24746	1921051	132168	2071201
#国有联营企业	44	5760	327024	23466	339680
有限责任公司	105797	13037824	2754005756	123723294	5117281613
#国有独资公司	7167	2195115	489715430	35617194	2431994993
股份有限公司	9763	3126112	637125628	39610150	1226334077
私营企业	159119	9334245	1657648773	54765431	1058946843
其他企业	3847	201757	15517701	-2072572	11552738
港、澳、台商投资企业	7050	1842316	376726046	34698150	511210476
合资经营企业	1591	386475	75453526	6341481	129487418
合作经营企业	164	45855	5719379	1202430	10962064
港、澳、台商独资经营企业	4934	1242409	269790054	23629385	322397349
港、澳、台商投资股份有限公司	236	135497	22527485	3307762	44993562
其他港、澳、台投资企业	125	32080	3235603	217092	3370083
外商投资企业	7618	1799366	544029695	36449937	567227632
中外合资经营企业	1705	462931	155993331	6618611	127390716
中外合作经营企业	140	33252	3989258	818124	10868775
外资企业	5401	1175291	359069769	26425428	389827306
外商投资股份有限公司	198	83447	10942252	1885443	30522130
其他外商投资企业	174	44445	14035085	702331	8618705
三、按行业分					
批发和零售业	193174	11918267	4953869751	122834579	2609196102
批发业	94959	4949789	3848155153	93309534	2003086995
零售业	98215	6968478	1105714599	29525045	606109106
交通运输、仓储和邮政业	39286	7927054	456232094	32815444	1792028835
铁路运输业	235	746413	44874653	155536	368087275
道路运输业	23330	4289421	148543406	11329188	728017679
水上运输业	2536	482495	47882268	5466616	215199805
航空运输业	339	520786	53440661	4557628	174330503
管道运输业	78	27335	10550071	4098925	38966667
装卸搬运和运输代理业	7061	621027	73099901	2821364	69078727
仓储业	4437	323526	45330054	2391348	170870961
邮政业	1270	916051	32511080	1994840	27477217
信息传输、软件和信息技术服务业	16566	3991179	379581818	72721558	915420897
电信、广播电视和卫星传输服务	2425	1459573	157904534	36775912	504331593
互联网和相关服务	1617	392112	53304460	14187261	129982379
软件和信息技术服务业	12524	2139494	168372824	21758385	281106926

2-4 续表

项　　目	企业数 (个)	年末从业人员 (人)	主营业务收入 (万元)	利润总额 (万元)	资产总计 (万元)
租赁和商务服务业	32977	5544830	344604902	96193864	3717352852
租赁业	1723	150813	14017487	2381092	133261689
商务服务业	31254	5394017	330587415	93812772	3584091163
科学研究和技术服务业	19840	2672514	184771658	17064698	429503099
研究和试验发展	1828	226901	18881599	3109180	58248453
专业技术服务业	13338	2049894	138100987	11750492	298703141
科技推广和应用服务业	4674	395719	27789072	2205025	72551505
水利、环境和公共设施管理业	5301	799515	29630954	3507128	243201173
水利管理业	219	21211	1212057	244082	18931538
生态保护和环境治理业	557	51224	4395761	779003	21272861
公共设施管理业	4525	727080	24023136	2484043	202996774
四、按地区分					
东部地区	184064	19991381	4537134562	264294720	6701739207
中部地区	59130	5780856	744356304	34927783	1221235643
西部地区	49395	5624054	824807707	43233790	1463637053
东北地区	14554	1456408	242387890	2680831	320087834
北　京	17169	3532685	722745681	83731523	2150115871
天　津	8917	661703	347401134	5614247	435588702
河　北	7237	940711	129806875	3475909	172369471
山　西	3993	587974	87801477	728416	109831813
内蒙古	3305	345289	48164104	797716	115740976
辽　宁	7429	794144	148072615	-1168144	157486167
吉　林	4358	347863	42703408	1553016	76409284
黑龙江	2767	314401	51611867	2295959	86192383
上　海	13638	2555244	863065564	40299478	935496857
江　苏	33030	2713911	527734196	26408451	724455004
浙　江	25013	2044691	496727600	24307975	502730899
安　徽	10150	848550	117548259	6178926	207935502
福　建	15407	987365	233459878	8020735	254147117
江　西	5926	616419	59796353	3141925	118425184
山　东	26479	2176977	365363848	20500995	321650774
河　南	18272	1711094	184559488	12007560	300913263
湖　北	11188	1193969	189050127	7694663	302309813
湖　南	9601	822850	105600601	5176293	181820069
广　东	36358	4232702	821837612	50521394	1143974031
广　西	4827	514743	70373074	2734175	152076792
海　南	816	145392	28992174	1414013	61210482
重　庆	8626	950667	135817588	11941306	256185895
四　川	10702	1274892	155812920	7163975	229607400
贵　州	3920	351974	55364970	6009201	121197768
云　南	4359	544752	98956151	5956856	192083204
西　藏	189	23888	2664983	-115476	5568524
陕　西	6108	819741	107015410	4225731	142378140
甘　肃	2520	250652	50873601	1286127	68896860
青　海	608	87577	13624431	151378	42074415
宁　夏	734	94237	12428134	156536	15433484
新　疆	3497	365642	73712340	2926265	122393596

三、规模（限额）以上企业创新活动总体情况（2016 年）

3-1 规模(限额)以上企业

项目	开展创新活动企业数(个)	#实现创新企业	#同时实现四种创新企业	#既实现产品或工艺创新,也实现组织或营销创新的企业	#实现产品或工艺创新,未实现组织或营销创新的企业	#实现组织或营销创新,未实现产品或工艺创新的企业
总计	**283604**	**262289**	**57027**	**116064**	**43694**	**102531**
一、按规模分						
大型企业	14824	13897	4657	8699	2326	2872
中型企业	66441	62131	14656	29125	9581	23425
小型企业	189420	173923	36052	74895	30776	68252
微型企业	12919	12338	1662	3345	1011	7982
二、按登记注册类型分						
内资企业	251636	233471	50347	101882	36598	94991
国有企业	3750	3491	520	1366	433	1692
集体企业	1525	1424	183	424	150	850
股份合作企业	570	528	91	199	145	184
联营企业	98	93	8	17	12	64
#国有联营企业	15	14	2	5	1	8
有限责任公司	82653	76935	16054	33780	10546	32609
#国有独资公司	4801	4492	803	2007	561	1924
股份有限公司	13391	12609	4325	7612	1752	3245
私营企业	148429	137225	28962	58103	23455	55667
其他企业	1220	1166	204	381	105	680
港、澳、台商投资企业	14763	13309	3299	6716	3111	3482
合资经营企业	5006	4608	1267	2477	1102	1029
合作经营企业	294	257	59	117	70	70
港、澳、台商独资经营企业	8908	7921	1808	3825	1855	2241
港、澳、台商投资股份有限公司	420	394	132	236	61	97
其他港、澳、台投资企业	135	129	33	61	23	45
外商投资企业	17205	15509	3381	7466	3985	4058
中外合资经营企业	6214	5776	1473	3110	1426	1240
中外合作经营企业	289	257	51	107	67	83
外资企业	10154	8975	1724	3990	2393	2592
外商投资股份有限公司	361	332	98	180	67	85
其他外商投资企业	187	169	35	79	32	58
三、按行业分						
采矿业	3031	2617	187	780	383	1454
制造业	177212	160877	41508	82334	35307	43236
电力、热力、燃气及水生产和供应业	3376	2968	106	900	507	1561
建筑业	11227	10820	1423	3890	1174	5756
批发和零售业	50397	50033	6920	14032	2473	33528
交通运输、仓储和邮政业	8649	8370	1028	2305	643	5422
信息传输、软件和信息技术服务业	11226	9616	2994	5651	1446	2519
租赁和商务服务业	8668	8278	1139	2463	565	5250
科学研究和技术服务业	8138	7116	1497	3211	1074	2831
水利、环境和公共设施管理业	1680	1594	225	498	122	974

创新活动总体情况

在全部企业中占比(%)					
开展创新活动企业	实现创新企　业	同时实现四种创新企　业	既实现产品或工艺创新，也实现组织或营销创新的企业	实现产品或工艺创新，未实现组织或营销创新的企业	实现组织或营销创新，未实现产品或工艺创新的企业
39.1	**36.1**	**7.9**	**16.0**	**6.0**	**14.1**
70.0	65.7	22.0	41.1	11.0	13.6
45.9	42.9	10.1	20.1	6.6	16.2
38.5	35.4	7.3	15.2	6.3	13.9
18.8	18.0	2.4	4.9	1.5	11.6
38.0	35.3	7.6	15.4	5.5	14.4
29.8	27.8	4.1	10.9	3.4	13.5
21.2	19.8	2.5	5.9	2.1	11.8
29.7	27.5	4.7	10.4	7.5	9.6
28.2	26.7	2.3	4.9	3.4	18.4
25.4	23.7	3.4	8.5	1.7	13.6
38.0	35.3	7.4	15.5	4.8	15.0
41.9	39.2	7.0	17.5	4.9	16.8
56.9	53.6	18.4	32.4	7.4	13.8
37.7	34.9	7.4	14.8	6.0	14.1
25.7	24.6	4.3	8.0	2.2	14.3
48.0	43.3	10.7	21.8	10.1	11.3
56.8	52.3	14.4	28.1	12.5	11.7
38.7	33.9	7.8	15.4	9.2	9.2
44.2	39.3	9.0	19.0	9.2	11.1
58.2	54.6	18.3	32.7	8.4	13.4
46.1	44.0	11.3	20.8	7.9	15.4
50.8	45.8	10.0	22.0	11.8	12.0
57.4	53.3	13.6	28.7	13.2	11.5
41.9	37.3	7.4	15.5	9.7	12.0
47.7	42.1	8.1	18.7	11.2	12.2
55.3	50.8	15.0	27.6	10.3	13.0
45.6	41.2	8.5	19.3	7.8	14.1
24.2	20.9	1.5	6.2	3.1	11.6
49.8	45.3	11.7	23.2	9.9	12.2
32.1	28.3	1.0	8.6	4.8	14.9
27.8	26.8	3.5	9.6	2.9	14.2
26.1	25.9	3.6	7.3	1.3	17.4
22.0	21.3	2.6	5.9	1.6	13.8
67.8	58.0	18.1	34.1	8.7	15.2
26.3	25.1	3.5	7.5	1.7	15.9
41.0	35.9	7.5	16.2	5.4	14.3
31.7	30.1	4.2	9.4	2.3	18.4

3-1 续表

项 目	开展创新活动企业数(个)	#实现创新企 业	#同时实现四种创新企 业	#既实现产品或工艺创新,也实现组织或营销创新的企业	#实现产品或工艺创新,未实现组织或营销创新的企业	#实现组织或营销创新,未实现产品或工艺创新的企业
四、按地区分						
东部地区	178420	164474	35990	72815	32788	58871
中部地区	56984	52363	12151	23870	6501	21992
西部地区	39546	37366	7282	16087	3509	17770
东北地区	8654	8086	1604	3292	896	3898
北 京	9248	7829	1465	3574	1407	2848
天 津	7060	6632	1447	2612	1026	2994
河 北	9387	8980	1173	2865	1173	4942
山 西	2381	2301	312	813	229	1259
内蒙古	2000	1892	258	692	167	1033
辽 宁	3981	3649	843	1634	518	1497
吉 林	2831	2672	516	1079	215	1378
黑龙江	1842	1765	245	579	163	1023
上 海	8426	7917	1757	3753	1571	2593
江 苏	42558	39095	8871	16928	9491	12676
浙 江	32189	29895	7883	15919	7549	6427
安 徽	13218	12659	3876	6827	1531	4301
福 建	13196	12605	2286	4727	2060	5818
江 西	6633	5980	1382	2820	1030	2130
山 东	26308	24801	3613	8502	3938	12361
河 南	13560	13019	2313	4741	1414	6864
湖 北	10746	9938	2272	4710	1040	4188
湖 南	10446	8466	1996	3959	1257	3250
广 东	29592	26287	7415	13743	4534	8010
广 西	3335	3207	560	1342	287	1578
海 南	456	433	80	192	39	202
重 庆	6154	5788	1349	2706	744	2338
四 川	10028	9524	1754	3944	870	4710
贵 州	3358	3095	616	1310	272	1513
云 南	3889	3719	972	1930	298	1491
西 藏	141	139	20	47	7	85
陕 西	5247	4993	948	2150	420	2423
甘 肃	1882	1732	321	745	144	843
青 海	487	467	76	183	43	241
宁 夏	853	810	164	366	87	357
新 疆	2172	2000	244	672	170	1158

在全部企业中占比(%)					
开展创新活动企业	实现创新企　业	同时实现四种创新企　业	既实现产品或工艺创新，也实现组织或营销创新的企业	实现产品或工艺创新，未实现组织或营销创新的企业	实现组织或营销创新，未实现产品或工艺创新的企业
42.3	39.0	8.5	17.2	7.8	13.9
36.3	33.4	7.7	15.2	4.1	14.0
35.6	33.7	6.6	14.5	3.2	16.0
23.9	22.3	4.4	9.1	2.5	10.8
41.8	35.4	6.6	16.2	6.4	12.9
47.3	44.4	9.7	17.5	6.9	20.0
40.3	38.6	5.0	12.3	5.0	21.2
27.9	27.0	3.7	9.5	2.7	14.7
25.0	23.6	3.2	8.6	2.1	12.9
23.0	21.1	4.9	9.4	3.0	8.7
25.4	24.0	4.6	9.7	1.9	12.4
23.7	22.7	3.1	7.4	2.1	13.1
36.1	33.9	7.5	16.1	6.7	11.1
50.1	46.0	10.4	19.9	11.2	14.9
47.3	43.9	11.6	23.4	11.1	9.4
42.1	40.4	12.4	21.8	4.9	13.7
38.6	36.8	6.7	13.8	6.0	17.0
37.2	33.6	7.8	15.8	5.8	12.0
38.2	36.0	5.2	12.3	5.7	17.9
30.2	29.0	5.2	10.6	3.2	15.3
36.6	33.9	7.7	16.1	3.5	14.3
41.9	34.0	8.0	15.9	5.0	13.0
36.5	32.5	9.2	17.0	5.6	9.9
31.0	29.8	5.2	12.5	2.7	14.7
36.1	34.3	6.3	15.2	3.1	16.0
36.9	34.7	8.1	16.2	4.5	14.0
37.6	35.7	6.6	14.8	3.3	17.7
35.6	32.8	6.5	13.9	2.9	16.0
40.4	38.7	10.1	20.1	3.1	15.5
33.8	33.3	4.8	11.3	1.7	20.4
38.6	36.7	7.0	15.8	3.1	17.8
35.9	33.0	6.1	14.2	2.7	16.1
35.0	33.6	5.5	13.2	3.1	17.3
38.5	36.6	7.4	16.5	3.9	16.1
31.5	29.0	3.5	9.7	2.5	16.8

3-2 规模以上工业企业

项　目	开展创新活动企业数（个）	#实现创新企　业	#同时实现四种创新企　业	#既实现产品或工艺创新，也实现组织或营销创新的企业	#实现产品或工艺创新，未实现组织或营销创新的企业
总　计	**183619**	**166462**	**41801**	**84014**	**36197**
一、按规模分					
大型企业	7936	7429	3116	5254	1463
中型企业	33821	30782	9601	18010	7055
小型企业	138562	125290	28688	59726	27154
微型企业	3300	2961	396	1024	525
二、按登记注册类型分					
内资企业	156866	142389	35923	71580	29677
国有企业	1033	911	175	458	161
集体企业	609	534	82	196	96
股份合作企业	409	374	73	158	137
联营企业	43	40	3	9	8
#国有联营企业	6	6	1	3	1
有限责任公司	45767	41599	10545	21756	7686
#国有独资公司	1876	1702	422	971	282
股份有限公司	8485	7977	3197	5405	1329
私营企业	100235	90710	21816	43527	20213
其他企业	285	244	32	71	47
港、澳、台商投资企业	12260	10975	2887	5903	2857
合资经营企业	4314	3956	1141	2240	1022
合作经营企业	236	201	49	99	60
港、澳、台商独资经营企业	7313	6450	1565	3324	1704
港、澳、台商投资股份有限公司	312	287	110	195	52
其他港、澳、台投资企业	85	81	22	45	19
外商投资企业	14493	13098	2991	6531	3663
中外合资经营企业	5483	5101	1342	2805	1346
中外合作经营企业	245	220	46	97	62
外资企业	8346	7396	1494	3423	2168
外商投资股份有限公司	288	265	84	148	61
其他外商投资企业	131	116	25	58	26
三、按行业分					
采矿业	3031	2617	187	780	383
煤炭开采和洗选业	1076	941	65	251	117
石油和天然气开采业	58	45	2	19	13
黑色金属矿采选业	463	403	15	123	52
有色金属矿采选业	467	389	17	131	82
非金属矿采选业	891	775	77	227	112

创新活动总体情况

	在全部企业中占比(%)					
#实现组织或营销创新，未实现产品或工艺创新的企业	开展创新活动企业	实现创新企业	同时实现四种创新企业	既实现产品或工艺创新，也实现组织或营销创新的企业	实现产品或工艺创新，未实现组织或营销创新的企业	实现组织或营销创新，未实现产品或工艺创新的企业
46251	**48.5**	**44.0**	**11.0**	**22.2**	**9.6**	**12.2**
712	82.3	77.0	32.3	54.5	15.2	7.4
5717	64.2	58.4	18.2	34.2	13.4	10.9
38410	46.3	41.9	9.6	20.0	9.1	12.8
1412	19.2	17.2	2.3	6.0	3.1	8.2
41132	47.7	43.3	10.9	21.8	9.0	12.5
292	42.3	37.3	7.2	18.8	6.6	12.0
242	29.1	25.5	3.9	9.4	4.6	11.6
79	43.2	39.5	7.7	16.7	14.5	8.4
23	38.7	36.0	2.7	8.1	7.2	20.7
2	60.0	60.0	10.0	30.0	10.0	20.0
12157	47.6	43.2	11.0	22.6	8.0	12.6
449	54.6	49.5	12.3	28.2	8.2	13.1
1243	70.7	66.5	26.6	45.0	11.1	10.4
26970	46.8	42.3	10.2	20.3	9.4	12.6
126	32.4	27.7	3.6	8.1	5.3	14.3
2215	52.3	46.8	12.3	25.2	12.2	9.5
694	61.3	56.2	16.2	31.8	14.5	9.9
42	40.7	34.7	8.4	17.1	10.3	7.2
1422	48.2	42.5	10.3	21.9	11.2	9.4
40	65.3	60.0	23.0	40.8	10.9	8.4
17	53.5	50.9	13.8	28.3	12.0	10.7
2904	55.5	50.1	11.4	25.0	14.0	11.1
950	60.7	56.4	14.9	31.0	14.9	10.5
61	45.4	40.7	8.5	18.0	11.5	11.3
1805	52.6	46.6	9.4	21.6	13.7	11.4
56	63.6	58.5	18.5	32.7	13.5	12.4
32	55.5	49.2	10.6	24.6	11.0	13.6
1454	24.2	20.9	1.5	6.2	3.1	11.6
573	21.3	18.6	1.3	5.0	2.3	11.3
13	42.6	33.1	1.5	14.0	9.6	9.6
228	24.7	21.5	0.8	6.6	2.8	12.1
176	28.2	23.5	1.0	7.9	5.0	10.6
436	24.5	21.3	2.1	6.2	3.1	12.0

3-2 续表 1

项　　目	开展创新活动企业数（个）	#实现创新企　业	#同时实现四种创新企　业	#既实现产品或工艺创新，也实现组织或营销创新的企业	#实现产品或工艺创新，未实现组织或营销创新的企业
开采辅助活动	68	57	10	26	6
其他采矿业	8	7	1	3	1
制造业	177212	160877	41508	82334	35307
农副食品加工业	11252	10291	2051	4520	1307
食品制造业	4772	4409	1172	2329	580
酒、饮料和精制茶制造业	3584	3320	759	1655	363
烟草制品业	84	78	27	51	18
纺织业	8273	7439	1531	3141	2011
纺织服装、服饰业	5718	5190	895	2047	1288
皮革、毛皮、羽毛及其制品和制鞋业	3378	3031	537	1150	859
木材加工和木、竹、藤、棕、草制品业	3174	2823	551	1109	636
家具制造业	2505	2273	537	1073	463
造纸和纸制品业	2692	2441	510	1127	443
印刷和记录媒介复制业	2325	2119	446	977	425
文教、工美、体育和娱乐用品制造业	4370	4024	953	1919	949
石油加工、炼焦和核燃料加工业	865	775	142	364	134
化学原料和化学制品制造业	13413	12107	3177	6364	2771
医药制造业	5379	4844	1437	2953	860
化学纤维制造业	994	900	243	460	256
橡胶和塑料制品业	8509	7688	1896	3715	1695
非金属矿物制品业	12990	11650	2028	4604	2293
黑色金属冶炼和压延加工业	3447	3075	624	1334	747
有色金属冶炼和压延加工业	3529	3114	716	1576	818
金属制品业	9495	8608	2062	4175	1959
通用设备制造业	13962	12719	3825	7119	3142
专用设备制造业	11004	10020	3115	5820	2364
汽车制造业	8358	7723	2291	4475	1865
铁路、船舶、航空航天和其他运输设备制造业	2849	2595	757	1509	595
电气机械和器材制造业	14998	13684	4598	8238	3094
计算机、通信和其他电子设备制造业	10486	9534	3335	5957	2326
仪器仪表制造业	3203	2968	1031	1904	720
其他制造业	902	819	176	397	205
废弃资源综合利用业	544	473	62	203	92
金属制品、机械和设备修理业	158	143	24	69	29
电力、热力、燃气及水生产和供应业	3376	2968	106	900	507
电力、热力生产和供应业	2354	2056	64	633	354
燃气生产和供应业	487	445	22	114	43
水的生产和供应业	535	467	20	153	110

	在全部企业中占比(%)					
#实现组织或营销创新，未实现产品或工艺创新的企业	开展创新活动企业	实现创新企业	同时实现四种创新企业	既实现产品或工艺创新，也实现组织或营销创新的企业	实现产品或工艺创新，未实现组织或营销创新的企业	实现组织或营销创新，未实现产品或工艺创新的企业
25	40.5	33.9	6.0	15.5	3.6	14.9
3	30.8	26.9	3.8	11.5	3.8	11.5
43236	49.8	45.3	11.7	23.2	9.9	12.2
4464	43.3	39.6	7.9	17.4	5.0	17.2
1500	52.8	48.8	13.0	25.8	6.4	16.6
1302	51.5	47.7	10.9	23.8	5.2	18.7
9	65.6	60.9	21.1	39.8	14.1	7.0
2287	41.9	37.7	7.8	15.9	10.2	11.6
1855	37.0	33.6	5.8	13.3	8.3	12.0
1022	38.7	34.7	6.2	13.2	9.8	11.7
1078	34.8	30.9	6.0	12.2	7.0	11.8
737	43.4	39.3	9.3	18.6	8.0	12.8
871	40.9	37.1	7.7	17.1	6.7	13.2
717	41.7	38.0	8.0	17.5	7.6	12.9
1156	47.2	43.4	10.3	20.7	10.2	12.5
277	46.1	41.3	7.6	19.4	7.1	14.8
2972	54.6	49.2	12.9	25.9	11.3	12.1
1031	71.3	64.2	19.1	39.2	11.4	13.7
184	54.6	49.5	13.4	25.3	14.1	10.1
2278	46.5	42.0	10.4	20.3	9.3	12.4
4753	37.1	33.3	5.8	13.1	6.5	13.6
994	40.6	36.2	7.3	15.7	8.8	11.7
720	50.3	44.3	10.2	22.4	11.6	10.3
2474	45.8	41.5	9.9	20.1	9.4	11.9
2458	59.0	53.7	16.2	30.1	13.3	10.4
1836	62.5	56.9	17.7	33.1	13.4	10.4
1383	57.6	53.3	15.8	30.9	12.9	9.5
491	57.6	52.5	15.3	30.5	12.0	9.9
2352	63.5	58.0	19.5	34.9	13.1	10.0
1251	68.9	62.6	21.9	39.1	15.3	8.2
344	73.9	68.4	23.8	43.9	16.6	7.9
217	47.8	43.4	9.3	21.1	10.9	11.5
178	34.4	29.9	3.9	12.8	5.8	11.3
45	42.2	38.2	6.4	18.4	7.8	12.0
1561	32.1	28.3	1.0	8.6	4.8	14.9
1069	32.4	28.3	0.9	8.7	4.9	14.7
288	32.5	29.7	1.5	7.6	2.9	19.2
204	30.7	26.8	1.1	8.8	6.3	11.7

3-2 续表 2

项 目	开展创新活动企业数（个）	#实现创新企 业	#同时实现四种创新企 业	#既实现产品或工艺创新，也实现组织或营销创新的企业	#实现产品或工艺创新，未实现组织或营销创新的企业
四、按地区分					
东部地区	116923	106306	26842	53373	27322
中部地区	38889	34614	9165	17837	5490
西部地区	22584	20772	4755	10562	2712
东北地区	5223	4770	1039	2242	673
北 京	2057	1856	471	1072	533
天 津	3344	3061	975	1702	706
河 北	6791	6456	858	2143	986
山 西	1185	1122	195	501	163
内蒙古	1169	1075	150	449	131
辽 宁	2364	2100	578	1131	390
吉 林	1719	1592	295	688	159
黑龙江	1140	1078	166	423	124
上 海	4285	4115	1071	2225	1045
江 苏	31039	27951	7137	13590	8489
浙 江	24576	22443	6743	13288	6886
安 徽	9540	9058	3133	5391	1334
福 建	7608	7094	1560	3284	1639
江 西	4824	4224	1062	2212	946
山 东	17905	16620	2679	6320	3284
河 南	8382	7904	1562	3174	1109
湖 北	7337	6617	1745	3600	860
湖 南	7621	5689	1468	2959	1078
广 东	19149	16551	5313	9666	3732
广 西	1867	1770	341	828	228
海 南	169	159	35	83	22
重 庆	3538	3220	949	1904	615
四 川	6092	5703	1157	2646	662
贵 州	2009	1771	409	866	218
云 南	2137	1993	624	1243	219
西 藏	50	48	6	16	3
陕 西	2718	2526	596	1345	308
甘 肃	1029	896	197	452	105
青 海	242	224	44	107	30
宁 夏	534	496	127	272	78
新 疆	1199	1050	155	434	115

	在全部企业中占比(%)					
#实现组织或营销创新，未实现产品或工艺创新的企业	开展创新活动企业	实现创新企业	同时实现四种创新企业	既实现产品或工艺创新，也实现组织或营销创新的企业	实现产品或工艺创新，未实现组织或营销创新的企业	实现组织或营销创新，未实现产品或工艺创新的企业
25611	53.3	48.4	12.2	24.3	12.4	11.7
11287	43.9	39.0	10.3	20.1	6.2	12.7
7498	43.1	39.6	9.1	20.2	5.2	14.3
1855	29.0	26.5	5.8	12.5	3.7	10.3
251	61.6	55.6	14.1	32.1	16.0	7.5
653	64.3	58.9	18.8	32.7	13.6	12.6
3327	46.0	43.7	5.8	14.5	6.7	22.5
458	33.3	31.6	5.5	14.1	4.6	12.9
495	27.2	25.0	3.5	10.5	3.1	11.5
579	29.5	26.2	7.2	14.1	4.9	7.2
745	28.6	26.5	4.9	11.5	2.6	12.4
531	28.8	27.2	4.2	10.7	3.1	13.4
845	51.3	49.3	12.8	26.6	12.5	10.1
5872	64.8	58.4	14.9	28.4	17.7	12.3
2269	61.2	55.9	16.8	33.1	17.2	5.7
2333	48.1	45.7	15.8	27.2	6.7	11.8
2171	44.1	41.1	9.0	19.0	9.5	12.6
1066	44.1	38.6	9.7	20.2	8.6	9.7
7016	45.3	42.0	6.8	16.0	8.3	17.7
3621	35.4	33.4	6.6	13.4	4.7	15.3
2157	45.0	40.6	10.7	22.1	5.3	13.2
1652	53.0	39.6	10.2	20.6	7.5	11.5
3153	44.9	38.8	12.4	22.6	8.7	7.4
714	34.2	32.5	6.3	15.2	4.2	13.1
54	50.1	47.2	10.4	24.6	6.5	16.0
701	52.2	47.5	14.0	28.1	9.1	10.3
2395	44.1	41.3	8.4	19.1	4.8	17.3
687	39.2	34.6	8.0	16.9	4.3	13.4
531	51.0	47.6	14.9	29.7	5.2	12.7
29	46.3	44.4	5.6	14.8	2.8	26.9
873	46.4	43.1	10.2	22.9	5.3	14.9
339	49.1	42.7	9.4	21.6	5.0	16.2
87	40.8	37.8	7.4	18.0	5.1	14.7
146	45.5	42.2	10.8	23.2	6.6	12.4
501	41.4	36.3	5.4	15.0	4.0	17.3

3-3 资质等级以上建筑业企业

项目	开展创新活动企业数（个）	#实现创新企业	#同时实现四种创新企业	#既实现产品或工艺创新，也实现组织或营销创新的企业	#实现产品或工艺创新，未实现组织或营销创新的企业
总　计	**11227**	**10820**	**1423**	**3890**	**1174**
一、按规模分					
大型企业	1719	1646	349	1061	312
中型企业	5650	5443	656	1866	579
小型企业	3374	3264	371	862	246
微型企业	484	467	47	101	37
二、按登记注册类型分					
内资企业	11110	10710	1402	3844	1160
国有企业	427	415	38	164	57
集体企业	195	189	20	54	9
股份合作企业	22	22	4	10	2
联营企业	5	5	1	2	
有限责任公司	4880	4695	642	1828	575
#国有独资公司	462	445	73	241	80
股份有限公司	582	553	89	242	71
私营企业	4995	4827	608	1543	445
其他企业	4	4		1	1
港、澳、台商投资企业	80	73	16	32	8
合资经营企业	60	53	9	21	6
合作经营企业	8	8	4	5	1
港、澳、台商独资经营企业	9	9	3	5	1
其他港、澳、台投资企业	3	3		1	
外商投资企业	37	37	5	14	6
中外合资经营企业	25	25	5	11	2
外资企业	10	10		3	4
三、按行业分					
房屋建筑业	5094	4943	627	1747	475
土木工程建筑业	2718	2611	326	1032	360
建筑安装业	1479	1387	188	490	163
建筑装饰和其他建筑业	1936	1879	282	621	176

创新活动总体情况

	在全部企业中占比(%)					
#实现组织或营销创新，未实现产品或工艺创新的企业	开展创新活动企业	实现创新企业	同时实现四种创新企业	既实现产品或工艺创新，也实现组织或营销创新的企业	实现产品或工艺创新，未实现组织或营销创新的企业	实现组织或营销创新，未实现产品或工艺创新的企业
5756	**27.8**	**26.8**	**3.5**	**9.6**	**2.9**	**14.2**
273	75.3	72.1	15.3	46.5	13.7	12.0
2998	31.4	30.2	3.6	10.4	3.2	16.6
2156	20.8	20.1	2.3	5.3	1.5	13.3
329	12.4	12.0	1.2	2.6	1.0	8.4
5706	27.8	26.8	3.5	9.6	2.9	14.3
194	30.8	30.0	2.7	11.8	4.1	14.0
126	20.1	19.4	2.1	5.6	0.9	13.0
10	18.3	18.3	3.3	8.3	1.7	8.3
3	20.0	20.0	4.0	8.0		12.0
2292	31.1	29.9	4.1	11.6	3.7	14.6
124	53.7	51.7	8.5	28.0	9.3	14.4
240	33.2	31.5	5.1	13.8	4.0	13.7
2839	25.0	24.1	3.0	7.7	2.2	14.2
2	18.2	18.2		4.5	4.5	9.1
33	29.9	27.2	6.0	11.9	3.0	12.3
26	33.7	29.8	5.1	11.8	3.4	14.6
2	53.3	53.3	26.7	33.3	6.7	13.3
3	15.5	15.5	5.2	8.6	1.7	5.2
2	33.3	33.3		11.1		22.2
17	25.5	25.5	3.4	9.7	4.1	11.7
12	29.1	29.1	5.8	12.8	2.3	14.0
3	20.8	20.8		6.3	8.3	6.3
2721	27.4	26.6	3.4	9.4	2.6	14.6
1219	33.2	31.9	4.0	12.6	4.4	14.9
734	26.8	25.1	3.4	8.9	3.0	13.3
1082	23.9	23.2	3.5	7.7	2.2	13.4

3-3 续表

项　目	开展创新活动企业数（个）	#实现创新企　业	#同时实现四种创新企　业	#既实现产品或工艺创新，也实现组织或营销创新的企业	#实现产品或工艺创新，未实现组织或营销创新的企业
四、按地区分					
东部地区	5959	5722	788	2160	775
中部地区	2352	2281	310	832	192
西部地区	2320	2247	242	726	161
东北地区	596	570	83	172	46
北　京	468	427	56	187	66
天　津	289	276	40	104	47
河　北	366	346	44	124	36
山　西	228	221	20	73	25
内蒙古	72	71	15	28	6
辽　宁	312	298	56	105	26
吉　林	135	129	14	30	10
黑龙江	149	143	13	37	10
上　海	345	331	54	129	46
江　苏	1516	1471	230	531	217
浙　江	918	899	89	367	150
安　徽	391	382	81	167	30
福　建	503	495	52	159	62
江　西	223	215	22	64	20
山　东	904	871	107	289	77
河　南	740	721	101	253	59
湖　北	496	481	58	185	36
湖　南	274	261	28	90	22
广　东	623	579	114	258	72
广　西	132	129	14	59	10
海　南	27	27	2	12	2
重　庆	296	292	25	87	26
四　川	524	509	45	139	34
贵　州	107	102	13	49	7
云　南	278	267	44	96	19
西　藏	19	19	3	7	1
陕　西	473	453	44	137	29
甘　肃	168	164	20	59	13
青　海	41	41	4	12	4
宁　夏	73	69	3	13	3
新　疆	137	131	12	40	9

	在全部企业中占比(%)					
#实现组织或营销创新，未实现产品或工艺创新的企业	开展创新活动企业	实现创新企业	同时实现四种创新企业	既实现产品或工艺创新，也实现组织或营销创新的企业	实现产品或工艺创新，未实现组织或营销创新的企业	实现组织或营销创新，未实现产品或工艺创新的企业
2787	32.1	30.8	4.2	11.6	4.2	15.0
1257	26.1	25.3	3.4	9.2	2.1	13.9
1360	25.4	24.6	2.6	7.9	1.8	14.9
352	16.1	15.4	2.2	4.6	1.2	9.5
174	29.1	26.5	3.5	11.6	4.1	10.8
125	35.0	33.5	4.8	12.6	5.7	15.2
186	28.4	26.9	3.4	9.6	2.8	14.5
123	23.0	22.3	2.0	7.4	2.5	12.4
37	17.5	17.2	3.6	6.8	1.5	9.0
167	16.8	16.0	3.0	5.6	1.4	9.0
89	17.0	16.2	1.8	3.8	1.3	11.2
96	14.1	13.5	1.2	3.5	0.9	9.1
156	25.6	24.6	4.0	9.6	3.4	11.6
723	37.1	36.0	5.6	13.0	5.3	17.7
382	31.3	30.6	3.0	12.5	5.1	13.0
185	28.1	27.5	5.8	12.0	2.2	13.3
274	32.6	32.1	3.4	10.3	4.0	17.8
131	23.5	22.6	2.3	6.7	2.1	13.8
505	31.4	30.3	3.7	10.0	2.7	17.5
409	25.6	24.9	3.5	8.8	2.0	14.2
260	26.9	26.1	3.2	10.0	2.0	14.1
149	28.8	27.5	2.9	9.5	2.3	15.7
249	32.3	30.0	5.9	13.4	3.7	12.9
60	27.7	27.1	2.9	12.4	2.1	12.6
13	24.8	24.8	1.8	11.0	1.8	11.9
179	23.5	23.2	2.0	6.9	2.1	14.2
336	24.3	23.6	2.1	6.4	1.6	15.6
46	27.0	25.8	3.3	12.4	1.8	11.6
152	25.9	24.9	4.1	8.9	1.8	14.2
11	15.8	15.8	2.5	5.8	0.8	9.2
287	29.3	28.0	2.7	8.5	1.8	17.7
92	26.8	26.1	3.2	9.4	2.1	14.7
25	21.7	21.7	2.1	6.3	2.1	13.2
53	23.9	22.5	1.0	4.2	1.0	17.3
82	26.8	25.6	2.3	7.8	1.8	16.0

3-4 规模(限额)以上服务业

项　目	开展创新活动企业数(个)	#实现创新企业	#同时实现四种创新企业	#既实现产品或工艺创新，也实现组织或营销创新的企业	#实现产品或工艺创新，未实现组织或营销创新的企业
总　计	**88758**	**85007**	**13803**	**28160**	**6323**
一、按规模分					
大型企业	5169	4822	1192	2384	551
中型企业	26970	25906	4399	9249	1947
小型企业	47484	45369	6993	14307	3376
微型企业	9135	8910	1219	2220	449
二、按登记注册类型分					
内资企业	83660	80372	13022	26458	5761
国有企业	2290	2165	307	744	215
集体企业	721	701	81	174	45
股份合作企业	139	132	14	31	6
联营企业	50	48	4	6	4
#国有联营企业	8	7	1	2	
有限责任公司	32006	30641	4867	10196	2285
#国有独资公司	2463	2345	308	795	199
股份有限公司	4324	4079	1039	1965	352
私营企业	43199	41688	6538	13033	2797
其他企业	931	918	172	309	57
港、澳、台商投资企业	2423	2261	396	781	246
合资经营企业	632	599	117	216	74
合作经营企业	50	48	6	13	9
港、澳、台商独资经营企业	1586	1462	240	496	150
港、澳、台商投资股份有限公司	108	107	22	41	9
其他港、澳、台投资企业	47	45	11	15	4
外商投资企业	2675	2374	385	921	316
中外合资经营企业	706	650	126	294	78
中外合作经营企业	43	36	5	10	5
外资企业	1798	1569	230	564	221
外商投资股份有限公司	72	66	14	32	6
其他外商投资企业	56	53	10	21	6
三、按行业分					
批发和零售业	50397	50033	6920	14032	2473
批发业	22242	21998	2856	5966	1267
零售业	28155	28035	4064	8066	1206
交通运输、仓储和邮政业	8649	8370	1028	2305	643
铁路运输业	52	49	6	10	5
道路运输业	4861	4705	596	1294	359
水上运输业	561	543	75	163	48
航空运输业	142	135	26	55	10
管道运输业	22	22		7	4
装卸搬运和运输代理业	1537	1478	145	338	118
仓储业	1023	996	102	261	73
邮政业	451	442	78	177	26
信息传输、软件和信息技术服务业	11226	9616	2994	5651	1446
电信、广播电视和卫星传输服务	1129	1057	261	507	80
互联网和相关服务	1075	924	307	521	101
软件和信息技术服务业	9022	7635	2426	4623	1265
租赁和商务服务业	8668	8278	1139	2463	565

企业创新活动总体情况

	在全部企业中占比(%)					
#实现组织或营销创新，未实现产品或工艺创新的企业	开展创新活动企业	实现创新企　业	同时实现四种创新企　业	既实现产品或工艺创新，也实现组织或营销创新的企业	实现产品或工艺创新，未实现组织或营销创新的企业	实现组织或营销创新，未实现产品或工艺创新的企业
50524	**28.9**	**27.7**	**4.5**	**9.2**	**2.1**	**16.5**
1887	56.0	52.2	12.9	25.8	6.0	20.4
14710	36.4	34.9	5.9	12.5	2.6	19.8
27686	26.9	25.7	4.0	8.1	1.9	15.7
6241	19.2	18.7	2.6	4.7	0.9	13.1
48153	28.6	27.5	4.5	9.0	2.0	16.5
1206	26.2	24.8	3.5	8.5	2.5	13.8
482	17.4	16.9	2.0	4.2	1.1	11.6
95	16.2	15.4	1.6	3.6	0.7	11.1
38	23.6	22.6	1.9	2.8	1.9	17.9
5	18.2	15.9	2.3	4.5		11.4
18160	30.3	29.0	4.6	9.6	2.2	17.2
1351	34.4	32.7	4.3	11.1	2.8	18.9
1762	44.3	41.8	10.6	20.1	3.6	18.0
25858	27.1	26.2	4.1	8.2	1.8	16.3
552	24.2	23.9	4.5	8.0	1.5	14.3
1234	34.4	32.1	5.6	11.1	3.5	17.5
309	39.7	37.6	7.4	13.6	4.7	19.4
26	30.5	29.3	3.7	7.9	5.5	15.9
816	32.1	29.6	4.9	10.1	3.0	16.5
57	45.8	45.3	9.3	17.4	3.8	24.2
26	37.6	36.0	8.8	12.0	3.2	20.8
1137	35.1	31.2	5.1	12.1	4.1	14.9
278	41.4	38.1	7.4	17.2	4.6	16.3
21	30.7	25.7	3.6	7.1	3.6	15.0
784	33.3	29.1	4.3	10.4	4.1	14.5
28	36.4	33.3	7.1	16.2	3.0	14.1
26	32.2	30.5	5.7	12.1	3.4	14.9
33528	26.1	25.9	3.6	7.3	1.3	17.4
14765	23.4	23.2	3.0	6.3	1.3	15.5
18763	28.7	28.5	4.1	8.2	1.2	19.1
5422	22.0	21.3	2.6	5.9	1.6	13.8
34	22.1	20.9	2.6	4.3	2.1	14.5
3052	20.8	20.2	2.6	5.5	1.5	13.1
332	22.1	21.4	3.0	6.4	1.9	13.1
70	41.9	39.8	7.7	16.2	3.0	20.6
11	28.2	28.2		9.0	5.1	14.1
1022	21.8	20.9	2.1	4.8	1.7	14.5
662	23.1	22.4	2.3	5.9	1.6	14.9
239	35.5	34.8	6.1	13.9	2.0	18.8
2519	67.8	58.0	18.1	34.1	8.7	15.2
470	46.6	43.6	10.8	20.9	3.3	19.4
302	66.5	57.1	19.0	32.2	6.2	18.7
1747	72.0	61.0	19.4	36.9	10.1	13.9
5250	26.3	25.1	3.5	7.5	1.7	15.9

3-4 续表

项　　目	开展创新活动企业数(个)	#实现创新企　　业	#同时实现四种创新企　　业	#既实现产品或工艺创新，也实现组织或营销创新的企业	#实现产品或工艺创新，未实现组织或营销创新的企业
租赁业	448	421	60	128	31
商务服务业	8220	7857	1079	2335	534
科学研究和技术服务业	8138	7116	1497	3211	1074
研究和试验发展	1235	1023	270	582	191
专业技术服务业	4828	4319	809	1810	636
科技推广和应用服务业	2075	1774	418	819	247
水利、环境和公共设施管理业	1680	1594	225	498	122
水利管理业	56	51	5	14	9
生态保护和环境治理业	219	188	42	87	35
公共设施管理业	1405	1355	178	397	78
四、按地区分					
东部地区	55538	52446	8360	17282	4691
中部地区	15743	15468	2676	5201	819
西部地区	14642	14347	2285	4799	636
东北地区	2835	2746	482	878	177
北　京	6723	5546	938	2315	808
天　津	3427	3295	432	806	273
河　北	2230	2178	271	598	151
山　西	968	958	97	239	41
内蒙古	759	746	93	215	30
辽　宁	1305	1251	209	398	102
吉　林	977	951	207	361	46
黑龙江	553	544	66	119	29
上　海	3796	3471	632	1399	480
江　苏	10003	9673	1504	2807	785
浙　江	6695	6553	1051	2264	513
安　徽	3287	3219	662	1269	167
福　建	5085	5016	674	1284	359
江　西	1586	1541	298	544	64
山　东	7499	7310	827	1893	577
河　南	4438	4394	650	1314	246
湖　北	2913	2840	469	925	144
湖　南	2551	2516	500	910	157
广　东	9820	9157	1988	3819	730
广　西	1336	1308	205	455	49
海　南	260	247	43	97	15
重　庆	2320	2276	375	715	103
四　川	3412	3312	552	1159	174
贵　州	1242	1222	194	395	47
云　南	1474	1459	304	591	60
西　藏	72	72	11	24	3
陕　西	2056	2014	308	668	83
甘　肃	685	672	104	234	26
青　海	204	202	28	64	9
宁　夏	246	245	34	81	6
新　疆	836	819	77	198	46

	在全部企业中占比(%)					
#实现组织或营销创新，未实现产品或工艺创新的企业	开展创新活动企业	实现创新企业	同时实现四种创新企业	既实现产品或工艺创新，也实现组织或营销创新的企业	实现产品或工艺创新，未实现组织或营销创新的企业	实现组织或营销创新，未实现产品或工艺创新的企业
262	26.0	24.4	3.5	7.4	1.8	15.2
4988	26.3	25.1	3.5	7.5	1.7	16.0
2831	41.0	35.9	7.5	16.2	5.4	14.3
250	67.6	56.0	14.8	31.8	10.4	13.7
1873	36.2	32.4	6.1	13.6	4.8	14.0
708	44.4	38.0	8.9	17.5	5.3	15.1
974	31.7	30.1	4.2	9.4	2.3	18.4
28	25.6	23.3	2.3	6.4	4.1	12.8
66	39.3	33.8	7.5	15.6	6.3	11.8
880	31.1	29.9	3.9	8.8	1.7	19.4
30473	30.2	28.5	4.5	9.4	2.5	16.6
9448	26.6	26.2	4.5	8.8	1.4	16.0
8912	29.6	29.0	4.6	9.7	1.3	18.0
1691	19.5	18.9	3.3	6.0	1.2	11.6
2423	39.2	32.3	5.5	13.5	4.7	14.1
2216	38.4	37.0	4.8	9.0	3.1	24.9
1429	30.8	30.1	3.7	8.3	2.1	19.7
678	24.2	24.0	2.4	6.0	1.0	17.0
501	23.0	22.6	2.8	6.5	0.9	15.2
751	17.6	16.8	2.8	5.4	1.4	10.1
544	22.4	21.8	4.8	8.3	1.1	12.5
396	20.0	19.7	2.4	4.3	1.0	14.3
1592	27.8	25.5	4.6	10.3	3.5	11.7
6081	30.3	29.3	4.6	8.5	2.4	18.4
3776	26.8	26.2	4.2	9.1	2.1	15.1
1783	32.4	31.7	6.5	12.5	1.6	17.6
3373	33.0	32.6	4.4	8.3	2.3	21.9
933	26.8	26.0	5.0	9.2	1.1	15.7
4840	28.3	27.6	3.1	7.1	2.2	18.3
2834	24.3	24.0	3.6	7.2	1.3	15.5
1771	26.0	25.4	4.2	8.3	1.3	15.8
1449	26.6	26.2	5.2	9.5	1.6	15.1
4608	27.0	25.2	5.5	10.5	2.0	12.7
804	27.7	27.1	4.2	9.4	1.0	16.7
135	31.9	30.3	5.3	11.9	1.8	16.5
1458	26.9	26.4	4.3	8.3	1.2	16.9
1979	31.9	30.9	5.2	10.8	1.6	18.5
780	31.7	31.2	4.9	10.1	1.2	19.9
808	33.8	33.5	7.0	13.6	1.4	18.5
45	38.1	38.1	5.8	12.7	1.6	23.8
1263	33.7	33.0	5.0	10.9	1.4	20.7
412	27.2	26.7	4.1	9.3	1.0	16.3
129	33.6	33.2	4.6	10.5	1.5	21.2
158	33.5	33.4	4.6	11.0	0.8	21.5
575	23.9	23.4	2.2	5.7	1.3	16.4

四、规模（限额）以上企业产品和工艺创新情况（2016 年）

4-1 规模(限额)以上企业产品和

项　　目	开展产品或工艺创新活动企业数(个)	#实现产品或工艺创新企业	#实现产品创新企业	#实现工艺创新企业	未开展产品或工艺创新活动企业数(个)
总　计	**192215**	**159758**	**121008**	**130056**	**533924**
一、按规模分					
大型企业	12524	11025	8614	9657	8642
中型企业	45512	38706	29680	32160	99295
小型企业	128886	105671	79647	84704	362670
微型企业	5293	4356	3067	3535	63317
二、按登记注册类型分					
内资企业	166613	138480	104050	113095	494892
国有企业	2197	1799	1088	1573	10367
集体企业	721	574	368	475	6486
股份合作企业	406	344	275	249	1516
联营企业	36	29	24	19	312
#国有联营企业	8	6	5	5	51
有限责任公司	53536	44326	32154	37024	164220
#国有独资公司	3104	2568	1641	2222	8361
股份有限公司	10780	9364	7727	7901	12739
私营企业	98355	81558	62070	65455	295085
其他企业	582	486	344	399	4167
港、澳、台商投资企业	11824	9827	7848	7936	18923
合资经营企业	4162	3579	2940	2868	4644
合作经营企业	234	187	143	150	525
港、澳、台商独资经营企业	6993	5680	4457	4591	13174
港、澳、台商投资股份有限公司	340	297	244	255	382
其他港、澳、台投资企业	95	84	64	72	198
外商投资企业	13778	11451	9110	9025	20109
中外合资经营企业	5187	4536	3680	3625	5641
中外合作经营企业	215	174	129	139	474
外资企业	7951	6383	5016	4976	13356
外商投资股份有限公司	288	247	205	198	365
其他外商投资企业	137	111	80	87	273
三、按行业分					
采矿业	1730	1163	380	1098	10815
制造业	141074	117641	92234	95465	214455
电力、热力、燃气及水生产和供应业	1988	1407	258	1358	8517
建筑业	5919	5064	2661	4828	34497
批发和零售业	17941	16505	11579	13344	175233
交通运输、仓储和邮政业	3440	2948	1831	2480	35846
信息传输、软件和信息技术服务业	9691	7097	6131	5193	6875
租赁和商务服务业	3773	3028	2201	2335	29204
科学研究和技术服务业	5889	4285	3296	3465	13951
水利、环境和公共设施管理业	770	620	437	490	4531

工艺创新分布情况

在全部企业中占比(%)							
开展产品或工艺创新活动企业	#实现产品或工艺创新企业	#实现产品创新企业	#实现工艺创新企业	1.同时实现产品和工艺创新企业	2.仅实现产品创新企业	3.仅实现工艺创新企业	4.仅有正在进行或中止的产品或工艺创新活动企业
26.5	**22.0**	**16.7**	**17.9**	**12.6**	**4.1**	**5.3**	**4.5**
59.2	52.1	40.7	45.6	34.2	6.5	11.4	7.1
31.4	26.7	20.5	22.2	16.0	4.5	6.2	4.7
26.2	21.5	16.2	17.2	11.9	4.3	5.3	4.7
7.7	6.3	4.5	5.2	3.3	1.2	1.9	1.4
25.2	20.9	15.7	17.1	11.9	3.8	5.2	4.3
17.5	14.3	8.7	12.5	6.9	1.8	5.7	3.2
10.0	8.0	5.1	6.6	3.7	1.4	2.9	2.0
21.1	17.9	14.3	13.0	9.4	4.9	3.6	3.2
10.3	8.3	6.9	5.5	4.0	2.9	1.4	2.0
13.6	10.2	8.5	8.5	6.8	1.7	1.7	3.4
24.6	20.4	14.8	17.0	11.4	3.4	5.6	4.2
27.1	22.4	14.3	19.4	11.3	3.0	8.1	4.7
45.8	39.8	32.9	33.6	26.6	6.2	7.0	6.0
25.0	20.7	15.8	16.6	11.7	4.1	5.0	4.3
12.3	10.2	7.2	8.4	5.4	1.8	3.0	2.0
38.5	32.0	25.5	25.8	19.4	6.2	6.4	6.5
47.3	40.6	33.4	32.6	25.3	8.1	7.3	6.6
30.8	24.6	18.8	19.8	14.0	4.9	5.8	6.2
34.7	28.2	22.1	22.8	16.7	5.4	6.1	6.5
47.1	41.1	33.8	35.3	28.0	5.8	7.3	6.0
32.4	28.7	21.8	24.6	17.7	4.1	6.8	3.8
40.7	33.8	26.9	26.6	19.7	7.2	6.9	6.9
47.9	41.9	34.0	33.5	25.6	8.4	7.9	6.0
31.2	25.3	18.7	20.2	13.6	5.1	6.5	6.0
37.3	30.0	23.5	23.4	16.9	6.6	6.4	7.4
44.1	37.8	31.4	30.3	23.9	7.5	6.4	6.3
33.4	27.1	19.5	21.2	13.7	5.9	7.6	6.3
13.8	9.3	3.0	8.8	2.5	0.5	6.2	4.5
39.7	33.1	25.9	26.9	19.7	6.2	7.1	6.6
18.9	13.4	2.5	12.9	2.0	0.5	10.9	5.5
14.6	12.5	6.6	11.9	6.0	0.6	5.9	2.1
9.3	8.5	6.0	6.9	4.4	1.6	2.6	0.7
8.8	7.5	4.7	6.3	3.5	1.2	2.8	1.3
58.5	42.8	37.0	31.3	25.5	11.5	5.8	15.7
11.4	9.2	6.7	7.1	4.6	2.1	2.5	2.3
29.7	21.6	16.6	17.5	12.5	4.1	5.0	8.1
14.5	11.7	8.2	9.2	5.8	2.5	3.5	2.8

4-1 续表

项目	开展产品或工艺创新活动企业数（个）	#实现产品或工艺创新企业	#实现产品创新企业	#实现工艺创新企业	未开展产品或工艺创新活动企业数（个）
四、按地区分					
东部地区	126058	105603	82755	83828	296078
中部地区	37442	30371	21841	25926	119386
西部地区	23602	19596	13323	16758	87329
东北地区	5113	4188	3089	3544	31130
北　京	7104	4981	3898	3697	15014
天　津	4323	3638	2934	2983	10617
河　北	4819	4038	2516	3311	18469
山　西	1200	1042	623	889	7338
内蒙古	1050	859	492	728	6962
辽　宁	2634	2152	1690	1816	14673
吉　林	1580	1294	915	1092	9575
黑龙江	899	742	484	636	6882
上　海	6114	5324	4261	4317	17223
江　苏	31221	26419	21238	20792	53795
浙　江	26660	23468	20483	17329	41415
安　徽	9345	8358	6572	7186	22028
福　建	7783	6787	4730	5656	26428
江　西	4779	3850	2714	3262	13035
山　东	14859	12440	7701	10408	54062
河　南	7206	6155	4129	5250	37636
湖　北	7105	5750	4025	5014	22221
湖　南	7807	5216	3778	4325	17128
广　东	22897	18277	14838	15139	58071
广　西	1873	1629	1046	1373	8884
海　南	278	231	156	196	984
重　庆	4070	3450	2682	2914	12598
四　川	5782	4814	3288	4067	20897
贵　州	2018	1582	1072	1370	7421
云　南	2570	2228	1523	1986	7052
西　藏	64	54	30	47	353
陕　西	3083	2570	1733	2184	10504
甘　肃	1142	889	557	777	4103
青　海	271	226	126	198	1119
宁　夏	542	453	295	395	1672
新　疆	1137	842	479	719	5764

在全部企业中占比(%)							
开展产品或工艺创新活动企业	#实现产品或工艺创新企业	#实现产品创新企业	#实现工艺创新企业	1.同时实现产品和工艺创新企业	2.仅实现产品创新企业	3.仅实现工艺创新企业	4.仅有正在进行或中止的产品或工艺创新活动企业
29.9	25.0	19.6	19.9	14.4	5.2	5.4	4.8
23.9	19.4	13.9	16.5	11.1	2.8	5.4	4.5
21.3	17.7	12.0	15.1	9.5	2.6	5.7	3.6
14.1	11.6	8.5	9.8	6.7	1.8	3.0	2.6
32.1	22.5	17.6	16.7	11.8	5.8	4.9	9.6
28.9	24.4	19.6	20.0	15.3	4.4	4.7	4.6
20.7	17.3	10.8	14.2	7.7	3.1	6.5	3.4
14.1	12.2	7.3	10.4	5.5	1.8	4.9	1.9
13.1	10.7	6.1	9.1	4.5	1.6	4.6	2.4
15.2	12.4	9.8	10.5	7.8	1.9	2.7	2.8
14.2	11.6	8.2	9.8	6.4	1.8	3.4	2.6
11.6	9.5	6.2	8.2	4.9	1.4	3.3	2.0
26.2	22.8	18.3	18.5	13.9	4.3	4.6	3.4
36.7	31.1	25.0	24.5	18.4	6.6	6.1	5.6
39.2	34.5	30.1	25.5	21.1	9.0	4.4	4.7
29.8	26.6	20.9	22.9	17.2	3.7	5.7	3.1
22.8	19.8	13.8	16.5	10.5	3.3	6.0	2.9
26.8	21.6	15.2	18.3	11.9	3.3	6.4	5.2
21.6	18.1	11.2	15.1	8.2	2.9	6.9	3.5
16.1	13.7	9.2	11.7	7.2	2.0	4.5	2.3
24.2	19.6	13.7	17.1	11.2	2.5	5.9	4.6
31.3	20.9	15.2	17.3	11.6	3.6	5.8	10.4
28.3	22.6	18.3	18.7	14.5	3.9	4.2	5.7
17.4	15.1	9.7	12.8	7.3	2.4	5.4	2.3
22.0	18.3	12.4	15.5	9.6	2.8	5.9	3.7
24.4	20.7	16.1	17.5	12.9	3.2	4.6	3.7
21.7	18.0	12.3	15.2	9.5	2.8	5.7	3.6
21.4	16.8	11.4	14.5	9.1	2.2	5.4	4.6
26.7	23.2	15.8	20.6	13.3	2.5	7.3	3.6
15.3	13.0	7.2	11.3	5.5	1.7	5.8	2.4
22.7	18.9	12.8	16.1	9.9	2.8	6.2	3.8
21.8	16.9	10.6	14.8	8.5	2.1	6.3	4.8
19.5	16.3	9.1	14.2	7.1	2.0	7.2	3.2
24.5	20.5	13.3	17.8	10.7	2.6	7.1	4.0
16.5	12.2	6.9	10.4	5.2	1.8	5.3	4.3

4-2 规模以上工业企业产品和

项　目	开展产品或工艺创新活动企业数(个)	#实现产品或工艺创新企业	#实现产品创新企业	#实现工艺创新企业	未开展产品或工艺创新活动企业数(个)
总　计	**144792**	**120211**	**92872**	**97921**	**233787**
一、按规模分					
大型企业	7475	6717	5672	5899	2169
中型企业	29368	25065	20244	20974	23301
小型企业	105924	86880	65934	69813	193173
微型企业	2025	1549	1022	1235	15144
二、按登记注册类型分					
内资企业	122228	101257	77653	82742	206798
国有企业	793	619	386	538	1648
集体企业	385	292	186	241	1706
股份合作企业	346	295	239	211	600
联营企业	20	17	15	11	91
#国有联营企业	4	4	4	3	6
有限责任公司	35733	29442	21844	24793	60514
#国有独资公司	1533	1253	842	1099	1905
股份有限公司	7591	6734	5716	5778	4410
私营企业	77179	63740	49188	51078	137130
其他企业	181	118	79	92	699
港、澳、台商投资企业	10480	8760	7044	7093	12949
合资经营企业	3778	3262	2706	2607	3259
合作经营企业	202	159	124	126	378
港、澳、台商独资经营企业	6147	5028	3959	4092	9028
港、澳、台商投资股份有限公司	281	247	206	214	197
其他港、澳、台投资企业	72	64	49	54	87
外商投资企业	12084	10194	8175	8086	14040
中外合资经营企业	4708	4151	3410	3304	4329
中外合作经营企业	191	159	119	128	349
外资企业	6838	5591	4408	4419	9020
外商投资股份有限公司	240	209	177	169	213
其他外商投资企业	107	84	61	66	129
三、按行业分					
采矿业	1730	1163	380	1098	10815
煤炭开采和洗选业	552	368	112	352	4497
石油和天然气开采业	49	32	8	31	87
黑色金属矿采选业	252	175	32	169	1626
有色金属矿采选业	326	213	51	202	1328
非金属矿采选业	493	339	160	310	3141

工艺创新分布情况

在全部企业中占比(%)							
开展产品或工艺创新活动企业	#实现产品或工艺创新企业	#实现产品创新企业	#实现工艺创新企业	1.同时实现产品和工艺创新企业	2.仅实现产品创新企业	3.仅实现工艺创新企业	4.仅有正在进行或中止的产品或工艺创新活动企业
38.2	**31.8**	**24.5**	**25.9**	**18.6**	**5.9**	**7.2**	**6.5**
77.5	69.7	58.8	61.2	50.3	8.5	10.8	7.9
55.8	47.6	38.4	39.8	30.7	7.8	9.2	8.2
35.4	29.0	22.0	23.3	16.3	5.7	7.0	6.4
11.8	9.0	6.0	7.2	4.1	1.8	3.1	2.8
37.1	30.8	23.6	25.1	18.0	5.6	7.2	6.4
32.5	25.4	15.8	22.0	12.5	3.3	9.5	7.1
18.4	14.0	8.9	11.5	6.5	2.4	5.1	4.4
36.6	31.2	25.3	22.3	16.4	8.9	5.9	5.4
18.0	15.3	13.5	9.9	8.1	5.4	1.8	2.7
40.0	40.0	40.0	30.0	30.0	10.0		
37.1	30.6	22.7	25.8	17.9	4.8	7.9	6.5
44.6	36.4	24.5	32.0	20.0	4.5	12.0	8.1
63.3	56.1	47.6	48.1	39.7	8.0	8.5	7.1
36.0	29.7	23.0	23.8	17.0	5.9	6.8	6.3
20.6	13.4	9.0	10.5	6.0	3.0	4.4	7.2
44.7	37.4	30.1	30.3	23.0	7.1	7.3	7.3
53.7	46.4	38.5	37.0	29.1	9.3	7.9	7.3
34.8	27.4	21.4	21.7	15.7	5.7	6.0	7.4
40.5	33.1	26.1	27.0	19.9	6.2	7.0	7.4
58.8	51.7	43.1	44.8	36.2	6.9	8.6	7.1
45.3	40.3	30.8	34.0	24.5	6.3	9.4	5.0
46.3	39.0	31.3	31.0	23.2	8.1	7.7	7.2
52.1	45.9	37.7	36.6	28.4	9.4	8.2	6.2
35.4	29.4	22.0	23.7	16.3	5.7	7.4	5.9
43.1	35.3	27.8	27.9	20.4	7.4	7.5	7.9
53.0	46.1	39.1	37.3	30.2	8.8	7.1	6.8
45.3	35.6	25.8	28.0	18.2	7.6	9.7	9.7
13.8	9.3	3.0	8.8	2.5	0.5	6.2	4.5
10.9	7.3	2.2	7.0	1.9	0.3	5.1	3.6
36.0	23.5	5.9	22.8	5.1	0.7	17.6	12.5
13.4	9.3	1.7	9.0	1.4	0.3	7.6	4.1
19.7	12.9	3.1	12.2	2.4	0.7	9.8	6.8
13.6	9.3	4.4	8.5	3.6	0.8	4.9	4.2

4-2 续表 1

项　目	开展产品或工艺创新活动企业数(个)	#实现产品或工艺创新企业	#实现产品创新企业	#实现工艺创新企业	未开展产品或工艺创新活动企业数(个)
开采辅助活动	53	32	16	30	115
其他采矿业	5	4	1	4	21
制造业	141074	117641	92234	95465	214455
农副食品加工业	7409	5827	3897	4853	18601
食品制造业	3498	2909	2201	2374	5545
酒、饮料和精制茶制造业	2457	2018	1451	1630	4505
烟草制品业	77	69	50	59	51
纺织业	6260	5152	3960	4050	13492
纺织服装、服饰业	4041	3335	2459	2472	11404
皮革、毛皮、羽毛及其制品和制鞋业	2447	2009	1641	1378	6280
木材加工和木、竹、藤、棕、草制品业	2224	1745	1226	1480	6899
家具制造业	1873	1536	1201	1200	3904
造纸和纸制品业	1959	1570	1108	1324	4627
印刷和记录媒介复制业	1678	1402	968	1218	3899
文教、工美、体育和娱乐用品制造业	3375	2868	2241	2210	5887
石油加工、炼焦和核燃料加工业	641	498	319	432	1234
化学原料和化学制品制造业	11045	9135	6948	7515	13539
医药制造业	4750	3813	2780	3237	2790
化学纤维制造业	846	716	583	579	974
橡胶和塑料制品业	6573	5410	4260	4354	11725
非金属矿物制品业	8779	6897	4603	5841	26247
黑色金属冶炼和压延加工业	2571	2081	1453	1739	5928
有色金属冶炼和压延加工业	2940	2394	1717	2012	4082
金属制品业	7376	6134	4716	5022	13372
通用设备制造业	11970	10261	8655	8153	11704
专用设备制造业	9594	8184	6879	6576	8011
汽车制造业	7211	6340	5237	5340	7288
铁路、船舶、航空航天和其他运输设备制造业	2477	2104	1763	1670	2470
电气机械和器材制造业	13165	11332	9701	9169	10436
计算机、通信和其他电子设备制造业	9635	8283	7192	6773	5585
仪器仪表制造业	2974	2624	2336	2016	1363
其他制造业	722	602	454	448	1164
废弃资源综合利用业	388	295	164	259	1194
金属制品、机械和设备修理业	119	98	71	82	255
电力、热力、燃气及水生产和供应业	1988	1407	258	1358	8517
电力、热力生产和供应业	1414	987	157	959	5852
燃气生产和供应业	222	157	48	146	1276
水的生产和供应业	352	263	53	253	1389

在全部企业中占比(%)							
开展产品或工艺创新活动企业	#实现产品或工艺创新企业	#实现产品创新企业	#实现工艺创新企业	1.同时实现产品和工艺创新企业	2.仅实现产品创新企业	3.仅实现工艺创新企业	4.仅有正在进行或中止的产品或工艺创新活动企业
31.5	19.0	9.5	17.9	8.3	1.2	9.5	12.5
19.2	15.4	3.8	15.4	3.8		11.5	3.8
39.7	33.1	25.9	26.9	19.7	6.2	7.1	6.6
28.5	22.4	15.0	18.7	11.2	3.7	7.4	6.1
38.7	32.2	24.3	26.3	18.4	5.9	7.8	6.5
35.3	29.0	20.8	23.4	15.3	5.6	8.1	6.3
60.2	53.9	39.1	46.1	31.3	7.8	14.8	6.3
31.7	26.1	20.0	20.5	14.5	5.6	6.0	5.6
26.2	21.6	15.9	16.0	10.3	5.6	5.7	4.6
28.0	23.0	18.8	15.8	11.6	7.2	4.2	5.0
24.4	19.1	13.4	16.2	10.5	2.9	5.7	5.3
32.4	26.6	20.8	20.8	15.0	5.8	5.8	5.8
29.7	23.8	16.8	20.1	13.1	3.7	7.0	5.9
30.1	25.1	17.4	21.8	14.1	3.3	7.8	4.9
36.4	31.0	24.2	23.9	17.1	7.1	6.8	5.5
34.2	26.6	17.0	23.0	13.5	3.5	9.5	7.6
44.9	37.2	28.3	30.6	21.7	6.6	8.9	7.8
63.0	50.6	36.9	42.9	29.2	7.6	13.7	12.4
46.5	39.3	32.0	31.8	24.5	7.5	7.3	7.1
35.9	29.6	23.3	23.8	17.5	5.8	6.3	6.4
25.1	19.7	13.1	16.7	10.1	3.0	6.5	5.4
30.3	24.5	17.1	20.5	13.1	4.0	7.4	5.8
41.9	34.1	24.5	28.7	19.0	5.4	9.6	7.8
35.6	29.6	22.7	24.2	17.4	5.4	6.8	6.0
50.6	43.3	36.6	34.4	27.7	8.9	6.8	7.2
54.5	46.5	39.1	37.4	29.9	9.1	7.4	8.0
49.7	43.7	36.1	36.8	29.2	6.9	7.6	6.0
50.1	42.5	35.6	33.8	26.9	8.8	6.9	7.5
55.8	48.0	41.1	38.9	31.9	9.2	6.9	7.8
63.3	54.4	47.3	44.5	37.3	9.9	7.2	8.9
68.6	60.5	53.9	46.5	39.8	14.0	6.6	8.1
38.3	31.9	24.1	23.8	15.9	8.2	7.8	6.4
24.5	18.6	10.4	16.4	8.1	2.3	8.3	5.9
31.8	26.2	19.0	21.9	14.7	4.3	7.2	5.6
18.9	13.4	2.5	12.9	2.0	0.5	10.9	5.5
19.5	13.6	2.2	13.2	1.8	0.4	11.4	5.9
14.8	10.5	3.2	9.7	2.5	0.7	7.3	4.3
20.2	15.1	3.0	14.5	2.5	0.6	12.1	5.1

4-2 续表 2

项　　目	开展产品或工艺创新活动企业数(个)	#实现产品或工艺创新企业	#实现产品创新企业	#实现工艺创新企业	未开展产品或工艺创新活动企业数(个)
四、按地区分					
东部地区	95399	80695	64693	63969	124124
中部地区	29461	23327	16957	20007	59225
西部地区	16318	13274	9079	11471	36072
东北地区	3614	2915	2143	2474	14366
北　京	1900	1605	1356	1195	1440
天　津	2827	2408	2036	1973	2371
河　北	3759	3129	1907	2572	11005
山　西	773	664	400	576	2781
内蒙古	733	580	309	499	3562
辽　宁	1883	1521	1221	1286	6136
吉　林	1059	847	568	724	4944
黑龙江	672	547	354	464	3286
上　海	3565	3270	2678	2751	4786
江　苏	26211	22079	18058	17324	21688
浙　江	22942	20174	18234	14676	17185
安　徽	7519	6725	5383	5828	12314
福　建	5710	4923	3399	4173	11552
江　西	3962	3158	2212	2683	6976
山　东	11549	9604	5871	8096	28014
河　南	5114	4283	2891	3675	18566
湖　北	5607	4460	3169	3900	10690
湖　南	6486	4037	2902	3345	7898
广　东	16806	13398	11084	11118	25876
广　西	1232	1056	678	898	4222
海　南	130	105	70	91	207
重　庆	2987	2519	2044	2115	3796
四　川	3998	3308	2227	2846	9820
贵　州	1453	1084	743	943	3670
云　南	1731	1462	987	1324	2459
西　藏	26	19	7	19	82
陕　西	2007	1653	1120	1429	3855
甘　肃	768	557	356	483	1329
青　海	168	137	72	125	425
宁　夏	423	350	231	312	751
新　疆	792	549	305	478	2101

在全部企业中占比(%)							
开展产品或工艺创新活动企业	#实现产品或工艺创新企业	#实现产品创新企业	#实现工艺创新企业	1.同时实现产品和工艺创新企业	2.仅实现产品创新企业	3.仅实现工艺创新企业	4.仅有正在进行或中止的产品或工艺创新活动企业
43.5	36.8	29.5	29.1	21.9	7.6	7.3	6.7
33.2	26.3	19.1	22.6	15.4	3.7	7.2	6.9
31.1	25.3	17.3	21.9	13.9	3.4	8.0	5.8
20.1	16.2	11.9	13.8	9.5	2.5	4.3	3.9
56.9	48.1	40.6	35.8	28.3	12.3	7.5	8.8
54.4	46.3	39.2	38.0	30.8	8.4	7.2	8.1
25.5	21.2	12.9	17.4	9.1	3.8	8.3	4.3
21.8	18.7	11.3	16.2	8.8	2.5	7.4	3.1
17.1	13.5	7.2	11.6	5.3	1.9	6.3	3.6
23.5	19.0	15.2	16.0	12.3	2.9	3.7	4.5
17.6	14.1	9.5	12.1	7.4	2.0	4.6	3.5
17.0	13.8	8.9	11.7	6.8	2.1	4.9	3.2
42.7	39.2	32.1	32.9	25.9	6.2	7.1	3.5
54.7	46.1	37.7	36.2	27.8	9.9	8.4	8.6
57.2	50.3	45.4	36.6	31.7	13.7	4.8	6.9
37.9	33.9	27.1	29.4	22.6	4.5	6.8	4.0
33.1	28.5	19.7	24.2	15.3	4.3	8.8	4.6
36.2	28.9	20.2	24.5	15.9	4.3	8.6	7.4
29.2	24.3	14.8	20.5	11.0	3.8	9.4	4.9
21.6	18.1	12.2	15.5	9.6	2.6	5.9	3.5
34.4	27.4	19.4	23.9	16.0	3.4	7.9	7.0
45.1	28.1	20.2	23.3	15.4	4.8	7.9	17.0
39.4	31.4	26.0	26.0	20.6	5.3	5.4	8.0
22.6	19.4	12.4	16.5	9.5	2.9	6.9	3.2
38.6	31.2	20.8	27.0	16.6	4.2	10.4	7.4
44.0	37.1	30.1	31.2	24.2	6.0	7.0	6.9
28.9	23.9	16.1	20.6	12.8	3.3	7.8	5.0
28.4	21.2	14.5	18.4	11.8	2.8	6.7	7.2
41.3	34.9	23.6	31.6	20.3	3.3	11.3	6.4
24.1	17.6	6.5	17.6	6.5		11.1	6.5
34.2	28.2	19.1	24.4	15.3	3.8	9.1	6.0
36.6	26.6	17.0	23.0	13.4	3.5	9.6	10.1
28.3	23.1	12.1	21.1	10.1	2.0	11.0	5.2
36.0	29.8	19.7	26.6	16.4	3.2	10.1	6.2
27.4	19.0	10.5	16.5	8.1	2.5	8.4	8.4

4-3 资质等级以上建筑业企业

项 目	开展产品或工艺创新活动企业数（个）	#实现产品或工艺创新企业	#实现产品创新企业	#实现工艺创新企业	未开展产品或工艺创新活动企业数（个）
总 计	**5919**	**5064**	**2661**	**4828**	**34497**
一、按规模分					
大型企业	1498	1373	717	1360	786
中型企业	2895	2445	1233	2316	15112
小型企业	1358	1108	637	1026	14871
微型企业	168	138	74	126	3728
二、按登记注册类型分					
内资企业	5844	5004	2621	4775	34159
国有企业	249	221	94	216	1136
集体企业	74	63	34	60	898
股份合作企业	12	12	10	10	108
有限责任公司	2775	2403	1250	2307	12937
#国有独资公司	355	321	150	315	505
股份有限公司	376	313	177	292	1379
私营企业	2354	1988	1054	1886	17658
港、澳、台商投资企业	51	40	26	37	217
合资经营企业	38	27	16	24	140
合作经营企业	6	6	6	6	9
港、澳、台商独资经营企业	6	6	4	6	52
外商投资企业	24	20	14	16	121
中外合资经营企业	16	13	10	11	70
外资企业	7	7	4	5	41
三、按行业分					
房屋建筑业	2566	2222	1139	2128	16034
土木工程建筑业	1595	1392	693	1340	6602
建筑安装业	824	653	359	612	4696
建筑装饰和其他建筑业	934	797	470	748	7165

产品和工艺创新分布情况

在全部企业中占比(%)							
开展产品或工艺创新活动企业	#实现产品或工艺创新企业			1.同时实现产品和工艺创新企业	2.仅实现产品创新企业	3.仅实现工艺创新企业	4.仅有正在进行或中止的产品或工艺创新活动企业
		#实现产品创新企业	#实现工艺创新企业				
14.6	**12.5**	**6.6**	**11.9**	**6.0**	**0.6**	**5.9**	**2.1**
65.6	60.1	31.4	59.5	30.8	0.6	28.7	5.5
16.1	13.6	6.8	12.9	6.1	0.7	6.7	2.5
8.4	6.8	3.9	6.3	3.4	0.5	2.9	1.5
4.3	3.5	1.9	3.2	1.6	0.3	1.6	0.8
14.6	12.5	6.6	11.9	6.0	0.6	6.0	2.1
18.0	16.0	6.8	15.6	6.4	0.4	9.2	2.0
7.6	6.5	3.5	6.2	3.2	0.3	3.0	1.1
10.0	10.0	8.3	8.3	6.7	1.7	1.7	
17.7	15.3	8.0	14.7	7.3	0.6	7.3	2.4
41.3	37.3	17.4	36.6	16.7	0.7	19.9	4.0
21.4	17.8	10.1	16.6	8.9	1.2	7.7	3.6
11.8	9.9	5.3	9.4	4.8	0.5	4.7	1.8
19.0	14.9	9.7	13.8	8.6	1.1	5.2	4.1
21.3	15.2	9.0	13.5	7.3	1.7	6.2	6.2
40.0	40.0	40.0	40.0	40.0			
10.3	10.3	6.9	10.3	6.9		3.4	
16.6	13.8	9.7	11.0	6.9	2.8	4.1	2.8
18.6	15.1	11.6	12.8	9.3	2.3	3.5	3.5
14.6	14.6	8.3	10.4	4.2	4.2	6.3	
13.8	11.9	6.1	11.4	5.6	0.5	5.8	1.8
19.5	17.0	8.5	16.3	7.8	0.6	8.5	2.5
14.9	11.8	6.5	11.1	5.8	0.7	5.3	3.1
11.5	9.8	5.8	9.2	5.2	0.6	4.0	1.7

4-3 续表

项目	开展产品或工艺创新活动企业数(个)	#实现产品或工艺创新企业	#实现产品创新企业	#实现工艺创新企业	未开展产品或工艺创新活动企业数(个)
四、按地区分					
东部地区	3396	2935	1552	2799	15153
中部地区	1205	1024	527	985	7807
西部地区	1051	887	443	840	8095
东北地区	267	218	139	204	3442
北　京	323	253	130	240	1286
天　津	182	151	84	145	643
河　北	192	160	83	156	1095
山　西	115	98	49	94	876
内蒙古	36	34	20	32	376
辽　宁	157	131	91	122	1702
吉　林	55	40	24	38	739
黑龙江	55	47	24	44	1001
上　海	199	175	112	167	1149
江　苏	832	748	396	710	3255
浙　江	578	517	224	499	2357
安　徽	227	197	125	187	1163
福　建	241	221	108	206	1301
江　西	101	84	40	79	849
山　东	431	366	195	343	2448
河　南	364	312	157	304	2526
湖　北	258	221	98	214	1583
湖　南	140	112	58	107	810
广　东	404	330	215	319	1524
广　西	77	69	27	66	399
海　南	14	14	5	14	95
重　庆	127	113	52	108	1132
四　川	206	173	95	166	1953
贵　州	66	56	27	52	330
云　南	138	115	66	110	935
西　藏	10	8	4	7	110
陕　西	206	166	87	152	1411
甘　肃	81	72	35	71	547
青　海	20	16	7	14	169
宁　夏	24	16	6	15	282
新　疆	60	49	17	47	451

在全部企业中占比(%)							
开展产品或工艺创新活动企业	#实现产品或工艺创新企业	#实现产品创新企业	#实现工艺创新企业	1.同时实现产品和工艺创新企业	2.仅实现产品创新企业	3.仅实现工艺创新企业	4.仅有正在进行或中止的产品或工艺创新活动企业
18.3	15.8	8.4	15.1	7.6	0.7	7.5	2.5
13.4	11.4	5.8	10.9	5.4	0.4	5.5	2.0
11.5	9.7	4.8	9.2	4.3	0.5	4.9	1.8
7.2	5.9	3.7	5.5	3.4	0.4	2.1	1.3
20.1	15.7	8.1	14.9	7.3	0.8	7.6	4.4
22.1	18.3	10.2	17.6	9.5	0.7	8.1	3.8
14.9	12.4	6.4	12.1	6.1	0.3	6.0	2.5
11.6	9.9	4.9	9.5	4.5	0.4	4.9	1.7
8.7	8.3	4.9	7.8	4.4	0.5	3.4	0.5
8.4	7.0	4.9	6.6	4.4	0.5	2.2	1.4
6.9	5.0	3.0	4.8	2.8	0.3	2.0	1.9
5.2	4.5	2.3	4.2	2.0	0.3	2.2	0.8
14.8	13.0	8.3	12.4	7.7	0.6	4.7	1.8
20.4	18.3	9.7	17.4	8.8	0.9	8.6	2.1
19.7	17.6	7.6	17.0	7.0	0.6	10.0	2.1
16.3	14.2	9.0	13.5	8.3	0.7	5.2	2.2
15.6	14.3	7.0	13.4	6.0	1.0	7.3	1.3
10.6	8.8	4.2	8.3	3.7	0.5	4.6	1.8
15.0	12.7	6.8	11.9	6.0	0.8	5.9	2.3
12.6	10.8	5.4	10.5	5.2	0.3	5.4	1.8
14.0	12.0	5.3	11.6	4.9	0.4	6.7	2.0
14.7	11.8	6.1	11.3	5.6	0.5	5.7	2.9
21.0	17.1	11.2	16.5	10.6	0.6	6.0	3.8
16.2	14.5	5.7	13.9	5.0	0.6	8.8	1.7
12.8	12.8	4.6	12.8	4.6		8.3	
10.1	9.0	4.1	8.6	3.7	0.4	4.8	1.1
9.5	8.0	4.4	7.7	4.1	0.3	3.6	1.5
16.7	14.1	6.8	13.1	5.8	1.0	7.3	2.5
12.9	10.7	6.2	10.3	5.7	0.5	4.6	2.1
8.3	6.7	3.3	5.8	2.5	0.8	3.3	1.7
12.7	10.3	5.4	9.4	4.5	0.9	4.9	2.5
12.9	11.5	5.6	11.3	5.4	0.2	5.9	1.4
10.6	8.5	3.7	7.4	2.6	1.1	4.8	2.1
7.8	5.2	2.0	4.9	1.6	0.3	3.3	2.6
11.7	9.6	3.3	9.2	2.9	0.4	6.3	2.2

4-4 规模(限额)以上服务业企业

项　目	开展产品或工艺创新活动企业数(个)	#实现产品或工艺创新企业	#实现产品创新企业	#实现工艺创新企业	未开展产品或工艺创新活动企业数(个)
总　计	**41504**	**34483**	**25475**	**27307**	**265640**
一、按规模分					
大型企业	3551	2935	2225	2398	5687
中型企业	13249	11196	8203	8870	60882
小型企业	21604	17683	13076	13865	154626
微型企业	3100	2669	1971	2174	44445
二、按登记注册类型分					
内资企业	38541	32219	23776	25578	253935
国有企业	1155	959	608	819	7583
集体企业	262	219	148	174	3882
股份合作企业	48	37	26	28	808
联营企业	14	10	8	6	198
#国有联营企业	4	2	1	2	40
有限责任公司	15028	12481	9060	9924	90769
#国有独资公司	1216	994	649	808	5951
股份有限公司	2813	2317	1834	1831	6950
私营企业	18822	15830	11828	12491	140297
其他企业	399	366	264	305	3448
港、澳、台商投资企业	1293	1027	778	806	5757
合资经营企业	346	290	218	237	1245
合作经营企业	26	22	13	18	138
港、澳、台商独资经营企业	840	646	494	493	4094
港、澳、台商投资股份有限公司	59	50	38	41	177
其他港、澳、台投资企业	22	19	15	17	103
外商投资企业	1670	1237	921	923	5948
中外合资经营企业	463	372	260	310	1242
中外合作经营企业	24	15	10	11	116
外资企业	1106	785	604	552	4295
外商投资股份有限公司	47	38	28	29	151
其他外商投资企业	30	27	19	21	144
三、按行业分					
批发和零售业	17941	16505	11579	13344	175233
批发业	7972	7233	4890	5898	86987
零售业	9969	9272	6689	7446	88246
交通运输、仓储和邮政业	3440	2948	1831	2480	35846
铁路运输业	20	15	10	13	215
道路运输业	1925	1653	1090	1362	21405
水上运输业	244	211	118	195	2292
航空运输业	74	65	43	53	265
管道运输业	11	11	3	10	67
装卸搬运和运输代理业	559	456	270	382	6502
仓储业	386	334	176	292	4051
邮政业	221	203	121	173	1049
信息传输、软件和信息技术服务业	9691	7097	6131	5193	6875
电信、广播电视和卫星传输服务	699	587	472	442	1726
互联网和相关服务	865	622	528	477	752
软件和信息技术服务业	8127	5888	5131	4274	4397
租赁和商务服务业	3773	3028	2201	2335	29204

产品和工艺创新分布情况

在全部企业中占比(%)							
开展产品或工艺创新活动企业	#实现产品或工艺创新企业	#实现产品创新企业	#实现工艺创新企业	1.同时实现产品和工艺创新企业	2.仅实现产品创新企业	3.仅实现工艺创新企业	4.仅有正在进行或中止的产品或工艺创新活动企业
13.5	**11.2**	**8.3**	**8.9**	**6.0**	**2.3**	**2.9**	**2.3**
38.4	31.8	24.1	26.0	18.3	5.8	7.7	6.7
17.9	15.1	11.1	12.0	7.9	3.1	4.0	2.8
12.3	10.0	7.4	7.9	5.3	2.2	2.6	2.2
6.5	5.6	4.1	4.6	3.1	1.0	1.5	0.9
13.2	11.0	8.1	8.7	5.9	2.3	2.9	2.2
13.2	11.0	7.0	9.4	5.4	1.6	4.0	2.2
6.3	5.3	3.6	4.2	2.5	1.1	1.7	1.0
5.6	4.3	3.0	3.3	2.0	1.1	1.3	1.3
6.6	4.7	3.8	2.8	1.9	1.9	0.9	1.9
9.1	4.5	2.3	4.5	2.3		2.3	4.5
14.2	11.8	8.6	9.4	6.1	2.4	3.2	2.4
17.0	13.9	9.1	11.3	6.5	2.6	4.8	3.1
28.8	23.7	18.8	18.8	13.8	5.0	4.9	5.1
11.8	9.9	7.4	7.9	5.3	2.1	2.5	1.9
10.4	9.5	6.9	7.9	5.3	1.6	2.7	0.9
18.3	14.6	11.0	11.4	7.9	3.1	3.5	3.8
21.7	18.2	13.7	14.9	10.4	3.3	4.5	3.5
15.9	13.4	7.9	11.0	5.5	2.4	5.5	2.4
17.0	13.1	10.0	10.0	6.9	3.1	3.1	3.9
25.0	21.2	16.1	17.4	12.3	3.8	5.1	3.8
17.6	15.2	12.0	13.6	10.4	1.6	3.2	2.4
21.9	16.2	12.1	12.1	8.0	4.1	4.1	5.7
27.2	21.8	15.2	18.2	11.6	3.6	6.6	5.3
17.1	10.7	7.1	7.9	4.3	2.9	3.6	6.4
20.5	14.5	11.2	10.2	6.9	4.3	3.4	5.9
23.7	19.2	14.1	14.6	9.6	4.5	5.1	4.5
17.2	15.5	10.9	12.1	7.5	3.4	4.6	1.7
9.3	8.5	6.0	6.9	4.4	1.6	2.6	0.7
8.4	7.6	5.2	6.2	3.7	1.4	2.5	0.8
10.2	9.4	6.8	7.6	5.0	1.9	2.6	0.7
8.8	7.5	4.7	6.3	3.5	1.2	2.8	1.3
8.5	6.4	4.3	5.5	3.4	0.9	2.1	2.1
8.3	7.1	4.7	5.8	3.4	1.2	2.4	1.2
9.6	8.3	4.7	7.7	4.0	0.6	3.7	1.3
21.8	19.2	12.7	15.6	9.1	3.5	6.5	2.7
14.1	14.1	3.8	12.8	2.6	1.3	10.3	
7.9	6.5	3.8	5.4	2.8	1.0	2.6	1.5
8.7	7.5	4.0	6.6	3.0	0.9	3.6	1.2
17.4	16.0	9.5	13.6	7.2	2.4	6.5	1.4
58.5	42.8	37.0	31.3	25.5	11.5	5.8	15.7
28.8	24.2	19.5	18.2	13.5	6.0	4.7	4.6
53.5	38.5	32.7	29.5	23.7	9.0	5.8	15.0
64.9	47.0	41.0	34.1	28.1	12.9	6.0	17.9
11.4	9.2	6.7	7.1	4.6	2.1	2.5	2.3

4-4 续表

项 目	开展产品或工艺创新活动企业数(个)	#实现产品或工艺创新企业	#实现产品创新企业	#实现工艺创新企业	未开展产品或工艺创新活动企业数(个)
租赁业	198	159	114	129	1525
商务服务业	3575	2869	2087	2206	27679
科学研究和技术服务业	5889	4285	3296	3465	13951
研究和试验发展	1082	773	602	644	746
专业技术服务业	3267	2446	1839	1984	10071
科技推广和应用服务业	1540	1066	855	837	3134
水利、环境和公共设施管理业	770	620	437	490	4531
水利管理业	28	23	12	21	191
生态保护和环境治理业	169	122	87	105	388
公共设施管理业	573	475	338	364	3952
四、按地区分					
东部地区	27263	21973	16510	17060	156801
中部地区	6776	6020	4357	4934	52354
西部地区	6233	5435	3801	4447	43162
东北地区	1232	1055	807	866	13322
北 京	4881	3123	2412	2262	12288
天 津	1314	1079	814	865	7603
河 北	868	749	526	583	6369
山 西	312	280	174	219	3681
内蒙古	281	245	163	197	3024
辽 宁	594	500	378	408	6835
吉 林	466	407	323	330	3892
黑龙江	172	148	106	128	2595
上 海	2350	1879	1471	1399	11288
江 苏	4178	3592	2784	2758	28852
浙 江	3140	2777	2025	2154	21873
安 徽	1599	1436	1064	1171	8551
福 建	1832	1643	1223	1277	13575
江 西	716	608	462	500	5210
山 东	2879	2470	1635	1969	23600
河 南	1728	1560	1081	1271	16544
湖 北	1240	1069	758	900	9948
湖 南	1181	1067	818	873	8420
广 东	5687	4549	3539	3702	30671
广 西	564	504	341	409	4263
海 南	134	112	81	91	682
重 庆	956	818	586	691	7670
四 川	1578	1333	966	1055	9124
贵 州	499	442	302	375	3421
云 南	701	651	470	552	3658
西 藏	28	27	19	21	161
陕 西	870	751	526	603	5238
甘 肃	293	260	166	223	2227
青 海	83	73	47	59	525
宁 夏	95	87	58	68	639
新 疆	285	244	157	194	3212

在全部企业中占比(%)							
开展产品或工艺创新活动企业	#实现产品或工艺创新企业			1.同时实现产品和工艺创新企业	2.仅实现产品创新企业	3.仅实现工艺创新企业	4.仅有正在进行或中止的产品或工艺创新活动企业
		#实现产品创新企业	#实现工艺创新企业				
11.5	9.2	6.6	7.5	4.9	1.7	2.6	2.3
11.4	9.2	6.7	7.1	4.6	2.1	2.5	2.3
29.7	21.6	16.6	17.5	12.5	4.1	5.0	8.1
59.2	42.3	32.9	35.2	25.9	7.1	9.4	16.9
24.5	18.3	13.8	14.9	10.3	3.5	4.6	6.2
32.9	22.8	18.3	17.9	13.4	4.9	4.5	10.1
14.5	11.7	8.2	9.2	5.8	2.5	3.5	2.8
12.8	10.5	5.5	9.6	4.6	0.9	5.0	2.3
30.3	21.9	15.6	18.9	12.6	3.1	6.3	8.4
12.7	10.5	7.5	8.0	5.0	2.5	3.0	2.2
14.8	11.9	9.0	9.3	6.3	2.7	3.0	2.9
11.5	10.2	7.4	8.3	5.5	1.8	2.8	1.3
12.6	11.0	7.7	9.0	5.7	2.0	3.3	1.6
8.5	7.2	5.5	6.0	4.2	1.3	1.7	1.2
28.4	18.2	14.0	13.2	9.0	5.0	4.1	10.2
14.7	12.1	9.1	9.7	6.7	2.4	3.0	2.6
12.0	10.4	7.3	8.1	5.0	2.3	3.1	1.6
7.8	7.0	4.4	5.5	2.8	1.5	2.7	0.8
8.5	7.4	4.9	6.0	3.5	1.5	2.5	1.1
8.0	6.7	5.1	5.5	3.9	1.2	1.6	1.3
10.7	9.3	7.4	7.6	5.6	1.8	1.9	1.4
6.2	5.3	3.8	4.6	3.1	0.7	1.5	0.9
17.2	13.8	10.8	10.3	7.3	3.5	3.0	3.5
12.6	10.9	8.4	8.4	5.9	2.5	2.4	1.8
12.6	11.1	8.1	8.6	5.6	2.5	3.0	1.5
15.8	14.1	10.5	11.5	7.9	2.6	3.7	1.6
11.9	10.7	7.9	8.3	5.6	2.4	2.7	1.2
12.1	10.3	7.8	8.4	6.0	1.8	2.5	1.8
10.9	9.3	6.2	7.4	4.3	1.9	3.2	1.5
9.5	8.5	5.9	7.0	4.3	1.6	2.6	0.9
11.1	9.6	6.8	8.0	5.3	1.5	2.8	1.5
12.3	11.1	8.5	9.1	6.5	2.0	2.6	1.2
15.6	12.5	9.7	10.2	7.4	2.3	2.8	3.1
11.7	10.4	7.1	8.5	5.1	2.0	3.4	1.2
16.4	13.7	9.9	11.2	7.4	2.6	3.8	2.7
11.1	9.5	6.8	8.0	5.3	1.5	2.7	1.6
14.7	12.5	9.0	9.9	6.4	2.6	3.4	2.3
12.7	11.3	7.7	9.6	6.0	1.7	3.6	1.5
16.1	14.9	10.8	12.7	8.5	2.3	4.2	1.1
14.8	14.3	10.1	11.1	6.9	3.2	4.2	0.5
14.2	12.3	8.6	9.9	6.2	2.4	3.7	1.9
11.6	10.3	6.6	8.8	5.1	1.5	3.7	1.3
13.7	12.0	7.7	9.7	5.4	2.3	4.3	1.6
12.9	11.9	7.9	9.3	5.3	2.6	4.0	1.1
8.2	7.0	4.5	5.5	3.1	1.4	2.5	1.2

4-5 规模(限额)以上企业

项　　目	实现产品创新企业数(个)	在实现产品创新企业中，本企业独立开发	本企业与集团内企业合作开发	本企业与境内其他企业合作开发
总　计	**121008**	**80.0**	**6.7**	**8.2**
一、按规模分				
大型企业	8614	81.8	18.7	16.6
中型企业	29680	79.0	9.3	9.4
小型企业	79647	81.0	4.4	6.8
微型企业	3067	57.5	7.8	7.9
二、按登记注册类型分				
内资企业	104050	79.7	6.2	8.3
国有企业	1088	64.2	19.2	19.2
集体企业	368	60.9	6.3	10.1
股份合作企业	275	80.7	1.5	4.0
联营企业	24	66.7	8.3	8.3
#国有联营企业	5	80.0	20.0	
有限责任公司	32154	77.0	10.0	10.4
#国有独资公司	1641	70.2	23.5	21.1
股份有限公司	7727	85.2	9.0	11.8
私营企业	62070	80.8	3.7	6.6
其他企业	344	64.0	6.1	8.4
港、澳、台商投资企业	7848	85.3	8.5	7.3
合资经营企业	2940	87.1	8.0	8.1
合作经营企业	143	79.0	7.0	11.2
港、澳、台商独资经营企业	4457	84.4	8.6	6.5
港、澳、台商投资股份有限公司	244	84.4	12.7	11.1
其他港、澳、台投资企业	64	79.7	9.4	7.8
外商投资企业	9110	79.4	10.5	7.4
中外合资经营企业	3680	83.0	10.5	8.6
中外合作经营企业	129	79.8	10.1	4.7
外资企业	5016	76.7	10.4	6.7
外商投资股份有限公司	205	81.5	16.1	6.8
其他外商投资企业	80	72.5	10.0	3.8
三、按行业分				
采矿业	380	75.5	7.1	10.0
制造业	92234	86.2	5.3	6.7
电力、热力、燃气及水生产和供应业	258	71.3	10.1	8.9
建筑业	2661	58.8	14.3	15.4
批发和零售业	11579	44.7	11.5	10.9
交通运输、仓储和邮政业	1831	39.8	12.0	13.7
信息传输、软件和信息技术服务业	6131	85.6	9.9	13.7
租赁和商务服务业	2201	59.7	10.8	15.0
科学研究和技术服务业	3296	77.3	11.2	15.9
水利、环境和公共设施管理业	437	60.0	8.9	13.5

产品创新开发情况

以下列形式进行开发的企业占比(%)					
本企业与境内研究机构合作开发	本企业与境内高等学校合作开发	本企业与境外企业或机构合作开发	在其他单位开发的基础上调整或改进	其他企业或机构开发	其他
2.3	**10.8**	**2.5**	**6.2**	**4.3**	**8.6**
5.8	20.8	6.5	7.0	3.7	5.2
2.5	11.6	3.1	6.6	4.8	8.0
1.9	9.6	1.9	5.9	3.9	8.6
2.2	5.1	2.0	10.1	11.6	24.1
2.4	11.3	1.6	6.5	4.5	9.0
5.3	16.9	1.7	8.4	8.8	12.0
3.0	7.3	2.7	12.8	13.3	20.1
1.8	7.3	1.5	4.0	5.1	9.5
	16.7		12.5	4.2	12.5
	40.0			20.0	
3.1	12.2	1.9	6.8	5.2	9.3
7.3	19.4	3.3	8.3	5.4	8.0
4.2	19.6	2.8	5.0	2.4	5.5
1.8	9.7	1.4	6.5	4.3	9.1
3.5	5.2	1.7	9.3	7.8	16.3
1.5	9.1	4.7	4.5	2.6	5.9
1.8	11.3	2.7	3.9	2.0	5.2
4.9	10.5	6.3	6.3	2.8	8.4
1.1	6.8	5.9	4.8	3.0	6.2
3.7	22.1	4.9	1.6	2.5	5.3
	9.4	4.7	9.4	6.3	12.5
1.4	6.8	10.5	4.5	3.3	6.3
2.0	10.0	8.5	5.0	2.8	4.6
0.8	14.0	7.8	1.6	3.1	7.8
1.0	3.9	12.3	4.3	3.7	7.3
2.4	14.1	9.3	3.9	1.0	8.3
1.3	2.5	3.8	3.8	5.0	16.3
5.3	20.5	1.6	6.3	3.9	7.4
2.1	11.6	2.5	4.8	2.2	5.6
4.3	10.1	1.2	6.2	7.8	10.9
4.4	15.8	1.9	16.8	13.8	20.4
2.5	4.3	2.7	13.5	16.1	26.2
2.5	3.2	2.0	14.7	15.9	24.4
2.1	8.4	1.9	5.3	3.4	6.1
2.8	5.4	3.1	11.1	10.2	19.2
5.3	16.8	3.2	6.8	5.1	8.9
5.0	12.4	2.7	10.1	10.8	18.5

4-5 续表

项 目	实现产品创新企业数(个)	在实现产品创新企业中,		
		本企业独立开发	本企业与集团内企业合作开发	本企业与境内其他企业合作开发
四、按地区分				
东部地区	82755	82.2	6.0	7.5
中部地区	21841	77.0	7.6	8.9
西部地区	13323	72.2	8.9	10.8
东北地区	3089	74.5	9.1	9.1
北 京	3898	83.2	10.6	12.5
天 津	2934	80.2	7.1	8.1
河 北	2516	75.3	7.0	7.8
山 西	623	65.7	11.9	10.8
内蒙古	492	64.4	11.4	9.1
辽 宁	1690	77.5	8.9	8.6
吉 林	915	67.9	9.5	9.9
黑龙江	484	76.7	9.1	9.5
上 海	4261	83.5	10.9	10.5
江 苏	21238	82.4	5.6	6.6
浙 江	20483	84.7	3.5	5.9
安 徽	6572	78.9	6.1	8.4
福 建	4730	76.7	6.3	8.0
江 西	2714	79.3	7.6	7.7
山 东	7701	76.1	7.1	8.2
河 南	4129	75.7	8.0	10.0
湖 北	4025	74.5	9.3	9.3
湖 南	3778	78.3	7.1	8.6
广 东	14838	84.9	6.3	8.2
广 西	1046	67.7	9.6	11.5
海 南	156	53.8	23.1	16.0
重 庆	2682	76.0	8.2	11.3
四 川	3288	74.2	8.1	10.9
贵 州	1072	70.9	7.7	11.8
云 南	1523	73.7	8.5	9.8
西 藏	30	53.3	16.7	6.7
陕 西	1733	70.6	9.8	11.5
甘 肃	557	67.1	9.9	7.7
青 海	126	54.8	11.9	11.9
宁 夏	295	77.3	12.5	7.1
新 疆	479	67.0	10.4	10.9

以下列形式进行开发的企业占比(%)					
本企业与境内研究机构合作开发	本企业与境内高等学校合作开发	本企业与境外企业或机构合作开发	在其他单位开发的基础上调整或改进	其他企业或机构开发	其他
2.0	9.8	2.8	5.7	3.8	7.7
2.6	13.9	1.7	6.7	4.7	9.4
3.6	11.6	1.8	8.5	6.6	12.3
3.8	11.2	3.9	6.5	5.2	12.4
2.7	8.3	3.4	4.6	4.1	4.9
1.9	9.0	2.7	5.7	4.5	8.7
3.0	10.5	1.8	7.6	5.0	10.3
3.4	14.4	1.6	7.7	6.3	11.9
2.8	10.6	1.8	7.9	8.3	14.8
3.4	11.2	4.9	5.7	4.3	11.4
3.6	10.6	2.8	9.5	6.9	14.5
5.8	12.4	2.5	3.9	5.4	11.8
2.3	9.3	6.5	4.7	3.0	5.6
2.2	11.5	2.9	5.0	3.4	6.5
1.1	7.6	1.7	6.5	3.4	7.1
2.4	15.5	2.0	6.0	4.7	10.6
2.4	10.2	2.8	7.7	5.3	12.4
3.1	12.0	1.5	4.1	4.0	8.3
2.9	12.9	2.1	6.6	4.7	8.8
3.2	11.0	1.5	10.7	5.0	7.0
2.3	16.4	1.8	6.9	4.8	9.7
2.4	12.8	1.7	5.3	4.2	9.8
1.6	9.1	3.3	5.0	3.8	8.5
3.7	9.8	2.0	10.0	7.3	16.1
3.8	8.3	1.3	8.3	12.2	19.9
2.5	9.0	2.7	8.9	5.4	10.5
3.0	12.8	1.8	7.6	6.7	10.6
4.3	12.5	1.4	9.8	7.2	15.5
4.7	10.2	0.7	8.9	6.9	13.0
3.3	6.7		13.3	20.0	33.3
4.7	14.8	1.6	7.2	5.7	11.7
3.2	13.1	1.6	9.5	8.1	14.2
5.6	9.5	2.4	8.7	11.9	19.8
3.4	14.6	1.0	6.1	4.4	10.5
5.0	11.7	1.0	9.8	6.9	13.2

4-6 规模以上工业企业

项目	实现产品创新企业数（个）	在实现产品创新企业中,		
		本企业独立开发	本企业与集团内企业合作开发	本企业与境内其他企业合作开发
总计	**92872**	**86.1**	**5.3**	**6.7**
一、按规模分				
大型企业	5672	86.3	16.5	13.6
中型企业	20244	87.3	7.6	7.7
小型企业	65934	85.8	3.6	5.8
微型企业	1022	80.8	4.0	4.3
二、按登记注册类型分				
内资企业	77653	86.6	4.6	6.7
国有企业	386	85.8	18.7	17.9
集体企业	186	83.9	7.0	8.6
股份合作企业	239	86.2	1.3	2.9
联营企业	15	80.0	6.7	6.7
#国有联营企业	4	100.0		
有限责任公司	21844	86.1	7.7	8.2
#国有独资公司	842	84.0	22.4	17.5
股份有限公司	5716	89.4	7.4	9.8
私营企业	49188	86.5	2.8	5.6
其他企业	79	77.2	3.8	5.1
港、澳、台商投资企业	7044	87.1	7.4	6.5
合资经营企业	2706	88.7	7.4	7.2
合作经营企业	124	84.7	6.5	6.5
港、澳、台商独资经营企业	3959	86.1	7.2	5.8
港、澳、台商投资股份有限公司	206	90.3	9.2	9.7
其他港、澳、台投资企业	49	81.6	10.2	8.2
外商投资企业	8175	80.9	9.9	6.7
中外合资经营企业	3410	83.6	10.1	8.0
中外合作经营企业	119	80.7	10.1	3.4
外资企业	4408	78.7	9.6	5.8
外商投资股份有限公司	177	84.2	14.7	5.7
其他外商投资企业	61	75.4	9.8	3.3
三、按行业分				
采矿业	380	75.5	7.1	10.0
煤炭开采和洗选业	112	75.0	13.4	16.1
石油和天然气开采业	8	100.0	12.5	25.0
黑色金属矿采选业	32	81.3		12.5
有色金属矿采选业	51	66.7	7.8	7.8
非金属矿采选业	160	78.8	3.8	4.4

产品创新开发情况

以下列形式进行开发的企业占比(%)					
本企业与境内研究机构合作开发	本企业与境内高等学校合作开发	本企业与境外企业或机构合作开发	在其他单位开发的基础上调整或改进	其他企业或机构开发	其他
2.1	**11.6**	**2.5**	**4.8**	**2.2**	**5.6**
5.7	21.9	7.6	5.9	2.5	3.8
2.4	13.3	3.4	4.5	2.0	4.2
1.7	10.3	1.8	4.8	2.2	6.1
1.5	6.0	1.3	5.0	3.2	10.6
2.2	12.3	1.5	4.9	2.1	5.6
7.5	22.8	2.1	3.9	2.1	2.3
3.8	10.8	2.7	6.5	4.8	5.4
1.3	8.4	0.8	3.8	2.9	5.0
	20.0		6.7		6.7
	50.0				
2.9	13.7	1.8	4.9	2.1	5.3
8.1	22.4	3.4	5.6	1.9	3.2
4.2	22.0	2.9	4.1	1.5	3.4
1.7	10.5	1.2	5.0	2.2	6.0
1.3	7.6		5.1	1.3	11.4
1.4	9.5	4.5	4.2	2.2	5.2
1.8	11.8	2.7	3.7	1.6	4.6
3.2	8.1	4.8	5.6	1.6	6.5
1.1	7.2	5.7	4.6	2.6	5.7
3.4	23.8	4.4	1.9	1.9	3.4
	12.2	6.1	10.2	4.1	8.2
1.4	6.9	10.1	4.3	3.1	6.0
2.0	10.2	8.5	4.8	2.6	4.5
	14.3	8.4	1.7	3.4	7.6
1.0	3.9	11.6	4.1	3.5	6.8
2.3	15.8	9.0	3.4	1.1	8.5
1.6	3.3	4.9	3.3	3.3	13.1
5.3	20.5	1.6	6.3	3.9	7.4
7.1	21.4	0.9	8.0	5.4	7.1
12.5	12.5		12.5		
9.4	25.0	3.1	6.3	6.3	3.1
5.9	31.4	3.9	5.9	3.9	5.9
2.5	15.6	0.6	4.4	2.5	10.0

4-6 续表 1

项 目	实现产品创新企业数(个)	在实现产品创新企业中,本企业独立开发	本企业与集团内企业合作开发	本企业与境内其他企业合作开发
开采辅助活动	16	56.3	6.3	18.8
制造业	92234	86.2	5.3	6.7
农副食品加工业	3897	80.8	5.7	5.6
食品制造业	2201	85.0	5.9	4.6
酒、饮料和精制茶制造业	1451	80.7	6.8	5.4
烟草制品业	50	84.0	26.0	18.0
纺织业	3960	84.1	3.4	5.8
纺织服装、服饰业	2459	83.8	3.6	6.1
皮革、毛皮、羽毛及其制品和制鞋业	1641	84.0	2.3	4.4
木材加工和木、竹、藤、棕、草制品业	1226	81.9	3.4	5.5
家具制造业	1201	86.2	3.2	4.7
造纸和纸制品业	1108	85.8	3.9	3.8
印刷和记录媒介复制业	968	84.6	5.2	8.0
文教、工美、体育和娱乐用品制造业	2241	87.0	2.9	5.4
石油加工、炼焦和核燃料加工业	319	76.8	14.7	11.9
化学原料和化学制品制造业	6948	86.6	5.1	5.6
医药制造业	2780	83.4	7.4	10.8
化学纤维制造业	583	83.9	5.0	7.7
橡胶和塑料制品业	4260	87.0	3.8	5.1
非金属矿物制品业	4603	84.6	4.8	5.3
黑色金属冶炼和压延加工业	1453	84.9	6.7	7.8
有色金属冶炼和压延加工业	1717	87.5	4.8	5.8
金属制品业	4716	86.9	4.0	5.8
通用设备制造业	8655	87.7	4.6	6.6
专用设备制造业	6879	89.0	4.4	6.6
汽车制造业	5237	81.2	10.1	10.7
铁路、船舶、航空航天和其他运输设备制造业	1763	85.2	9.5	11.7
电气机械和器材制造业	9701	89.6	5.1	6.2
计算机、通信和其他电子设备制造业	7192	88.2	6.5	8.0
仪器仪表制造业	2336	92.2	5.7	8.0
其他制造业	454	85.9	4.2	8.6
废弃资源综合利用业	164	78.0	3.0	6.1
金属制品、机械和设备修理业	71	77.5	8.5	12.7
电力、热力、燃气及水生产和供应业	258	71.3	10.1	8.9
电力、热力生产和供应业	157	68.8	12.1	7.6
燃气生产和供应业	48	70.8	10.4	12.5
水的生产和供应业	53	79.2	3.8	9.4

以下列形式进行开发的企业占比(%)					
本企业与境内研究机构合作开发	本企业与境内高等学校合作开发	本企业与境外企业或机构合作开发	在其他单位开发的基础上调整或改进	其他企业或机构开发	其他
6.3	25.0	6.3	6.3	6.3	
2.1	11.6	2.5	4.8	2.2	5.6
3.4	16.4	0.9	4.1	2.0	6.6
2.5	14.3	1.5	4.2	2.0	6.2
3.0	13.7	1.1	3.8	2.2	7.4
6.0	12.0		4.0	6.0	4.0
1.2	7.8	1.7	6.8	2.4	8.2
1.3	5.2	2.3	6.2	3.9	7.3
0.5	3.9	2.3	6.7	3.2	7.1
1.2	9.2	1.1	6.0	2.4	7.3
1.5	4.1	3.2	5.6	2.7	8.0
0.7	7.7	0.9	5.1	2.5	6.8
0.9	9.3	1.4	7.3	2.6	5.9
1.1	6.6	2.6	5.3	3.1	7.0
3.4	17.6	2.8	5.3	2.8	4.7
2.7	17.0	2.5	3.6	1.9	4.9
5.9	20.6	2.1	3.8	2.4	5.0
2.4	15.8	1.4	4.5	1.7	5.3
1.3	8.7	1.8	4.6	2.3	6.6
1.9	10.5	1.6	4.9	2.3	6.9
3.2	13.2	1.5	6.3	1.7	4.9
2.5	14.1	1.3	3.4	1.5	5.8
1.8	9.4	2.0	5.4	2.3	6.6
2.0	12.7	2.9	4.4	1.5	4.7
2.1	13.4	2.5	3.3	1.8	4.1
1.5	9.0	4.8	7.5	2.7	5.4
3.6	12.3	5.2	6.1	2.8	4.7
1.8	11.2	2.6	4.0	1.9	4.6
1.6	10.0	3.9	4.7	2.3	4.7
2.6	13.7	3.0	3.0	1.2	3.3
2.6	8.8	2.4	5.7	3.1	5.9
3.0	19.5	0.6	3.7	2.4	7.3
8.5	15.5	8.5	7.0	2.8	4.2
4.3	10.1	1.2	6.2	7.8	10.9
5.7	10.8	0.6	8.3	7.0	10.8
2.1	6.3	2.1	4.2	10.4	14.6
1.9	11.3	1.9	1.9	7.5	7.5

4-6 续表 2

项　目	实现产品创新企业数(个)	在实现产品创新企业中,本企业独立开发	本企业与集团内企业合作开发	本企业与境内其他企业合作开发
四、按地区分				
东部地区	64693	87.2	4.7	6.0
中部地区	16957	83.8	5.8	7.4
西部地区	9079	82.8	7.5	9.6
东北地区	2143	84.6	8.3	8.9
北　京	1356	90.8	9.4	10.0
天　津	2036	88.8	5.9	6.9
河　北	1907	82.9	6.0	6.9
山　西	400	78.8	10.5	10.8
内蒙古	309	79.3	10.0	7.4
辽　宁	1221	87.0	7.6	8.2
吉　林	568	77.6	9.7	9.7
黑龙江	354	87.6	8.2	10.2
上　海	2678	89.1	9.4	7.5
江　苏	18058	86.6	4.8	5.7
浙　江	18234	87.7	2.8	4.9
安　徽	5383	85.0	5.0	7.3
福　建	3399	85.2	5.0	6.3
江　西	2212	86.6	6.4	6.3
山　东	5871	83.7	5.8	7.4
河　南	2891	84.8	5.4	7.5
湖　北	3169	80.4	7.1	8.1
湖　南	2902	82.6	5.2	7.2
广　东	11084	89.7	5.0	6.5
广　西	678	82.0	9.3	10.9
海　南	70	70.0	27.1	17.1
重　庆	2044	83.6	7.5	10.6
四　川	2227	83.5	6.4	9.4
贵　州	743	82.0	6.3	11.3
云　南	987	85.2	6.3	8.3
西　藏	7	71.4	28.6	
陕　西	1120	82.1	8.4	9.7
甘　肃	356	80.3	7.6	6.2
青　海	72	72.2	9.7	6.9
宁　夏	231	86.1	11.7	6.5
新　疆	305	78.4	9.2	8.9

以下列形式进行开发的企业占比(%)					
本企业与境内研究机构合作开发	本企业与境内高等学校合作开发	本企业与境外企业或机构合作开发	在其他单位开发的基础上调整或改进	其他企业或机构开发	其他
1.8	10.2	2.7	4.5	2.1	5.4
2.3	15.6	1.7	5.0	2.4	6.0
3.6	13.8	1.9	6.1	2.5	6.4
3.9	13.6	4.2	4.6	1.6	5.6
2.7	8.9	4.2	2.7	1.8	1.5
1.6	9.2	2.7	4.0	2.4	3.7
3.0	11.6	2.0	5.8	2.2	7.0
3.8	19.5	2.0	5.3	2.0	3.8
3.2	14.2	1.9	5.5	2.3	7.1
3.4	13.3	5.3	4.0	1.2	5.7
3.5	13.2	2.8	7.2	2.6	6.2
6.2	15.5	2.5	2.3	1.4	4.5
1.9	9.1	6.5	3.7	1.8	3.0
2.2	12.1	3.0	3.8	2.1	4.4
0.9	7.6	1.6	5.8	2.2	6.2
2.1	17.0	1.8	4.7	2.8	7.3
2.2	11.5	3.0	5.8	1.8	7.4
3.3	13.3	1.5	2.4	1.7	4.7
2.8	14.4	2.2	4.3	2.2	5.7
2.6	12.3	1.4	7.9	1.8	2.9
1.8	19.0	1.9	5.5	2.3	6.7
2.1	13.9	1.6	4.3	2.8	7.1
1.5	9.3	3.5	3.8	2.2	6.3
4.3	13.9	2.4	5.6	1.8	8.1
5.7	17.1	2.9	1.4	2.9	4.3
2.3	9.6	3.0	7.3	2.9	5.5
2.8	15.3	1.7	5.9	2.5	6.0
4.2	14.8	1.5	7.7	2.7	9.0
4.6	12.8	0.5	6.8	1.6	7.1
	14.3				
5.3	17.3	1.9	4.0	2.3	4.1
3.1	16.6	1.7	5.1	2.8	7.6
8.3	13.9	4.2	5.6	2.8	9.7
3.0	16.5	0.9	5.2	3.0	6.1
5.6	13.4	1.0	5.9	2.6	7.5

4-7 资质等级以上建筑业企

项　目	实现产品创新企业数(个)	在实现产品创新企业中,		
		本企业独立开发	本企业与集团内企业合作开发	本企业与境内其他企业合作开发
总　计	**2661**	**58.8**	**14.3**	**15.4**
一、按规模分				
大型企业	717	76.6	28.5	27.9
中型企业	1233	53.7	10.4	11.8
小型企业	637	50.1	6.8	8.8
微型企业	74	47.3	8.1	9.5
二、按登记注册类型分				
内资企业	2621	58.6	14.3	15.5
国有企业	94	53.2	20.2	20.2
集体企业	34	47.1	11.8	20.6
股份合作企业	10	60.0		10.0
有限责任公司	1250	62.1	20.0	17.9
#国有独资公司	150	71.3	35.3	30.7
股份有限公司	177	72.3	19.2	27.1
私营企业	1054	52.9	6.5	10.2
港、澳、台商投资企业	26	73.1	15.4	7.7
合资经营企业	16	87.5	25.0	12.5
合作经营企业	6	50.0		
港、澳、台商独资经营企业	4	50.0		
外商投资企业	14	78.6	7.1	7.1
中外合资经营企业	10	90.0	10.0	10.0
外资企业	4	50.0		
三、按行业分				
房屋建筑业	1139	50.0	14.0	15.4
土木工程建筑业	693	66.2	21.5	21.4
建筑安装业	359	67.7	10.0	13.4
建筑装饰和其他建筑业	470	62.3	7.7	8.1

业产品创新开发情况

以下列形式进行开发的企业占比(%)					
本企业与境内研究机构合作开发	本企业与境内高等学校合作开发	本企业与境外企业或机构合作开发	在其他单位开发的基础上调整或改进	其他企业或机构开发	其他
4.4	**15.8**	**1.9**	**16.8**	**13.8**	**20.4**
8.5	34.4	2.5	11.4	5.4	6.8
2.8	10.0	1.8	20.2	15.7	21.2
2.4	6.4	1.3	15.7	17.9	31.4
8.1	12.2	4.1	21.6	27.0	41.9
4.4	15.8	1.9	16.9	13.8	20.3
2.1	18.1	1.1	20.2	11.7	21.3
8.8	8.8	11.8	32.4	29.4	26.5
		10.0	10.0	30.0	50.0
4.7	19.3	1.9	15.2	12.2	16.2
7.3	29.3	4.0	11.3	7.3	8.7
9.6	28.2	1.7	10.2	5.1	12.4
3.2	9.7	1.6	19.5	16.8	25.8
3.8	19.2	3.8	7.7	11.5	26.9
6.3	18.8		6.3	6.3	18.8
	33.3	16.7	16.7	16.7	33.3
				25.0	50.0
	14.3		7.1	7.1	28.6
	20.0				20.0
			25.0	25.0	50.0
4.6	14.5	2.0	19.9	17.5	22.7
7.1	24.4	2.3	16.2	9.2	14.6
1.1	12.3	2.0	10.6	10.6	17.3
2.3	8.9	1.1	14.9	13.8	25.7

4-7 续表

项 目	实现产品创新企业数(个)	在实现产品创新企业中,		
		本企业独立开发	本企业与集团内企业合作开发	本企业与境内其他企业合作开发
四、按地区分				
东部地区	1552	60.6	13.0	16.1
中部地区	527	56.9	14.4	15.2
西部地区	443	55.1	19.0	15.4
东北地区	139	57.6	13.7	7.9
北 京	130	66.9	20.8	20.0
天 津	84	71.4	13.1	15.5
河 北	83	62.7	13.3	15.7
山 西	49	61.2	14.3	16.3
内蒙古	20	35.0	20.0	15.0
辽 宁	91	54.9	15.4	9.9
吉 林	24	58.3	8.3	8.3
黑龙江	24	66.7	12.5	
上 海	112	74.1	19.6	25.0
江 苏	396	48.7	11.6	10.6
浙 江	224	61.6	9.8	20.1
安 徽	125	56.0	14.4	10.4
福 建	108	50.9	6.5	20.4
江 西	40	42.5	17.5	27.5
山 东	195	65.6	11.8	13.3
河 南	157	59.2	8.9	16.6
湖 北	98	54.1	20.4	13.3
湖 南	58	63.8	17.2	15.5
广 东	215	67.0	14.9	16.3
广 西	27	59.3	22.2	22.2
海 南	5	20.0	20.0	
重 庆	52	57.7	9.6	11.5
四 川	95	52.6	20.0	21.1
贵 州	27	63.0	22.2	11.1
云 南	66	62.1	15.2	10.6
西 藏	4	50.0		25.0
陕 西	87	60.9	20.7	12.6
甘 肃	35	51.4	20.0	8.6
青 海	7	28.6	14.3	14.3
宁 夏	6	66.7	33.3	16.7
新 疆	17	23.5	35.3	35.3

以下列形式进行开发的企业占比(%)					
本企业与境内研究机构合作开发	本企业与境内高等学校合作开发	本企业与境外企业或机构合作开发	在其他单位开发的基础上调整或改进	其他企业或机构开发	其他
4.2	16.6	1.9	15.7	13.0	18.5
5.1	16.9	2.1	19.2	15.2	19.9
3.6	13.8	0.9	19.0	13.3	26.4
5.8	9.4	4.3	13.0	18.0	23.7
6.2	18.5	2.3	6.9	15.4	13.1
4.8	22.6	1.2	11.9	3.6	15.5
4.8	15.7	3.6	20.5	12.0	16.9
6.1	18.4	4.1	18.4	12.2	18.4
5.0	10.0	5.0	30.0	10.0	30.0
7.7	12.1	4.4	13.2	19.8	23.1
4.2	4.2	4.2	25.0	4.2	29.2
	4.2	4.2		25.0	20.8
8.9	20.5	1.8	8.0	8.0	8.9
4.3	12.4	3.3	18.2	14.4	25.0
3.1	21.4	1.8	19.2	10.7	15.6
4.0	20.0	4.8	15.2	13.6	27.2
1.9	15.7		17.6	23.1	29.6
12.5	20.0	5.0	20.0	12.5	30.0
4.1	17.4	0.5	12.8	15.9	15.9
5.7	14.7	0.6	19.7	17.2	10.8
3.1	11.2		26.5	21.4	25.5
3.4	22.4		13.8	6.9	13.8
2.3	14.0	1.4	18.6	10.2	15.8
11.1	14.8	3.7	25.9	14.8	40.7
				20.0	40.0
1.9	9.6		11.5	15.4	23.1
3.2	16.8	1.1	13.7	16.8	18.9
3.7	18.5		22.2	11.1	14.8
3.0	9.1		21.2	10.6	25.8
25.0					75.0
3.4	17.2	1.1	21.8	9.2	35.6
	8.6		17.1	20.0	20.0
	14.3		14.3	42.9	42.9
	16.7		16.7		16.7
5.9	17.6		29.4	5.9	23.5

4-8 规模(限额)以上服务业

项　目	实现产品创新企业数(个)	在实现产品创新企业中,		
		本企业独立开发	本企业与集团内企业合作开发	本企业与境内其他企业合作开发
总　计	**25475**	**59.9**	**11.0**	**12.8**
一、按规模分				
大型企业	2225	72.0	21.3	20.5
中型企业	8203	62.3	13.1	13.3
小型企业	13076	58.6	8.2	11.7
微型企业	1971	45.8	9.7	9.6
二、按登记注册类型分				
内资企业	23776	59.4	10.6	12.7
国有企业	608	52.3	19.4	19.9
集体企业	148	35.1	4.1	9.5
股份合作企业	26	38.5	3.8	11.5
联营企业	8	37.5	12.5	12.5
有限责任公司	9060	57.4	14.2	14.6
#国有独资公司	649	52.1	22.0	23.7
股份有限公司	1834	73.2	13.0	16.6
私营企业	11828	59.6	7.2	10.4
其他企业	264	60.2	6.8	9.5
港、澳、台商投资企业	778	69.0	18.4	14.7
合资经营企业	218	67.4	14.2	18.3
合作经营企业	13	38.5	15.4	61.5
港、澳、台商独资经营企业	494	71.7	19.6	11.7
港、澳、台商投资股份有限公司	38	52.6	31.6	18.4
其他港、澳、台投资企业	15	73.3	6.7	6.7
外商投资企业	921	66.1	16.1	14.0
中外合资经营企业	260	73.8	15.0	15.8
中外合作经营企业	10	70.0	10.0	20.0
外资企业	604	62.9	16.4	13.4
外商投资股份有限公司	28	64.3	25.0	14.3
其他外商投资企业	19	63.2	10.5	5.3
三、按行业分				
批发和零售业	11579	44.7	11.5	10.9
批发业	4890	50.7	11.4	12.5
零售业	6689	40.2	11.7	9.7
交通运输、仓储和邮政业	1831	39.8	12.0	13.7
铁路运输业	10	70.0	40.0	20.0
道路运输业	1090	37.0	10.5	12.2
水上运输业	118	44.9	16.9	19.5
航空运输业	43	48.8	20.9	27.9
管道运输业	3	33.3	33.3	33.3
装卸搬运和运输代理业	270	40.7	9.3	20.7
仓储业	176	54.0	6.8	6.8
邮政业	121	31.4	28.9	9.9
信息传输、软件和信息技术服务业	6131	85.6	9.9	13.7
电信、广播电视和卫星传输服务	472	54.9	30.3	24.2
互联网和相关服务	528	82.0	10.6	15.9
软件和信息技术服务业	5131	88.8	8.0	12.5
租赁和商务服务业	2201	59.7	10.8	15.0

企业产品创新开发情况

以下列形式进行开发的企业占比(%)					
本企业与境内研究机构合作开发	本企业与境内高等学校合作开发	本企业与境外企业或机构合作开发	在其他单位开发的基础上调整或改进	其他企业或机构开发	其他
2.8	**7.1**	**2.6**	**10.5**	**11.0**	**18.3**
5.3	13.7	4.7	8.3	6.2	8.3
2.6	7.4	2.7	9.8	10.0	15.3
2.6	6.2	2.2	11.0	11.8	20.0
2.3	4.4	2.3	12.4	15.3	30.4
2.9	7.3	2.0	10.8	11.4	18.8
4.4	13.0	1.6	9.4	12.7	16.8
0.7	2.7	0.7	16.2	20.3	37.2
7.7		3.8	3.8	15.4	34.6
	12.5		25.0	12.5	25.0
3.3	7.8	1.9	10.3	11.5	18.0
6.2	13.3	2.9	11.2	9.6	14.2
3.5	11.3	2.9	7.3	5.0	11.3
2.4	6.0	1.9	11.6	12.1	20.5
4.2	4.5	2.3	10.6	9.8	17.4
2.2	4.6	6.6	6.7	6.3	11.3
2.3	4.6	3.2	6.9	6.4	11.9
23.1	23.1	15.4	7.7	7.7	15.4
1.4	3.6	7.9	7.1	6.1	10.1
5.3	13.2	7.9		5.3	15.8
			6.7	13.3	26.7
1.6	5.0	14.2	6.3	5.5	9.3
2.7	7.7	8.5	7.7	6.2	5.8
10.0	10.0				10.0
1.0	4.0	17.6	5.8	5.5	10.4
3.6	3.6	10.7	7.1		7.1
			5.3	10.5	26.3
2.5	4.3	2.7	13.5	16.1	26.2
2.9	5.8	4.0	12.0	12.5	22.3
2.3	3.3	1.8	14.6	18.7	29.1
2.5	3.2	2.0	14.7	15.9	24.4
10.0	10.0		20.0		20.0
3.0	3.7	1.3	15.2	19.1	25.2
1.7	4.2	3.4	13.6	13.6	22.0
4.7	4.7	7.0	11.6	9.3	20.9
	33.3				33.3
1.5	3.3	4.1	15.2	9.6	24.4
0.6		0.6	13.1	12.5	22.7
1.7	0.8	2.5	13.2	13.2	23.1
2.1	8.4	1.9	5.3	3.4	6.1
3.6	5.5	1.9	12.1	7.8	13.3
1.5	7.8	0.6	6.3	4.2	6.3
2.0	8.8	2.0	4.5	3.0	5.4
2.8	5.4	3.1	11.1	10.2	19.2

4-8 续表

项目	实现产品创新企业数(个)	在实现产品创新企业中, 本企业独立开发	本企业与集团内企业合作开发	本企业与境内其他企业合作开发
租赁业	114	52.6	14.0	15.8
商务服务业	2087	60.1	10.6	15.0
科学研究和技术服务业	3296	77.3	11.2	15.9
研究和试验发展	602	83.7	13.8	17.3
专业技术服务业	1839	74.3	11.6	17.3
科技推广和应用服务业	855	79.4	8.7	11.8
水利、环境和公共设施管理业	437	60.0	8.9	13.5
水利管理业	12	75.0		16.7
生态保护和环境治理业	87	75.9	14.9	13.8
公共设施管理业	338	55.3	7.7	13.3
四、按地区分				
东部地区	16510	64.7	10.4	12.6
中部地区	4357	53.3	13.5	13.9
西部地区	3801	48.7	11.0	13.1
东北地区	807	50.7	10.5	9.9
北　京	2412	79.9	10.7	13.4
天　津	814	59.6	9.5	10.4
河　北	526	49.8	9.7	9.9
山　西	174	36.8	14.4	9.2
内蒙古	163	39.9	12.9	11.7
辽　宁	378	52.4	11.4	9.5
吉　林	323	51.4	9.3	10.5
黑龙江	106	42.5	11.3	9.4
上　海	1471	74.1	12.8	14.8
江　苏	2784	59.8	10.2	12.0
浙　江	2025	60.0	9.6	14.2
安　徽	1064	50.8	10.4	14.1
福　建	1223	55.1	10.0	11.5
江　西	462	47.4	12.1	12.8
山　东	1635	50.2	11.4	10.5
河　南	1081	53.6	14.7	15.8
湖　北	758	52.6	16.9	13.5
湖　南	818	63.9	13.4	13.1
广　东	3539	71.0	9.6	13.0
广　西	341	39.9	9.1	11.7
海　南	81	42.0	19.8	16.0
重　庆	586	50.9	10.6	13.7
四　川	966	54.9	10.9	13.1
贵　州	302	44.4	9.9	13.2
云　南	470	51.1	12.1	12.8
西　藏	19	47.4	15.8	5.3
陕　西	526	47.9	10.8	15.2
甘　肃	166	42.2	12.7	10.8
青　海	47	31.9	14.9	19.1
宁　夏	58	43.1	13.8	8.6
新　疆	157	49.7	10.2	12.1

以下列形式进行开发的企业占比(%)					
本企业与境内研究机构合作开发	本企业与境内高等学校合作开发	本企业与境外企业或机构合作开发	在其他单位开发的基础上调整或改进	其他企业或机构开发	其他
1.8	7.0	2.6	13.2	11.4	19.3
2.8	5.3	3.2	11.0	10.2	19.2
5.3	16.8	3.2	6.8	5.1	8.9
5.8	21.9	5.3	4.3	3.8	5.8
5.5	17.5	2.7	8.4	6.0	10.4
4.3	11.8	2.9	5.3	4.2	7.7
5.0	12.4	2.7	10.1	10.8	18.5
	25.0	16.7			16.7
8.0	28.7	2.3	9.2	4.6	9.2
4.4	7.7	2.4	10.7	12.7	21.0
2.4	7.5	2.9	9.5	9.6	15.4
3.6	6.9	2.0	11.9	12.3	21.3
3.6	6.1	1.6	12.9	15.5	25.0
3.2	5.2	3.0	10.7	12.5	28.4
2.6	7.3	2.9	5.6	4.8	6.4
2.3	7.2	2.8	9.5	10.0	20.3
2.9	5.7	0.8	12.2	14.1	21.1
1.7	1.7		10.3	14.4	28.7
1.8	3.7	1.2	9.8	19.6	27.6
2.1	4.5	3.4	9.3	10.3	27.0
3.7	6.5	2.8	12.4	14.6	28.2
5.7	3.8	1.9	10.4	14.2	34.0
2.7	8.8	6.9	6.3	4.6	10.1
2.1	8.1	2.5	10.8	10.6	17.7
2.2	6.1	2.8	11.2	13.3	14.9
3.5	7.6	2.4	11.3	13.7	25.7
3.0	6.1	2.7	12.0	13.6	24.9
1.7	5.2	1.5	11.0	14.1	23.6
3.2	7.2	1.7	14.3	12.2	19.2
4.5	7.1	1.9	16.7	11.7	17.1
4.2	6.3	1.7	10.3	12.9	20.3
3.2	8.3	2.4	8.6	9.2	19.3
2.1	8.3	2.8	8.0	8.3	14.9
2.1	1.5	1.2	17.6	17.6	29.9
2.5	1.2		14.8	19.8	32.1
3.2	7.0	2.0	14.3	13.3	26.8
3.3	6.5	2.3	11.0	15.2	20.2
4.6	6.3	1.3	13.9	17.9	31.5
5.1	4.9	1.3	11.7	17.4	23.6
	5.3		21.1	31.6	36.8
3.8	8.9	1.0	11.4	12.2	23.8
4.2	6.6	1.8	17.5	16.9	27.1
2.1	2.1		12.8	21.3	31.9
5.2	6.9	1.7	8.6	10.3	27.6
3.8	7.6	1.3	15.3	15.3	22.9

4-9 规模(限额)以上企业

项　目	实现工艺创新企业数(个)	在实现工艺创新企业中, 本企业独立开发	本企业与集团内企业合作开发	本企业与境内其他企业合作开发
总　计	**130056**	**71.4**	**7.4**	**9.9**
一、按规模分				
大型企业	9657	73.8	19.6	21.5
中型企业	32160	69.1	10.1	11.6
小型企业	84704	72.9	4.9	8.0
微型企业	3535	50.8	7.7	8.6
二、按登记注册类型分				
内资企业	113095	70.7	6.9	9.8
国有企业	1573	51.2	17.9	18.4
集体企业	475	56.8	6.3	7.8
股份合作企业	249	75.9	1.2	4.0
联营企业	19	63.2	10.5	5.3
#国有联营企业	5	60.0	20.0	
有限责任公司	37024	67.2	10.8	11.9
#国有独资公司	2222	58.2	23.2	23.0
股份有限公司	7901	76.4	9.6	14.7
私营企业	65455	72.7	4.1	7.9
其他企业	399	52.6	4.8	9.3
港、澳、台商投资企业	7936	78.3	9.6	10.0
合资经营企业	2868	80.8	9.6	11.2
合作经营企业	150	75.3	5.3	12.7
港、澳、台商独资经营企业	4591	76.7	10.0	9.0
港、澳、台商投资股份有限公司	255	82.7	7.8	13.3
其他港、澳、台投资企业	72	70.8	5.6	9.7
外商投资企业	9025	74.1	11.5	10.6
中外合资经营企业	3625	77.4	11.4	12.5
中外合作经营企业	139	77.0	8.6	10.1
外资企业	4976	71.8	11.4	9.1
外商投资股份有限公司	198	71.7	18.7	12.1
其他外商投资企业	87	64.4	11.5	9.2
三、按行业分				
采矿业	1098	58.2	9.7	12.7
制造业	95465	79.4	5.9	8.6
电力、热力、燃气及水生产和供应业	1358	37.6	17.0	20.4
建筑业	4828	53.9	12.1	15.0
批发和零售业	13344	37.0	10.8	11.3
交通运输、仓储和邮政业	2480	33.0	11.5	14.7
信息传输、软件和信息技术服务业	5193	76.9	10.8	13.0
租赁和商务服务业	2335	44.0	11.1	15.6
科学研究和技术服务业	3465	66.1	11.4	15.5
水利、环境和公共设施管理业	490	43.1	9.8	13.3

工艺创新开发情况

以下列形式进行开发的企业占比(%)					
本企业与境内研究机构合作开发	本企业与境内高等学校合作开发	本企业与境外企业或机构合作开发	在其他单位开发的基础上调整或改进	其他企业或机构开发	其他
2.1	**9.9**	**2.2**	**9.4**	**8.6**	**11.2**
5.3	19.6	4.7	10.4	8.2	6.1
2.2	10.1	2.6	10.3	9.9	10.3
1.8	9.0	1.8	8.9	7.9	11.5
2.0	4.9	1.9	11.6	15.6	25.8
2.2	10.3	1.5	9.8	9.0	11.7
4.5	13.6	1.9	12.7	18.2	13.2
2.7	6.9	2.5	15.4	15.2	20.2
0.8	8.0	0.4	7.6	8.4	9.2
	10.5		10.5	21.1	5.3
	20.0		20.0	20.0	
2.6	11.0	1.6	10.3	10.0	11.7
4.7	17.0	2.6	12.5	12.1	8.7
4.0	17.4	2.3	8.4	7.8	7.3
1.8	9.1	1.4	9.6	8.3	12.1
3.5	6.3	1.8	13.8	13.0	19.5
1.3	8.4	4.0	7.1	5.5	8.1
1.6	10.9	2.1	7.0	5.1	7.0
2.7	10.7	3.3	10.0	8.7	5.3
1.0	6.3	5.2	7.1	5.7	8.8
3.1	15.3	2.7	5.9	7.1	8.2
	5.6	1.4	11.1	4.2	13.9
1.5	6.4	9.2	6.6	6.7	7.5
2.5	9.6	6.8	7.2	6.5	6.7
0.7	12.2	2.9	6.5	5.0	10.1
0.7	3.8	11.1	6.2	6.9	8.0
3.5	12.1	11.1	6.1	6.1	7.6
	3.4	5.7	9.2	8.0	16.1
5.3	17.9	1.5	13.8	8.3	12.4
2.0	10.8	2.2	7.7	5.1	8.2
3.2	10.1	1.5	17.0	18.8	12.8
3.2	15.1	1.5	20.4	17.3	18.4
2.1	3.6	2.5	15.5	21.8	26.6
1.8	3.5	2.1	15.4	24.1	23.2
1.8	6.9	1.9	8.1	10.7	8.8
2.5	5.3	2.2	12.2	19.9	20.3
4.4	13.8	2.6	9.6	14.2	11.1
4.7	9.6	2.4	10.0	20.0	20.8

4-9 续表

项目	实现工艺创新企业数(个)	在实现工艺创新企业中,		
		本企业独立开发	本企业与集团内企业合作开发	本企业与境内其他企业合作开发
四、按地区分				
东部地区	83828	74.2	6.8	9.6
中部地区	25926	69.0	7.6	9.8
西部地区	16758	61.9	9.4	11.6
东北地区	3544	67.4	9.6	9.9
北京	3697	71.3	12.6	15.3
天津	2983	73.1	7.6	9.7
河北	3311	62.4	7.0	8.5
山西	889	55.9	10.7	13.3
内蒙古	728	56.2	11.7	11.3
辽宁	1816	70.2	10.7	9.9
吉林	1092	64.2	8.5	10.2
黑龙江	636	64.8	8.3	9.4
上海	4317	74.9	11.5	14.1
江苏	20792	76.1	6.3	8.4
浙江	17329	79.2	4.5	8.3
安徽	7186	71.7	6.6	9.1
福建	5656	68.9	6.3	9.6
江西	3262	73.1	7.8	9.3
山东	10408	66.0	6.6	9.1
河南	5250	64.9	7.8	11.1
湖北	5014	66.9	8.3	9.9
湖南	4325	71.6	7.5	9.2
广东	15139	77.3	7.2	10.3
广西	1373	56.7	10.3	11.2
海南	196	45.4	15.3	14.3
重庆	2914	66.8	8.1	11.9
四川	4067	64.6	8.4	11.3
贵州	1370	60.3	9.6	12.1
云南	1986	64.6	9.8	11.4
西藏	47	46.8	10.6	10.6
陕西	2184	60.5	9.2	11.4
甘肃	777	56.6	9.9	9.4
青海	198	47.5	11.6	16.2
宁夏	395	64.1	10.6	11.1
新疆	719	51.2	12.8	13.9

以下列形式进行开发的企业占比(%)

本企业与境内研究机构合作开发	本企业与境内高等学校合作开发	本企业与境外企业或机构合作开发	在其他单位开发的基础上调整或改进	其他企业或机构开发	其他
1.9	9.2	2.4	8.7	7.9	10.0
2.5	12.4	1.7	10.1	8.9	11.9
2.7	9.9	1.5	12.1	11.5	15.5
3.1	10.2	2.8	8.9	8.8	14.2
2.6	8.0	3.0	8.1	12.4	6.2
2.2	8.3	2.4	7.3	7.9	11.3
2.2	9.0	1.2	11.2	10.3	15.2
3.3	12.1	1.1	11.7	11.5	15.9
2.7	10.0	1.4	13.2	11.8	16.6
3.6	10.5	3.5	7.6	8.8	12.7
2.3	9.2	2.2	10.7	8.9	17.9
3.0	11.2	2.0	9.3	8.6	12.6
1.8	8.5	5.8	7.3	8.2	7.2
2.2	11.0	2.6	7.8	6.6	8.9
1.1	7.8	1.7	8.6	6.7	8.1
1.9	13.6	1.9	9.2	8.6	13.5
2.1	9.5	2.3	10.0	9.2	14.5
2.8	11.5	1.9	7.0	6.7	11.4
2.6	10.4	1.6	10.7	9.3	11.4
3.4	9.5	1.5	14.0	11.0	8.6
2.0	14.8	1.7	10.2	9.8	12.4
2.7	12.2	1.7	8.5	6.9	12.3
1.4	7.9	2.9	8.5	8.0	11.0
3.1	8.2	1.8	13.6	12.7	19.3
1.5	8.2	2.6	16.8	18.4	25.5
1.5	7.5	1.8	12.3	10.0	13.1
2.3	10.1	1.4	11.2	11.2	14.1
3.3	9.9	1.4	11.6	13.4	17.7
3.4	10.0	1.4	11.9	11.1	16.9
6.4	4.3		17.0	21.3	19.1
3.3	12.7	1.2	12.5	10.7	15.0
3.3	12.4	1.3	12.0	12.4	20.7
4.5	8.1	2.0	11.1	16.7	13.1
2.8	12.2	2.0	10.6	10.9	12.7
3.8	10.0	1.8	13.2	14.5	14.2

4-10 规模以上工业企业

项　目	实现工艺创新企业数（个）	在实现工艺创新企业中，本企业独立开发	本企业与集团内企业合作开发	本企业与境内其他企业合作开发
总　计	**97921**	**78.6**	**6.1**	**8.8**
一、按规模分				
大型企业	5899	79.1	17.7	19.7
中型企业	20974	79.9	8.9	10.7
小型企业	69813	78.4	4.3	7.4
微型企业	1235	70.6	5.4	6.9
二、按登记注册类型分				
内资企业	82742	78.7	5.4	8.7
国有企业	538	66.7	17.1	18.8
集体企业	241	77.2	6.6	6.2
股份合作企业	211	83.4	0.9	3.3
联营企业	11	81.8	9.1	9.1
#国有联营企业	3	100.0		
有限责任公司	24793	76.5	8.8	10.4
#国有独资公司	1099	67.6	22.4	22.0
股份有限公司	5778	82.1	8.0	13.7
私营企业	51078	79.4	3.4	7.2
其他企业	92	67.4	6.5	7.6
港、澳、台商投资企业	7093	80.8	8.8	9.2
合资经营企业	2607	83.0	9.1	10.5
合作经营企业	126	81.7	4.0	8.7
港、澳、台商独资经营企业	4092	79.0	8.9	8.3
港、澳、台商投资股份有限公司	214	88.8	6.5	11.2
其他港、澳、台投资企业	54	75.9	5.6	13.0
外商投资企业	8086	76.5	10.9	10.0
中外合资经营企业	3304	79.0	11.0	11.7
中外合作经营企业	128	78.1	8.6	9.4
外资企业	4419	74.7	10.5	8.6
外商投资股份有限公司	169	75.1	17.8	11.8
其他外商投资企业	66	68.2	12.1	9.1
三、按行业分				
采矿业	1098	58.2	9.7	12.7
煤炭开采和洗选业	352	48.6	14.5	17.9
石油和天然气开采业	31	71.0	41.9	32.3
黑色金属矿采选业	169	56.8	4.1	14.8
有色金属矿采选业	202	60.4	8.4	8.9
非金属矿采选业	310	66.8	3.9	4.8

工艺创新开发情况

以下列形式进行开发的企业占比(%)					
本企业与境内研究机构合作开发	本企业与境内高等学校合作开发	本企业与境外企业或机构合作开发	在其他单位开发的基础上调整或改进	其他企业或机构开发	其他
2.0	**10.8**	**2.2**	**7.9**	**5.4**	**8.3**
5.6	20.3	5.7	8.7	5.2	4.9
2.3	11.9	2.8	7.6	5.0	6.4
1.6	9.8	1.7	7.9	5.5	9.0
1.5	6.7	1.6	8.0	6.8	14.2
2.1	11.4	1.4	8.2	5.4	8.5
5.9	18.0	2.2	12.1	10.8	7.8
2.9	9.1	2.5	12.0	6.6	10.8
0.5	9.5		7.6	5.2	4.3
	9.1			9.1	
	33.3				
2.6	12.3	1.6	8.4	5.7	8.2
5.7	20.2	3.3	11.7	6.1	5.3
4.2	19.6	2.2	7.1	5.4	5.3
1.6	10.0	1.2	8.1	5.2	9.0
2.2	7.6	1.1	13.0	4.3	15.2
1.3	8.9	3.8	6.6	4.7	7.4
1.7	11.6	2.2	6.6	4.0	6.5
2.4	9.5	2.4	5.6	6.3	4.8
1.0	6.8	4.9	6.7	5.1	8.2
2.8	16.4	2.3	5.1	7.0	4.7
	5.6	1.9	13.0	1.9	5.6
1.5	6.6	8.9	6.4	5.7	7.2
2.5	9.9	6.9	7.0	5.9	6.3
0.8	13.3	3.1	7.0	4.7	9.4
0.7	3.8	10.5	5.9	5.7	7.6
3.6	13.6	11.2	5.9	4.1	7.7
	4.5	6.1	9.1	7.6	10.6
5.3	17.9	1.5	13.8	8.3	12.4
7.7	20.5	2.0	17.6	12.2	11.9
6.5	38.7	3.2	16.1	9.7	6.5
3.6	15.4	1.2	16.6	7.1	11.2
9.4	20.3	0.5	9.9	5.4	13.4
1.0	11.3	1.3	10.3	6.8	13.9

4-10 续表 1

项 目	实现工艺创新企业数(个)	在实现工艺创新企业中，本企业独立开发	本企业与集团内企业合作开发	本企业与境内其他企业合作开发
开采辅助活动	30	66.7	20.0	23.3
其他采矿业	4	25.0		25.0
制造业	95465	79.4	5.9	8.6
农副食品加工业	4853	69.5	5.8	7.2
食品制造业	2374	75.4	6.2	7.5
酒、饮料和精制茶制造业	1630	71.8	6.1	9.1
烟草制品业	59	71.2	22.0	39.0
纺织业	4050	78.3	3.6	7.4
纺织服装、服饰业	2472	76.2	3.8	7.8
皮革、毛皮、羽毛及其制品和制鞋业	1378	78.5	4.6	7.1
木材加工和木、竹、藤、棕、草制品业	1480	75.2	3.2	6.2
家具制造业	1200	77.7	3.8	7.2
造纸和纸制品业	1324	75.4	4.7	6.9
印刷和记录媒介复制业	1218	74.8	5.1	8.2
文教、工美、体育和娱乐用品制造业	2210	80.9	3.7	7.1
石油加工、炼焦和核燃料加工业	432	62.3	13.0	13.7
化学原料和化学制品制造业	7515	78.8	6.0	8.4
医药制造业	3237	76.9	8.8	13.6
化学纤维制造业	579	82.0	5.5	10.2
橡胶和塑料制品业	4354	80.3	4.6	6.9
非金属矿物制品业	5841	73.9	6.0	7.5
黑色金属冶炼和压延加工业	1739	75.6	8.3	8.3
有色金属冶炼和压延加工业	2012	80.4	7.6	11.4
金属制品业	5022	80.2	4.6	7.2
通用设备制造业	8153	83.6	4.9	8.3
专用设备制造业	6576	84.1	4.9	8.3
汽车制造业	5340	78.3	9.3	11.8
铁路、船舶、航空航天和其他运输设备制造业	1670	81.5	9.8	11.9
电气机械和器材制造业	9169	84.7	6.1	8.5
计算机、通信和其他电子设备制造业	6773	83.1	7.6	9.7
仪器仪表制造业	2016	88.1	6.2	8.3
其他制造业	448	78.6	5.1	9.4
废弃资源综合利用业	259	69.9	5.8	8.1
金属制品、机械和设备修理业	82	76.8	12.2	8.5
电力、热力、燃气及水生产和供应业	1358	37.6	17.0	20.4
电力、热力生产和供应业	959	34.6	18.8	22.4
燃气生产和供应业	146	42.5	17.8	11.6
水的生产和供应业	253	45.9	9.9	17.8

以下列形式进行开发的企业占比(%)					
本企业与境内研究机构合作开发	本企业与境内高等学校合作开发	本企业与境外企业或机构合作开发	在其他单位开发的基础上调整或改进	其他企业或机构开发	其他
3.3	33.3	3.3	10.0	3.3	6.7
			25.0		25.0
2.0	10.8	2.2	7.7	5.1	8.2
3.0	13.9	1.0	9.3	6.9	10.7
2.5	13.5	1.9	7.7	6.3	9.9
3.4	16.1	1.1	6.2	5.3	10.7
8.5	20.3	1.7	15.3	3.4	5.1
1.4	7.3	1.8	9.8	4.9	9.5
1.3	5.4	2.7	9.2	7.4	10.8
1.2	4.6	2.8	9.8	5.8	9.1
1.1	8.9	1.1	9.1	5.1	10.1
1.4	4.0	2.1	8.3	6.5	9.6
1.5	7.4	0.8	10.7	6.2	10.6
0.5	8.2	1.5	9.9	6.1	11.8
1.3	7.1	2.5	6.9	6.2	8.1
4.2	16.9	2.5	13.7	11.6	9.5
2.9	15.6	2.1	7.0	4.8	7.1
5.1	20.1	2.2	6.4	5.4	7.4
1.6	17.4	1.2	6.0	4.1	6.9
1.3	8.4	1.9	7.9	5.4	9.0
1.7	8.6	1.5	8.9	5.7	10.9
3.1	12.1	1.7	9.4	5.3	8.5
2.6	13.6	0.9	6.8	3.6	7.0
1.4	8.6	1.6	8.0	5.2	9.3
1.8	11.5	2.5	6.4	4.0	6.7
1.9	12.5	2.3	5.6	4.2	6.1
1.3	8.4	4.0	9.3	5.0	7.4
2.5	10.7	3.7	8.3	4.7	7.0
1.6	9.9	2.3	6.7	4.5	6.4
1.4	8.6	3.7	7.2	4.8	7.3
2.0	12.3	2.1	5.8	4.4	5.5
0.9	6.5	2.5	9.8	7.6	8.9
3.1	15.8	1.2	7.3	5.0	10.8
4.9	8.5	2.4	8.5	6.1	6.1
3.2	10.1	1.5	17.0	18.8	12.8
3.8	10.5	1.5	16.2	19.9	12.8
0.7	4.8	2.1	16.4	15.1	13.7
2.8	11.5	1.6	20.6	16.6	12.3

4-10 续表 2

项 目	实现工艺创新企业数（个）	在实现工艺创新企业中，		
		本企业独立开发	本企业与集团内企业合作开发	本企业与境内其他企业合作开发
四、按地区分				
东部地区	63969	80.7	5.6	8.4
中部地区	20007	76.0	6.3	8.9
西部地区	11471	72.0	8.4	11.0
东北地区	2474	77.1	8.9	9.5
北 京	1195	81.2	10.9	14.6
天 津	1973	82.5	6.7	8.8
河 北	2572	68.2	6.2	7.9
山 西	576	63.5	9.0	14.4
内蒙古	499	65.7	12.4	10.8
辽 宁	1286	80.6	9.4	9.3
吉 林	724	73.3	8.6	9.8
黑龙江	464	73.5	8.2	9.9
上 海	2751	82.7	9.8	12.1
江 苏	17324	81.6	5.6	7.7
浙 江	14676	84.8	3.6	7.2
安 徽	5828	78.4	5.7	8.0
福 建	4173	77.9	5.0	8.3
江 西	2683	80.4	7.0	8.8
山 东	8096	72.2	5.7	8.8
河 南	3675	73.0	5.8	9.7
湖 北	3900	73.4	7.0	9.2
湖 南	3345	77.0	6.2	8.1
广 东	11118	83.2	6.1	9.0
广 西	898	68.2	10.5	11.1
海 南	91	62.6	16.5	15.4
重 庆	2115	76.9	7.6	11.6
四 川	2846	73.3	7.1	10.4
贵 州	943	70.2	8.9	11.9
云 南	1324	75.0	8.4	10.0
西 藏	19	57.9	10.5	15.8
陕 西	1429	71.2	7.1	10.1
甘 肃	483	68.5	7.9	9.3
青 海	125	55.2	12.0	16.8
宁 夏	312	72.8	8.7	12.5
新 疆	478	61.3	13.6	15.5

以下列形式进行开发的企业占比(%)					
本企业与境内研究机构合作开发	本企业与境内高等学校合作开发	本企业与境外企业或机构合作开发	在其他单位开发的基础上调整或改进	其他企业或机构开发	其他
1.7	9.7	2.5	7.4	5.1	7.6
2.3	13.9	1.7	8.3	5.6	9.3
2.9	11.8	1.5	10.2	6.4	10.6
3.2	12.2	3.0	7.4	5.0	8.4
2.0	8.7	3.8	5.9	6.6	2.6
2.0	8.7	2.5	6.1	4.6	5.8
2.2	9.7	1.4	10.2	7.7	12.9
3.1	14.6	1.4	10.8	7.3	10.9
3.6	13.0	1.4	12.2	7.6	11.0
3.7	12.7	3.5	5.6	4.9	7.0
2.6	10.5	2.5	10.5	5.1	11.2
2.6	13.4	2.4	7.5	5.2	8.2
1.2	8.6	5.7	6.0	4.9	4.3
2.2	11.6	2.7	6.3	4.4	6.6
1.0	7.7	1.6	7.5	4.3	6.5
1.6	15.0	1.8	8.0	5.8	10.7
2.0	10.6	2.5	8.1	4.8	10.9
2.9	12.7	2.0	5.3	4.0	8.2
2.6	11.2	1.7	9.3	6.9	8.7
3.0	10.5	1.4	11.6	7.2	5.9
1.7	16.7	1.6	8.4	6.1	10.2
2.6	13.0	1.7	7.2	4.0	10.0
1.3	8.3	3.0	7.4	5.4	8.8
3.8	10.7	2.1	10.6	7.6	13.9
2.2	14.3	2.2	14.3	14.3	12.1
1.5	7.9	1.7	10.4	5.8	8.3
2.1	11.9	1.2	9.6	5.5	10.7
3.4	11.9	1.2	9.9	7.2	12.0
3.4	12.2	1.1	9.9	5.9	12.2
5.3	5.3		5.3	26.3	
3.8	14.8	1.3	10.6	6.6	9.0
3.7	16.1	1.7	8.7	6.2	13.9
7.2	11.2	2.4	11.2	8.0	9.6
2.9	14.4	1.6	9.9	6.4	9.9
3.8	11.9	1.7	11.9	8.6	9.2

4-11 资质等级以上建筑业

项 目	实现工艺创新企业数（个）	在实现工艺创新企业中，本企业独立开发	本企业与集团内企业合作开发	本企业与境内其他企业合作开发
总 计	**4828**	**53.9**	**12.1**	**15.0**
一、按规模分				
大型企业	1360	77.6	24.4	26.5
中型企业	2316	46.1	8.4	12.0
小型企业	1026	41.7	4.9	7.0
微型企业	126	38.9	5.6	8.7
二、按登记注册类型分				
内资企业	4775	53.7	12.1	15.1
国有企业	216	57.4	19.0	17.1
集体企业	60	36.7	8.3	13.3
股份合作企业	10	70.0		20.0
有限责任公司	2307	59.2	17.6	17.6
#国有独资公司	315	74.3	29.5	21.9
股份有限公司	292	63.7	13.0	22.6
私营企业	1886	45.6	4.7	10.6
港、澳、台商投资企业	37	64.9	13.5	2.7
合资经营企业	24	75.0	20.8	4.2
合作经营企业	6	50.0		
港、澳、台商独资经营企业	6	50.0		
外商投资企业	16	62.5	6.3	18.8
中外合资经营企业	11	63.6	9.1	27.3
外资企业	5	60.0		
三、按行业分				
房屋建筑业	2128	46.5	11.9	15.3
土木工程建筑业	1340	61.5	17.5	19.4
建筑安装业	612	64.5	8.2	10.9
建筑装饰和其他建筑业	748	52.3	6.0	9.5

企业工艺创新开发情况

以下列形式进行开发的企业占比(%)					
本企业与境内研究机构合作开发	本企业与境内高等学校合作开发	本企业与境外企业或机构合作开发	在其他单位开发的基础上调整或改进	其他企业或机构开发	其他
3.2	**15.1**	**1.5**	**8.8**	**17.3**	**18.4**
5.9	32.4	2.0	6.0	7.9	6.1
1.9	9.9	1.5	10.3	19.8	19.4
2.2	5.1	0.9	8.8	23.2	29.9
7.1	6.3	1.6	11.9	27.0	37.3
3.2	15.1	1.5	8.8	17.4	18.3
2.8	19.0	1.4	8.3	15.7	17.6
5.0	10.0	5.0	18.3	26.7	31.7
			10.0	10.0	30.0
3.6	18.1	1.6	7.8	14.8	14.7
4.4	26.0	1.9	5.1	9.2	5.4
5.8	24.3	2.4	6.2	12.3	10.6
2.5	9.8	1.2	10.3	21.3	23.6
	18.9	2.7	5.4	18.9	21.6
	16.7		4.2	12.5	16.7
	50.0	16.7	16.7	33.3	16.7
				33.3	33.3
	6.3		6.3	6.3	25.0
	9.1			9.1	18.2
			20.0		40.0
3.4	14.2	1.6	10.2	20.6	20.1
4.4	21.4	1.9	8.1	13.1	13.0
1.0	11.3	1.3	5.9	13.7	17.0
2.4	9.5	0.7	8.6	18.6	24.2

4-11 续表

项　目	实现工艺创新企业数(个)	在实现工艺创新企业中,		
		本企业独立开发	本企业与集团内企业合作开发	本企业与境内其他企业合作开发
四、按地区分				
东部地区	2799	55.9	11.2	15.4
中部地区	985	51.1	11.6	15.5
西部地区	840	51.1	15.8	14.4
东北地区	204	50.0	11.3	9.3
北　京	240	68.3	20.4	23.3
天　津	145	69.0	18.6	17.2
河　北	156	55.1	10.3	12.8
山　西	94	59.6	16.0	18.1
内蒙古	32	37.5	15.6	9.4
辽　宁	122	51.6	13.1	12.3
吉　林	38	42.1	7.9	10.5
黑龙江	44	52.3	9.1	
上　海	167	66.5	16.8	22.2
江　苏	710	48.6	8.9	10.4
浙　江	499	54.5	6.6	18.2
安　徽	187	49.2	11.2	17.1
福　建	206	38.4	6.3	19.4
江　西	79	44.3	12.7	19.0
山　东	343	55.4	8.2	7.6
河　南	304	48.7	8.2	16.8
湖　北	214	50.5	12.2	11.2
湖　南	107	59.8	15.9	13.1
广　东	319	68.3	16.3	18.2
广　西	66	50.0	10.6	21.2
海　南	14	7.1	35.7	21.4
重　庆	108	47.2	11.1	15.7
四　川	166	51.2	19.3	18.7
贵　州	52	63.5	19.2	19.2
云　南	110	59.1	14.5	14.5
西　藏	7	42.9		14.3
陕　西	152	53.3	17.1	8.6
甘　肃	71	47.9	16.9	9.9
青　海	14	42.9	7.1	14.3
宁　夏	15	53.3	40.0	6.7
新　疆	47	38.3	12.8	12.8

以下列形式进行开发的企业占比(%)					
本企业与境内研究机构合作开发	本企业与境内高等学校合作开发	本企业与境外企业或机构合作开发	在其他单位开发的基础上调整或改进	其他企业或机构开发	其他
3.1	15.3	1.5	8.4	16.6	16.1
3.8	16.3	1.5	9.5	18.8	19.2
2.4	14.5	1.3	9.3	17.4	23.5
4.9	8.8	2.5	8.3	20.1	24.0
5.8	16.3	4.2	3.8	15.4	7.5
4.1	21.4	0.7	6.9	11.0	14.5
1.9	13.5	0.6	10.9	16.7	19.9
6.4	19.1	1.1	9.6	10.6	21.3
3.1	9.4	3.1	15.6	25.0	18.8
7.4	9.0	3.3	9.0	23.0	24.6
	7.9		15.8	13.2	31.6
2.3	9.1	2.3		18.2	15.9
4.8	18.0	1.8	5.4	12.0	14.4
3.1	11.3	2.1	9.6	17.6	19.4
3.2	22.2	1.0	8.6	16.2	12.2
3.2	19.3	2.7	9.1	18.7	25.7
1.9	13.1	0.5	9.2	27.2	22.8
5.1	13.9	2.5	8.9	20.3	25.3
2.0	12.8	0.3	6.4	17.8	19.8
3.9	11.8	1.0	9.9	20.1	13.5
3.3	16.4	1.4	11.2	22.4	20.6
1.9	23.4	0.9	6.5	14.0	15.0
2.5	13.8	1.3	12.2	13.2	12.2
4.5	15.2	1.5	10.6	21.2	25.8
	7.1			7.1	35.7
0.9	16.7		4.6	16.7	20.4
1.8	14.5	1.8	6.6	22.9	19.9
	11.5		9.6	11.5	15.4
1.8	13.6	1.8	12.7	12.7	22.7
14.3				14.3	42.9
3.3	17.1	1.3	12.5	11.8	31.6
2.8	14.1		7.0	14.1	32.4
	7.1		7.1	28.6	14.3
	6.7		6.7	26.7	20.0
4.3	17.0	4.3	10.6	23.4	14.9

4-12 规模(限额)以上服务业

项　　目	实现工艺创新企业数(个)	在实现工艺创新企业中,		
		本企业独立开发	本企业与集团内企业合作开发	本企业与境内其他企业合作开发
总　计	**27307**	**48.6**	**10.9**	**12.9**
一、按规模分				
大型企业	2398	58.5	21.2	22.9
中型企业	8870	49.5	13.4	13.7
小型企业	13865	47.6	7.9	11.1
微型企业	2174	40.2	9.2	9.6
二、按登记注册类型分				
内资企业	25578	48.2	10.5	12.6
国有企业	819	39.4	18.1	18.6
集体企业	174	35.6	5.2	8.0
股份合作企业	28	21.4	3.6	3.6
联营企业	6	16.7	16.7	
有限责任公司	9924	45.7	14.1	14.5
#国有独资公司	808	39.1	21.9	24.6
股份有限公司	1831	60.7	14.1	16.5
私营企业	12491	49.1	6.9	10.4
其他企业	305	48.5	3.9	9.8
港、澳、台商投资企业	806	56.8	17.0	17.1
合资经营企业	237	57.8	13.5	20.3
合作经营企业	18	38.9	16.7	44.4
港、澳、台商独资经营企业	493	57.4	19.3	14.6
港、澳、台商投资股份有限公司	41	51.2	14.6	24.4
其他港、澳、台投资企业	17	58.8	5.9	
外商投资企业	923	53.3	17.1	15.7
中外合资经营企业	310	60.3	15.5	20.0
中外合作经营企业	11	63.6	9.1	18.2
外资企业	552	49.3	18.1	13.6
外商投资股份有限公司	29	51.7	24.1	13.8
其他外商投资企业	21	52.4	9.5	9.5
三、按行业分				
批发和零售业	13344	37.0	10.8	11.3
批发业	5898	41.2	10.4	13.2
零售业	7446	33.6	11.0	9.8
交通运输、仓储和邮政业	2480	33.0	11.5	14.7
铁路运输业	13	69.2	46.2	15.4
道路运输业	1362	31.1	8.9	14.1
水上运输业	195	39.0	15.4	22.6
航空运输业	53	34.0	17.0	35.8
管道运输业	10	30.0	40.0	30.0
装卸搬运和运输代理业	382	36.4	11.8	15.2
仓储业	292	38.4	10.6	9.6
邮政业	173	22.0	22.5	11.0
信息传输、软件和信息技术服务业	5193	76.9	10.8	13.0
电信、广播电视和卫星传输服务	442	47.1	29.2	19.7
互联网和相关服务	477	74.2	9.2	14.0
软件和信息技术服务业	4274	80.3	9.1	12.2
租赁和商务服务业	2335	44.0	11.1	15.6

企业工艺创新开发情况

以下列形式进行开发的企业占比(%)					
本企业与境内研究机构合作开发	本企业与境内高等学校合作开发	本企业与境外企业或机构合作开发	在其他单位开发的基础上调整或改进	其他企业或机构开发	其他
2.4	**5.8**	**2.3**	**13.0**	**18.7**	**20.3**
4.0	10.5	3.7	11.5	15.8	9.0
2.1	5.7	2.2	13.4	18.7	17.1
2.4	5.3	2.1	13.0	19.0	22.5
2.0	3.8	2.1	13.2	19.9	31.8
2.5	5.9	1.9	13.2	19.0	20.9
4.0	9.3	1.8	11.0	23.7	15.6
1.7	2.9	1.7	14.4	23.0	29.3
3.6		3.6	7.1	32.1	39.3
			33.3	50.0	16.7
2.6	6.1	1.7	12.9	19.5	19.6
3.5	9.2	2.0	12.0	21.3	14.7
3.1	9.3	2.5	11.0	14.7	12.9
2.2	5.1	1.9	13.9	19.0	23.2
3.9	5.9	2.0	14.1	15.7	20.7
1.6	3.4	5.5	10.8	12.3	14.0
0.8	3.4	1.3	10.5	16.9	11.4
5.6	5.6	5.6	33.3	16.7	5.6
1.6	2.6	7.7	10.3	10.3	13.8
4.9	9.8	4.9	9.8	7.3	26.8
	5.9		5.9	11.8	35.3
1.3	4.8	11.9	8.2	15.2	10.6
2.6	6.5	6.5	9.0	12.9	10.0
				9.1	18.2
0.5	4.2	15.6	8.0	16.7	10.1
3.4	3.4	10.3	6.9	17.2	6.9
		4.8	9.5	9.5	33.3
2.1	3.6	2.5	15.5	21.8	26.6
2.2	4.3	2.9	14.7	19.5	23.0
2.1	3.0	2.1	16.1	23.6	29.5
1.8	3.5	2.1	15.4	24.1	23.2
7.7	7.7		30.8	7.7	7.7
1.9	3.8	2.1	15.3	25.5	25.8
2.1	4.1	1.5	13.3	22.6	18.5
3.8	5.7	9.4	9.4	18.9	18.9
10.0	30.0	10.0	10.0	20.0	10.0
0.8	2.9	2.1	15.2	21.7	22.3
1.4	2.7	0.7	16.1	22.3	18.8
1.7	1.2	3.5	18.5	26.0	20.8
1.8	6.9	1.9	8.1	10.7	8.8
2.7	2.9	2.0	12.4	14.5	13.8
1.3	7.8	0.8	8.4	8.2	11.1
1.8	7.3	2.0	7.7	10.6	8.0
2.5	5.3	2.2	12.2	19.9	20.3

4-12 续表

项　　目	实现工艺创新企业数(个)	在实现工艺创新企业中, 本企业独立开发	本企业与集团内企业合作开发	本企业与境内其他企业合作开发
租赁业	129	45.0	13.2	16.3
商务服务业	2206	43.9	11.0	15.5
科学研究和技术服务业	3465	66.1	11.4	15.5
研究和试验发展	644	75.0	14.1	15.2
专业技术服务业	1984	61.1	11.3	17.3
科技推广和应用服务业	837	70.8	9.6	11.6
水利、环境和公共设施管理业	490	43.1	9.8	13.3
水利管理业	21	42.9	9.5	23.8
生态保护和环境治理业	105	59.0	10.5	14.3
公共设施管理业	364	38.5	9.6	12.4
四、按地区分				
东部地区	17060	52.9	10.7	13.2
中部地区	4934	44.1	12.1	12.7
西部地区	4447	37.8	10.6	12.4
东北地区	866	43.6	11.2	11.0
北　京	2262	66.4	12.6	14.8
天　津	865	52.6	7.9	10.4
河　北	583	38.8	9.6	9.8
山　西	219	34.2	12.8	8.2
内蒙古	197	35.0	9.1	12.7
辽　宁	408	43.1	14.2	11.0
吉　林	330	46.7	8.5	10.9
黑龙江	128	37.5	8.6	10.9
上　海	1399	60.5	14.3	17.1
江　苏	2758	48.6	10.2	12.4
浙　江	2154	46.6	9.9	14.0
安　徽	1171	41.9	10.5	13.3
福　建	1277	44.5	10.7	12.1
江　西	500	38.6	11.0	10.8
山　东	1969	42.2	10.3	10.8
河　南	1271	45.5	13.4	13.7
湖　北	900	42.7	13.2	12.4
湖　南	873	52.3	11.5	12.7
广　东	3702	60.2	9.9	13.6
广　西	409	32.8	9.8	9.8
海　南	91	34.1	11.0	12.1
重　庆	691	38.9	9.1	12.0
四　川	1055	43.1	10.1	12.7
贵　州	375	34.9	9.9	11.7
云　南	552	40.6	12.3	13.9
西　藏	21	38.1	14.3	4.8
陕　西	603	37.0	12.1	15.3
甘　肃	223	33.6	12.1	9.4
青　海	59	32.2	11.9	15.3
宁　夏	68	26.5	13.2	5.9
新　疆	194	29.4	10.8	10.3

以下列形式进行开发的企业占比(%)					
本企业与境内研究机构合作开发	本企业与境内高等学校合作开发	本企业与境外企业或机构合作开发	在其他单位开发的基础上调整或改进	其他企业或机构开发	其他
2.3	7.0	0.8	9.3	20.2	17.8
2.5	5.2	2.3	12.4	19.9	20.5
4.4	13.8	2.6	9.6	14.2	11.1
5.1	17.9	5.0	7.5	10.9	8.7
4.2	13.3	1.9	11.3	16.0	12.2
4.4	11.7	2.5	7.4	12.3	10.2
4.7	9.6	2.4	10.0	20.0	20.8
4.8	4.8	9.5		23.8	14.3
7.6	19.0	2.9	10.5	15.2	7.6
3.8	7.1	1.9	10.4	21.2	25.0
2.2	6.1	2.5	12.0	17.1	18.0
3.2	6.0	2.1	14.9	20.1	21.2
2.5	4.3	1.7	15.1	23.7	26.6
2.3	5.1	2.4	10.4	17.0	28.5
2.6	6.8	2.5	8.5	15.2	8.0
2.3	5.1	2.3	9.5	15.1	23.5
2.2	4.6	0.9	13.4	19.7	23.7
2.3	2.7	0.5	11.0	22.8	26.5
0.5	2.5	1.0	14.7	20.3	30.5
2.0	4.2	3.4	10.8	16.9	27.0
1.8	6.7	1.8	10.0	16.7	30.9
4.7	3.9	0.8	10.2	18.0	27.3
2.6	7.2	6.4	9.3	14.3	12.2
1.8	6.6	2.0	12.9	17.7	20.3
1.6	5.3	2.3	13.4	20.9	18.5
3.1	5.8	2.7	14.3	20.9	25.7
2.6	5.6	1.9	14.6	20.6	24.9
1.6	4.6	1.4	14.6	19.2	26.6
2.7	6.5	1.7	15.4	17.6	20.9
4.6	6.2	2.0	18.6	19.5	15.0
2.8	6.0	2.1	14.8	22.7	20.3
3.2	7.4	1.9	11.8	17.3	20.6
1.9	6.1	2.6	11.0	15.1	17.7
1.2	1.5	1.2	17.8	22.7	30.1
1.1	2.2	3.3	20.9	24.2	37.4
1.6	4.8	2.2	17.4	21.7	26.9
2.7	4.6	1.9	14.1	24.8	22.5
3.5	4.5	2.1	16.3	29.1	32.3
3.8	4.2	1.8	13.4	23.2	27.0
4.8	4.8		23.8	19.0	28.6
2.2	6.6	0.8	14.1	19.9	25.0
2.7	3.6	0.9	17.0	25.1	31.8
	1.7	1.7	8.5	32.2	20.3
2.9	2.9	4.4	11.8	27.9	23.5
3.6	3.6	1.5	13.4	26.8	26.3

4-13 规模(限额)以上企业新产品情况

项目	在实现产品创新企业中占比(%)		新产品销售收入(亿元)	新产品销售收入占主营业务收入的比重(%)		
	有市场新产品的企业	有本企业新产品的企业			1.仅市场新的产品	2.仅本企业新的产品
总　计	**61.7**	**100.0**	**259204.7**	**13.3**	**5.4**	**7.9**
一、按规模分						
大型企业	72.4	100.0	167804.0	22.6	9.8	12.8
中型企业	64.8	100.0	57224.1	8.9	3.2	5.7
小型企业	59.4	100.0	31895.0	6.2	1.9	4.3
微型企业	62.8	100.0	2281.6	4.0	2.0	2.0
二、按登记注册类型分						
内资企业	61.2	100.0	194911.3	12.1	4.6	7.5
国有企业	65.3	100.0	8340.8	10.5	3.5	7.0
集体企业	61.1	100.0	1042.4	9.6	6.0	3.6
股份合作企业	52.0	100.0	109.1	5.2	1.1	4.1
联营企业	50.0	100.0	61.9	11.6	6.2	5.4
#国有联营企业	80.0	100.0	2.8	5.3	3.2	2.0
有限责任公司	62.3	100.0	93060.2	13.1	5.1	8.0
#国有独资公司	64.8	100.0	16380.2	14.6	5.5	9.1
股份有限公司	68.8	100.0	39162.8	21.6	8.8	12.9
私营企业	59.7	100.0	53044.1	8.6	3.0	5.6
其他企业	54.7	100.0	90.1	2.9	0.8	2.0
港、澳、台商投资企业	64.2	100.0	26153.4	19.0	9.5	9.5
合资经营企业	65.0	100.0	8339.4	20.0	9.1	10.9
合作经营企业	66.4	100.0	278.7	9.2	3.1	6.2
港、澳、台商独资经营企业	63.0	100.0	15935.8	18.6	9.7	8.9
港、澳、台商投资股份有限公司	71.7	100.0	1468.5	23.6	13.4	10.1
其他港、澳、台投资企业	73.4	100.0	130.9	11.6	7.1	4.5
外商投资企业	65.5	100.0	38140.0	18.5	8.4	10.1
中外合资经营企业	66.7	100.0	22200.1	25.8	12.2	13.6
中外合作经营企业	67.4	100.0	319.9	11.2	8.3	2.8
外资企业	64.1	100.0	13604.4	12.5	5.4	7.1
外商投资股份有限公司	75.1	100.0	1459.2	24.5	11.4	13.1
其他外商投资企业	61.3	100.0	556.4	25.5	5.0	20.5
三、按行业分						
采矿业	46.8	100.0	961.3	2.0	0.5	1.5
制造业	60.4	100.0	173286.7	16.5	7.3	9.2
电力、热力、燃气及水生产和供应业	40.7	100.0	356.1	0.6	0.2	0.4
建筑业	67.8	100.0	26331.7	16.9	6.3	10.6
批发和零售业	69.5	100.0	33931.3	6.9	2.1	4.7
交通运输、仓储和邮政业	57.0	100.0	4951.0	10.9	2.5	8.3
信息传输、软件和信息技术服务业	65.2	100.0	11280.5	29.7	8.1	21.6
租赁和商务服务业	62.3	100.0	2930.2	8.5	3.2	5.3
科学研究和技术服务业	65.5	100.0	4874.9	26.4	10.6	15.8
水利、环境和公共设施管理业	66.4	100.0	301.1	10.2	3.8	6.4

注：在占实现产品创新企业比重里，较低新颖度类别包含了较高新颖度类别；在占主营业务收入比重里，仅按最高的新颖度类别计算，较低新颖度类别未包含较高新颖度类别。以下各表同。

4-13 续表

项目	在实现产品创新企业中占比(%)		新产品销售收入(亿元)	新产品销售收入占主营业务收入的比重(%)		
	有市场新产品的企业	有本企业新产品的企业			1.仅市场新的产品	2.仅本企业新的产品
四、按地区分						
东部地区	61.8	100.0	183548.3	15.1	6.2	8.9
中部地区	61.4	100.0	43585.8	11.9	4.9	7.0
西部地区	59.9	100.0	24138.2	8.5	3.2	5.3
东北地区	69.6	100.0	7932.5	9.2	3.1	6.1
北　京	65.3	100.0	12405.0	12.0	4.9	7.1
天　津	61.4	100.0	9637.0	15.0	6.2	8.7
河　北	55.5	100.0	7321.9	11.3	3.4	7.9
山　西	57.0	100.0	1965.8	7.5	3.6	3.9
内蒙古	64.4	100.0	1131.9	4.4	1.7	2.7
辽　宁	73.0	100.0	4181.6	10.5	3.9	6.7
吉　林	66.3	100.0	3072.0	10.5	2.7	7.8
黑龙江	63.8	100.0	678.9	3.8	1.9	1.9
上　海	69.7	100.0	19599.0	15.3	6.7	8.7
江　苏	63.1	100.0	36163.9	15.8	6.3	9.5
浙　江	55.4	100.0	27632.2	20.9	7.5	13.4
安　徽	67.3	100.0	9344.7	16.0	7.2	8.8
福　建	59.2	100.0	8049.2	11.2	4.1	7.1
江　西	57.9	100.0	4265.5	9.2	2.9	6.3
山　东	57.1	100.0	20574.7	10.5	4.4	6.1
河　南	56.5	100.0	8065.7	7.7	4.5	3.2
湖　北	62.5	100.0	9638.1	12.8	3.6	9.1
湖　南	58.3	100.0	10306.0	18.6	6.9	11.7
广　东	70.1	100.0	41724.6	18.9	8.8	10.1
广　西	60.6	100.0	2478.0	7.8	4.9	2.9
海　南	58.3	100.0	440.7	9.1	2.7	6.4
重　庆	58.1	100.0	6220.3	15.0	5.1	9.9
四　川	60.2	100.0	5382.5	8.5	3.1	5.4
贵　州	57.8	100.0	1427.2	7.6	1.8	5.8
云　南	59.7	100.0	2111.1	9.3	3.3	6.0
西　藏	60.0	100.0	24.4	4.5	1.4	3.0
陕　西	62.0	100.0	3207.7	8.7	3.3	5.3
甘　肃	61.8	100.0	733.0	5.1	1.3	3.8
青　海	61.9	100.0	283.1	7.1	2.6	4.5
宁　夏	61.7	100.0	263.6	4.9	1.5	3.4
新　疆	54.7	100.0	875.3	5.0	1.9	3.2

4-14 规模以上工业

项　目	在实现产品创新企业中的占比(%)		
	有国际市场新产品的企业	有国内市场新产品的企业	有本企业新产品的企业
总　计	**23.9**	**60.3**	**100.0**
一、按规模分			
大型企业	37.5	74.0	100.0
中型企业	28.9	64.6	100.0
小型企业	21.4	58.0	100.0
微型企业	12.1	47.1	100.0
二、按登记注册类型分			
内资企业	21.5	59.4	100.0
国有企业	13.0	67.4	100.0
集体企业	21.5	52.2	100.0
股份合作企业	15.9	49.8	100.0
联营企业	13.3	40.0	100.0
#国有联营企业	25.0	75.0	100.0
有限责任公司	20.2	60.8	100.0
#国有独资公司	17.3	66.4	100.0
股份有限公司	26.2	69.3	100.0
私营企业	21.6	57.6	100.0
其他企业	8.9	38.0	100.0
港、澳、台商投资企业	36.2	64.2	100.0
合资经营企业	31.5	65.0	100.0
合作经营企业	39.5	66.1	100.0
港、澳、台商独资经营企业	39.2	63.1	100.0
港、澳、台商投资股份有限公司	38.8	72.3	100.0
其他港、澳、台投资企业	36.7	67.3	100.0
外商投资企业	36.4	65.5	100.0
中外合资经营企业	33.2	66.8	100.0
中外合作经营企业	37.8	67.2	100.0
外资企业	38.6	64.2	100.0
外商投资股份有限公司	42.4	75.1	100.0
其他外商投资企业	29.5	57.4	100.0
三、按行业分			
采矿业	13.4	46.8	100.0
煤炭开采和洗选业	6.3	42.0	100.0
石油和天然气开采业	12.5	25.0	100.0
黑色金属矿采选业	9.4	46.9	100.0
有色金属矿采选业	11.8	49.0	100.0
非金属矿采选业	18.1	50.6	100.0

企业新产品情况

新产品销售收入(亿元)	新产品销售收入占主营业务收入的比重(%)			
		1.仅国际市场新的产品	2.仅国内市场新的产品	3.仅本企业新的产品
174604.2	**15.1**	**1.9**	**4.8**	**8.4**
110315.7	25.3	3.9	8.7	12.7
37020.6	12.9	1.1	3.7	8.1
26947.5	6.4	0.4	1.6	4.4
320.3	1.8	0.1	0.3	1.4
120839.1	13.3	1.1	4.3	7.9
4678.4	11.6	0.2	3.8	7.5
837.9	14.2	4.9	5.3	4.0
67.0	5.1	0.1	1.1	3.8
7.4	3.3	0.4	0.8	2.0
2.8	16.8	3.1	7.2	6.5
49476.2	14.3	1.3	4.8	8.2
6710.9	14.3	1.8	4.6	7.9
26775.6	25.8	2.4	9.1	14.3
38967.6	9.5	0.7	2.7	6.1
29.1	1.8		0.4	1.4
21626.0	21.8	6.3	5.8	9.7
7566.5	22.5	2.7	8.0	11.8
144.3	6.0	1.3	0.7	4.1
12641.3	21.7	8.3	4.7	8.7
1150.9	29.1	12.1	6.4	10.5
123.0	15.4	1.4	8.2	5.8
32139.1	21.3	3.4	7.0	10.9
19056.4	27.1	3.2	10.8	13.1
302.2	12.3	6.0	3.5	2.8
11430.4	15.7	3.4	3.5	8.9
1273.5	26.2	5.0	7.3	13.9
76.7	9.8	1.0	2.9	5.9
961.3	2.0		0.5	1.5
497.9	2.2		0.8	1.4
95.3	1.5			1.5
33.9	0.6			0.5
229.4	3.7		0.3	3.4
98.3	1.8	0.1	0.4	1.4

4-14 续表 1

项目	在实现产品创新企业中的占比(%)		
	有国际市场新产品的企业	有国内市场新产品的企业	有本企业新产品的企业
开采辅助活动	31.3	50.0	100.0
制造业	24.0	60.4	100.0
农副食品加工业	12.8	49.0	100.0
食品制造业	14.4	53.0	100.0
酒、饮料和精制茶制造业	9.9	49.6	100.0
烟草制品业	16.0	66.0	100.0
纺织业	23.9	53.5	100.0
纺织服装、服饰业	24.7	51.1	100.0
皮革、毛皮、羽毛及其制品和制鞋业	24.2	50.6	100.0
木材加工和木、竹、藤、棕、草制品业	17.5	47.1	100.0
家具制造业	28.4	55.0	100.0
造纸和纸制品业	15.9	50.3	100.0
印刷和记录媒介复制业	15.6	52.9	100.0
文教、工美、体育和娱乐用品制造业	38.8	63.1	100.0
石油加工、炼焦和核燃料加工业	11.3	53.3	100.0
化学原料和化学制品制造业	20.7	59.8	100.0
医药制造业	17.6	58.5	100.0
化学纤维制造业	22.0	57.3	100.0
橡胶和塑料制品业	24.5	59.5	100.0
非金属矿物制品业	19.4	55.1	100.0
黑色金属冶炼和压延加工业	18.7	53.4	100.0
有色金属冶炼和压延加工业	19.5	56.0	100.0
金属制品业	25.3	59.0	100.0
通用设备制造业	24.4	65.2	100.0
专用设备制造业	26.3	67.6	100.0
汽车制造业	21.6	62.2	100.0
铁路、船舶、航空航天和其他运输设备制造业	25.7	65.7	100.0
电气机械和器材制造业	28.5	64.7	100.0
计算机、通信和其他电子设备制造业	35.4	69.8	100.0
仪器仪表制造业	26.9	70.2	100.0
其他制造业	32.2	63.7	100.0
废弃资源综合利用业	11.0	44.5	100.0
金属制品、机械和设备修理业	19.7	69.0	100.0
电力、热力、燃气及水生产和供应业	8.5	40.7	100.0
电力、热力生产和供应业	8.3	38.2	100.0
燃气生产和供应业	12.5	45.8	100.0
水的生产和供应业	5.7	43.4	100.0

新产品销售收入(亿元)	新产品销售收入占主营业务收入的比重(%)			
		1.仅国际市场新的产品	2.仅国内市场新的产品	3.仅本企业新的产品
6.5	0.4			0.4
173286.7	16.5	2.1	5.3	9.2
3331.9	4.8	0.1	1.2	3.5
1603.9	6.7	0.2	1.8	4.7
1133.0	6.1	0.3	2.5	3.3
1774.3	20.4	0.6	15.2	4.7
5174.6	12.7	1.0	3.8	7.9
2194.5	9.2	0.8	2.7	5.8
1085.8	7.2	0.6	2.0	4.6
609.5	4.1	0.3	1.2	2.6
946.6	10.8	2.2	2.8	5.8
2092.6	14.3	0.7	4.4	9.2
648.5	8.0	0.5	2.2	5.3
1362.6	8.0	1.3	1.8	5.0
2673.7	7.7	0.1	1.9	5.7
11762.3	13.5	0.7	3.8	8.9
5422.8	19.2	1.1	6.2	12.0
1845.4	23.7	1.7	6.5	15.5
3748.2	11.5	1.2	3.5	6.9
3395.4	5.5	0.3	1.6	3.5
7120.0	11.5	0.6	3.0	7.9
6976.0	13.1	0.4	3.8	8.9
3965.6	9.9	0.9	2.6	6.3
8948.5	18.6	2.0	6.4	10.2
6430.0	17.2	1.6	5.5	10.1
25477.6	31.4	1.5	11.8	18.0
6444.3	33.4	5.9	13.8	13.7
19409.1	26.4	3.6	9.5	13.3
34838.7	34.9	10.6	9.2	15.1
2142.6	22.6	1.9	9.4	11.3
289.6	10.5	1.5	2.9	6.1
171.4	4.2	0.1	0.4	3.7
267.6	22.0	3.3	7.1	11.6
356.1	0.6		0.2	0.4
279.3	0.5		0.2	0.3
51.0	0.8			0.8
25.8	1.2		0.3	0.9

4-14 续表 2

项 目	在实现产品创新企业中的占比(%)		
	有国际市场新产品的企业	有国内市场新产品的企业	有本企业新产品的企业
四、按地区分			
东部地区	27.1	61.0	100.0
中部地区	17.5	59.1	100.0
西部地区	13.0	55.5	100.0
东北地区	24.5	67.3	100.0
北 京	22.6	68.7	100.0
天 津	23.6	58.1	100.0
河 北	17.0	54.4	100.0
山 西	13.0	54.5	100.0
内蒙古	14.2	58.3	100.0
辽 宁	30.5	70.5	100.0
吉 林	17.4	63.0	100.0
黑龙江	14.7	63.3	100.0
上 海	30.1	71.8	100.0
江 苏	26.8	61.9	100.0
浙 江	25.6	55.6	100.0
安 徽	24.1	65.4	100.0
福 建	24.7	58.4	100.0
江 西	15.5	55.6	100.0
山 东	17.9	57.4	100.0
河 南	12.5	52.3	100.0
湖 北	15.7	60.7	100.0
湖 南	14.5	55.7	100.0
广 东	37.8	69.4	100.0
广 西	15.9	57.5	100.0
海 南	15.7	58.6	100.0
重 庆	13.4	54.5	100.0
四 川	13.5	57.0	100.0
贵 州	10.1	49.9	100.0
云 南	10.7	52.9	100.0
西 藏	14.3	42.9	100.0
陕 西	14.6	59.6	100.0
甘 肃	11.5	56.7	100.0
青 海	18.1	52.8	100.0
宁 夏	10.0	60.2	100.0
新 疆	11.1	47.5	100.0

新产品销售收入(亿元)	新产品销售收入占主营业务收入的比重(%)			
		1.仅国际市场新的产品	2.仅国内市场新的产品	3.仅本企业新的产品
121330.9	18.0	2.4	5.8	9.8
32469.9	12.6	1.7	3.6	7.3
14285.9	8.3	0.5	2.9	4.9
6517.5	11.5	0.5	3.2	7.8
4085.9	20.7	2.9	8.1	9.7
5642.8	21.8	2.3	7.0	12.5
3923.1	8.3	0.5	2.4	5.4
1085.0	7.5	0.5	3.2	3.8
779.6	3.8	0.2	1.1	2.5
3387.2	15.4	0.9	4.5	10.0
2627.6	11.2	0.1	2.6	8.5
502.6	4.4	0.3	2.1	2.1
9033.5	26.3	4.5	11.0	10.8
28084.7	17.9	2.2	5.2	10.5
21396.8	32.7	3.2	9.6	19.9
7321.1	17.4	1.4	6.6	9.3
4052.7	9.5	1.4	2.7	5.4
3136.8	8.7	0.6	2.3	5.8
16313.4	10.8	1.2	3.7	6.0
6115.4	7.7	3.4	1.6	2.7
6713.2	14.6	0.3	3.3	11.0
8098.5	20.7	1.7	6.3	12.7
28671.4	22.2	4.0	7.7	10.5
1980.9	8.9	0.3	6.1	2.6
126.6	7.6	0.8	1.8	4.9
5014.3	21.4	1.1	6.0	14.3
3044.7	7.3	0.7	1.8	4.9
575.2	5.1	0.1	1.3	3.7
628.4	6.2	0.3	1.3	4.6
7.9	4.6		1.8	2.8
1236.5	5.9	0.7	2.5	2.7
303.1	3.9	0.2	1.2	2.6
37.9	1.7	0.1	0.9	0.7
202.7	5.6	0.2	1.3	4.0
474.6	5.7	0.2	2.4	3.1

4-15 资质等级以上建筑业企业新产品情况

项　目	在实现产品创新企业中占比(%)		新产品销售收入(亿元)	新产品销售收入占主营业务收入的比重(%)		
	有市场新产品的企业	有本企业新产品的企业			1.仅市场新的产品	2.仅本企业新的产品
总　计	**72.3**	**100.0**	**26331.7**	**16.9**	**6.3**	**10.6**
一、按规模分						
大型企业	76.3	100.0	22605.8	25.0	9.3	15.7
中型企业	70.9	100.0	3515.9	6.0	2.1	3.8
小型企业	70.2	100.0	196.7	3.0	1.0	1.9
微型企业	77.0	100.0	13.3	5.4	0.7	4.7
二、按登记注册类型分						
内资企业	72.4	100.0	26186.1	16.9	6.3	10.6
国有企业	67.0	100.0	745.8	11.7	3.6	8.1
集体企业	73.5	100.0	59.0	2.9	1.3	1.6
股份合作企业	70.0	100.0	24.5	10.2	0.8	9.4
联营企业	100.0	100.0	37.5	32.9	16.5	16.5
有限责任公司	73.4	100.0	18852.4	20.4	7.8	12.6
#国有独资公司	74.7	100.0	4014.0	24.4	10.2	14.2
股份有限公司	74.6	100.0	3564.8	26.7	9.8	16.9
私营企业	71.2	100.0	2901.1	7.2	2.3	4.9
其他企业	100.0	100.0	1.0	5.7	3.8	1.9
港、澳、台商投资企业	73.1	100.0	117.8	14.6	6.5	8.1
合资经营企业	68.8	100.0	58.7	10.8	2.9	7.9
合作经营企业	66.7	100.0	41.9	82.5	57.0	25.5
港、澳、台商独资经营企业	100.0	100.0	17.1	9.0	4.1	5.0
外商投资企业	64.3	100.0	27.8	5.7	0.8	5.0
中外合资经营企业	60.0	100.0	26.6	13.9	1.8	12.1
外资企业	75.0	100.0	1.2	0.4	0.1	0.3
三、按行业分						
房屋建筑业	72.1	100.0	14419.8	15.4	5.4	9.9
土木工程建筑业	73.0	100.0	9273.0	20.1	7.9	12.3
建筑安装业	70.2	100.0	1253.8	14.8	5.0	9.8
建筑装饰和其他建筑业	73.6	100.0	1385.1	18.0	8.0	10.0

4-15 续表

项目	在实现产品创新企业中占比(%) 有市场新产品的企业	有本企业新产品的企业	新产品销售收入(亿元)	新产品销售收入占主营业务收入的比重(%)	1.仅市场新的产品	2.仅本企业新的产品
四、按地区分						
东部地区	73.0	100.0	16188.3	18.6	7.0	11.6
中部地区	70.8	100.0	5939.3	17.1	6.5	10.6
西部地区	69.5	100.0	3694.8	12.9	4.2	8.7
东北地区	79.9	100.0	509.3	9.3	4.2	5.1
北　京	72.3	100.0	2073.7	18.3	6.5	11.8
天　津	67.9	100.0	1114.1	29.4	16.3	13.1
河　北	71.1	100.0	1117.8	24.9	8.0	17.0
山　西	55.1	100.0	624.7	21.5	10.8	10.7
内蒙古	80.0	100.0	125.7	14.1	4.3	9.7
辽　宁	87.9	100.0	348.5	12.3	6.5	5.7
吉　林	66.7	100.0	85.1	5.8	0.8	5.0
黑龙江	62.5	100.0	75.6	6.3	2.8	3.5
上　海	81.3	100.0	2679.0	36.7	15.8	20.9
江　苏	78.8	100.0	2893.7	14.9	5.5	9.4
浙　江	61.6	100.0	1693.3	9.9	2.8	7.2
安　徽	80.8	100.0	848.7	18.5	7.2	11.3
福　建	66.7	100.0	1021.9	17.1	7.5	9.7
江　西	75.0	100.0	666.1	16.8	3.9	12.9
山　东	68.7	100.0	1664.6	19.9	7.0	12.9
河　南	65.6	100.0	1099.5	15.8	6.6	9.2
湖　北	76.5	100.0	1542.8	14.5	5.5	9.1
湖　南	63.8	100.0	1157.4	20.1	7.1	12.9
广　东	80.9	100.0	1928.0	20.9	7.1	13.8
广　西	63.0	100.0	166.7	6.6	1.7	5.0
海　南	40.0	100.0	2.3	0.9	0.3	0.6
重　庆	69.2	100.0	316.0	7.0	3.4	3.6
四　川	70.5	100.0	751.6	11.6	5.2	6.4
贵　州	59.3	100.0	439.8	21.0	2.0	19.0
云　南	80.3	100.0	568.7	21.9	7.5	14.4
西　藏	50.0	100.0	0.5	0.4	0.1	0.4
陕　西	67.8	100.0	801.2	15.3	5.8	9.5
甘　肃	62.9	100.0	180.1	12.0	1.7	10.3
青　海	85.7	100.0	153.7	38.1	9.5	28.6
宁　夏	50.0	100.0	14.3	2.8	0.2	2.6
新　疆	64.7	100.0	176.3	10.1	1.4	8.7

4-16 规模(限额)以上服务业企业新产品情况

项　　目	在实现产品创新企业中占比(%)		新产品销售收入(亿元)	新产品销售收入占主营业务收入的比重(%)		
	有市场新产品的企业	有本企业新产品的企业			1.仅市场新的产品	2.仅本企业新的产品
总　计	**66.4**	**100.0**	**58268.9**	**9.2**	**2.8**	**6.3**
一、按规模分						
大型企业	66.2	100.0	34882.5	16.3	4.5	11.8
中型企业	65.4	100.0	16687.5	5.7	1.9	3.7
小型企业	66.3	100.0	4750.8	5.4	1.8	3.7
微型企业	70.8	100.0	1948.0	5.0	2.8	2.2
二、按登记注册类型分						
内资企业	66.5	100.0	47886.1	8.8	2.8	6.0
国有企业	63.7	100.0	2916.6	8.9	2.9	6.0
集体企业	70.3	100.0	145.5	5.0	0.9	4.0
股份合作企业	65.4	100.0	17.5	3.3	0.8	2.5
联营企业	62.5	100.0	17.1	8.9	6.0	2.9
有限责任公司	64.8	100.0	24731.6	9.0	2.9	6.1
#国有独资公司	59.9	100.0	5655.4	11.5	3.0	8.5
股份有限公司	67.4	100.0	8822.4	13.8	4.1	9.7
私营企业	67.9	100.0	11175.4	6.7	2.2	4.5
其他企业	59.5	100.0	60.1	3.9	1.2	2.7
港、澳、台商投资企业	64.3	100.0	4409.6	11.7	2.8	8.9
合资经营企业	66.1	100.0	714.2	9.5	2.3	7.1
合作经营企业	69.2	100.0	92.5	16.2	2.8	13.4
港、澳、台商独资经营企业	62.1	100.0	3277.4	12.1	2.8	9.4
港、澳、台商投资股份有限公司	68.4	100.0	317.6	14.1	4.6	9.5
其他港、澳、台投资企业	93.3	100.0	7.9	2.4	1.0	1.4
外商投资企业	64.8	100.0	5973.1	11.0	3.1	7.8
中外合资经营企业	65.8	100.0	3117.1	20.0	4.1	15.9
中外合作经营企业	70.0	100.0	17.7	4.4	1.4	3.1
外资企业	63.6	100.0	2172.9	6.1	2.5	3.5
外商投资股份有限公司	75.0	100.0	185.7	17.0	7.5	9.5
其他外商投资企业	73.7	100.0	479.7	34.2	5.6	28.6
三、按行业分						
批发和零售业	69.5	100.0	33931.3	6.9	2.1	4.7
批发业	67.7	100.0	25352.3	6.6	2.0	4.5
零售业	70.7	100.0	8579.0	7.8	2.5	5.3
交通运输、仓储和邮政业	57.0	100.0	4951.0	10.9	2.5	8.3
铁路运输业	60.0	100.0	1050.0	23.4	5.6	17.8
道路运输业	56.5	100.0	1074.3	7.2	1.8	5.5
水上运输业	61.0	100.0	669.3	14.0	1.0	13.0
航空运输业	60.5	100.0	950.6	17.8	5.2	12.6
管道运输业	33.3	100.0	5.4	0.5		0.5
装卸搬运和运输代理业	57.0	100.0	553.5	7.6	1.4	6.1
仓储业	54.5	100.0	186.0	4.1	1.3	2.8
邮政业	59.5	100.0	462.1	14.2	4.3	9.9
信息传输、软件和信息技术服务业	65.2	100.0	11280.5	29.7	8.1	21.6
电信、广播电视和卫星传输服务	68.2	100.0	3021.8	19.1	5.3	13.8
互联网和相关服务	64.8	100.0	2659.6	49.9	8.6	41.3
软件和信息技术服务业	65.0	100.0	5599.1	33.3	10.6	22.6
租赁和商务服务业	62.3	100.0	2930.2	8.5	3.2	5.3

4-16 续表

项　目	在实现产品创新企业中占比(%)		新产品销售收入(亿元)	新产品销售收入占主营业务收入的比重(%)		
	有市场新产品的企业	有本企业新产品的企业			1.仅市场新的产品	2.仅本企业新的产品
租赁业	62.3	100.0	126.9	9.1	1.4	7.6
商务服务业	62.3	100.0	2803.3	8.5	3.3	5.2
科学研究和技术服务业	65.5	100.0	4874.9	26.4	10.6	15.8
研究和试验发展	70.1	100.0	656.8	34.8	14.5	20.3
专业技术服务业	63.6	100.0	3554.2	25.7	10.7	15.0
科技推广和应用服务业	66.3	100.0	663.9	23.9	7.3	16.6
水利、环境和公共设施管理业	66.4	100.0	301.1	10.2	3.8	6.4
水利管理业	41.7	100.0	12.0	9.9	2.1	7.8
生态保护和环境治理业	66.7	100.0	106.9	24.3	10.4	13.9
公共设施管理业	67.2	100.0	182.2	7.6	2.6	5.0
四、按地区分						
东部地区	64.4	100.0	46029.0	10.1	3.0	7.1
中部地区	69.3	100.0	5176.6	7.0	2.4	4.5
西部地区	69.9	100.0	6157.5	7.5	2.6	4.9
东北地区	74.8	100.0	905.8	3.7	1.4	2.4
北　京	63.3	100.0	6245.4	8.6	3.0	5.6
天　津	68.9	100.0	2880.1	8.3	2.9	5.4
河　北	57.4	100.0	2281.0	17.6	3.6	14.0
山　西	64.9	100.0	256.1	2.9	1.0	1.9
内蒙古	76.1	100.0	226.6	4.7	2.5	2.2
辽　宁	78.6	100.0	445.8	3.0	1.1	1.9
吉　林	72.4	100.0	359.3	8.4	3.0	5.4
黑龙江	68.9	100.0	100.6	2.0	0.9	1.1
上　海	65.3	100.0	7886.5	9.1	2.4	6.8
江　苏	69.7	100.0	5185.6	9.8	3.3	6.5
浙　江	53.9	100.0	4542.1	9.1	2.2	7.0
安　徽	76.0	100.0	1175.0	10.0	4.0	6.0
福　建	61.2	100.0	2974.7	12.7	3.2	9.6
江　西	68.4	100.0	462.6	7.7	2.5	5.3
山　东	55.2	100.0	2596.6	7.1	2.0	5.1
河　南	66.0	100.0	850.7	4.6	1.6	3.0
湖　北	68.2	100.0	1382.1	7.3	2.6	4.7
湖　南	67.2	100.0	1050.1	9.9	3.0	7.0
广　东	71.9	100.0	11125.2	13.5	4.4	9.1
广　西	66.9	100.0	330.4	4.7	1.6	3.1
海　南	59.3	100.0	311.8	10.8	3.0	7.8
重　庆	71.0	100.0	889.9	6.6	2.2	4.3
四　川	67.0	100.0	1586.2	10.2	3.9	6.2
贵　州	77.2	100.0	412.1	7.4	2.5	5.0
云　南	71.7	100.0	913.9	9.2	4.1	5.2
西　藏	68.4	100.0	16.1	6.0	1.8	4.3
陕　西	67.1	100.0	1169.9	10.9	2.4	8.6
甘　肃	73.5	100.0	249.8	4.9	1.1	3.8
青　海	74.5	100.0	91.5	6.7	3.0	3.7
宁　夏	72.4	100.0	46.6	3.8	1.7	2.0
新　疆	68.2	100.0	224.5	3.0	1.1	1.9

4-17 资质等级以上建筑业企业工艺创新新颖度类别情况

项目	在实现产品创新企业中占比(%)		新产品销售收入(亿元)	新产品销售收入占主营业务收入的比重(%)		
	有市场新产品的企业	有本企业新产品的企业			1.仅市场新的产品	2.仅本企业新的产品
总计	**65.3**	**100.0**	**45746.4**	**29.3**	**9.8**	**19.5**
一、按规模分						
大型企业	68.5	100.0	38976.1	43.1	14.4	28.7
中型企业	63.2	100.0	6449.9	11.0	3.7	7.3
小型企业	64.9	100.0	297.2	4.5	1.6	2.9
微型企业	74.6	100.0	23.2	9.4	3.4	6.0
二、按登记注册类型分						
内资企业	65.3	100.0	45486.4	29.4	9.8	19.6
国有企业	55.6	100.0	1870.7	29.3	7.2	22.1
集体企业	80.0	100.0	125.9	6.1	3.5	2.6
股份合作企业	80.0	100.0	47.5	19.6	4.8	14.9
联营企业	50.0	100.0	37.5	33.0	16.5	16.5
有限责任公司	65.2	100.0	32594.4	35.3	12.0	23.3
#国有独资公司	66.0	100.0	7918.1	48.1	17.7	30.4
股份有限公司	69.9	100.0	4722.5	35.4	11.6	23.8
私营企业	65.4	100.0	6086.0	15.1	5.0	10.1
其他企业	50.0	100.0	2.0	11.8	3.8	8.0
港、澳、台商投资企业	64.9	100.0	228.0	28.3	11.6	16.7
合资经营企业	62.5	100.0	123.2	22.7	9.7	13.0
合作经营企业	66.7	100.0	44.9	88.3	58.4	29.9
港、澳、台商独资经营企业	66.7	100.0	59.5	31.4	5.9	25.5
其他港、澳、台投资企业	100.0	100.0	0.5	5.7	1.1	4.6
外商投资企业	68.8	100.0	32.0	6.6	1.5	5.1
中外合资经营企业	63.6	100.0	26.7	14.0	1.9	12.1
外资企业	80.0	100.0	5.2	1.9	1.2	0.7
三、按行业分						
房屋建筑业	67.5	100.0	24808.0	26.4	8.6	17.8
土木工程建筑业	63.3	100.0	16855.6	36.6	12.8	23.8
建筑安装业	59.2	100.0	2332.3	27.5	7.8	19.7
建筑装饰和其他建筑业	67.9	100.0	1750.4	22.7	8.4	14.3

注：在占实现工艺创新企业比重里，较低新颖度类别包含了较高新颖度类别；在占主营业务收入比重里，仅按最高的新颖度类别计算，较低新颖度类别未包含较高新颖度类别。

4-17 续表

项　目	在实现产品创新企业中占比(%)		新产品销售收入(亿元)	新产品销售收入占主营业务收入的比重(%)		
	有市场新产品的企业	有本企业新产品的企业			1.仅市场新的产品	2.仅本企业新的产品
四、按地区分						
东部地区	65.2	100.0	26191.4	30.0	10.2	19.9
中部地区	67.1	100.0	11457.6	32.9	11.5	21.4
西部地区	61.8	100.0	7184.1	25.1	7.5	17.6
东北地区	73.5	100.0	913.3	16.6	5.6	11.0
北　京	61.3	100.0	4108.9	36.3	10.9	25.3
天　津	60.7	100.0	1539.6	40.6	18.6	22.0
河　北	67.3	100.0	1641.7	36.6	11.0	25.6
山　西	50.0	100.0	1083.8	37.3	13.3	24.1
内蒙古	59.4	100.0	147.9	16.6	4.4	12.2
辽　宁	82.0	100.0	579.5	20.4	8.9	11.6
吉　林	65.8	100.0	181.5	12.4	2.7	9.8
黑龙江	56.8	100.0	152.3	12.7	1.6	11.1
上　海	72.5	100.0	3239.7	44.4	20.7	23.7
江　苏	71.3	100.0	5003.5	25.8	8.0	17.9
浙　江	53.9	100.0	3907.8	22.9	6.4	16.5
安　徽	78.1	100.0	1437.7	31.4	10.7	20.7
福　建	65.0	100.0	1453.8	24.4	9.5	14.9
江　西	67.1	100.0	972.8	24.5	7.0	17.5
山　东	60.6	100.0	2599.7	31.0	9.7	21.4
河　南	64.8	100.0	2450.7	35.2	11.9	23.3
湖　北	66.4	100.0	3858.0	36.3	13.8	22.5
湖　南	71.0	100.0	1654.6	28.7	9.4	19.3
广　东	74.6	100.0	2620.7	28.3	9.3	19.0
广　西	54.5	100.0	627.0	24.9	6.6	18.2
海　南	64.3	100.0	76.0	29.2	12.4	16.9
重　庆	65.7	100.0	840.2	18.6	7.3	11.3
四　川	62.0	100.0	1426.7	22.0	6.5	15.5
贵　州	69.2	100.0	841.4	40.1	6.8	33.3
云　南	65.5	100.0	884.8	34.0	9.9	24.1
西　藏	57.1	100.0	2.3	2.1	1.2	0.9
陕　西	61.8	100.0	1468.7	28.1	10.4	17.7
甘　肃	59.2	100.0	363.5	24.3	6.5	17.8
青　海	64.3	100.0	168.3	41.8	10.0	31.7
宁　夏	53.3	100.0	47.2	9.1	1.9	7.2
新　疆	53.2	100.0	366.2	20.9	6.1	14.8

五、规模（限额）以上企业产品或工艺创新活动类型及创新费用情况（2016年）

5-1 规模(限额)以上企业产品

项　目	开展产品或工艺创新活动企业数(个)	在开展产品或工艺创新	
		内部研发	外部研发
总　计	**192215**	**48.9**	**8.7**
一、按规模分			
大型企业	12524	63.6	24.3
中型企业	45512	52.6	10.7
小型企业	128886	47.4	6.7
微型企业	5293	20.5	3.3
二、按登记注册类型分			
内资企业	166613	47.4	8.7
国有企业	2197	36.5	14.1
集体企业	721	28.4	5.5
股份合作企业	406	45.8	5.4
联营企业	36	33.3	5.6
#国有联营企业	8	50.0	12.5
有限责任公司	53536	44.9	10.1
#国有独资公司	3104	45.3	18.2
股份有限公司	10780	60.8	17.9
私营企业	98355	48.0	6.9
其他企业	582	18.9	3.6
港、澳、台商投资企业	11824	58.9	8.2
合资经营企业	4162	65.6	10.5
合作经营企业	234	56.0	6.0
港、澳、台商独资经营企业	6993	54.9	6.6
港、澳、台商投资股份有限公司	340	65.3	16.5
其他港、澳、台投资企业	95	47.4	4.2
外商投资企业	13778	58.2	8.5
中外合资经营企业	5187	63.8	12.0
中外合作经营企业	215	56.7	10.2
外资企业	7951	54.7	6.0
外商投资股份有限公司	288	60.1	13.5
其他外商投资企业	137	44.5	7.3
三、按行业分			
采矿业	1730	44.7	15.6
制造业	141074	60.5	9.9
电力、热力、燃气及水生产和供应业	1988	36.3	11.5
建筑业	5919	14.4	5.9
批发和零售业	17941	18.6	5.6
交通运输、仓储和邮政业	3440	2.9	1.5
信息传输、软件和信息技术服务业	9691	12.4	3.4
租赁和商务服务业	3773	3.8	1.5
科学研究和技术服务业	5889	24.3	7.1
水利、环境和公共设施管理业	770	9.2	1.9

或工艺创新活动类型

活动企业中，有下列活动形式的企业占比(%)					
获得机器设备和软件	从外部获取相关技术	相关培训	市场推介	相关设计	其　他创新活动
43.2	**4.1**	**37.6**	**19.9**	**19.0**	**24.6**
57.6	11.2	54.7	29.4	21.7	36.1
46.3	5.7	42.3	22.1	18.8	26.3
41.4	2.8	34.5	18.3	19.0	22.9
24.7	4.9	32.7	18.2	14.0	25.0
42.7	4.1	37.3	20.2	18.8	24.1
43.9	9.3	49.9	20.9	9.6	30.2
36.9	5.1	34.1	17.3	12.9	22.3
30.3	1.7	28.3	15.8	18.7	23.2
44.4	2.8	33.3	22.2	5.6	19.4
50.0		50.0	50.0		12.5
42.9	5.1	41.0	22.0	18.0	26.4
49.4	9.6	48.7	23.4	12.7	32.2
52.8	6.7	48.3	30.1	23.9	33.1
41.6	3.2	34.0	18.2	19.0	21.7
35.7	6.4	29.6	14.8	19.9	19.4
48.3	3.1	38.3	18.1	20.3	26.7
50.0	3.5	38.7	18.2	19.9	26.5
44.4	5.1	34.2	15.8	17.9	21.4
47.3	2.7	37.6	17.4	20.1	26.6
54.1	4.7	48.2	30.6	27.9	35.9
36.8	3.2	42.1	24.2	24.2	28.4
44.2	4.3	40.2	18.4	19.8	29.4
47.6	5.2	43.0	20.6	21.2	29.9
47.4	3.7	34.9	17.2	19.1	24.7
41.6	3.7	38.2	16.7	18.7	29.1
54.2	8.3	48.6	29.5	27.1	33.3
36.5	5.1	41.6	16.1	19.0	24.8
51.2	2.6	27.6	8.4	5.3	19.6
48.8	2.4	35.6	18.7	21.3	23.6
46.5	1.7	32.9	5.5	1.8	23.4
37.9	11.9	52.7	25.3	6.7	31.9
23.5	8.8	46.3	29.6	18.8	27.0
27.9	8.5	38.8	17.7	7.8	28.6
21.8	8.7	38.2	21.6	11.6	26.6
22.9	8.2	43.0	25.3	12.2	26.5
29.1	11.5	42.5	16.7	9.7	29.1
29.4	8.2	42.2	25.3	11.4	25.2

5-1 续表

项 目	开展产品或工艺创新活动企业数(个)	在开展产品或工艺创新	
		内部研发	外部研发
四、按地区分			
东部地区	126058	53.4	8.2
中部地区	37442	43.3	9.4
西部地区	23602	36.0	9.8
东北地区	5113	39.6	9.8
北 京	7104	29.0	7.1
天 津	4323	55.5	9.4
河 北	4819	38.0	8.3
山 西	1200	31.8	9.1
内蒙古	1050	41.1	12.1
辽 宁	2634	46.1	9.8
吉 林	1580	25.9	9.1
黑龙江	899	44.9	11.2
上 海	6114	40.3	7.4
江 苏	31221	64.0	8.8
浙 江	26660	56.9	7.2
安 徽	9345	43.8	11.6
福 建	7783	48.5	9.6
江 西	4779	47.1	8.0
山 东	14859	49.6	10.6
河 南	7206	40.6	7.3
湖 北	7105	45.1	10.7
湖 南	7807	43.3	8.6
广 东	22897	53.0	6.8
广 西	1873	30.4	8.1
海 南	278	28.8	14.4
重 庆	4070	36.4	9.8
四 川	5782	35.5	9.8
贵 州	2018	34.6	8.5
云 南	2570	39.0	9.2
西 藏	64	18.8	6.3
陕 西	3083	37.5	11.5
甘 肃	1142	42.0	10.1
青 海	271	22.5	9.2
宁 夏	542	45.0	13.3
新 疆	1137	27.9	8.1

活动企业中，有下列活动形式的企业占比(%)					
获得机器设备和软件	从外部获取相关技术	相关培训	市场推介	相关设计	其　他创新活动
42.0	4.1	36.4	18.8	18.8	24.9
46.8	3.7	37.4	20.5	18.7	22.0
45.4	4.6	44.0	24.7	20.7	26.6
35.2	4.1	38.9	21.4	17.5	27.6
33.8	7.0	39.1	21.0	13.7	27.5
32.2	3.6	38.0	17.5	15.3	24.2
31.7	2.9	37.5	19.0	17.5	23.6
43.7	5.3	48.8	24.8	14.3	27.5
33.2	4.8	39.5	23.0	15.7	27.0
36.0	4.6	40.2	21.0	15.9	27.9
35.2	3.1	37.2	21.4	19.4	27.2
32.7	4.2	37.9	22.4	19.0	27.1
41.5	5.4	47.4	24.2	18.7	34.8
49.2	4.1	33.4	15.0	14.8	20.5
35.0	2.6	31.4	16.2	21.2	22.4
49.3	4.1	46.2	24.6	22.9	28.6
39.9	6.4	38.5	21.1	21.4	25.8
66.9	3.6	32.0	17.6	17.2	19.4
36.2	3.7	34.6	19.0	18.2	22.5
29.8	3.9	39.1	22.0	19.9	18.0
37.2	3.3	38.0	20.7	19.8	23.7
56.6	3.2	26.2	15.0	13.2	16.8
51.5	4.4	42.6	24.2	23.6	31.9
40.0	4.9	47.7	26.4	21.3	32.2
34.2	7.9	47.1	28.1	18.7	29.9
55.7	5.1	42.6	23.0	21.8	27.7
38.3	4.2	42.9	25.2	20.5	26.8
51.9	5.3	39.3	22.5	21.3	22.3
54.4	4.9	51.3	28.4	25.1	28.4
32.8	4.7	42.2	28.1	17.2	28.1
42.2	4.2	45.7	26.7	21.6	27.1
40.4	4.2	39.5	20.8	16.5	21.3
45.0	5.5	48.0	23.6	18.8	26.9
52.0	5.5	47.2	25.3	17.9	26.4
44.2	3.8	41.5	21.0	14.2	20.1

5-2 规模以上工业企业产品

项目	开展产品或工艺创新活动企业数(个)	在开展产品或工艺创新	
		内部研发	外部研发
总 计	**144792**	**60.0**	**10.0**
一、按规模分			
大型企业	7475	80.5	30.1
中型企业	29368	69.6	13.1
小型企业	105924	56.3	7.8
微型企业	2025	38.6	5.1
二、按登记注册类型分			
内资企业	122228	59.3	10.2
国有企业	793	61.8	22.6
集体企业	385	47.8	8.8
股份合作企业	346	53.2	6.4
联营企业	20	55.0	10.0
#国有联营企业	4	100.0	25.0
有限责任公司	35733	59.3	12.2
#国有独资公司	1533	67.0	27.3
股份有限公司	7591	76.8	22.2
私营企业	77179	57.6	8.0
其他企业	181	39.8	6.6
港、澳、台商投资企业	10480	64.2	8.6
合资经营企业	3778	70.3	11.0
合作经营企业	202	62.9	6.4
港、澳、台商独资经营企业	6147	60.1	6.8
港、澳、台商投资股份有限公司	281	75.1	18.5
其他港、澳、台投资企业	72	58.3	4.2
外商投资企业	12084	63.8	8.9
中外合资经营企业	4708	68.2	12.6
中外合作经营企业	191	61.3	11.0
外资企业	6838	60.8	6.1
外商投资股份有限公司	240	68.8	15.4
其他外商投资企业	107	51.4	8.4
三、按行业分			
采矿业	1730	44.7	15.6
煤炭开采和洗选业	552	42.9	17.2
石油和天然气开采业	49	73.5	61.2
黑色金属矿采选业	252	37.3	10.3
有色金属矿采选业	326	52.5	18.1
非金属矿采选业	493	41.4	9.7

或工艺创新活动类型

活动企业中，有下列活动形式的企业占比(%)					
获得机器设备和软件	从外部获取相关技术	相关培训	市场推介	相关设计	其　他创新活动
48.8	**2.4**	**35.5**	**18.4**	**20.9**	**23.5**
70.4	9.6	54.0	29.9	28.5	37.8
55.8	3.4	39.4	19.7	22.0	25.9
45.6	1.6	33.3	17.4	20.1	22.0
35.8	0.9	26.9	12.8	16.5	19.7
48.7	2.2	34.8	18.5	20.8	22.7
56.0	4.2	45.1	22.4	14.6	29.9
47.3	1.8	26.5	12.2	14.0	16.1
31.5		28.6	14.7	20.5	21.4
60.0		15.0	15.0	5.0	10.0
50.0		50.0	25.0		
50.5	2.8	38.7	20.4	20.9	25.6
61.9	6.8	47.0	23.5	17.2	34.2
61.9	4.9	48.7	31.0	27.9	33.9
46.7	1.7	31.7	16.5	20.2	20.2
51.4	2.2	23.8	9.4	14.9	11.6
51.5	2.3	37.7	17.6	21.4	26.7
52.5	2.8	38.4	18.3	20.9	26.2
47.0	3.0	31.7	15.3	20.3	22.3
50.7	2.0	37.0	16.6	21.2	26.7
59.4	2.5	49.5	29.9	31.3	35.9
44.4		40.3	25.0	25.0	27.8
46.8	3.7	40.0	17.9	21.1	29.6
49.3	4.8	43.1	20.5	22.4	29.9
50.8	3.1	35.1	17.8	19.9	24.1
44.6	2.8	37.6	15.8	19.9	29.4
59.2	7.9	48.8	28.8	29.2	35.4
39.3	4.7	42.1	13.1	20.6	24.3
51.2	2.6	27.6	8.4	5.3	19.6
54.5	5.8	30.3	7.4	4.0	17.8
77.6	4.1	42.9			40.8
40.5	1.6	21.4	8.7	4.0	19.0
50.3	0.6	26.4	3.7	3.7	19.6
48.7	1.0	25.6	12.6	8.7	18.7

5-2 续表 1

项　目	开展产品或工艺创新活动企业数（个）	在开展产品或工艺创新	
		内部研发	外部研发
开采辅助活动	53	56.6	22.6
其他采矿业	5	20.0	
制造业	141074	60.5	9.9
农副食品加工业	7409	44.7	9.4
食品制造业	3498	48.8	11.0
酒、饮料和精制茶制造业	2457	45.6	12.7
烟草制品业	77	67.5	42.9
纺织业	6260	49.7	5.4
纺织服装、服饰业	4041	42.4	3.8
皮革、毛皮、羽毛及其制品和制鞋业	2447	39.2	4.2
木材加工和木、竹、藤、棕、草制品业	2224	46.6	3.8
家具制造业	1873	37.0	4.4
造纸和纸制品业	1959	51.0	6.1
印刷和记录媒介复制业	1678	51.5	5.3
文教、工美、体育和娱乐用品制造业	3375	50.6	5.1
石油加工、炼焦和核燃料加工业	641	61.5	20.1
化学原料和化学制品制造业	11045	66.5	12.9
医药制造业	4750	75.9	29.2
化学纤维制造业	846	69.0	9.6
橡胶和塑料制品业	6573	57.2	6.5
非金属矿物制品业	8779	51.6	6.8
黑色金属冶炼和压延加工业	2571	58.4	10.0
有色金属冶炼和压延加工业	2940	65.8	11.3
金属制品业	7376	59.0	7.2
通用设备制造业	11970	68.5	10.0
专用设备制造业	9594	70.8	11.4
汽车制造业	7211	61.7	12.4
铁路、船舶、航空航天和其他运输设备制造业	2477	67.1	13.1
电气机械和器材制造业	13165	70.0	9.6
计算机、通信和其他电子设备制造业	9635	71.1	9.9
仪器仪表制造业	2974	76.1	13.5
其他制造业	722	53.5	8.0
废弃资源综合利用业	388	54.4	11.1
金属制品、机械和设备修理业	119	66.4	12.6
电力、热力、燃气及水生产和供应业	1988	36.3	11.5
电力、热力生产和供应业	1414	35.8	13.2
燃气生产和供应业	222	32.0	5.4
水的生产和供应业	352	41.2	8.5

活动企业中，有下列活动形式的企业占比(%)					
获得机器设备和软件	从外部获取相关技术	相关培训	市场推介	相关设计	其　他创新活动
71.7		41.5	13.2	5.7	28.3
40.0		20.0	20.0	20.0	40.0
48.8	2.4	35.6	18.7	21.3	23.6
45.9	1.7	32.1	22.2	30.0	15.5
45.5	2.4	37.0	27.6	37.1	18.6
44.8	2.4	34.4	28.4	39.6	17.5
76.6	6.5	61.0	31.2	39.0	44.2
40.5	1.6	27.8	13.1	14.6	16.2
40.4	1.3	26.5	12.1	18.0	13.8
44.3	1.5	22.4	10.7	23.2	14.4
52.7	1.1	23.3	14.3	17.3	12.7
44.1	1.0	31.3	18.6	27.0	18.2
44.8	1.2	31.4	13.7	21.4	18.6
45.0	1.4	35.7	11.8	25.3	19.4
44.4	1.6	29.2	17.6	27.1	18.6
53.8	7.2	38.4	18.7	11.7	23.4
51.4	3.0	36.8	20.5	16.5	23.3
57.0	5.9	45.7	25.2	27.5	27.7
45.2	2.5	30.4	14.2	12.3	19.5
45.8	1.4	34.0	16.6	20.2	22.0
45.5	2.0	31.1	15.2	13.6	18.7
45.9	2.2	35.0	14.2	9.7	22.2
52.5	2.1	34.5	12.7	10.9	22.6
45.1	1.6	33.4	15.2	18.7	21.8
47.7	2.6	36.2	18.9	20.0	26.6
52.1	2.3	37.2	22.5	19.4	27.3
49.7	3.5	42.7	15.9	20.0	32.3
50.8	4.5	41.1	18.7	20.7	30.3
52.3	2.3	39.6	21.1	25.2	28.6
56.8	2.6	42.6	21.1	24.5	32.8
55.7	2.6	41.4	26.6	28.0	32.0
43.2	1.4	28.9	16.6	25.6	19.1
44.3	2.1	32.2	11.3	8.2	22.7
60.5	4.2	52.1	21.0	15.1	36.1
46.5	1.7	32.9	5.5	1.8	23.4
49.2	1.8	32.3	4.7	1.4	23.7
35.6	1.4	35.1	10.8	2.7	22.1
42.6	1.7	34.1	5.4	2.6	23.3

5-2 续表 2

项 目	开展产品或工艺创新活动企业数（个）	在开展产品或工艺创新	
		内部研发	外部研发
四、按地区分			
东部地区	95399	65.1	9.2
中部地区	29461	51.6	10.9
西部地区	16318	47.4	12.5
东北地区	3614	50.4	12.3
北 京	1900	60.8	11.5
天 津	2827	72.6	10.8
河 北	3759	45.3	9.4
山 西	773	45.0	12.8
内蒙古	733	56.6	16.8
辽 宁	1883	57.2	11.6
吉 林	1059	34.1	12.3
黑龙江	672	56.8	14.3
上 海	3565	55.6	8.6
江 苏	26211	73.2	9.7
浙 江	22942	63.2	7.4
安 徽	7519	51.1	13.4
福 建	5710	61.1	11.5
江 西	3962	55.9	9.3
山 东	11549	61.4	12.8
河 南	5114	52.1	9.1
湖 北	5607	53.1	12.1
湖 南	6486	48.5	9.1
广 东	16806	65.0	7.1
广 西	1232	41.2	11.0
海 南	130	56.2	30.8
重 庆	2987	45.1	11.6
四 川	3998	46.0	12.3
贵 州	1453	44.7	10.5
云 南	1731	50.8	11.2
西 藏	26	38.5	15.4
陕 西	2007	53.4	15.8
甘 肃	768	59.0	13.8
青 海	168	33.9	12.5
宁 夏	423	53.0	15.6
新 疆	792	35.7	10.9

活动企业中，有下列活动形式的企业占比(%)					
获得机器设备和软件	从外部获取相关技术	相关培训	市场推介	相关设计	其　他创新活动
47.5	2.4	34.5	17.6	20.8	23.9
51.8	2.0	34.8	18.3	19.6	20.6
52.8	2.6	41.9	22.8	23.6	26.0
40.4	2.3	38.8	21.1	20.6	26.8
67.5	3.9	46.6	30.1	26.5	35.8
38.1	1.9	37.5	17.8	18.9	23.0
33.0	1.6	35.0	17.5	19.8	22.8
49.0	2.7	45.5	21.3	16.0	26.0
34.7	3.4	35.9	18.4	17.1	25.1
41.8	3.1	40.5	21.2	18.3	27.5
42.0	1.0	36.4	19.8	23.0	25.0
33.8	2.1	37.8	22.9	22.9	27.5
53.4	2.5	50.6	26.1	24.7	38.1
54.0	3.0	31.3	13.6	15.3	19.6
36.2	1.4	29.4	15.0	22.6	21.7
55.2	2.7	45.8	23.4	24.7	28.1
44.7	5.3	37.7	20.1	23.2	24.4
74.6	2.0	29.1	15.6	17.3	17.6
39.6	2.6	32.3	17.6	19.1	20.2
30.1	1.6	35.7	18.6	21.3	15.2
40.2	1.8	35.6	19.1	21.1	23.6
61.7	1.7	22.8	12.6	13.0	14.9
60.4	1.9	41.3	23.4	26.5	31.9
47.2	2.6	45.2	23.5	25.0	31.9
44.6	3.8	46.2	26.2	26.9	30.8
66.5	3.7	41.1	20.7	24.2	27.3
42.7	2.0	41.8	23.5	23.8	26.0
61.4	2.5	35.9	20.6	23.1	20.6
65.2	2.3	49.9	28.1	29.3	29.8
42.3		38.5	26.9	30.8	34.6
48.3	2.5	44.1	25.3	24.5	27.2
45.7	1.2	34.4	18.2	18.2	18.1
53.0	3.6	44.6	22.0	23.2	27.4
58.6	5.0	45.2	23.9	19.9	26.7
50.0	1.6	38.3	19.1	16.9	18.9

5-3 资质等级以上建筑业企业

项　目	开展产品或工艺创新活动企业数（个）	在开展产品或工艺创新	
		内部研发	外部研发
总　计	**5919**	**14.4**	**5.9**
一、按规模分			
大型企业	1498	40.3	19.6
中型企业	2895	8.7	2.0
小型企业	1358		
微型企业	168		
二、按登记注册类型分			
内资企业	5844	14.4	6.0
国有企业	249	21.3	10.0
集体企业	74	4.1	2.7
股份合作企业	12	8.3	
有限责任公司	2775	20.0	8.6
#国有独资公司	355	38.0	14.4
股份有限公司	376	23.7	9.3
私营企业	2354	5.8	2.2
港、澳、台商投资企业	51	17.6	
合资经营企业	38	18.4	
合作经营企业	6	33.3	
港、澳、台商独资经营企业	6		
外商投资企业	24	29.2	4.2
中外合资经营企业	16	37.5	6.3
外资企业	7	14.3	
三、按行业分			
房屋建筑业	2566	14.1	6.9
土木工程建筑业	1595	20.3	9.0
建筑安装业	824	11.9	2.7
建筑装饰和其他建筑业	934	7.5	1.0

产品或工艺创新活动类型

活动企业中，有下列活动形式的企业占比(%)					
获得机器设备和软件	从外部获取相关技术	相关培训	市场推介	相关设计	其他创新活动
37.9	**11.9**	**52.7**	**25.3**	**6.7**	**31.9**
49.9	16.6	66.0	27.4	5.8	39.3
36.2	11.6	51.2	24.4	5.5	29.2
29.8	7.7	44.0	24.7	9.5	29.4
26.2	8.9	29.2	26.2	11.3	35.1
37.8	11.9	52.7	25.4	6.7	31.9
49.4	14.9	63.9	24.1	3.2	38.2
35.1	13.5	43.2	27.0	9.5	39.2
41.7	16.7	41.7	25.0		50.0
39.9	12.9	56.1	24.6	5.9	33.2
48.2	18.6	67.9	21.4	5.1	36.1
39.6	11.4	56.1	25.8	7.4	34.0
34.0	10.5	47.4	26.3	7.7	29.2
37.3	11.8	49.0	17.6	7.8	33.3
31.6	10.5	47.4	18.4	10.5	36.8
66.7		83.3	16.7		16.7
50.0	33.3	33.3	16.7		16.7
54.2	4.2	50.0	12.5	4.2	29.2
62.5		62.5	6.3	6.3	31.3
28.6	14.3	28.6	28.6		28.6
39.9	12.4	53.4	27.6	6.1	30.4
42.0	12.9	56.0	23.3	5.5	34.7
33.7	10.4	48.1	21.1	6.3	29.9
28.9	10.0	49.0	25.9	10.5	33.4

5-3 续表

项 目	开展产品或工艺创新活动企业数（个）	在开展产品或工艺创新	
		内部研发	外部研发
四、按地区分			
东部地区	3396	16.3	6.9
中部地区	1205	12.4	4.8
西部地区	1051	12.8	5.5
东北地区	267	7.5	0.7
北 京	323	23.8	10.2
天 津	182	25.8	11.0
河 北	192	16.1	6.3
山 西	115	20.0	5.2
内蒙古	36	13.9	2.8
辽 宁	157	8.9	0.6
吉 林	55	1.8	1.8
黑龙江	55	9.1	
上 海	199	20.6	8.0
江 苏	832	8.2	1.9
浙 江	578	22.1	11.8
安 徽	227	12.3	7.0
福 建	241	7.1	2.9
江 西	101	7.9	3.0
山 东	431	17.9	9.3
河 南	364	10.2	3.6
湖 北	258	10.9	5.0
湖 南	140	17.9	5.0
广 东	404	16.1	5.4
广 西	77	9.1	2.6
海 南	14	7.1	
重 庆	127	14.2	9.4
四 川	206	13.1	6.8
贵 州	66	13.6	4.5
云 南	138	16.7	6.5
西 藏	10		
陕 西	206	10.7	3.9
甘 肃	81	8.6	6.2
青 海	20	10.0	5.0
宁 夏	24	25.0	8.3
新 疆	60	13.3	1.7

活动企业中，有下列活动形式的企业占比(%)					
获得机器设备和软件	从外部获取相关技术	相关培训	市场推介	相关设计	其　他创新活动
37.2	12.6	52.7	24.6	6.7	32.8
41.2	11.2	54.4	27.2	7.6	29.7
38.3	11.0	53.1	25.5	5.8	32.3
30.7	9.0	43.1	23.2	5.6	30.0
39.0	15.2	59.1	23.2	8.4	33.4
35.2	6.0	54.9	14.3	4.9	29.7
37.5	8.9	50.5	28.1	6.3	30.7
53.0	11.3	67.0	27.8	4.3	31.3
27.8	11.1	52.8	27.8		33.3
33.8	8.3	47.1	22.3	5.1	32.5
12.7	9.1	30.9	30.9	7.3	30.9
40.0	10.9	43.6	18.2	5.5	21.8
44.2	14.6	54.3	22.1	4.5	37.7
34.0	11.2	55.0	26.1	6.1	30.6
40.1	15.1	49.1	22.5	4.7	28.5
37.4	11.0	53.3	27.8	7.9	34.4
43.6	13.7	48.1	27.4	5.4	35.7
40.6	18.8	44.6	27.7	9.9	29.7
33.9	10.2	47.3	27.8	7.4	32.7
42.6	11.5	54.9	29.9	9.9	28.6
35.3	10.1	52.3	24.0	6.2	24.8
45.0	7.1	55.0	24.3	4.3	32.9
35.9	15.1	56.4	25.5	11.6	41.3
42.9	14.3	59.7	31.2	10.4	33.8
7.1	35.7	28.6	14.3		28.6
33.1	7.1	51.2	22.8	5.5	33.9
38.8	11.7	49.0	24.3	3.9	30.1
42.4	13.6	51.5	28.8	6.1	34.8
39.9	10.9	51.4	26.1	10.1	30.4
40.0		40.0	20.0		40.0
40.8	8.3	53.4	24.8	5.8	34.5
32.1	13.6	55.6	21.0	3.7	30.9
45.0	20.0	75.0	25.0	10.0	25.0
45.8	20.8	62.5	45.8	12.5	33.3
35.0	11.7	55.0	23.3		30.0

5-4 规模(限额)以上服务业企业

项目	开展产品或工艺创新活动企业数(个)	在开展产品或工艺创新	
		内部研发	外部研发
总计	**41504**	**15.2**	**4.5**
一、按规模分			
大型企业	3551	37.8	14.1
中型企业	13249	24.4	7.2
小型企业	21604	6.5	1.6
微型企业	3100	9.8	2.4
二、按登记注册类型分			
内资企业	38541	14.9	4.4
国有企业	1155	22.4	9.1
集体企业	262	6.9	1.5
股份合作企业	48	2.1	
联营企业	14	7.1	
#国有联营企业	4		
有限责任公司	15028	15.1	5.3
#国有独资公司	1216	20.1	7.8
股份有限公司	2813	22.5	7.3
私营企业	18822	13.5	3.1
其他企业	399	9.5	2.3
港、澳、台商投资企业	1293	17.9	5.5
合资经营企业	346	19.9	6.4
合作经营企业	26	7.7	3.8
港、澳、台商独资经营企业	840	17.4	5.1
港、澳、台商投资股份有限公司	59	18.6	6.8
其他港、澳、台投资企业	22	13.6	4.5
外商投资企业	1670	18.0	5.5
中外合资经营企业	463	19.4	5.8
中外合作经营企业	24	20.8	4.2
外资企业	1106	17.4	5.5
外商投资股份有限公司	47	17.0	4.3
其他外商投资企业	30	20.0	3.3
三、按行业分			
批发和零售业	17941	18.6	5.6
批发业	7972	24.0	7.1
零售业	9969	14.4	4.5
交通运输、仓储和邮政业	3440	2.9	1.5
铁路运输业	20	30.0	
道路运输业	1925	2.4	1.5
水上运输业	244	10.2	5.3
航空运输业	74	5.4	2.7
管道运输业	11	27.3	18.2
装卸搬运和运输代理业	559	1.1	0.2
仓储业	386	2.1	0.5
邮政业	221	0.9	0.5
信息传输、软件和信息技术服务业	9691	12.4	3.4
电信、广播电视和卫星传输服务	699	8.3	2.0
互联网和相关服务	865	11.4	2.4
软件和信息技术服务业	8127	12.8	3.6
租赁和商务服务业	3773	3.8	1.5

产品或工艺创新活动类型

活动企业中，有下列活动形式的企业占比(%)					
获得机器设备和软件	从外部获取相关技术	相关培训	市场推介	相关设计	其　他创新活动
24.3	**9.0**	**42.9**	**24.5**	**14.2**	**27.2**
34.2	12.4	51.5	29.2	13.9	31.2
27.3	9.5	46.7	26.8	14.6	26.7
21.8	8.5	40.0	22.8	14.2	26.8
17.4	7.3	36.7	21.2	12.5	28.0
24.3	9.0	42.9	24.7	14.4	27.2
34.5	11.7	50.1	19.2	7.4	28.7
22.1	7.6	42.7	22.1	12.2	26.7
18.8	10.4	22.9	20.8	10.4	29.2
21.4	7.1	50.0	28.6	7.1	35.7
50.0		50.0	75.0		25.0
25.7	9.1	43.8	25.2	13.4	27.0
33.9	10.6	45.3	23.8	9.1	28.5
29.9	10.9	46.4	28.5	15.5	30.6
21.7	8.6	41.6	24.2	15.3	26.9
28.8	8.3	32.1	17.3	22.3	22.8
23.0	9.0	42.2	21.9	11.8	26.8
25.1	10.4	41.0	17.6	9.5	28.6
19.2	23.1	42.3	19.2	3.8	15.4
22.1	7.4	42.4	22.9	12.7	25.7
28.8	15.3	42.4	33.9	11.9	35.6
13.6	13.6	50.0	22.7	22.7	27.3
25.0	9.0	42.0	22.0	10.9	27.7
29.4	9.1	41.7	21.4	8.9	29.2
20.8	8.3	33.3	12.5	12.5	29.2
23.1	9.0	42.0	21.9	11.4	27.2
27.7	10.6	48.9	34.0	17.0	23.4
26.7	6.7	40.0	26.7	13.3	26.7
23.5	8.8	46.3	29.6	18.8	27.0
25.1	9.4	44.5	25.9	18.6	28.4
22.2	8.3	47.8	32.6	19.0	25.9
27.9	8.5	38.8	17.7	7.8	28.6
30.0	5.0	30.0	20.0		20.0
26.5	8.7	37.5	18.7	8.1	29.1
32.4	8.6	38.5	15.6	7.0	32.8
36.5	16.2	51.4	39.2	10.8	29.7
45.5	9.1	45.5			36.4
23.8	5.9	37.0	15.6	6.1	30.1
32.6	8.8	40.4	12.2	8.3	25.4
33.0	10.0	48.0	19.9	10.4	21.3
21.8	8.7	38.2	21.6	11.6	26.6
26.5	10.3	47.8	38.8	15.2	29.0
22.3	10.1	36.2	23.8	13.1	24.2
21.3	8.4	37.6	19.9	11.1	26.6
22.9	8.2	43.0	25.3	12.2	26.5

5-4 续表

项目	开展产品或工艺创新活动企业数（个）	在开展产品或工艺创新	
		内部研发	外部研发
租赁业	198	5.1	1.0
商务服务业	3575	3.7	1.5
科学研究和技术服务业	5889	24.3	7.1
研究和试验发展	1082	28.3	9.2
专业技术服务业	3267	28.6	8.4
科技推广和应用服务业	1540	12.5	3.0
水利、环境和公共设施管理业	770	9.2	1.9
水利管理业	28	7.1	
生态保护和环境治理业	169	18.3	3.0
公共设施管理业	573	6.6	1.7
四、按地区分			
东部地区	27263	16.8	4.9
中部地区	6776	13.1	4.0
西部地区	6233	10.2	3.4
东北地区	1232	15.2	4.4
北　京	4881	17.0	5.2
天　津	1314	22.8	6.1
河　北	868	11.5	3.7
山　西	312	3.2	1.3
内蒙古	281	4.3	1.1
辽　宁	594	20.5	6.2
吉　林	466	10.3	2.6
黑龙江	172	9.9	2.9
上　海	2350	18.7	5.6
江　苏	4178	17.5	4.4
浙　江	3140	17.5	5.3
安　徽	1599	14.1	3.9
福　建	1832	14.7	4.6
江　西	716	3.9	1.4
山　东	2879	7.1	2.0
河　南	1728	12.7	2.7
湖　北	1240	15.6	5.6
湖　南	1181	18.0	6.4
广　东	5687	20.2	6.1
广　西	564	9.6	2.3
海　南	134	4.5	
重　庆	956	12.3	4.5
四　川	1578	11.7	3.8
贵　州	499	8.0	3.4
云　南	701	14.3	4.9
西　藏	28	7.1	
陕　西	870	7.4	3.1
甘　肃	293	6.8	1.4
青　海	83	2.4	3.6
宁　夏	95	14.7	4.2
新　疆	285	9.1	1.8

活动企业中，有下列活动形式的企业占比(%)					
获得机器设备和软件	从外部获取相关技术	相关培训	市场推介	相关设计	其　他创新活动
27.3	6.6	37.9	25.3	10.6	28.3
22.6	8.3	43.3	25.3	12.3	26.4
29.1	11.5	42.5	16.7	9.7	29.1
33.2	13.5	42.5	18.9	11.3	34.4
30.2	11.9	45.9	15.7	8.2	29.0
23.9	9.3	35.2	17.1	11.9	25.4
29.4	8.2	42.2	25.3	11.4	25.2
28.6	7.1	39.3	10.7		32.1
36.1	15.4	46.7	21.3	6.5	31.4
27.4	6.1	41.0	27.2	13.4	23.0
23.3	9.0	41.3	22.3	13.3	27.4
26.0	9.6	45.5	28.9	16.7	26.4
27.3	8.9	48.0	29.7	15.8	27.2
20.9	8.3	38.3	21.7	11.1	29.4
20.4	7.7	34.8	17.3	9.1	23.8
18.9	6.7	36.7	17.3	9.2	25.9
25.0	6.8	45.5	23.4	9.9	25.6
26.9	9.6	50.0	32.1	13.5	29.8
30.2	7.5	47.3	34.2	14.2	31.3
18.2	8.6	37.5	20.0	10.9	28.1
22.3	7.1	39.9	23.8	12.4	31.8
26.2	10.5	36.6	21.5	8.1	27.3
23.2	9.0	41.8	21.4	10.9	29.5
22.0	9.6	42.4	21.9	13.5	24.1
25.8	9.5	42.3	24.0	14.2	26.5
23.3	9.3	46.7	29.8	16.4	30.3
24.6	8.6	39.9	23.4	17.6	28.7
27.9	10.3	46.0	27.5	17.6	27.8
22.5	7.3	42.3	23.2	16.1	29.9
26.2	9.2	45.8	30.5	17.9	24.1
24.2	9.0	45.9	27.3	16.7	24.1
30.1	10.7	41.5	26.8	15.7	25.1
26.3	11.1	45.3	26.4	16.0	31.2
23.9	8.5	51.4	32.3	14.7	32.6
26.9	9.0	50.0	31.3	12.7	29.1
25.1	9.4	46.0	30.2	16.6	27.9
27.1	8.9	44.9	29.6	14.4	28.3
25.7	12.2	47.7	27.1	18.2	25.3
30.7	10.1	54.8	29.8	17.8	24.7
21.4	10.7	46.4	32.1	10.7	17.9
28.5	7.1	47.6	30.5	18.7	25.4
28.7	9.6	48.5	27.6	15.4	27.0
28.9	6.0	48.2	26.5	12.0	26.5
24.2	4.2	52.6	26.3	10.5	23.2
29.8	8.1	47.7	26.0	9.8	21.4

5-5 规模以上工业企业

项　　目	创新费用支出合计(亿元)	1.内部研发经费支出	所占比重(%)
总　计	**17479.2**	**10944.7**	**62.6**
一、按规模分			
大型企业	9992.6	5718.9	57.2
中型企业	3737.3	2570.6	68.8
小型企业	3665.0	2615.6	71.4
微型企业	84.3	39.6	47.0
二、按登记注册类型分			
内资企业	13572.1	8525.4	62.8
国有企业	516.0	283.9	55.0
集体企业	77.0	61.1	79.4
股份合作企业	8.1	6.3	77.8
联营企业	1.4	0.8	57.1
有限责任公司	6056.0	3754.9	62.0
#国有独资公司	1083.9	555.1	51.2
股份有限公司	2760.7	1612.8	58.4
私营企业	4143.9	2800.5	67.6
其他企业	9.0	5.0	55.6
港、澳、台商投资企业	1475.3	1013.6	68.7
合资经营企业	579.2	382.4	66.0
合作经营企业	20.7	12.2	58.9
港、澳、台商独资经营企业	777.6	543.1	69.8
港、澳、台商投资股份有限公司	84.2	65.2	77.4
其他港、澳、台投资企业	13.6	10.7	78.7
外商投资企业	2431.8	1405.7	57.8
中外合资经营企业	1453.4	755.0	51.9
中外合作经营企业	24.3	16.2	66.7
外资企业	843.2	563.1	66.8
外商投资股份有限公司	104.4	67.7	64.8
其他外商投资企业	6.6	3.7	56.1
三、按行业分			
采矿业	476.8	267.8	56.2
煤炭开采和洗选业	279.3	132.1	47.3
石油和天然气开采业	92.0	63.9	69.5
黑色金属矿采选业	17.0	10.4	61.2
有色金属矿采选业	38.7	27.1	70.0
非金属矿采选业	21.8	11.1	50.9

创新费用支出情况

2.外部研发经费支出	所占比重(%)	3.获得机器设备和软件经费支出	所占比重(%)	4.从外部获取相关技术经费支出	所占比重(%)
604.9	**3.5**	**5246.2**	**30.0**	**683.4**	**3.9**
433.3	4.3	3257.1	32.6	583.2	5.8
100.4	2.7	1005.6	26.9	60.8	1.6
68.4	1.9	944.9	25.8	36.1	1.0
2.8	3.3	38.6	45.8	3.3	3.9
479.6	3.5	4208.7	31.0	358.5	2.6
24.5	4.7	189.4	36.7	18.2	3.5
6.6	8.6	8.5	11.0	0.9	1.2
0.2	2.5	1.6	19.8		
		0.6	42.9		
238.9	3.9	1957.9	32.3	104.4	1.7
55.6	5.1	443.7	40.9	29.6	2.7
95.0	3.4	981.0	35.5	71.9	2.6
114.4	2.8	1065.8	25.7	163.1	3.9
0.1	1.1	3.9	43.3		
31.2	2.1	395.5	26.8	35.0	2.4
13.1	2.3	175.0	30.2	8.7	1.5
0.5	2.4	7.9	38.2	0.1	0.5
15.8	2.0	192.8	24.8	25.9	3.3
1.4	1.7	17.3	20.5	0.4	0.5
0.4	2.9	2.5	18.4		
94.2	3.9	642.0	26.4	289.9	11.9
60.2	4.1	403.1	27.7	235.1	16.2
0.6	2.5	6.6	27.2	0.8	3.3
29.1	3.5	201.9	23.9	49.1	5.8
4.1	3.9	28.0	26.8	4.6	4.4
0.1	1.5	2.4	36.4	0.3	4.5
17.5	3.7	180.2	37.8	11.4	2.4
7.3	2.6	128.7	46.1	11.2	4.0
7.2	7.8	21.0	22.8		
0.3	1.8	6.3	37.1	0.1	0.6
1.2	3.1	10.4	26.9		
0.4	1.8	10.2	46.8	0.1	0.5

5-5 续表 1

项　　目	创新费用支出合计(亿元)	1.内部研发经费支出	所占比重(%)
开采辅助活动	27.9	23.1	82.8
制造业	16602.9	10580.3	63.7
农副食品加工业	372.6	249.7	67.0
食品制造业	230.7	152.8	66.2
酒、饮料和精制茶制造业	203.9	100.6	49.3
烟草制品业	126.8	21.4	16.9
纺织业	312.5	219.9	70.4
纺织服装、服饰业	152.8	107.0	70.0
皮革、毛皮、羽毛及其制品和制鞋业	82.8	59.0	71.3
木材加工和木、竹、藤、棕、草制品业	77.1	52.9	68.6
家具制造业	65.9	42.9	65.1
造纸和纸制品业	190.2	122.8	64.6
印刷和记录媒介复制业	68.4	46.8	68.4
文教、工美、体育和娱乐用品制造业	128.9	91.9	71.3
石油加工、炼焦和核燃料加工业	316.6	119.6	37.8
化学原料和化学制品制造业	1320.4	840.7	63.7
医药制造业	739.4	488.5	66.1
化学纤维制造业	151.2	83.8	55.4
橡胶和塑料制品业	397.0	278.8	70.2
非金属矿物制品业	478.2	323.1	67.6
黑色金属冶炼和压延加工业	951.2	537.7	56.5
有色金属冶炼和压延加工业	663.6	406.8	61.3
金属制品业	432.2	326.3	75.5
通用设备制造业	954.8	665.7	69.7
专用设备制造业	759.8	577.1	76.0
汽车制造业	1991.1	1048.7	52.7
铁路、船舶、航空航天和其他运输设备制造业	719.6	459.6	63.9
电气机械和器材制造业	1611.6	1102.4	68.4
计算机、通信和其他电子设备制造业	2757.7	1811.0	65.7
仪器仪表制造业	258.8	185.7	71.8
其他制造业	40.0	28.1	70.3
废弃资源综合利用业	19.8	11.0	55.6
金属制品、机械和设备修理业	27.4	17.8	65.0
电力、热力、燃气及水生产和供应业	399.5	96.6	24.2
电力、热力生产和供应业	350.6	81.6	23.3
燃气生产和供应业	17.8	7.7	43.3
水的生产和供应业	31.1	7.4	23.8

2.外部研发经费支出	所占比重 (%)	3.获得机器设备和软件经费支出	所占比重 (%)	4.从外部获取相关技术经费支出	所占比重 (%)
1.1	3.9	3.7	13.3		
571.8	3.4	4788.2	28.8	662.7	4.0
8.1	2.2	111.8	30.0	3.0	0.8
8.3	3.6	63.9	27.7	5.7	2.5
3.7	1.8	96.7	47.4	2.9	1.4
2.6	2.1	93.3	73.6	9.6	7.6
4.0	1.3	82.3	26.3	6.3	2.0
1.7	1.1	41.1	26.9	3.0	2.0
0.5	0.6	22.7	27.4	0.5	0.6
0.7	0.9	23.0	29.8	0.6	0.8
1.3	2.0	21.5	32.6	0.2	0.3
1.5	0.8	60.4	31.8	5.5	2.9
0.6	0.9	20.5	30.0	0.5	0.7
1.6	1.2	33.9	26.3	1.5	1.2
6.8	2.1	181.1	57.2	9.1	2.9
22.8	1.7	426.2	32.3	30.6	2.3
60.1	8.1	168.1	22.7	22.8	3.1
1.4	0.9	60.8	40.2	5.1	3.4
5.2	1.3	106.5	26.8	6.5	1.6
5.4	1.1	143.8	30.1	5.8	1.2
9.9	1.0	368.6	38.8	34.9	3.7
6.4	1.0	245.0	36.9	5.4	0.8
5.8	1.3	96.8	22.4	3.3	0.8
30.6	3.2	219.1	22.9	39.4	4.1
10.7	1.4	162.9	21.4	9.0	1.2
101.3	5.1	581.0	29.2	260.1	13.1
69.7	9.7	174.8	24.3	15.6	2.2
37.1	2.3	445.2	27.6	26.9	1.7
152.6	5.5	651.4	23.6	142.7	5.2
8.6	3.3	60.0	23.2	4.6	1.8
1.5	3.8	9.8	24.5	0.6	1.5
0.3	1.5	8.5	42.9	0.1	0.5
1.1	4.0	7.7	28.1	0.8	2.9
15.6	3.9	277.9	69.6	9.4	2.4
15.1	4.3	247.1	70.5	6.8	1.9
0.1	0.6	7.8	43.8	2.3	12.9
0.4	1.3	23.0	74.0	0.3	1.0

5-5 续表 2

项　　目	创新费用支出合计(亿元)	1.内部研发经费支出	所占比重(%)
四、按地区分			
东部地区	11596.2	7484.4	64.5
中部地区	3050.5	1896.9	62.2
西部地区	2089.0	1141.9	54.7
东北地区	743.5	421.4	56.7
北　京	450.1	254.8	56.6
天　津	423.3	350.0	82.7
河　北	463.6	308.7	66.6
山　西	186.8	97.6	52.2
内蒙古	173.1	128.0	73.9
辽　宁	420.5	242.1	57.6
吉　林	193.7	90.9	46.9
黑龙江	129.3	88.5	68.4
上　海	960.2	490.1	51.0
江　苏	2616.9	1657.5	63.3
浙　江	1324.8	935.8	70.6
安　徽	642.3	370.9	57.7
福　建	643.5	388.3	60.3
江　西	329.1	179.8	54.6
山　东	1944.8	1415.0	72.8
河　南	568.8	409.7	72.0
湖　北	605.5	446.0	73.7
湖　南	718.0	393.0	54.7
广　东	2752.7	1676.3	60.9
广　西	186.9	82.7	44.2
海　南	16.2	8.0	49.4
重　庆	427.9	237.5	55.5
四　川	413.3	257.3	62.3
贵　州	157.1	55.7	35.5
云　南	147.9	74.2	50.2
西　藏	0.6	0.4	66.7
陕　西	300.4	184.4	61.4
甘　肃	112.8	50.9	45.1
青　海	18.3	7.8	42.6
宁　夏	59.6	24.0	40.3
新　疆	91.0	39.1	43.0

2.外部研发经费支出	所占比重(%)	3.获得机器设备和软件经费支出	所占比重(%)	4.从外部获取相关技术经费支出	所占比重(%)
434.2	3.7	3139.7	27.1	537.9	4.6
76.3	2.5	1028.1	33.7	49.2	1.6
61.9	3.0	802.6	38.4	82.5	3.9
32.6	4.4	275.8	37.1	13.7	1.8
25.8	5.7	131.8	29.3	37.7	8.4
18.2	4.3	48.7	11.5	6.5	1.5
14.2	3.1	137.1	29.6	3.7	0.8
6.1	3.3	76.9	41.2	6.2	3.3
5.8	3.4	30.6	17.7	8.8	5.1
14.5	3.4	156.8	37.3	7.1	1.7
8.1	4.2	89.5	46.2	5.3	2.7
10.0	7.7	29.5	22.8	1.4	1.1
50.4	5.2	258.6	26.9	161.1	16.8
55.4	2.1	853.3	32.6	50.6	1.9
35.5	2.7	329.7	24.9	23.7	1.8
19.5	3.0	245.0	38.1	6.9	1.1
12.7	2.0	216.9	33.7	25.6	4.0
5.9	1.8	133.8	40.7	9.6	2.9
59.3	3.0	436.1	22.4	34.4	1.8
11.0	1.9	145.2	25.5	2.9	0.5
18.5	3.1	123.7	20.4	17.4	2.9
15.2	2.1	303.5	42.3	6.2	0.9
159.5	5.8	722.7	26.3	194.2	7.1
4.5	2.4	98.6	52.8	1.1	0.6
3.2	19.8	4.7	29.0	0.4	2.5
10.4	2.4	137.8	32.2	42.2	9.9
17.2	4.2	131.4	31.8	7.4	1.8
3.1	2.0	95.0	60.5	3.5	2.2
3.7	2.5	63.6	43.0	6.4	4.3
		0.2	33.3		
10.0	3.3	98.8	32.9	7.2	2.4
3.0	2.7	58.5	51.9	0.4	0.4
0.7	3.8	9.6	52.5	0.2	1.1
1.0	1.7	30.2	50.7	4.4	7.4
2.5	2.7	48.4	53.2	1.0	1.1

六、规模（限额）以上企业产品或工艺创新信息来源情况（2016 年）

6-1 规模(限额)以上企业产品或

项　　目	开展产品或工艺创新活动企业数(个)	在开展产品或工艺创新活动				
		企业内部信　　息	企业集团内部信息	来自高等学校的信息	来自研究机构的信息	来自政府部门的信息
总　计	**192215**	**36.6**	**11.5**	**7.6**	**9.6**	**14.4**
一、按规模分						
大型企业	12524	36.2	29.2	9.5	12.9	19.8
中型企业	45512	36.8	16.6	7.3	10.2	15.7
小型企业	128886	36.4	8.0	7.6	9.2	13.4
微型企业	5293	38.1	11.7	6.4	6.2	16.3
二、按登记注册类型分						
内资企业	166613	36.6	10.1	8.0	9.7	15.1
国有企业	2197	37.0	30.5	7.5	10.4	26.0
集体企业	721	40.8	10.7	6.5	7.2	16.8
股份合作企业	406	39.7	3.4	4.9	7.1	13.5
联营企业	36	38.9	30.6	5.6	5.6	22.2
#国有联营企业	8	12.5	37.5	12.5	12.5	12.5
有限责任公司	53536	36.3	16.7	7.9	10.3	17.0
#国有独资公司	3104	34.7	37.4	8.1	10.7	23.1
股份有限公司	10780	35.8	13.5	10.9	14.5	19.1
私营企业	98355	36.9	5.7	7.7	8.9	13.3
其他企业	582	40.0	6.7	8.1	6.7	15.3
港、澳、台商投资企业	11824	35.6	15.9	5.6	8.6	10.9
合资经营企业	4162	36.4	14.2	7.0	10.3	11.8
合作经营企业	234	37.6	13.2	9.0	9.4	12.4
港、澳、台商独资经营企业	6993	34.9	16.9	4.5	7.4	10.0
港、澳、台商投资股份有限公司	340	35.3	17.9	8.2	13.5	14.1
其他港、澳、台投资企业	95	46.3	15.8	8.4	6.3	14.7
外商投资企业	13778	36.3	25.3	4.4	8.3	9.3
中外合资经营企业	5187	38.2	20.7	7.0	10.6	11.3
中外合作经营企业	215	38.1	18.6	3.7	13.5	9.8
外资企业	7951	35.3	28.3	2.7	6.6	7.6
外商投资股份有限公司	288	30.9	27.4	5.2	8.3	15.3
其他外商投资企业	137	27.7	28.5	5.1	10.2	10.9
三、按行业分						
采矿业	1730	32.1	16.0	10.9	10.4	15.0
制造业	141074	36.5	9.4	8.0	10.3	11.7
电力、热力、燃气及水生产和供应业	1988	31.5	33.0	6.4	12.6	23.0
建筑业	5919	37.2	19.6	9.5	9.0	28.5
批发和零售业	17941	37.9	17.3	4.9	5.0	16.3
交通运输、仓储和邮政业	3440	38.3	20.6	4.7	4.2	23.7
信息传输、软件和信息技术服务业	9691	36.0	14.1	6.1	7.6	24.8
租赁和商务服务业	3773	37.0	16.6	5.8	6.1	24.0
科学研究和技术服务业	5889	36.1	16.8	9.5	13.4	26.3
水利、环境和公共设施管理业	770	36.6	14.7	8.8	9.4	28.6

工艺创新信息来源情况

企业中,下列信息对创新影响较大的企业占比(%)								
来自行业协会的信息	来自供应商的信息	来自客户的信息	来自竞争对手或同行业企业的信息	来自市场咨询机构的信息	来自展会的信息	来自文献、期刊的信息	来自互联网的信息	其他
17.5	**17.6**	**42.4**	**21.2**	**6.4**	**14.8**	**3.2**	**12.7**	**7.1**
21.2	14.8	43.1	28.0	9.2	10.0	4.9	11.4	3.7
18.4	16.9	42.7	23.1	7.4	14.1	3.5	13.4	6.3
16.9	18.2	42.5	20.0	5.9	15.6	3.0	12.4	7.4
15.0	18.1	35.9	17.0	6.6	11.3	2.6	18.3	13.6
18.0	17.5	41.6	20.7	6.3	14.5	3.2	13.2	7.3
20.9	14.1	34.0	20.3	5.3	6.5	5.4	12.0	7.8
17.6	16.0	28.3	15.1	4.6	9.2	2.6	15.0	11.4
15.3	18.5	42.4	16.0	4.9	15.8	2.0	12.1	7.4
13.9	11.1	25.0	19.4		11.1		11.1	13.9
25.0	12.5	50.0	25.0		25.0		12.5	12.5
18.7	16.8	39.9	21.9	6.6	12.2	3.7	13.3	7.3
21.5	13.6	34.7	24.9	6.2	5.7	5.6	10.7	5.6
21.5	14.1	46.1	25.7	8.7	14.5	4.6	13.9	5.1
17.3	18.4	42.4	19.6	6.0	16.0	2.8	13.1	7.5
13.4	17.7	32.1	11.5	5.7	11.9	2.1	14.8	10.3
15.2	18.8	47.2	24.2	7.2	17.8	3.2	10.5	5.5
17.5	17.9	47.3	24.5	6.8	17.9	3.9	10.6	5.4
12.0	16.2	37.6	16.2	5.6	18.8	3.0	10.3	6.0
13.8	19.5	47.3	24.0	7.5	17.6	2.7	10.3	5.5
19.1	15.9	49.1	30.3	7.6	19.1	5.3	11.2	5.3
12.6	21.1	41.1	25.3	10.5	13.7	3.2	11.6	10.5
13.2	18.1	48.0	24.8	7.1	15.3	2.9	9.1	5.1
15.7	16.9	47.2	26.1	6.7	16.1	3.3	9.7	4.9
13.0	14.0	45.6	22.8	6.0	12.6	1.4	11.6	4.2
11.5	19.1	48.5	23.6	7.2	15.0	2.6	8.5	5.2
13.2	16.7	50.0	34.4	10.1	11.8	4.2	11.8	3.8
14.6	18.2	46.0	25.5	8.8	12.4	4.4	7.3	8.8
13.9	19.2	18.6	12.8	4.3	3.6	3.5	8.4	10.8
16.7	18.6	44.1	21.2	5.8	16.9	3.0	10.1	5.9
19.6	20.3	10.2	12.9	4.1	1.7	4.6	8.6	7.1
34.2	21.7	22.5	20.1	6.9	5.2	7.0	20.0	9.1
16.7	19.5	45.0	22.5	9.0	14.9	2.5	22.8	13.7
20.6	13.1	33.4	21.5	6.3	3.5	2.1	18.1	14.0
15.3	7.8	45.3	24.2	8.1	6.4	3.2	22.9	5.9
20.3	9.2	38.5	20.2	11.2	6.4	2.7	23.1	10.3
23.6	9.4	35.8	19.6	8.0	6.6	6.7	13.1	5.7
19.0	10.6	30.6	17.7	9.2	7.4	3.4	23.0	10.9

6-1 续表

项目	开展产品或工艺创新活动企业数(个)	在开展产品或工艺创新活动				
		企业内部信息	企业集团内部信息	来自高等学校的信息	来自研究机构的信息	来自政府部门的信息
四、按地区分						
东部地区	126058	37.5	11.1	7.1	9.3	13.2
中部地区	37442	34.8	10.7	9.4	10.3	15.2
西部地区	23602	34.4	14.3	6.8	9.4	19.0
东北地区	5113	36.0	17.1	9.1	11.8	18.4
北　京	7104	34.3	17.2	5.5	10.2	19.3
天　津	4323	39.5	16.2	5.8	7.6	15.1
河　北	4819	35.4	12.4	7.7	10.0	14.5
山　西	1200	33.0	17.6	8.5	11.3	19.4
内蒙古	1050	38.8	22.9	8.9	11.6	18.8
辽　宁	2634	35.7	18.6	8.8	11.8	16.2
吉　林	1580	35.8	14.0	8.7	10.3	20.6
黑龙江	899	37.3	18.4	10.5	14.2	20.7
上　海	6114	38.7	22.3	6.0	8.7	15.2
江　苏	31221	38.3	11.2	9.6	11.1	12.4
浙　江	26660	39.7	6.4	5.4	7.0	10.6
安　徽	9345	37.9	11.1	10.9	11.9	18.4
福　建	7783	38.2	8.9	6.9	7.9	13.8
江　西	4779	36.8	10.8	10.4	10.5	14.4
山　东	14859	38.3	10.1	9.7	10.9	13.9
河　南	7206	36.6	10.4	8.8	10.9	13.8
湖　北	7105	32.2	11.9	9.8	8.8	14.5
湖　南	7807	30.7	8.4	7.1	8.6	13.0
广　东	22897	34.0	11.2	5.1	9.1	13.3
广　西	1873	35.7	17.4	5.2	8.0	17.7
海　南	278	28.1	26.6	6.8	10.8	22.7
重　庆	4070	34.0	11.5	4.5	7.9	17.3
四　川	5782	32.2	12.7	7.7	8.8	18.0
贵　州	2018	34.2	12.7	5.6	10.0	18.8
云　南	2570	36.3	14.6	6.1	11.1	22.4
西　藏	64	32.8	17.2	9.4	18.8	20.3
陕　西	3083	36.4	15.2	8.9	10.3	19.2
甘　肃	1142	35.0	15.2	7.6	9.6	20.5
青　海	271	34.7	15.9	8.1	13.7	23.6
宁　夏	542	33.2	16.1	8.1	10.5	19.6
新　疆	1137	30.6	16.9	6.7	9.7	21.9

企业中,下列信息对创新影响较大的企业占比(%)								
来自行业协会的信息	来自供应商的信息	来自客户的 信 息	来自竞争对手或同行业企业的 信 息	来自市场咨询机构的 信 息	来自展会的 信 息	来自文献、期刊的信息	来自互联网的信息	其他
17.2	17.3	43.7	21.7	6.6	16.2	3.1	12.2	6.3
18.2	18.0	38.8	19.1	5.7	12.0	3.1	12.9	7.6
18.5	19.5	42.0	22.4	6.9	12.1	3.7	15.3	10.2
16.4	15.4	38.6	19.0	5.8	12.6	4.2	13.5	7.9
19.7	10.4	45.4	24.8	8.0	8.8	4.2	15.6	3.6
17.2	15.7	42.4	20.5	6.5	11.9	3.4	13.6	5.4
16.7	17.9	38.6	19.7	5.4	13.2	4.0	16.4	10.5
18.1	19.6	38.8	22.9	5.8	10.1	4.7	18.6	12.7
15.1	16.7	32.1	19.6	5.9	10.8	4.3	15.5	11.0
17.9	13.9	41.2	20.7	5.2	11.7	4.1	10.9	6.2
14.1	18.3	37.2	16.8	6.8	13.5	3.0	16.8	10.6
16.4	14.9	33.5	17.9	6.0	13.6	6.5	15.2	8.2
21.5	15.1	51.9	29.8	8.7	16.0	4.7	12.9	4.9
17.8	17.3	39.6	19.6	5.5	13.0	2.5	8.9	4.6
16.1	17.1	48.8	21.5	6.3	23.8	2.8	13.5	7.9
18.5	20.1	47.0	22.4	6.7	13.8	2.9	13.3	7.0
17.2	20.8	44.1	21.3	6.4	17.4	3.1	15.3	10.4
17.7	17.3	34.7	17.3	5.6	12.4	3.1	12.7	8.2
15.7	16.0	35.9	16.2	5.5	12.7	2.8	11.3	7.1
18.6	19.2	39.0	18.8	6.3	12.3	3.8	13.6	5.8
19.3	18.1	40.1	20.1	5.4	13.3	3.3	13.4	8.7
16.7	14.6	30.0	14.9	4.4	8.4	2.1	10.4	7.6
16.7	19.8	46.9	25.7	8.4	17.4	3.6	12.2	5.2
18.9	23.6	46.7	25.7	8.9	12.8	3.1	14.1	13.1
21.9	20.1	36.0	24.8	10.8	9.4	4.3	16.9	12.2
20.7	19.7	45.9	22.6	5.7	11.7	3.1	14.0	9.6
20.5	17.2	44.5	24.9	7.1	13.5	4.0	16.1	9.5
15.9	19.1	35.1	16.7	5.8	11.6	3.7	15.2	12.5
17.2	23.7	45.1	22.0	9.1	12.0	3.5	16.2	9.7
10.9	32.8	31.3	20.3	15.6	7.8	4.7	15.6	9.4
17.4	19.1	42.0	23.1	6.2	11.9	4.6	16.3	9.4
16.6	19.5	32.3	18.4	6.7	9.7	2.7	15.7	11.2
18.1	25.5	27.7	19.6	6.6	13.7	4.8	18.1	12.2
15.5	19.9	40.2	28.4	6.1	12.4	3.1	14.6	8.5
17.1	16.8	35.5	17.9	7.5	9.9	4.4	13.4	9.4

6-2 规模以上工业企业产品或

项　　目	开展产品或工艺创新活动企业数(个)	在开展产品或工艺创新活动				
		企业内部信　　息	企业集团内部信息	来自高等学校的信息	来自研究机构的信息	来自政府部门的信息
总　计	**144792**	**36.4**	**9.8**	**8.0**	**10.4**	**11.9**
一、按规模分						
大型企业	7475	34.1	26.3	9.9	15.3	15.1
中型企业	29368	36.7	14.8	8.0	11.7	12.1
小型企业	105924	36.4	7.2	7.8	9.7	11.6
微型企业	2025	35.6	8.6	6.3	8.4	12.1
二、按登记注册类型分						
内资企业	122228	36.4	7.9	8.5	10.7	12.3
国有企业	793	33.4	30.0	9.3	12.9	17.3
集体企业	385	39.5	9.4	8.1	8.8	11.4
股份合作企业	346	40.5	2.6	5.5	7.5	11.3
联营企业	20	55.0	20.0	10.0	10.0	20.0
#国有联营企业	4	25.0	25.0	25.0	25.0	
有限责任公司	35733	35.9	13.7	8.6	11.7	13.8
#国有独资公司	1533	33.5	35.0	9.4	13.3	16.6
股份有限公司	7591	35.4	11.4	12.0	16.9	16.3
私营企业	77179	36.8	4.7	8.1	9.6	11.2
其他企业	181	33.7	6.1	7.7	7.2	9.4
港、澳、台商投资企业	10480	35.2	14.6	5.7	8.8	10.3
合资经营企业	3778	36.0	13.2	7.3	10.5	11.1
合作经营企业	202	37.1	12.4	9.9	9.4	10.9
港、澳、台商独资经营企业	6147	34.7	15.4	4.5	7.6	9.5
港、澳、台商投资股份有限公司	281	33.1	16.0	8.5	13.2	14.2
其他港、澳、台投资企业	72	43.1	18.1	8.3	6.9	13.9
外商投资企业	12084	36.7	24.1	4.5	8.4	8.6
中外合资经营企业	4708	38.3	20.0	7.2	11.0	10.5
中外合作经营企业	191	38.2	18.8	3.7	15.2	8.9
外资企业	6838	35.9	26.9	2.6	6.5	7.1
外商投资股份有限公司	240	30.8	25.0	4.6	9.2	13.3
其他外商投资企业	107	27.1	27.1	5.6	9.3	11.2
三、按行业分						
采矿业	1730	32.1	16.0	10.9	10.4	15.0
煤炭开采和洗选业	552	28.8	20.5	12.1	11.2	14.9
石油和天然气开采业	49	40.8	44.9	20.4	16.3	14.3
黑色金属矿采选业	252	36.5	15.9	11.1	11.5	10.3
有色金属矿采选业	326	30.1	16.6	13.2	15.6	18.4
非金属矿采选业	493	33.1	6.9	6.7	5.9	14.6

工艺创新信息来源情况

企业中,下列信息对创新影响较大的企业占比(%)								
来自行业协会的信息	来自供应商的信息	来自客户的信息	来自竞争对手或同行业企业的信息	来自市场咨询机构的信息	来自展会的信息	来自文献、期刊的信息	来自互联网的信息	其他
16.7	**18.6**	**43.3**	**21.0**	**5.8**	**16.6**	**3.1**	**10.0**	**6.0**
18.8	16.8	47.2	29.3	9.2	13.8	4.2	8.6	3.1
16.7	17.7	43.9	22.6	6.4	16.6	3.3	9.2	4.6
16.5	18.9	43.1	20.0	5.4	16.8	2.9	10.3	6.6
15.4	21.7	36.0	15.2	5.5	13.5	2.4	11.9	8.7
17.2	18.5	42.5	20.3	5.6	16.4	3.1	10.3	6.2
15.5	14.3	35.1	21.1	4.4	8.7	5.5	8.4	4.7
13.5	17.7	33.0	16.9	3.9	10.9	0.8	7.8	4.7
15.3	18.8	44.5	15.6	4.0	17.6	2.3	11.0	5.2
	10.0	25.0	15.0		20.0			15.0
		75.0	25.0		50.0			25.0
17.6	18.0	41.1	22.0	5.9	14.5	3.6	9.9	6.0
19.2	14.4	38.2	27.6	5.4	8.2	5.5	6.6	3.7
21.2	15.4	47.9	26.2	8.0	17.3	4.9	10.4	4.5
16.6	19.0	42.7	19.1	5.3	17.3	2.7	10.5	6.4
9.4	21.0	32.0	11.6	3.9	7.2	2.2	8.8	6.1
15.3	19.7	47.6	23.8	6.7	18.9	3.2	9.4	5.3
17.5	18.4	47.6	24.2	6.5	18.7	3.9	9.6	5.0
11.4	17.8	39.1	15.3	5.0	20.8	2.5	10.4	5.4
13.9	20.7	47.7	23.6	6.8	18.9	2.7	9.3	5.4
19.6	16.0	50.5	28.8	7.5	21.0	5.0	10.3	4.3
15.3	23.6	40.3	26.4	11.1	13.9	2.8	8.3	8.3
13.0	19.1	48.5	24.6	6.6	16.2	2.7	8.3	4.9
15.5	17.4	47.4	25.9	6.4	17.1	3.3	9.0	4.8
12.0	15.2	46.6	23.6	6.3	13.6	1.6	11.0	4.2
11.2	20.6	49.4	23.4	6.7	15.8	2.3	7.8	5.0
13.3	16.7	49.2	35.4	10.0	12.9	2.9	10.4	3.8
14.0	18.7	44.9	23.4	6.5	13.1	5.6	4.7	7.5
13.9	19.2	18.6	12.8	4.3	3.6	3.5	8.4	10.8
15.2	20.5	17.6	10.9	4.5	2.4	3.8	9.6	12.1
6.1	8.2		8.2	6.1	4.1	8.2	6.1	10.2
11.1	25.0	17.9	11.9	3.2	2.8	2.0	10.3	11.5
11.7	14.7	13.5	12.9	4.3	2.5	3.4	7.1	9.5
16.4	19.5	25.6	16.0	3.4	5.9	3.0	7.7	10.1

6-2 续表 1

项　　目	开展产品或工艺创新活动企业数(个)	在开展产品或工艺创新活动				
		企业内部信　　息	企业集团内部信息	来自高等学校的信息	来自研究机构的信息	来自政府部门的信息
开采辅助活动	53	43.4	24.5	15.1	1.9	20.8
其他采矿业	5	20.0				20.0
制造业	141074	36.5	9.4	8.0	10.3	11.7
农副食品加工业	7409	34.6	9.5	11.4	11.1	14.0
食品制造业	3498	35.9	9.7	10.1	10.3	10.8
酒、饮料和精制茶制造业	2457	35.1	11.1	9.2	10.8	13.1
烟草制品业	77	46.8	41.6	2.6	10.4	7.8
纺织业	6260	35.6	5.1	5.9	6.5	7.9
纺织服装、服饰业	4041	36.4	6.0	4.4	4.9	7.1
皮革、毛皮、羽毛及其制品和制鞋业	2447	35.4	4.7	3.6	5.1	6.5
木材加工和木、竹、藤、棕、草制品业	2224	36.0	4.8	8.5	6.4	8.1
家具制造业	1873	32.9	4.1	3.8	5.7	7.2
造纸和纸制品业	1959	34.8	8.2	5.6	6.6	9.8
印刷和记录媒介复制业	1678	36.9	8.7	5.1	6.8	10.5
文教、工美、体育和娱乐用品制造业	3375	36.1	4.8	5.5	5.7	8.5
石油加工、炼焦和核燃料加工业	641	32.8	15.6	10.9	16.4	16.4
化学原料和化学制品制造业	11045	35.8	10.7	12.5	14.4	11.5
医药制造业	4750	36.8	14.0	14.6	24.4	20.6
化学纤维制造业	846	39.2	6.5	9.6	8.9	9.3
橡胶和塑料制品业	6573	35.6	7.0	6.0	8.7	10.2
非金属矿物制品业	8779	33.9	8.8	7.1	9.3	12.3
黑色金属冶炼和压延加工业	2571	37.3	9.2	7.6	9.2	11.5
有色金属冶炼和压延加工业	2940	36.3	10.2	10.7	14.9	12.6
金属制品业	7376	37.6	7.2	6.4	8.8	11.2
通用设备制造业	11970	39.3	8.3	8.3	10.2	11.3
专用设备制造业	9594	37.5	8.9	9.5	11.3	12.6
汽车制造业	7211	39.9	15.7	5.3	8.0	12.7
铁路、船舶、航空航天和其他运输设备制造业	2477	35.7	15.2	5.9	10.5	12.6
电气机械和器材制造业	13165	37.0	9.2	7.3	11.5	12.6
计算机、通信和其他电子设备制造业	9635	35.2	12.5	5.5	9.9	11.4
仪器仪表制造业	2974	37.6	10.4	9.3	11.1	15.2
其他制造业	722	34.8	8.6	4.4	8.4	10.7
废弃资源综合利用业	388	37.1	9.0	11.1	10.8	15.5
金属制品、机械和设备修理业	119	35.3	23.5	2.5	12.6	15.1
电力、热力、燃气及水生产和供应业	1988	31.5	33.0	6.4	12.6	23.0
电力、热力生产和供应业	1414	30.5	37.6	6.7	13.5	23.6
燃气生产和供应业	222	31.1	31.1	3.2	8.1	16.2
水的生产和供应业	352	35.8	15.6	7.1	11.9	25.3

企业中,下列信息对创新影响较大的企业占比(%)								
来自行业协会的信息	来自供应商的信息	来自客户的信息	来自竞争对手或同行业企业的信息	来自市场咨询机构的信息	来自展会的信息	来自文献、期刊的信息	来自互联网的信息	其他
9.4	13.2	17.0	11.3	11.3	7.5	7.5	5.7	3.8
20.0	20.0		20.0	20.0				40.0
16.7	18.6	44.1	21.2	5.8	16.9	3.0	10.1	5.9
15.3	17.6	37.7	17.0	5.4	13.9	2.3	11.3	6.5
15.3	17.5	43.9	21.0	7.1	19.4	3.0	11.9	6.5
16.9	15.5	41.9	17.1	7.4	16.8	2.7	13.8	7.0
20.8	19.5	54.5	35.1	9.1		7.8	5.2	5.2
15.8	19.7	43.3	17.6	4.4	21.5	1.4	8.9	6.0
13.4	19.7	42.8	14.8	4.5	18.5	1.5	13.2	6.8
12.8	17.7	44.7	13.9	4.0	20.5	2.4	12.3	7.1
15.1	19.3	36.7	17.7	3.9	12.7	1.3	8.1	5.8
16.7	17.2	48.1	20.3	5.6	30.4	2.2	13.8	6.7
15.4	25.8	43.4	20.6	5.8	14.0	1.8	9.3	7.6
16.0	27.1	43.9	19.2	5.5	15.0	2.4	12.3	6.2
14.7	17.6	46.4	17.7	5.4	29.7	2.5	13.8	6.1
15.0	21.7	33.5	20.1	7.0	6.2	5.8	7.0	4.8
18.1	17.5	40.0	20.9	6.5	13.0	4.4	8.6	5.4
14.4	14.0	31.5	18.2	8.6	14.6	7.7	8.8	5.0
20.6	19.5	44.3	20.9	5.1	13.9	2.0	8.7	6.4
15.3	22.6	45.6	20.2	5.5	18.6	2.4	10.2	7.1
19.9	19.1	35.9	18.6	5.1	12.0	3.2	8.7	6.6
18.6	20.0	40.7	20.5	4.9	7.9	2.7	8.7	6.3
16.8	18.4	37.8	20.9	5.1	11.5	3.6	7.5	6.4
17.4	19.3	42.9	20.3	6.1	17.6	2.6	9.8	6.0
17.9	16.9	47.3	22.2	5.7	18.2	2.9	9.2	5.0
17.8	15.1	47.4	22.8	5.7	20.0	3.3	9.9	5.3
14.4	21.6	51.9	25.0	5.8	12.7	2.1	8.0	7.2
17.7	17.1	47.2	23.3	5.1	15.3	3.1	8.6	6.2
18.1	18.1	47.2	24.6	6.6	19.0	3.0	10.9	5.1
15.1	21.4	52.8	27.6	6.6	17.5	3.5	11.8	5.3
18.2	15.7	52.1	27.1	6.3	20.4	3.6	10.9	4.7
15.0	18.6	44.7	21.6	5.5	21.6	2.5	11.4	5.7
15.2	18.8	27.1	17.5	4.4	7.5	3.6	11.3	9.3
16.8	23.5	47.1	27.7	5.0	8.4	5.9	5.9	4.2
19.6	20.3	10.2	12.9	4.1	1.7	4.6	8.6	7.1
19.7	20.4	7.6	13.2	3.4	1.6	4.3	8.1	7.1
16.2	20.7	19.4	11.7	6.8	1.8	3.2	10.4	7.2
21.0	19.6	14.5	12.5	5.4	2.0	6.5	9.4	6.8

6-2 续表 2

项目	开展产品或工艺创新活动企业数（个）	在开展产品或工艺创新活动				
		企业内部信息	企业集团内部信息	来自高等学校的信息	来自研究机构的信息	来自政府部门的信息
四、按地区分						
东部地区	95399	37.5	9.2	7.3	9.8	10.5
中部地区	29461	34.2	9.1	10.1	11.2	13.0
西部地区	16318	33.8	12.9	7.5	11.1	16.6
东北地区	3614	34.6	15.1	9.8	13.9	16.6
北京	1900	35.5	17.5	5.6	12.3	17.6
天津	2827	38.2	14.2	5.5	7.7	11.6
河北	3759	34.5	10.7	8.2	11.4	12.5
山西	773	32.9	15.8	10.9	15.7	18.4
内蒙古	733	38.9	22.0	10.5	15.1	16.6
辽宁	1883	34.4	15.7	9.6	13.8	14.9
吉林	1059	34.8	14.2	9.1	12.0	17.8
黑龙江	672	34.8	15.0	11.8	17.6	19.3
上海	3565	38.3	20.1	6.0	9.7	11.7
江苏	26211	38.1	10.4	9.7	11.5	10.3
浙江	22942	40.1	5.1	5.3	7.1	8.7
安徽	7519	37.4	9.8	11.8	13.0	16.8
福建	5710	38.1	7.6	7.2	8.5	11.9
江西	3962	37.1	10.2	11.1	11.5	12.3
山东	11549	38.9	8.8	9.9	11.9	11.7
河南	5114	36.5	8.5	9.3	12.3	11.0
湖北	5607	32.0	10.0	11.0	9.6	13.0
湖南	6486	28.8	6.3	7.2	9.1	10.1
广东	16806	32.8	9.3	5.1	9.6	10.4
广西	1232	34.8	16.2	5.5	10.0	14.9
海南	130	30.0	25.4	12.3	16.9	18.5
重庆	2987	34.6	10.8	4.4	8.6	15.3
四川	3998	31.5	11.6	8.9	10.0	15.0
贵州	1453	32.3	11.7	5.6	11.4	16.0
云南	1731	36.7	13.3	6.8	13.7	21.4
西藏	26	30.8	23.1	11.5	34.6	7.7
陕西	2007	35.7	12.8	10.4	12.8	17.2
甘肃	768	32.8	13.7	9.1	12.2	17.1
青海	168	36.3	13.7	11.9	18.5	22.6
宁夏	423	31.9	13.5	9.0	12.1	18.2
新疆	792	29.5	14.6	6.7	10.5	18.7

企业中,下列信息对创新影响较大的企业占比(%)								
来自行业协会的信息	来自供应商的信息	来自客户的信息	来自竞争对手或同行业企业的信息	来自市场咨询机构的信息	来自展会的信息	来自文献、期刊的信息	来自互联网的信息	其他
16.2	18.3	44.9	21.4	5.9	18.5	2.9	9.9	5.5
17.5	18.7	38.8	18.7	5.1	12.6	2.9	10.0	6.4
18.0	20.7	42.9	22.4	6.3	13.1	3.8	10.9	8.4
15.4	16.5	40.6	20.3	5.1	13.8	4.3	10.4	5.5
20.6	13.4	55.6	31.9	7.3	16.8	4.9	9.3	1.8
16.1	17.5	46.1	21.8	5.9	14.3	3.2	11.5	3.7
16.6	18.5	39.9	19.6	5.0	14.6	4.0	13.6	9.1
19.1	19.3	38.7	24.1	4.7	11.3	4.8	14.1	9.8
15.3	16.2	29.9	19.5	5.0	11.6	5.2	10.9	8.0
16.9	14.4	43.7	22.6	4.7	12.5	4.1	8.6	4.1
12.6	19.8	38.7	17.3	5.8	14.4	2.9	12.5	7.9
15.6	17.0	35.3	18.9	5.4	16.1	7.0	12.4	5.7
21.9	18.2	57.8	32.6	7.8	21.6	4.7	9.2	3.9
16.8	17.4	39.8	19.3	4.9	13.7	2.4	7.5	4.1
15.1	17.4	50.0	21.0	5.9	25.7	2.6	11.6	7.3
18.1	21.4	47.7	22.4	6.6	14.8	2.8	11.2	6.1
16.6	22.4	46.0	21.5	5.8	19.8	2.9	12.2	8.1
16.6	17.8	34.5	17.0	5.5	13.0	3.1	9.5	6.4
15.7	16.6	37.1	16.2	5.0	13.8	2.7	9.2	5.8
17.4	19.7	39.0	18.5	5.2	13.2	3.5	10.0	4.6
19.1	18.7	40.6	19.9	4.5	13.9	3.3	10.8	7.8
15.7	15.1	29.2	13.7	3.6	8.4	1.9	7.9	6.5
15.4	21.6	48.1	25.8	7.8	20.0	3.4	10.0	4.4
18.2	26.0	47.7	25.9	8.0	14.0	3.4	9.3	10.9
20.8	22.3	30.0	23.1	13.8	13.1	4.6	10.0	10.0
19.9	21.8	48.3	22.7	4.9	12.9	2.8	10.3	8.1
20.6	19.1	45.8	24.6	6.9	15.0	4.2	11.6	8.5
15.5	19.2	35.1	17.1	5.2	11.4	3.7	11.1	10.0
16.9	24.1	45.3	21.7	9.1	12.3	3.2	10.8	8.0
11.5	34.6	30.8	11.5	11.5	11.5	3.8	11.5	3.8
16.6	20.6	44.6	23.7	5.5	13.9	4.9	11.2	6.8
15.1	18.8	32.9	17.6	5.7	9.4	3.0	10.4	8.9
16.7	23.2	25.0	19.0	6.0	14.9	4.2	15.5	8.3
14.4	22.0	39.7	29.8	5.7	13.9	3.5	10.9	5.9
16.0	16.0	32.8	16.4	6.8	11.1	5.1	10.5	8.8

6-3 资质等级以上建筑业企业

项 目	开展产品或工艺创新活动企业数(个)	在开展产品或工艺创新活动企业中,				
		企业内部信 息	企业集团内部信息	来自高等学校的信息	来自研究机构的信息	来自政府部门的信息
总 计	**5919**	**37.2**	**19.6**	**9.5**	**9.0**	**28.5**
一、按规模分						
大型企业	1498	40.3	40.9	15.6	11.3	32.1
中型企业	2895	35.9	15.2	8.2	8.9	29.0
小型企业	1358	36.3	6.9	6.3	6.9	24.6
微型企业	168	39.9	9.5	5.4	7.7	20.8
二、按登记注册类型分						
内资企业	5844	37.1	19.6	9.6	9.0	28.7
国有企业	249	44.2	33.3	9.2	8.0	26.5
集体企业	74	39.2	6.8	9.5	6.8	25.7
股份合作企业	12	58.3		8.3	8.3	33.3
有限责任公司	2775	39.0	28.3	10.0	9.9	28.2
#国有独资公司	355	43.9	49.9	10.1	9.6	28.2
股份有限公司	376	34.8	19.7	14.1	9.6	27.4
私营企业	2354	34.4	8.4	8.4	8.1	29.7
港、澳、台商投资企业	51	47.1	9.8	9.8	13.7	19.6
合资经营企业	38	47.4	10.5	7.9	13.2	15.8
合作经营企业	6	50.0		16.7	16.7	33.3
港、澳、台商独资经营企业	6	50.0	16.7	16.7	16.7	33.3
外商投资企业	24	33.3	50.0		4.2	16.7
中外合资经营企业	16	43.8	50.0			6.3
外资企业	7	14.3	42.9		14.3	42.9
三、按行业分						
房屋建筑业	2566	35.4	18.3	9.6	8.5	34.5
土木工程建筑业	1595	39.3	27.9	12.4	10.7	25.5
建筑安装业	824	39.8	16.4	8.6	7.2	23.4
建筑装饰和其他建筑业	934	36.2	12.1	5.2	9.4	21.9

产品或工艺创新信息来源情况

下列信息对创新影响较大的企业占比(%)								
来自行业协会的信息	来自供应商的信息	来自客户的信息	来自竞争对手或同行业企业的信息	来自市场咨询机构的信息	来自展会的信息	来自文献、期刊的信息	来自互联网的信息	其他
34.2	**21.7**	**22.5**	**20.1**	**6.9**	**5.2**	**7.0**	**20.0**	**9.1**
37.0	16.2	18.2	24.2	5.7	2.2	9.9	12.5	3.4
37.1	22.9	22.6	19.1	8.2	5.5	6.1	20.8	9.3
26.6	25.3	26.1	18.9	5.6	7.7	6.1	25.8	13.1
22.0	22.6	28.6	11.3	6.5	5.4	1.8	25.6	23.8
34.4	21.7	22.2	20.2	6.9	5.1	7.0	20.0	9.1
36.9	22.1	20.1	25.7	3.6	2.8	6.0	15.3	7.6
33.8	24.3	12.2	16.2	4.1	4.1	6.8	27.0	17.6
33.3	25.0	25.0	16.7	8.3	8.3		25.0	8.3
35.2	19.5	20.4	20.3	6.6	3.9	8.3	17.8	7.7
34.1	16.6	19.7	21.4	5.4	2.0	10.4	11.0	3.7
35.4	20.5	21.8	22.1	8.5	3.7	8.0	17.6	8.2
33.1	24.3	24.9	19.2	7.4	7.1	5.5	23.3	10.6
23.5	19.6	37.3	15.7	9.8	7.8	3.9	17.6	7.8
23.7	18.4	42.1	10.5	10.5	5.3	5.3	21.1	10.5
16.7	16.7	33.3	33.3	16.7	16.7			
33.3	33.3		16.7				16.7	
20.8	33.3	54.2	20.8	4.2	12.5		12.5	16.7
18.8	31.3	50.0	18.8	6.3	12.5		12.5	18.8
28.6	28.6	57.1	28.6		14.3		14.3	14.3
38.6	21.6	18.1	19.2	7.0	4.1	6.4	21.4	9.7
31.3	21.8	19.7	21.4	6.3	3.2	8.5	17.9	7.1
26.6	20.4	31.6	20.8	7.2	7.0	5.7	17.6	9.3
33.9	23.2	31.0	19.9	7.5	9.9	6.9	21.7	10.5

6-3 续表

项 目	开展产品或工艺创新活动企业数(个)	在开展产品或工艺创新活动企业中,				
		企业内部信息	企业集团内部信息	来自高等学校的信息	来自研究机构的信息	来自政府部门的信息
四、按地区分						
东部地区	3396	37.4	19.1	10.7	10.0	29.5
中部地区	1205	35.0	18.4	7.4	8.6	27.6
西部地区	1051	38.3	22.6	8.4	6.6	27.6
东北地区	267	39.7	20.6	9.4	8.6	24.7
北 京	323	36.8	37.8	8.7	9.9	25.7
天 津	182	48.9	26.9	9.9	8.8	23.6
河 北	192	39.1	22.4	10.4	5.7	21.9
山 西	115	36.5	23.5	9.6	7.0	23.5
内蒙古	36	36.1	25.0	11.1	5.6	27.8
辽 宁	157	33.1	17.8	7.6	10.8	24.2
吉 林	55	45.5	12.7	12.7	3.6	29.1
黑龙江	55	52.7	36.4	10.9	7.3	21.8
上 海	199	40.2	24.1	9.0	7.0	24.6
江 苏	832	34.9	12.5	11.2	10.1	33.9
浙 江	578	36.2	13.1	13.7	11.6	34.8
安 徽	227	35.7	17.2	8.4	10.1	31.3
福 建	241	37.3	15.8	10.4	11.6	34.9
江 西	101	33.7	17.8	11.9	10.9	31.7
山 东	431	37.4	16.2	9.5	8.1	27.4
河 南	364	36.5	15.7	5.8	9.3	27.7
湖 北	258	31.4	18.2	5.8	7.8	21.3
湖 南	140	36.4	24.3	7.9	5.7	32.9
广 东	404	38.6	22.5	9.7	12.6	23.3
广 西	77	44.2	19.5	11.7	7.8	28.6
海 南	14	14.3	50.0	7.1	7.1	35.7
重 庆	127	38.6	19.7	3.9	7.1	22.0
四 川	206	39.3	24.8	9.7	7.8	27.7
贵 州	66	53.0	24.2	9.1	9.1	34.8
云 南	138	33.3	15.9	5.8	9.4	28.3
西 藏	10	40.0	10.0	10.0	10.0	60.0
陕 西	206	40.8	23.3	9.2	4.4	27.2
甘 肃	81	40.7	29.6	9.9	3.7	21.0
青 海	20	30.0	20.0		5.0	30.0
宁 夏	24	29.2	25.0	4.2	4.2	20.8
新 疆	60	18.3	28.3	11.7	3.3	35.0

下列信息对创新影响较大的企业占比(%)								
来自行业协会的信息	来自供应商的信息	来自客户的信息	来自竞争对手或同行业企业的信息	来自市场咨询机构的信息	来自展会的信息	来自文献、期刊的信息	来自互联网的信息	其他
35.7	21.2	23.4	20.4	7.0	5.6	6.7	18.6	8.0
35.0	22.1	22.7	19.6	6.7	4.2	7.7	21.9	10.5
30.1	24.0	18.6	21.9	7.5	4.2	6.6	21.4	10.8
28.5	18.4	24.7	12.4	4.5	7.5	8.6	23.2	10.1
40.2	18.9	27.9	25.4	6.8	6.5	7.1	14.6	2.8
32.4	18.7	23.6	20.9	4.4	2.7	9.9	19.2	4.9
26.6	26.6	16.7	17.2	7.8	6.3	5.2	20.8	16.1
30.4	20.9	20.0	20.9	7.8	4.3	7.8	19.1	17.4
33.3	25.0	13.9	25.0	5.6	5.6		27.8	11.1
29.3	17.8	29.3	15.3	3.2	9.6	8.3	21.7	7.0
25.5	23.6	23.6	3.6	5.5	3.6	5.5	29.1	18.2
29.1	14.5	12.7	12.7	7.3	5.5	12.7	21.8	10.9
33.7	16.1	35.7	23.1	7.5	7.5	7.0	13.1	5.0
37.4	23.9	24.9	19.5	7.0	6.6	5.0	20.3	7.3
41.3	20.1	18.9	22.5	6.9	4.3	7.1	19.2	8.0
34.4	24.2	28.2	14.1	6.2	2.2	6.2	20.7	14.1
34.0	22.8	19.1	16.2	10.0	5.8	8.3	23.7	13.7
33.7	14.9	23.8	19.8	3.0	2.0	9.9	22.8	14.9
27.8	19.5	20.0	16.5	5.3	6.0	7.0	20.9	11.6
35.7	22.3	23.1	20.6	8.0	6.0	9.1	23.6	6.9
34.5	24.0	20.2	21.7	7.8	5.0	7.0	23.3	8.5
40.0	20.7	18.6	20.7	4.3	2.9	6.4	18.6	9.3
35.6	20.3	27.0	21.8	7.9	4.2	7.2	13.6	5.0
37.7	31.2	14.3	27.3	6.5	2.6	7.8	20.8	15.6
64.3	35.7	14.3	21.4				14.3	7.1
31.5	20.5	23.6	24.4	7.1	3.9	7.9	19.7	11.8
26.2	17.0	19.4	23.8	11.2	4.9	6.8	18.9	4.9
30.3	24.2	9.1	10.6	6.1	4.5	3.0	25.8	7.6
27.5	31.9	18.8	24.6	9.4	2.9	10.1	24.6	10.1
10.0	40.0	20.0	20.0			10.0	10.0	10.0
29.6	19.9	21.4	17.0	4.4	3.4	7.3	20.9	12.6
29.6	25.9	11.1	14.8	6.2	3.7	3.7	28.4	19.8
30.0	45.0	20.0	30.0	15.0		5.0	15.0	10.0
45.8	16.7	20.8	33.3	12.5	12.5		29.2	12.5
33.3	31.7	21.7	26.7	5.0	8.3	5.0	11.7	10.0

6-4 规模(限额)以上服务业企业

项　目	开展产品或工艺创新活动企业数(个)	在开展产品或工艺创新活动				
		企业内部信　息	企业集团内部信息	来自高等学校的信息	来自研究机构的信息	来自政府部门的信息
总　计	**41504**	**37.1**	**16.6**	**6.0**	**6.9**	**21.2**
一、按规模分						
大型企业	3551	38.9	30.4	6.2	8.7	24.4
中型企业	13249	37.0	21.0	5.4	7.3	20.7
小型企业	21604	36.5	12.1	6.2	6.7	21.4
微型企业	3100	39.7	13.8	6.5	4.7	18.7
二、按登记注册类型分						
内资企业	38541	37.2	15.6	6.1	6.9	21.7
国有企业	1155	37.8	30.3	5.8	9.3	31.9
集体企业	262	43.1	13.7	3.4	5.0	22.1
股份合作企业	48	29.2	10.4		4.2	25.0
联营企业	14	14.3	42.9			21.4
#国有联营企业	4		50.0			25.0
有限责任公司	15028	36.7	21.8	5.9	7.1	22.5
#国有独资公司	1216	33.5	36.8	5.8	7.6	29.9
股份有限公司	2813	36.8	18.1	7.4	8.6	25.8
私营企业	18822	37.5	9.5	6.1	6.4	20.0
其他企业	399	43.1	6.8	8.3	6.5	17.8
港、澳、台商投资企业	1293	37.9	26.8	4.0	6.9	15.4
合资经营企业	346	40.2	25.4	3.2	8.4	18.8
合作经营企业	26	38.5	23.1		7.7	19.2
港、澳、台商独资经营企业	840	35.8	28.0	4.2	5.7	13.9
港、澳、台商投资股份有限公司	59	45.8	27.1	6.8	15.3	13.6
其他港、澳、台投资企业	22	59.1	9.1	9.1	4.5	18.2
外商投资企业	1670	33.4	33.7	4.0	7.2	14.0
中外合资经营企业	463	36.9	26.6	5.4	7.1	20.5
中外合作经营企业	24	37.5	16.7	4.2		16.7
外资企业	1106	32.0	36.8	3.2	7.4	10.8
外商投资股份有限公司	47	31.9	38.3	8.5	4.3	25.5
其他外商投资企业	30	30.0	33.3	3.3	13.3	10.0
三、按行业分						
批发和零售业	17941	37.9	17.3	4.9	5.0	16.3
批发业	7972	38.7	16.4	5.5	6.5	16.8
零售业	9969	37.2	17.9	4.4	3.8	15.8
交通运输、仓储和邮政业	3440	38.3	20.6	4.7	4.2	23.7
铁路运输业	20	40.0	35.0	5.0	10.0	15.0
道路运输业	1925	38.6	15.1	5.9	3.6	26.1
水上运输业	244	40.2	31.1	2.9	7.4	22.5
航空运输业	74	48.6	32.4	4.1	6.8	24.3
管道运输业	11	45.5	63.6	9.1	18.2	18.2
装卸搬运和运输代理业	559	37.2	19.7	3.2	3.9	18.6
仓储业	386	37.8	23.1	3.6	6.0	24.1
邮政业	221	33.9	47.5	1.8	0.9	17.6
信息传输、软件和信息技术服务业	9691	36.0	14.1	6.1	7.6	24.8
电信、广播电视和卫星传输服务	699	35.5	40.9	2.0	5.2	18.9
互联网和相关服务	865	39.5	13.3	5.2	6.6	22.7
软件和信息技术服务业	8127	35.6	11.9	6.5	7.9	25.5
租赁和商务服务业	3773	37.0	16.6	5.8	6.1	24.0

产品或工艺创新信息来源情况

企业中，下列信息对创新影响较大的企业占比(%)								
来自行业协会的信息	来自供应商的信息	来自客户的信息	来自竞争对手或同行业企业的信息	来自市场咨询机构的信息	来自展会的信息	来自文献、期刊的信息	来自互联网的信息	其他
18.0	**13.7**	**41.9**	**22.1**	**8.6**	**9.9**	**3.3**	**21.1**	**10.4**
19.4	9.9	45.2	26.8	10.7	5.3	4.2	16.8	5.0
18.0	13.7	44.5	25.0	9.4	10.5	3.3	21.2	9.4
18.3	14.1	40.7	20.1	8.0	10.2	3.2	21.6	11.1
14.4	15.4	36.2	18.5	7.2	10.2	2.7	22.1	16.3
18.3	13.9	41.8	21.7	8.5	10.0	3.2	21.5	10.7
21.1	12.3	36.4	18.6	6.3	5.8	5.2	13.7	10.0
19.1	11.1	26.0	12.2	5.7	8.0	4.2	22.1	19.5
10.4	14.6	31.3	18.8	10.4	4.2		16.7	22.9
28.6	14.3	21.4	28.6				21.4	14.3
50.0	25.0	25.0	25.0				25.0	
18.3	13.2	40.5	21.9	8.4	8.3	3.3	20.6	10.4
20.6	11.6	34.8	22.6	7.5	3.7	4.4	15.9	8.6
20.6	9.9	44.5	24.7	10.5	8.2	3.4	23.0	6.5
17.9	15.1	43.1	21.7	8.4	11.7	3.0	22.5	11.5
15.3	16.3	32.3	11.5	6.5	14.0	2.0	17.3	12.0
14.2	11.5	44.2	27.9	11.4	9.1	3.1	18.6	7.3
16.5	12.7	44.5	29.2	9.5	10.7	3.5	21.1	8.4
15.4	3.8	26.9	19.2	7.7	3.8	7.7	11.5	11.5
13.3	11.0	44.9	27.3	12.5	8.6	2.5	17.9	6.3
16.9	15.3	42.4	37.3	8.5	10.2	6.8	15.3	10.2
4.5	13.6	40.9	18.2	9.1	9.1	4.5	22.7	18.2
14.5	10.7	43.9	26.2	10.4	8.7	4.3	14.6	5.9
17.7	11.7	45.4	29.4	10.2	6.5	3.7	16.8	5.6
20.8	4.2	37.5	16.7	4.2	4.2		16.7	4.2
13.0	10.0	42.9	24.7	10.5	9.9	4.4	13.4	5.9
12.8	14.9	53.2	29.8	10.6	6.4	10.6	19.1	4.3
16.7	16.7	50.0	33.3	16.7	10.0		16.7	13.3
16.7	19.5	45.0	22.5	9.0	14.9	2.5	22.8	13.7
18.2	20.9	44.7	22.5	9.1	16.4	2.5	17.6	11.9
15.5	18.4	45.1	22.5	9.0	13.8	2.5	27.0	15.1
20.6	13.1	33.4	21.5	6.3	3.5	2.1	18.1	14.0
5.0	10.0	25.0	15.0	5.0	5.0		15.0	10.0
21.8	12.2	31.7	19.3	5.5	2.9	1.9	19.6	15.5
23.8	17.6	29.9	18.9	7.8	1.2	3.7	16.4	7.4
14.9	16.2	41.9	32.4	8.1	2.7		13.5	10.8
	27.3	18.2		9.1	9.1		27.3	
21.5	11.3	38.6	25.4	7.5	4.8	2.5	16.5	13.4
17.4	15.8	31.3	24.4	7.0	7.0	2.9	15.8	13.2
14.9	14.5	41.2	27.6	5.9	1.8	0.5	15.4	13.1
15.3	7.8	45.3	24.2	8.1	6.4	3.2	22.9	5.9
13.9	9.0	46.6	30.6	8.4	3.0	1.3	21.7	7.9
12.8	6.0	40.9	20.8	6.2	6.0	1.9	32.7	6.1
15.7	7.9	45.6	24.0	8.2	6.7	3.5	22.0	5.7
20.3	9.2	38.5	20.2	11.2	6.4	2.7	23.1	10.3

6-4 续表

项　　目	开展产品或工艺创新活动企业数(个)	在开展产品或工艺创新活动				
		企业内部信　　息	企业集团内部信息	来自高等学校的信息	来自研究机构的信息	来自政府部门的信息
租赁业	198	42.9	15.7	10.1	6.6	19.2
商务服务业	3575	36.7	16.7	5.5	6.0	24.2
科学研究和技术服务业	5889	36.1	16.8	9.5	13.4	26.3
研究和试验发展	1082	32.3	20.1	9.5	17.0	23.7
专业技术服务业	3267	37.0	18.4	9.4	12.2	29.4
科技推广和应用服务业	1540	36.8	11.2	9.9	13.3	21.4
水利、环境和公共设施管理业	770	36.6	14.7	8.8	9.4	28.6
水利管理业	28	42.9	28.6	10.7	14.3	35.7
生态保护和环境治理业	169	32.0	16.0	14.2	14.8	29.0
公共设施管理业	573	37.7	13.6	7.2	7.5	28.1
四、按地区分						
东部地区	27263	37.4	16.5	6.1	7.4	20.3
中部地区	6776	37.3	16.5	6.5	6.3	22.2
西部地区	6233	35.2	16.5	4.6	5.5	23.9
东北地区	1232	39.4	22.2	6.9	6.1	22.2
北　京	4881	33.6	15.8	5.3	9.4	19.5
天　津	1314	40.9	19.0	5.8	7.0	21.6
河　北	868	38.6	17.9	5.0	5.0	21.4
山　西	312	32.1	19.9	2.2	2.2	20.5
内蒙古	281	38.8	24.9	4.3	3.2	23.1
辽　宁	594	40.7	27.8	6.9	5.9	18.4
吉　林	466	36.9	13.7	7.5	7.3	26.0
黑龙江	172	41.9	25.6	5.2	3.5	25.6
上　海	2350	39.1	25.4	5.8	7.4	19.7
江　苏	4178	40.1	16.3	8.5	8.7	21.1
浙　江	3140	37.5	14.6	4.7	5.0	19.7
安　徽	1599	40.2	16.2	6.8	7.3	24.2
福　建	1832	38.5	11.8	5.6	5.4	16.8
江　西	716	35.3	12.8	6.1	5.3	23.3
山　东	2879	36.1	14.4	9.0	7.2	20.8
河　南	1728	36.9	14.9	8.2	7.2	19.1
湖　北	1240	33.5	19.1	5.1	5.2	19.8
湖　南	1181	40.6	18.1	6.6	6.4	26.3
广　东	5687	37.4	16.1	5.0	7.5	21.3
广　西	564	36.5	19.9	3.5	3.5	22.2
海　南	134	27.6	25.4	1.5	5.2	25.4
重　庆	956	31.6	12.4	4.9	5.5	23.2
四　川	1578	33.1	13.9	4.4	6.0	24.2
贵　州	499	37.3	14.2	5.0	5.8	24.6
云　南	701	35.9	17.5	4.6	5.1	23.7
西　藏	28	32.1	14.3	7.1	7.1	17.9
陕　西	870	37.0	18.9	5.5	6.0	21.7
甘　肃	293	39.2	15.4	3.1	4.4	29.4
青　海	83	32.5	19.3	2.4	6.0	24.1
宁　夏	95	40.0	25.3	5.3	5.3	25.3
新　疆	285	36.1	20.7	5.6	8.8	28.1

企业中，下列信息对创新影响较大的企业占比(%)								
来自行业协会的信息	来自供应商的信息	来自客户的信息	来自竞争对手或同行业企业的信息	来自市场咨询机构的信息	来自展会的信息	来自文献、期刊的信息	来自互联网的信息	其他
18.2	16.2	35.4	19.2	8.1	6.1		15.2	6.6
20.4	8.8	38.6	20.3	11.4	6.4	2.9	23.5	10.5
23.6	9.4	35.8	19.6	8.0	6.6	6.7	13.1	5.7
20.6	8.6	37.2	24.2	6.8	9.1	10.8	9.8	3.7
27.2	9.4	34.4	18.9	8.8	4.6	6.3	13.3	6.6
18.1	9.7	37.9	18.1	7.3	8.9	4.7	14.9	5.2
19.0	10.6	30.6	17.7	9.2	7.4	3.4	23.0	10.9
35.7	7.1	21.4	21.4	10.7	3.6		10.7	7.1
21.9	14.2	24.3	16.0	6.5	4.7	6.5	16.0	5.9
17.3	9.8	33.0	18.0	9.9	8.4	2.6	25.7	12.6
18.1	13.1	41.9	22.6	8.8	9.5	3.4	19.4	8.8
18.4	14.5	41.7	20.8	8.3	10.7	2.9	23.5	12.3
17.8	15.8	43.4	22.6	8.3	10.7	3.0	25.9	14.9
17.0	11.6	35.6	16.5	8.3	10.2	2.8	20.4	14.4
18.0	8.7	42.6	22.0	8.3	5.9	3.7	18.1	4.3
17.6	11.5	37.1	17.8	8.3	7.8	2.8	17.6	9.3
14.9	13.5	37.8	20.3	6.6	8.5	3.9	27.8	15.7
10.9	19.9	46.2	20.8	8.0	9.3	3.2	29.5	17.9
12.5	16.7	40.2	19.2	8.2	9.3	2.5	26.0	18.5
18.0	10.9	36.5	16.2	7.6	9.6	2.9	15.3	12.3
16.3	14.2	35.2	17.2	9.2	12.4	3.0	25.3	15.9
15.1	7.0	33.1	15.7	8.1	6.4	2.3	24.4	17.4
19.9	10.3	44.4	26.3	10.2	8.2	4.5	18.5	6.4
19.7	15.9	41.8	21.6	8.6	9.9	2.7	15.4	7.0
18.7	14.9	45.2	25.1	8.9	13.7	3.4	26.1	11.9
18.1	13.6	45.9	23.5	7.4	10.8	3.1	22.0	10.6
16.7	15.6	41.6	21.3	7.9	11.4	3.1	23.8	17.0
21.8	15.1	37.2	18.9	6.4	10.5	2.2	28.8	17.3
13.7	13.1	33.4	16.3	7.3	9.3	2.5	18.2	11.8
18.8	16.9	42.5	19.2	9.1	10.8	3.5	22.0	9.4
17.2	14.3	42.3	20.9	9.0	12.3	2.7	23.3	13.1
19.5	10.8	35.9	20.5	8.9	9.6	2.5	22.8	13.5
19.1	14.4	44.7	25.8	10.2	10.5	3.9	18.6	7.5
17.9	17.4	48.8	25.0	11.0	11.5	1.8	23.6	17.6
18.7	16.4	44.0	26.9	9.0	6.7	4.5	23.9	14.9
21.9	13.2	41.4	22.0	8.1	9.3	3.1	24.5	14.2
19.5	12.6	44.4	25.7	7.0	10.7	3.2	27.1	12.8
15.2	18.0	38.5	16.2	7.4	13.4	3.6	25.7	20.2
15.8	21.3	49.9	22.3	9.3	13.1	2.9	28.0	13.8
10.7	28.6	35.7	28.6	25.0	7.1	3.6	21.4	14.3
16.3	15.4	40.9	23.1	8.2	9.5	3.4	26.9	14.5
16.7	19.8	36.5	21.5	9.2	12.3	1.7	25.9	15.0
18.1	25.3	34.9	18.1	6.0	14.5	6.0	24.1	20.5
12.6	11.6	47.4	21.1	6.3	5.3	2.1	27.4	18.9
16.5	15.8	46.0	20.0	9.8	7.0	2.5	21.8	10.9

七、规模（限额）以上企业产品或工艺创新合作情况（2016年）

7-1 规模(限额)以上企业产品或

项　目	开展创新合作的企业数(个)	创新合作企业占全部企业的比重(%)	在创新合作企业中,		
			集团内其他企业	高等学校	研究机构
总　计	**120164**	**16.5**	**28.2**	**31.5**	**19.2**
一、按规模分					
大型企业	9543	45.1	55.9	49.2	32.8
中型企业	29980	20.7	36.0	32.8	20.2
小型企业	77358	15.7	21.9	29.5	17.3
微型企业	3283	4.8	26.6	18.2	13.4
二、按登记注册类型分					
内资企业	104804	15.8	26.0	32.3	19.7
国有企业	1541	12.3	48.0	41.7	27.8
集体企业	433	6.0	25.4	22.2	15.0
股份合作企业	224	11.7	12.9	22.3	14.7
联营企业	20	5.7	30.0	40.0	10.0
#国有联营企业	5	8.5	60.0	60.0	20.0
有限责任公司	35238	16.2	35.8	33.9	21.7
#国有独资公司	2282	19.9	58.6	43.8	31.2
股份有限公司	7872	33.5	32.9	50.3	30.8
私营企业	59088	15.0	18.8	28.9	16.9
其他企业	388	8.2	26.8	19.3	18.0
港、澳、台商投资企业	7025	22.8	37.4	28.7	15.7
合资经营企业	2611	29.7	35.1	35.5	18.1
合作经营企业	125	16.5	29.6	31.2	24.0
港、澳、台商独资经营企业	3977	19.7	38.9	23.2	13.6
港、澳、台商投资股份有限公司	246	34.1	41.1	46.3	22.4
其他港、澳、台投资企业	66	22.5	34.8	21.2	6.1
外商投资企业	8335	24.6	48.3	24.5	15.1
中外合资经营企业	3426	31.6	41.8	31.9	20.8
中外合作经营企业	131	19.0	40.5	36.6	20.6
外资企业	4497	21.1	53.3	18.1	10.2
外商投资股份有限公司	199	30.5	51.8	36.7	23.1
其他外商投资企业	82	20.0	53.7	17.1	17.1
三、按行业分					
采矿业	1007	8.0	33.8	40.7	32.0
制造业	86252	24.3	25.6	34.0	20.5
电力、热力、燃气及水生产和供应业	1142	10.9	46.1	28.4	28.1
建筑业	4039	10.0	38.0	37.8	21.0
批发和零售业	13080	6.8	31.7	14.1	10.1
交通运输、仓储和邮政业	2230	5.7	36.3	12.6	9.6
信息传输、软件和信息技术服务业	5762	34.8	35.7	32.4	15.5
租赁和商务服务业	2447	7.4	36.1	21.0	12.7
科学研究和技术服务业	3707	18.7	37.7	45.5	28.9
水利、环境和公共设施管理业	498	9.4	29.1	29.9	17.7

工艺创新合作开展情况

与下列伙伴开展合作的企业占比(%)							
政府部门	行业协会	供应商	客户	竞争对手或同行业企业	市场咨询机　　构	风险投资机　　构	其他合作对　　象
11.3	**19.7**	**34.7**	**41.8**	**15.4**	**11.1**	**1.3**	**17.5**
13.5	20.7	34.0	31.2	14.0	13.0	1.2	12.4
11.3	19.6	34.3	39.0	14.9	11.9	1.3	15.7
10.9	19.5	35.1	44.1	15.7	10.5	1.3	18.4
14.1	21.8	32.9	43.5	16.4	11.2	1.9	29.0
11.9	20.5	34.2	41.5	15.8	11.0	1.4	18.0
18.0	20.6	30.6	28.0	15.1	8.3	0.8	15.4
18.2	24.0	33.9	34.2	15.5	8.8	2.1	21.7
6.7	19.2	37.9	46.4	12.1	7.1	0.4	18.8
25.0	20.0	15.0	20.0	20.0	15.0		15.0
20.0	40.0	20.0	40.0	40.0	40.0		20.0
12.5	20.0	33.3	37.4	15.3	10.5	1.2	17.6
16.7	18.4	31.4	25.4	14.2	10.6	1.5	14.7
14.1	21.3	31.2	35.8	14.6	12.5	2.0	14.1
11.0	20.8	35.2	45.1	16.3	11.1	1.4	18.8
15.7	18.0	28.9	34.0	10.8	9.3	2.3	24.2
8.2	15.5	39.5	45.0	13.3	12.4	0.9	14.6
8.3	15.7	37.0	43.3	14.1	10.7	0.7	12.9
9.6	20.0	28.8	40.0	16.0	9.6		17.6
7.7	15.2	41.7	46.8	12.7	13.5	0.9	15.3
15.0	17.5	37.4	36.2	12.2	14.2	2.0	18.7
10.6	13.6	39.4	48.5	21.2	15.2		21.2
6.5	12.3	37.5	43.3	12.2	11.3	0.9	13.3
8.3	14.5	37.3	41.8	13.5	11.7	1.0	13.0
8.4	16.0	30.5	33.6	9.2	11.5		15.3
4.8	10.3	38.1	44.8	11.3	11.0	0.8	13.3
10.1	18.6	30.7	44.7	13.1	10.6	0.5	13.6
9.8	11.0	41.5	37.8	11.0	14.6		22.0
10.7	14.9	35.7	18.9	11.3	9.0	1.2	19.3
9.0	18.2	36.0	43.0	14.2	10.1	0.9	14.9
14.2	14.5	47.6	7.7	9.9	8.9	0.5	15.8
16.2	32.6	37.6	23.9	18.7	13.0	1.5	20.8
13.3	21.8	35.0	47.3	19.8	14.6	2.4	27.8
18.1	21.9	30.6	35.2	16.9	11.7	2.1	26.8
22.4	20.5	24.4	44.8	21.0	12.7	3.1	22.3
21.3	28.5	23.3	39.3	17.7	18.8	3.2	26.4
21.1	25.0	24.3	33.6	15.2	12.0	1.9	17.3
27.1	27.3	22.5	31.1	16.3	17.1	1.0	27.3

7-1 续表

项 目	开展创新合作的企业数（个）	创新合作企业占全部企业的比重（%）	在创新合作企业中，		
			集团内其他企业	高等学校	研究机构
四、按地区分					
东部地区	75963	18.0	28.2	30.7	17.9
中部地区	24358	15.5	26.9	34.0	21.1
西部地区	16609	15.0	29.6	31.1	21.1
东北地区	3234	8.9	33.4	35.8	24.2
北 京	3777	17.1	40.6	32.9	21.9
天 津	2472	16.5	36.0	30.0	17.0
河 北	3249	14.0	27.1	28.6	19.7
山 西	871	10.2	31.7	34.9	23.1
内蒙古	750	9.4	38.9	32.3	24.9
辽 宁	1528	8.8	37.0	38.0	25.0
吉 林	1085	9.7	29.0	30.3	21.1
黑龙江	621	8.0	32.2	40.1	27.4
上 海	3680	15.8	44.3	34.6	18.4
江 苏	17578	20.7	28.9	35.6	19.4
浙 江	16710	24.5	19.0	23.9	13.4
安 徽	6166	19.7	23.7	39.1	21.2
福 建	5104	14.9	25.1	28.2	16.3
江 西	3018	16.9	28.8	34.9	23.0
山 东	10251	14.9	28.7	33.5	22.8
河 南	5040	11.2	27.8	28.2	20.8
湖 北	4803	16.4	27.3	37.0	19.3
湖 南	4460	17.9	27.7	29.4	21.3
广 东	12939	16.0	30.0	30.4	16.8
广 西	1380	12.8	30.5	27.7	20.1
海 南	203	16.1	46.3	25.1	25.1
重 庆	2829	17.0	28.2	26.7	17.1
四 川	4066	15.2	27.7	32.8	19.7
贵 州	1314	13.9	29.7	30.4	24.0
云 南	1897	19.7	28.3	29.8	23.0
西 藏	49	11.8	42.9	30.6	30.6
陕 西	2247	16.5	29.1	35.1	22.2
甘 肃	778	14.8	30.6	33.5	22.4
青 海	193	13.9	32.6	28.5	26.4
宁 夏	377	17.0	31.6	34.7	25.7
新 疆	729	10.6	34.3	32.9	24.1

与下列伙伴开展合作的企业占比(%)							
政府部门	行业协会	供应商	客户	竞争对手或同行业企业	市场咨询机　构	风险投资机　构	其他合作对　象
10.1	18.8	34.8	42.7	15.2	11.6	1.2	16.5
12.2	22.0	33.4	39.7	15.5	9.7	1.4	18.3
15.0	20.7	36.9	41.8	16.7	11.2	1.5	20.9
13.8	18.1	30.3	36.1	12.6	8.1	1.5	17.6
14.8	20.5	30.2	40.1	15.5	12.3	1.4	13.7
10.4	15.9	33.1	37.9	14.6	9.6	1.1	14.7
10.4	16.8	33.0	36.5	13.4	7.6	0.9	19.5
11.9	15.7	36.5	32.1	16.1	7.6	2.1	19.3
13.1	16.5	33.1	32.0	13.7	9.1	0.7	19.9
11.3	18.0	29.8	36.3	12.2	8.0	1.2	15.7
17.2	19.0	31.7	39.9	14.8	8.9	2.0	20.9
14.0	16.9	29.0	29.1	9.7	7.1	1.1	16.4
11.3	21.0	37.9	41.7	14.5	13.6	1.3	13.4
10.3	18.6	32.6	39.7	14.3	9.9	1.2	13.3
7.6	17.1	35.7	51.0	16.1	12.5	0.8	17.5
12.1	21.4	36.2	43.5	16.8	11.7	1.5	20.5
11.2	20.3	36.8	43.7	15.7	11.7	1.4	22.5
12.1	21.0	31.7	35.6	13.3	9.4	1.4	18.8
10.9	18.2	28.5	34.4	12.9	8.6	1.2	16.1
10.5	22.4	32.0	40.2	17.1	9.9	1.3	14.5
12.7	22.5	34.0	42.0	15.6	9.0	1.5	18.2
13.7	23.8	31.1	35.8	13.3	8.1	1.3	18.9
10.0	21.1	42.4	46.0	17.5	15.8	1.8	18.7
14.5	19.4	38.7	43.0	19.9	13.8	2.2	23.2
13.8	16.3	33.5	30.0	17.2	13.8	2.0	27.6
12.8	22.5	37.6	47.1	17.0	10.7	1.4	20.0
14.0	22.0	36.4	42.0	16.3	10.3	1.5	19.9
17.4	23.5	36.5	41.0	15.8	11.4	1.3	25.2
16.3	20.2	41.4	44.4	18.4	14.5	1.9	21.2
24.5	20.4	36.7	28.6	14.3	16.3		22.4
15.4	19.7	35.0	41.7	16.6	10.0	1.4	20.0
17.7	18.6	35.3	39.2	15.7	10.9	1.3	21.1
14.0	14.5	34.7	31.1	11.4	12.4	2.1	23.3
16.4	18.0	38.7	35.8	16.4	8.5	0.8	16.4
18.7	16.7	34.3	32.2	15.8	10.3	0.5	21.0

7-2 规模以上工业企业产品

项　　目	开展创新合作的企业数（个）	创新合作企业占全部企业的比重（%）	在创新合作企业中，		
			集团内其他企业	高等学校	研究机构
总　计	**88401**	**23.4**	**26.0**	**34.0**	**20.7**
一、按规模分					
大型企业	5735	59.5	54.8	52.4	37.4
中型企业	19156	36.4	34.9	37.7	23.5
小型企业	62422	20.9	20.7	31.4	18.4
微型企业	1088	6.3	21.4	21.6	16.6
二、按登记注册类型分					
内资企业	74882	22.8	23.1	35.2	21.5
国有企业	552	22.6	50.5	52.4	38.9
集体企业	207	9.9	23.7	30.4	19.8
股份合作企业	191	20.2	12.0	24.1	15.2
联营企业	11	9.9	27.3	45.5	9.1
有限责任公司	23073	24.0	32.3	37.6	24.3
#国有独资公司	1133	33.0	58.1	51.6	37.8
股份有限公司	5667	47.2	30.7	55.8	34.8
私营企业	45100	21.0	17.1	31.2	18.2
其他企业	81	9.2	22.2	29.6	34.6
港、澳、台商投资企业	6171	26.3	35.4	30.1	16.2
合资经营企业	2354	33.5	34.1	36.4	18.5
合作经营企业	101	17.4	31.7	29.7	24.8
港、澳、台商独资经营企业	3464	22.8	36.3	24.7	14.1
港、澳、台商投资股份有限公司	200	41.8	37.5	50.5	23.5
其他港、澳、台投资企业	52	32.7	32.7	25.0	7.7
外商投资企业	7348	28.1	47.3	25.0	15.7
中外合资经营企业	3110	34.4	41.3	32.9	21.7
中外合作经营企业	121	22.4	39.7	35.5	20.7
外资企业	3889	24.5	52.0	18.1	10.2
外商投资股份有限公司	164	36.2	51.2	36.6	25.6
其他外商投资企业	64	27.1	57.8	18.8	20.3
三、按行业分					
采矿业	1007	8.0	33.8	40.7	32.0
煤炭开采和洗选业	334	6.6	35.6	41.9	32.9
石油和天然气开采业	34	25.0	82.4	79.4	52.9
黑色金属矿采选业	151	8.0	36.4	39.1	28.5
有色金属矿采选业	187	11.3	32.6	48.1	44.4
非金属矿采选业	268	7.4	23.1	26.9	21.3

或工艺创新合作开展情况

与下列伙伴开展合作的企业占比(%)							
政府部门	行业协会	供应商	客户	竞争对手或同行业企业	市场咨询机构	风险投资机构	其他合作对象
9.1	**18.2**	**36.2**	**42.2**	**14.1**	**10.1**	**0.9**	**15.0**
10.4	18.1	35.9	32.7	11.9	11.4	1.0	10.2
8.2	17.4	35.5	38.9	12.8	10.2	0.7	12.0
9.2	18.4	36.3	44.2	14.7	9.9	1.0	16.3
10.8	18.1	40.7	42.5	15.3	8.5	0.6	20.7
9.5	19.0	35.6	41.8	14.5	9.9	1.0	15.3
10.0	13.4	33.0	22.6	13.2	5.4	0.4	11.1
10.6	22.2	39.1	31.4	14.5	7.7	1.4	17.4
5.2	18.3	38.7	48.2	12.0	7.3		14.7
18.2		18.2	18.2		18.2		
9.7	18.2	34.9	37.7	13.9	9.3	0.8	14.5
9.8	14.9	31.9	25.8	13.9	7.4	1.0	12.9
11.1	20.2	31.9	34.7	12.6	11.3	1.5	11.7
9.2	19.4	36.4	45.1	15.1	10.0	1.0	16.2
12.3	14.8	30.9	33.3	9.9	12.3	2.5	16.0
7.6	15.5	40.4	45.7	12.8	11.7	0.7	13.6
7.6	15.8	36.9	43.7	13.5	9.9	0.5	11.9
7.9	16.8	31.7	41.6	12.9	7.9		15.8
7.2	15.1	43.2	47.5	12.2	12.9	0.8	14.3
13.5	19.0	37.5	37.0	13.0	13.0	2.0	18.5
7.7	13.5	44.2	53.8	19.2	19.2		19.2
6.0	11.8	38.3	43.8	11.8	10.6	0.7	12.9
7.9	14.4	37.5	42.0	13.1	11.3	0.9	12.5
8.3	13.2	30.6	35.5	9.1	10.7		14.9
4.3	9.6	39.4	45.6	10.8	10.0	0.5	13.0
6.1	17.7	31.1	45.7	12.8	10.4	0.6	14.0
10.9	7.8	40.6	34.4	9.4	14.1		20.3
10.7	14.9	35.7	18.9	11.3	9.0	1.2	19.3
8.4	14.4	41.0	14.7	10.5	8.7	1.5	19.8
8.8	11.8	26.5	2.9	14.7	2.9		23.5
9.3	13.9	39.1	17.9	8.6	4.6	1.3	8.6
17.1	10.2	24.6	11.8	12.8	10.2	1.1	18.7
10.4	19.4	35.8	29.9	11.6	11.6	1.1	24.3

7-2 续表 1

项　　目	开展创新合作的企业数（个）	创新合作企业占全部企业的比重（%）	在创新合作企业中，		
			集团内其他企业	高等学校	研究机构
开采辅助活动	30	17.9	50.0	73.3	33.3
其他采矿业	3	11.5			33.3
制造业	86252	24.3	25.6	34.0	20.5
农副食品加工业	4661	17.9	23.0	35.9	22.4
食品制造业	2288	25.3	24.4	38.8	21.4
酒、饮料和精制茶制造业	1616	23.2	24.1	36.9	24.4
烟草制品业	68	53.1	57.4	47.1	41.2
纺织业	3515	17.8	19.7	21.7	12.2
纺织服装、服饰业	2210	14.3	20.5	16.0	9.8
皮革、毛皮、羽毛及其制品和制鞋业	1278	14.6	15.4	11.9	8.5
木材加工和木、竹、藤、棕、草制品业	1187	13.0	15.8	28.8	14.9
家具制造业	1063	18.4	18.1	15.4	10.3
造纸和纸制品业	1081	16.4	23.0	24.7	13.1
印刷和记录媒介复制业	984	17.6	22.9	26.0	11.2
文教、工美、体育和娱乐用品制造业	1918	20.7	19.2	22.9	12.7
石油加工、炼焦和核燃料加工业	416	22.2	34.4	40.4	38.0
化学原料和化学制品制造业	7087	28.8	26.8	45.4	27.6
医药制造业	3456	45.8	30.4	54.1	47.6
化学纤维制造业	525	28.8	25.5	36.4	17.0
橡胶和塑料制品业	3775	20.6	21.3	27.7	15.3
非金属矿物制品业	4988	14.2	25.5	28.9	18.5
黑色金属冶炼和压延加工业	1466	17.2	29.3	32.1	22.2
有色金属冶炼和压延加工业	1769	25.2	28.3	40.2	27.2
金属制品业	4176	20.1	22.2	28.8	16.5
通用设备制造业	7390	31.2	23.8	36.8	19.3
专用设备制造业	6029	34.2	24.7	41.7	21.7
汽车制造业	4944	34.1	34.6	27.4	16.1
铁路、船舶、航空航天和其他运输设备制造业	1583	32.0	35.0	37.5	26.0
电气机械和器材制造业	8133	34.5	26.5	34.4	20.7
计算机、通信和其他电子设备制造业	5988	39.3	32.7	33.5	17.8
仪器仪表制造业	1949	44.9	27.0	44.0	23.8
其他制造业	425	22.5	20.2	24.5	18.4
废弃资源综合利用业	206	13.0	24.3	41.7	22.8
金属制品、机械和设备修理业	78	20.9	42.3	41.0	25.6
电力、热力、燃气及水生产和供应业	1142	10.9	46.1	28.4	28.1
电力、热力生产和供应业	826	11.4	48.3	27.7	30.0
燃气生产和供应业	122	8.1	52.5	20.5	18.0
水的生产和供应业	194	11.1	32.5	36.1	26.3

与下列伙伴开展合作的企业占比(%)							
政府部门	行业协会	供应商	客户	竞争对手或同行业企业	市场咨询机　构	风险投资机　构	其他合作对　象
10.0	20.0	36.7	36.7	20.0	13.3		13.3
		33.3					100.0
9.0	18.2	36.0	43.0	14.2	10.1	0.9	14.9
12.9	20.9	32.9	39.5	12.3	9.2	1.2	16.3
10.0	19.2	35.8	37.7	12.3	10.6	0.9	15.0
12.0	24.3	33.3	40.3	11.4	10.8	1.1	15.7
2.9	10.3	47.1	26.5	25.0	13.2	1.5	5.9
6.9	18.2	37.6	52.1	17.0	9.7	0.6	14.5
6.7	18.8	38.4	53.6	15.6	10.0	1.2	17.3
5.8	20.1	39.3	58.8	17.5	8.9	0.8	17.7
8.6	19.5	36.9	38.7	15.4	8.9	0.9	18.3
8.0	20.7	41.1	56.1	16.7	13.5	0.9	21.0
8.0	17.5	46.5	43.8	14.1	9.3	0.5	16.2
7.6	17.0	47.2	49.8	16.3	10.8	0.4	15.1
7.7	21.4	34.4	52.2	16.4	11.5	0.9	17.4
7.0	12.0	32.0	25.7	11.5	8.2	0.2	15.6
8.2	18.6	30.7	33.2	12.6	10.3	1.0	13.8
12.2	14.3	24.2	21.2	11.5	11.5	1.2	12.0
5.9	20.8	37.3	45.7	12.4	7.2	0.2	10.3
8.0	17.2	41.7	49.2	14.1	10.5	0.9	15.8
10.3	23.0	36.6	37.3	14.8	8.2	0.9	15.5
9.6	19.6	35.5	41.5	13.8	8.1	1.1	14.4
9.0	20.4	28.9	36.7	13.0	9.1	1.2	13.1
8.4	19.4	37.8	45.6	15.2	10.2	0.9	16.5
8.6	18.1	33.0	45.1	13.2	9.6	0.8	14.1
9.6	17.7	31.5	41.4	13.4	9.1	0.8	13.9
8.0	12.5	41.7	48.7	14.8	9.6	0.6	15.8
8.6	16.3	33.3	44.1	15.3	8.3	0.6	13.7
8.5	18.1	38.3	44.0	15.0	12.5	0.9	14.7
9.2	15.3	43.9	49.8	15.6	10.9	1.1	14.3
10.2	19.5	33.4	41.2	14.9	9.2	1.1	13.2
6.6	16.5	44.9	47.5	19.8	12.2	0.9	14.6
9.7	19.4	30.1	29.1	12.1	5.8	0.5	16.5
12.8	14.1	44.9	29.5	14.1	3.8	1.3	14.1
14.2	14.5	47.6	7.7	9.9	8.9	0.5	15.8
14.0	14.4	48.4	6.1	9.1	8.6	0.5	16.3
13.1	12.3	49.2	17.2	12.3	9.8	0.8	14.8
15.5	16.5	43.3	8.8	11.9	9.8	0.5	13.9

7-2 续表 2

项　目	开展创新合作的企业数(个)	创新合作企业占全部企业的比重(%)	在创新合作企业中,		
			集团内其他企业	高等学校	研究机构
四、按地区分					
东部地区	56447	25.7	25.7	32.4	18.9
中部地区	18498	20.9	24.7	37.3	22.9
西部地区	11183	21.3	28.1	35.3	24.5
东北地区	2273	12.6	31.5	41.4	28.7
北　京	1133	33.9	40.2	37.9	27.4
天　津	1601	30.8	34.5	32.5	18.4
河　北	2475	16.8	25.5	30.5	21.3
山　西	563	15.8	29.1	43.3	30.7
内蒙古	518	12.1	40.0	38.8	31.5
辽　宁	1101	13.7	35.1	44.1	29.6
吉　林	707	11.8	27.7	34.5	25.5
黑龙江	465	11.7	28.8	45.2	31.4
上　海	2226	26.7	40.7	37.0	19.2
江　苏	14450	30.2	27.9	38.0	20.6
浙　江	13960	34.8	16.6	24.0	13.5
安　徽	4975	25.1	21.4	42.5	22.7
福　建	3589	20.8	23.4	31.3	18.3
江　西	2389	21.8	27.7	39.0	25.5
山　东	7766	19.6	28.2	36.4	25.0
河　南	3436	14.5	26.7	30.5	22.4
湖　北	3709	22.8	25.4	40.2	20.4
湖　南	3426	23.8	24.2	31.3	23.2
广　东	9150	21.4	28.0	31.7	17.5
广　西	913	16.7	29.0	32.5	25.3
海　南	97	28.8	50.5	41.2	42.3
重　庆	2005	29.6	28.3	27.6	18.2
四　川	2749	19.9	26.3	37.4	22.2
贵　州	885	17.3	28.4	34.2	27.7
云　南	1245	29.7	25.1	33.3	26.7
西　藏	22	20.4	40.9	50.0	40.9
陕　西	1457	24.9	25.9	41.0	26.7
甘　肃	500	23.8	28.0	40.6	26.2
青　海	124	20.9	33.9	37.1	35.5
宁　夏	297	25.3	28.3	39.4	29.3
新　疆	468	16.2	34.4	36.5	29.1

与下列伙伴开展合作的企业占比(%)							
政府部门	行业协会	供应商	客户	竞争对手或同行业企业	市场咨询机　构	风险投资机　构	其他合作对　象
8.0	17.3	36.4	43.9	14.0	10.8	0.9	14.3
10.3	20.9	34.2	39.2	14.3	8.5	1.1	15.8
12.3	18.3	39.4	40.5	15.0	9.8	1.1	17.3
11.6	16.0	30.5	35.7	10.9	6.6	0.7	13.8
9.9	19.4	37.5	39.8	13.6	10.2	0.9	7.4
8.4	14.1	37.0	40.1	13.8	8.7	0.4	11.7
8.5	16.1	34.5	36.3	12.7	6.7	0.6	16.8
10.7	15.1	35.0	28.2	14.7	6.8	1.6	16.7
10.0	13.7	32.4	24.3	11.4	7.9	0.6	16.6
9.2	16.5	29.5	36.7	10.3	6.0	0.5	12.4
14.3	15.3	32.8	38.0	13.4	8.2	1.0	16.5
13.1	15.7	29.2	29.7	8.4	5.8	0.9	12.9
7.7	19.4	41.9	44.3	13.5	12.3	0.6	11.0
8.8	16.9	32.5	39.8	13.3	9.1	1.0	11.6
6.1	16.2	36.7	53.1	15.1	12.0	0.4	16.1
10.7	20.7	37.1	43.6	15.8	10.8	1.1	17.7
9.3	19.2	40.0	44.8	14.1	11.0	0.8	18.5
10.1	19.0	31.6	34.2	12.1	8.7	1.0	15.3
9.1	17.7	29.1	34.2	12.3	7.8	1.1	14.0
7.5	21.4	32.2	38.4	15.5	7.5	0.9	12.0
10.9	21.2	35.2	41.9	14.7	7.9	1.2	16.4
11.8	22.9	32.6	35.8	12.1	7.0	1.0	16.6
7.6	18.8	45.7	47.3	15.6	15.0	1.3	16.1
12.0	16.5	41.6	41.3	17.6	11.0	1.8	20.5
8.2	12.4	35.1	20.6	10.3	13.4	3.1	16.5
10.2	19.5	41.5	48.2	15.7	9.8	1.0	17.0
10.9	19.6	39.1	41.8	14.2	8.9	0.9	15.7
14.0	21.8	38.4	39.5	15.1	10.5	0.9	21.1
15.0	18.5	43.5	42.1	15.9	13.3	1.6	18.2
18.2	18.2	31.8	9.1	9.1	13.6		9.1
12.5	16.7	36.1	39.4	15.1	9.4	1.1	16.4
15.2	16.8	38.4	36.0	14.4	8.6	1.0	15.4
13.7	12.1	34.7	26.6	5.6	8.1	1.6	18.5
14.8	16.2	42.1	36.4	14.5	8.1	1.0	14.1
15.6	15.4	37.0	29.7	15.8	8.8	0.2	19.2

7-3 资质等级以上建筑业企业

项目	开展创新合作的企业数(个)	创新合作企业占全部企业的比重(%)	在创新合作企业中,		
			集团内其他企业	高等学校	研究机构
总计	**4039**	**10.0**	**38.0**	**37.8**	**21.0**
一、按规模分					
大型企业	1233	54.0	61.8	62.9	33.7
中型企业	1866	10.4	31.2	28.2	15.5
小型企业	826	5.1	19.9	23.1	14.8
微型企业	114	2.9	23.7	27.2	19.3
二、按登记注册类型分					
内资企业	3989	10.0	38.1	37.8	21.0
国有企业	171	12.3	49.1	43.3	20.5
集体企业	54	5.6	29.6	25.9	20.4
股份合作企业	8	6.7	12.5	37.5	12.5
有限责任公司	1982	12.6	48.5	42.4	23.5
#国有独资公司	278	32.3	66.5	56.1	32.4
股份有限公司	280	16.0	42.9	51.8	26.8
私营企业	1491	7.5	22.4	28.8	16.8
港、澳、台商投资企业	35	13.1	40.0	37.1	22.9
合资经营企业	26	14.6	50.0	38.5	23.1
合作经营企业	6	40.0		50.0	16.7
外商投资企业	15	10.3	20.0	33.3	13.3
中外合资经营企业	12	14.0	8.3	33.3	8.3
外资企业	3	6.3	66.7	33.3	33.3
三、按行业分					
房屋建筑业	1752	9.4	38.8	35.3	21.4
土木工程建筑业	1156	14.1	45.7	47.8	24.7
建筑安装业	519	9.4	32.4	33.5	17.0
建筑装饰和其他建筑业	612	7.6	26.1	29.4	16.2

产品或工艺创新合作开展情况

与下列伙伴开展合作的企业占比(%)							
政府部门	行业协会	供应商	客户	竞争对手或同行业企业	市场咨询机　构	风险投资机　构	其他合作对　象
16.2	**32.6**	**37.6**	**23.9**	**18.7**	**13.0**	**1.5**	**20.8**
11.4	30.2	31.0	13.1	17.3	11.2	0.6	13.3
17.7	34.8	39.0	24.2	19.0	14.0	1.6	20.6
19.6	31.1	44.2	37.2	20.8	13.6	2.1	30.3
18.4	34.2	38.6	40.4	14.0	12.3	5.3	36.8
16.3	32.8	37.6	23.7	18.8	13.1	1.5	20.7
11.1	30.4	33.3	18.7	19.9	8.2	0.6	14.0
24.1	40.7	35.2	35.2	29.6	11.1	3.7	27.8
37.5	25.0	37.5	37.5	25.0			37.5
14.1	30.7	36.3	19.6	17.8	12.5	1.0	17.3
11.5	29.5	36.3	14.7	15.1	12.2	0.7	13.0
17.1	35.0	33.2	18.6	18.9	13.2	0.7	15.7
19.2	35.1	40.8	30.2	19.5	14.6	2.2	26.6
8.6	25.7	34.3	40.0	22.9	8.6	5.7	31.4
7.7	26.9	30.8	42.3	19.2	11.5	7.7	30.8
16.7	33.3	33.3	33.3	33.3			50.0
6.7	6.7	40.0	33.3		6.7		40.0
		50.0	41.7		8.3		41.7
33.3	33.3						33.3
19.3	35.2	37.5	21.7	20.8	14.3	1.8	22.3
13.3	27.5	34.7	17.5	16.6	10.4	1.0	17.5
14.1	28.5	37.6	31.8	15.8	12.5	1.3	19.1
14.5	38.4	43.3	35.6	19.3	14.7	1.8	24.5

7-3 续表

项目	开展创新合作的企业数（个）	创新合作企业占全部企业的比重（%）	在创新合作企业中，		
			集团内其他企业	高等学校	研究机构
四、按地区分					
东部地区	2280	12.3	36.6	39.6	21.5
中部地区	822	9.1	38.6	36.6	19.2
西部地区	760	8.3	40.8	35.3	21.8
东北地区	177	4.8	41.2	29.4	19.2
北　京	228	14.2	48.7	47.8	26.8
天　津	109	13.2	46.8	49.5	23.9
河　北	149	11.6	31.5	30.9	14.8
山　西	83	8.4	47.0	45.8	16.9
内蒙古	28	6.8	32.1	28.6	25.0
辽　宁	106	5.7	38.7	26.4	20.8
吉　林	34	4.3	32.4	29.4	17.6
黑龙江	37	3.5	56.8	37.8	16.2
上　海	119	8.8	52.1	51.3	24.4
江　苏	515	12.6	31.8	31.7	17.1
浙　江	429	14.6	29.4	45.0	24.0
安　徽	152	10.9	40.1	38.2	21.1
福　建	168	10.9	22.0	35.1	18.5
江　西	71	7.5	33.8	36.6	23.9
山　东	283	9.8	39.6	38.2	21.9
河　南	256	8.9	30.1	33.2	20.7
湖　北	164	8.9	41.5	36.6	16.5
湖　南	96	10.1	50.0	35.4	15.6
广　东	266	13.8	43.6	41.0	24.8
广　西	57	12.0	43.9	35.1	19.3
海　南	14	12.8	64.3	14.3	14.3
重　庆	95	7.5	37.9	33.7	22.1
四　川	149	6.9	44.3	34.2	24.2
贵　州	50	12.6	60.0	34.0	34.0
云　南	102	9.5	41.2	32.4	17.6
西　藏	6	5.0	16.7		16.7
陕　西	140	8.7	36.4	41.4	17.9
甘　肃	58	9.2	41.4	41.4	24.1
青　海	14	7.4	28.6	21.4	21.4
宁　夏	17	5.6	35.3	17.6	17.6
新　疆	44	8.6	36.4	43.2	22.7

八、规模（限额）以上企业产品或工艺创新阻碍因素情况（2016 年）

8-1 规模(限额)以上企业产品或

项　　目	在全部企业中，下列			
	缺乏内部资　金	缺乏风险投　资	缺乏银行贷　款	创　新成本过高
总　计	**10.5**	**7.2**	**10.9**	**17.2**
一、按规模分				
大型企业	11.5	6.3	8.4	26.0
中型企业	11.1	7.0	10.1	18.7
小型企业	10.5	7.4	11.6	17.4
微型企业	9.1	5.9	8.1	10.0
二、按登记注册类型分				
内资企业	10.7	7.4	11.4	17.1
国有企业	12.8	4.9	5.9	12.1
集体企业	11.3	6.2	8.4	11.2
股份合作企业	8.8	6.0	7.6	14.0
联营企业	11.5	7.5	8.6	13.2
#国有联营企业	11.9	8.5	10.2	13.6
有限责任公司	11.6	7.3	11.1	16.7
#国有独资公司	13.7	5.5	6.8	13.8
股份有限公司	12.0	8.1	12.8	23.2
私营企业	10.1	7.6	11.7	17.3
其他企业	11.6	8.8	9.9	13.6
港、澳、台商投资企业	8.2	4.7	6.3	18.9
合资经营企业	9.5	5.4	8.0	21.6
合作经营企业	6.9	4.3	6.9	15.2
港、澳、台商独资经营企业	7.5	4.4	5.4	17.8
港、澳、台商投资股份有限公司	10.8	4.0	6.8	21.9
其他港、澳、台投资企业	14.7	6.5	9.6	20.1
外商投资企业	8.3	4.3	5.1	18.1
中外合资经营企业	9.2	5.1	7.8	21.3
中外合作经营企业	7.8	6.2	4.1	17.0
外资企业	7.8	3.7	3.7	16.5
外商投资股份有限公司	9.0	6.1	5.2	20.5
其他外商投资企业	8.3	4.6	5.6	17.1
三、按行业分				
采矿业	13.4	7.7	14.8	13.4
制造业	10.7	7.5	12.9	21.1
电力、热力、燃气及水生产和供应业	8.8	3.9	6.8	10.2
建筑业	13.4	7.7	9.8	15.6
批发和零售业	9.7	6.7	9.1	12.5
交通运输、仓储和邮政业	9.9	6.1	8.1	10.1
信息传输、软件和信息技术服务业	12.4	10.2	10.4	29.1
租赁和商务服务业	8.8	6.3	6.0	11.2
科学研究和技术服务业	11.2	7.3	7.9	17.9
水利、环境和公共设施管理业	11.9	6.7	9.8	13.4

工艺创新活动阻碍因素情况

各项是创新主要阻碍因素的企业占比(%)							
缺乏人才或人才流失	缺乏技术信息	缺乏市场信息	难以找到创新合作伙伴	市场已被占领	不能确定市场需求	创新成果易被低成本模仿	没有创新的必要
24.0	**14.4**	**9.5**	**6.8**	**3.0**	**10.7**	**4.9**	**16.2**
38.2	19.4	10.6	7.4	3.6	14.3	9.9	9.4
27.8	15.4	9.9	6.8	3.2	11.7	5.6	15.9
23.6	14.8	9.5	6.8	2.9	10.7	4.9	16.1
14.2	8.1	7.8	5.9	3.4	7.6	2.4	19.5
24.0	14.4	9.5	6.9	3.0	10.6	4.7	16.5
23.2	12.5	8.9	5.0	3.4	8.4	2.7	19.6
18.7	11.4	7.8	5.5	3.0	7.6	2.0	21.5
20.9	13.3	8.5	6.7	3.3	11.0	5.0	20.3
17.0	11.8	9.8	6.3	4.0	11.8	3.7	17.0
20.3	15.3	5.1	5.1	6.8	8.5	1.7	18.6
24.5	14.0	9.7	6.7	3.2	10.7	4.6	16.9
27.4	14.4	9.8	6.0	3.1	9.4	3.7	16.8
33.5	17.0	10.3	7.9	3.7	12.1	7.6	12.6
23.3	14.6	9.4	7.0	2.9	10.6	4.7	16.3
19.7	14.7	10.4	6.6	2.6	9.3	2.3	18.5
25.0	14.9	8.8	5.9	3.1	12.4	7.2	12.4
28.9	18.3	10.0	6.6	3.1	13.1	8.0	11.3
19.1	11.1	6.3	5.3	3.0	6.7	5.5	11.6
23.3	13.5	8.3	5.6	3.0	12.2	6.8	12.7
31.2	16.2	10.2	7.8	5.0	13.4	10.9	12.3
27.3	12.6	8.5	8.2	4.8	10.6	6.1	19.1
22.8	13.9	8.7	5.6	3.1	12.3	7.7	13.0
27.7	16.5	9.9	6.3	2.9	12.7	7.9	11.4
19.2	12.8	6.4	5.2	2.9	10.3	5.5	12.6
20.4	12.7	8.1	5.2	3.1	12.1	7.6	13.8
28.6	13.9	10.6	6.3	3.4	11.5	8.4	13.2
21.0	11.5	9.3	7.3	5.6	12.4	7.3	16.3
17.0	13.1	7.5	5.9	1.8	7.9	1.5	23.9
27.1	17.9	9.5	6.6	2.5	11.9	6.5	11.3
14.8	11.2	5.8	3.4	1.6	5.7	1.3	24.0
26.1	16.2	8.8	8.2	2.4	11.5	3.0	20.6
19.3	10.0	10.0	7.0	4.1	9.9	3.5	21.9
16.2	8.9	8.5	5.7	3.8	7.2	2.3	21.8
39.7	15.1	11.1	8.7	5.1	14.3	8.3	9.3
19.5	8.9	8.6	6.5	2.9	8.6	3.6	19.7
28.4	13.9	10.8	7.1	3.5	10.1	4.9	16.2
22.5	12.9	9.0	7.0	2.1	8.6	2.7	18.1

8-1 续表

项　目	在全部企业中，下列			
	缺乏内部资金	缺乏风险投资	缺乏银行贷款	创新成本过高
四、按地区分				
东部地区	9.5	6.6	8.6	17.3
中部地区	11.8	8.6	14.0	17.7
西部地区	12.8	7.3	15.2	17.9
东北地区	10.7	7.0	10.8	12.3
北　京	9.5	5.9	6.6	18.6
天　津	9.7	6.4	9.1	13.1
河　北	11.1	8.0	13.2	15.8
山　西	13.0	6.0	14.7	13.8
内蒙古	13.7	6.7	13.8	13.6
辽　宁	8.9	4.7	7.3	10.1
吉　林	11.8	10.0	14.0	15.3
黑龙江	13.0	8.0	14.2	13.1
上　海	7.9	4.7	5.1	15.5
江　苏	8.7	6.7	7.5	15.8
浙　江	7.9	5.6	7.0	20.7
安　徽	9.8	6.6	13.3	16.5
福　建	10.0	6.8	10.5	18.6
江　西	12.5	8.3	14.5	18.0
山　东	11.8	9.1	11.9	16.6
河　南	12.0	10.6	13.0	17.6
湖　北	11.4	8.0	16.3	18.9
湖　南	13.4	9.4	13.8	18.9
广　东	9.1	5.4	7.4	17.3
广　西	12.0	6.3	13.8	17.4
海　南	11.9	5.3	7.3	18.4
重　庆	12.4	7.9	12.9	18.7
四　川	11.7	7.4	14.1	19.7
贵　州	15.1	8.0	19.0	16.6
云　南	12.6	7.0	19.4	19.0
西　藏	13.4	5.3	9.4	14.4
陕　西	13.8	8.3	15.9	18.7
甘　肃	14.1	7.3	18.2	16.7
青　海	14.8	5.5	16.8	17.5
宁　夏	13.0	7.9	19.3	19.2
新　疆	11.4	6.2	13.7	14.4

各项是创新主要阻碍因素的企业占比(%)							
缺乏人才或人才流失	缺乏技术信　息	缺乏市场信　息	难以找到创新合作伙　伴	市场已被占　领	不能确定市场需求	创新成果易被低成本模仿	没有创新的必要
23.8	14.5	9.2	6.5	3.0	10.9	5.5	15.0
24.4	14.8	9.6	7.1	2.8	10.4	4.5	15.8
25.9	14.9	10.6	7.5	3.6	11.7	4.2	20.9
17.8	10.3	8.5	6.0	3.2	8.0	2.8	16.2
27.5	12.1	9.8	6.8	3.5	11.4	5.6	15.9
18.3	9.9	8.8	5.3	3.0	8.2	4.0	15.2
25.8	15.9	10.8	6.8	3.0	11.3	4.4	18.6
23.5	14.1	10.3	6.1	2.7	9.5	2.7	21.0
19.4	11.6	9.5	6.0	2.8	8.9	2.9	21.0
14.7	8.1	6.8	4.2	2.9	6.0	2.5	11.9
20.9	12.7	10.6	7.1	3.4	9.5	3.2	19.3
20.3	11.8	9.1	8.6	3.7	10.1	3.1	21.5
21.5	10.2	6.9	5.8	2.6	9.0	5.9	14.6
21.3	13.5	8.1	5.9	2.6	8.3	4.8	9.9
29.7	20.2	10.9	8.3	3.0	16.4	7.8	18.6
24.1	13.2	8.0	6.3	2.3	7.8	4.4	8.9
23.9	14.8	10.2	7.7	3.0	14.1	5.3	19.8
25.3	14.6	9.0	7.9	3.0	11.4	4.9	17.9
23.0	15.8	10.6	6.5	2.9	9.7	4.3	18.2
23.9	16.4	10.9	7.0	2.9	10.6	4.5	16.8
25.2	14.5	10.0	8.1	3.0	12.3	4.7	19.7
24.5	14.8	8.9	6.9	3.1	10.6	4.7	14.7
22.1	11.8	7.4	5.4	3.3	9.4	5.8	11.4
26.0	15.2	9.6	7.3	3.4	12.2	4.0	21.0
29.3	17.0	8.9	6.6	4.0	12.2	5.2	22.0
23.8	13.9	9.7	6.8	3.5	11.5	4.6	19.4
24.3	14.1	9.3	7.8	3.6	12.3	5.0	22.0
26.1	13.3	10.2	7.8	3.5	9.9	3.3	23.1
30.4	16.9	12.3	8.4	3.5	12.1	5.0	20.1
35.3	12.5	11.0	7.0	3.4	11.5	2.6	18.5
29.2	16.6	13.2	7.8	3.9	12.3	4.1	18.8
30.9	17.4	12.8	7.6	4.7	12.2	2.8	21.7
30.3	18.9	11.0	6.6	4.2	12.7	3.9	22.9
27.5	18.5	11.7	8.0	3.5	12.9	5.1	18.2
26.1	15.8	12.1	7.6	3.5	11.6	3.1	23.0

8-2 规模以上工业企业产品或

项　　目	在全部企业中，下列		
	缺乏内部资　　金	缺乏风险投　　资	缺乏银行贷　　款
总　计	**10.7**	**7.4**	**12.8**
一、按规模分			
大型企业	11.7	6.6	10.5
中型企业	11.4	7.2	11.7
小型企业	10.7	7.6	13.3
微型企业	7.4	4.6	8.2
二、按登记注册类型分			
内资企业	11.1	7.8	13.8
国有企业	14.2	3.9	7.3
集体企业	9.4	6.9	10.0
股份合作企业	8.2	6.3	9.3
联营企业	15.3	4.5	10.8
有限责任公司	12.2	7.8	14.2
#国有独资公司	15.8	5.0	8.1
股份有限公司	12.5	8.3	15.8
私营企业	10.5	7.9	13.6
其他企业	10.5	8.2	10.7
港、澳、台商投资企业	8.0	4.6	6.7
合资经营企业	9.2	5.2	8.4
合作经营企业	6.9	4.3	7.4
港、澳、台商独资经营企业	7.2	4.3	5.8
港、澳、台商投资股份有限公司	11.3	4.0	8.0
其他港、澳、台投资企业	17.6	10.1	12.6
外商投资企业	8.2	4.2	5.4
中外合资经营企业	9.1	5.1	8.1
中外合作经营企业	7.2	7.4	4.3
外资企业	7.6	3.5	3.9
外商投资股份有限公司	10.2	5.7	6.2
其他外商投资企业	9.7	4.2	5.9
三、按行业分			
采矿业	13.4	7.7	14.8
煤炭开采和洗选业	15.4	7.2	17.0
石油和天然气开采业	19.1	6.6	11.0
黑色金属矿采选业	14.6	7.5	13.7
有色金属矿采选业	13.1	8.9	14.5
非金属矿采选业	9.9	8.2	12.4

工艺创新活动阻碍因素情况

各项是创新主要阻碍因素的企业占比(%)								
创新成本过高	缺乏人才或人才流失	缺乏技术信息	缺乏市场信息	难以找到创新合作伙伴	市场已被占领	不能确定市场需求	创新成果易被低成本模仿	没有创新的必要
20.5	**26.4**	**17.5**	**9.3**	**6.5**	**2.4**	**11.5**	**6.2**	**12.1**
30.1	41.8	23.9	11.1	7.1	3.4	15.1	12.1	5.6
24.2	32.7	20.1	10.0	6.3	2.5	12.7	8.0	10.0
20.2	25.6	17.4	9.4	6.6	2.4	11.5	5.9	12.7
9.4	11.7	8.3	5.6	4.6	1.6	6.2	2.4	12.3
20.7	26.6	17.7	9.4	6.6	2.3	11.4	5.9	12.3
14.2	26.4	15.0	8.1	4.0	1.7	8.3	2.9	17.0
14.5	19.2	14.8	6.6	5.6	2.1	8.8	2.6	17.7
18.5	24.5	17.7	10.5	6.3	2.5	14.6	6.8	16.2
11.7	27.9	18.9	9.9	9.0	1.8	11.7	4.5	9.0
20.6	27.2	17.6	9.6	6.5	2.5	11.4	5.9	13.0
18.0	30.6	18.8	10.5	5.8	2.9	10.3	4.7	15.2
28.8	38.9	21.4	10.8	7.7	2.9	13.0	9.6	8.6
20.4	25.7	17.7	9.2	6.7	2.3	11.3	5.8	12.1
15.5	18.9	14.0	8.0	6.1	2.2	10.5	2.4	17.0
20.2	26.6	16.8	9.0	5.9	2.7	12.7	7.8	10.2
22.9	30.3	20.0	10.2	6.7	2.7	13.6	8.8	9.8
16.0	19.1	11.2	6.2	4.8	2.1	6.7	6.7	9.1
19.0	24.7	15.4	8.6	5.5	2.6	12.5	7.3	10.4
24.1	35.8	20.1	10.0	9.0	3.1	12.8	12.6	9.4
28.3	37.1	15.7	8.2	8.2	5.0	11.3	5.7	15.7
18.8	23.9	15.6	9.0	5.4	2.8	12.6	8.2	10.9
21.9	28.5	17.7	10.0	6.3	2.8	13.0	8.4	10.0
18.9	21.1	13.9	7.0	5.6	3.0	10.7	6.1	9.6
17.0	21.4	14.5	8.4	4.9	2.8	12.4	8.0	11.4
20.3	29.4	16.1	11.7	6.2	2.9	12.4	9.3	11.0
18.2	21.2	13.6	8.9	5.1	5.5	14.8	7.2	10.6
13.4	17.0	13.1	7.5	5.9	1.8	7.9	1.5	23.9
11.6	16.0	11.9	7.6	5.3	1.6	6.8	1.2	26.1
15.4	21.3	19.1	10.3	4.4	2.9	4.4	1.5	22.8
13.2	16.3	12.4	8.0	6.4	1.9	8.1	1.6	22.0
15.8	20.1	16.2	5.3	6.5	1.0	8.0	1.0	23.3
14.4	16.6	13.1	7.6	6.0	2.2	9.2	2.2	22.6

8-2 续表 1

项　目	在全部企业中，下列		
	缺乏内部资　金	缺乏风险投　资	缺乏银行贷　款
开采辅助活动	11.9	6.0	13.7
制造业	10.7	7.5	12.9
农副食品加工业	11.9	8.9	17.6
食品制造业	10.9	8.5	15.5
酒、饮料和精制茶制造业	13.4	8.7	19.6
烟草制品业	10.9	4.7	3.9
纺织业	9.0	7.0	10.2
纺织服装、服饰业	8.6	5.7	7.9
皮革、毛皮、羽毛及其制品和制鞋业	8.7	6.6	8.3
木材加工和木、竹、藤、棕、草制品业	10.5	8.9	13.5
家具制造业	9.1	7.5	11.6
造纸和纸制品业	9.9	6.5	11.7
印刷和记录媒介复制业	9.5	7.0	10.4
文教、工美、体育和娱乐用品制造业	8.8	6.9	10.1
石油加工、炼焦和核燃料加工业	13.1	8.2	15.7
化学原料和化学制品制造业	11.0	8.5	14.8
医药制造业	12.9	9.0	15.3
化学纤维制造业	9.7	6.5	10.7
橡胶和塑料制品业	9.3	6.7	11.0
非金属矿物制品业	11.0	7.4	13.4
黑色金属冶炼和压延加工业	10.8	8.2	14.4
有色金属冶炼和压延加工业	12.3	7.2	16.2
金属制品业	10.1	6.8	11.4
通用设备制造业	11.3	7.6	12.9
专用设备制造业	12.2	8.0	13.9
汽车制造业	11.7	6.8	13.1
铁路、船舶、航空航天和其他运输设备制造业	11.8	7.2	12.1
电气机械和器材制造业	11.0	7.4	12.6
计算机、通信和其他电子设备制造业	9.9	6.5	11.1
仪器仪表制造业	10.5	8.2	11.4
其他制造业	8.5	6.6	10.2
废弃资源综合利用业	11.2	6.6	14.4
金属制品、机械和设备修理业	12.8	5.1	8.3
电力、热力、燃气及水生产和供应业	8.8	3.9	6.8
电力、热力生产和供应业	9.3	3.9	6.8
燃气生产和供应业	6.8	4.1	6.9
水的生产和供应业	8.0	3.3	6.7

各项是创新主要阻碍因素的企业占比(%)								
创新成本过高	缺乏人才或人才流失	缺乏技术信息	缺乏市场信息	难以找到创新合作伙伴	市场已被占领	不能确定市场需求	创新成果易被低成本模仿	没有创新的必要
19.0	33.3	22.0	14.3	7.7	3.0	11.3	0.6	14.3
21.1	27.1	17.9	9.5	6.6	2.5	11.9	6.5	11.3
19.6	24.6	17.0	10.3	7.4	2.6	12.5	4.9	14.3
21.7	27.8	18.4	11.0	7.0	2.8	14.8	8.0	10.9
21.0	27.1	16.6	11.7	8.4	3.3	15.0	6.1	12.6
10.9	36.7	21.1	12.5	7.0	7.0	22.7	7.0	10.2
18.3	23.9	17.3	9.7	6.5	2.1	12.8	6.0	12.7
16.0	20.8	12.6	8.8	5.7	1.9	10.7	4.5	12.1
18.6	22.8	15.7	10.0	6.4	2.4	12.9	7.2	13.3
17.7	21.1	16.8	9.3	6.9	2.2	10.2	4.2	13.3
19.3	25.9	16.2	10.6	6.4	2.6	13.4	8.6	10.5
18.3	21.7	16.5	8.5	5.8	2.2	11.0	5.3	15.4
19.1	23.8	16.4	8.4	6.0	2.0	10.8	5.1	13.4
19.3	25.9	16.0	9.2	6.1	2.2	13.9	9.0	10.2
17.5	25.2	17.5	9.5	6.3	2.5	10.3	4.4	13.5
21.7	28.1	19.0	9.7	7.2	2.6	11.7	6.7	11.0
32.3	36.9	22.3	9.6	8.0	2.4	12.1	5.7	7.9
19.9	25.6	18.6	9.7	6.5	2.1	13.6	6.4	12.3
19.5	25.1	17.9	9.2	6.5	2.4	11.7	6.6	11.6
16.9	20.9	15.5	8.6	5.7	2.7	10.9	5.0	16.1
18.1	22.6	17.4	8.2	5.9	1.9	10.3	3.7	13.0
19.7	28.0	19.3	7.9	7.0	2.2	10.0	4.7	12.3
19.1	25.2	17.0	8.8	6.0	2.0	10.7	5.7	10.8
24.5	31.7	20.0	9.8	6.9	2.3	11.6	7.8	8.9
25.1	32.8	19.4	9.6	6.9	2.4	11.0	8.9	7.9
24.5	32.9	20.9	9.3	6.6	2.8	11.6	6.2	10.1
23.1	31.3	18.6	10.5	7.1	2.7	11.5	7.0	9.1
25.8	32.5	20.5	10.2	6.8	2.7	12.7	8.6	7.5
27.5	35.4	20.3	9.5	6.8	2.9	12.4	8.8	6.2
29.6	39.8	21.2	11.5	7.0	3.0	13.4	11.2	6.2
19.3	25.6	17.3	8.4	7.5	2.3	15.2	7.9	11.8
13.5	18.8	13.5	6.1	5.6	1.6	8.1	2.4	14.0
17.4	26.7	16.6	8.8	4.3	1.9	9.4	3.2	12.0
10.2	14.8	11.2	5.8	3.4	1.6	5.7	1.3	24.0
10.7	15.2	11.9	6.1	3.4	1.5	5.4	1.3	24.2
7.4	12.9	9.1	6.8	3.9	3.3	7.3	2.1	26.4
10.6	14.8	10.4	4.0	3.2	0.4	5.4	0.7	20.9

8-2 续表 2

项 目	在全部企业中，下列		
	缺乏内部资 金	缺乏风险投 资	缺乏银行贷 款
四、按地区分			
东部地区	9.2	6.5	9.5
中部地区	12.3	9.1	16.6
西部地区	14.5	8.1	20.0
东北地区	10.2	6.9	13.1
北 京	8.7	3.9	7.2
天 津	8.6	5.6	9.9
河 北	11.8	9.0	15.3
山 西	14.3	6.8	20.0
内蒙古	16.0	7.6	17.3
辽 宁	6.2	3.1	6.6
吉 林	13.4	11.2	17.6
黑龙江	13.5	8.2	19.3
上 海	6.7	3.1	4.7
江 苏	7.6	6.0	7.6
浙 江	8.4	6.1	7.9
安 徽	8.4	5.8	13.8
福 建	11.3	7.4	13.3
江 西	13.6	8.9	16.8
山 东	13.0	9.9	13.9
河 南	12.4	11.6	14.9
湖 北	12.8	8.8	20.9
湖 南	15.4	10.7	17.2
广 东	7.1	4.2	6.7
广 西	13.0	7.2	18.0
海 南	12.5	5.3	9.5
重 庆	14.9	8.4	16.9
四 川	12.8	8.0	18.3
贵 州	17.4	8.4	24.8
云 南	13.7	7.4	25.9
西 藏	14.8	8.3	13.9
陕 西	15.3	9.8	20.9
甘 肃	16.5	8.7	25.5
青 海	16.7	5.6	22.1
宁 夏	14.7	10.2	25.9
新 疆	13.9	7.4	18.5

各项是创新主要阻碍因素的企业占比(%)								
创新成本过高	缺乏人才或人才流失	缺乏技术信息	缺乏市场信息	难以找到创新合作伙伴	市场已被占领	不能确定市场需求	创新成果易被低成本模仿	没有创新的必要
20.5	26.6	17.9	9.3	6.1	2.4	11.8	7.0	10.4
20.8	26.4	17.2	9.1	6.9	2.3	10.6	5.3	12.4
22.5	28.4	18.5	10.5	7.6	2.8	13.3	5.4	18.7
14.0	18.3	11.8	7.9	5.9	2.2	7.6	3.1	12.0
23.4	31.5	16.2	9.9	5.0	2.6	11.9	8.9	6.7
17.2	20.1	12.4	7.7	4.0	2.0	7.9	6.2	5.3
19.1	28.4	18.8	11.4	7.2	2.7	12.8	5.6	16.3
17.1	26.1	18.1	10.2	5.5	1.9	10.3	3.1	18.2
16.1	20.8	14.2	9.6	6.5	2.6	9.9	3.5	19.0
9.4	12.8	7.8	4.8	2.8	1.0	4.3	2.5	4.0
18.2	22.6	14.9	10.7	7.4	3.3	9.9	3.4	18.5
17.0	22.9	15.1	9.7	9.6	3.2	10.7	4.0	18.0
18.3	24.5	13.5	7.1	5.0	2.0	9.2	8.5	5.4
17.8	22.9	15.5	7.3	5.0	1.8	7.8	5.7	4.1
26.5	36.1	26.2	12.5	8.7	2.9	19.8	10.5	15.5
17.0	23.0	13.6	6.1	5.0	1.3	6.6	4.8	4.4
23.4	27.4	18.5	11.2	8.2	2.9	17.0	7.1	18.2
21.1	27.4	16.8	8.8	8.1	2.8	12.2	5.8	15.9
20.1	26.2	19.0	10.6	6.4	2.6	10.2	5.2	15.0
21.3	26.6	19.8	10.9	7.3	2.5	10.9	5.3	14.4
23.3	28.9	17.5	10.1	8.5	2.7	13.5	5.8	16.6
22.8	27.3	17.7	9.0	6.8	2.6	11.3	5.3	11.6
18.2	22.0	12.8	6.2	4.1	2.2	8.7	6.8	5.0
22.1	28.9	19.0	9.1	7.6	2.6	14.7	4.8	19.8
25.5	30.3	24.6	7.1	4.7	2.4	17.8	5.6	20.8
26.1	30.6	19.7	9.8	6.8	2.7	14.6	7.0	15.5
23.7	26.4	17.1	9.5	7.9	3.0	13.9	6.2	20.1
18.8	26.2	14.6	9.4	7.4	2.4	10.0	3.2	21.1
25.1	32.4	20.5	12.0	8.1	2.1	13.3	6.5	17.7
19.4	28.7	16.7	8.3	10.2	0.9	11.1	3.7	19.4
23.5	32.5	21.3	13.2	8.0	2.7	13.8	5.0	16.3
21.5	32.7	22.5	13.4	8.3	4.1	14.3	4.2	18.5
24.1	28.5	26.1	11.3	6.9	3.0	14.7	4.2	19.1
24.2	29.2	23.1	11.6	9.3	2.3	14.7	7.3	16.9
19.4	29.7	20.6	12.6	7.1	3.0	13.8	4.4	20.0

8-3 资质等级以上建筑业企业产品

项　　目	在全部企业中，下列			
	缺乏内部资　金	缺乏风险投　资	缺乏银行贷　款	创　新成本过高
总　计	**13.4**	**7.7**	**9.8**	**15.6**
一、按规模分				
大型企业	19.7	8.8	10.1	30.1
中型企业	13.6	8.0	10.5	16.7
小型企业	12.6	7.5	9.4	13.8
微型企业	12.3	6.4	8.2	10.0
二、按登记注册类型分				
内资企业	13.4	7.7	9.9	15.6
国有企业	18.4	7.9	6.3	15.8
集体企业	17.3	6.5	10.0	13.9
股份合作企业	10.0	5.8	4.2	9.2
联营企业	12.0	12.0	4.0	16.0
有限责任公司	14.3	7.6	9.5	16.3
#国有独资公司	21.9	6.9	6.0	20.9
股份有限公司	14.5	7.3	10.2	16.2
私营企业	12.1	7.9	10.4	15.2
其他企业	13.6	9.1	9.1	9.1
港、澳、台商投资企业	13.4	6.3	6.7	16.4
合资经营企业	15.7	6.7	5.1	18.5
合作经营企业	6.7		6.7	33.3
港、澳、台商独资经营企业	8.6	5.2	8.6	6.9
其他港、澳、台投资企业	22.2		11.1	11.1
外商投资企业	13.8	7.6	7.6	20.0
中外合资经营企业	17.4	10.5	11.6	25.6
外资企业	10.4	4.2	2.1	10.4
三、按行业分				
房屋建筑业	14.3	8.0	11.4	15.9
土木工程建筑业	13.6	7.4	8.3	15.9
建筑安装业	12.0	7.0	8.2	15.1
建筑装饰和其他建筑业	12.2	7.8	8.9	15.2

或工艺创新活动阻碍因素情况

各项是创新主要阻碍因素的企业占比(%)							
缺乏人才或人才流失	缺乏技术信　息	缺乏市场信　息	难以找到创新合作伙伴	市场已被占　领	不能确定市场需求	创新成果易被低成本模仿	没有创新的必要
26.1	**16.2**	**8.8**	**8.2**	**2.4**	**11.5**	**3.0**	**20.6**
51.5	25.3	11.9	9.4	2.9	13.5	9.5	7.4
28.3	18.3	9.0	8.4	2.0	12.3	3.1	19.7
22.6	14.1	8.5	8.1	2.6	11.4	2.3	23.4
15.5	9.2	6.8	6.5	3.1	7.9	1.6	20.3
26.1	16.2	8.8	8.2	2.4	11.5	3.0	20.6
31.2	17.5	9.0	5.8	2.7	9.0	2.5	19.4
27.3	14.9	8.5	5.9	2.2	9.6	2.0	22.9
25.8	9.2	6.7	4.2	5.0	14.2	5.8	27.5
12.0	8.0		4.0	4.0	16.0		20.0
28.0	16.6	9.0	7.9	2.5	11.9	3.3	19.2
43.8	21.2	11.2	5.0	3.0	10.7	5.8	13.0
28.7	15.3	7.4	8.4	2.3	11.5	4.7	19.8
24.0	16.0	8.7	8.6	2.3	11.5	2.7	21.6
9.1	18.2	13.6	4.5	4.5	9.1		18.2
24.6	13.4	8.6	9.7	3.7	12.7	3.0	22.0
26.4	13.5	9.0	8.4	2.8	14.0	2.8	20.8
20.0	20.0		26.7	26.7	6.7		20.0
22.4	13.8	10.3	12.1		13.8	5.2	22.4
11.1	11.1	11.1					33.3
26.2	9.0	10.3	7.6	1.4	12.4	4.1	20.0
32.6	8.1	9.3	8.1	1.2	12.8	2.3	18.6
18.8	10.4	12.5	8.3	2.1	12.5	8.3	20.8
26.3	16.6	8.7	8.2	2.3	11.8	2.4	20.4
28.7	17.2	8.9	7.2	2.3	10.9	3.7	20.0
24.9	14.8	8.9	8.5	2.4	10.9	3.4	20.9
23.6	15.0	8.7	8.8	2.7	12.0	3.3	21.3

8-3 续表

项　　目	在全部企业中，下列			
	缺乏内部资　金	缺乏风险投　资	缺乏银行贷　款	创　新成本过高
四、按地区分				
东部地区	12.8	7.5	8.4	16.5
中部地区	13.4	8.3	11.3	16.0
西部地区	14.7	7.6	11.8	15.0
东北地区	13.5	7.5	8.5	12.2
北　京	11.1	5.9	5.8	15.3
天　津	12.7	6.7	7.4	13.8
河　北	11.7	7.8	8.8	13.1
山　西	13.9	6.3	10.7	13.9
内蒙古	15.3	9.2	10.0	9.7
辽　宁	15.2	8.0	8.5	13.4
吉　林	10.1	5.8	8.6	11.6
黑龙江	13.1	7.9	8.5	10.7
上　海	9.6	6.2	5.4	14.3
江　苏	14.4	9.1	9.4	16.7
浙　江	11.9	7.1	9.0	18.3
安　徽	13.7	9.1	12.8	19.1
福　建	11.7	6.9	8.6	19.3
江　西	13.6	9.9	11.1	17.8
山　东	11.8	7.9	9.4	14.3
河　南	13.6	8.3	11.5	15.5
湖　北	10.9	7.4	11.4	14.4
湖　南	16.6	9.1	9.3	16.2
广　东	17.0	7.6	8.3	20.5
广　西	16.0	6.1	10.7	16.8
海　南	18.3	6.4	5.5	13.8
重　庆	17.0	7.6	12.2	15.9
四　川	12.9	7.0	11.1	14.7
贵　州	18.7	9.3	14.4	13.4
云　南	15.6	8.3	12.4	16.1
西　藏	13.3	5.8	9.2	6.7
陕　西	14.7	8.3	12.9	16.4
甘　肃	13.1	6.5	9.4	14.3
青　海	15.9	7.4	13.8	9.5
宁　夏	11.4	5.9	16.0	16.7
新　疆	13.7	7.2	9.6	14.9

各项是创新主要阻碍因素的企业占比(%)							
缺乏人才或人才流失	缺乏技术信　息	缺乏市场信　息	难以找到创新合作伙伴	市场已被占　领	不能确定市场需求	创新成果易被低成本模仿	没有创新的 必 要
28.1	17.2	8.6	8.4	2.4	12.0	3.8	19.6
25.7	16.1	9.1	8.5	2.3	11.8	2.6	19.7
25.5	16.1	9.0	7.8	2.4	11.3	2.1	24.1
18.4	11.4	8.4	7.3	2.7	9.1	2.1	18.9
29.1	16.0	9.9	7.6	2.7	11.4	4.2	18.8
27.9	13.6	7.8	5.0	2.2	9.5	4.0	17.6
26.7	14.4	8.9	7.4	2.5	10.4	2.9	23.1
24.2	13.8	9.9	8.1	1.8	10.9	2.3	24.2
18.9	12.1	7.3	6.8	1.0	8.3	1.5	24.5
19.2	11.0	7.6	6.7	3.3	8.7	2.7	16.4
17.5	11.8	9.4	8.2	0.9	8.8	2.0	19.0
17.7	11.6	9.0	7.7	2.9	9.8	1.2	23.3
23.3	13.4	6.7	6.8	1.9	9.3	3.9	21.5
28.8	18.9	9.2	9.6	3.2	12.3	4.0	16.3
29.5	20.0	7.8	11.0	1.9	13.8	4.1	20.1
29.7	20.0	9.4	9.0	2.4	12.0	2.4	17.6
27.1	15.6	7.7	9.5	1.7	14.0	1.9	22.9
26.6	16.6	10.2	9.7	2.6	13.4	2.5	20.7
26.4	16.6	9.3	7.0	1.7	12.0	3.4	20.9
23.4	15.4	8.9	7.6	2.5	10.9	2.9	18.9
25.3	15.4	8.5	8.5	2.2	12.1	2.2	20.5
28.4	15.2	8.1	9.4	1.9	13.3	2.7	17.7
31.1	18.2	8.2	6.6	3.0	11.7	5.0	18.4
31.1	17.0	8.4	8.4	2.3	11.3	2.3	22.1
25.7	20.2	9.2	8.3	2.8	12.8	4.6	28.4
21.3	12.0	6.3	8.1	2.1	10.6	2.1	22.5
21.3	14.4	7.4	8.0	2.5	11.2	2.4	25.0
26.3	17.2	8.1	8.6	3.8	10.4	3.0	26.0
29.4	18.4	10.5	9.0	2.6	10.9	2.3	24.2
35.0	10.8	10.8	6.7	0.8	7.5		17.5
26.5	17.5	11.3	7.4	2.4	11.8	2.2	24.1
30.9	18.9	9.2	7.5	3.3	12.7	1.1	27.1
33.3	21.2	9.0	7.4	2.1	12.7	2.6	25.4
25.2	18.6	13.4	6.5	2.9	11.4	1.3	21.9
30.7	20.2	12.1	7.0	2.0	14.3	2.7	22.7

8-4 规模(限额)以上服务业企业

项　　目	在全部企业中，下列			
	缺乏内部资　金	缺乏风险投　资	缺乏银行贷　款	创　新成本过高
总　计	**9.9**	**6.8**	**8.7**	**13.3**
一、按规模分				
大型企业	9.4	5.4	5.8	20.8
中型企业	10.4	6.6	8.9	15.3
小型企业	9.9	7.0	8.9	13.0
微型企业	9.4	6.3	8.0	10.1
二、按登记注册类型分				
内资企业	10.0	6.9	8.9	13.2
国有企业	11.5	4.7	5.4	11.0
集体企业	10.9	5.8	7.2	8.9
股份合作企业	9.2	5.6	6.3	9.7
有限责任公司	10.6	6.8	8.5	13.2
#国有独资公司	11.7	5.6	6.3	10.9
股份有限公司	10.9	8.0	9.6	17.5
私营企业	9.4	7.0	9.4	13.3
其他企业	11.8	8.9	9.7	13.2
港、澳、台商投资企业	8.6	4.8	4.8	14.7
合资经营企业	9.9	6.0	6.7	16.0
合作经营企业	6.7	4.9	4.9	10.4
港、澳、台商独资经营企业	8.1	4.5	4.1	14.4
港、澳、台商投资股份有限公司	10.2	3.4	3.8	17.8
外商投资企业	8.5	4.5	4.0	15.7
中外合资经营企业	9.2	5.2	6.2	18.1
中外合作经营企业	10.7	2.1	3.6	10.0
外资企业	8.4	4.3	3.3	14.8
外商投资股份有限公司	6.6	7.1	3.0	20.7
三、按行业分				
批发和零售业	9.7	6.7	9.1	12.5
批发业	9.2	6.5	9.3	11.9
零售业	10.2	6.8	9.0	13.1
交通运输、仓储和邮政业	9.9	6.1	8.1	10.1
铁路运输业	13.2	4.7	8.1	6.8
道路运输业	10.1	6.5	8.7	10.2
水上运输业	9.1	5.2	9.6	9.6
航空运输业	11.8	6.8	6.5	15.0
管道运输业	11.5	2.6	3.8	9.0
装卸搬运和运输代理业	9.1	5.4	6.0	9.6
仓储业	10.2	5.7	9.1	9.7
邮政业	11.0	4.6	4.2	13.5
信息传输、软件和信息技术服务业	12.4	10.2	10.4	29.1
电信、广播电视和卫星传输服务	11.0	5.0	3.4	14.0
互联网和相关服务	11.7	11.4	10.5	27.7
软件和信息技术服务业	12.8	11.0	11.7	32.1
租赁和商务服务业	8.8	6.3	6.0	11.2

或工艺创新合作伙伴情况

下列合作伙伴对企业创新有较大价值的企业占比(%)						
行业协会	供应商	客户	竞争对手或同行业企业	市场咨询机　构	风险投资机　构	其他合作对　象
26.7	**31.3**	**20.5**	**15.1**	**9.7**	**0.7**	**14.3**
22.5	23.3	10.2	13.3	7.6	0.2	7.9
30.0	34.0	21.2	15.6	11.2	0.9	14.0
25.9	37.2	32.3	16.9	9.7	0.8	22.4
25.4	30.7	33.3	10.5	8.8	1.8	29.8
26.8	31.3	20.3	15.1	9.8	0.7	14.2
26.9	27.5	17.0	17.0	7.6		8.8
25.9	22.2	31.5	24.1	7.4		18.5
25.0	25.0	37.5	25.0			25.0
25.1	29.9	16.3	14.0	9.2	0.7	12.1
19.8	27.0	11.2	11.9	7.9	0.4	7.6
28.6	25.7	15.7	14.3	8.6	0.7	11.8
28.9	35.1	26.3	16.1	11.2	0.9	17.8
22.9	25.7	37.1	17.1	5.7		20.0
23.1	23.1	38.5	15.4	7.7		15.4
33.3	16.7	33.3	16.7			50.0
6.7	33.3	33.3		6.7		33.3
	41.7	41.7		8.3		33.3
33.3						33.3
29.2	30.9	18.2	16.1	11.2	0.9	15.4
21.6	28.6	14.4	13.6	7.4	0.3	11.2
23.3	31.4	28.1	14.3	9.4	1.2	13.3
32.2	37.3	32.0	15.5	10.1	0.5	18.0

7-7 续表

项 目	开展创新合作的企业数(个)	在创新合作企业中，			
		集团内其他企业	高等学校	研究机构	政府部门
四、按地区分					
东部地区	2280	29.4	33.5	16.3	12.7
中部地区	822	29.9	28.8	13.1	13.5
西部地区	760	31.7	27.2	14.5	14.1
东北地区	177	37.3	22.6	15.3	13.6
北 京	228	41.2	39.5	19.3	6.6
天 津	109	42.2	47.7	20.2	8.3
河 北	149	26.8	22.8	10.1	8.7
山 西	83	31.3	36.1	13.3	9.6
内蒙古	28	25.0	21.4	25.0	14.3
辽 宁	106	35.8	19.8	17.0	17.0
吉 林	34	29.4	23.5	11.8	5.9
黑龙江	37	48.6	29.7	13.5	10.8
上 海	119	39.5	42.0	18.5	10.9
江 苏	515	24.5	27.4	13.0	16.3
浙 江	429	22.1	39.9	19.8	12.4
安 徽	152	29.6	32.2	16.4	17.8
福 建	168	17.9	25.6	12.5	23.2
江 西	71	26.8	31.0	15.5	15.5
山 东	283	34.3	31.1	15.5	12.4
河 南	256	23.4	23.8	14.8	12.5
湖 北	164	31.7	29.3	11.0	11.6
湖 南	96	45.8	28.1	5.2	14.6
广 东	266	33.1	34.6	18.4	10.5
广 西	57	35.1	22.8	7.0	19.3
海 南	14	57.1	14.3	14.3	
重 庆	95	28.4	22.1	11.6	8.4
四 川	149	38.3	27.5	16.8	10.7
贵 州	50	48.0	22.0	28.0	18.0
云 南	102	31.4	23.5	10.8	13.7
西 藏	6	16.7			66.7
陕 西	140	25.7	37.1	14.3	17.1
甘 肃	58	32.8	29.3	12.1	6.9
青 海	14	21.4	21.4	14.3	
宁 夏	17	29.4	17.6	11.8	11.8
新 疆	44	22.7	36.4	15.9	25.0

下列合作伙伴对企业创新有较大价值的企业占比(%)						
行业协会	供应商	客户	竞争对手或同行业企业	市场咨询机　构	风险投资机　构	其他合作对　象
26.5	30.1	20.4	15.5	10.3	0.5	13.3
29.3	34.7	20.3	16.3	8.5	1.0	15.5
25.8	31.4	18.8	13.0	9.2	0.9	16.6
22.0	29.4	28.8	11.9	10.7	1.1	11.9
21.1	32.5	20.2	13.6	11.8		6.6
22.0	24.8	19.3	9.2	4.6		8.3
20.1	34.2	18.1	14.1	8.1	0.7	19.5
22.9	37.3	24.1	16.9	6.0		12.0
21.4	46.4	14.3	10.7	14.3		14.3
20.8	30.2	31.1	14.2	10.4	0.9	8.5
26.5	35.3	38.2	8.8	5.9		14.7
21.6	21.6	13.5	8.1	16.2	2.7	18.9
22.7	31.1	26.1	8.4	8.4		10.1
31.8	35.3	22.5	18.3	7.8	0.6	15.0
25.4	26.1	15.4	14.7	12.4	0.9	11.2
32.2	39.5	19.7	10.5	8.6	1.3	17.8
32.1	32.1	17.3	16.7	14.3	0.6	20.8
23.9	29.6	18.3	14.1	7.0		22.5
21.9	24.7	23.7	13.4	7.8		15.2
29.7	34.8	23.8	20.3	10.9	0.8	14.1
30.5	35.4	17.7	16.5	8.5	2.4	13.4
31.3	27.1	14.6	15.6	5.2		16.7
31.2	28.9	22.9	20.3	14.7	1.1	13.2
33.3	35.1	17.5	14.0	8.8	1.8	8.8
21.4	21.4	7.1	35.7	14.3		7.1
28.4	32.6	18.9	16.8	7.4	2.1	21.1
24.2	30.9	15.4	10.7	8.1	1.3	19.5
30.0	24.0	10.0	6.0	12.0	2.0	8.0
22.5	36.3	28.4	18.6	10.8	1.0	15.7
33.3	66.7	33.3		16.7		
28.6	27.9	19.3	10.7	7.1		17.1
20.7	20.7	22.4	3.4	6.9		13.8
14.3	28.6	7.1	28.6	21.4		42.9
35.3	23.5	23.5	23.5	17.6		17.6
18.2	38.6	15.9	20.5	9.1		15.9

7-8 规模(限额)以上服务业企业

项　目	开展创新合作的企业数(个)	在创新合作企业中,			
		集团内其他企业	高等学校	研究机构	政府部门
总　计	**27724**	**27.6**	**17.6**	**10.2**	**14.5**
一、按规模分					
大型企业	2575	44.8	26.1	16.0	16.5
中型企业	8958	32.7	18.1	10.5	13.5
小型企业	14110	21.8	16.6	9.4	14.9
微型企业	2081	24.5	12.0	7.5	13.6
二、按登记注册类型分					
内资企业	25933	26.3	17.9	10.4	14.9
国有企业	818	38.8	25.4	15.6	20.4
集体企业	172	22.7	8.7	6.4	22.1
股份合作企业	25	20.0		4.0	8.0
联营企业	7	14.3	28.6		28.6
#国有联营企业	3	33.3	33.3		33.3
有限责任公司	10183	33.6	18.3	11.3	15.3
#国有独资公司	871	48.3	23.1	16.0	22.0
股份有限公司	1925	29.7	26.8	14.5	18.5
私营企业	12497	19.2	15.9	8.7	13.6
其他企业	306	23.5	13.4	9.2	12.7
港、澳、台商投资企业	819	43.3	12.8	8.2	10.1
合资经营企业	231	35.1	18.6	10.4	12.6
合作经营企业	18	16.7	22.2	16.7	11.1
港、澳、台商独资经营企业	511	48.5	9.4	6.7	8.0
港、澳、台商投资股份有限公司	46	37.0	21.7	13.0	17.4
其他港、澳、台投资企业	13	46.2			23.1
外商投资企业	972	49.7	15.1	8.2	7.5
中外合资经营企业	304	42.1	17.8	8.6	9.9
中外合作经营企业	10	40.0	30.0	20.0	
外资企业	605	54.4	13.2	7.8	5.6
外商投资股份有限公司	35	42.9	25.7	11.4	22.9
其他外商投资企业	18	38.9	5.6	5.6	5.6
三、按行业分					
批发和零售业	13080	25.3	10.0	6.9	10.8
批发业	5778	25.3	12.2	8.7	9.8
零售业	7302	25.4	8.3	5.4	11.7
交通运输、仓储和邮政业	2230	30.0	9.0	7.1	15.7
铁路运输业	17	47.1	11.8	23.5	11.8
道路运输业	1276	24.1	9.6	6.3	16.7
水上运输业	165	35.8	8.5	13.9	13.9
航空运输业	53	45.3	9.4	7.5	20.8
管道运输业	9	55.6	55.6	55.6	
装卸搬运和运输代理业	314	36.6	7.3	5.1	11.5
仓储业	242	32.6	7.9	7.9	17.8
邮政业	154	47.4	7.1	4.5	14.9
信息传输、软件和信息技术服务业	5762	29.8	26.0	11.4	18.4
电信、广播电视和卫星传输服务	498	49.0	11.4	8.2	15.7
互联网和相关服务	498	32.7	23.1	7.6	18.3
软件和信息技术服务业	4766	27.5	27.8	12.1	18.7
租赁和商务服务业	2447	30.0	15.8	8.2	18.4

产品或工艺创新合作伙伴情况

下列合作伙伴对企业创新有较大价值的企业占比(%)						
行业协会	供应商	客户	竞争对手或同行业企业	市场咨询机　构	风险投资机　构	其他合作对　象
17.3	**24.8**	**39.0**	**15.5**	**10.5**	**1.4**	**19.0**
14.8	23.6	32.9	13.3	12.9	0.8	12.0
15.9	25.7	38.7	15.2	11.4	1.6	17.0
18.6	24.5	40.1	16.3	9.6	1.4	20.5
17.9	23.9	40.2	14.1	9.1	1.4	26.4
17.7	24.6	39.1	15.6	10.3	1.4	19.4
17.2	23.7	28.9	12.2	6.8	0.6	15.3
19.2	23.8	34.3	9.9	7.0	1.7	19.8
16.0	28.0	36.0	8.0	8.0	4.0	40.0
28.6	14.3	28.6	42.9			14.3
33.3	33.3	33.3	66.7			
16.6	24.2	36.2	14.4	9.6	1.2	18.7
12.7	24.2	24.7	11.6	10.1	1.0	13.9
15.9	22.5	37.5	15.7	11.6	2.2	15.1
19.0	25.4	42.6	17.1	11.0	1.5	20.8
15.0	23.2	29.1	8.8	5.9	1.0	18.3
10.9	27.5	38.0	13.6	13.2	0.7	15.9
10.0	32.9	37.7	16.0	13.4	1.7	14.7
27.8	11.1	33.3	22.2	22.2		16.7
11.0	25.4	39.3	12.7	12.7	0.4	16.2
6.5	34.8	30.4	6.5	17.4		13.0
15.4	7.7	23.1	15.4			30.8
11.1	26.3	38.2	13.2	13.4	1.3	11.8
9.9	29.6	38.5	16.4	12.8	2.0	12.5
40.0	20.0	10.0	10.0	10.0		20.0
10.9	24.8	38.2	11.4	13.9	1.2	11.2
20.0	22.9	40.0	14.3	8.6		8.6
5.6	33.3	44.4	16.7	16.7		22.2
17.2	29.8	42.8	16.3	10.8	1.3	21.6
16.7	31.4	41.3	15.3	11.0	1.3	19.3
17.6	28.5	44.0	17.2	10.7	1.3	23.4
18.1	26.8	32.2	13.9	8.8	1.3	22.1
	29.4	29.4				11.8
18.6	25.6	32.1	13.0	8.0	1.0	24.5
18.2	36.4	26.1	10.9	9.7	1.2	11.5
13.2	26.4	41.5	15.1	15.1	1.9	28.3
11.1	44.4			11.1		
22.0	24.8	36.6	18.8	11.8	1.9	18.5
16.1	27.3	30.6	14.5	8.3	2.1	19.0
13.6	27.9	32.5	16.2	7.8	0.6	25.3
14.5	19.5	41.0	17.4	9.5	2.0	16.3
9.0	28.1	32.5	15.5	10.8	0.8	17.5
17.1	15.7	41.0	18.5	10.6	4.2	19.9
14.8	19.1	41.9	17.5	9.2	1.9	15.8
22.2	19.7	36.0	14.6	14.6	1.7	19.1

7-8 续表

项目	开展创新合作的企业数（个）	在创新合作企业中，			
		集团内其他企业	高等学校	研究机构	政府部门
租赁业	132	28.0	17.4	8.3	12.9
商务服务业	2315	30.2	15.7	8.2	18.7
科学研究和技术服务业	3707	30.2	36.9	23.0	16.6
研究和试验发展	695	33.2	44.6	33.1	15.5
专业技术服务业	2106	30.7	36.7	20.3	18.3
科技推广和应用服务业	906	26.6	31.7	21.4	13.5
水利、环境和公共设施管理业	498	21.7	23.5	13.7	24.3
水利管理业	20	40.0	25.0	30.0	25.0
生态保护和环境治理业	101	27.7	46.5	18.8	15.8
公共设施管理业	377	19.1	17.2	11.4	26.5
四、按地区分					
东部地区	17236	28.9	18.9	10.9	13.2
中部地区	5038	25.8	16.4	10.3	15.3
西部地区	4666	24.4	14.7	8.1	17.7
东北地区	784	30.6	15.2	8.2	17.3
北　京	2416	33.4	23.0	15.0	14.1
天　津	762	33.3	16.9	9.8	12.2
河　北	625	25.9	15.7	10.6	14.7
山　西	225	28.0	7.6	4.9	13.8
内蒙古	204	28.9	10.3	5.4	14.7
辽　宁	321	34.6	14.6	7.8	14.0
吉　林	344	25.6	15.1	7.6	20.9
黑龙江	119	34.5	16.8	10.9	16.0
上　海	1335	42.2	22.8	11.8	12.1
江　苏	2613	27.1	19.1	10.3	13.8
浙　江	2321	26.3	14.8	8.0	12.2
安　徽	1039	24.4	17.8	10.3	14.5
福　建	1347	24.1	15.1	7.8	12.5
江　西	558	24.7	11.6	8.2	17.7
山　东	2202	23.2	18.3	11.2	14.6
河　南	1348	23.0	17.3	13.3	13.4
湖　北	930	26.8	18.6	9.9	16.2
湖　南	938	30.5	16.1	9.2	17.0
广　东	3523	28.7	20.1	11.3	12.6
广　西	410	26.6	10.5	5.1	15.6
海　南	92	32.6	7.6	7.6	16.3
重　庆	729	20.2	16.9	8.0	17.4
四　川	1168	21.3	16.1	8.6	18.4
贵　州	379	22.4	15.0	7.4	18.7
云　南	550	26.7	15.1	10.2	16.7
西　藏	21	38.1	9.5	14.3	9.5
陕　西	650	27.8	14.6	7.8	17.1
甘　肃	220	26.4	10.0	8.2	21.8
青　海	55	25.5	7.3	5.5	16.4
宁　夏	63	38.1	9.5	9.5	22.2
新　疆	217	26.7	19.4	9.2	19.8

下列合作伙伴对企业创新有较大价值的企业占比(%)						
行业协会	供应商	客户	竞争对手或同行业企业	市场咨询机构	风险投资机构	其他合作对象
13.6	27.3	31.1	10.6	10.6	2.3	22.0
22.7	19.3	36.3	14.8	14.8	1.6	19.0
17.8	18.1	30.0	11.5	8.6	0.9	12.0
13.1	16.3	32.4	12.2	6.5	1.9	10.2
20.4	18.4	27.7	11.7	10.0	0.9	11.6
15.5	18.8	33.3	10.4	6.8	0.3	14.2
21.3	18.3	29.1	12.7	14.1	0.8	21.7
15.0	20.0	15.0	5.0	20.0		25.0
15.8	21.8	18.8	5.9	16.8	2.0	13.9
23.1	17.2	32.6	14.9	13.0	0.5	23.6
16.5	25.0	38.0	15.1	10.9	1.4	17.6
18.2	23.8	40.1	15.9	10.2	1.6	19.7
19.1	25.3	42.4	16.6	9.8	1.1	23.0
17.6	23.7	33.8	13.8	8.0	2.6	22.8
15.6	21.9	39.3	13.7	9.9	1.2	12.5
15.5	22.4	33.6	13.4	9.1	1.3	16.8
13.4	20.8	37.1	13.0	7.5	1.4	23.5
9.8	32.4	37.3	16.9	6.7	2.2	20.4
17.2	27.9	46.1	17.2	8.8	0.5	24.0
16.2	24.9	32.1	14.3	10.9	2.5	20.9
19.5	23.0	37.8	14.2	6.1	3.2	25.0
16.0	22.7	26.9	10.9	5.9	0.8	21.8
16.6	25.1	35.0	12.8	13.0	1.0	13.5
18.1	26.5	37.8	15.1	9.6	1.3	15.1
15.6	26.0	40.8	18.0	11.5	1.2	20.6
17.5	25.7	42.0	18.5	11.7	2.2	23.4
15.4	23.8	39.5	15.6	9.3	1.6	24.4
21.7	25.1	37.8	14.5	9.3	0.7	23.8
14.8	21.1	32.2	11.4	9.3	0.9	18.4
17.4	24.1	43.2	16.7	11.4	1.5	14.4
19.5	22.4	41.1	14.8	9.0	1.3	19.6
18.9	19.6	34.4	13.6	9.1	1.8	20.9
19.1	29.2	40.8	18.0	13.8	2.0	18.1
16.6	27.1	44.6	19.5	13.7	0.5	22.7
14.1	29.3	39.1	19.6	10.9		30.4
23.6	20.4	42.1	15.8	9.2	1.5	22.1
20.5	24.3	40.0	18.1	8.7	1.8	23.5
19.3	27.7	40.6	14.5	7.9	0.8	29.0
16.4	30.9	46.0	18.4	12.5	0.5	23.3
14.3	23.8	42.9	19.0	14.3		28.6
18.3	25.5	45.4	15.4	7.1	0.9	19.7
18.2	24.5	43.2	15.9	12.7	1.4	25.5
14.5	29.1	43.6	14.5	16.4	1.8	25.5
20.6	20.6	31.7	19.0	6.3		20.6
13.4	23.5	35.9	9.2	11.5	0.9	18.9

7-9 规模(限额)以上企业产学研合作形式

项　目	开展产学研合作的企业数(个)	在创新合作企业中产学研合作企业占比(%)	在产学研合作企业中，以下列为主要合作形式的企业占比(%)				
			共同完成科研项目	在企业建立研发机构	在高等学校或研究机构中设立研发机构	聘用高等学校或研究机构人员到企业兼职	其他形式
总　计	**47049**	**39.2**	**67.3**	**28.6**	**10.9**	**31.7**	**25.7**
一、按规模分							
大型企业	5445	57.1	82.3	31.2	10.4	28.5	21.5
中型企业	12116	40.4	69.7	29.3	10.7	30.5	24.5
小型企业	28718	37.1	63.6	27.7	10.8	32.6	26.8
微型企业	770	23.5	62.7	30.8	21.9	36.5	33.8
二、按登记注册类型分							
内资企业	41977	40.1	67.1	28.8	11.1	32.3	25.8
国有企业	751	48.7	84.7	23.7	9.5	21.2	25.3
集体企业	121	27.9	56.2	29.8	19.0	30.6	24.0
股份合作企业	68	30.4	72.1	23.5	16.2	22.1	32.4
联营企业	9	45.0	88.9			22.2	11.1
#国有联营企业	3	60.0	100.0			33.3	
有限责任公司	14841	42.1	70.5	27.5	10.7	30.1	26.3
#国有独资公司	1196	52.4	83.3	24.3	8.9	23.7	24.6
股份有限公司	4657	59.2	75.1	31.4	10.6	32.9	22.7
私营企业	21413	36.2	62.6	29.2	11.4	34.1	26.0
其他企业	117	30.2	53.8	24.8	16.2	23.1	38.5
港、澳、台商投资企业	2467	35.1	68.6	28.8	10.1	28.3	25.3
合资经营企业	1106	42.4	70.7	29.8	9.3	28.4	23.4
合作经营企业	55	44.0	69.1	29.1	14.5	25.5	20.0
港、澳、台商独资经营企业	1157	29.1	65.9	27.7	10.2	27.9	27.9
港、澳、台商投资股份有限公司	133	54.1	73.7	28.6	11.3	31.6	21.1
其他港、澳、台投资企业	16	24.2	68.8	37.5	25.0	25.0	25.0
外商投资企业	2605	31.3	69.3	25.5	9.6	25.3	25.0
中外合资经营企业	1411	41.2	71.5	27.1	10.4	26.1	23.0
中外合作经营企业	57	43.5	56.1	31.6	7.0	29.8	26.3
外资企业	1030	22.9	67.0	23.0	9.1	22.7	27.9
外商投资股份有限公司	87	43.7	69.0	26.4	4.6	37.9	21.8
其他外商投资企业	20	24.4	75.0	20.0	10.0	35.0	25.0
三、按行业分							
采矿业	515	51.1	81.0	24.7	8.2	19.4	20.4
制造业	36541	42.4	66.7	28.7	10.0	31.5	24.4
电力、热力、燃气及水生产和供应业	471	41.2	74.3	20.4	10.0	11.9	30.1
建筑业	1771	43.8	73.8	31.3	12.1	33.4	27.7
批发和零售业	2382	18.2	59.1	33.4	22.7	35.6	36.4
交通运输、仓储和邮政业	386	17.3	59.8	28.2	17.4	30.6	39.6
信息传输、软件和信息技术服务业	2172	37.7	69.1	26.2	12.6	35.7	30.0
租赁和商务服务业	632	25.8	61.9	27.2	13.3	33.4	35.0
科学研究和技术服务业	1997	53.9	78.3	25.1	10.1	31.6	24.8
水利、环境和公共设施管理业	182	36.5	68.1	22.0	12.6	34.1	33.5

注：产学研合作指企业与高等学校或研究机构开展创新合作。

7-9 续表

项 目	开展产学研合作的企业数(个)	在创新合作企业中产学研合作企业占比(%)	在产学研合作企业中，以下列为主要合作形式的企业占比(%)				
			共同完成科研项目	在企业建立研发机构	在高等学校或研究机构中设立研发机构	聘用高等学校或研究机构人员到企业兼职	其他形式
四、按地区分							
东部地区	28737	37.8	67.8	28.4	10.7	30.5	24.1
中部地区	10369	42.6	65.6	30.1	12.0	34.0	26.7
西部地区	6517	39.2	66.8	26.8	10.1	34.1	31.0
东北地区	1426	44.1	72.9	28.1	12.3	26.9	25.9
北 京	1566	41.5	77.5	19.0	8.7	25.5	22.4
天 津	884	35.8	76.1	25.1	9.4	24.3	21.9
河 北	1227	37.8	63.2	24.6	10.3	31.1	26.3
山 西	386	44.3	69.4	29.3	9.1	26.9	26.4
内蒙古	331	44.1	65.6	27.2	11.5	26.9	29.3
辽 宁	714	46.7	74.1	27.6	11.3	25.5	24.8
吉 林	410	37.8	69.8	30.7	15.1	29.8	27.6
黑龙江	302	48.6	74.5	25.8	10.6	26.2	26.2
上 海	1487	40.4	78.6	22.1	8.0	26.2	23.9
江 苏	7545	42.9	65.1	33.9	12.0	31.5	18.7
浙 江	4989	29.9	66.0	25.1	9.7	30.1	27.6
安 徽	2869	46.5	67.3	33.9	10.7	37.5	24.7
福 建	1778	34.8	65.0	28.7	11.8	30.4	29.8
江 西	1347	44.6	62.4	29.0	13.7	31.9	24.6
山 东	4399	42.9	62.7	29.0	10.7	32.3	25.2
河 南	1912	37.9	66.5	29.8	14.4	29.0	23.7
湖 北	2095	43.6	68.2	29.4	11.2	35.2	28.7
湖 南	1760	39.5	60.5	26.4	11.8	35.5	32.5
广 东	4790	37.0	72.5	29.4	10.9	31.8	26.3
广 西	497	36.0	69.6	26.8	10.3	32.4	32.6
海 南	72	35.5	75.0	23.6	5.6	25.0	38.9
重 庆	935	33.1	64.5	24.3	9.9	36.9	28.9
四 川	1621	39.9	70.5	25.7	8.4	33.7	30.6
贵 州	522	39.7	64.0	26.8	11.3	29.9	37.5
云 南	736	38.8	65.5	33.3	10.2	36.0	32.3
西 藏	21	42.9	52.4	38.1	14.3	28.6	38.1
陕 西	981	43.7	64.7	25.4	11.0	34.9	29.6
甘 肃	320	41.1	65.6	25.6	12.5	35.3	31.9
青 海	82	42.5	69.5	30.5	12.2	28.0	24.4
宁 夏	171	45.4	64.9	24.0	12.3	44.4	32.7
新 疆	300	41.2	69.0	31.0	9.0	34.3	27.7

7-10 规模以上工业企业产学研合作形式

项　目	开展产学研合作的企业数(个)	在创新合作企业中产学研合作企业占比(%)	在产学研合作企业中，以下列为主要合作形式的企业占比(%)				
			共同完成科研项目	在企业建立研发机构	在高等学校或研究机构中设立研发机构	聘用高等学校或研究机构人员到企业兼职	其他形式
总　计	**37527**	**42.5**	**67.0**	**28.5**	**10.0**	**31.1**	**24.4**
一、按规模分							
大型企业	3516	61.3	81.9	33.8	10.5	29.1	20.4
中型企业	8929	46.6	70.2	29.2	9.8	29.2	22.5
小型企业	24761	39.7	63.8	27.6	9.9	31.9	25.6
微型企业	321	29.5	62.3	23.4	12.2	37.1	30.2
二、按登记注册类型分							
内资企业	32897	43.9	66.8	28.7	10.0	31.7	24.3
国有企业	344	62.3	88.7	23.8	6.4	20.9	20.6
集体企业	80	38.6	58.8	22.5	15.0	26.3	16.3
股份合作企业	62	32.5	72.6	19.4	9.7	24.2	30.6
联营企业	6	54.5	83.3			16.7	16.7
有限责任公司	10884	47.2	69.9	27.2	9.6	29.2	24.9
#国有独资公司	704	62.1	84.2	24.3	8.2	22.7	22.6
股份有限公司	3724	65.7	75.3	32.0	9.8	32.5	21.8
私营企业	17755	39.4	62.7	29.1	10.3	33.3	24.5
其他企业	42	51.9	40.5	26.2	21.4	21.4	45.2
港、澳、台商投资企业	2263	36.7	69.2	28.4	9.9	28.1	25.0
合资经营企业	1023	43.5	71.2	29.1	8.8	28.1	22.9
合作经营企业	44	43.6	70.5	27.3	13.6	22.7	15.9
港、澳、台商独资经营企业	1062	30.7	66.6	27.7	10.5	28.1	27.7
港、澳、台商投资股份有限公司	119	59.5	74.8	27.7	9.2	31.1	21.8
其他港、澳、台投资企业	15	28.8	73.3	33.3	26.7	26.7	26.7
外商投资企业	2367	32.2	68.7	25.9	9.4	25.3	24.6
中外合资经营企业	1326	42.6	70.9	27.5	10.5	26.4	22.2
中外合作经营企业	52	43.0	55.8	30.8	5.8	28.8	25.0
外资企业	897	23.1	66.3	23.3	8.4	22.0	28.3
外商投资股份有限公司	74	45.1	67.6	28.4	5.4	39.2	24.3
其他外商投资企业	18	28.1	72.2	16.7	11.1	38.9	22.2
三、按行业分							
采矿业	515	51.1	81.0	24.7	8.2	19.4	20.4
煤炭开采和洗选业	164	49.1	88.4	28.7	10.4	16.5	18.9
石油和天然气开采业	28	82.4	92.9	17.9		10.7	39.3
黑色金属矿采选业	77	51.0	76.6	26.0	5.2	23.4	19.5
有色金属矿采选业	118	63.1	82.2	18.6	6.8	17.8	16.9
非金属矿采选业	103	38.4	66.0	25.2	12.6	24.3	22.3

7-10 续表 1

项 目	开展产学研合作的企业数(个)	在创新合作企业中产学研合作企业占比(%)	在产学研合作企业中，以下列为主要合作形式的企业占比(%)				
			共同完成科研项目	在企业建立研发机构	在高等学校或研究机构中设立研发机构	聘用高等学校或研究机构人员到企业兼职	其他形式
开采辅助活动	24	80.0	91.7	25.0		20.8	16.7
制造业	36541	42.4	66.7	28.7	10.0	31.5	24.4
农副食品加工业	2121	45.5	65.1	30.6	10.4	32.4	24.9
食品制造业	1073	46.9	69.3	30.0	11.1	36.3	20.3
酒、饮料和精制茶制造业	764	47.3	66.2	31.0	9.7	32.9	26.0
烟草制品业	40	58.8	92.5	25.0	7.5	17.5	15.0
纺织业	966	27.5	59.8	31.1	11.9	31.8	23.2
纺织服装、服饰业	439	19.9	60.8	33.9	19.4	28.7	21.4
皮革、毛皮、羽毛及其制品和制鞋业	212	16.6	58.0	33.5	13.7	27.8	23.6
木材加工和木、竹、藤、棕、草制品业	431	36.3	56.1	31.1	10.0	23.4	25.8
家具制造业	237	22.3	52.7	28.3	14.3	33.8	32.5
造纸和纸制品业	339	31.4	64.6	27.1	9.7	30.7	26.8
印刷和记录媒介复制业	313	31.8	56.2	27.8	8.9	31.9	30.0
文教、工美、体育和娱乐用品制造业	557	29.0	61.4	30.2	12.9	30.7	24.4
石油加工、炼焦和核燃料加工业	235	56.5	70.2	26.4	8.1	22.1	31.9
化学原料和化学制品制造业	3973	56.1	67.9	29.8	10.3	31.8	24.6
医药制造业	2471	71.5	74.9	28.3	10.4	29.3	22.5
化学纤维制造业	220	41.9	68.6	33.6	9.1	32.7	19.5
橡胶和塑料制品业	1326	35.1	61.0	28.4	10.8	32.4	27.4
非金属矿物制品业	1874	37.6	61.6	27.8	9.8	31.9	25.6
黑色金属冶炼和压延加工业	587	40.0	68.7	29.1	9.4	26.9	25.9
有色金属冶炼和压延加工业	912	51.6	69.2	28.2	8.1	33.7	25.5
金属制品业	1488	35.6	64.4	29.0	9.5	32.2	23.7
通用设备制造业	3284	44.4	66.7	27.6	8.6	31.1	22.6
专用设备制造业	3012	50.0	68.2	25.9	9.3	32.3	23.1
汽车制造业	1729	35.0	66.2	28.5	9.8	31.9	26.8
铁路、船舶、航空航天和其他运输设备制造业	744	47.0	75.1	24.3	7.9	25.3	23.9
电气机械和器材制造业	3498	43.0	65.1	29.6	9.8	32.3	25.4
计算机、通信和其他电子设备制造业	2411	40.3	69.6	27.7	10.2	31.7	25.1
仪器仪表制造业	1006	51.6	72.9	26.9	8.7	32.5	21.7
其他制造业	140	32.9	70.0	26.4	10.0	32.9	18.6
废弃资源综合利用业	101	49.0	62.4	32.7	10.9	28.7	21.8
金属制品、机械和设备修理业	38	48.7	71.1	36.8	7.9	15.8	26.3
电力、热力、燃气及水生产和供应业	471	41.2	74.3	20.4	10.0	11.9	30.1
电力、热力生产和供应业	351	42.5	76.1	18.2	11.1	9.1	30.2
燃气生产和供应业	34	27.9	58.8	29.4	5.9	26.5	38.2
水的生产和供应业	86	44.3	73.3	25.6	7.0	17.4	26.7

7-10 续表 2

项目	开展产学研合作的企业数(个)	在创新合作企业中产学研合作企业占比(%)	在产学研合作企业中，以下列为主要合作形式的企业占比(%)				
			共同完成科研项目	在企业建立研发机构	在高等学校或研究机构中设立研发机构	聘用高等学校或研究机构人员到企业兼职	其他形式
四、按地区分							
东部地区	22674	40.2	66.8	28.6	9.9	30.2	23.0
中部地区	8669	46.9	65.7	29.3	10.7	33.1	25.5
西部地区	5022	44.9	68.5	26.7	9.0	32.7	28.8
东北地区	1162	51.1	74.1	28.2	10.0	25.6	24.9
北　京	558	49.3	77.1	19.2	7.7	22.8	20.1
天　津	635	39.7	75.9	23.8	8.3	23.5	21.4
河　北	1009	40.8	62.8	24.7	9.5	30.4	25.0
山　西	316	56.1	69.9	29.1	8.9	26.3	26.3
内蒙古	279	53.9	66.7	26.5	10.0	25.4	26.5
辽　宁	596	54.1	73.8	28.4	9.9	25.7	25.2
吉　林	309	43.7	72.2	30.7	12.6	27.5	24.3
黑龙江	257	55.3	77.0	24.9	7.0	23.3	24.9
上　海	975	43.8	76.9	20.9	7.0	26.1	24.0
江　苏	6616	45.8	64.6	33.7	11.4	31.0	17.7
浙　江	4218	30.2	65.3	24.8	9.0	29.7	27.2
安　徽	2525	50.8	67.8	33.0	9.4	35.8	23.6
福　建	1394	38.8	66.2	28.5	10.5	28.9	28.0
江　西	1191	49.9	63.2	28.4	13.9	30.7	22.3
山　东	3646	46.9	62.6	28.7	9.4	32.9	23.9
河　南	1420	41.3	66.9	26.8	11.0	27.4	22.4
湖　北	1757	47.4	67.8	29.3	10.2	34.8	27.6
湖　南	1460	42.6	59.6	26.4	11.0	35.5	31.5
广　东	3568	39.0	72.3	29.3	10.2	30.7	24.7
广　西	386	42.3	73.1	26.2	8.5	29.5	29.8
海　南	55	56.7	81.8	23.6	5.5	21.8	34.5
重　庆	700	34.9	65.0	22.7	8.3	34.3	27.4
四　川	1247	45.4	72.1	26.0	8.3	32.7	28.1
贵　州	404	45.7	67.8	24.8	8.9	30.0	34.7
云　南	551	44.3	66.8	34.5	7.6	35.4	31.4
西　藏	14	63.6	57.1	35.7	7.1	35.7	28.6
陕　西	751	51.5	65.2	26.1	9.5	33.2	28.0
甘　肃	246	49.2	67.1	25.6	12.6	35.0	26.8
青　海	70	56.5	71.4	31.4	12.9	27.1	22.9
宁　夏	151	50.8	66.9	25.2	11.3	43.7	30.5
新　疆	223	47.7	71.7	31.8	9.9	30.5	26.0

7-11 资质等级以上建筑业企业产学研合作形式

项　目	开展产学研合作的企业数(个)	在创新合作企业中产学研合作企业占比(%)	在产学研合作企业中，以下列为主要合作形式的企业占比(%)				
			共同完成科研项目	在企业建立研发机构	在高等学校或研究机构中设立研发机构	聘用高等学校或研究机构人员到企业兼职	其他形式
总　计	**1771**	**43.8**	**73.8**	**31.3**	**12.1**	**33.4**	**27.7**
一、按规模分							
大型企业	864	70.1	85.0	27.8	9.5	29.3	22.0
中型企业	636	34.1	65.7	34.7	11.2	36.5	29.4
小型企业	235	28.5	58.3	32.8	21.3	39.1	40.9
微型企业	36	31.6	50.0	47.2	30.6	41.7	50.0
二、按登记注册类型分							
内资企业	1750	43.9	73.8	31.1	12.0	33.3	27.7
国有企业	84	49.1	84.5	23.8	11.9	22.6	27.4
集体企业	18	33.3	55.6	61.1	22.2	38.9	33.3
股份合作企业	3	37.5	33.3	66.7	66.7		66.7
有限责任公司	972	49.0	78.8	27.8	10.5	31.2	25.1
#国有独资公司	171	61.5	87.7	25.1	9.9	25.7	22.2
股份有限公司	163	58.2	76.1	34.4	12.9	33.1	24.5
私营企业	509	34.1	62.7	36.5	13.9	39.3	33.4
港、澳、台商投资企业	16	45.7	75.0	50.0	18.8	50.0	31.3
合资经营企业	11	42.3	81.8	45.5	27.3	45.5	36.4
合作经营企业	4	66.7	50.0	75.0		50.0	25.0
外商投资企业	5	33.3	60.0	40.0	20.0	20.0	20.0
中外合资经营企业	4	33.3	75.0	25.0			25.0
三、按行业分							
房屋建筑业	729	41.6	72.4	35.5	15.5	36.9	30.5
土木工程建筑业	627	54.2	80.2	25.4	7.8	27.9	22.2
建筑安装业	206	39.7	64.6	29.6	9.7	32.5	30.6
建筑装饰和其他建筑业	209	34.2	68.4	36.4	15.3	38.8	32.1

7-11 续表

项 目	开展产学研合作的企业数(个)	在创新合作企业中产学研合作企业占比(%)	在产学研合作企业中，以下列为主要合作形式的企业占比(%)				
			共同完成科研项目	在企业建立研发机构	在高等学校或研究机构中设立研发机构	聘用高等学校或研究机构人员到企业兼职	其他形式
四、按地区分							
东部地区	1040	45.6	75.0	31.5	12.6	32.2	26.9
中部地区	349	42.5	71.9	33.2	10.3	39.0	28.4
西部地区	317	41.7	71.9	29.3	10.7	30.6	31.5
东北地区	65	36.7	73.8	27.7	20.0	36.9	18.5
北 京	121	53.1	81.8	22.3	9.1	24.0	24.8
天 津	58	53.2	87.9	29.3	12.1	19.0	10.3
河 北	50	33.6	82.0	22.0	8.0	34.0	28.0
山 西	41	49.4	80.5	36.6	4.9	29.3	19.5
内蒙古	10	35.7	70.0	30.0		20.0	40.0
辽 宁	37	34.9	83.8	27.0	16.2	27.0	18.9
吉 林	12	35.3	50.0	16.7	16.7	58.3	16.7
黑龙江	16	43.2	68.8	37.5	31.3	43.8	18.8
上 海	67	56.3	85.1	37.3	6.0	28.4	25.4
江 苏	191	37.1	71.7	41.4	14.1	37.7	27.7
浙 江	227	52.9	72.7	28.2	11.9	32.2	26.9
安 徽	67	44.1	74.6	34.3	11.9	46.3	29.9
福 建	68	40.5	64.7	32.4	16.2	39.7	30.9
江 西	34	47.9	64.7	35.3	2.9	38.2	38.2
山 东	127	44.9	66.1	35.4	16.5	34.6	29.9
河 南	103	40.2	66.0	36.9	12.6	40.8	28.2
湖 北	67	40.9	70.1	28.4	11.9	35.8	25.4
湖 南	37	38.5	83.8	24.3	10.8	37.8	32.4
广 东	128	48.1	79.7	28.1	14.1	32.8	28.9
广 西	25	43.9	72.0	44.0	20.0	40.0	32.0
海 南	3	21.4		66.7	33.3	33.3	100.0
重 庆	36	37.9	83.3	25.0	13.9	25.0	27.8
四 川	66	44.3	75.8	30.3	7.6	24.2	28.8
贵 州	24	48.0	54.2	29.2	12.5	37.5	37.5
云 南	39	38.2	71.8	28.2	15.4	33.3	28.2
陕 西	61	43.6	73.8	24.6	8.2	32.8	29.5
甘 肃	26	44.8	65.4	30.8	7.7	19.2	50.0
青 海	4	28.6	100.0	25.0		25.0	25.0
宁 夏	5	29.4	60.0	20.0	20.0	20.0	60.0
新 疆	20	45.5	65.0	35.0	10.0	55.0	15.0

7-12 规模(限额)以上服务业企业产学研合作形式

项 目	开展产学研合作的企业数(个)	在创新合作企业中产学研合作企业占比(%)	在产学研合作企业中，以下列为主要合作形式的企业占比(%)				
			共同完成科研项目	在企业建立研发机构	在高等学校或研究机构中设立研发机构	聘用高等学校或研究机构人员到企业兼职	其他形式
总 计	**7751**	**28.0**	**67.3**	**28.2**	**15.3**	**34.2**	**31.6**
一、按规模分							
大型企业	1065	41.4	81.3	25.5	10.6	25.9	24.8
中型企业	2551	28.5	68.8	28.6	13.8	33.7	30.1
小型企业	3722	26.4	62.6	27.9	16.2	36.7	34.2
微型企业	413	19.8	64.2	35.1	28.8	35.6	35.1
二、按登记注册类型分							
内资企业	7330	28.3	67.2	28.4	15.5	34.6	31.8
国有企业	323	39.5	80.5	23.5	12.1	21.1	29.7
集体企业	23	13.4	47.8	30.4	30.4	39.1	43.5
股份合作企业	3	12.0	100.0	66.7	100.0		33.3
有限责任公司	2985	29.3	70.0	28.6	15.0	32.9	31.5
#国有独资公司	321	36.9	78.8	24.0	10.0	24.6	30.2
股份有限公司	770	40.0	73.6	27.9	13.8	35.2	27.0
私营企业	3149	25.2	61.9	28.8	16.7	37.6	33.2
其他企业	75	24.5	61.3	24.0	13.3	24.0	34.7
港、澳、台商投资企业	188	23.0	60.6	31.9	11.7	28.2	29.3
合资经营企业	72	31.2	62.5	37.5	13.9	30.6	29.2
合作经营企业	7	38.9	71.4	14.3	28.6	28.6	42.9
港、澳、台商独资经营企业	94	18.4	58.5	27.7	6.4	25.5	30.9
港、澳、台商投资股份有限公司	14	30.4	64.3	35.7	28.6	35.7	14.3
外商投资企业	233	24.0	75.5	20.6	11.6	25.8	28.3
中外合资经营企业	81	26.6	81.5	19.8	9.9	22.2	35.8
中外合作经营企业	5	50.0	60.0	40.0	20.0	40.0	40.0
外资企业	132	21.8	72.0	20.5	13.6	27.3	25.0
外商投资股份有限公司	13	37.1	76.9	15.4		30.8	7.7
三、按行业分							
批发和零售业	2382	18.2	59.1	33.4	22.7	35.6	36.4
批发业	1200	20.8	64.3	32.5	19.8	32.1	33.7
零售业	1182	16.2	53.7	34.3	25.6	39.3	39.2
交通运输、仓储和邮政业	386	17.3	59.8	28.2	17.4	30.6	39.6
铁路运输业	6	35.3	50.0	16.7		16.7	50.0
道路运输业	217	17.0	59.9	29.5	20.3	31.8	41.9
水上运输业	33	20.0	84.8	27.3	12.1	18.2	24.2
航空运输业	12	22.6	50.0	16.7		25.0	58.3
管道运输业	7	77.8	85.7		28.6	14.3	28.6
装卸搬运和运输代理业	46	14.7	65.2	39.1	23.9	39.1	34.8
仓储业	41	16.9	51.2	24.4	7.3	24.4	31.7
邮政业	24	15.6	29.2	20.8	12.5	41.7	54.2
信息传输、软件和信息技术服务业	2172	37.7	69.1	26.2	12.6	35.7	30.0
电信、广播电视和卫星传输服务	113	22.7	68.1	26.5	15.0	14.2	38.9
互联网和相关服务	161	32.3	65.2	21.1	8.7	39.8	36.6
软件和信息技术服务业	1898	39.8	69.5	26.6	12.8	36.7	28.9
租赁和商务服务业	632	25.8	61.9	27.2	13.3	33.4	35.0

7-12 续表

项目	开展产学研合作的企业数(个)	在创新合作企业中产学研合作企业占比(%)	在产学研合作企业中，以下列为主要合作形式的企业占比(%)				
			共同完成科研项目	在企业建立研发机构	在高等学校或研究机构中设立研发机构	聘用高等学校或研究机构人员到企业兼职	其他形式
租赁业	32	24.2	78.1	28.1	28.1	18.8	28.1
商务服务业	600	25.9	61.0	27.2	12.5	34.2	35.3
科学研究和技术服务业	1997	53.9	78.3	25.1	10.1	31.6	24.8
研究和试验发展	463	66.6	82.3	25.7	10.8	34.3	25.1
专业技术服务业	1094	51.9	77.5	25.8	9.0	29.5	24.7
科技推广和应用服务业	440	48.6	75.9	22.7	12.0	34.1	25.0
水利、环境和公共设施管理业	182	36.5	68.1	22.0	12.6	34.1	33.5
水利管理业	10	50.0	80.0	10.0		50.0	40.0
生态保护和环境治理业	59	58.4	83.1	23.7	10.2	32.2	25.4
公共设施管理业	113	30.0	59.3	22.1	15.0	33.6	37.2
四、按地区分							
东部地区	5023	29.1	70.5	26.9	13.7	31.5	28.8
中部地区	1351	26.8	63.4	34.5	20.7	38.3	34.3
西部地区	1178	25.2	58.6	26.6	14.9	41.3	40.2
东北地区	199	25.4	65.8	27.6	23.1	30.7	34.2
北　京	887	36.7	77.1	18.5	9.4	27.4	23.5
天　津	191	25.1	73.3	28.3	12.0	28.8	27.2
河　北	168	26.9	59.5	25.0	15.5	33.9	33.9
山　西	29	12.9	48.3	20.7	17.2	31.0	37.9
内蒙古	42	20.6	57.1	31.0	23.8	38.1	45.2
辽　宁	81	25.2	71.6	22.2	19.8	23.5	24.7
吉　林	89	25.9	64.0	32.6	23.6	33.7	40.4
黑龙江	29	24.4	55.2	27.6	31.0	41.4	41.4
上　海	445	33.3	81.3	22.2	10.6	26.3	23.6
江　苏	738	28.2	67.9	33.6	17.1	34.6	25.1
浙　江	544	23.4	68.6	26.3	14.5	32.7	31.3
安　徽	277	26.7	61.4	41.9	21.7	50.5	33.9
福　建	316	23.5	59.5	29.1	16.5	34.8	37.3
江　西	122	21.9	54.1	32.8	15.6	41.8	42.6
山　东	626	28.4	62.1	29.6	17.1	28.3	32.1
河　南	389	28.9	65.0	38.8	27.2	31.9	27.2
湖　北	271	29.1	70.1	30.6	17.0	37.3	36.9
湖　南	263	28.0	62.4	26.6	16.7	35.4	38.0
广　东	1094	31.1	72.5	29.6	13.1	35.3	31.4
广　西	86	21.0	53.5	24.4	15.1	43.0	45.3
海　南	14	15.2	64.3	14.3		35.7	42.9
重　庆	199	27.3	59.3	29.6	15.1	48.2	34.2
四　川	308	26.4	63.0	23.4	9.1	39.6	40.9
贵　州	94	24.8	50.0	35.1	21.3	27.7	50.0
云　南	146	26.5	58.9	30.1	18.5	39.0	37.0
西　藏	6	28.6	50.0	50.0	33.3	16.7	50.0
陕　西	169	26.0	59.2	22.5	18.9	43.2	36.7
甘　肃	48	21.8	58.3	22.9	14.6	45.8	47.9
青　海	8	14.5	37.5	25.0	12.5	37.5	37.5
宁　夏	15	23.8	46.7	13.3	20.0	60.0	46.7
新　疆	57	26.3	59.6	26.3	5.3	42.1	38.6

八、规模（限额）以上企业产品或工艺创新阻碍因素情况（2016 年）

8-1 规模(限额)以上企业产品或

项 目	在全部企业中，下列			
	缺乏内部资 金	缺乏风险投 资	缺乏银行贷 款	创 新成本过高
总 计	**10.5**	**7.2**	**10.9**	**17.2**
一、按规模分				
大型企业	11.5	6.3	8.4	26.0
中型企业	11.1	7.0	10.1	18.7
小型企业	10.5	7.4	11.6	17.4
微型企业	9.1	5.9	8.1	10.0
二、按登记注册类型分				
内资企业	10.7	7.4	11.4	17.1
国有企业	12.8	4.9	5.9	12.1
集体企业	11.3	6.2	8.4	11.2
股份合作企业	8.8	6.0	7.6	14.0
联营企业	11.5	7.5	8.6	13.2
#国有联营企业	11.9	8.5	10.2	13.6
有限责任公司	11.6	7.3	11.1	16.7
#国有独资公司	13.7	5.5	6.8	13.8
股份有限公司	12.0	8.1	12.8	23.2
私营企业	10.1	7.6	11.7	17.3
其他企业	11.6	8.8	9.9	13.6
港、澳、台商投资企业	8.2	4.7	6.3	18.9
合资经营企业	9.5	5.4	8.0	21.6
合作经营企业	6.9	4.3	6.9	15.2
港、澳、台商独资经营企业	7.5	4.4	5.4	17.8
港、澳、台商投资股份有限公司	10.8	4.0	6.8	21.9
其他港、澳、台投资企业	14.7	6.5	9.6	20.1
外商投资企业	8.3	4.3	5.1	18.1
中外合资经营企业	9.2	5.1	7.8	21.3
中外合作经营企业	7.8	6.2	4.1	17.0
外资企业	7.8	3.7	3.7	16.5
外商投资股份有限公司	9.0	6.1	5.2	20.5
其他外商投资企业	8.3	4.6	5.6	17.1
三、按行业分				
采矿业	13.4	7.7	14.8	13.4
制造业	10.7	7.5	12.9	21.1
电力、热力、燃气及水生产和供应业	8.8	3.9	6.8	10.2
建筑业	13.4	7.7	9.8	15.6
批发和零售业	9.7	6.7	9.1	12.5
交通运输、仓储和邮政业	9.9	6.1	8.1	10.1
信息传输、软件和信息技术服务业	12.4	10.2	10.4	29.1
租赁和商务服务业	8.8	6.3	6.0	11.2
科学研究和技术服务业	11.2	7.3	7.9	17.9
水利、环境和公共设施管理业	11.9	6.7	9.8	13.4

工艺创新活动阻碍因素情况

各项是创新主要阻碍因素的企业占比(%)							
缺乏人才或人才流失	缺乏技术信息	缺乏市场信息	难以找到创新合作伙伴	市场已被占领	不能确定市场需求	创新成果易被低成本模仿	没有创新的必要
24.0	**14.4**	**9.5**	**6.8**	**3.0**	**10.7**	**4.9**	**16.2**
38.2	19.4	10.6	7.4	3.6	14.3	9.9	9.4
27.8	15.4	9.9	6.8	3.2	11.7	5.6	15.9
23.6	14.8	9.5	6.8	2.9	10.7	4.9	16.1
14.2	8.1	7.8	5.9	3.4	7.6	2.4	19.5
24.0	14.4	9.5	6.9	3.0	10.6	4.7	16.5
23.2	12.5	8.9	5.0	3.4	8.4	2.7	19.6
18.7	11.4	7.8	5.5	3.0	7.6	2.0	21.5
20.9	13.3	8.5	6.7	3.3	11.0	5.0	20.3
17.0	11.8	9.8	6.3	4.0	11.8	3.7	17.0
20.3	15.3	5.1	5.1	6.8	8.5	1.7	18.6
24.5	14.0	9.7	6.7	3.2	10.7	4.6	16.9
27.4	14.4	9.8	6.0	3.1	9.4	3.7	16.8
33.5	17.0	10.3	7.9	3.7	12.1	7.6	12.6
23.3	14.6	9.4	7.0	2.9	10.6	4.7	16.3
19.7	14.7	10.4	6.6	2.6	9.3	2.3	18.5
25.0	14.9	8.8	5.9	3.1	12.4	7.2	12.4
28.9	18.3	10.0	6.6	3.1	13.1	8.0	11.3
19.1	11.1	6.3	5.3	3.0	6.7	5.5	11.6
23.3	13.5	8.3	5.6	3.0	12.2	6.8	12.7
31.2	16.2	10.2	7.8	5.0	13.4	10.9	12.3
27.3	12.6	8.5	8.2	4.8	10.6	6.1	19.1
22.8	13.9	8.7	5.6	3.1	12.3	7.7	13.0
27.7	16.5	9.9	6.3	2.9	12.7	7.9	11.4
19.2	12.8	6.4	5.2	2.9	10.3	5.5	12.6
20.4	12.7	8.1	5.2	3.1	12.1	7.6	13.8
28.6	13.9	10.6	6.3	3.4	11.5	8.4	13.2
21.0	11.5	9.3	7.3	5.6	12.4	7.3	16.3
17.0	13.1	7.5	5.9	1.8	7.9	1.5	23.9
27.1	17.9	9.5	6.6	2.5	11.9	6.5	11.3
14.8	11.2	5.8	3.4	1.6	5.7	1.3	24.0
26.1	16.2	8.8	8.2	2.4	11.5	3.0	20.6
19.3	10.0	10.0	7.0	4.1	9.9	3.5	21.9
16.2	8.9	8.5	5.7	3.8	7.2	2.3	21.8
39.7	15.1	11.1	8.7	5.1	14.3	8.3	9.3
19.5	8.9	8.6	6.5	2.9	8.6	3.6	19.7
28.4	13.9	10.8	7.1	3.5	10.1	4.9	16.2
22.5	12.9	9.0	7.0	2.1	8.6	2.7	18.1

8-1 续表

项目	在全部企业中，下列			
	缺乏内部资金	缺乏风险投资	缺乏银行贷款	创新成本过高
四、按地区分				
东部地区	9.5	6.6	8.6	17.3
中部地区	11.8	8.6	14.0	17.7
西部地区	12.8	7.3	15.2	17.9
东北地区	10.7	7.0	10.8	12.3
北京	9.5	5.9	6.6	18.6
天津	9.7	6.4	9.1	13.1
河北	11.1	8.0	13.2	15.8
山西	13.0	6.0	14.7	13.8
内蒙古	13.7	6.7	13.8	13.6
辽宁	8.9	4.7	7.3	10.1
吉林	11.8	10.0	14.0	15.3
黑龙江	13.0	8.0	14.2	13.1
上海	7.9	4.7	5.1	15.5
江苏	8.7	6.7	7.5	15.8
浙江	7.9	5.6	7.0	20.7
安徽	9.8	6.6	13.3	16.5
福建	10.0	6.8	10.5	18.6
江西	12.5	8.3	14.5	18.0
山东	11.8	9.1	11.9	16.6
河南	12.0	10.6	13.0	17.6
湖北	11.4	8.0	16.3	18.9
湖南	13.4	9.4	13.8	18.9
广东	9.1	5.4	7.4	17.3
广西	12.0	6.3	13.8	17.4
海南	11.9	5.3	7.3	18.4
重庆	12.4	7.9	12.9	18.7
四川	11.7	7.4	14.1	19.7
贵州	15.1	8.0	19.0	16.6
云南	12.6	7.0	19.4	19.0
西藏	13.4	5.3	9.4	14.4
陕西	13.8	8.3	15.9	18.7
甘肃	14.1	7.3	18.2	16.7
青海	14.8	5.5	16.8	17.5
宁夏	13.0	7.9	19.3	19.2
新疆	11.4	6.2	13.7	14.4

各项是创新主要阻碍因素的企业占比(%)							
缺乏人才或人才流失	缺乏技术信息	缺乏市场信息	难以找到创新合作伙伴	市场已被占领	不能确定市场需求	创新成果易被低成本模仿	没有创新的必要
23.8	14.5	9.2	6.5	3.0	10.9	5.5	15.0
24.4	14.8	9.6	7.1	2.8	10.4	4.5	15.8
25.9	14.9	10.6	7.5	3.6	11.7	4.2	20.9
17.8	10.3	8.5	6.0	3.2	8.0	2.8	16.2
27.5	12.1	9.8	6.8	3.5	11.4	5.6	15.9
18.3	9.9	8.8	5.3	3.0	8.2	4.0	15.2
25.8	15.9	10.8	6.8	3.0	11.3	4.4	18.6
23.5	14.1	10.3	6.1	2.7	9.5	2.7	21.0
19.4	11.6	9.5	6.0	2.8	8.9	2.9	21.0
14.7	8.1	6.8	4.2	2.9	6.0	2.5	11.9
20.9	12.7	10.6	7.1	3.4	9.5	3.2	19.3
20.3	11.8	9.1	8.6	3.7	10.1	3.1	21.5
21.5	10.2	6.9	5.8	2.6	9.0	5.9	14.6
21.3	13.5	8.1	5.9	2.6	8.3	4.8	9.9
29.7	20.2	10.9	8.3	3.0	16.4	7.8	18.6
24.1	13.2	8.0	6.3	2.3	7.8	4.4	8.9
23.9	14.8	10.2	7.7	3.0	14.1	5.3	19.8
25.3	14.6	9.0	7.9	3.0	11.4	4.9	17.9
23.0	15.8	10.6	6.5	2.9	9.7	4.3	18.2
23.9	16.4	10.9	7.0	2.9	10.6	4.5	16.8
25.2	14.5	10.0	8.1	3.0	12.3	4.7	19.7
24.5	14.8	8.9	6.9	3.1	10.6	4.7	14.7
22.1	11.8	7.4	5.4	3.3	9.4	5.8	11.4
26.0	15.2	9.6	7.3	3.4	12.2	4.0	21.0
29.3	17.0	8.9	6.6	4.0	12.2	5.2	22.0
23.8	13.9	9.7	6.8	3.5	11.5	4.6	19.4
24.3	14.1	9.3	7.8	3.6	12.3	5.0	22.0
26.1	13.3	10.2	7.8	3.5	9.9	3.3	23.1
30.4	16.9	12.3	8.4	3.5	12.1	5.0	20.1
35.3	12.5	11.0	7.0	3.4	11.5	2.6	18.5
29.2	16.6	13.2	7.8	3.9	12.3	4.1	18.8
30.9	17.4	12.8	7.6	4.7	12.2	2.8	21.7
30.3	18.9	11.0	6.6	4.2	12.7	3.9	22.9
27.5	18.5	11.7	8.0	3.5	12.9	5.1	18.2
26.1	15.8	12.1	7.6	3.5	11.6	3.1	23.0

8-2 规模以上工业企业产品或

项　目	在全部企业中，下列		
	缺乏内部资　金	缺乏风险投　资	缺乏银行贷　款
总　计	**10.7**	**7.4**	**12.8**
一、按规模分			
大型企业	11.7	6.6	10.5
中型企业	11.4	7.2	11.7
小型企业	10.7	7.6	13.3
微型企业	7.4	4.6	8.2
二、按登记注册类型分			
内资企业	11.1	7.8	13.8
国有企业	14.2	3.9	7.3
集体企业	9.4	6.9	10.0
股份合作企业	8.2	6.3	9.3
联营企业	15.3	4.5	10.8
有限责任公司	12.2	7.8	14.2
#国有独资公司	15.8	5.0	8.1
股份有限公司	12.5	8.3	15.8
私营企业	10.5	7.9	13.6
其他企业	10.5	8.2	10.7
港、澳、台商投资企业	8.0	4.6	6.7
合资经营企业	9.2	5.2	8.4
合作经营企业	6.9	4.3	7.4
港、澳、台商独资经营企业	7.2	4.3	5.8
港、澳、台商投资股份有限公司	11.3	4.0	8.0
其他港、澳、台投资企业	17.6	10.1	12.6
外商投资企业	8.2	4.2	5.4
中外合资经营企业	9.1	5.1	8.1
中外合作经营企业	7.2	7.4	4.3
外资企业	7.6	3.5	3.9
外商投资股份有限公司	10.2	5.7	6.2
其他外商投资企业	9.7	4.2	5.9
三、按行业分			
采矿业	13.4	7.7	14.8
煤炭开采和洗选业	15.4	7.2	17.0
石油和天然气开采业	19.1	6.6	11.0
黑色金属矿采选业	14.6	7.5	13.7
有色金属矿采选业	13.1	8.9	14.5
非金属矿采选业	9.9	8.2	12.4

工艺创新活动阻碍因素情况

各项是创新主要阻碍因素的企业占比(%)								
创新成本过高	缺乏人才或人才流失	缺乏技术信息	缺乏市场信息	难以找到创新合作伙伴	市场已被占领	不能确定市场需求	创新成果易被低成本模仿	没有创新的必要
20.5	**26.4**	**17.5**	**9.3**	**6.5**	**2.4**	**11.5**	**6.2**	**12.1**
30.1	41.8	23.9	11.1	7.1	3.4	15.1	12.1	5.6
24.2	32.7	20.1	10.0	6.3	2.5	12.7	8.0	10.0
20.2	25.6	17.4	9.4	6.6	2.4	11.5	5.9	12.7
9.4	11.7	8.3	5.6	4.6	1.6	6.2	2.4	12.3
20.7	26.6	17.7	9.4	6.6	2.3	11.4	5.9	12.3
14.2	26.4	15.0	8.1	4.0	1.7	8.3	2.9	17.0
14.5	19.2	14.8	6.6	5.6	2.1	8.8	2.6	17.7
18.5	24.5	17.7	10.5	6.3	2.5	14.6	6.8	16.2
11.7	27.9	18.9	9.9	9.0	1.8	11.7	4.5	9.0
20.6	27.2	17.6	9.6	6.5	2.5	11.4	5.9	13.0
18.0	30.6	18.8	10.5	5.8	2.9	10.3	4.7	15.2
28.8	38.9	21.4	10.8	7.7	2.9	13.0	9.6	8.6
20.4	25.7	17.7	9.2	6.7	2.3	11.3	5.8	12.1
15.5	18.9	14.0	8.0	6.1	2.2	10.5	2.4	17.0
20.2	26.6	16.8	9.0	5.9	2.7	12.7	7.8	10.2
22.9	30.3	20.0	10.2	6.7	2.7	13.6	8.8	9.8
16.0	19.1	11.2	6.2	4.8	2.1	6.7	6.7	9.1
19.0	24.7	15.4	8.6	5.5	2.6	12.5	7.3	10.4
24.1	35.8	20.1	10.0	9.0	3.1	12.8	12.6	9.4
28.3	37.1	15.7	8.2	8.2	5.0	11.3	5.7	15.7
18.8	23.9	15.6	9.0	5.4	2.8	12.6	8.2	10.9
21.9	28.5	17.7	10.0	6.3	2.8	13.0	8.4	10.0
18.9	21.1	13.9	7.0	5.6	3.0	10.7	6.1	9.6
17.0	21.4	14.5	8.4	4.9	2.8	12.4	8.0	11.4
20.3	29.4	16.1	11.7	6.2	2.9	12.4	9.3	11.0
18.2	21.2	13.6	8.9	5.1	5.5	14.8	7.2	10.6
13.4	17.0	13.1	7.5	5.9	1.8	7.9	1.5	23.9
11.6	16.0	11.9	7.6	5.3	1.6	6.8	1.2	26.1
15.4	21.3	19.1	10.3	4.4	2.9	4.4	1.5	22.8
13.2	16.3	12.4	8.0	6.4	1.9	8.1	1.6	22.0
15.8	20.1	16.2	5.3	6.5	1.0	8.0	1.0	23.3
14.4	16.6	13.1	7.6	6.0	2.2	9.2	2.2	22.6

8-2 续表 1

项 目	在全部企业中，下列		
	缺乏内部资 金	缺乏风险投 资	缺乏银行贷 款
开采辅助活动	11.9	6.0	13.7
制造业	10.7	7.5	12.9
农副食品加工业	11.9	8.9	17.6
食品制造业	10.9	8.5	15.5
酒、饮料和精制茶制造业	13.4	8.7	19.6
烟草制品业	10.9	4.7	3.9
纺织业	9.0	7.0	10.2
纺织服装、服饰业	8.6	5.7	7.9
皮革、毛皮、羽毛及其制品和制鞋业	8.7	6.6	8.3
木材加工和木、竹、藤、棕、草制品业	10.5	8.9	13.5
家具制造业	9.1	7.5	11.6
造纸和纸制品业	9.9	6.5	11.7
印刷和记录媒介复制业	9.5	7.0	10.4
文教、工美、体育和娱乐用品制造业	8.8	6.9	10.1
石油加工、炼焦和核燃料加工业	13.1	8.2	15.7
化学原料和化学制品制造业	11.0	8.5	14.8
医药制造业	12.9	9.0	15.3
化学纤维制造业	9.7	6.5	10.7
橡胶和塑料制品业	9.3	6.7	11.0
非金属矿物制品业	11.0	7.4	13.4
黑色金属冶炼和压延加工业	10.8	8.2	14.4
有色金属冶炼和压延加工业	12.3	7.2	16.2
金属制品业	10.1	6.8	11.4
通用设备制造业	11.3	7.6	12.9
专用设备制造业	12.2	8.0	13.9
汽车制造业	11.7	6.8	13.1
铁路、船舶、航空航天和其他运输设备制造业	11.8	7.2	12.1
电气机械和器材制造业	11.0	7.4	12.6
计算机、通信和其他电子设备制造业	9.9	6.5	11.1
仪器仪表制造业	10.5	8.2	11.4
其他制造业	8.5	6.6	10.2
废弃资源综合利用业	11.2	6.6	14.4
金属制品、机械和设备修理业	12.8	5.1	8.3
电力、热力、燃气及水生产和供应业	8.8	3.9	6.8
电力、热力生产和供应业	9.3	3.9	6.8
燃气生产和供应业	6.8	4.1	6.9
水的生产和供应业	8.0	3.3	6.7

各项是创新主要阻碍因素的企业占比(%)								
创新成本过高	缺乏人才或人才流失	缺乏技术信息	缺乏市场信息	难以找到创新合作伙伴	市场已被占领	不能确定市场需求	创新成果易被低成本模仿	没有创新的必要
19.0	33.3	22.0	14.3	7.7	3.0	11.3	0.6	14.3
21.1	27.1	17.9	9.5	6.6	2.5	11.9	6.5	11.3
19.6	24.6	17.0	10.3	7.4	2.6	12.5	4.9	14.3
21.7	27.8	18.4	11.0	7.0	2.8	14.8	8.0	10.9
21.0	27.1	16.6	11.7	8.4	3.3	15.0	6.1	12.6
10.9	36.7	21.1	12.5	7.0	7.0	22.7	7.0	10.2
18.3	23.9	17.3	9.7	6.5	2.1	12.8	6.0	12.7
16.0	20.8	12.6	8.8	5.7	1.9	10.7	4.5	12.1
18.6	22.8	15.7	10.0	6.4	2.4	12.9	7.2	13.3
17.7	21.1	16.8	9.3	6.9	2.2	10.2	4.2	13.3
19.3	25.9	16.2	10.6	6.4	2.6	13.4	8.6	10.5
18.3	21.7	16.5	8.5	5.8	2.2	11.0	5.3	15.4
19.1	23.8	16.4	8.4	6.0	2.0	10.8	5.1	13.4
19.3	25.9	16.0	9.2	6.1	2.2	13.9	9.0	10.2
17.5	25.2	17.5	9.5	6.3	2.5	10.3	4.4	13.5
21.7	28.1	19.0	9.7	7.2	2.6	11.7	6.7	11.0
32.3	36.9	22.3	9.6	8.0	2.4	12.1	5.7	7.9
19.9	25.6	18.6	9.7	6.5	2.1	13.6	6.4	12.3
19.5	25.1	17.9	9.2	6.5	2.4	11.7	6.6	11.6
16.9	20.9	15.5	8.6	5.7	2.7	10.9	5.0	16.1
18.1	22.6	17.4	8.2	5.9	1.9	10.3	3.7	13.0
19.7	28.0	19.3	7.9	7.0	2.2	10.0	4.7	12.3
19.1	25.2	17.0	8.8	6.0	2.0	10.7	5.7	10.8
24.5	31.7	20.0	9.8	6.9	2.3	11.6	7.8	8.9
25.1	32.8	19.4	9.6	6.9	2.4	11.0	8.9	7.9
24.5	32.9	20.9	9.3	6.6	2.8	11.6	6.2	10.1
23.1	31.3	18.6	10.5	7.1	2.7	11.5	7.0	9.1
25.8	32.5	20.5	10.2	6.8	2.7	12.7	8.6	7.5
27.5	35.4	20.3	9.5	6.8	2.9	12.4	8.8	6.2
29.6	39.8	21.2	11.5	7.0	3.0	13.4	11.2	6.2
19.3	25.6	17.3	8.4	7.5	2.3	15.2	7.9	11.8
13.5	18.8	13.5	6.1	5.6	1.6	8.1	2.4	14.0
17.4	26.7	16.6	8.8	4.3	1.9	9.4	3.2	12.0
10.2	14.8	11.2	5.8	3.4	1.6	5.7	1.3	24.0
10.7	15.2	11.9	6.1	3.4	1.5	5.4	1.3	24.2
7.4	12.9	9.1	6.8	3.9	3.3	7.3	2.1	26.4
10.6	14.8	10.4	4.0	3.2	0.4	5.4	0.7	20.9

8-2 续表 2

项目	在全部企业中，下列		
	缺乏内部资金	缺乏风险投资	缺乏银行贷款
四、按地区分			
东部地区	9.2	6.5	9.5
中部地区	12.3	9.1	16.6
西部地区	14.5	8.1	20.0
东北地区	10.2	6.9	13.1
北　京	8.7	3.9	7.2
天　津	8.6	5.6	9.9
河　北	11.8	9.0	15.3
山　西	14.3	6.8	20.0
内蒙古	16.0	7.6	17.3
辽　宁	6.2	3.1	6.6
吉　林	13.4	11.2	17.6
黑龙江	13.5	8.2	19.3
上　海	6.7	3.1	4.7
江　苏	7.6	6.0	7.6
浙　江	8.4	6.1	7.9
安　徽	8.4	5.8	13.8
福　建	11.3	7.4	13.3
江　西	13.6	8.9	16.8
山　东	13.0	9.9	13.9
河　南	12.4	11.6	14.9
湖　北	12.8	8.8	20.9
湖　南	15.4	10.7	17.2
广　东	7.1	4.2	6.7
广　西	13.0	7.2	18.0
海　南	12.5	5.3	9.5
重　庆	14.9	8.4	16.9
四　川	12.8	8.0	18.3
贵　州	17.4	8.4	24.8
云　南	13.7	7.4	25.9
西　藏	14.8	8.3	13.9
陕　西	15.3	9.8	20.9
甘　肃	16.5	8.7	25.5
青　海	16.7	5.6	22.1
宁　夏	14.7	10.2	25.9
新　疆	13.9	7.4	18.5

各项是创新主要阻碍因素的企业占比(%)								
创新成本过高	缺乏人才或人才流失	缺乏技术信息	缺乏市场信息	难以找到创新合作伙伴	市场已被占领	不能确定市场需求	创新成果易被低成本模仿	没有创新的必要
20.5	26.6	17.9	9.3	6.1	2.4	11.8	7.0	10.4
20.8	26.4	17.2	9.1	6.9	2.3	10.6	5.3	12.4
22.5	28.4	18.5	10.5	7.6	2.8	13.3	5.4	18.7
14.0	18.3	11.8	7.9	5.9	2.2	7.6	3.1	12.0
23.4	31.5	16.2	9.9	5.0	2.6	11.9	8.9	6.7
17.2	20.1	12.4	7.7	4.0	2.0	7.9	6.2	5.3
19.1	28.4	18.8	11.4	7.2	2.7	12.8	5.6	16.3
17.1	26.1	18.1	10.2	5.5	1.9	10.3	3.1	18.2
16.1	20.8	14.2	9.6	6.5	2.6	9.9	3.5	19.0
9.4	12.8	7.8	4.8	2.8	1.0	4.3	2.5	4.0
18.2	22.6	14.9	10.7	7.4	3.3	9.9	3.4	18.5
17.0	22.9	15.1	9.7	9.6	3.2	10.7	4.0	18.0
18.3	24.5	13.5	7.1	5.0	2.0	9.2	8.5	5.4
17.8	22.9	15.5	7.3	5.0	1.8	7.8	5.7	4.1
26.5	36.1	26.2	12.5	8.7	2.9	19.8	10.5	15.5
17.0	23.0	13.6	6.1	5.0	1.3	6.6	4.8	4.4
23.4	27.4	18.5	11.2	8.2	2.9	17.0	7.1	18.2
21.1	27.4	16.8	8.8	8.1	2.8	12.2	5.8	15.9
20.1	26.2	19.0	10.6	6.4	2.6	10.2	5.2	15.0
21.3	26.6	19.8	10.9	7.3	2.5	10.9	5.3	14.4
23.3	28.9	17.5	10.1	8.5	2.7	13.5	5.8	16.6
22.8	27.3	17.7	9.0	6.8	2.6	11.3	5.3	11.6
18.2	22.0	12.8	6.2	4.1	2.2	8.7	6.8	5.0
22.1	28.9	19.0	9.1	7.6	2.6	14.7	4.8	19.8
25.5	30.3	24.6	7.1	4.7	2.4	17.8	5.6	20.8
26.1	30.6	19.7	9.8	6.8	2.7	14.6	7.0	15.5
23.7	26.4	17.1	9.5	7.9	3.0	13.9	6.2	20.1
18.8	26.2	14.6	9.4	7.4	2.4	10.0	3.2	21.1
25.1	32.4	20.5	12.0	8.1	2.1	13.3	6.5	17.7
19.4	28.7	16.7	8.3	10.2	0.9	11.1	3.7	19.4
23.5	32.5	21.3	13.2	8.0	2.7	13.8	5.0	16.3
21.5	32.7	22.5	13.4	8.3	4.1	14.3	4.2	18.5
24.1	28.5	26.1	11.3	6.9	3.0	14.7	4.2	19.1
24.2	29.2	23.1	11.6	9.3	2.3	14.7	7.3	16.9
19.4	29.7	20.6	12.6	7.1	3.0	13.8	4.4	20.0

8-3 资质等级以上建筑业企业产品

项目	在全部企业中，下列			
	缺乏内部资金	缺乏风险投资	缺乏银行贷款	创新成本过高
总计	**13.4**	**7.7**	**9.8**	**15.6**
一、按规模分				
大型企业	19.7	8.8	10.1	30.1
中型企业	13.6	8.0	10.5	16.7
小型企业	12.6	7.5	9.4	13.8
微型企业	12.3	6.4	8.2	10.0
二、按登记注册类型分				
内资企业	13.4	7.7	9.9	15.6
国有企业	18.4	7.9	6.3	15.8
集体企业	17.3	6.5	10.0	13.9
股份合作企业	10.0	5.8	4.2	9.2
联营企业	12.0	12.0	4.0	16.0
有限责任公司	14.3	7.6	9.5	16.3
#国有独资公司	21.9	6.9	6.0	20.9
股份有限公司	14.5	7.3	10.2	16.2
私营企业	12.1	7.9	10.4	15.2
其他企业	13.6	9.1	9.1	9.1
港、澳、台商投资企业	13.4	6.3	6.7	16.4
合资经营企业	15.7	6.7	5.1	18.5
合作经营企业	6.7		6.7	33.3
港、澳、台商独资经营企业	8.6	5.2	8.6	6.9
其他港、澳、台投资企业	22.2		11.1	11.1
外商投资企业	13.8	7.6	7.6	20.0
中外合资经营企业	17.4	10.5	11.6	25.6
外资企业	10.4	4.2	2.1	10.4
三、按行业分				
房屋建筑业	14.3	8.0	11.4	15.9
土木工程建筑业	13.6	7.4	8.3	15.9
建筑安装业	12.0	7.0	8.2	15.1
建筑装饰和其他建筑业	12.2	7.8	8.9	15.2

或工艺创新活动阻碍因素情况

各项是创新主要阻碍因素的企业占比(%)							
缺乏人才或人才流失	缺乏技术信息	缺乏市场信息	难以找到创新合作伙伴	市场已被占领	不能确定市场需求	创新成果易被低成本模仿	没有创新的必要
26.1	**16.2**	**8.8**	**8.2**	**2.4**	**11.5**	**3.0**	**20.6**
51.5	25.3	11.9	9.4	2.9	13.5	9.5	7.4
28.3	18.3	9.0	8.4	2.0	12.3	3.1	19.7
22.6	14.1	8.5	8.1	2.6	11.4	2.3	23.4
15.5	9.2	6.8	6.5	3.1	7.9	1.6	20.3
26.1	16.2	8.8	8.2	2.4	11.5	3.0	20.6
31.2	17.5	9.0	5.8	2.7	9.0	2.5	19.4
27.3	14.9	8.5	5.9	2.2	9.6	2.0	22.9
25.8	9.2	6.7	4.2	5.0	14.2	5.8	27.5
12.0	8.0		4.0	4.0	16.0		20.0
28.0	16.6	9.0	7.9	2.5	11.9	3.3	19.2
43.8	21.2	11.2	5.0	3.0	10.7	5.8	13.0
28.7	15.3	7.4	8.4	2.3	11.5	4.7	19.8
24.0	16.0	8.7	8.6	2.3	11.5	2.7	21.6
9.1	18.2	13.6	4.5	4.5	9.1		18.2
24.6	13.4	8.6	9.7	3.7	12.7	3.0	22.0
26.4	13.5	9.0	8.4	2.8	14.0	2.8	20.8
20.0	20.0		26.7	26.7	6.7		20.0
22.4	13.8	10.3	12.1		13.8	5.2	22.4
11.1	11.1	11.1					33.3
26.2	9.0	10.3	7.6	1.4	12.4	4.1	20.0
32.6	8.1	9.3	8.1	1.2	12.8	2.3	18.6
18.8	10.4	12.5	8.3	2.1	12.5	8.3	20.8
26.3	16.6	8.7	8.2	2.3	11.8	2.4	20.4
28.7	17.2	8.9	7.2	2.3	10.9	3.7	20.0
24.9	14.8	8.9	8.5	2.4	10.9	3.4	20.9
23.6	15.0	8.7	8.8	2.7	12.0	3.3	21.3

8-3 续表

项目	在全部企业中，下列			
	缺乏内部资金	缺乏风险投资	缺乏银行贷款	创新成本过高
四、按地区分				
东部地区	12.8	7.5	8.4	16.5
中部地区	13.4	8.3	11.3	16.0
西部地区	14.7	7.6	11.8	15.0
东北地区	13.5	7.5	8.5	12.2
北 京	11.1	5.9	5.8	15.3
天 津	12.7	6.7	7.4	13.8
河 北	11.7	7.8	8.8	13.1
山 西	13.9	6.3	10.7	13.9
内蒙古	15.3	9.2	10.0	9.7
辽 宁	15.2	8.0	8.5	13.4
吉 林	10.1	5.8	8.6	11.6
黑龙江	13.1	7.9	8.5	10.7
上 海	9.6	6.2	5.4	14.3
江 苏	14.4	9.1	9.4	16.7
浙 江	11.9	7.1	9.0	18.3
安 徽	13.7	9.1	12.8	19.1
福 建	11.7	6.9	8.6	19.3
江 西	13.6	9.9	11.1	17.8
山 东	11.8	7.9	9.4	14.3
河 南	13.6	8.3	11.5	15.5
湖 北	10.9	7.4	11.4	14.4
湖 南	16.6	9.1	9.3	16.2
广 东	17.0	7.6	8.3	20.5
广 西	16.0	6.1	10.7	16.8
海 南	18.3	6.4	5.5	13.8
重 庆	17.0	7.6	12.2	15.9
四 川	12.9	7.0	11.1	14.7
贵 州	18.7	9.3	14.4	13.4
云 南	15.6	8.3	12.4	16.1
西 藏	13.3	5.8	9.2	6.7
陕 西	14.7	8.3	12.9	16.4
甘 肃	13.1	6.5	9.4	14.3
青 海	15.9	7.4	13.8	9.5
宁 夏	11.4	5.9	16.0	16.7
新 疆	13.7	7.2	9.6	14.9

各项是创新主要阻碍因素的企业占比(%)							
缺乏人才或人才流失	缺乏技术信　息	缺乏市场信　息	难以找到创新合作伙伴	市场已被占　领	不能确定市场需求	创新成果易被低成本模仿	没有创新的 必 要
28.1	17.2	8.6	8.4	2.4	12.0	3.8	19.6
25.7	16.1	9.1	8.5	2.3	11.8	2.6	19.7
25.5	16.1	9.0	7.8	2.4	11.3	2.1	24.1
18.4	11.4	8.4	7.3	2.7	9.1	2.1	18.9
29.1	16.0	9.9	7.6	2.7	11.4	4.2	18.8
27.9	13.6	7.8	5.0	2.2	9.5	4.0	17.6
26.7	14.4	8.9	7.4	2.5	10.4	2.9	23.1
24.2	13.8	9.9	8.1	1.8	10.9	2.3	24.2
18.9	12.1	7.3	6.8	1.0	8.3	1.5	24.5
19.2	11.0	7.6	6.7	3.3	8.7	2.7	16.4
17.5	11.8	9.4	8.2	0.9	8.8	2.0	19.0
17.7	11.6	9.0	7.7	2.9	9.8	1.2	23.3
23.3	13.4	6.7	6.8	1.9	9.3	3.9	21.5
28.8	18.9	9.2	9.6	3.2	12.3	4.0	16.3
29.5	20.0	7.8	11.0	1.9	13.8	4.1	20.1
29.7	20.0	9.4	9.0	2.4	12.0	2.4	17.6
27.1	15.6	7.7	9.5	1.7	14.0	1.9	22.9
26.6	16.6	10.2	9.7	2.6	13.4	2.5	20.7
26.4	16.6	9.3	7.0	1.7	12.0	3.4	20.9
23.4	15.4	8.9	7.6	2.5	10.9	2.9	18.9
25.3	15.4	8.5	8.5	2.2	12.1	2.2	20.5
28.4	15.2	8.1	9.4	1.9	13.3	2.7	17.7
31.1	18.2	8.2	6.6	3.0	11.7	5.0	18.4
31.1	17.0	8.4	8.4	2.3	11.3	2.3	22.1
25.7	20.2	9.2	8.3	2.8	12.8	4.6	28.4
21.3	12.0	6.3	8.1	2.1	10.6	2.1	22.5
21.3	14.4	7.4	8.0	2.5	11.2	2.4	25.0
26.3	17.2	8.1	8.6	3.8	10.4	3.0	26.0
29.4	18.4	10.5	9.0	2.6	10.9	2.3	24.2
35.0	10.8	10.8	6.7	0.8	7.5		17.5
26.5	17.5	11.3	7.4	2.4	11.8	2.2	24.1
30.9	18.9	9.2	7.5	3.3	12.7	1.1	27.1
33.3	21.2	9.0	7.4	2.1	12.7	2.6	25.4
25.2	18.6	13.4	6.5	2.9	11.4	1.3	21.9
30.7	20.2	12.1	7.0	2.0	14.3	2.7	22.7

8-4 规模(限额)以上服务业企业

项　目	在全部企业中，下列			
	缺乏内部资　金	缺乏风险投　资	缺乏银行贷　款	创　新成本过高
总　计	**9.9**	**6.8**	**8.7**	**13.3**
一、按规模分				
大型企业	9.4	5.4	5.8	20.8
中型企业	10.4	6.6	8.9	15.3
小型企业	9.9	7.0	8.9	13.0
微型企业	9.4	6.3	8.0	10.1
二、按登记注册类型分				
内资企业	10.0	6.9	8.9	13.2
国有企业	11.5	4.7	5.4	11.0
集体企业	10.9	5.8	7.2	8.9
股份合作企业	9.2	5.6	6.3	9.7
有限责任公司	10.6	6.8	8.5	13.2
#国有独资公司	11.7	5.6	6.3	10.9
股份有限公司	10.9	8.0	9.6	17.5
私营企业	9.4	7.0	9.4	13.3
其他企业	11.8	8.9	9.7	13.2
港、澳、台商投资企业	8.6	4.8	4.8	14.7
合资经营企业	9.9	6.0	6.7	16.0
合作经营企业	6.7	4.9	4.9	10.4
港、澳、台商独资经营企业	8.1	4.5	4.1	14.4
港、澳、台商投资股份有限公司	10.2	3.4	3.8	17.8
外商投资企业	8.5	4.5	4.0	15.7
中外合资经营企业	9.2	5.2	6.2	18.1
中外合作经营企业	10.7	2.1	3.6	10.0
外资企业	8.4	4.3	3.3	14.8
外商投资股份有限公司	6.6	7.1	3.0	20.7
三、按行业分				
批发和零售业	9.7	6.7	9.1	12.5
批发业	9.2	6.5	9.3	11.9
零售业	10.2	6.8	9.0	13.1
交通运输、仓储和邮政业	9.9	6.1	8.1	10.1
铁路运输业	13.2	4.7	8.1	6.8
道路运输业	10.1	6.5	8.7	10.2
水上运输业	9.1	5.2	9.6	9.6
航空运输业	11.8	6.8	6.5	15.0
管道运输业	11.5	2.6	3.8	9.0
装卸搬运和运输代理业	9.1	5.4	6.0	9.6
仓储业	10.2	5.7	9.1	9.7
邮政业	11.0	4.6	4.2	13.5
信息传输、软件和信息技术服务业	12.4	10.2	10.4	29.1
电信、广播电视和卫星传输服务	11.0	5.0	3.4	14.0
互联网和相关服务	11.7	11.4	10.5	27.7
软件和信息技术服务业	12.8	11.0	11.7	32.1
租赁和商务服务业	8.8	6.3	6.0	11.2

产品或工艺创新活动阻碍因素情况

各项是创新主要阻碍因素的企业占比(%)							
缺乏人才或人才流失	缺乏技术信息	缺乏市场信息	难以找到创新合作伙伴	市场已被占领	不能确定市场需求	创新成果易被低成本模仿	没有创新的必要
20.7	**10.3**	**9.8**	**6.9**	**3.9**	**9.6**	**3.7**	**20.6**
31.0	13.2	9.8	7.3	3.9	13.6	7.7	13.9
24.3	11.4	10.1	6.9	4.0	10.9	4.5	19.1
20.1	10.3	9.9	7.0	3.8	9.3	3.5	21.1
15.0	7.9	8.8	6.3	4.0	8.0	2.5	22.0
20.7	10.4	9.8	6.9	3.9	9.6	3.6	20.6
21.0	10.9	9.2	5.2	3.9	8.4	2.7	20.4
16.5	8.9	8.3	5.4	3.6	6.5	1.8	23.0
16.1	9.0	6.5	7.4	4.0	6.7	3.0	23.9
21.5	10.4	9.9	6.6	3.9	9.8	3.6	20.0
23.9	11.4	9.3	6.2	3.3	8.7	3.0	18.0
27.7	12.0	10.4	8.1	5.0	10.9	5.7	16.3
19.9	10.3	9.8	7.2	3.9	9.5	3.6	21.2
20.0	14.8	10.9	6.7	2.7	9.1	2.3	18.8
20.0	8.7	7.8	5.9	4.5	11.2	5.5	19.0
23.4	11.3	9.2	6.1	4.5	11.1	5.2	16.7
18.9	9.8	7.3	4.9	4.3	6.7	1.8	19.5
18.9	7.8	7.3	5.9	4.2	11.3	5.5	19.8
22.0	8.9	11.0	5.5	8.5	15.3	8.1	17.4
19.0	8.1	7.8	6.2	3.8	11.2	6.0	20.2
23.2	10.4	9.8	6.3	3.7	11.4	5.0	18.2
12.9	9.3	3.6	4.3	2.9	8.6	3.6	22.9
17.5	7.3	7.2	6.1	3.8	11.4	6.4	20.7
26.8	8.6	8.1	6.6	4.5	9.6	6.6	18.2
19.3	10.0	10.0	7.0	4.1	9.9	3.5	21.9
17.0	9.7	9.4	7.1	3.5	9.9	3.3	22.6
21.5	10.3	10.6	7.0	4.7	9.9	3.7	21.3
16.2	8.9	8.5	5.7	3.8	7.2	2.3	21.8
14.9	8.9	11.9	4.7	4.3	8.1	1.3	23.0
16.0	9.1	8.7	5.8	4.1	7.4	2.1	22.3
14.8	10.3	8.6	5.3	3.4	6.4	2.2	22.5
24.2	13.3	10.0	5.6	2.1	11.5	4.1	15.9
9.0	7.7	7.7	2.6	2.6	6.4		24.4
15.7	7.5	8.3	6.0	4.0	6.7	2.3	21.4
17.4	9.5	8.0	5.6	1.7	6.4	2.0	21.2
20.6	8.7	8.6	5.2	6.5	8.4	5.7	17.9
39.7	15.1	11.1	8.7	5.1	14.3	8.3	9.3
27.0	13.2	9.6	6.1	9.8	13.7	7.8	12.9
37.3	16.0	10.0	10.3	4.6	15.4	8.8	10.5
42.4	15.4	11.6	9.0	4.2	14.3	8.4	8.4
19.5	8.9	8.6	6.5	2.9	8.6	3.6	19.7

8-4 续表

项目	在全部企业中，下列			
	缺乏内部资金	缺乏风险投资	缺乏银行贷款	创新成本过高
租赁业	10.7	7.8	9.2	11.1
商务服务业	8.7	6.2	5.8	11.2
科学研究和技术服务业	11.2	7.3	7.9	17.9
研究和试验发展	13.5	8.9	12.1	29.8
专业技术服务业	10.1	6.0	5.9	15.4
科技推广和应用服务业	13.5	10.2	11.8	20.5
水利、环境和公共设施管理业	11.9	6.7	9.8	13.4
水利管理业	10.5	5.0	4.6	11.4
生态保护和环境治理业	12.9	6.1	9.5	19.4
公共设施管理业	11.8	6.9	10.1	12.7
四、按地区分				
东部地区	9.4	6.5	7.5	13.5
中部地区	10.8	7.8	10.7	13.3
西部地区	10.6	6.5	10.8	13.6
东北地区	10.6	7.0	8.7	10.3
北京	9.5	6.3	6.6	17.9
天津	10.1	6.8	8.8	10.6
河北	9.6	5.9	9.5	9.7
山西	11.7	5.2	11.0	10.8
内蒙古	10.5	5.2	9.7	10.7
辽宁	10.4	5.5	7.7	10.0
吉林	9.8	9.0	10.0	12.0
黑龙江	12.3	7.7	9.1	8.6
上海	8.5	5.5	5.4	14.0
江苏	9.7	7.5	7.2	12.8
浙江	6.6	4.5	5.5	11.8
安徽	12.0	7.8	12.4	15.1
福建	8.5	6.1	7.5	13.1
江西	10.1	6.8	10.7	12.4
山东	10.0	8.1	9.3	11.5
河南	11.2	9.6	10.7	13.2
湖北	9.5	6.9	10.3	13.2
湖南	10.1	7.4	9.1	13.4
广东	11.1	6.6	8.1	16.0
广西	10.4	5.4	9.4	12.2
海南	10.8	5.1	6.6	16.1
重庆	9.7	7.6	9.8	13.4
四川	10.2	6.6	9.2	15.6
贵州	11.8	7.3	11.8	14.0
云南	10.7	6.4	14.8	13.9
西藏	12.7	3.2	6.9	16.4
陕西	12.1	7.0	11.9	14.7
甘肃	12.3	6.3	14.3	13.4
青海	12.7	4.9	12.7	13.5
宁夏	10.8	5.0	10.2	12.1
新疆	9.0	5.1	10.4	10.2

各项是创新主要阻碍因素的企业占比(%)							
缺乏人才或人才流失	缺乏技术信息	缺乏市场信息	难以找到创新合作伙伴	市场已被占领	不能确定市场需求	创新成果易被低成本模仿	没有创新的必要
16.4	8.5	7.7	5.9	3.0	8.1	3.1	21.1
19.6	9.0	8.7	6.5	2.9	8.6	3.7	19.7
28.4	13.9	10.8	7.1	3.5	10.1	4.9	16.2
37.9	14.9	11.9	7.9	4.2	12.1	8.6	9.2
27.3	13.2	10.6	6.8	3.7	9.8	4.4	17.9
28.2	15.6	10.9	7.7	2.7	10.3	4.9	13.9
22.5	12.9	9.0	7.0	2.1	8.6	2.7	18.1
16.0	12.8	9.1	5.0	2.3	6.8	1.8	21.0
27.1	17.1	7.9	6.8	2.5	7.7	5.0	16.2
22.3	12.4	9.1	7.1	2.0	8.8	2.4	18.3
20.0	10.1	9.2	6.8	3.7	9.6	3.9	20.1
21.3	11.1	10.4	7.1	3.8	9.8	3.6	20.1
23.4	10.7	11.1	7.3	4.7	10.0	3.3	22.7
17.0	8.2	9.3	6.0	4.5	8.2	2.7	20.8
26.5	10.9	9.8	7.1	3.8	11.2	5.1	17.4
16.3	8.1	9.5	6.2	3.6	8.2	2.7	20.8
20.3	10.2	9.9	5.7	3.6	8.3	2.3	22.4
21.1	10.5	10.6	6.1	3.7	8.5	2.4	22.6
17.8	8.0	9.7	5.2	3.3	7.7	2.4	23.1
15.7	7.6	8.7	5.1	4.8	7.2	2.5	19.2
19.1	9.8	10.7	6.5	3.9	9.0	3.1	20.3
17.5	7.0	8.3	7.6	4.7	9.4	2.5	25.7
19.6	7.9	6.8	6.2	3.1	8.9	4.5	19.6
18.1	9.9	9.2	6.8	3.7	8.4	3.4	17.5
19.4	10.4	8.8	7.4	3.3	11.3	3.9	23.4
25.6	11.7	11.4	8.5	4.2	9.5	4.1	16.4
19.7	10.6	9.3	6.9	3.2	10.9	3.6	21.4
21.3	10.2	9.1	7.3	3.6	9.5	3.6	21.3
17.8	10.8	10.8	6.7	3.4	8.5	3.2	22.6
20.6	12.3	11.2	6.4	3.5	10.0	3.7	19.5
19.7	10.1	10.2	7.5	3.6	10.5	3.4	24.0
20.0	10.3	8.9	6.8	4.0	9.4	3.8	19.1
21.7	10.2	8.8	6.9	4.6	10.0	4.7	18.6
22.2	10.7	10.3	6.9	4.4	9.4	3.2	22.4
29.4	13.5	9.6	7.1	4.9	9.8	5.0	21.7
18.8	9.6	10.1	6.6	4.4	9.2	3.1	22.0
22.3	10.0	9.5	7.5	4.7	10.4	4.0	23.9
26.1	11.2	11.4	8.2	4.8	9.8	3.5	25.4
28.8	13.0	13.1	8.5	5.0	11.2	4.2	21.3
39.2	11.1	12.7	5.3	6.3	14.3	3.7	18.5
26.6	12.0	13.6	7.8	5.4	10.9	3.8	19.7
29.4	12.8	13.2	7.1	5.6	10.4	2.0	23.1
31.1	11.2	11.3	6.1	6.1	10.7	3.9	25.8
25.7	11.2	11.2	6.7	5.7	10.6	3.1	18.8
22.5	11.2	11.6	8.1	4.2	9.5	2.0	25.5

8-5 开展产品或工艺创新活动

项　目	开展产品或工艺创新活动企业数(个)	在开展产品或工艺创新活动		
		缺乏内部资　金	缺乏风险投　资	缺乏银行贷　款
总　计	**192215**	**13.5**	**9.3**	**15.9**
一、按规模分				
大型企业	12524	13.5	7.5	9.9
中型企业	45512	13.3	8.6	13.4
小型企业	128886	13.4	9.6	17.3
微型企业	5293	17.3	12.8	17.4
二、按登记注册类型分				
内资企业	166613	14.0	9.9	17.1
国有企业	2197	21.5	7.4	8.6
集体企业	721	19.1	12.3	15.8
股份合作企业	406	11.1	7.6	11.1
联营企业	36	11.1	8.3	16.7
#国有联营企业	8	12.5	25.0	
有限责任公司	53536	15.7	9.6	16.6
#国有独资公司	3104	21.3	7.2	9.9
股份有限公司	10780	13.6	9.8	16.6
私营企业	98355	12.9	10.1	17.6
其他企业	582	23.5	12.5	16.5
港、澳、台商投资企业	11824	9.9	6.0	9.2
合资经营企业	4162	10.9	6.6	10.2
合作经营企业	234	10.3	5.1	13.2
港、澳、台商独资经营企业	6993	9.1	5.6	8.5
港、澳、台商投资股份有限公司	340	11.5	4.7	8.5
其他港、澳、台投资企业	95	16.8	12.6	14.7
外商投资企业	13778	10.4	5.3	7.0
中外合资经营企业	5187	11.4	6.2	9.8
中外合作经营企业	215	11.2	11.2	6.5
外资企业	7951	9.7	4.5	5.2
外商投资股份有限公司	288	9.7	8.0	6.6
其他外商投资企业	137	13.1	4.4	7.3
三、按行业分				
采矿业	1730	23.3	10.7	22.8
制造业	141074	12.5	8.7	16.5
电力、热力、燃气及水生产和供应业	1988	15.3	5.0	10.5
建筑业	5919	19.2	11.7	14.2
批发和零售业	17941	15.8	11.5	15.3
交通运输、仓储和邮政业	3440	18.7	10.2	15.3
信息传输、软件和信息技术服务业	9691	13.6	12.4	13.1
租赁和商务服务业	3773	15.6	10.8	12.5
科学研究和技术服务业	5889	16.1	10.4	12.0
水利、环境和公共设施管理业	770	19.6	10.4	17.4

企业的阻碍因素情况

企业中，下列各项是创新主要阻碍因素的企业占比(%)								
创　新 成本过高	缺乏人才或 人才流失	缺乏技术 信　息	缺乏市场 信　息	难以找到创 新合作伙伴	市场已被 占　领	不能确定 市场需求	创新成果易被 低成本模仿	没有创新 的 必 要
30.9	**41.0**	**23.7**	**12.9**	**8.3**	**3.5**	**14.7**	**10.9**	**5.3**
35.1	50.4	25.1	13.0	8.5	4.2	17.2	13.9	3.4
31.3	44.4	24.0	13.1	7.9	3.8	15.3	11.4	4.9
30.7	39.3	23.7	12.7	8.3	3.3	14.2	10.5	5.4
23.0	33.0	17.9	14.5	9.8	5.1	13.6	8.3	11.2
31.0	41.3	23.8	12.9	8.4	3.4	14.4	10.5	5.4
26.9	47.3	24.5	15.6	7.3	4.9	14.0	7.6	7.8
19.4	37.4	19.8	12.6	8.0	4.3	11.9	6.8	9.3
29.1	38.7	27.6	15.5	6.9	3.7	17.5	9.9	8.4
27.8	33.3	27.8	11.1	13.9	5.6	13.9	16.7	2.8
37.5	37.5	25.0	12.5	25.0	12.5	12.5	12.5	
30.8	43.2	23.6	13.6	8.3	3.8	14.6	10.4	5.5
27.0	50.0	24.1	15.1	8.8	5.3	13.8	8.7	5.7
36.0	50.0	23.9	12.9	9.1	3.7	14.5	13.1	3.4
30.8	39.3	23.9	12.5	8.4	3.2	14.2	10.4	5.5
23.0	31.6	21.1	14.3	8.2	3.1	14.6	4.5	8.2
31.2	41.3	24.2	12.8	7.8	3.9	16.7	13.3	4.5
32.5	42.5	26.4	13.5	7.8	3.5	16.2	13.2	3.9
32.9	36.8	23.1	12.0	7.3	4.7	13.7	12.8	7.3
30.3	40.4	23.0	12.5	7.8	4.0	17.0	13.1	4.7
31.5	47.9	23.5	12.4	8.8	5.3	17.4	18.5	5.9
32.6	45.3	20.0	8.4	6.3	7.4	13.7	11.6	6.3
29.4	37.6	22.1	12.7	7.1	4.1	16.5	13.3	4.8
32.4	41.4	23.9	13.4	7.7	3.6	16.0	12.6	4.0
29.3	34.9	21.9	11.2	7.9	5.1	14.9	7.4	4.7
27.3	35.1	21.0	12.1	6.7	4.4	16.8	13.9	5.3
32.3	43.4	20.8	16.0	7.3	2.8	17.0	13.2	6.3
28.5	35.8	23.4	13.1	9.5	9.5	19.7	13.1	7.3
24.7	34.1	24.2	10.5	7.7	2.1	9.1	3.2	11.3
31.4	40.5	25.1	12.2	7.6	2.9	14.5	11.3	4.2
21.8	29.3	22.5	9.4	6.5	1.8	7.9	2.7	13.1
31.2	49.0	28.2	13.9	10.8	3.3	15.8	9.4	7.5
25.4	37.8	18.3	16.8	10.5	6.7	16.5	10.5	10.1
23.2	32.4	17.6	14.8	8.5	6.3	12.2	6.1	12.4
39.1	52.3	17.9	13.2	9.7	5.4	16.9	11.3	4.4
25.8	41.3	17.4	15.0	10.9	5.1	13.8	10.8	8.6
33.9	48.1	20.0	15.0	10.1	4.0	14.5	10.9	5.7
26.4	43.8	24.7	15.6	10.6	2.5	14.5	7.1	7.0

8-5 续表

项 目	开展产品或工艺创新活动企业数(个)	在开展产品或工艺创新活动		
		缺乏内部资金	缺乏风险投资	缺乏银行贷款
四、按地区分				
东部地区	126058	11.9	8.5	12.2
中部地区	37442	15.9	11.3	22.6
西部地区	23602	17.3	10.2	23.7
东北地区	5113	17.2	10.5	20.9
北 京	7104	14.0	8.9	10.4
天 津	4323	13.8	9.1	14.2
河 北	4819	14.2	10.5	19.2
山 西	1200	18.6	9.0	23.6
内蒙古	1050	21.2	10.0	24.5
辽 宁	2634	16.1	8.3	16.0
吉 林	1580	17.2	13.2	27.2
黑龙江	899	20.4	12.1	23.9
上 海	6114	11.9	7.5	9.0
江 苏	31221	10.8	8.9	10.8
浙 江	26660	8.8	6.7	8.9
安 徽	9345	14.4	9.7	22.5
福 建	7783	13.8	8.7	16.3
江 西	4779	16.0	11.6	23.0
山 东	14859	16.3	11.1	17.5
河 南	7206	16.5	13.7	20.9
湖 北	7105	15.6	11.0	26.7
湖 南	7807	17.2	11.5	19.9
广 东	22897	12.0	7.9	12.9
广 西	1873	16.3	9.3	22.1
海 南	278	15.8	6.8	12.6
重 庆	4070	16.5	10.1	19.4
四 川	5782	15.5	10.1	20.8
贵 州	2018	21.4	10.7	30.4
云 南	2570	17.0	9.4	30.0
西 藏	64	21.9	7.8	18.8
陕 西	3083	17.7	12.1	23.9
甘 肃	1142	19.0	10.6	26.2
青 海	271	17.0	8.5	28.4
宁 夏	542	15.5	11.4	27.7
新 疆	1137	18.5	9.2	22.9

企业中，下列各项是创新主要阻碍因素的企业占比(%)								
创新成本过高	缺乏人才或人才流失	缺乏技术信息	缺乏市场信息	难以找到创新合作伙伴	市场已被占领	不能确定市场需求	创新成果易被低成本模仿	没有创新的必要
30.5	40.6	24.0	12.7	8.0	3.5	15.1	11.6	5.2
30.5	40.7	22.7	12.0	8.7	3.2	13.2	9.4	5.0
33.6	44.7	24.7	15.2	9.0	4.1	15.5	9.9	6.6
29.7	37.2	20.0	13.3	8.5	3.9	11.2	8.2	5.2
35.1	47.8	19.8	13.7	8.7	4.6	16.8	11.8	5.5
25.1	32.3	18.1	12.6	6.7	3.3	11.2	8.7	5.7
26.7	41.0	23.5	13.2	7.6	3.1	13.5	9.3	7.6
28.6	46.7	26.0	15.3	6.3	4.2	13.2	7.8	6.0
27.6	40.2	23.2	13.9	9.5	3.0	13.8	6.7	8.7
26.5	35.5	18.8	12.8	7.6	4.3	10.1	7.9	4.1
33.2	37.7	21.2	13.6	9.1	3.4	12.2	8.4	6.5
32.8	41.4	21.4	14.3	10.0	3.6	13.0	8.6	5.9
33.7	44.8	19.8	12.2	8.9	4.2	15.4	14.7	3.4
25.8	34.5	22.0	10.8	7.1	2.8	10.9	8.9	3.6
33.0	45.3	30.7	14.4	9.0	3.5	20.9	14.4	6.5
31.3	42.3	22.4	10.9	8.3	2.8	11.1	9.9	2.7
33.0	41.5	25.2	14.9	9.5	4.0	18.4	11.6	7.3
31.7	40.9	23.2	11.6	10.1	3.3	14.8	9.1	8.0
28.3	39.4	24.7	13.9	7.7	2.9	12.5	8.9	7.8
28.6	40.3	23.9	13.1	8.5	3.5	12.5	9.8	5.0
32.3	43.4	22.9	13.2	9.2	3.3	15.7	10.5	5.1
29.5	35.4	20.8	10.8	8.2	3.0	13.3	8.0	5.7
34.2	42.2	21.7	11.5	7.6	4.2	14.9	13.8	3.2
32.6	47.4	26.1	16.0	9.3	4.6	16.2	9.7	6.9
38.1	51.4	24.1	15.5	7.6	6.5	18.7	11.2	6.1
36.3	42.9	24.4	13.9	8.3	3.7	15.6	11.0	5.7
35.3	41.9	22.3	14.0	9.3	4.3	16.7	11.8	6.2
30.1	43.5	21.9	13.5	9.5	4.3	12.7	6.4	9.1
37.6	46.8	26.3	17.2	9.8	3.9	15.1	10.8	5.6
20.3	57.8	17.2	17.2	6.3	7.8	15.6	7.8	10.9
31.1	48.8	25.5	17.4	9.2	3.8	15.6	9.6	5.5
30.5	45.8	28.2	17.3	7.4	4.6	15.5	6.9	8.2
32.1	49.8	34.3	18.5	9.2	7.0	15.1	6.3	8.1
37.1	45.6	30.6	16.1	8.5	4.6	14.9	10.5	7.2
29.0	47.3	28.3	16.2	7.7	4.0	15.0	7.4	7.7

8-6 开展产品或工艺创新活动

项目	开展产品或工艺创新活动企业数（个）	在开展产品或工艺创新		
		缺乏内部资金	缺乏风险投资	缺乏银行贷款
总计	**144792**	**12.7**	**8.6**	**16.5**
一、按规模分				
大型企业	7475	12.4	7.1	11.1
中型企业	29368	12.2	7.7	13.3
小型企业	105924	12.7	9.0	17.7
微型企业	2025	15.8	10.0	19.0
二、按登记注册类型分				
内资企业	122228	13.2	9.2	18.0
国有企业	793	24.3	5.7	10.0
集体企业	385	12.5	11.7	17.1
股份合作企业	346	9.2	8.1	11.6
联营企业	20	15.0	10.0	15.0
有限责任公司	35733	14.9	9.1	18.5
#国有独资公司	1533	20.9	6.7	11.4
股份有限公司	7591	13.1	8.7	17.5
私营企业	77179	12.3	9.4	17.9
其他企业	181	14.4	11.1	14.9
港、澳、台商投资企业	10480	9.5	5.8	9.5
合资经营企业	3778	10.4	6.2	10.2
合作经营企业	202	9.9	5.4	14.4
港、澳、台商独资经营企业	6147	8.9	5.4	8.8
港、澳、台商投资股份有限公司	281	11.4	5.0	9.3
其他港、澳、台投资企业	72	15.3	15.3	16.7
外商投资企业	12084	10.2	5.0	6.9
中外合资经营企业	4708	11.2	5.8	9.6
中外合作经营企业	191	11.0	12.0	6.3
外资企业	6838	9.4	4.2	5.1
外商投资股份有限公司	240	10.4	7.5	5.8
其他外商投资企业	107	15.9	4.7	7.5
三、按行业分				
采矿业	1730	23.3	10.7	22.8
煤炭开采和洗选业	552	27.0	9.6	25.4
石油和天然气开采业	49	22.4	4.1	6.1
黑色金属矿采选业	252	26.6	13.1	23.8
有色金属矿采选业	326	22.4	10.4	21.8
非金属矿采选业	493	18.1	12.2	22.1

工业企业的阻碍因素情况

活动企业中，下列各项是创新主要阻碍因素的企业占比(%)								
创新成本过高	缺乏人才或人才流失	缺乏技术信息	缺乏市场信息	难以找到创新合作伙伴	市场已被占领	不能确定市场需求	创新成果易被低成本模仿	没有创新的必要
31.2	**40.3**	**25.0**	**12.1**	**7.6**	**2.9**	**14.3**	**11.1**	**4.4**
34.9	49.0	27.1	12.6	7.7	3.9	17.0	14.6	2.7
31.5	43.4	25.7	12.1	6.9	2.9	14.7	11.8	3.8
31.0	38.9	24.8	12.1	7.8	2.8	14.1	10.6	4.7
25.0	31.6	20.2	12.3	8.5	3.1	12.1	8.5	8.4
31.5	40.5	25.2	12.0	7.7	2.7	14.0	10.6	4.5
26.4	48.2	25.9	13.1	6.8	2.8	12.2	6.9	6.9
22.1	38.7	20.8	9.4	7.8	1.8	12.7	6.2	6.0
28.9	37.9	28.3	15.9	5.8	2.9	17.3	11.0	8.1
25.0	50.0	35.0	15.0	10.0	5.0	10.0	15.0	5.0
31.8	42.4	25.5	12.7	7.7	3.0	14.1	10.7	4.5
28.2	48.7	27.6	16.0	8.7	4.8	14.6	8.9	5.6
36.3	49.8	26.2	12.6	8.3	3.2	14.3	13.4	2.6
31.0	38.7	25.0	11.7	7.6	2.5	13.9	10.4	4.6
24.9	26.0	22.7	9.9	7.7	1.1	13.8	3.3	9.9
31.1	41.2	25.2	12.7	7.6	3.6	16.3	13.3	4.1
32.3	42.4	27.3	13.4	7.7	3.4	16.0	13.2	3.8
33.7	36.1	22.8	11.9	6.9	3.5	12.9	14.4	5.9
30.1	40.3	24.0	12.4	7.5	3.6	16.8	13.2	4.2
31.3	49.5	25.6	12.1	9.3	3.6	14.6	18.5	4.3
38.9	48.6	22.2	6.9	5.6	8.3	12.5	9.7	4.2
28.7	37.3	23.0	12.6	6.7	3.9	16.2	13.4	4.3
31.8	41.1	24.4	13.1	7.5	3.6	15.7	12.9	3.7
29.3	35.6	22.5	11.5	8.4	5.8	14.1	7.3	3.7
26.6	34.5	22.1	12.2	6.1	3.9	16.5	13.9	4.6
29.6	42.1	22.1	16.7	6.7	2.5	16.7	14.2	5.8
28.0	35.5	25.2	13.1	6.5	10.3	20.6	13.1	6.5
24.7	34.1	24.2	10.5	7.7	2.1	9.1	3.2	11.3
23.4	37.3	23.2	10.9	7.2	2.4	6.7	2.7	12.9
28.6	40.8	36.7	16.3	6.1		6.1		8.2
22.2	29.4	20.6	10.3	5.6	2.0	11.9	2.8	15.1
24.2	36.2	25.8	7.7	9.8	1.8	8.3	1.5	12.3
26.2	30.0	24.7	11.6	7.9	2.0	11.0	5.3	8.1

8-6 续表 1

项　　目	开展产品或工艺创新活动企业数（个）	在开展产品或工艺创新		
		缺乏内部资　金	缺乏风险投　资	缺乏银行贷　款
开采辅助活动	53	24.5	5.7	18.9
制造业	141074	12.5	8.7	16.5
农副食品加工业	7409	14.3	11.0	24.1
食品制造业	3498	12.3	9.5	19.8
酒、饮料和精制茶制造业	2457	15.4	10.4	24.5
烟草制品业	77	14.3	6.5	3.9
纺织业	6260	10.5	8.1	12.1
纺织服装、服饰业	4041	10.6	8.0	11.2
皮革、毛皮、羽毛及其制品和制鞋业	2447	9.0	7.5	9.7
木材加工和木、竹、藤、棕、草制品业	2224	13.0	12.9	18.5
家具制造业	1873	11.2	8.6	13.3
造纸和纸制品业	1959	12.5	8.4	15.6
印刷和记录媒介复制业	1678	10.8	8.6	14.1
文教、工美、体育和娱乐用品制造业	3375	9.7	7.6	14.1
石油加工、炼焦和核燃料加工业	641	16.4	10.8	19.0
化学原料和化学制品制造业	11045	12.0	9.4	18.1
医药制造业	4750	13.8	9.7	17.0
化学纤维制造业	846	11.7	8.7	14.1
橡胶和塑料制品业	6573	10.9	7.8	15.2
非金属矿物制品业	8779	14.1	9.4	19.2
黑色金属冶炼和压延加工业	2571	13.2	9.9	19.0
有色金属冶炼和压延加工业	2940	13.6	7.9	21.5
金属制品业	7376	12.2	8.3	15.7
通用设备制造业	11970	13.1	8.3	15.8
专用设备制造业	9594	13.7	8.7	16.7
汽车制造业	7211	13.5	7.1	15.5
铁路、船舶、航空航天和其他运输设备制造业	2477	14.3	7.8	14.7
电气机械和器材制造业	13165	12.2	8.3	15.9
计算机、通信和其他电子设备制造业	9635	11.2	7.5	14.0
仪器仪表制造业	2974	10.9	8.5	13.6
其他制造业	722	11.8	8.3	13.0
废弃资源综合利用业	388	16.8	10.3	20.1
金属制品、机械和设备修理业	119	19.3	3.4	14.3
电力、热力、燃气及水生产和供应业	1988	15.3	5.0	10.5
电力、热力生产和供应业	1414	16.3	5.4	9.8
燃气生产和供应业	222	7.7	3.2	10.4
水的生产和供应业	352	16.2	4.5	13.4

活动企业中，下列各项是创新主要阻碍因素的企业占比(%)								
创新成本过高	缺乏人才或人才流失	缺乏技术信息	缺乏市场信息	难以找到创新合作伙伴	市场已被占领	不能确定市场需求	创新成果易被低成本模仿	没有创新的必要
32.1	45.3	24.5	9.4	11.3	1.9	11.3	1.9	3.8
31.4	40.5	25.1	12.2	7.6	2.9	14.5	11.3	4.2
29.9	36.9	23.8	13.0	8.0	3.2	15.1	8.6	5.8
30.1	38.6	23.8	13.7	7.9	3.7	18.8	12.8	3.8
29.0	37.5	21.7	15.1	8.4	3.4	19.1	10.1	5.3
15.6	50.6	27.3	16.9	9.1	10.4	29.9	11.7	1.3
27.1	35.2	25.5	13.0	7.3	2.6	16.8	11.8	5.6
26.3	34.6	20.9	13.2	7.4	2.9	16.7	9.6	6.3
26.2	35.1	23.0	13.2	7.4	3.5	18.2	12.8	7.4
25.9	32.3	23.3	10.6	7.6	1.7	11.2	7.5	4.7
27.4	37.9	22.9	15.4	7.8	3.1	18.5	16.1	4.0
27.5	35.4	26.7	11.4	7.3	3.0	14.8	10.6	5.9
31.6	39.0	26.9	12.8	6.9	2.7	13.6	9.7	5.1
29.8	39.5	23.7	12.4	7.0	2.5	17.8	16.1	4.0
27.3	37.0	24.8	13.4	7.2	3.6	10.3	9.4	8.4
30.4	39.1	25.0	12.3	8.3	2.9	13.7	10.8	4.4
40.7	46.2	27.1	10.7	8.6	2.5	13.6	7.3	3.3
28.3	37.6	25.8	13.5	7.3	2.5	16.9	9.8	6.5
30.2	38.6	26.7	12.1	7.9	2.6	15.0	11.7	4.7
27.5	34.2	23.3	12.0	7.1	2.7	14.1	11.0	6.2
27.4	36.1	27.8	10.8	6.1	2.1	12.1	6.8	5.8
29.4	41.8	27.5	10.0	7.6	2.5	11.8	8.3	4.8
30.5	40.3	25.4	11.8	7.4	2.4	13.1	10.5	4.2
33.8	43.4	25.6	11.7	7.6	2.6	13.2	12.3	3.4
33.6	43.2	23.9	11.3	7.5	2.6	12.4	13.4	2.8
33.6	45.5	28.2	11.5	7.4	3.5	13.6	9.7	3.8
31.9	43.9	24.2	14.0	7.6	3.6	13.6	11.2	2.7
34.4	43.1	25.6	12.5	7.5	3.2	14.8	12.7	3.0
36.0	46.2	25.5	11.8	7.9	3.5	14.7	12.3	2.4
35.4	49.5	24.6	13.3	7.5	3.1	14.4	14.1	2.3
28.9	39.1	27.4	11.2	8.4	2.9	18.1	14.7	4.3
26.8	34.3	24.0	10.6	8.0	1.0	11.1	4.6	5.4
27.7	47.1	29.4	19.3	5.0	3.4	10.9	2.5	4.2
21.8	29.3	22.5	9.4	6.5	1.8	7.9	2.7	13.1
23.3	29.3	23.3	10.2	6.9	1.6	7.1	2.7	13.1
11.7	26.1	18.5	9.0	5.0	5.0	9.5	3.2	15.3
21.9	31.3	21.9	6.5	6.0	0.6	10.5	2.3	11.9

8-6 续表 2

项 目	开展产品或工艺创新活动企业数(个)	在开展产品或工艺创新		
		缺乏内部资金	缺乏风险投资	缺乏银行贷款
四、按地区分				
东部地区	95399	10.9	7.6	12.2
中部地区	29461	15.3	11.0	23.7
西部地区	16318	17.5	9.9	26.7
东北地区	3614	16.1	9.4	22.6
北 京	1900	12.1	4.9	10.6
天 津	2827	12.8	8.5	15.2
河 北	3759	13.5	10.7	20.2
山 西	773	17.9	9.1	27.9
内蒙古	733	22.2	9.4	26.6
辽 宁	1883	13.8	6.9	16.6
吉 林	1059	17.9	12.6	30.0
黑龙江	672	19.6	11.3	27.4
上 海	3565	10.1	5.2	8.4
江 苏	26211	9.8	7.9	10.5
浙 江	22942	8.4	6.4	8.9
安 徽	7519	13.4	9.0	23.6
福 建	5710	13.4	8.2	17.9
江 西	3962	16.1	11.7	23.5
山 东	11549	16.3	10.9	18.4
河 南	5114	15.6	13.4	21.8
湖 北	5607	15.7	11.0	28.9
湖 南	6486	16.3	11.3	20.5
广 东	16806	10.3	6.5	12.2
广 西	1232	16.9	9.1	25.4
海 南	130	15.4	7.7	12.3
重 庆	2987	17.0	9.6	21.5
四 川	3998	15.1	9.7	23.8
贵 州	1453	22.0	10.3	35.0
云 南	1731	16.6	9.8	33.3
西 藏	26	19.2	11.5	19.2
陕 西	2007	18.1	11.7	26.9
甘 肃	768	18.6	10.4	30.6
青 海	168	17.3	8.3	30.4
宁 夏	423	16.1	11.3	32.4
新 疆	792	19.7	8.7	25.0

活动企业中，下列各项是创新主要阻碍因素的企业占比(%)								
创　新 成本过高	缺乏人才或 人才流失	缺乏技术 信　息	缺乏市场 信　息	难以找到创 新合作伙伴	市场已被 占　领	不能确定 市场需求	创新成果易被 低成本模仿	没有创新 的 必 要
30.5	39.8	25.4	12.1	7.3	2.9	14.8	11.9	4.3
31.2	40.1	23.5	11.1	8.2	2.6	12.7	9.3	4.3
35.6	44.3	26.7	14.2	8.4	3.1	15.4	10.0	5.7
30.6	37.0	21.4	12.0	7.6	2.7	10.2	8.0	3.2
34.8	46.9	23.0	13.5	6.8	3.6	15.2	13.4	2.3
26.2	30.7	18.4	11.1	5.3	2.5	10.5	9.9	2.5
28.0	41.3	24.4	12.4	7.4	2.7	13.6	9.8	7.0
30.1	45.3	28.1	14.4	5.4	3.4	11.8	7.1	5.0
29.9	39.8	25.2	12.7	9.6	2.5	14.5	6.7	7.4
26.5	34.5	19.8	11.5	6.2	2.5	8.8	7.6	1.9
34.7	38.2	23.0	11.9	8.9	2.8	11.4	7.8	4.7
35.7	42.1	23.2	13.2	9.2	3.3	12.1	9.4	4.3
33.2	44.0	22.5	12.1	8.0	3.3	14.5	16.6	1.6
25.6	33.2	22.2	9.9	6.2	2.3	10.1	8.8	2.7
33.7	45.4	32.1	14.5	8.7	3.2	21.5	14.8	6.4
31.3	41.6	22.8	9.8	7.3	2.1	10.2	9.8	1.7
34.7	41.8	26.9	14.8	9.1	3.5	18.8	12.4	6.7
32.0	40.9	24.3	11.1	9.7	3.0	14.6	8.9	7.6
29.4	40.4	25.9	13.2	7.5	2.5	12.3	9.2	6.7
29.5	39.8	25.1	11.9	8.5	2.9	11.8	9.9	4.0
33.8	43.1	24.0	12.8	8.7	3.0	15.3	10.9	4.1
30.0	34.8	21.5	10.3	7.8	2.4	12.9	7.4	5.4
33.2	40.6	22.5	10.6	6.5	3.4	14.3	14.0	2.0
35.6	47.5	28.9	14.7	8.8	4.4	17.0	9.7	5.4
44.6	45.4	29.2	11.5	6.2	4.6	23.1	10.8	2.3
38.5	44.2	26.5	12.9	7.5	2.8	15.9	11.7	4.8
36.5	41.2	24.1	13.2	9.1	3.4	16.3	12.0	5.2
30.8	43.2	23.0	11.8	8.6	3.0	12.0	6.1	8.1
40.3	45.4	27.8	16.3	8.5	2.9	15.4	11.1	4.7
23.1	50.0	26.9	11.5	15.4		15.4	11.5	7.7
34.5	49.4	28.7	16.4	8.5	2.6	15.1	9.3	4.9
31.6	43.8	29.7	16.5	8.2	3.1	14.6	7.3	7.8
38.1	44.6	39.9	16.7	8.3	2.4	13.7	4.8	5.4
37.8	44.9	31.9	16.5	7.6	3.1	15.8	11.3	6.4
29.7	45.6	30.1	14.9	7.3	2.7	15.5	7.2	7.8

8-7 开展产品或工艺创新活动

项目	开展产品或工艺创新活动企业数(个)	在开展产品或工艺创新活动			
		缺乏内部资金	缺乏风险投资	缺乏银行贷款	创新成本过高
总计	**5919**	**19.2**	**11.7**	**14.2**	**31.2**
一、按规模分					
大型企业	1498	21.3	9.3	9.5	37.3
中型企业	2895	17.6	11.8	14.8	30.1
小型企业	1358	19.7	13.5	17.4	27.8
微型企业	168	25.0	16.1	20.8	22.6
二、按登记注册类型分					
内资企业	5844	19.3	11.7	14.2	31.1
国有企业	249	24.9	13.7	6.8	31.7
集体企业	74	25.7	5.4	21.6	27.0
股份合作企业	12	16.7	8.3		41.7
有限责任公司	2775	21.0	10.9	12.1	31.5
#国有独资公司	355	26.5	9.6	6.5	36.1
股份有限公司	376	21.3	9.3	14.6	33.2
私营企业	2354	16.2	13.2	17.2	30.4
港、澳、台商投资企业	51	17.6	3.9	7.8	41.2
合资经营企业	38	15.8	5.3	7.9	39.5
合作经营企业	6	16.7			66.7
港、澳、台商独资经营企业	6	33.3		16.7	16.7
外商投资企业	24	8.3	12.5	20.8	29.2
中外合资经营企业	16	6.3	12.5	25.0	37.5
外资企业	7	14.3	14.3	14.3	
三、按行业分					
房屋建筑业	2566	20.8	12.3	15.9	30.9
土木工程建筑业	1595	19.7	10.2	10.9	31.4
建筑安装业	824	15.4	10.7	14.7	30.9
建筑装饰和其他建筑业	934	17.5	13.3	14.6	31.9

建筑业企业的阻碍因素情况

企业中，下列各项是创新主要阻碍因素的企业占比(%)							
缺乏人才或人才流失	缺乏技术信息	缺乏市场信息	难以找到创新合作伙伴	市场已被占领	不能确定市场需求	创新成果易被低成本模仿	没有创新的必要
49.0	**28.2**	**13.9**	**10.8**	**3.3**	**15.8**	**9.4**	**7.5**
61.2	28.2	12.5	9.8	3.3	14.2	12.7	2.5
47.8	29.4	14.3	11.0	2.9	15.8	8.6	7.4
39.5	26.1	14.7	11.0	4.3	17.9	8.2	12.4
37.5	23.2	13.1	15.5	4.2	14.3	5.4	16.7
49.1	28.3	13.8	10.7	3.3	15.8	9.4	7.6
53.8	27.3	14.9	8.0	2.8	13.7	7.6	6.4
36.5	21.6	14.9	10.8	10.8	17.6	9.5	5.4
50.0	16.7	16.7	8.3		41.7		8.3
53.2	27.9	13.3	9.4	3.4	15.4	9.8	6.9
64.5	27.6	10.7	6.2	3.4	11.3	11.0	3.7
52.4	28.2	12.2	10.6	2.7	13.3	13.6	5.9
43.7	29.1	14.5	12.6	3.2	16.8	8.6	8.8
37.3	23.5	17.6	21.6	3.9	19.6	7.8	3.9
36.8	18.4	18.4	15.8		18.4	10.5	2.6
33.3	33.3		50.0	33.3	16.7		16.7
50.0	33.3	16.7	33.3		33.3		
54.2	16.7	29.2	12.5	4.2	12.5	12.5	8.3
62.5	12.5	25.0	6.3	6.3	12.5	6.3	6.3
28.6	14.3	42.9	28.6		14.3	28.6	14.3
47.3	28.0	14.0	11.2	3.6	16.7	7.9	8.2
53.4	27.5	12.4	9.3	3.0	14.9	10.1	6.6
50.5	27.9	14.9	10.7	3.3	14.3	10.3	6.8
45.1	30.0	15.2	12.4	3.2	16.5	11.9	7.9

8-7 续表

项　　目	开展产品或工艺创新活动企业数(个)	在开展产品或工艺创新活动			
		缺乏内部资金	缺乏风险投资	缺乏银行贷款	创新成本过高
四、按地区分					
东部地区	3396	17.8	11.0	12.5	32.5
中部地区	1205	19.9	12.4	17.1	29.5
西部地区	1051	22.4	11.8	15.8	29.3
东北地区	267	22.1	16.9	16.5	30.0
北　京	323	21.1	9.0	9.9	34.1
天　津	182	22.0	6.6	13.2	29.1
河　北	192	18.8	10.4	14.6	26.0
山　西	115	28.7	11.3	12.2	33.0
内蒙古	36	22.2	22.2	11.1	22.2
辽　宁	157	23.6	15.9	15.9	30.6
吉　林	55	20.0	16.4	20.0	27.3
黑龙江	55	20.0	20.0	14.5	30.9
上　海	199	13.1	11.1	6.0	29.1
江　苏	832	17.5	12.0	12.3	29.7
浙　江	578	12.8	9.9	14.2	36.2
安　徽	227	20.7	14.1	16.7	33.5
福　建	241	20.7	12.4	12.4	34.9
江　西	101	16.8	12.9	18.8	35.6
山　东	431	17.9	12.1	13.2	29.5
河　南	364	19.5	11.5	17.0	28.0
湖　北	258	13.6	12.4	19.4	23.6
湖　南	140	26.4	12.1	16.4	30.0
广　东	404	20.3	12.6	14.1	40.6
广　西	77	26.0	10.4	20.8	32.5
海　南	14	35.7			7.1
重　庆	127	22.8	11.8	11.8	28.3
四　川	206	19.9	10.7	16.0	30.6
贵　州	66	27.3	10.6	16.7	21.2
云　南	138	23.9	8.7	22.5	37.0
西　藏	10	40.0	10.0		10.0
陕　西	206	23.3	14.6	16.5	26.2
甘　肃	81	22.2	9.9	8.6	27.2
青　海	20	25.0	15.0	35.0	15.0
宁　夏	24	4.2	8.3	12.5	50.0
新　疆	60	16.7	13.3	8.3	31.7

企业中，下列各项是创新主要阻碍因素的企业占比(%)							
缺乏人才或人才流失	缺乏技术信息	缺乏市场信息	难以找到创新合作伙伴	市场已被占领	不能确定市场需求	创新成果易被低成本模仿	没有创新的必要
49.9	28.9	12.9	10.5	3.1	16.7	10.3	7.7
47.2	25.9	14.4	11.5	3.6	14.4	8.7	8.3
50.1	29.3	15.9	10.2	3.4	15.3	7.8	6.7
41.6	24.0	16.9	14.2	5.2	13.1	7.9	6.0
57.3	29.4	15.5	7.1	3.7	16.1	12.7	5.0
51.6	26.9	12.6	8.8	1.1	11.5	9.9	6.0
44.8	24.0	13.5	6.3	2.6	14.6	8.3	9.4
54.8	22.6	17.4	6.1	2.6	14.8	6.1	7.0
41.7	36.1	13.9	8.3		8.3	2.8	8.3
40.8	21.0	12.1	15.9	8.3	14.7	10.2	5.1
47.3	25.5	23.6	12.7	1.8	12.7	5.5	9.1
38.2	30.9	23.6	10.9		9.1	3.6	5.5
53.3	26.1	11.1	13.1	3.5	17.1	14.1	5.5
47.2	31.6	12.7	13.0	4.4	18.5	8.9	10.1
51.0	31.3	11.1	13.8	1.7	17.1	11.1	5.7
46.7	26.9	12.3	10.6	4.4	13.7	9.7	7.0
50.2	24.5	12.9	11.6	3.7	17.8	5.4	10.8
45.5	23.8	13.9	16.8	3.0	14.9	8.9	9.9
42.9	26.9	13.0	8.6	1.9	16.2	9.5	8.4
45.3	28.8	16.5	10.2	4.1	13.7	10.4	8.0
45.3	26.0	13.2	12.0	2.7	17.4	7.0	10.9
51.4	20.7	12.1	15.7	3.6	10.7	7.9	6.4
55.0	28.7	14.1	6.4	3.5	15.6	13.1	6.2
63.6	31.2	16.9	7.8	2.6	14.3	5.2	1.3
50.0	42.9	21.4	7.1	7.1	28.6	21.4	
43.3	19.7	13.4	14.2	3.2	13.4	7.1	4.7
44.2	31.6	14.6	10.2	1.9	21.8	9.7	8.7
40.9	27.3	13.6	6.1	6.1	18.2	9.1	7.6
55.1	30.4	20.3	13.8	4.3	10.9	8.0	4.3
60.0	30.0	10.0					20.0
50.0	24.3	18.4	9.2	3.4	12.6	8.3	7.3
53.1	34.6	14.8	7.4	2.5	13.6	3.7	12.3
60.0	50.0	10.0	15.0	5.0	20.0	10.0	5.0
54.2	41.7	16.7	12.5	8.3	25.0	12.5	
61.7	33.3	13.3	8.3	6.7	18.3	10.0	5.0

8-8 开展产品或工艺创新活动

项　目	开展产品或工艺创新活动企业数(个)	在开展产品或工艺创新活动			
		缺乏内部资金	缺乏风险投资	缺乏银行贷款	创新成本过高
总　计	**41504**	**15.6**	**11.4**	**14.1**	**29.7**
一、按规模分					
大型企业	3551	12.6	7.5	7.4	34.8
中型企业	13249	14.8	10.1	13.3	31.2
小型企业	21604	16.3	12.3	15.4	29.0
微型企业	3100	17.9	14.4	16.2	21.8
二、按登记注册类型分					
内资企业	38541	15.9	11.7	14.6	29.4
国有企业	1155	18.8	7.2	8.0	26.2
集体企业	262	27.1	15.3	12.2	13.4
股份合作企业	48	22.9	4.2	10.4	27.1
联营企业	14	7.1	7.1	14.3	35.7
#国有联营企业	4		25.0		25.0
有限责任公司	15028	16.6	10.5	12.9	28.4
#国有独资公司	1216	20.3	7.1	9.1	22.8
股份有限公司	2813	13.9	13.1	14.6	35.7
私营企业	18822	15.0	12.5	16.5	29.9
其他企业	399	27.8	13.3	17.0	22.3
港、澳、台商投资企业	1293	12.4	7.9	7.3	31.6
合资经营企业	346	16.2	10.7	10.4	33.5
合作经营企业	26	11.5	3.8	7.7	19.2
港、澳、台商独资经营企业	840	10.6	7.3	6.2	31.8
港、澳、台商投资股份有限公司	59	11.9	3.4	5.1	32.2
其他港、澳、台投资企业	22	22.7	4.5	9.1	9.1
外商投资企业	1670	11.8	7.3	7.4	33.8
中外合资经营企业	463	14.3	9.3	10.8	39.1
中外合作经营企业	24	12.5	4.2	8.3	29.2
外资企业	1106	11.2	6.5	5.8	31.4
外商投资股份有限公司	47	6.4	10.6	10.6	44.7
其他外商投资企业	30	3.3	3.3	6.7	30.0
三、按行业分					
批发和零售业	17941	15.8	11.5	15.3	25.4
批发业	7972	15.6	11.8	16.1	26.1
零售业	9969	15.9	11.3	14.7	24.9
交通运输、仓储和邮政业	3440	18.7	10.2	15.3	23.2
铁路运输业	20	20.0		10.0	15.0
道路运输业	1925	19.0	10.8	17.3	22.4
水上运输业	244	16.8	7.0	11.9	23.0
航空运输业	74	18.9	12.2	12.2	28.4
管道运输业	11	18.2	9.1	18.2	27.3
装卸搬运和运输代理业	559	17.9	10.9	12.7	24.0
仓储业	386	18.9	11.4	17.4	24.4
邮政业	221	20.4	5.4	5.4	25.8
信息传输、软件和信息技术服务业	9691	13.6	12.4	13.1	39.1
电信、广播电视和卫星传输服务	699	13.6	8.2	5.4	24.2
互联网和相关服务	865	12.3	13.5	12.6	36.4
软件和信息技术服务业	8127	13.7	12.7	13.9	40.6
租赁和商务服务业	3773	15.6	10.8	12.5	25.8

服务业企业的阻碍因素情况

企业中，下列各项是创新主要阻碍因素的企业占比(%)							
缺乏人才或人才流失	缺乏技术信息	缺乏市场信息	难以找到创新合作伙伴	市场已被占领	不能确定市场需求	创新成果易被低成本模仿	没有创新的必要
42.6	**18.4**	**15.4**	**10.1**	**5.8**	**15.7**	**10.3**	**8.1**
48.9	19.4	14.2	9.9	5.2	18.7	13.0	5.2
46.0	18.9	15.0	9.3	5.9	16.6	11.1	7.0
40.9	18.3	15.7	10.7	5.7	14.8	9.7	8.7
33.6	16.2	16.1	10.3	6.5	14.5	8.3	12.8
42.8	18.7	15.5	10.2	5.7	15.4	10.2	8.1
45.3	22.9	17.4	7.5	6.8	15.3	8.1	8.7
35.9	17.9	16.8	7.6	6.1	9.2	6.9	15.3
41.7	25.0	12.5	14.6	10.4	12.5	4.2	10.4
14.3	14.3	7.1	14.3	7.1	21.4	21.4	
50.0	25.0		25.0		25.0		
43.4	18.5	15.9	9.5	5.6	15.8	9.7	7.8
47.4	18.6	15.3	9.5	6.6	13.6	7.8	6.4
50.1	17.2	13.9	11.1	5.3	15.0	12.3	5.3
41.3	18.7	15.3	10.8	5.8	15.3	10.5	8.7
34.1	20.6	16.3	8.5	3.8	15.0	5.0	7.5
42.0	15.9	13.6	9.0	6.6	19.3	12.8	8.4
44.2	17.3	14.5	7.8	4.9	18.2	13.3	4.9
42.3	23.1	15.4		7.7	19.2	3.8	15.4
41.3	15.5	13.3	10.0	6.8	18.9	12.3	9.0
40.7	13.6	13.6	6.8	13.6	30.5	18.6	13.6
36.4	9.1	9.1	9.1	4.5	18.2	18.2	13.6
40.1	15.6	12.9	10.2	6.2	18.9	12.5	8.7
43.2	19.4	16.4	10.6	4.1	19.7	9.7	7.1
29.2	16.7	8.3	4.2		20.8	8.3	12.5
38.8	14.0	11.6	9.9	7.3	18.6	13.9	9.3
48.9	12.8	12.8	10.6	4.3	19.1	8.5	8.5
36.7	16.7	13.3	20.0	6.7	16.7	13.3	10.0
37.8	18.3	16.8	10.5	6.7	16.5	10.5	10.1
35.7	19.1	16.0	10.9	6.0	16.4	10.7	10.4
39.5	17.7	17.4	10.2	7.3	16.6	10.3	9.9
32.4	17.6	14.8	8.5	6.3	12.2	6.1	12.4
40.0	20.0	30.0	5.0	10.0	5.0		20.0
31.3	18.1	14.9	9.1	6.6	11.6	5.7	13.5
29.5	26.6	15.6	8.6	2.9	13.1	6.6	9.8
39.2	17.6	12.2	5.4	5.4	17.6	8.1	4.1
18.2	9.1	18.2		9.1	9.1		
34.3	14.0	15.7	9.3	6.3	13.8	5.7	12.7
35.2	16.6	13.2	7.3	2.3	10.1	6.5	12.2
33.5	14.5	13.1	5.9	14.0	15.4	10.4	8.6
52.3	17.9	13.2	9.7	5.4	16.9	11.3	4.4
44.5	17.5	15.0	8.3	14.4	19.2	14.0	8.0
49.7	19.7	10.6	12.0	4.4	18.2	13.3	4.2
53.2	17.8	13.4	9.5	4.8	16.6	10.8	4.1
41.3	17.4	15.0	10.9	5.1	13.8	10.8	8.6

8-8 续表

项目	开展产品或工艺创新活动企业数(个)	在开展产品或工艺创新活动			
		缺乏内部资金	缺乏风险投资	缺乏银行贷款	创新成本过高
租赁业	198	19.2	15.7	20.2	22.7
商务服务业	3575	15.4	10.5	12.1	25.9
科学研究和技术服务业	5889	16.1	10.4	12.0	33.9
研究和试验发展	1082	15.0	10.5	12.2	39.9
专业技术服务业	3267	15.5	9.3	10.0	32.1
科技推广和应用服务业	1540	18.2	12.5	16.2	33.5
水利、环境和公共设施管理业	770	19.6	10.4	17.4	26.4
水利管理业	28	10.7			21.4
生态保护和环境治理业	169	15.4	10.1	14.8	36.7
公共设施管理业	573	21.3	11.0	19.0	23.6
四、按地区分					
东部地区	27263	14.9	11.2	12.2	30.4
中部地区	6776	17.8	12.4	18.5	27.7
西部地区	6233	15.9	10.8	17.1	29.1
东北地区	1232	19.2	12.3	16.9	26.8
北京	4881	14.3	10.4	10.3	35.2
天津	1314	14.8	10.9	12.3	22.2
河北	868	16.2	9.8	15.9	21.0
山西	312	16.7	8.0	17.0	23.1
内蒙古	281	18.5	10.0	20.6	22.4
辽宁	594	21.4	10.6	14.1	25.3
吉林	466	15.0	14.2	21.7	30.5
黑龙江	172	23.3	12.8	13.4	22.1
上海	2350	14.5	10.7	10.3	34.9
江苏	4178	16.0	14.5	12.6	26.7
浙江	3140	10.8	8.6	8.5	27.6
安徽	1599	17.9	12.3	18.4	30.9
福建	1832	14.1	9.7	11.7	27.5
江西	716	15.5	10.8	20.7	29.6
山东	2879	15.6	11.6	14.7	23.6
河南	1728	18.4	15.3	19.2	25.8
湖北	1240	15.6	10.8	18.1	27.3
湖南	1181	20.8	11.9	17.4	26.7
广东	5687	16.5	11.9	14.6	36.5
广西	564	13.7	9.8	14.9	25.9
海南	134	14.2	6.7	14.2	35.1
重庆	956	13.9	11.5	13.9	30.4
四川	1578	15.8	11.0	13.8	32.8
贵州	499	18.8	11.8	19.0	29.5
云南	701	16.5	8.4	23.5	31.1
西藏	28	17.9	3.6	25.0	21.4
陕西	870	15.4	12.4	19.0	24.6
甘肃	293	19.1	11.3	19.5	28.3
青海	83	14.5	7.2	22.9	24.1
宁夏	95	15.8	12.6	10.5	30.5
新疆	285	15.4	9.8	20.0	26.7

企业中，下列各项是创新主要阻碍因素的企业占比(%)							
缺乏人才或人才流失	缺乏技术信　息	缺乏市场信　息	难以找到创新合作伙伴	市场已被占　领	不能确定市场需求	创新成果易被低成本模仿	没有创新的 必 要
32.8	13.6	12.1	10.6	3.5	10.1	7.6	12.1
41.7	17.6	15.1	10.9	5.2	14.0	11.0	8.4
48.1	20.0	15.0	10.1	4.0	14.5	10.9	5.7
50.2	17.5	14.5	9.2	4.4	15.7	12.3	4.1
49.0	21.3	16.2	10.9	4.2	14.5	10.8	6.5
44.9	18.8	12.9	9.3	3.1	13.6	10.1	5.1
43.8	24.7	15.6	10.6	2.5	14.5	7.1	7.0
42.9	21.4	21.4	7.1		10.7	10.7	10.7
46.2	24.9	13.6	11.8	2.4	11.8	11.8	5.3
43.1	24.8	15.9	10.5	2.6	15.5	5.6	7.3
42.6	18.6	14.8	10.0	5.5	15.8	10.6	8.0
41.9	18.4	15.2	10.4	5.5	15.4	10.1	7.5
44.8	18.6	17.9	10.3	6.9	15.6	9.8	8.9
36.9	15.1	16.6	9.9	6.9	14.0	8.7	11.0
47.6	17.9	13.7	9.5	5.0	17.5	11.1	6.8
33.0	16.3	15.6	9.5	5.2	12.8	6.1	12.6
38.8	19.5	16.7	8.4	5.1	12.6	6.9	9.9
47.1	22.1	16.7	8.7	6.7	16.0	9.9	8.0
40.9	16.4	17.1	9.6	5.0	12.8	7.1	12.1
37.4	15.2	17.0	9.6	8.8	13.0	8.2	11.1
35.4	16.5	16.3	9.2	4.9	13.9	9.9	10.3
39.5	11.0	15.7	12.8	5.8	18.0	7.0	12.2
45.3	15.3	12.4	10.0	5.5	16.5	11.7	6.0
39.7	18.8	15.8	11.3	5.6	14.8	9.4	8.1
43.2	20.4	15.0	10.1	5.4	16.9	11.8	7.4
45.0	19.6	15.6	12.5	5.8	15.1	10.6	6.5
39.4	20.0	15.5	10.3	5.7	17.0	9.8	8.7
40.4	17.0	14.2	11.7	5.0	15.6	9.9	9.8
34.9	19.2	16.7	8.3	4.8	12.8	7.7	11.8
40.6	19.5	16.0	8.1	5.0	14.3	9.5	7.4
44.0	17.1	14.8	10.7	4.9	16.8	9.6	8.0
36.9	16.6	14.0	10.0	6.4	15.6	11.0	7.0
46.2	19.0	14.0	10.8	6.4	16.7	13.3	6.6
44.9	19.1	18.6	10.6	5.5	14.5	10.3	10.8
57.5	17.2	18.7	9.0	8.2	13.4	10.4	10.4
39.1	18.3	17.3	10.3	6.5	15.0	9.3	8.6
43.3	16.5	15.8	9.6	6.9	16.9	11.6	8.4
44.5	17.8	18.2	12.4	7.8	14.0	7.0	12.2
48.6	21.7	18.5	12.4	6.4	15.1	10.6	8.1
64.3	3.6	25.0		17.9	21.4	7.1	10.7
47.2	18.3	19.3	11.0	6.4	17.4	10.8	6.4
49.1	22.5	19.8	5.5	8.9	18.4	6.8	8.2
57.8	19.3	24.1	9.6	16.9	16.9	8.4	14.5
46.3	22.1	13.7	11.6	10.5	8.4	6.3	12.6
49.1	22.5	20.4	8.8	7.0	12.6	7.4	7.7

8-9 未开展产品或工艺创新

项　　目	未开展产品或工艺创新活动企业数(个)	在未开展产品或工艺创新活动			
		缺乏内部资　　金	缺乏风险投　　资	缺乏银行贷　　款	创　　新成本过高
总　计	**533924**	**9.5**	**6.4**	**9.1**	**12.3**
一、按规模分					
大型企业	8642	8.6	4.6	6.4	12.9
中型企业	99295	10.1	6.3	8.6	12.9
小型企业	362670	9.5	6.6	9.6	12.7
微型企业	63317	8.4	5.4	7.3	8.9
二、按登记注册类型分					
内资企业	494892	9.6	6.6	9.5	12.4
国有企业	10367	10.9	4.4	5.3	9.0
集体企业	6486	10.4	5.5	7.6	10.3
股份合作企业	1516	8.2	5.5	6.7	10.0
联营企业	312	11.5	7.4	7.7	11.5
#国有联营企业	51	11.8	5.9	11.8	9.8
有限责任公司	164220	10.2	6.5	9.3	12.1
#国有独资公司	8361	10.9	4.9	5.7	8.9
股份有限公司	12739	10.7	6.6	9.6	12.3
私营企业	295085	9.2	6.7	9.8	12.8
其他企业	4167	9.9	8.3	8.9	12.3
港、澳、台商投资企业	18923	7.1	3.9	4.4	11.3
合资经营企业	4644	8.2	4.3	6.1	11.8
合作经营企业	525	5.3	4.0	4.0	7.2
港、澳、台商独资经营企业	13174	6.6	3.7	3.8	11.2
港、澳、台商投资股份有限公司	382	10.2	3.4	5.2	13.4
其他港、澳、台投资企业	198	13.6	3.5	7.1	14.1
外商投资企业	20109	6.8	3.6	3.8	10.4
中外合资经营企业	5641	7.1	4.2	6.0	11.1
中外合作经营企业	474	6.3	4.0	3.0	11.4
外资企业	13356	6.7	3.2	2.8	10.1
外商投资股份有限公司	365	8.5	4.7	4.1	11.2
其他外商投资企业	273	5.9	4.8	4.8	11.4
三、按行业分					
采矿业	10815	11.8	7.3	13.5	11.6
制造业	214455	9.5	6.7	10.5	14.3
电力、热力、燃气及水生产和供应业	8517	7.2	3.6	6.0	7.5
建筑业	34497	12.4	7.0	9.1	13.0
批发和零售业	175233	9.1	6.2	8.5	11.2
交通运输、仓储和邮政业	35846	9.1	5.7	7.4	8.8
信息传输、软件和信息技术服务业	6875	10.7	7.0	6.4	14.9
租赁和商务服务业	29204	7.9	5.7	5.1	9.3
科学研究和技术服务业	13951	9.1	6.0	6.2	11.2
水利、环境和公共设施管理业	4531	10.6	6.1	8.5	11.1

活动企业的阻碍因素情况

企业中，下列各项是创新主要阻碍因素的企业占比(%)							
缺乏人才或人才流失	缺乏技术信息	缺乏市场信息	难以找到创新合作伙伴	市场已被占领	不能确定市场需求	创新成果易被低成本模仿	没有创新的必要
17.8	**11.1**	**8.2**	**6.2**	**2.9**	**9.3**	**2.8**	**20.0**
20.3	11.2	7.1	5.8	2.7	10.1	4.1	18.1
20.2	11.5	8.5	6.4	2.9	10.1	2.9	20.9
18.0	11.6	8.4	6.3	2.8	9.5	2.9	19.8
12.6	7.3	7.3	5.6	3.2	7.1	1.9	20.2
18.1	11.2	8.4	6.4	2.9	9.3	2.8	20.2
18.1	9.9	7.5	4.5	3.0	7.3	1.7	22.1
16.7	10.5	7.3	5.3	2.9	7.1	1.5	22.8
16.1	9.4	6.6	6.6	3.2	9.3	3.8	23.5
15.1	9.9	9.6	5.4	3.8	11.5	2.2	18.6
17.6	13.7	3.9	2.0	5.9	7.8		21.6
18.4	10.9	8.4	6.1	3.0	9.4	2.7	20.6
19.1	10.8	7.8	5.0	2.3	7.7	1.9	20.9
19.5	11.2	8.2	6.9	3.7	10.0	2.9	20.4
18.0	11.5	8.4	6.5	2.8	9.4	2.9	19.9
18.0	13.8	9.8	6.4	2.5	8.6	2.0	19.9
14.9	9.1	6.2	4.8	2.6	9.7	3.5	17.2
16.8	11.1	6.8	5.6	2.6	10.3	3.4	18.0
11.2	5.7	3.8	4.4	2.3	3.6	2.3	13.5
14.2	8.5	6.0	4.4	2.5	9.7	3.5	17.0
16.2	9.7	8.4	6.8	4.7	9.9	4.2	18.1
18.7	9.1	8.6	9.1	3.5	9.1	3.5	25.3
12.7	8.3	6.0	4.6	2.3	9.3	3.8	18.6
15.1	9.6	6.7	5.0	2.3	9.7	3.5	18.2
12.0	8.7	4.2	4.0	1.9	8.2	4.6	16.2
11.6	7.7	5.7	4.3	2.3	9.3	3.9	18.8
17.0	8.5	6.3	5.5	3.8	7.1	4.7	18.6
13.6	5.5	7.3	6.2	3.7	8.8	4.4	20.9
14.3	11.3	7.0	5.6	1.7	7.7	1.2	25.9
18.2	13.1	7.7	6.0	2.2	10.1	3.3	16.0
11.4	8.6	5.0	2.7	1.6	5.1	1.0	26.5
22.1	14.1	7.9	7.7	2.2	10.8	1.9	22.8
17.4	9.1	9.3	6.7	3.8	9.2	2.8	23.1
14.7	8.1	7.9	5.5	3.6	6.7	1.9	22.7
21.9	11.1	8.2	7.3	4.6	10.7	4.2	16.3
16.7	7.9	7.8	5.9	2.6	7.9	2.7	21.2
20.1	11.3	9.0	5.9	3.3	8.3	2.4	20.6
18.9	10.9	7.9	6.3	2.0	7.6	1.9	20.0

8-9 续表

项　目	未开展产品或工艺创新活动企业数（个）	在未开展产品或工艺创新活动			
		缺乏内部资　金	缺乏风险投　资	缺乏银行贷　款	创　新成本过高
四、按地区分					
东部地区	296078	8.4	5.8	7.0	11.6
中部地区	119386	10.5	7.7	11.4	13.6
西部地区	87329	11.6	6.6	13.0	13.7
东北地区	31130	9.6	6.4	9.2	9.5
北　京	15014	7.3	4.5	4.8	10.8
天　津	10617	8.1	5.2	7.0	8.2
河　北	18469	10.3	7.3	11.6	13.0
山　西	7338	12.1	5.5	13.3	11.4
内蒙古	6962	12.6	6.2	12.2	11.4
辽　宁	14673	7.7	4.0	5.7	7.1
吉　林	9575	10.9	9.4	11.8	12.4
黑龙江	6882	12.0	7.5	13.0	10.5
上　海	17223	6.5	3.7	3.8	9.1
江　苏	53795	7.5	5.5	5.6	10.0
浙　江	41415	7.3	4.8	5.8	12.8
安　徽	22028	7.9	5.3	9.4	10.2
福　建	26428	9.0	6.3	8.8	14.3
江　西	13035	11.2	7.0	11.4	13.0
山　东	54062	10.6	8.6	10.4	13.3
河　南	37636	11.1	10.0	11.4	15.5
湖　北	22221	10.1	7.0	13.0	14.6
湖　南	17128	11.6	8.4	11.0	14.1
广　东	58071	8.0	4.4	5.2	10.6
广　西	8884	11.1	5.7	12.1	14.2
海　南	984	10.8	4.9	5.8	12.8
重　庆	12598	11.1	7.2	10.7	13.1
四　川	20897	10.7	6.6	12.2	15.4
贵　州	7421	13.4	7.3	15.8	12.9
云　南	7052	11.0	6.1	15.5	12.2
西　藏	353	11.9	4.8	7.6	13.3
陕　西	10504	12.7	7.3	13.5	15.0
甘　肃	4103	12.7	6.4	15.9	12.9
青　海	1119	14.3	4.8	14.0	13.9
宁　夏	1672	12.1	6.8	16.6	13.3
新　疆	5764	10.0	5.6	11.9	11.5

企业中，下列各项是创新主要阻碍因素的企业占比(%)							
缺乏人才或人才流失	缺乏技术信　息	缺乏市场信　息	难以找到创新合作伙伴	市场已被占　领	不能确定市场需求	创新成果易被低成本模仿	没有创新的必要
16.6	10.4	7.7	5.9	2.7	9.1	2.9	19.2
19.3	12.4	8.8	6.6	2.7	9.5	2.9	19.1
20.9	12.2	9.4	7.1	3.5	10.6	2.7	24.8
14.6	8.7	7.7	5.6	3.1	7.4	2.0	18.0
17.8	8.4	7.9	6.0	3.0	8.8	2.7	20.8
12.6	6.6	7.2	4.8	2.8	7.0	2.0	19.1
21.8	13.9	10.1	6.6	2.9	10.7	3.1	21.5
19.8	12.1	9.5	6.0	2.5	9.0	1.9	23.4
16.3	9.8	8.9	5.4	2.8	8.2	2.4	22.8
11.0	6.1	5.7	3.6	2.6	5.3	1.5	13.3
18.1	11.3	10.1	6.8	3.4	9.0	2.3	21.4
17.5	10.5	8.4	8.4	3.7	9.7	2.4	23.5
13.3	6.8	5.0	4.7	2.1	6.8	2.7	18.6
13.6	8.6	6.6	5.2	2.5	6.7	2.4	13.5
19.7	13.4	8.7	7.9	2.7	13.5	3.6	26.4
16.4	9.4	6.7	5.5	2.1	6.4	2.1	11.5
18.8	11.7	8.8	7.1	2.7	12.9	3.4	23.5
19.6	11.4	8.0	7.0	2.9	10.1	3.3	21.6
18.5	13.3	9.7	6.2	2.9	8.9	3.1	21.1
20.8	15.0	10.5	6.7	2.8	10.2	3.5	19.0
19.4	11.8	9.0	7.7	2.9	11.2	2.8	24.3
19.6	12.1	8.0	6.3	3.1	9.4	3.1	18.8
14.1	7.8	5.9	4.6	2.9	7.2	2.7	14.7
21.5	12.9	8.3	6.8	3.2	11.3	2.8	24.0
23.1	15.0	7.0	6.3	3.4	10.4	3.5	26.5
17.6	10.5	8.3	6.3	3.5	10.2	2.5	23.8
19.5	11.8	8.1	7.4	3.5	11.1	3.1	26.4
21.4	11.0	9.3	7.3	3.2	9.2	2.5	26.9
24.4	13.4	10.6	7.8	3.3	11.0	2.8	25.3
31.2	11.6	9.9	7.1	2.6	10.8	1.7	19.8
23.4	14.1	11.9	7.4	3.9	11.3	2.5	22.7
26.7	14.4	11.5	7.7	4.7	11.3	1.6	25.4
25.6	15.2	9.2	6.0	3.6	12.1	3.3	26.5
21.7	14.6	10.3	7.9	3.2	12.2	3.3	21.8
22.0	13.3	11.2	7.6	3.4	11.0	2.2	26.0

8-10 未开展产品或工艺创新活动

项 目	未开展产品或工艺创新活动的企业数(个)	在未开展产品或工艺创新活动		
		缺乏内部资金	缺乏风险投资	缺乏银行贷款
总 计	**233787**	**9.5**	**6.6**	**10.5**
一、按规模分				
大型企业	2169	9.2	5.0	8.5
中型企业	23301	10.3	6.6	9.7
小型企业	193173	9.7	6.8	10.9
微型企业	15144	6.3	3.9	6.8
二、按登记注册类型分				
内资企业	206798	9.9	7.0	11.3
国有企业	1648	9.3	3.1	5.9
集体企业	1706	8.7	5.9	8.4
股份合作企业	600	7.7	5.3	8.0
联营企业	91	15.4	3.3	9.9
#国有联营企业	6	33.3		16.7
有限责任公司	60514	10.6	7.0	11.7
#国有独资公司	1905	11.7	3.7	5.5
股份有限公司	4410	11.5	7.6	12.9
私营企业	137130	9.5	7.1	11.2
其他企业	699	9.4	7.4	9.6
港、澳、台商投资企业	12949	6.7	3.7	4.5
合资经营企业	3259	7.9	4.1	6.3
合作经营企业	378	5.3	3.7	3.7
港、澳、台商独资经营企业	9028	6.1	3.6	3.8
港、澳、台商投资股份有限公司	197	11.2	2.5	6.1
其他港、澳、台投资企业	87	19.5	5.7	9.2
外商投资企业	14040	6.5	3.5	4.1
中外合资经营企业	4329	6.8	4.3	6.4
中外合作经营企业	349	5.2	4.9	3.2
外资企业	9020	6.3	3.0	2.9
外商投资股份有限公司	213	9.9	3.8	6.6
其他外商投资企业	129	4.7	3.9	4.7
三、按行业分				
采矿业	10815	11.8	7.3	13.5
煤炭开采和洗选业	4497	14.0	6.9	16.0
石油和天然气开采业	87	17.2	8.0	13.8
黑色金属矿采选业	1626	12.8	6.6	12.2
有色金属矿采选业	1328	10.8	8.6	12.7
非金属矿采选业	3141	8.6	7.5	10.9

工业企业的阻碍因素情况

企业中，下列各项是创新主要阻碍因素的企业占比(%)								
创新成本过高	缺乏人才或人才流失	缺乏技术信息	缺乏市场信息	难以找到创新合作伙伴	市场已被占领	不能确定市场需求	创新成果易被低成本模仿	没有创新的必要
13.9	**17.8**	**12.9**	**7.6**	**5.8**	**2.1**	**9.8**	**3.1**	**16.8**
13.5	17.1	12.9	6.0	5.1	1.8	8.4	3.5	15.6
15.0	19.1	12.9	7.2	5.5	1.9	10.2	3.2	17.8
14.3	18.4	13.4	7.9	6.0	2.2	10.1	3.2	17.1
7.3	9.0	6.7	4.6	4.1	1.5	5.4	1.6	12.8
14.3	18.4	13.3	7.8	6.0	2.1	9.9	3.1	17.0
8.3	15.9	9.8	5.6	2.7	1.2	6.4	0.9	21.8
12.8	14.8	13.5	6.0	5.1	2.2	7.9	1.8	20.4
12.5	16.8	11.5	7.3	6.7	2.3	13.0	4.3	20.8
8.8	23.1	15.4	8.8	8.8	1.1	12.1	2.2	9.9
16.7	16.7	33.3	16.7					16.7
14.0	18.2	13.0	7.7	5.8	2.2	9.9	3.0	18.0
9.8	16.1	11.8	6.1	3.5	1.3	6.9	1.4	23.0
15.9	20.1	13.1	7.6	6.7	2.4	10.8	3.0	19.0
14.5	18.5	13.5	7.9	6.1	2.1	9.9	3.2	16.3
13.0	17.0	11.7	7.4	5.7	2.4	9.6	2.1	18.9
11.5	14.7	10.0	6.1	4.6	1.9	9.7	3.4	15.2
12.0	16.3	11.6	6.5	5.5	1.9	10.7	3.7	16.9
6.6	10.1	5.0	3.2	3.7	1.3	3.4	2.6	10.8
11.3	14.1	9.6	6.0	4.1	1.9	9.6	3.2	14.7
13.7	16.2	12.2	7.1	8.6	2.5	10.2	4.1	16.8
19.5	27.6	10.3	9.2	10.3	2.3	10.3	2.3	25.3
10.3	12.5	9.2	5.9	4.3	2.0	9.4	3.7	16.5
11.1	14.7	10.4	6.6	5.1	1.9	10.0	3.6	17.0
13.2	13.2	9.2	4.6	4.0	1.4	8.9	5.4	12.9
9.8	11.4	8.7	5.6	4.0	2.0	9.2	3.6	16.5
9.9	15.0	9.4	6.1	5.6	3.3	7.5	3.8	16.9
10.1	9.3	3.9	5.4	3.9	1.6	10.1	2.3	14.0
11.6	14.3	11.3	7.0	5.6	1.7	7.7	1.2	25.9
10.2	13.3	10.5	7.2	5.1	1.5	6.8	1.0	27.8
8.0	10.3	9.2	6.9	3.4	4.6	3.4	2.3	31.0
11.8	14.3	11.1	7.6	6.6	1.9	7.5	1.4	23.1
13.7	16.2	13.9	4.7	5.7	0.8	8.0	0.8	26.1
12.6	14.6	11.2	7.0	5.7	2.2	8.9	1.8	24.9

8-10 续表 1

项　目	未开展产品或工艺创新活动的企业数（个）	在未开展产品或工艺创新活动		
		缺乏内部资金	缺乏风险投资	缺乏银行贷款
开采辅助活动	115	6.1	6.1	11.3
其他采矿业	21	14.3	4.8	14.3
制造业	214455	9.5	6.7	10.5
农副食品加工业	18601	11.0	8.0	15.0
食品制造业	5545	10.0	7.8	12.8
酒、饮料和精制茶制造业	4505	12.4	7.8	16.9
烟草制品业	51	5.9	2.0	3.9
纺织业	13492	8.4	6.5	9.3
纺织服装、服饰业	11404	7.9	4.9	6.7
皮革、毛皮、羽毛及其制品和制鞋业	6280	8.5	6.2	7.8
木材加工和木、竹、藤、棕、草制品业	6899	9.7	7.7	11.9
家具制造业	3904	8.0	6.9	10.7
造纸和纸制品业	4627	8.8	5.8	10.1
印刷和记录媒介复制业	3899	8.9	6.3	8.9
文教、工美、体育和娱乐用品制造业	5887	8.2	6.4	7.8
石油加工、炼焦和核燃料加工业	1234	11.4	6.9	14.0
化学原料和化学制品制造业	13539	10.2	7.8	12.2
医药制造业	2790	11.3	8.0	12.3
化学纤维制造业	974	8.0	4.6	7.8
橡胶和塑料制品业	11725	8.4	6.0	8.6
非金属矿物制品业	26247	9.9	6.7	11.5
黑色金属冶炼和压延加工业	5928	9.8	7.4	12.3
有色金属冶炼和压延加工业	4082	11.4	6.7	12.4
金属制品业	13372	8.9	6.0	9.0
通用设备制造业	11704	9.5	6.9	9.9
专用设备制造业	8011	10.4	7.1	10.5
汽车制造业	7288	9.9	6.6	10.6
铁路、船舶、航空航天和其他运输设备制造业	2470	9.3	6.5	9.4
电气机械和器材制造业	10436	9.4	6.3	8.5
计算机、通信和其他电子设备制造业	5585	7.5	4.6	6.2
仪器仪表制造业	1363	9.6	7.6	6.7
其他制造业	1164	6.4	5.6	8.4
废弃资源综合利用业	1194	9.4	5.4	12.6
金属制品、机械和设备修理业	255	9.8	5.9	5.5
电力、热力、燃气及水生产和供应业	8517	7.2	3.6	6.0
电力、热力生产和供应业	5852	7.7	3.6	6.1
燃气生产和供应业	1276	6.7	4.3	6.3
水的生产和供应业	1389	6.0	3.0	5.0

企业中，下列各项是创新主要阻碍因素的企业占比(%)								
创 新 成本过高	缺乏人才或人才流失	缺乏技术信 息	缺乏市场信 息	难以找到创新合作伙伴	市场已被占 领	不能确定市场需求	创新成果易被低成本模仿	没有创新的 必 要
13.0	27.8	20.9	16.5	6.1	3.5	11.3		19.1
4.8	4.8	14.3	14.3	4.8		9.5		19.0
14.3	18.2	13.1	7.7	6.0	2.2	10.1	3.3	16.0
15.6	19.6	14.3	9.2	7.2	2.4	11.5	3.5	17.7
16.4	21.0	14.9	9.3	6.4	2.3	12.2	5.0	15.4
16.7	21.4	13.8	9.9	8.4	3.3	12.8	4.0	16.6
3.9	15.7	11.8	5.9	3.9	2.0	11.8		23.5
14.3	18.6	13.5	8.1	6.1	1.9	10.9	3.3	16.1
12.4	16.0	9.6	7.2	5.1	1.5	8.6	2.7	14.2
15.7	18.0	12.9	8.8	6.1	2.0	10.9	5.0	15.6
15.0	17.5	14.7	8.8	6.6	2.4	9.9	3.1	16.1
15.4	20.1	13.0	8.3	5.8	2.3	10.9	5.0	13.7
14.4	15.8	12.2	7.2	5.1	1.8	9.4	3.0	19.5
13.7	17.2	11.9	6.5	5.7	1.7	9.6	3.1	17.0
13.2	18.2	11.5	7.4	5.6	2.1	11.7	4.9	13.8
12.4	19.0	13.8	7.5	5.9	1.9	10.3	1.9	16.1
14.6	19.1	14.1	7.5	6.4	2.4	10.0	3.4	16.4
18.0	21.0	14.1	7.7	7.1	2.3	9.6	2.8	15.6
12.6	15.2	12.3	6.5	5.7	1.8	10.8	3.5	17.4
13.4	17.6	13.0	7.6	5.7	2.2	9.8	3.7	15.5
13.4	16.4	12.9	7.5	5.3	2.7	9.8	3.0	19.4
14.1	16.8	12.8	7.0	5.9	1.8	9.6	2.3	16.1
12.7	18.0	13.4	6.4	6.6	2.0	8.7	2.1	17.7
12.9	16.9	12.3	7.1	5.2	1.8	9.5	3.0	14.4
15.0	19.7	14.3	7.8	6.1	2.0	10.1	3.2	14.5
14.8	20.3	14.0	7.7	6.1	2.1	9.4	3.5	14.0
15.5	20.5	13.7	7.2	5.7	2.0	9.7	2.8	16.3
14.3	18.7	12.9	7.0	6.5	1.8	9.4	2.8	15.5
15.0	19.2	14.0	7.4	5.9	2.1	10.1	3.4	13.1
12.7	16.8	11.4	5.5	4.9	1.9	8.4	2.7	12.7
16.9	18.6	13.6	7.6	5.9	2.6	11.3	4.7	14.5
13.3	17.3	11.1	6.7	6.9	2.0	13.3	3.7	16.4
9.2	13.7	10.1	4.7	4.9	1.8	7.1	1.7	16.8
12.5	17.3	10.6	3.9	3.9	1.2	8.6	3.5	15.7
7.5	11.4	8.6	5.0	2.7	1.6	5.1	1.0	26.5
7.6	11.8	9.1	5.1	2.6	1.5	5.0	0.9	26.9
6.7	10.6	7.4	6.4	3.7	3.1	7.0	1.9	28.3
7.7	10.6	7.5	3.4	2.4	0.4	4.1	0.4	23.1

8-10 续表 2

项　目	未开展产品或工艺创新活动的企业数(个)	在未开展产品或工艺创新活动		
		缺乏内部资金	缺乏风险投资	缺乏银行贷款
四、按地区分				
东部地区	124124	7.9	5.7	7.4
中部地区	59225	10.8	8.2	13.0
西部地区	36072	13.1	7.3	17.0
东北地区	14366	8.7	6.3	10.7
北　京	1440	4.2	2.5	2.8
天　津	2371	3.7	2.1	3.6
河　北	11005	11.2	8.5	13.7
山　西	2781	13.3	6.1	17.8
内蒙古	3562	14.7	7.2	15.3
辽　宁	6136	3.9	1.9	3.5
吉　林	4944	12.4	10.9	15.0
黑龙江	3286	12.2	7.6	17.7
上　海	4786	4.2	1.6	2.0
江　苏	21688	5.0	3.7	4.0
浙　江	17185	8.3	5.7	6.5
安　徽	12314	5.3	3.9	7.8
福　建	11552	10.3	7.0	11.1
江　西	6976	12.2	7.3	13.0
山　东	28014	11.6	9.5	12.0
河　南	18566	11.5	11.1	12.9
湖　北	10690	11.3	7.6	16.8
湖　南	7898	14.6	10.1	14.5
广　东	25876	5.0	2.8	3.1
广　西	4222	11.9	6.7	15.8
海　南	207	10.6	3.9	7.7
重　庆	3796	13.3	7.5	13.3
四　川	9820	11.8	7.3	16.0
贵　州	3670	15.5	7.6	20.8
云　南	2459	11.7	5.6	20.7
西　藏	82	13.4	7.3	12.2
陕　西	3855	13.8	8.8	17.7
甘　肃	1329	15.4	7.7	22.5
青　海	425	16.5	4.5	18.8
宁　夏	751	14.0	9.6	22.2
新　疆	2101	11.7	6.9	16.0

企业中，下列各项是创新主要阻碍因素的企业占比(%)								
创新成本过高	缺乏人才或人才流失	缺乏技术信息	缺乏市场信息	难以找到创新合作伙伴	市场已被占领	不能确定市场需求	创新成果易被低成本模仿	没有创新的必要
12.8	16.5	12.2	7.1	5.2	2.0	9.5	3.2	15.1
15.5	19.6	14.1	8.1	6.3	2.1	9.6	3.2	16.5
16.6	21.2	14.8	8.8	7.2	2.6	12.4	3.2	24.6
9.8	13.6	9.4	6.8	5.4	2.1	6.9	1.9	14.2
8.5	11.1	7.2	5.0	2.6	1.3	7.6	3.1	12.5
6.5	7.5	5.3	3.5	2.5	1.4	4.9	1.7	8.7
16.0	24.0	16.8	11.0	7.2	2.7	12.5	4.1	19.5
13.5	20.8	15.4	9.0	5.5	1.4	9.9	2.0	21.9
13.3	16.9	12.0	8.9	5.8	2.6	9.0	2.9	21.4
4.1	6.1	4.1	2.8	1.8	0.5	2.9	0.9	4.7
14.6	19.3	13.2	10.5	7.1	3.4	9.6	2.5	21.5
13.1	19.0	13.5	8.9	9.6	3.2	10.4	3.0	20.8
7.1	9.9	6.9	3.3	2.8	1.0	5.2	2.4	8.2
8.5	10.3	7.5	4.2	3.5	1.1	5.1	2.0	5.8
16.9	23.7	18.5	9.8	8.6	2.3	17.5	4.8	27.7
8.3	11.6	7.9	3.9	3.6	0.8	4.5	1.7	6.0
17.8	20.3	14.3	9.4	7.7	2.6	16.2	4.4	23.8
14.9	19.7	12.6	7.5	7.1	2.6	10.8	4.0	20.6
16.3	20.4	16.1	9.5	6.0	2.7	9.4	3.5	18.4
19.0	22.9	18.3	10.6	7.0	2.4	10.7	4.0	17.2
17.8	21.4	14.0	8.7	8.3	2.5	12.5	3.2	23.2
16.9	21.2	14.6	7.9	6.0	2.7	9.9	3.6	16.6
8.5	9.9	6.5	3.4	2.6	1.3	5.1	2.1	6.9
18.1	23.4	16.1	7.5	7.2	2.1	14.0	3.3	23.9
13.5	20.8	21.7	4.3	3.9	1.0	14.5	2.4	32.4
16.3	20.0	14.4	7.4	6.3	2.6	13.6	3.4	23.9
18.5	20.4	14.3	8.0	7.5	2.9	12.9	3.9	26.2
14.0	19.4	11.3	8.4	6.9	2.2	9.1	2.0	26.2
14.4	23.2	15.3	8.9	7.8	1.5	11.9	3.2	26.9
18.3	22.0	13.4	7.3	8.5	1.2	9.8	1.2	23.2
17.8	23.8	17.4	11.5	7.7	2.8	13.1	2.8	22.2
15.6	26.3	18.4	11.5	8.4	4.6	14.1	2.4	24.6
18.6	22.1	20.7	9.2	6.4	3.3	15.1	4.0	24.5
16.5	20.4	18.1	8.8	10.3	1.9	14.0	5.1	22.8
15.5	23.8	17.1	11.7	7.0	3.1	13.1	3.4	24.6

8-11 未开展产品或工艺创新活动

项　目	未开展产品或工艺创新活动的企业数(个)	在未开展产品或工艺创新活动			
		缺乏内部资金	缺乏风险投资	缺乏银行贷款	创新成本过高
总　计	**34497**	**12.4**	**7.0**	**9.1**	**13.0**
一、按规模分					
大型企业	786	16.5	7.8	11.3	16.4
中型企业	15112	12.8	7.3	9.7	14.1
小型企业	14871	11.9	6.9	8.7	12.5
微型企业	3728	11.8	6.0	7.7	9.5
二、按登记注册类型分					
内资企业	34159	12.4	7.0	9.1	13.0
国有企业	1136	17.0	6.7	6.2	12.3
集体企业	898	16.6	6.6	9.0	12.8
股份合作企业	108	9.3	5.6	4.6	5.6
联营企业	23	13.0	13.0		17.4
#国有联营企业	5		20.0		20.0
有限责任公司	12937	12.8	6.9	8.9	13.0
#国有独资公司	505	18.6	5.0	5.7	10.3
股份有限公司	1379	12.7	6.7	9.0	11.6
私营企业	17658	11.6	7.2	9.5	13.1
其他企业	20	15.0	10.0	5.0	10.0
港、澳、台商投资企业	217	12.4	6.9	6.5	10.6
合资经营企业	140	15.7	7.1	4.3	12.9
合作经营企业	9			11.1	11.1
港、澳、台商独资经营企业	52	5.8	5.8	7.7	5.8
港、澳、台商投资股份有限公司	8		25.0	25.0	12.5
其他港、澳、台投资企业	8	25.0		12.5	
外商投资企业	121	14.9	6.6	5.0	18.2
中外合资经营企业	70	20.0	10.0	8.6	22.9
中外合作经营企业	9				11.1
外资企业	41	9.8	2.4		12.2
三、按行业分					
房屋建筑业	16034	13.2	7.3	10.7	13.5
土木工程建筑业	6602	12.1	6.8	7.6	12.1
建筑安装业	4696	11.4	6.4	7.0	12.3
建筑装饰和其他建筑业	7165	11.5	7.1	8.1	13.0

建筑业企业的阻碍因素情况

企业中，下列各项是创新主要阻碍因素的企业占比(%)							
缺乏人才或人才流失	缺乏技术信　息	缺乏市场信　息	难以找到创新合作伙伴	市场已被占　领	不能确定市场需求	创新成果易被低成本模仿	没有创新的必要
22.1	**14.1**	**7.9**	**7.7**	**2.2**	**10.8**	**1.9**	**22.8**
33.1	19.7	10.8	8.7	2.2	12.3	3.6	16.7
24.5	16.2	8.0	7.9	1.9	11.6	2.0	22.1
21.1	13.0	7.9	7.9	2.4	10.8	1.7	24.4
14.5	8.6	6.5	6.1	3.1	7.6	1.5	20.5
22.2	14.1	7.9	7.7	2.2	10.8	1.9	22.8
26.2	15.3	7.7	5.4	2.7	8.0	1.4	22.2
26.5	14.4	8.0	5.5	1.4	8.9	1.3	24.4
23.1	8.3	5.6	3.7	5.6	11.1	6.5	29.6
13.0	4.3			4.3	17.4		21.7
20.0					40.0		40.0
22.7	14.2	8.1	7.6	2.4	11.1	1.9	21.8
29.3	16.6	11.5	4.2	2.8	10.3	2.2	19.6
22.2	11.8	6.1	7.8	2.2	11.0	2.2	23.6
21.3	14.2	7.9	8.1	2.1	10.8	1.9	23.3
5.0	20.0	15.0	5.0		10.0		20.0
21.7	11.1	6.5	6.9	3.7	11.1	1.8	26.3
23.6	12.1	6.4	6.4	3.6	12.9	0.7	25.7
11.1	11.1		11.1	22.2			22.2
19.2	11.5	9.6	9.6		11.5	5.8	25.0
25.0				12.5			37.5
12.5							37.5
20.7	7.4	6.6	6.6	0.8	12.4	2.5	22.3
25.7	7.1	5.7	8.6		12.9	1.4	21.4
		11.1			11.1		33.3
17.1	9.8	7.3	4.9	2.4	12.2	4.9	22.0
23.0	14.8	7.8	7.7	2.1	11.0	1.5	22.3
22.8	14.7	8.1	6.6	2.2	10.0	2.2	23.2
20.5	12.5	7.8	8.1	2.2	10.3	2.2	23.3
20.8	13.0	7.9	8.4	2.7	11.4	2.2	23.1

8-11 续表

项 目	未开展产品或工艺创新活动的企业数(个)	在未开展产品或工艺创新活动			
		缺乏内部资金	缺乏风险投资	缺乏银行贷款	创新成本过高
四、按地区分					
东部地区	15153	11.6	6.8	7.5	12.9
中部地区	7807	12.4	7.6	10.4	13.9
西部地区	8095	13.7	7.0	11.3	13.1
东北地区	3442	12.8	6.8	7.9	10.9
北 京	1286	8.6	5.1	4.7	10.6
天 津	643	10.1	6.7	5.8	9.5
河 北	1095	10.5	7.4	7.8	10.8
山 西	876	12.0	5.6	10.5	11.4
内蒙古	376	14.6	8.0	9.8	8.5
辽 宁	1702	14.4	7.3	7.8	11.8
吉 林	739	9.3	5.0	7.7	10.4
黑龙江	1001	12.7	7.2	8.2	9.6
上 海	1149	9.0	5.3	5.3	11.7
江 苏	3255	13.5	8.3	8.6	13.3
浙 江	2357	11.7	6.4	7.7	13.9
安 徽	1163	12.3	8.1	12.0	16.3
福 建	1301	10.1	5.9	7.9	16.4
江 西	849	13.2	9.5	10.1	15.7
山 东	2448	10.7	7.1	8.8	11.6
河 南	2526	12.7	7.8	10.7	13.7
湖 北	1583	10.5	6.6	10.1	13.0
湖 南	810	14.9	8.5	8.0	13.8
广 东	1524	16.1	6.2	6.8	15.2
广 西	399	14.0	5.3	8.8	13.8
海 南	95	15.8	7.4	6.3	14.7
重 庆	1132	16.3	7.2	12.3	14.5
四 川	1953	12.1	6.7	10.6	13.0
贵 州	330	17.0	9.1	13.9	11.8
云 南	935	14.3	8.2	10.9	13.0
西 藏	110	10.9	5.5	10.0	6.4
陕 西	1411	13.5	7.4	12.3	15.0
甘 肃	547	11.7	6.0	9.5	12.4
青 海	169	14.8	6.5	11.2	8.9
宁 夏	282	12.1	5.7	16.3	13.8
新 疆	451	13.3	6.4	9.8	12.6

企业中，下列各项是创新主要阻碍因素的企业占比(%)							
缺乏人才或人才流失	缺乏技术信　　息	缺乏市场信　　息	难以找到创新合作伙伴	市场已被占　　领	不能确定市场需求	创新成果易被低成本模仿	没有创新的 必 要
23.2	14.6	7.6	7.9	2.2	11.0	2.3	22.2
22.4	14.5	8.2	8.0	2.1	11.5	1.6	21.5
22.3	14.4	8.2	7.5	2.3	10.8	1.4	26.4
16.6	10.4	7.8	6.8	2.5	8.7	1.7	19.9
22.0	12.7	8.5	7.7	2.4	10.3	2.1	22.3
21.2	9.8	6.4	3.9	2.5	8.9	2.3	20.8
23.5	12.7	8.1	7.6	2.5	9.7	1.9	25.5
20.2	12.7	8.9	8.3	1.7	10.4	1.8	26.5
16.8	9.8	6.6	6.6	1.1	8.2	1.3	26.1
17.2	10.1	7.2	5.9	2.8	8.2	2.0	17.4
15.3	10.8	8.4	7.8	0.8	8.5	1.8	19.8
16.6	10.5	8.2	7.5	3.1	9.9	1.1	24.3
18.1	11.2	5.9	5.7	1.7	8.0	2.2	24.3
24.1	15.7	8.3	8.7	2.8	10.7	2.8	17.8
24.3	17.2	7.0	10.3	2.0	12.9	2.3	23.7
26.4	18.7	8.8	8.7	2.0	11.7	0.9	19.7
22.8	13.9	6.8	9.1	1.3	13.3	1.2	25.1
24.4	15.8	9.8	8.8	2.6	13.2	1.8	22.0
23.4	14.8	8.7	6.7	1.7	11.3	2.3	23.1
20.3	13.5	7.8	7.2	2.3	10.5	1.9	20.5
22.0	13.7	7.8	8.0	2.1	11.2	1.5	22.1
24.4	14.2	7.4	8.3	1.6	13.7	1.9	19.6
24.7	15.4	6.7	6.6	2.9	10.6	2.9	21.6
24.8	14.3	6.8	8.5	2.3	10.8	1.8	26.1
22.1	16.8	7.4	8.4	2.1	10.5	2.1	32.6
18.8	11.1	5.5	7.4	1.9	10.3	1.5	24.5
18.8	12.5	6.6	7.7	2.5	10.1	1.6	26.7
23.3	15.2	7.0	9.1	3.3	8.8	1.8	29.7
25.6	16.6	9.1	8.3	2.4	10.9	1.5	27.2
32.7	9.1	10.9	7.3	0.9	8.2		17.3
23.0	16.5	10.3	7.1	2.3	11.7	1.3	26.6
27.6	16.6	8.4	7.5	3.5	12.6	0.7	29.3
30.2	17.8	8.9	6.5	1.8	11.8	1.8	27.8
22.7	16.7	13.1	6.0	2.5	10.3	0.4	23.8
26.6	18.4	12.0	6.9	1.3	13.7	1.8	25.1

8-12 未开展产品或工艺创新活动

项目	未开展产品或工艺创新活动的企业数(个)	在未开展产品或工艺创新			
		缺乏内部资金	缺乏风险投资	缺乏银行贷款	创新成本过高
总计	**265640**	**9.0**	**6.1**	**7.8**	**10.8**
一、按规模分					
大型企业	5687	7.3	4.1	4.9	12.1
中型企业	60882	9.4	5.9	7.9	11.8
小型企业	154626	9.0	6.3	8.0	10.7
微型企业	44445	8.8	5.8	7.5	9.3
二、按登记注册类型分					
内资企业	253935	9.1	6.2	8.0	10.8
国有企业	7583	10.4	4.3	5.1	8.6
集体企业	3882	9.8	5.2	6.9	8.6
股份合作企业	808	8.4	5.7	6.1	8.7
联营企业	198	9.6	8.6	7.6	12.1
#国有联营企业	40	10.0	5.0	12.5	7.5
有限责任公司	90769	9.6	6.1	7.7	10.6
#国有独资公司	5951	9.9	5.2	5.7	8.5
股份有限公司	6950	9.7	5.9	7.6	10.1
私营企业	140297	8.6	6.3	8.4	11.0
其他企业	3448	9.9	8.4	8.8	12.2
港、澳、台商投资企业	5757	7.8	4.1	4.2	10.9
合资经营企业	1245	8.2	4.7	5.7	11.1
合作经营企业	138	5.8	5.1	4.3	8.7
港、澳、台商独资经营企业	4094	7.6	4.0	3.7	10.8
港、澳、台商投资股份有限公司	177	9.6	3.4	3.4	13.0
其他港、澳、台投资企业	103	7.8	1.9	4.9	10.7
外商投资企业	5948	7.6	3.7	3.1	10.6
中外合资经营企业	1242	7.2	3.6	4.4	10.3
中外合作经营企业	116	10.3	1.7	2.6	6.0
外资企业	4295	7.7	3.7	2.7	10.6
外商投资股份有限公司	151	6.6	6.0	0.7	13.2
其他外商投资企业	144	6.9	5.6	4.9	12.5
三、按行业分					
批发和零售业	175233	9.1	6.2	8.5	11.2
批发业	86987	8.7	6.1	8.7	10.6
零售业	88246	9.5	6.3	8.4	11.8
交通运输、仓储和邮政业	35846	9.1	5.7	7.4	8.8
铁路运输业	215	12.6	5.1	7.9	6.0
道路运输业	21405	9.3	6.2	7.9	9.1
水上运输业	2292	8.3	5.0	9.4	8.2
航空运输业	265	9.8	5.3	4.9	11.3
管道运输业	67	10.4	1.5	1.5	6.0
装卸搬运和运输代理业	6502	8.4	4.9	5.4	8.3
仓储业	4051	9.4	5.2	8.3	8.3
邮政业	1049	9.1	4.5	3.9	10.9
信息传输、软件和信息技术服务业	6875	10.7	7.0	6.4	14.9
电信、广播电视和卫星传输服务	1726	9.9	3.7	2.6	9.8
互联网和相关服务	752	11.0	9.0	8.0	17.7
软件和信息技术服务业	4397	11.0	7.9	7.7	16.4
租赁和商务服务业	29204	7.9	5.7	5.1	9.3

服务业企业的阻碍因素情况

活动企业中，下列各项是创新主要阻碍因素的企业占比(%)							
缺乏人才或人才流失	缺乏技术信息	缺乏市场信息	难以找到创新合作伙伴	市场已被占领	不能确定市场需求	创新成果易被低成本模仿	没有创新的必要
17.2	**9.0**	**8.9**	**6.4**	**3.6**	**8.7**	**2.7**	**22.5**
19.8	9.4	7.0	5.7	3.1	10.4	4.4	19.3
19.6	9.8	9.1	6.3	3.6	9.7	3.0	21.8
17.2	9.2	9.0	6.5	3.6	8.6	2.6	22.9
13.7	7.3	8.3	6.0	3.8	7.6	2.1	22.6
17.4	9.2	9.0	6.4	3.6	8.7	2.6	22.5
17.3	9.1	7.9	4.8	3.5	7.3	1.9	22.2
15.2	8.2	7.7	5.3	3.5	6.3	1.4	23.5
14.6	8.0	6.2	6.9	3.6	6.3	3.0	24.8
11.6	8.1	11.1	4.5	5.1	10.6	2.5	22.2
17.5	12.5	2.5	2.5	7.5	5.0		20.0
17.9	9.0	9.0	6.1	3.6	8.8	2.6	22.1
19.1	10.0	8.1	5.5	2.6	7.7	2.0	20.4
18.6	9.9	8.9	6.8	4.8	9.3	3.0	20.7
17.0	9.1	9.1	6.7	3.6	8.7	2.7	22.9
18.3	14.2	10.3	6.5	2.6	8.4	2.0	20.1
15.0	7.0	6.5	5.2	4.0	9.4	3.8	21.4
17.6	9.6	7.7	5.6	4.4	9.2	3.0	19.9
14.5	7.2	5.8	5.8	3.6	4.3	1.4	20.3
14.3	6.2	6.0	5.0	3.7	9.7	4.1	22.0
15.8	7.3	10.2	5.1	6.8	10.2	4.5	18.6
11.7	8.7	8.7	8.7	4.9	8.7	4.9	24.3
13.1	6.0	6.4	5.0	3.1	9.1	4.2	23.4
15.7	7.0	7.3	4.7	3.5	8.3	3.2	22.3
9.5	7.8	2.6	4.3	3.4	6.0	2.6	25.0
12.0	5.6	6.1	5.1	2.9	9.5	4.4	23.6
19.9	7.3	6.6	5.3	4.6	6.6	6.0	21.2
17.4	6.9	9.0	8.3	5.6	7.6	6.3	27.1
17.4	9.1	9.3	6.7	3.8	9.2	2.8	23.1
15.3	8.8	8.8	6.7	3.2	9.3	2.6	23.7
19.5	9.4	9.8	6.6	4.4	9.1	3.0	22.6
14.7	8.1	7.9	5.5	3.6	6.7	1.9	22.7
12.6	7.9	10.2	4.7	3.7	8.4	1.4	23.3
14.6	8.3	8.1	5.5	3.9	7.0	1.8	23.1
13.2	8.5	7.9	5.0	3.4	5.7	1.7	23.8
20.0	12.1	9.4	5.7	1.1	9.8	3.0	19.2
7.5	7.5	6.0	3.0	1.5	6.0		28.4
14.1	7.0	7.6	5.8	3.8	6.1	2.0	22.1
15.7	8.8	7.5	5.4	1.7	6.0	1.5	22.0
17.8	7.5	7.6	5.1	5.0	7.0	4.8	19.8
21.9	11.1	8.2	7.3	4.6	10.7	4.2	16.3
19.9	11.4	7.5	5.2	7.9	11.5	5.3	14.9
23.0	11.7	9.3	8.4	4.9	12.2	3.7	17.8
22.5	10.9	8.3	8.0	3.2	10.2	3.8	16.6
16.7	7.9	7.8	5.9	2.6	7.9	2.7	21.2

8-12 续表

项目	未开展产品或工艺创新活动的企业数（个）	在未开展产品或工艺创新			
		缺乏内部资金	缺乏风险投资	缺乏银行贷款	创新成本过高
租赁业	1525	9.6	6.8	7.8	9.6
商务服务业	27679	7.8	5.7	5.0	9.3
科学研究和技术服务业	13951	9.1	6.0	6.2	11.2
研究和试验发展	746	11.3	6.6	11.9	15.1
专业技术服务业	10071	8.3	4.9	4.6	10.0
科技推广和应用服务业	3134	11.1	9.1	9.7	14.1
水利、环境和公共设施管理业	4531	10.6	6.1	8.5	11.1
水利管理业	191	10.5	5.8	5.2	9.9
生态保护和环境治理业	388	11.9	4.4	7.2	11.9
公共设施管理业	3952	10.5	6.3	8.8	11.1
四、按地区分					
东部地区	156801	8.4	5.7	6.6	10.5
中部地区	52354	9.9	7.3	9.7	11.5
西部地区	43162	9.9	5.8	9.9	11.3
东北地区	13322	9.8	6.5	7.9	8.8
北京	12288	7.6	4.7	5.1	11.1
天津	7603	9.3	6.1	8.2	8.6
河北	6369	8.7	5.4	8.6	8.1
山西	3681	11.2	4.9	10.5	9.7
内蒙古	3024	9.8	4.8	8.7	9.7
辽宁	6835	9.4	5.1	7.2	8.7
吉林	3892	9.2	8.4	8.6	9.8
黑龙江	2595	11.6	7.4	8.9	7.7
上海	11288	7.2	4.5	4.4	9.6
江苏	28852	8.7	6.5	6.4	10.8
浙江	21873	6.0	4.0	5.1	9.5
安徽	8551	11.0	7.0	11.3	12.2
福建	13575	7.7	5.7	7.0	11.2
江西	5210	9.4	6.2	9.4	10.1
山东	23600	9.3	7.6	8.6	10.0
河南	16544	10.5	9.0	9.8	11.9
湖北	9948	8.8	6.4	9.3	11.4
湖南	8420	8.6	6.8	7.9	11.5
广东	30671	10.1	5.6	6.9	12.2
广西	4263	10.0	4.8	8.7	10.4
海南	682	10.1	4.8	5.1	12.3
重庆	7670	9.2	7.1	9.2	11.2
四川	9124	9.2	5.9	8.4	12.6
贵州	3421	10.8	6.7	10.7	11.8
云南	3658	9.6	6.0	13.1	10.6
西藏	161	11.8	3.1	3.7	15.5
陕西	5238	11.6	6.1	10.7	13.0
甘肃	2227	11.4	5.7	13.6	11.5
青海	525	12.4	4.6	11.0	11.8
宁夏	639	10.0	3.9	10.2	9.4
新疆	3212	8.4	4.7	9.6	8.7

活动企业中，下列各项是创新主要阻碍因素的企业占比(%)							
缺乏人才或人才流失	缺乏技术信　　息	缺乏市场信　　息	难以找到创新合作伙伴	市场已被占　　领	不能确定市场需求	创新成果易被低成本模仿	没有创新的 必 要
14.2	7.9	7.1	5.3	3.0	7.9	2.5	22.2
16.8	7.9	7.9	5.9	2.6	7.9	2.7	21.1
20.1	11.3	9.0	5.9	3.3	8.3	2.4	20.6
20.0	11.3	8.2	6.2	3.9	6.8	3.2	16.8
20.2	10.5	8.8	5.5	3.6	8.2	2.4	21.6
20.0	13.9	9.9	7.0	2.5	8.7	2.4	18.3
18.9	10.9	7.9	6.3	2.0	7.6	1.9	20.0
12.0	11.5	7.3	4.7	2.6	6.3	0.5	22.5
18.8	13.7	5.4	4.6	2.6	5.9	2.1	20.9
19.2	10.6	8.2	6.6	1.9	7.9	1.9	19.8
16.1	8.6	8.3	6.2	3.4	8.5	2.7	22.2
18.6	10.2	9.8	6.7	3.5	9.0	2.8	21.8
20.3	9.6	10.1	6.9	4.4	9.2	2.4	24.7
15.2	7.5	8.6	5.6	4.3	7.6	2.1	21.7
18.2	8.1	8.2	6.2	3.3	8.7	2.8	21.6
13.5	6.7	8.5	5.6	3.3	7.5	2.1	22.2
17.8	9.0	9.0	5.3	3.3	7.7	1.7	24.1
18.9	9.5	10.1	5.8	3.4	7.9	1.8	23.9
15.6	7.2	9.1	4.8	3.2	7.3	1.9	24.1
13.8	7.0	8.0	4.7	4.5	6.7	1.9	19.9
17.1	8.9	10.0	6.1	3.8	8.5	2.3	21.5
16.0	6.8	7.9	7.2	4.6	8.8	2.2	26.6
14.2	6.4	5.6	5.5	2.6	7.3	3.0	22.5
14.9	8.7	8.2	6.1	3.4	7.5	2.6	18.8
16.0	9.0	8.0	7.1	3.0	10.4	2.8	25.7
21.9	10.2	10.6	7.7	3.9	8.4	2.8	18.3
17.0	9.3	8.5	6.5	2.9	10.1	2.7	23.1
18.6	9.2	8.4	6.6	3.4	8.7	2.7	22.9
15.7	9.8	10.0	6.5	3.2	8.0	2.7	24.0
18.5	11.5	10.7	6.2	3.4	9.6	3.1	20.8
16.7	9.2	9.6	7.1	3.4	9.7	2.6	26.0
17.6	9.5	8.2	6.4	3.7	8.5	2.8	20.7
17.1	8.6	7.9	6.2	4.3	8.7	3.1	20.9
19.2	9.6	9.2	6.4	4.3	8.8	2.3	23.9
23.9	12.8	7.8	6.7	4.3	9.1	4.0	23.9
16.2	8.5	9.2	6.2	4.2	8.5	2.3	23.6
18.6	8.9	8.4	7.2	4.3	9.3	2.6	26.6
23.4	10.2	10.4	7.5	4.3	9.2	3.0	27.4
25.0	11.3	12.0	7.7	4.7	10.4	2.9	23.8
34.8	12.4	10.6	6.2	4.3	13.0	3.1	19.9
23.2	10.9	12.7	7.3	5.2	9.9	2.6	21.9
26.8	11.5	12.3	7.3	5.1	9.3	1.3	25.0
26.9	9.9	9.3	5.5	4.4	9.7	3.2	27.6
22.7	9.5	10.8	5.9	5.0	11.0	2.7	19.7
20.1	10.2	10.8	8.0	3.9	9.2	1.6	27.0

九、规模（限额）以上企业知识产权及相关情况（2016年）

9-1 规模(限额)以上企业

项　　目	采取了知识产权保护或相关措施的企业数(个)	采取了知识产权保护或相关措施的企业占全部企业的比重(%)	在全部企业中，采取下列	
			申请了发明专利	申请了实用新型或外观设计专利
总　计	**373090**	**51.4**	**5.5**	**6.0**
一、按规模分				
大型企业	14801	69.9	27.0	27.1
中型企业	79938	55.2	7.9	8.4
小型企业	253105	51.5	4.5	5.1
微型企业	25246	36.8	0.3	0.4
二、按登记注册类型分				
内资企业	341529	51.6	5.1	5.5
国有企业	5594	44.5	4.4	4.5
集体企业	2897	40.2	0.8	0.9
股份合作企业	867	45.1	2.7	2.8
联营企业	146	42.0	1.7	0.9
#国有联营企业	23	39.0	5.1	3.4
有限责任公司	112649	51.7	5.2	5.5
#国有独资公司	5506	48.0	8.6	9.1
股份有限公司	15429	65.6	18.0	17.0
私营企业	201473	51.2	4.4	5.0
其他企业	2474	52.1	0.5	0.4
港、澳、台商投资企业	14917	48.5	9.5	11.1
合资经营企业	5053	57.4	13.9	15.6
合作经营企业	298	39.3	6.5	8.4
港、澳、台商独资经营企业	8954	44.4	7.4	9.0
港、澳、台商投资股份有限公司	434	60.1	20.1	18.4
其他港、澳、台投资企业	178	60.8	5.5	6.5
外商投资企业	16644	49.1	9.3	10.8
中外合资经营企业	6169	57.0	14.4	15.7
中外合作经营企业	311	45.1	7.0	7.7
外资企业	9587	45.0	6.7	8.4
外商投资股份有限公司	366	56.0	15.2	15.9
其他外商投资企业	211	51.5	6.1	5.6
三、按行业分				
采矿业	5257	41.9	2.1	2.0
制造业	199871	56.2	10.0	11.1
电力、热力、燃气及水生产和供应业	3992	38.0	3.2	4.1
建筑业	18461	45.7	2.4	2.7
批发和零售业	91078	47.1		
交通运输、仓储和邮政业	15407	39.2	0.2	0.2
信息传输、软件和信息技术服务业	11869	71.6	7.0	4.8
租赁和商务服务业	13436	40.7	0.4	0.3
科学研究和技术服务业	11252	56.7	5.5	5.4
水利、环境和公共设施管理业	2467	46.5	1.1	1.1

注：专利情况未对批发零售业企业，以及小微型建筑业和服务业企业进行调查，以下各表同。

知识产权及相关情况

知识产权保护或相关措施的企业占比(%)						年末拥有有效发明专利数(件)
申请了注册商标	进行了版权登记	形成了国家或行业技术标准	对技术秘密进行内部保护	应用了难以复制的复杂技术	发挥了时间上的先发优势	
12.0	**2.6**	**6.5**	**12.6**	**2.7**	**20.7**	**894345**
18.8	8.7	18.7	24.6	5.3	18.6	442571
13.0	3.6	8.0	13.9	3.0	21.7	209893
12.4	2.2	6.0	12.5	2.7	20.4	237350
5.3	1.0	3.6	6.4	1.6	22.0	4531
12.1	2.6	6.6	12.1	2.6	21.4	730197
5.4	2.1	10.6	9.7	1.9	19.8	43421
5.5	0.9	5.5	6.9	1.7	23.1	2737
8.2	0.9	6.5	10.5	2.4	20.3	483
5.2	1.4	6.6	10.1	1.1	20.1	56
3.4	1.7	10.2	8.5	1.7	20.3	24
11.3	2.7	7.3	12.4	2.7	21.5	300027
7.8	3.2	10.8	12.1	2.7	18.8	42484
20.1	7.8	13.9	20.2	4.4	20.2	190306
12.5	2.2	5.7	11.7	2.5	21.3	192802
11.9	1.3	3.6	7.9	2.1	28.9	365
11.6	2.8	6.4	15.7	3.3	14.4	77927
14.4	3.2	8.5	18.4	3.7	16.0	25575
11.5	2.5	5.7	9.9	2.4	10.7	550
10.1	2.5	5.3	14.5	3.2	13.6	47361
20.1	7.6	11.5	19.9	3.5	17.2	4225
14.3	3.1	6.1	18.4	4.8	22.2	216
10.0	2.6	6.2	18.6	3.8	14.1	86221
13.5	3.5	8.8	20.4	4.0	15.0	38915
11.2	2.0	7.0	14.2	3.2	13.4	659
8.1	2.1	4.7	17.7	3.8	13.5	41117
14.1	3.7	10.6	21.9	4.3	18.2	5201
10.2	1.7	4.9	18.5	2.7	21.0	329
4.2	0.8	6.9	9.6	2.5	21.5	7267
16.4	2.4	7.5	16.4	3.2	16.1	748992
2.9	1.1	10.3	7.5	2.2	14.6	13588
4.7	1.3	7.8	9.9	2.9	22.0	24180
8.7	1.6	4.8	7.7	1.9	28.0	
4.3	1.0	4.6	5.5	1.5	25.8	1163
16.8	25.6	7.8	23.5	5.6	20.1	38319
7.9	2.3	3.6	7.5	1.7	23.0	9277
8.9	4.9	9.8	16.8	3.7	20.5	50760
11.4	1.6	5.8	7.1	2.0	21.9	799

9-1 续表

项 目	采取了知识产权保护或相关措施的企业数（个）	采取了知识产权保护或相关措施的企业占全部企业的比重（%）	在全部企业中，采取下列	
			申请了发明专利	申请了实用新型或外观设计专利
四、按地区分				
东部地区	213266	50.5	6.4	7.3
中部地区	81958	52.3	4.7	4.7
西部地区	61470	55.4	3.8	3.7
东北地区	16396	45.2	2.7	2.6
北 京	11023	49.8	6.8	6.2
天 津	7110	47.6	6.7	7.5
河 北	12606	54.1	3.3	3.2
山 西	4074	47.7	2.6	2.6
内蒙古	3782	47.2	2.0	1.7
辽 宁	6161	35.6	3.4	3.5
吉 林	6037	54.1	1.8	1.5
黑龙江	4198	54.0	2.5	2.4
上 海	10237	43.9	6.3	7.1
江 苏	38905	45.8	10.0	11.3
浙 江	40414	59.4	6.4	8.7
安 徽	14073	44.9	8.9	8.5
福 建	18283	53.4	4.4	5.5
江 西	9811	55.1	3.9	4.7
山 东	39070	56.7	3.7	3.3
河 南	24114	53.8	2.1	2.4
湖 北	16483	56.2	4.6	4.2
湖 南	13403	53.8	5.3	5.3
广 东	35041	43.3	6.7	7.8
广 西	5390	50.1	2.9	2.2
海 南	577	45.7	4.1	2.1
重 庆	9067	54.4	4.9	5.7
四 川	14835	55.6	4.3	4.2
贵 州	5669	60.1	3.5	2.9
云 南	5625	58.5	4.7	4.8
西 藏	217	52.0	1.7	1.2
陕 西	8024	59.1	3.9	4.0
甘 肃	3425	65.3	2.5	2.7
青 海	815	58.6	4.0	2.8
宁 夏	1155	52.2	6.4	5.1
新 疆	3466	50.2	2.1	2.1

知识产权保护或相关措施的企业占比(%)						年末拥有有效发明专利数(件)
申请了注册商标	进行了版权登记	形成了国家或行业技术标准	对技术秘密进行内部保护	应用了难以复制的复杂技术	发挥了时间上的先发优势	
11.7	2.8	6.1	12.8	2.7	19.7	656846
13.0	2.3	6.5	12.2	2.8	21.7	131742
12.8	2.2	8.4	13.5	2.7	23.2	80990
9.5	1.7	6.3	9.4	2.5	20.8	24767
9.6	7.8	6.7	13.8	2.6	16.7	64517
7.2	1.8	5.3	10.2	2.1	21.5	25783
12.6	1.3	4.3	12.0	1.7	26.8	15088
8.6	1.2	7.4	8.6	1.9	24.9	6738
8.9	1.5	7.5	9.8	1.9	22.3	3609
5.7	1.2	5.6	8.1	2.0	16.6	16150
12.1	1.9	7.2	11.5	3.1	24.7	3840
14.1	2.7	6.6	9.1	2.6	24.5	4777
9.7	3.8	6.0	12.9	2.6	14.9	53001
9.7	2.0	5.6	11.6	2.5	16.1	126840
14.8	2.1	7.7	15.4	2.7	19.9	43358
11.9	1.9	6.5	10.8	2.3	17.4	45349
14.9	2.9	5.8	12.4	2.8	22.0	19589
12.5	2.4	7.1	15.1	3.0	21.4	7153
11.4	1.9	6.0	13.7	3.4	27.2	49394
13.1	2.3	5.7	11.9	2.8	24.7	18333
14.5	2.6	7.0	13.3	2.7	22.5	29795
14.4	2.9	6.4	12.6	3.3	20.0	24374
11.7	4.1	6.1	11.5	2.9	15.9	257534
11.1	1.9	7.4	12.4	3.2	21.1	6236
10.5	3.6	8.7	11.6	1.8	17.4	1742
11.3	2.1	6.4	14.6	3.1	22.5	9879
13.3	2.7	7.7	15.4	2.5	21.0	27573
14.5	2.4	9.6	13.0	3.0	27.1	5878
17.1	2.6	9.7	13.7	3.0	23.5	7174
13.4	3.1	8.9	10.8	3.4	21.1	115
14.3	2.1	9.4	13.0	2.8	25.0	13978
13.5	1.9	11.9	11.9	2.4	31.7	2671
15.3	2.1	10.5	11.3	2.6	25.2	444
13.0	2.7	10.1	13.6	2.1	20.1	1266
9.6	1.7	9.3	12.0	2.0	22.4	2167

9-2 规模以上工业企业

项目	采取了知识产权保护或相关措施的企业数(个)	采取了知识产权保护或相关措施的企业占全部企业的比重(%)	在全部企业中，采取下列		
			申请了发明专利	申请了实用新型或外观设计专利	申请了注册商标
总计	**209120**	**55.2**	**9.6**	**10.6**	**15.6**
一、按规模分					
大型企业	7500	77.8	41.5	42.7	24.9
中型企业	33832	64.2	18.4	20.1	18.9
小型企业	162947	54.5	7.4	8.4	15.3
微型企业	4841	28.2	1.3	1.5	6.9
二、按登记注册类型分					
内资企业	184490	56.1	9.2	10.1	16.3
国有企业	1227	50.3	13.3	13.8	9.3
集体企业	807	38.6	2.8	3.1	8.7
股份合作企业	504	53.3	5.3	5.4	12.5
联营企业	46	41.4	4.5	2.7	6.3
#国有联营企业	6	60.0	30.0	20.0	10.0
有限责任公司	55258	57.4	10.1	10.7	15.9
#国有独资公司	1911	55.6	19.4	20.1	10.2
股份有限公司	8992	74.9	30.8	29.8	26.3
私营企业	117247	54.7	7.7	8.8	16.1
其他企业	409	46.5	2.4	2.2	11.9
港、澳、台商投资企业	11604	49.5	12.0	14.2	12.4
合资经营企业	4202	59.7	16.8	19.2	15.8
合作经营企业	206	35.5	7.8	10.3	11.7
港、澳、台商独资经营企业	6775	44.6	9.5	11.6	10.4
港、澳、台商投资股份有限公司	314	65.7	29.1	27.2	22.8
其他港、澳、台投资企业	107	67.3	8.8	11.3	17.6
外商投资企业	13026	49.9	11.5	13.6	10.6
中外合资经营企业	5309	58.7	16.5	18.2	14.2
中外合作经营企业	252	46.7	8.7	9.4	11.3
外资企业	7086	44.7	8.5	11.0	8.3
外商投资股份有限公司	262	57.8	20.3	22.1	15.9
其他外商投资企业	117	49.6	9.7	9.3	13.1
三、按行业分					
采矿业	5257	41.9	2.1	2.0	4.2
煤炭开采和洗选业	2047	40.5	1.5	1.7	3.0
石油和天然气开采业	89	65.4	22.1	22.1	6.6
黑色金属矿采选业	755	40.2	1.3	1.1	3.8
有色金属矿采选业	732	44.3	2.6	2.4	3.4
非金属矿采选业	1522	41.9	1.7	1.5	6.1

知识产权及相关情况

知识产权保护或相关措施的企业占比(%)					年末拥有有效发明专利数(件)	对最主要的主营产品拥有品牌所有权的企业占全部企业的比重(%)	
进行了版权登记	形成了国家或行业技术标准	对技术秘密进行内部保护	应用了难以复制的复杂技术	发挥了时间上的先发优势			#该品牌由本企业独立开发的企业占全部企业的比重
2.3	**7.6**	**15.9**	**3.2**	**16.2**	**769847**	**30.2**	**27.0**
7.8	24.6	33.8	6.4	17.3	355272	56.4	51.7
3.6	10.9	20.1	3.9	16.1	172734	40.6	36.7
2.0	6.7	15.1	3.0	16.6	237350	28.6	25.5
0.8	3.8	7.2	1.5	10.3	4491	12.3	10.6
2.3	7.7	15.6	3.1	16.8	622533	30.0	27.1
2.5	15.6	14.5	2.6	13.3	23393	24.6	21.1
1.2	6.1	9.6	1.3	14.7	2690	15.6	14.2
0.8	8.4	15.2	2.7	16.9	465	25.3	21.7
0.9	5.4	11.7		14.4	36	25.2	20.7
	10.0	30.0			24	50.0	50.0
2.5	9.1	16.9	3.3	16.5	243148	31.7	28.1
3.7	16.3	19.4	3.9	14.1	30405	30.4	25.7
7.1	18.5	26.9	5.4	16.6	171965	54.1	50.4
2.0	6.4	14.5	2.9	16.9	180490	28.2	25.5
1.6	3.6	9.7	3.3	19.9	346	19.5	15.7
2.4	6.8	16.7	3.4	12.6	68740	29.9	26.5
2.8	9.1	19.9	3.8	14.3	24800	36.9	33.6
2.2	4.5	10.7	2.4	7.4	501	24.0	21.7
2.0	5.6	15.2	3.3	11.8	39213	26.3	22.9
8.6	14.0	23.0	4.0	15.1	4015	47.1	43.7
3.8	6.3	22.6	5.7	21.4	211	31.4	28.3
2.1	6.4	19.2	3.8	12.7	78574	32.9	26.8
3.0	9.3	21.6	4.0	14.3	36714	37.2	31.8
1.7	6.9	15.4	3.0	12.0	641	31.5	26.9
1.6	4.7	17.9	3.7	11.7	36384	30.3	23.7
3.5	11.5	23.4	4.2	17.0	4534	43.7	36.6
1.7	5.1	22.0	2.5	14.0	301	34.3	28.0
0.8	6.9	9.6	2.5	21.5	7267	6.5	5.3
0.6	7.7	8.4	2.6	21.7	1944	4.6	3.8
6.6	22.8	26.5	5.9	24.3	1994	8.8	7.4
0.7	5.2	9.8	2.6	21.4	965	3.5	2.8
0.9	7.9	13.7	2.5	20.0	341	6.0	5.3
0.8	5.3	8.3	2.2	22.0	353	10.2	8.2

9-2 续表 1

项 目	采取了知识产权保护或相关措施的企业数(个)	采取了知识产权保护或相关措施的企业占全部企业的比重(%)	在全部企业中，采取下列		
			申请了发明专利	申请了实用新型或外观设计专利	申请了注册商标
开采辅助活动	98	58.3	15.5	13.7	4.2
其他采矿业	14	53.8		3.8	11.5
制造业	199871	56.2	10.0	11.1	16.4
农副食品加工业	15207	58.5	4.4	3.6	26.6
食品制造业	5800	64.1	7.6	6.2	29.6
酒、饮料和精制茶制造业	4616	66.3	5.2	5.1	35.2
烟草制品业	95	74.2	34.4	35.9	21.9
纺织业	9172	46.4	3.9	4.5	11.0
纺织服装、服饰业	5978	38.7	1.9	2.7	11.4
皮革、毛皮、羽毛及其制品和制鞋业	4148	47.5	2.2	3.2	14.0
木材加工和木、竹、藤、棕、草制品业	4371	47.9	3.0	3.6	14.7
家具制造业	2980	51.6	3.5	6.2	18.5
造纸和纸制品业	3180	48.3	5.0	5.8	13.0
印刷和记录媒介复制业	2696	48.3	5.0	6.9	9.3
文教、工美、体育和娱乐用品制造业	4996	53.9	6.3	8.9	17.2
石油加工、炼焦和核燃料加工业	1026	54.7	9.1	8.2	11.9
化学原料和化学制品制造业	15037	61.2	14.1	9.9	17.7
医药制造业	5545	73.5	24.0	13.6	26.9
化学纤维制造业	909	49.9	10.7	10.1	12.6
橡胶和塑料制品业	9535	52.1	7.4	8.9	14.7
非金属矿物制品业	17405	49.7	4.5	4.5	12.7
黑色金属冶炼和压延加工业	3988	46.9	5.9	6.6	10.0
有色金属冶炼和压延加工业	3948	56.2	11.4	11.5	12.7
金属制品业	10606	51.1	7.6	9.9	13.5
通用设备制造业	14909	63.0	15.2	19.0	16.0
专用设备制造业	11676	66.3	19.8	23.8	17.1
汽车制造业	9120	62.9	13.8	17.5	12.8
铁路、船舶、航空航天和其他运输设备制造业	3000	60.6	15.1	18.3	14.4
电气机械和器材制造业	15275	64.7	17.8	22.3	18.7
计算机、通信和其他电子设备制造业	9680	63.6	22.8	27.2	14.3
仪器仪表制造业	3158	72.8	28.5	33.1	19.7
其他制造业	1029	54.6	8.5	9.4	16.1
废弃资源综合利用业	608	38.4	4.6	4.6	5.9
金属制品、机械和设备修理业	178	47.6	11.2	12.6	3.7
电力、热力、燃气及水生产和供应业	3992	38.0	3.2	4.1	2.9
电力、热力生产和供应业	2864	39.4	3.8	4.7	2.4
燃气生产和供应业	553	36.9	1.0	1.6	4.3
水的生产和供应业	575	33.0	2.8	3.7	4.0

知识产权保护或相关措施的企业占比(%)					年末拥有有效发明专利数(件)	对最主要的主营产品拥有品牌所有权的企业占全部企业的比重(%)	
进行了版权登记	形成了国家或行业技术标准	对技术秘密进行内部保护	应用了难以复制的复杂技术	发挥了时间上的先发优势			#该品牌由本企业独立开发的企业占全部企业的比重
3.0	13.7	20.8	4.8	16.1	1649	18.5	15.5
3.8	3.8	15.4		19.2	21	15.4	11.5
2.4	7.5	16.4	3.2	16.1	748992	31.8	28.4
2.7	6.1	12.7	2.1	17.5	7520	43.1	38.9
3.9	7.5	18.5	3.1	15.8	7863	52.1	47.7
4.6	8.8	16.9	3.0	16.2	3298	54.1	49.6
9.4	23.4	31.3	5.5	11.7	3081	38.3	35.2
1.3	4.7	12.9	2.6	18.0	6359	18.3	16.5
1.4	3.4	9.1	2.2	15.7	3527	17.3	15.5
1.1	3.7	9.7	2.2	20.0	2050	19.7	17.4
1.3	4.7	10.7	2.5	17.7	1708	20.9	18.7
2.0	4.8	12.4	2.0	15.2	4031	30.4	27.9
1.9	5.8	13.1	2.8	16.3	4741	22.4	20.3
2.1	5.7	13.2	3.4	17.4	3312	14.8	13.1
2.4	4.9	13.9	3.2	16.6	6857	27.4	25.3
1.6	10.0	19.3	3.0	18.2	3061	25.3	21.5
2.0	9.3	21.1	4.0	15.3	48805	38.0	33.3
4.3	14.3	25.2	5.3	15.2	37463	53.7	46.8
1.8	8.4	15.4	3.8	15.2	2510	25.7	23.1
1.7	6.5	14.8	2.9	14.7	16212	26.0	23.1
1.4	7.6	13.6	2.8	17.3	19013	24.1	20.5
0.8	7.4	14.0	2.7	15.3	15661	18.6	16.4
1.4	9.3	17.8	3.2	15.5	13527	28.0	25.2
1.4	6.6	13.8	2.6	14.9	22231	25.4	22.7
2.5	9.2	19.3	3.6	15.2	55508	38.0	34.2
3.6	9.9	21.0	4.3	15.4	67163	40.4	37.1
2.1	8.0	22.0	4.2	16.9	34481	29.5	25.8
2.5	8.2	21.2	3.7	14.7	21990	34.2	30.0
3.3	9.9	19.2	3.6	14.5	85028	41.4	37.6
6.0	8.4	22.8	5.0	15.4	227365	35.9	33.1
9.3	13.6	25.5	5.6	15.4	20137	51.1	47.4
1.6	6.8	14.2	2.5	15.6	3034	27.2	24.0
1.3	5.2	9.9	2.4	13.1	596	10.6	8.9
3.7	7.0	20.1	3.7	15.2	860	17.1	15.0
1.1	10.3	7.5	2.2	14.6	13588	6.5	4.6
1.2	11.3	7.6	2.1	15.0	12893	5.7	4.0
1.0	7.1	7.9	1.7	17.0	204	9.5	6.0
0.9	8.8	7.0	2.8	10.9	491	7.1	5.9

9-2 续表 2

项 目	采取了知识产权保护或相关措施的企业数(个)	采取了知识产权保护或相关措施的企业占全部企业的比重(%)	在全部企业中，采取下列		
			申请了发明专利	申请了实用新型或外观设计专利	申请了注册商标
四、按地区分					
东部地区	117936	53.7	11.1	13.0	14.7
中部地区	49704	56.0	7.8	7.9	16.6
西部地区	33364	63.7	7.5	7.3	18.5
东北地区	8116	45.1	5.1	4.9	14.1
北 京	1796	53.8	22.6	22.8	12.8
天 津	2429	46.7	16.3	18.8	11.0
河 北	8741	59.2	4.8	4.6	17.4
山 西	1841	51.8	5.4	5.1	13.1
内蒙古	2207	51.4	3.6	3.0	12.5
辽 宁	2032	25.3	6.7	6.8	7.1
吉 林	3579	59.6	3.3	2.6	17.4
黑龙江	2505	63.3	4.8	4.6	23.2
上 海	3647	43.7	13.8	16.6	10.9
江 苏	21184	44.2	17.0	19.3	11.6
浙 江	28900	72.0	10.2	14.1	19.1
安 徽	7725	39.0	13.6	12.9	13.3
福 建	10603	61.4	8.2	10.3	20.1
江 西	6700	61.3	6.2	7.5	15.6
山 东	24617	62.2	6.0	5.4	14.6
河 南	14056	59.4	3.7	4.1	17.5
湖 北	10432	64.0	7.8	7.1	19.1
湖 南	8950	62.2	8.7	8.8	18.6
广 东	15815	37.1	11.4	13.6	12.2
广 西	3157	57.9	5.4	4.0	16.6
海 南	204	60.5	14.2	6.8	20.2
重 庆	4601	67.8	11.5	13.3	16.4
四 川	8773	63.5	7.5	7.3	18.0
贵 州	3334	65.1	5.9	4.7	19.3
云 南	2799	66.8	9.9	9.9	25.3
西 藏	65	60.2	6.5	4.6	26.9
陕 西	3994	68.1	8.1	8.2	21.0
甘 肃	1569	74.8	5.8	6.2	22.1
青 海	405	68.3	8.1	5.4	24.3
宁 夏	712	60.6	11.7	9.4	18.7
新 疆	1748	60.4	4.5	4.4	17.0

知识产权保护或相关措施的企业占比(%)					年末拥有有效发明专利数(件)	对最主要的主营产品拥有品牌所有权的企业占全部企业的比重(%)	#该品牌由本企业独立开发的企业占全部企业的比重
进行了版权登记	形成了国家或行业技术标准	对技术秘密进行内部保护	应用了难以复制的复杂技术	发挥了时间上的先发优势			
2.3	6.9	15.8	3.1	15.3	560477	29.9	27.0
2.4	7.5	15.3	3.2	17.6	116284	30.9	27.3
2.4	10.8	19.0	3.5	18.7	70787	31.4	27.7
2.0	6.5	11.4	2.6	13.2	22299	27.1	23.6
5.9	10.4	20.4	3.3	8.6	28290	45.4	41.4
1.8	5.9	14.2	2.6	7.6	22021	35.6	31.6
1.4	4.6	14.8	2.0	24.3	13074	30.1	25.8
1.5	10.8	13.0	2.3	18.3	5350	24.2	21.1
1.7	9.0	13.2	2.5	17.7	3103	20.3	16.7
1.0	4.5	8.4	1.7	4.7	14188	24.1	21.1
1.8	8.3	14.5	3.5	20.4	3395	24.8	21.2
4.2	8.0	12.7	3.2	19.5	4716	36.9	32.3
2.8	7.1	16.1	3.2	7.6	37513	40.2	34.6
1.8	5.9	13.0	2.6	8.3	117912	29.7	26.5
1.9	9.7	20.6	3.4	19.9	38661	33.1	30.9
1.7	6.4	11.3	2.3	8.6	41791	32.0	29.2
2.9	7.0	16.7	3.4	19.3	18514	28.6	26.5
2.4	8.2	18.2	3.6	19.0	6993	28.8	25.7
2.0	7.2	17.4	4.1	24.9	45917	26.3	23.4
2.4	6.7	15.1	3.1	22.0	15863	29.4	25.3
2.8	8.8	18.2	3.5	19.8	23972	32.9	28.5
3.1	7.4	16.2	4.0	18.8	22315	33.0	29.3
3.3	5.7	12.5	3.0	8.3	236918	26.9	24.6
2.3	9.4	17.0	3.4	18.0	6010	28.2	25.1
4.2	14.8	21.7	3.3	11.6	1657	44.5	39.2
2.1	8.1	23.0	4.5	19.1	8585	30.8	27.8
2.4	9.8	21.0	3.2	16.5	24065	34.1	30.5
2.8	10.9	16.3	3.8	23.6	5411	26.4	22.9
3.6	12.9	19.5	4.0	17.9	5880	38.5	34.9
4.6	10.2	13.9	2.8	12.0	115	35.2	30.6
2.3	13.0	19.3	3.8	19.1	11520	35.7	31.3
2.7	16.0	18.4	2.8	24.6	2427	34.7	30.4
2.5	14.7	16.0	3.7	18.9	393	33.4	29.7
3.2	13.1	19.3	2.8	17.0	1248	32.6	28.6
2.1	13.3	16.8	2.8	19.8	2030	29.1	24.1

9-3　资质等级以上建筑业

项　　目	采取了知识产权保护或相关措施的企业数（个）	采取了知识产权保护或相关措施的企业占全部企业的比重（%）	在全部企业中，采取下列		
			申请了省级以上新工法	申请了发明专利	申请了实用新型或外观设计专利
总　计	**18461**	**45.7**	**5.0**	**2.4**	**2.7**
一、按规模分					
大型企业	1832	80.2	46.9	31.8	35.3
中型企业	8547	47.5	4.2	1.3	1.7
小型企业	6877	42.4	1.0		
微型企业	1205	30.9	1.0		
二、按登记注册类型分					
内资企业	18269	45.7	5.0	2.4	2.7
国有企业	643	46.4	9.0	4.2	4.5
集体企业	405	41.7	2.5	0.2	0.2
股份合作企业	46	38.3	1.7	0.8	0.8
联营企业	10	40.0	4.0	4.0	
#国有联营企业	3	60.0			
有限责任公司	7452	47.4	7.6	4.1	4.8
#国有独资公司	523	60.8	27.1	17.6	21.2
股份有限公司	894	50.9	9.9	5.9	6.4
私营企业	8808	44.0	2.5	0.7	0.8
其他企业	11	50.0			
港、澳、台商投资企业	129	48.1	4.9	2.2	3.7
合资经营企业	89	50.0	5.1	2.2	5.1
合作经营企业	11	73.3	13.3	6.7	6.7
港、澳、台商独资经营企业	23	39.7	1.7	1.7	
其他港、澳、台投资企业	6	66.7	11.1		
外商投资企业	63	43.4	1.4	4.1	4.1
中外合资经营企业	41	47.7	2.3	7.0	7.0
中外合作经营企业	3	33.3			
外资企业	18	37.5			
三、按行业分					
房屋建筑业	8359	44.9	5.7	2.0	2.2
土木工程建筑业	3973	48.5	8.1	4.7	5.4
建筑安装业	2527	45.8	2.9	2.1	2.4
建筑装饰和其他建筑业	3602	44.5	1.8	1.1	1.5

企业知识产权及相关情况

知识产权保护或相关措施的企业占比(%)						年末拥有有效发明专利数(件)
申请了注册商标	进行了版权登记	形成了国家或行业技术标准	对技术秘密进行内部保护	应用了难以复制的复杂技术	发挥了时间上的先发优势	
4.7	**1.3**	**7.8**	**9.9**	**2.9**	**22.0**	**24180**
7.5	5.6	21.8	17.7	5.7	14.8	21463
5.0	1.2	7.8	10.5	3.0	22.2	2717
4.5	1.0	6.8	9.1	2.7	23.3	
2.3	0.7	4.0	5.8	1.7	19.6	
4.7	1.3	7.8	9.9	2.9	22.0	23877
2.0	1.7	10.2	10.5	2.6	19.6	766
2.7	1.1	8.6	8.3	3.2	22.0	29
	0.8	5.8	7.5	2.5	25.0	5
	4.0	4.0	8.0	4.0	20.0	20
				20.0	60.0	
4.1	1.5	8.4	10.3	3.0	21.5	18872
3.5	4.2	15.5	15.2	4.7	14.4	4868
6.5	2.7	10.5	10.9	4.0	21.5	2757
5.3	1.0	6.9	9.5	2.7	22.5	1428
		4.5	9.1	4.5	27.3	
5.6	0.4	9.0	10.4	4.9	22.8	153
5.1		8.4	12.9	5.1	24.7	101
13.3		13.3	6.7	6.7	33.3	47
5.2	1.7	10.3	5.2	3.4	17.2	5
11.1		11.1	11.1	11.1	22.2	
4.1	1.4	6.2	14.5	2.8	19.3	150
3.5	1.2	5.8	17.4	4.7	19.8	150
11.1			11.1		22.2	
4.2	2.1	6.3	10.4		18.8	
4.1	0.9	8.0	9.4	2.8	22.6	10340
4.1	1.4	8.7	11.0	3.6	20.5	9666
5.5	2.6	7.7	10.4	2.7	20.5	1960
6.1	1.2	6.6	9.5	2.6	23.2	2214

9-3 续表

项　目	采取了知识产权保护或相关措施的企业数(个)	采取了知识产权保护或相关措施的企业占全部企业的比重(%)	在全部企业中，采取下列		
			申请了省级以上新工法	申 请 了发明专利	申请了实用新型或外观设计专利
四、按地区分					
东部地区	9037	48.7	6.0	3.4	3.9
中部地区	4008	44.5	4.8	1.9	2.1
西部地区	3900	42.6	4.3	1.6	1.8
东北地区	1516	40.9	2.8	0.6	0.8
北　京	711	44.2	5.5	6.5	8.4
天　津	428	51.9	6.3	6.9	7.6
河　北	565	43.9	4.4	2.9	2.9
山　西	466	47.0	6.6	2.4	3.3
内蒙古	163	39.6	3.9	1.2	1.0
辽　宁	841	45.2	2.8	1.2	1.2
吉　林	271	34.1	1.5		0.3
黑龙江	404	38.3	3.7	0.1	0.3
上　海	598	44.4	3.9	3.7	4.0
江　苏	2250	55.1	6.2	2.6	2.7
浙　江	1376	46.9	7.7	3.6	3.7
安　徽	773	55.6	4.7	2.7	2.7
福　建	661	42.9	5.0	1.2	2.2
江　西	406	42.7	5.1	0.9	0.9
山　东	1355	47.1	5.3	2.1	2.5
河　南	1225	42.4	3.8	1.3	1.8
湖　北	744	40.4	4.1	1.9	1.8
湖　南	394	41.5	6.8	2.9	2.9
广　东	1043	54.1	7.2	4.6	5.7
广　西	185	38.9	7.1	1.9	1.7
海　南	50	45.9	11.9		
重　庆	458	36.4	2.9	1.2	1.4
四　川	857	39.7	3.6	1.9	1.9
贵　州	200	50.5	8.8	3.5	4.8
云　南	476	44.4	3.9	1.7	2.2
西　藏	54	45.0			
陕　西	769	47.6	5.1	1.5	2.0
甘　肃	329	52.4	5.3	0.6	1.0
青　海	90	47.6	5.3	1.6	1.6
宁　夏	109	35.6	2.3	1.0	0.7
新　疆	210	41.1	2.7	1.8	2.2

知识产权保护或相关措施的企业占比(%)						年末拥有有效发明专利数(件)
申请了注册商标	进行了版权登记	形成了国家或行业技术标准	对技术秘密进行内部保护	应用了难以复制的复杂技术	发挥了时间上的先发优势	
5.2	1.5	8.2	11.0	3.2	21.9	13027
4.7	1.2	7.4	9.4	2.8	22.7	7240
4.2	1.0	7.6	8.9	2.3	21.1	3138
3.2	1.0	7.3	8.1	3.1	22.9	775
4.5	2.2	9.6	9.9	2.7	16.3	1977
4.6	1.8	9.6	10.5	3.8	20.5	1146
1.4	0.7	4.2	8.9	1.6	27.7	574
3.5	0.4	6.6	7.3	2.3	27.2	961
2.4		6.8	5.8	1.0	23.5	50
4.1	1.0	8.2	10.5	3.7	24.0	710
1.9	1.1	6.7	6.2	2.6	20.2	63
2.7	0.8	6.0	5.1	2.4	23.0	2
5.0	1.5	9.1	10.0	2.2	19.5	2463
5.6	1.4	8.4	13.2	4.6	26.5	2617
6.5	1.2	7.6	10.0	2.4	15.0	969
6.1	1.3	10.5	13.0	3.5	29.1	2319
6.2	1.5	7.0	9.1	2.7	21.9	160
3.4	0.9	8.9	8.5	2.8	19.9	90
4.0	0.7	7.1	10.7	3.1	24.7	1130
4.5	1.6	6.1	9.3	2.6	22.9	681
5.3	1.3	6.4	8.0	2.7	19.3	2843
4.4	1.2	8.2	10.2	3.3	17.2	346
7.5	3.1	11.5	13.2	4.2	21.6	1985
2.3	0.8	6.9	9.2	2.3	17.9	82
3.7	1.8	8.3	7.3	3.7	23.9	6
5.2	1.2	5.8	8.6	2.1	15.9	242
4.0	0.8	6.1	10.1	2.2	19.2	1687
6.6	1.5	13.9	8.8	2.0	20.5	158
5.8	1.8	8.0	7.8	2.5	22.8	210
0.8		8.3	12.5	5.0	20.8	
4.0	1.3	8.6	8.1	2.2	25.4	555
4.0	0.8	10.2	9.6	3.8	27.2	81
5.3	1.1	5.8	8.5	2.1	29.6	23
3.9	1.3	9.5	6.9	1.3	18.3	10
2.5	0.2	7.6	11.5	2.0	16.4	40

9-4 规模(限额)以上服务业

项　目	采取了知识产权保护或相关措施的企业数(个)	采取了知识产权保护或相关措施的企业占全部企业的比重(%)	在全部企业中，采取	
			申请了发明专利	申请了实用新型或外观设计专利
总　计	**145509**	**47.4**	**0.8**	**0.7**
一、按规模分				
大型企业	5469	59.2	10.6	8.8
中型企业	37559	50.7	2.0	1.8
小型企业	83281	47.3		
微型企业	19200	40.4		
二、按登记注册类型分				
内资企业	138770	47.4	0.8	0.7
国有企业	3724	42.6	1.9	1.9
集体企业	1685	40.7		
股份合作企业	317	37.0		0.2
联营企业	90	42.5		
#国有联营企业	14	31.8		
有限责任公司	49939	47.2	1.0	0.9
#国有独资公司	3072	42.9	2.4	2.3
股份有限公司	5543	56.8	4.4	3.2
私营企业	75418	47.4	0.4	0.3
其他企业	2054	53.4		0.1
港、澳、台商投资企业	3184	45.2	1.5	1.0
合资经营企业	762	47.9	2.1	1.3
合作经营企业	81	49.4	1.8	1.8
港、澳、台商独资经营企业	2156	43.7	1.2	0.9
港、澳、台商投资股份有限公司	120	50.8	2.5	1.3
其他港、澳、台投资企业	65	52.0	1.6	0.8
外商投资企业	3555	46.7	1.9	1.3
中外合资经营企业	819	48.0	3.8	2.6
中外合作经营企业	56	40.0	0.7	1.4
外资企业	2483	46.0	1.3	0.9
外商投资股份有限公司	103	52.0	3.5	2.0
其他外商投资企业	94	54.0	1.1	0.6
三、按行业分				
批发和零售业	91078	47.1		
批发业	43160	45.5		
零售业	47918	48.8		
交通运输、仓储和邮政业	15407	39.2	0.2	0.2
铁路运输业	79	33.6		0.9
道路运输业	9361	40.1	0.1	0.1
水上运输业	997	39.3	0.9	1.0
航空运输业	145	42.8	1.8	1.2
管道运输业	27	34.6	2.6	2.6
装卸搬运和运输代理业	2494	35.3	0.1	0.1
仓储业	1748	39.4	0.2	0.3
邮政业	556	43.8		
信息传输、软件和信息技术服务业	11869	71.6	7.0	4.8
电信、广播电视和卫星传输服务	1210	49.9	2.0	1.6
互联网和相关服务	1131	69.9	5.3	3.4
软件和信息技术服务业	9528	76.1	8.2	5.6
租赁和商务服务业	13436	40.7	0.4	0.3

企业知识产权及相关情况

下列知识产权保护或相关措施的企业占比(%)						年末拥有有效发明专利数(件)
申请了注册商标	进行了版权登记	形成了国家或行业技术标准	对技术秘密进行内部保护	应用了难以复制的复杂技术	发挥了时间上的先发优势	
8.5	**3.1**	**5.1**	**8.8**	**2.1**	**26.1**	**100318**
15.1	10.4	11.9	16.8	4.0	21.0	65836
10.8	4.2	6.1	10.4	2.4	25.6	34482
8.2	2.8	4.8	8.5	2.0	26.6	
5.0	1.1	3.6	6.2	1.6	26.4	
8.5	3.0	5.1	8.6	2.0	26.5	83787
4.8	2.1	9.2	8.3	1.6	21.7	19262
4.6	0.8	4.5	5.1	1.4	27.5	18
4.7	1.1	4.6	5.7	2.0	23.4	13
5.2	1.4	7.5	9.4	1.4	23.1	
2.3	2.3	11.4	4.5		20.5	
8.1	3.1	5.5	8.7	2.1	26.0	38007
7.2	2.8	7.6	8.2	1.8	21.5	7211
14.9	9.6	8.9	13.5	3.3	24.5	15584
8.7	2.7	4.5	8.3	2.0	27.1	10884
11.9	1.3	3.5	7.5	1.8	31.0	19
9.5	4.5	4.8	12.6	2.9	20.1	9034
9.2	5.5	5.8	12.7	3.1	22.4	674
10.4	3.7	9.1	7.3	1.8	20.1	2
9.2	4.2	4.2	12.6	2.9	19.1	8143
15.3	5.9	6.8	14.4	2.5	22.0	210
10.4	2.4	5.6	13.6	3.2	23.2	5
8.2	4.4	5.3	16.5	4.0	18.8	7497
10.1	6.3	6.3	13.9	4.1	18.2	2051
10.7	3.6	7.9	10.0	4.3	17.9	18
7.5	3.9	4.8	17.5	4.0	18.5	4733
10.1	4.0	8.1	18.7	4.5	21.2	667
6.3	1.7	4.6	13.8	2.9	30.5	28
8.7	1.6	4.8	7.7	1.9	28.0	
8.6	1.6	4.6	8.1	1.8	25.9	
8.7	1.6	4.9	7.3	1.9	29.9	
4.3	1.0	4.6	5.5	1.5	25.8	1163
3.4	1.3	4.7	4.3	2.6	17.9	14
4.1	1.0	4.4	5.4	1.4	27.2	247
4.1	1.2	6.3	6.4	1.5	22.9	519
7.4	2.4	7.4	6.8	0.9	25.1	95
1.3	2.6	5.1	3.8	2.6	16.7	140
4.1	0.9	3.8	5.6	1.3	23.0	60
5.3	0.9	5.5	5.5	1.7	24.0	82
5.0	2.0	7.5	6.1	2.4	29.2	6
16.8	25.6	7.8	23.5	5.6	20.1	38319
5.4	5.7	9.2	15.4	4.0	23.6	1677
23.4	21.8	6.8	20.6	5.0	22.0	9554
18.2	30.0	7.6	25.4	6.0	19.2	27088
7.9	2.3	3.6	7.5	1.7	23.0	9277

9-4 续表

项目	采取了知识产权保护或相关措施的企业数(个)	采取了知识产权保护或相关措施的企业占全部企业的比重(%)	在全部企业中，采取	
			申请了发明专利	申请了实用新型或外观设计专利
租赁业	695	40.3	0.4	0.6
商务服务业	12741	40.8	0.4	0.3
科学研究和技术服务业	11252	56.7	5.5	5.4
研究和试验发展	1359	74.3	13.3	9.7
专业技术服务业	7033	52.7	5.2	5.7
科技推广和应用服务业	2860	61.2	3.5	2.7
水利、环境和公共设施管理业	2467	46.5	1.1	1.1
水利管理业	89	40.6	0.9	1.8
生态保护和环境治理业	302	54.2	5.2	4.8
公共设施管理业	2076	45.9	0.6	0.6
四、按地区分				
东部地区	86293	46.9	1.1	0.9
中部地区	28246	47.8	0.4	0.4
西部地区	24206	49.0	0.4	0.4
东北地区	6764	46.5	0.3	0.3
北 京	8516	49.6	3.8	2.7
天 津	4253	47.7	1.0	0.9
河 北	3300	45.6	0.3	0.4
山 西	1767	44.3	0.2	0.2
内蒙古	1412	42.7	0.1	0.1
辽 宁	3288	44.3	0.4	0.4
吉 林	2187	50.2	0.2	0.1
黑龙江	1289	46.6	0.2	0.2
上 海	5992	43.9	1.9	1.6
江 苏	15471	46.8	0.7	0.6
浙 江	10138	40.5	0.6	0.6
安 徽	5575	54.9	0.5	0.5
福 建	7019	45.6	0.5	0.4
江 西	2705	45.6	0.2	0.1
山 东	13098	49.5	0.3	0.3
河 南	8833	48.3	0.2	0.3
湖 北	5307	47.4	0.6	0.5
湖 南	4059	42.3	0.5	0.4
广 东	18183	50.0	1.3	1.1
广 西	2048	42.4	0.2	0.1
海 南	323	39.6	0.5	0.5
重 庆	4008	46.5	0.3	0.4
四 川	5205	48.6	0.6	0.6
贵 州	2135	54.5	0.3	0.3
云 南	2350	53.9	0.5	0.5
西 藏	98	51.9		
陕 西	3261	53.4	0.4	0.5
甘 肃	1527	60.6	0.2	0.2
青 海	320	52.6	0.7	0.7
宁 夏	334	45.5	0.1	0.3
新 疆	1508	43.1	0.2	0.2

下列知识产权保护或相关措施的企业占比(%)						年末拥有有效发明专利数(件)
申请了注册商标	进行了版权登记	形成了国家或行业技术标准	对技术秘密进行内部保护	应用了难以复制的复杂技术	发挥了时间上的先发优势	
5.7	2.0	2.8	6.8	1.7	24.9	245
8.1	2.3	3.6	7.6	1.7	22.9	9032
8.9	4.9	9.8	16.8	3.7	20.5	50760
15.8	7.7	13.4	28.4	7.3	18.3	19971
6.4	3.9	10.8	15.7	3.2	19.7	25472
13.4	6.4	5.5	15.4	3.7	23.7	5317
11.4	1.6	5.8	7.1	2.0	21.9	799
5.0	1.8	6.4	6.8	3.2	18.3	87
5.7	2.2	6.3	14.2	4.5	18.0	386
12.4	1.5	5.7	6.2	1.6	22.6	326
8.7	3.6	4.9	9.3	2.2	24.8	83342
8.9	2.5	4.8	8.1	2.1	27.8	8218
8.4	2.3	6.0	8.4	1.9	28.3	7065
5.3	1.6	5.7	7.2	2.1	29.5	1693
9.5	8.7	5.8	12.8	2.4	18.3	34250
5.1	1.9	4.5	7.8	1.6	29.8	2616
4.8	1.2	3.5	6.9	1.1	31.8	1440
5.9	1.3	4.6	5.0	1.3	30.1	427
5.1	1.4	5.5	5.9	1.2	28.1	456
4.5	1.5	6.0	7.2	1.8	27.5	1252
6.7	2.1	5.7	8.4	2.7	31.3	382
5.5	1.3	5.0	5.5	2.0	32.3	59
9.5	4.7	5.0	11.2	2.2	19.0	13025
7.4	2.4	4.8	9.4	2.0	26.3	6311
8.9	2.5	4.5	7.6	1.6	20.5	3728
9.8	2.6	6.2	9.6	2.2	33.0	1239
10.0	2.9	4.3	8.0	2.2	25.1	915
8.1	2.5	4.8	10.3	1.8	26.2	70
7.3	2.0	4.0	8.4	2.3	30.9	2347
8.9	2.4	4.3	8.0	2.6	28.4	1789
9.2	2.6	4.5	7.1	1.6	27.0	2980
9.1	2.8	4.7	7.6	2.2	22.1	1713
11.3	5.1	6.4	10.2	2.7	24.4	18631
5.7	1.6	5.1	7.5	3.2	25.0	144
7.4	3.7	6.3	8.0	1.0	18.9	79
8.2	2.2	5.3	9.0	2.0	26.1	1052
9.0	3.5	5.4	9.2	1.7	27.2	1821
8.9	2.0	7.5	9.2	2.0	32.5	309
12.0	2.0	7.1	9.5	2.1	29.0	1084
13.8	4.2	8.5	7.9	2.6	26.5	
10.7	2.2	6.1	8.2	2.0	30.5	1903
8.7	1.6	8.9	7.0	1.7	38.7	163
9.7	2.0	7.9	7.6	1.6	29.9	28
7.5	2.5	5.5	7.1	1.2	25.9	8
4.5	1.5	6.3	8.1	1.4	25.4	97

十、规模（限额）以上企业组织和营销创新情况（2016年）

10-1 规模(限额)以上企业

项　　目	实现组织或营销创新企业数(个)	#实现组织创新企业	#实现营销创新企业
总　计	**218595**	**175802**	**164884**
一、按规模分			
大型企业	11571	10034	8570
中型企业	52550	43420	38872
小型企业	143147	113778	109153
微型企业	11327	8570	8289
二、按登记注册类型分			
内资企业	196873	158324	149106
国有企业	3058	2631	1794
集体企业	1274	1043	826
股份合作企业	383	287	291
联营企业	81	63	56
#国有联营企业	13	12	9
有限责任公司	66389	54347	48620
#国有独资公司	3931	3440	2351
股份有限公司	10857	9302	8506
私营企业	113770	89871	88167
其他企业	1061	780	846
港、澳、台商投资企业	10198	8191	7639
合资经营企业	3506	2864	2616
合作经营企业	187	141	151
港、澳、台商独资经营企业	6066	4835	4515
港、澳、台商投资股份有限公司	333	275	269
其他港、澳、台投资企业	106	76	88
外商投资企业	11524	9287	8139
中外合资经营企业	4350	3588	3129
中外合作经营企业	190	151	142
外资企业	6582	5217	4557
外商投资股份有限公司	265	215	211
其他外商投资企业	137	116	100
三、按行业分			
采矿业	2234	1918	1337
制造业	125570	100953	99513
电力、热力、燃气及水生产和供应业	2461	2178	1182
建筑业	9646	9058	4208
批发和零售业	47560	34925	38453
交通运输、仓储和邮政业	7727	6702	4356
信息传输、软件和信息技术服务业	8170	7084	6270
租赁和商务服务业	7713	6422	4967
科学研究和技术服务业	6042	5331	3590
水利、环境和公共设施管理业	1472	1231	1008

组织和营销创新情况

在全部企业中占比(%)					
实现组织或营销创新企业	#实现组织创新企业	#实现营销创新企业	#同时实现组织和营销创新企业	#仅实现组织创新企业	#仅实现营销创新企业
30.1	**24.2**	**22.7**	**16.8**	**7.4**	**5.9**
54.7	47.4	40.5	33.2	14.2	7.3
36.3	30.0	26.8	20.5	9.4	6.3
29.1	23.1	22.2	16.2	6.9	6.0
16.5	12.5	12.1	8.1	4.4	4.0
29.8	23.9	22.5	16.7	7.2	5.8
24.3	20.9	14.3	10.9	10.1	3.4
17.7	14.5	11.5	8.3	6.2	3.2
19.9	14.9	15.1	10.1	4.8	5.0
23.3	18.1	16.1	10.9	7.2	5.2
22.0	20.3	15.3	13.6	6.8	1.7
30.5	25.0	22.3	16.8	8.2	5.5
34.3	30.0	20.5	16.2	13.8	4.3
46.2	39.6	36.2	29.6	10.0	6.6
28.9	22.8	22.4	16.3	6.5	6.1
22.3	16.4	17.8	11.9	4.5	5.9
33.2	26.6	24.8	18.3	8.3	6.5
39.8	32.5	29.7	22.4	10.1	7.3
24.6	18.6	19.9	13.8	4.7	6.1
30.1	24.0	22.4	16.3	7.7	6.1
46.1	38.1	37.3	29.2	8.9	8.0
36.2	25.9	30.0	19.8	6.1	10.2
34.0	27.4	24.0	17.4	10.0	6.6
40.2	33.1	28.9	21.9	11.3	7.0
27.6	21.9	20.6	14.9	7.0	5.7
30.9	24.5	21.4	15.0	9.5	6.4
40.6	32.9	32.3	24.7	8.3	7.7
33.4	28.3	24.4	19.3	9.0	5.1
17.8	15.3	10.7	8.1	7.2	2.5
35.3	28.4	28.0	21.1	7.3	6.9
23.4	20.7	11.3	8.6	12.2	2.7
23.9	22.4	10.4	9.0	13.5	1.5
24.6	18.1	19.9	13.4	4.7	6.5
19.7	17.1	11.1	8.5	8.6	2.6
49.3	42.8	37.8	31.3	11.5	6.6
23.4	19.5	15.1	11.1	8.3	3.9
30.5	26.9	18.1	14.5	12.4	3.6
27.8	23.2	19.0	14.5	8.8	4.5

10-1 续表

项　目	实现组织或营销创新企业数（个）	#实现组织创新企业	#实现营销创新企业
四、按地区分			
东部地区	131686	104561	97728
中部地区	45862	37407	36512
西部地区	33857	28023	25219
东北地区	7190	5811	5425
北　京	6422	5253	4350
天　津	5606	4618	3591
河　北	7807	5928	5661
山　西	2072	1676	1467
内蒙古	1725	1429	1253
辽　宁	3131	2550	2342
吉　林	2457	2014	1883
黑龙江	1602	1247	1200
上　海	6346	5064	4445
江　苏	29604	24043	21598
浙　江	22346	17665	17322
安　徽	11128	9272	9203
福　建	10545	7811	7948
江　西	4950	4020	3962
山　东	20863	16459	15584
河　南	11605	9306	9094
湖　北	8898	7286	6988
湖　南	7209	5847	5798
广　东	21753	17395	16954
广　西	2920	2358	2161
海　南	394	325	275
重　庆	5044	4178	3830
四　川	8654	7009	6347
贵　州	2823	2348	2220
云　南	3421	2943	2673
西　藏	132	111	94
陕　西	4573	3794	3407
甘　肃	1588	1343	1174
青　海	424	378	314
宁　夏	723	604	537
新　疆	1830	1528	1209

在全部企业中占比(%)					
实现组织或营销创新企业	#实现组织创新企业	#实现营销创新企业	#同时实现组织和营销创新企业	#仅实现组织创新企业	#仅实现营销创新企业
31.2	24.8	23.2	16.7	8.0	6.4
29.2	23.9	23.3	17.9	6.0	5.4
30.5	25.3	22.7	17.5	7.8	5.3
19.8	16.0	15.0	11.2	4.9	3.8
29.0	23.8	19.7	14.4	9.4	5.3
37.5	30.9	24.0	17.4	13.5	6.6
33.5	25.5	24.3	16.2	9.2	8.1
24.3	19.6	17.2	12.5	7.1	4.6
21.5	17.8	15.6	11.9	5.9	3.7
18.1	14.7	13.5	10.2	4.6	3.4
22.0	18.1	16.9	12.9	5.1	4.0
20.6	16.0	15.4	10.9	5.2	4.6
27.2	21.7	19.0	13.6	8.1	5.5
34.8	28.3	25.4	18.9	9.4	6.5
32.8	25.9	25.4	18.6	7.4	6.9
35.5	29.6	29.3	23.4	6.1	5.9
30.8	22.8	23.2	15.2	7.6	8.0
27.8	22.6	22.2	17.0	5.5	5.2
30.3	23.9	22.6	16.2	7.7	6.4
25.9	20.8	20.3	15.2	5.6	5.1
30.3	24.8	23.8	18.3	6.5	5.5
28.9	23.4	23.3	17.8	5.7	5.5
26.9	21.5	20.9	15.6	5.9	5.4
27.1	21.9	20.1	14.9	7.1	5.2
31.2	25.8	21.8	16.3	9.4	5.5
30.3	25.1	23.0	17.8	7.3	5.2
32.4	26.3	23.8	17.6	8.6	6.2
29.9	24.9	23.5	18.5	6.4	5.0
35.6	30.6	27.8	22.8	7.8	5.0
31.7	26.6	22.5	17.5	9.1	5.0
33.7	27.9	25.1	19.3	8.6	5.7
30.3	25.6	22.4	17.7	7.9	4.7
30.5	27.2	22.6	19.3	7.9	3.3
32.7	27.3	24.3	18.9	8.4	5.4
26.5	22.1	17.5	13.1	9.0	4.4

10-2 规模以上工业企业

项　目	实现组织或营销创新企业数(个)	#实现组织创新企业	#实现营销创新企业
总　计	**130265**	**105049**	**102032**
一、按规模分			
大型企业	5966	5246	4700
中型企业	23727	19914	18488
小型企业	98136	78001	77055
微型企业	2436	1888	1789
二、按登记注册类型分			
内资企业	112712	90847	89194
国有企业	750	653	475
集体企业	438	346	318
股份合作企业	237	178	184
联营企业	32	28	20
#国有联营企业	5	5	2
有限责任公司	33913	27872	26114
#国有独资公司	1420	1268	916
股份有限公司	6648	5770	5396
私营企业	70497	55857	56525
其他企业	197	143	162
港、澳、台商投资企业	8118	6556	6117
合资经营企业	2934	2394	2225
合作经营企业	141	103	115
港、澳、台商独资经营企业	4746	3824	3535
港、澳、台商投资股份有限公司	235	194	189
其他港、澳、台投资企业	62	41	53
外商投资企业	9435	7646	6721
中外合资经营企业	3755	3089	2737
中外合作经营企业	158	126	121
外资企业	5228	4195	3640
外商投资股份有限公司	204	161	160
其他外商投资企业	90	75	63
三、按行业分			
采矿业	2234	1918	1337
煤炭开采和洗选业	824	730	484
石油和天然气开采业	32	28	14
黑色金属矿采选业	351	289	210
有色金属矿采选业	307	276	128
非金属矿采选业	663	540	475

组织和营销创新情况

在全部企业中占比(%)					
实现组织或营销创新企业	#实现组织创新企业	#实现营销创新企业	#同时实现组织和营销创新企业	#仅实现组织创新企业	#仅实现营销创新企业
34.4	**27.7**	**27.0**	**20.3**	**7.5**	**6.7**
61.9	54.4	48.7	41.3	13.1	7.5
45.0	37.8	35.1	27.9	9.9	7.2
32.8	26.1	25.8	19.0	7.0	6.7
14.2	11.0	10.4	7.2	3.8	3.2
34.3	27.6	27.1	20.5	7.1	6.6
30.7	26.8	19.5	15.5	11.3	4.0
20.9	16.5	15.2	10.8	5.7	4.4
25.1	18.8	19.5	13.2	5.6	6.2
28.8	25.2	18.0	14.4	10.8	3.6
50.0	50.0	20.0	20.0	30.0	
35.2	29.0	27.1	20.9	8.1	6.3
41.3	36.9	26.6	22.2	14.7	4.4
55.4	48.1	45.0	37.6	10.4	7.3
32.9	26.1	26.4	19.5	6.5	6.8
22.4	16.3	18.4	12.3	4.0	6.1
34.6	28.0	26.1	19.4	8.5	6.7
41.7	34.0	31.6	23.9	10.1	7.7
24.3	17.8	19.8	13.3	4.5	6.6
31.3	25.2	23.3	17.2	8.0	6.1
49.2	40.6	39.5	31.0	9.6	8.6
39.0	25.8	33.3	20.1	5.7	13.2
36.1	29.3	25.7	18.9	10.4	6.8
41.6	34.2	30.3	22.9	11.3	7.4
29.3	23.3	22.4	16.5	6.9	5.9
33.0	26.5	23.0	16.4	10.0	6.5
45.0	35.5	35.3	25.8	9.7	9.5
38.1	31.8	26.7	20.3	11.4	6.4
17.8	15.3	10.7	8.1	7.2	2.5
16.3	14.5	9.6	7.7	6.7	1.9
23.5	20.6	10.3	7.4	13.2	2.9
18.7	15.4	11.2	7.9	7.5	3.3
18.6	16.7	7.7	5.9	10.8	1.9
18.2	14.9	13.1	9.7	5.2	3.4

10-2 续表 1

项 目	实现组织或营销创新企业数（个）	#实现组织创新企业	#实现营销创新企业
开采辅助活动	51	50	21
其他采矿业	6	5	5
制造业	125570	100953	99513
农副食品加工业	8984	6608	7801
食品制造业	3829	2752	3459
酒、饮料和精制茶制造业	2957	2035	2723
烟草制品业	60	55	41
纺织业	5428	4319	4168
纺织服装、服饰业	3902	2982	3067
皮革、毛皮、羽毛及其制品和制鞋业	2172	1643	1765
木材加工和木、竹、藤、棕、草制品业	2187	1648	1793
家具制造业	1810	1378	1518
造纸和纸制品业	1998	1593	1588
印刷和记录媒介复制业	1694	1373	1283
文教、工美、体育和娱乐用品制造业	3075	2313	2540
石油加工、炼焦和核燃料加工业	641	544	455
化学原料和化学制品制造业	9336	7663	7419
医药制造业	3984	3237	3339
化学纤维制造业	644	531	497
橡胶和塑料制品业	5993	4749	4789
非金属矿物制品业	9357	7546	7001
黑色金属冶炼和压延加工业	2328	1959	1661
有色金属冶炼和压延加工业	2296	1985	1627
金属制品业	6649	5366	5114
通用设备制造业	9577	7842	7564
专用设备制造业	7656	6350	6014
汽车制造业	5858	5113	4108
铁路、船舶、航空航天和其他运输设备制造业	2000	1676	1472
电气机械和器材制造业	10590	8775	8526
计算机、通信和其他电子设备制造业	7208	6168	5569
仪器仪表制造业	2248	1863	1805
其他制造业	614	473	501
废弃资源综合利用业	381	315	245
金属制品、机械和设备修理业	114	99	61
电力、热力、燃气及水生产和供应业	2461	2178	1182
电力、热力生产和供应业	1702	1514	763
燃气生产和供应业	402	343	256
水的生产和供应业	357	321	163

在全部企业中占比(%)					
实现组织或营销创新企业	#实现组织创新企业	#实现营销创新企业	#同时实现组织和营销创新企业	#仅实现组织创新企业	#仅实现营销创新企业
30.4	29.8	12.5	11.9	17.9	0.6
23.1	19.2	19.2	15.4	3.8	3.8
35.3	28.4	28.0	21.1	7.3	6.9
34.5	25.4	30.0	20.9	4.5	9.1
42.3	30.4	38.3	26.3	4.1	11.9
42.5	29.2	39.1	25.9	3.4	13.2
46.9	43.0	32.0	28.1	14.8	3.9
27.5	21.9	21.1	15.5	6.4	5.6
25.3	19.3	19.9	13.9	5.4	6.0
24.9	18.8	20.2	14.2	4.7	6.1
24.0	18.1	19.7	13.7	4.3	5.9
31.3	23.9	26.3	18.8	5.1	7.5
30.3	24.2	24.1	18.0	6.2	6.1
30.4	24.6	23.0	17.2	7.4	5.8
33.2	25.0	27.4	19.2	5.8	8.2
34.2	29.0	24.3	19.1	9.9	5.2
38.0	31.2	30.2	23.4	7.8	6.8
52.8	42.9	44.3	34.4	8.6	9.9
35.4	29.2	27.3	21.1	8.1	6.2
32.8	26.0	26.2	19.4	6.6	6.8
26.7	21.5	20.0	14.8	6.7	5.2
27.4	23.1	19.5	15.2	7.8	4.3
32.7	28.3	23.2	18.7	9.5	4.4
32.0	25.9	24.6	18.5	7.4	6.2
40.5	33.1	32.0	24.6	8.5	7.3
43.5	36.1	34.2	26.7	9.3	7.4
40.4	35.3	28.3	23.2	12.1	5.1
40.4	33.9	29.8	23.2	10.7	6.5
44.9	37.2	36.1	28.4	8.7	7.7
47.4	40.5	36.6	29.8	10.8	6.8
51.8	43.0	41.6	32.7	10.2	8.9
32.6	25.1	26.6	19.1	6.0	7.5
24.1	19.9	15.5	11.3	8.6	4.2
30.5	26.5	16.3	12.3	14.2	4.0
23.4	20.7	11.3	8.6	12.2	2.7
23.4	20.8	10.5	7.9	12.9	2.6
26.8	22.9	17.1	13.2	9.7	3.9
20.5	18.4	9.4	7.3	11.1	2.1

10-2 续表 2

项目	实现组织或营销创新企业数（个）	#实现组织创新企业	#实现营销创新企业
四、按地区分			
东部地区	78984	62967	61195
中部地区	29124	23830	23792
西部地区	18060	14940	13850
东北地区	4097	3312	3195
北京	1323	1085	948
天津	2355	2021	1714
河北	5470	4123	4045
山西	959	804	694
内蒙古	944	788	693
辽宁	1710	1417	1305
吉林	1433	1151	1141
黑龙江	954	744	749
上海	3070	2444	2228
江苏	19462	15982	14704
浙江	15557	12227	12550
安徽	7724	6504	6473
福建	5455	4247	4268
江西	3278	2644	2712
山东	13336	10497	10391
河南	6795	5422	5461
湖北	5757	4732	4659
湖南	4611	3724	3793
广东	12819	10228	10251
广西	1542	1241	1167
海南	137	113	96
重庆	2605	2167	2045
四川	5041	4069	3770
贵州	1553	1298	1251
云南	1774	1526	1425
西藏	45	34	36
陕西	2218	1840	1723
甘肃	791	662	610
青海	194	176	147
宁夏	418	351	335
新疆	935	788	648

在全部企业中占比(%)					
实现组织或营销创新企业	#实现组织创新企业	#实现营销创新企业	#同时实现组织和营销创新企业	#仅实现组织创新企业	#仅实现营销创新企业
36.0	28.7	27.9	20.6	8.1	7.3
32.8	26.9	26.8	20.9	6.0	6.0
34.5	28.5	26.4	20.5	8.0	6.0
22.8	18.4	17.8	13.4	5.0	4.4
39.6	32.5	28.4	21.3	11.2	7.1
45.3	38.9	33.0	26.5	12.3	6.4
37.1	27.9	27.4	18.3	9.7	9.1
27.0	22.6	19.5	15.2	7.5	4.4
22.0	18.3	16.1	12.5	5.8	3.6
21.3	17.7	16.3	12.6	5.1	3.7
23.9	19.2	19.0	14.3	4.9	4.7
24.1	18.8	18.9	13.6	5.2	5.3
36.8	29.3	26.7	19.2	10.1	7.5
40.6	33.4	30.7	23.4	9.9	7.3
38.8	30.5	31.3	23.0	7.5	8.3
38.9	32.8	32.6	26.5	6.3	6.2
31.6	24.6	24.7	17.7	6.9	7.0
30.0	24.2	24.8	19.0	5.2	5.8
33.7	26.5	26.3	19.1	7.4	7.2
28.7	22.9	23.1	17.3	5.6	5.8
35.3	29.0	28.6	22.3	6.7	6.3
32.1	25.9	26.4	20.2	5.7	6.2
30.0	24.0	24.0	17.9	6.0	6.1
28.3	22.8	21.4	15.9	6.9	5.5
40.7	33.5	28.5	21.4	12.2	7.1
38.4	31.9	30.1	23.7	8.3	6.5
36.5	29.4	27.3	20.2	9.2	7.0
30.3	25.3	24.4	19.4	5.9	5.0
42.3	36.4	34.0	28.1	8.3	5.9
41.7	31.5	33.3	23.1	8.3	10.2
37.8	31.4	29.4	22.9	8.4	6.4
37.7	31.6	29.1	22.9	8.6	6.2
32.7	29.7	24.8	21.8	7.9	3.0
35.6	29.9	28.5	22.8	7.1	5.7
32.3	27.2	22.4	17.3	9.9	5.1

10-3 资质等级以上建筑业企业

项　　目	实现组织或营销创新企业数（个）	#实现组织创新企业	#实现营销创新企业
总　计	**9646**	**9058**	**4208**
一、按规模分			
大型企业	1334	1290	592
中型企业	4864	4619	1978
小型企业	3018	2769	1406
微型企业	430	380	232
二、按登记注册类型分			
内资企业	9550	8967	4159
国有企业	358	345	117
集体企业	180	168	68
股份合作企业	20	17	9
联营企业	5	5	2
有限责任公司	4120	3871	1754
#国有独资公司	365	354	154
股份有限公司	482	455	231
私营企业	4382	4103	1978
其他企业	3	3	
港、澳、台商投资企业	65	63	38
合资经营企业	47	45	27
合作经营企业	7	7	6
港、澳、台商独资经营企业	8	8	4
其他港、澳、台投资企业	3	3	1
外商投资企业	31	28	11
中外合资经营企业	23	20	9
外资企业	6	6	1
三、按行业分			
房屋建筑业	4468	4235	1838
土木工程建筑业	2251	2148	858
建筑安装业	1224	1143	559
建筑装饰和其他建筑业	1703	1532	953

组织和营销创新情况

在全部企业中占比(%)					
实现组织或营销创新企业	#实现组织创新企业	#实现营销创新企业	#同时实现组织和营销创新企业	#仅实现组织创新企业	#仅实现营销创新企业
23.9	**22.4**	**10.4**	**9.0**	**13.5**	**1.5**
58.4	56.5	25.9	24.0	32.5	1.9
27.0	25.7	11.0	9.6	16.0	1.4
18.6	17.1	8.7	7.1	9.9	1.5
11.0	9.8	6.0	4.7	5.1	1.3
23.9	22.4	10.4	8.9	13.5	1.5
25.8	24.9	8.4	7.5	17.4	0.9
18.5	17.3	7.0	5.8	11.5	1.2
16.7	14.2	7.5	5.0	9.2	2.5
20.0	20.0	8.0	8.0	12.0	
26.2	24.6	11.2	9.6	15.1	1.6
42.4	41.2	17.9	16.6	24.5	1.3
27.5	25.9	13.2	11.6	14.3	1.5
21.9	20.5	9.9	8.5	12.0	1.4
13.6	13.6			13.6	
24.3	23.5	14.2	13.4	10.1	0.7
26.4	25.3	15.2	14.0	11.2	1.1
46.7	46.7	40.0	40.0	6.7	
13.8	13.8	6.9	6.9	6.9	
33.3	33.3	11.1	11.1	22.2	
21.4	19.3	7.6	5.5	13.8	2.1
26.7	23.3	10.5	7.0	16.3	3.5
12.5	12.5	2.1	2.1	10.4	
24.0	22.8	9.9	8.6	14.1	1.3
27.5	26.2	10.5	9.2	17.0	1.3
22.2	20.7	10.1	8.7	12.0	1.5
21.0	18.9	11.8	9.7	9.3	2.1

10-3 续表

项　目	实现组织或营销创新企业数(个)	#实现组织创新企业	#实现营销创新企业
四、按地区分			
东部地区	4947	4619	2202
中部地区	2089	1976	953
西部地区	2086	1973	799
东北地区	524	490	254
北　京	361	345	151
天　津	229	214	101
河　北	310	284	133
山　西	196	183	72
内蒙古	65	64	28
辽　宁	272	255	145
吉　林	119	115	49
黑龙江	133	120	60
上　海	285	248	145
江　苏	1254	1173	567
浙　江	749	720	301
安　徽	352	338	175
福　建	433	406	156
江　西	195	184	80
山　东	794	733	374
河　南	662	621	344
湖　北	445	424	189
湖　南	239	226	93
广　东	507	472	264
广　西	119	111	47
海　南	25	24	10
重　庆	266	250	99
四　川	475	441	182
贵　州	95	89	42
云　南	248	238	103
西　藏	18	17	6
陕　西	424	402	157
甘　肃	151	144	62
青　海	37	35	19
宁　夏	66	64	21
新　疆	122	118	33

在全部企业中占比(%)					
实现组织或营销创新企业	#实现组织创新企业	#实现营销创新企业	#同时实现组织和营销创新企业	#仅实现组织创新企业	#仅实现营销创新企业
26.7	24.9	11.9	10.1	14.8	1.8
23.2	21.9	10.6	9.3	12.6	1.3
22.8	21.6	8.7	7.5	14.1	1.2
14.1	13.2	6.8	5.9	7.3	0.9
22.4	21.4	9.4	8.4	13.1	1.0
27.8	25.9	12.2	10.4	15.5	1.8
24.1	22.1	10.3	8.3	13.8	2.0
19.8	18.5	7.3	6.0	12.5	1.3
15.8	15.5	6.8	6.6	9.0	0.2
14.6	13.7	7.8	6.9	6.8	0.9
15.0	14.5	6.2	5.7	8.8	0.5
12.6	11.4	5.7	4.5	6.9	1.2
21.1	18.4	10.8	8.0	10.4	2.7
30.7	28.7	13.9	11.9	16.8	2.0
25.5	24.5	10.3	9.3	15.3	1.0
25.3	24.3	12.6	11.6	12.7	1.0
28.1	26.3	10.1	8.4	18.0	1.8
20.5	19.4	8.4	7.3	12.1	1.2
27.6	25.5	13.0	10.9	14.6	2.1
22.9	21.5	11.9	10.5	11.0	1.4
24.2	23.0	10.3	9.1	13.9	1.1
25.2	23.8	9.8	8.4	15.4	1.4
26.3	24.5	13.7	11.9	12.6	1.8
25.0	23.3	9.9	8.2	15.1	1.7
22.9	22.0	9.2	8.3	13.8	0.9
21.1	19.9	7.9	6.6	13.3	1.3
22.0	20.4	8.4	6.9	13.6	1.6
24.0	22.5	10.6	9.1	13.4	1.5
23.1	22.2	9.6	8.7	13.5	0.9
15.0	14.2	5.0	4.2	10.0	0.8
26.2	24.9	9.7	8.3	16.5	1.4
24.0	22.9	9.9	8.8	14.2	1.1
19.6	18.5	10.1	9.0	9.5	1.1
21.6	20.9	6.9	6.2	14.7	0.7
23.9	23.1	6.5	5.7	17.4	0.8

10-4 规模(限额)以上服务业

项　目	实现组织或营销创新企业数(个)	#实现组织创新企业	#实现营销创新企业
总　计	**78684**	**61695**	**58644**
一、按规模分			
大型企业	4271	3498	3278
中型企业	23959	18887	18406
小型企业	41993	33008	30692
微型企业	8461	6302	6268
二、按登记注册类型分			
内资企业	74611	58510	55753
国有企业	1950	1633	1202
集体企业	656	529	440
股份合作企业	126	92	98
联营企业	44	30	34
#国有联营企业	7	6	6
有限责任公司	28356	22604	20752
#国有独资公司	2146	1818	1281
股份有限公司	3727	3077	2879
私营企业	38891	29911	29664
其他企业	861	634	684
港、澳、台商投资企业	2015	1572	1484
合资经营企业	525	425	364
合作经营企业	39	31	30
港、澳、台商独资经营企业	1312	1003	976
港、澳、台商投资股份有限公司	98	81	80
其他港、澳、台投资企业	41	32	34
外商投资企业	2058	1613	1407
中外合资经营企业	572	479	383
中外合作经营企业	31	24	21
外资企业	1348	1016	916
外商投资股份有限公司	60	53	50
其他外商投资企业	47	41	37
三、按行业分			
批发和零售业	47560	34925	38453
批发业	20731	15664	15439
零售业	26829	19261	23014
交通运输、仓储和邮政业	7727	6702	4356
铁路运输业	44	39	24
道路运输业	4346	3797	2417
水上运输业	495	420	281
航空运输业	125	102	88
管道运输业	18	18	3
装卸搬运和运输代理业	1360	1173	737
仓储业	923	798	505
邮政业	416	355	301
信息传输、软件和信息技术服务业	8170	7084	6270
电信、广播电视和卫星传输服务	977	809	793
互联网和相关服务	823	699	678
软件和信息技术服务业	6370	5576	4799
租赁和商务服务业	7713	6422	4967

企业组织和营销创新情况

在全部企业中占比(%)					
实现组织或营销创新企业	#实现组织创新企业	#实现营销创新企业	#同时实现组织和营销创新企业	#仅实现组织创新企业	#仅实现营销创新企业
25.6	**20.1**	**19.1**	**13.6**	**6.5**	**5.5**
46.2	37.9	35.5	27.1	10.7	8.4
32.3	25.5	24.8	18.0	7.5	6.8
23.8	18.7	17.4	12.3	6.4	5.1
17.8	13.3	13.2	8.6	4.6	4.5
25.5	20.0	19.1	13.6	6.4	5.5
22.3	18.7	13.8	10.1	8.6	3.6
15.8	12.8	10.6	7.6	5.2	3.1
14.7	10.7	11.4	7.5	3.3	4.0
20.8	14.2	16.0	9.4	4.7	6.6
15.9	13.6	13.6	11.4	2.3	2.3
26.8	21.4	19.6	14.2	7.2	5.4
29.9	25.4	17.9	13.3	12.1	4.6
38.2	31.5	29.5	22.8	8.7	6.7
24.4	18.8	18.6	13.0	5.8	5.6
22.4	16.5	17.8	11.9	4.6	5.9
28.6	22.3	21.1	14.8	7.5	6.3
33.0	26.7	22.9	16.6	10.1	6.3
23.8	18.9	18.3	13.4	5.5	4.9
26.6	20.3	19.8	13.5	6.8	6.3
41.5	34.3	33.9	26.7	7.6	7.2
32.8	25.6	27.2	20.0	5.6	7.2
27.0	21.2	18.5	12.6	8.5	5.8
33.5	28.1	22.5	17.0	11.1	5.5
22.1	17.1	15.0	10.0	7.1	5.0
25.0	18.8	17.0	10.8	8.0	6.1
30.3	26.8	25.3	21.7	5.1	3.5
27.0	23.6	21.3	17.8	5.7	3.4
24.6	18.1	19.9	13.4	4.7	6.5
21.8	16.5	16.3	10.9	5.6	5.3
27.3	19.6	23.4	15.7	3.9	7.7
19.7	17.1	11.1	8.5	8.6	2.6
18.7	16.6	10.2	8.1	8.5	2.1
18.6	16.3	10.4	8.0	8.3	2.4
19.5	16.6	11.1	8.1	8.4	3.0
36.9	30.1	26.0	19.2	10.9	6.8
23.1	23.1	3.8	3.8	19.2	
19.3	16.6	10.4	7.8	8.8	2.6
20.8	18.0	11.4	8.6	9.4	2.8
32.8	28.0	23.7	18.9	9.1	4.8
49.3	42.8	37.8	31.3	11.5	6.6
40.3	33.4	32.7	25.8	7.6	6.9
50.9	43.2	41.9	34.3	9.0	7.7
50.9	44.5	38.3	32.0	12.5	6.3
23.4	19.5	15.1	11.1	8.3	3.9

10-4 续表

项目	实现组织或营销创新企业数（个）	#实现组织创新企业	#实现营销创新企业
租赁业	390	336	226
商务服务业	7323	6086	4741
科学研究和技术服务业	6042	5331	3590
研究和试验发展	832	723	569
专业技术服务业	3683	3361	1905
科技推广和应用服务业	1527	1247	1116
水利、环境和公共设施管理业	1472	1231	1008
水利管理业	42	39	15
生态保护和环境治理业	153	136	95
公共设施管理业	1277	1056	898
四、按地区分			
东部地区	47755	36975	34331
中部地区	14649	11601	11767
西部地区	13711	11110	10570
东北地区	2569	2009	1976
北　京	4738	3823	3251
天　津	3022	2383	1776
河　北	2027	1521	1483
山　西	917	689	701
内蒙古	716	577	532
辽　宁	1149	878	892
吉　林	905	748	693
黑龙江	515	383	391
上　海	2991	2372	2072
江　苏	8888	6888	6327
浙　江	6040	4718	4471
安　徽	3052	2430	2555
福　建	4657	3158	3524
江　西	1477	1192	1170
山　东	6733	5229	4819
河　南	4148	3263	3289
湖　北	2696	2130	2140
湖　南	2359	1897	1912
广　东	8427	6695	6439
广　西	1259	1006	947
海　南	232	188	169
重　庆	2173	1761	1686
四　川	3138	2499	2395
贵　州	1175	961	927
云　南	1399	1179	1145
西　藏	69	60	52
陕　西	1931	1552	1527
甘　肃	646	537	502
青　海	193	167	148
宁　夏	239	189	181
新　疆	773	622	528

在全部企业中占比(%)					
实现组织或营销创新企业	#实现组织创新企业	#实现营销创新企业	#同时实现组织和营销创新企业	#仅实现组织创新企业	#仅实现营销创新企业
22.6	19.5	13.1	10.0	9.5	3.1
23.4	19.5	15.2	11.2	8.3	4.0
30.5	26.9	18.1	14.5	12.4	3.6
45.5	39.6	31.1	25.2	14.4	6.0
27.6	25.2	14.3	11.9	13.3	2.4
32.7	26.7	23.9	17.9	8.8	6.0
27.8	23.2	19.0	14.5	8.8	4.5
19.2	17.8	6.8	5.5	12.3	1.4
27.5	24.4	17.1	14.0	10.4	3.1
28.2	23.3	19.8	15.0	8.4	4.9
25.9	20.1	18.7	12.8	7.3	5.9
24.8	19.6	19.9	14.7	4.9	5.2
27.8	22.5	21.4	16.1	6.4	5.3
17.7	13.8	13.6	9.7	4.1	3.8
27.6	22.3	18.9	13.6	8.7	5.3
33.9	26.7	19.9	12.8	14.0	7.2
28.0	21.0	20.5	13.5	7.5	7.0
23.0	17.3	17.6	11.8	5.4	5.7
21.7	17.5	16.1	11.9	5.6	4.2
15.5	11.8	12.0	8.4	3.5	3.6
20.8	17.2	15.9	12.3	4.9	3.6
18.6	13.8	14.1	9.4	4.5	4.8
21.9	17.4	15.2	10.7	6.7	4.5
26.9	20.9	19.2	13.1	7.8	6.1
24.1	18.9	17.9	12.6	6.3	5.3
30.1	23.9	25.2	19.0	4.9	6.1
30.2	20.5	22.9	13.1	7.4	9.7
24.9	20.1	19.7	14.9	5.2	4.8
25.4	19.7	18.2	12.5	7.2	5.7
22.7	17.9	18.0	13.2	4.7	4.8
24.1	19.0	19.1	14.1	5.0	5.1
24.6	19.8	19.9	15.1	4.7	4.8
23.2	18.4	17.7	12.9	5.5	4.8
26.1	20.8	19.6	14.4	6.5	5.2
28.4	23.0	20.7	15.3	7.7	5.4
25.2	20.4	19.5	14.8	5.6	4.8
29.3	23.4	22.4	16.4	6.9	6.0
30.0	24.5	23.6	18.2	6.3	5.5
32.1	27.0	26.3	21.2	5.8	5.0
36.5	31.7	27.5	22.8	9.0	4.8
31.6	25.4	25.0	18.8	6.6	6.2
25.6	21.3	19.9	15.6	5.7	4.3
31.7	27.5	24.3	20.1	7.4	4.3
32.6	25.7	24.7	17.8	7.9	6.8
22.1	17.8	15.1	10.8	7.0	4.3

十一、规模（限额）以上企业企业家基本情况（2016年）

11-1 规模(限额)以上企业企业家性别和年龄构成

项 目	在企业家中下列各类人员占比(%)						
	按性别分		按年龄分				
	1.男性	2.女性	1. 29岁及以下	2. 30-39岁	3. 40-49岁	4. 50-59岁	5. 60岁及以上
总 计	**79.6**	**20.4**	**12.4**	**31.8**	**36.9**	**16.7**	**2.2**
#有创新活动的企业	80.4	19.6	13.1	32.8	36.2	15.9	2.1
#有技术创新活动的企业	80.5	19.5	13.0	32.7	36.0	16.1	2.2
一、按规模分							
大型企业	85.4	14.6	15.5	33.1	33.5	16.1	1.7
中型企业	82.0	18.0	13.4	31.3	35.9	17.3	2.1
小型企业	77.9	22.1	11.3	31.7	38.2	16.6	2.3
微型企业	67.5	32.5	11.4	33.3	37.7	15.5	2.1
二、按登记注册类型分							
内资企业	79.7	20.3	12.3	31.5	37.2	16.9	2.1
国有企业	84.8	15.2	7.5	20.1	41.3	29.8	1.2
集体企业	80.7	19.3	10.2	22.9	39.0	25.4	2.5
股份合作企业	81.6	18.4	8.8	25.4	36.0	23.7	6.1
联营企业	79.7	20.3	4.6	27.1	41.2	23.3	3.8
#国有联营企业	81.5	18.5	0.4	15.6	49.6	31.5	3.0
有限责任公司	81.2	18.8	12.8	30.5	37.0	17.7	1.9
#国有独资公司	86.5	13.5	7.5	18.3	41.1	31.9	1.1
股份有限公司	85.4	14.6	11.7	30.5	36.7	18.7	2.3
私营企业	77.6	22.4	12.3	33.1	37.0	15.3	2.2
其他企业	75.5	24.5	10.6	29.6	40.3	17.3	2.2
港、澳、台商投资企业	78.9	21.1	14.5	34.9	34.0	14.0	2.7
合资经营企业	79.8	20.2	13.0	30.0	36.5	17.7	2.9
合作经营企业	73.3	26.7	9.1	31.9	38.5	16.6	3.8
港、澳、台商独资经营企业	78.6	21.4	15.2	36.6	33.1	12.5	2.6
港、澳、台商投资股份有限公司	77.4	22.6	13.8	34.1	33.7	16.0	2.4
其他港、澳、台投资企业	85.9	14.1	17.1	41.0	29.5	10.9	1.6
外商投资企业	79.5	20.5	11.8	32.9	36.6	16.1	2.7
中外合资经营企业	79.9	20.1	10.0	29.3	38.4	19.3	3.0
中外合作经营企业	78.3	21.7	10.9	28.6	38.5	18.6	3.4
外资企业	79.5	20.5	12.8	34.5	35.5	14.6	2.6
外商投资股份有限公司	79.8	20.2	7.5	32.6	40.2	17.4	2.3
其他外商投资企业	74.3	25.7	14.3	39.2	35.5	10.3	0.8
三、按行业分							
采矿业	90.4	9.6	10.9	28.6	38.1	21.0	1.4
制造业	77.1	22.9	12.0	31.5	37.7	16.4	2.4
电力、热力、燃气及水生产和供应业	85.6	14.4	8.4	21.2	44.2	24.6	1.7
建筑业	83.2	16.8	12.2	26.4	36.6	21.9	2.9
批发和零售业	79.0	21.0	14.5	35.7	35.0	13.1	1.6
交通运输、仓储和邮政业	80.8	19.2	9.4	29.2	39.2	20.2	1.9
信息传输、软件和信息技术服务业	88.9	11.1	18.3	41.2	30.7	8.9	0.8

注：本表中的企业家是指企业副总经理或相应级别以上高层管理人员；以下各表同。

11-1 续表

项目	在企业家中下列各类人员占比(%)						
	按性别分		按年龄分				
	1.男性	2.女性	1. 29岁及以下	2. 30-39岁	3. 40-49岁	4. 50-59岁	5. 60岁及以上
租赁和商务服务业	83.3	16.7	11.3	32.3	36.3	18.0	2.2
科学研究和技术服务业	84.9	15.1	10.5	28.9	36.9	21.2	2.5
水利、环境和公共设施管理业	84.0	16.0	10.2	29.2	36.7	20.4	3.4
四、按地区分							
东部地区	78.8	21.2	11.6	32.8	36.6	16.5	2.4
中部地区	79.6	20.4	13.3	31.5	37.5	15.9	1.7
西部地区	81.8	18.2	13.6	29.7	37.4	17.4	1.9
东北地区	81.2	18.8	12.5	29.5	36.7	18.9	2.4
北　京	83.7	16.3	12.2	32.1	34.2	19.1	2.4
天　津	74.6	25.4	5.9	30.9	37.8	22.4	3.1
河　北	80.9	19.1	12.0	31.1	36.6	18.0	2.3
山　西	86.1	13.9	13.3	27.1	36.9	20.7	1.9
内蒙古	84.1	15.9	10.0	31.3	36.1	20.7	1.9
辽　宁	85.0	15.0	12.1	30.0	36.3	19.0	2.6
吉　林	76.1	23.9	12.4	29.2	37.9	18.1	2.3
黑龙江	78.9	21.1	13.3	28.7	36.2	20.0	1.9
上　海	81.9	18.1	7.3	31.6	37.3	20.1	3.7
江　苏	77.1	22.9	7.6	30.3	40.0	19.1	3.0
浙　江	76.6	23.4	7.7	32.8	37.5	18.8	3.2
安　徽	78.3	21.7	11.7	31.1	37.8	17.6	1.9
福　建	77.9	22.1	13.5	33.9	35.8	14.6	2.2
江　西	78.2	21.8	16.4	32.8	35.7	13.7	1.5
山　东	79.0	21.0	10.9	31.2	39.9	16.2	1.7
河　南	80.9	19.1	13.6	32.3	37.6	14.8	1.7
湖　北	78.6	21.4	11.7	30.4	38.6	17.5	1.9
湖　南	78.2	21.8	13.6	32.6	37.6	14.6	1.6
广　东	79.0	21.0	17.9	36.1	32.3	11.9	1.8
广　西	83.9	16.1	10.8	26.6	34.7	26.2	1.8
海　南	84.4	15.6	13.5	33.0	33.7	17.3	2.6
重　庆	79.1	20.9	13.5	30.7	37.6	15.9	2.3
四　川	79.3	20.7	13.8	29.2	39.3	15.7	2.1
贵　州	84.3	15.7	18.6	32.2	34.3	13.3	1.5
云　南	83.0	17.0	13.9	32.9	38.3	13.3	1.5
西　藏	85.3	14.7	16.2	33.6	33.5	15.7	1.0
陕　西	82.7	17.3	14.3	30.3	35.7	17.8	1.9
甘　肃	81.8	18.2	15.4	27.9	37.6	17.6	1.5
青　海	87.6	12.4	16.2	29.7	36.7	15.8	1.7
宁　夏	82.8	17.2	12.4	28.2	39.5	17.7	2.1
新　疆	82.1	17.9	10.9	24.3	42.2	21.0	1.6

11-2　规模以上工业企业企业家性别和年龄构成

项　　目	在企业家中下列各类人员占比(%)						
	按性别分		按年龄分				
	1.男性	2.女性	1. 29岁及以下	2. 30-39岁	3. 40-49岁	4. 50-59岁	5. 60岁及以上
总　计	**77.9**	**22.1**	**11.8**	**31.1**	**37.9**	**16.9**	**2.3**
#有创新活动的企业	77.9	22.1	11.9	31.7	37.3	16.8	2.3
#有技术创新活动的企业	78.0	22.0	11.9	31.9	36.9	16.9	2.4
一、按规模分							
大型企业	76.3	23.7	16.4	33.3	32.3	16.1	1.9
中型企业	77.9	22.1	13.6	30.3	37.1	16.9	2.1
小型企业	78.1	21.9	10.5	31.1	39.0	17.0	2.5
微型企业	81.1	18.9	10.3	29.4	40.3	17.8	2.2
二、按登记注册类型分							
内资企业	78.3	21.7	11.4	31.0	38.3	17.0	2.2
国有企业	83.8	16.2	6.5	19.2	44.7	27.8	1.9
集体企业	75.1	24.9	8.8	25.9	39.9	22.5	2.9
股份合作企业	78.6	21.4	7.7	26.3	36.0	23.7	6.3
联营企业	82.1	17.9	3.8	28.5	43.0	21.9	2.7
#国有联营企业	87.0	13.0		8.7	65.2	26.1	
有限责任公司	80.0	20.0	11.8	30.5	38.1	17.8	1.9
#国有独资公司	87.6	12.4	8.6	18.2	41.3	31.4	0.5
股份有限公司	79.5	20.5	9.0	29.6	38.1	20.6	2.6
私营企业	77.1	22.9	11.6	31.8	38.4	16.0	2.3
其他企业	77.7	22.3	14.3	32.4	37.3	13.5	2.6
港、澳、台商投资企业	75.3	24.7	14.9	32.0	35.1	15.1	3.1
合资经营企业	78.5	21.5	12.9	29.7	36.7	18.0	3.0
合作经营企业	69.8	30.2	8.8	31.9	39.4	16.2	3.7
港、澳、台商独资经营企业	74.4	25.6	15.8	32.6	34.6	13.9	3.1
港、澳、台商投资股份有限公司	70.8	29.2	15.7	35.2	31.4	14.8	2.9
其他港、澳、台投资企业	83.6	16.4	13.1	43.6	28.1	13.6	1.6
外商投资企业	76.5	23.5	12.8	30.9	36.3	17.0	3.0
中外合资经营企业	78.7	21.3	9.7	28.7	38.5	19.9	3.1
中外合作经营企业	76.1	23.9	12.1	28.2	37.1	19.2	3.5
外资企业	75.7	24.3	14.7	32.2	34.7	15.3	3.0
外商投资股份有限公司	78.7	21.3	8.7	31.5	40.0	17.2	2.6
其他外商投资企业	59.8	40.2	15.2	31.4	40.9	11.3	1.2
三、按行业分							
采矿业	90.4	9.6	10.9	28.6	38.1	21.0	1.4
煤炭开采和洗选业	92.6	7.4	11.7	30.3	36.8	20.1	1.1
石油和天然气开采业	95.8	4.2	9.1	20.7	28.5	40.4	1.2
黑色金属矿采选业	87.7	12.3	6.0	26.1	43.7	22.2	1.9
有色金属矿采选业	89.0	11.0	11.0	27.5	37.7	21.7	2.1

11-2 续表 1

项　　目	在企业家中下列各类人员占比(%)						
	按性别分		按年龄分				
	1.男性	2.女性	1. 29岁及以下	2. 30-39岁	3. 40-49岁	4. 50-59岁	5. 60岁及以上
非金属矿采选业	86.0	14.0	10.3	26.2	41.8	20.1	1.6
开采辅助活动	82.7	17.3	21.2	30.3	26.2	21.1	1.2
其他采矿业	87.6	12.4	10.3	22.7	38.1	26.8	2.1
制造业	77.1	22.9	12.0	31.5	37.7	16.4	2.4
农副食品加工业	74.6	25.4	12.7	31.4	38.7	15.5	1.6
食品制造业	73.5	26.5	13.0	33.9	37.1	14.0	2.0
酒、饮料和精制茶制造业	76.7	23.3	13.8	31.5	36.5	16.3	1.9
烟草制品业	94.0	6.0	7.4	17.4	46.1	28.1	0.9
纺织业	69.8	30.2	11.0	30.5	38.6	17.5	2.4
纺织服装、服饰业	63.7	36.3	12.7	33.8	37.5	14.0	2.1
皮革、毛皮、羽毛及其制品和制鞋业	65.3	34.7	13.9	34.0	37.6	12.9	1.6
木材加工和木、竹、藤、棕、草制品业	77.8	22.2	11.3	32.1	40.0	14.9	1.6
家具制造业	77.7	22.3	13.8	35.4	36.4	12.6	1.7
造纸和纸制品业	78.3	21.7	14.2	31.8	35.8	15.7	2.5
印刷和记录媒介复制业	75.6	24.4	12.4	30.3	38.3	16.7	2.2
文教、工美、体育和娱乐用品制造业	72.8	27.2	14.3	33.5	35.9	14.0	2.3
石油加工、炼焦和核燃料加工业	84.1	15.9	6.6	23.5	42.3	24.6	3.0
化学原料和化学制品制造业	81.0	19.0	8.8	27.8	40.6	20.0	2.8
医药制造业	72.3	27.7	9.1	29.9	39.3	18.7	2.8
化学纤维制造业	78.7	21.3	7.4	27.5	41.6	20.6	2.9
橡胶和塑料制品业	76.1	23.9	12.2	32.1	37.7	15.4	2.7
非金属矿物制品业	80.6	19.4	11.0	29.8	39.7	17.4	2.1
黑色金属冶炼和压延加工业	81.6	18.4	8.1	27.8	41.7	19.4	3.1
有色金属冶炼和压延加工业	84.2	15.8	13.4	32.1	34.9	17.2	2.3
金属制品业	80.3	19.7	11.1	31.3	38.5	16.5	2.6
通用设备制造业	80.7	19.3	9.9	30.2	38.1	18.7	3.3
专用设备制造业	81.5	18.5	10.7	30.7	37.4	18.4	2.8
汽车制造业	79.3	20.7	14.6	30.9	35.2	16.7	2.6
铁路、船舶、航空航天和其他运输设备制造业	82.5	17.5	9.8	27.4	38.6	21.1	3.2
电气机械和器材制造业	76.9	23.1	13.1	34.9	35.2	14.4	2.4
计算机、通信和其他电子设备制造业	76.5	23.5	17.3	35.9	33.0	12.0	1.8
仪器仪表制造业	79.4	20.6	9.7	31.1	37.4	18.5	3.3
其他制造业	77.0	23.0	8.6	33.0	40.2	15.7	2.6
废弃资源综合利用业	83.4	16.6	9.0	29.7	40.9	18.4	2.0
金属制品、机械和设备修理业	88.2	11.8	10.2	23.2	43.3	21.1	2.2
电力、热力、燃气及水生产和供应业	85.6	14.4	8.4	21.2	44.2	24.6	1.7
电力、热力生产和供应业	87.4	12.6	8.8	20.8	44.2	24.5	1.7
燃气生产和供应业	83.3	16.7	8.2	24.1	41.3	24.5	1.8
水的生产和供应业	80.5	19.5	6.9	21.3	45.9	24.7	1.3

11-2 续表 2

项目	在企业家中下列各类人员占比(%)						
	按性别分		按年龄分				
	1.男性	2.女性	1. 29岁及以下	2. 30-39岁	3. 40-49岁	4. 50-59岁	5. 60岁及以上
四、按地区分							
东部地区	77.4	22.6	11.3	31.7	37.5	16.8	2.7
中部地区	78.2	21.8	12.5	31.2	38.4	16.2	1.7
西部地区	80.0	20.0	12.4	29.7	38.9	17.0	2.0
东北地区	75.9	24.1	12.2	27.7	37.4	20.3	2.4
北　京	77.3	22.7	5.0	27.8	39.1	24.5	3.6
天　津	81.3	18.7	4.3	27.9	38.9	25.4	3.6
河　北	79.1	20.9	9.9	30.6	38.2	18.8	2.5
山　西	88.9	11.1	13.7	27.4	37.2	20.2	1.6
内蒙古	85.1	14.9	9.0	32.4	37.0	19.9	1.7
辽　宁	79.1	20.9	8.9	24.8	39.4	23.7	3.1
吉　林	73.0	27.0	13.1	28.8	37.6	18.3	2.3
黑龙江	76.0	24.0	15.3	29.9	34.5	18.7	1.6
上　海	78.0	22.0	7.7	28.5	35.7	22.9	5.3
江　苏	78.3	21.7	6.9	29.1	40.8	19.8	3.4
浙　江	75.7	24.3	7.2	30.6	39.2	19.5	3.4
安　徽	79.3	20.7	10.6	31.1	38.7	17.6	2.0
福　建	75.9	24.1	12.4	32.7	37.4	15.1	2.4
江　西	75.3	24.7	15.5	32.4	36.8	13.8	1.5
山　东	77.9	22.1	10.6	30.5	40.3	16.8	1.9
河　南	79.2	20.8	11.6	31.7	39.5	15.5	1.7
湖　北	76.7	23.3	11.3	30.2	39.0	17.7	1.8
湖　南	75.6	24.4	13.7	32.1	37.7	14.8	1.7
广　东	77.1	22.9	18.5	35.9	32.3	11.5	1.9
广　西	79.5	20.5	12.1	30.9	37.2	17.8	2.1
海　南	78.0	22.0	6.1	24.8	42.9	23.0	3.1
重　庆	76.8	23.2	12.7	31.4	38.0	15.9	2.0
四　川	78.2	21.8	12.2	28.5	40.9	16.1	2.2
贵　州	82.8	17.2	15.3	32.5	36.4	14.1	1.7
云　南	78.2	21.8	13.4	29.0	40.8	15.2	1.7
西　藏	75.6	24.4	8.4	45.6	31.3	13.8	0.8
陕　西	81.0	19.0	12.4	28.4	37.2	19.8	2.2
甘　肃	81.6	18.4	14.0	25.7	40.8	18.1	1.5
青　海	83.7	16.3	8.5	27.2	41.9	19.7	2.7
宁　夏	81.1	18.9	11.9	27.3	40.9	17.7	2.2
新　疆	83.6	16.4	12.1	24.8	42.4	19.4	1.4

11-3 资质等级以上建筑业企业企业家性别和年龄构成

项 目	在企业家中下列各类人员占比(%)						
	按性别分		按年龄分				
	1.男性	2.女性	1. 29岁及以下	2. 30-39岁	3. 40-49岁	4. 50-59岁	5. 60岁及以上
总 计	**83.2**	**16.8**	**12.2**	**26.4**	**36.6**	**21.9**	**2.9**
#有创新活动的企业	82.8	17.2	13.7	27.4	37.2	19.4	2.4
#有技术创新活动的企业	82.3	17.7	13.0	25.7	38.9	20.3	2.1
一、按规模分							
大型企业	82.5	17.5	12.0	22.3	41.4	22.4	1.8
中型企业	83.5	16.5	11.3	26.1	35.8	23.7	3.1
小型企业	83.0	17.0	13.9	28.6	35.9	18.6	3.0
微型企业	81.4	18.6	12.2	30.0	35.7	18.6	3.4
二、按登记注册类型分							
内资企业	83.2	16.8	12.2	26.4	36.6	21.9	2.9
国有企业	88.0	12.0	15.3	26.3	35.1	22.3	1.0
集体企业	84.9	15.1	15.1	21.1	38.4	23.1	2.3
股份合作企业	82.6	17.4	6.7	17.7	37.7	31.1	6.7
联营企业	87.5	12.5	0.7	19.7	51.3	23.7	4.6
#国有联营企业	92.5	7.5		7.5	57.5	25.0	10.0
有限责任公司	83.8	16.2	13.5	25.6	37.8	20.5	2.7
#国有独资公司	90.5	9.5	3.6	14.1	47.8	33.8	0.8
股份有限公司	81.8	18.2	13.2	28.0	35.7	20.2	3.0
私营企业	82.1	17.9	10.3	27.4	35.5	23.4	3.4
其他企业	82.2	17.8	21.7	27.1	28.7	18.6	3.9
港、澳、台商投资企业	76.9	23.1	8.7	22.2	41.2	22.6	5.3
合资经营企业	78.4	21.6	8.0	24.1	42.7	20.2	4.9
合作经营企业	79.5	20.5	3.6	28.9	22.9	36.1	8.4
港、澳、台商独资经营企业	80.4	19.6	0.8	11.9	47.6	32.5	7.1
港、澳、台商投资股份有限公司	54.6	45.4	36.2	28.9	23.7	9.9	1.3
其他港、澳、台投资企业	78.6	21.4	7.1	28.6	42.9	14.3	7.1
外商投资企业	83.0	17.0	6.8	31.2	40.3	17.8	3.8
中外合资经营企业	81.5	18.5	1.5	17.8	43.7	28.7	8.3
中外合作经营企业	82.7	17.3	8.0	26.0	51.3	12.0	2.7
外资企业	83.6	16.4	9.5	39.5	36.5	12.8	1.6
外商投资股份有限公司	100.0			27.3	45.5	27.3	
三、按行业分							
房屋建筑业	84.2	15.8	11.9	24.8	35.4	24.4	3.5
土木工程建筑业	82.5	17.5	13.5	26.3	39.2	19.2	1.9
建筑安装业	82.6	17.4	9.6	27.3	38.6	21.4	3.1
建筑装饰和其他建筑业	80.3	19.7	12.5	32.5	35.5	17.0	2.4

11-3 续表

项目	在企业家中下列各类人员占比(%)						
	按性别分		按年龄分				
	1.男性	2.女性	1. 29岁及以下	2. 30-39岁	3. 40-49岁	4. 50-59岁	5. 60岁及以上
四、按地区分							
东部地区	82.9	17.1	9.4	27.1	38.5	21.5	3.6
中部地区	83.0	17.0	16.3	28.5	34.4	18.2	2.6
西部地区	83.8	16.2	13.3	23.4	35.6	25.4	2.2
东北地区	82.5	17.5	10.1	26.8	36.6	23.4	3.1
北　京	82.2	17.8	4.9	22.3	41.3	27.5	4.1
天　津	83.7	16.3	6.8	24.5	38.3	27.5	2.9
河　北	83.9	16.1	14.9	26.5	38.5	17.8	2.2
山　西	82.2	17.8	11.2	24.7	36.7	24.4	3.0
内蒙古	81.7	18.3	9.2	25.2	33.2	28.2	4.3
辽　宁	82.8	17.2	9.9	29.0	35.4	22.9	2.8
吉　林	82.2	17.8	10.0	23.8	40.6	22.3	3.2
黑龙江	82.1	17.9	10.8	24.3	35.7	25.8	3.4
上　海	83.0	17.0	5.0	20.4	39.9	28.0	6.7
江　苏	84.1	15.9	8.5	27.0	38.5	22.3	3.7
浙　江	81.9	18.1	6.1	25.7	39.0	24.1	5.0
安　徽	83.6	16.4	9.2	25.4	38.6	23.7	3.1
福　建	80.6	19.4	10.8	29.8	37.3	18.3	3.6
江　西	80.5	19.5	23.3	27.1	31.3	16.0	2.2
山　东	86.4	13.6	10.3	27.0	39.5	20.5	2.8
河　南	85.0	15.0	20.9	30.4	31.8	14.6	2.4
湖　北	83.4	16.6	10.1	28.0	38.5	20.3	3.0
湖　南	79.2	20.8	13.8	29.5	34.7	19.5	2.5
广　东	78.1	21.9	12.3	33.4	35.5	16.6	2.2
广　西	96.3	3.7	1.5	5.5	32.4	59.9	0.7
海　南	84.0	16.0	8.8	29.9	39.8	18.4	3.0
重　庆	79.7	20.3	12.4	24.8	39.1	20.0	3.6
四　川	78.9	21.1	17.0	27.8	37.1	16.1	1.9
贵　州	91.5	8.5	34.9	24.0	25.0	13.9	2.2
云　南	81.4	18.6	14.9	28.4	36.5	17.5	2.6
西　藏	89.5	10.5	11.6	29.0	34.8	22.8	1.8
陕　西	84.1	15.9	14.2	28.8	35.4	19.3	2.4
甘　肃	78.2	21.8	13.3	26.7	37.6	20.5	1.8
青　海	84.2	15.8	8.0	22.8	40.4	26.1	2.7
宁　夏	84.2	15.8	9.6	26.8	39.4	20.5	3.7
新　疆	84.1	15.9	7.0	20.2	38.9	31.4	2.5

11-4 规模(限额)以上服务业企业企业家性别和年龄构成

项目	在企业家中下列各类人员占比(%)						
	按性别分		按年龄分				
	1.男性	2.女性	1. 29岁及以下	2. 30-39岁	3. 40-49岁	4. 50-59岁	5. 60岁及以上
总　计	**72.8**	**27.2**	**13.4**	**34.3**	**35.5**	**15.1**	**1.8**
#有创新活动的企业	72.3	27.7	15.8	36.4	33.3	13.1	1.4
#有技术创新活动的企业	73.3	26.7	16.6	37.3	32.2	12.6	1.4
一、按规模分							
大型企业	70.5	29.5	15.4	35.6	32.9	14.5	1.6
中型企业	72.0	28.0	14.1	34.7	34.6	15.0	1.6
小型企业	74.0	26.0	12.5	33.5	36.7	15.4	1.9
微型企业	73.5	26.5	11.6	35.0	37.1	14.3	1.9
二、按登记注册类型分							
内资企业	73.2	26.8	13.6	33.6	35.6	15.4	1.8
国有企业	81.3	18.7	5.4	18.4	41.9	33.4	1.0
集体企业	79.7	20.3	8.0	22.3	38.8	28.4	2.4
股份合作企业	75.8	24.2	10.2	25.7	35.7	22.6	5.8
联营企业	76.9	23.1	5.8	27.7	38.3	23.9	4.2
#国有联营企业	77.7	22.3	0.5	19.0	44.0	34.2	2.2
有限责任公司	74.4	25.6	13.9	32.2	35.5	16.7	1.7
#国有独资公司	82.2	17.8	7.5	19.1	39.9	31.9	1.6
股份有限公司	71.5	28.5	14.2	31.9	35.4	16.6	1.9
私营企业	71.6	28.4	14.2	36.9	35.0	12.0	1.9
其他企业	75.2	24.8	8.8	28.4	41.8	19.1	2.0
港、澳、台商投资企业	68.1	31.9	13.7	43.8	30.7	10.6	1.4
合资经营企业	75.9	24.1	14.4	32.3	35.2	16.1	2.0
合作经营企业	73.8	26.2	10.7	32.0	36.8	16.7	3.8
港、澳、台商独资经营企业	65.9	34.1	13.6	47.5	29.0	8.8	1.1
港、澳、台商投资股份有限公司	75.4	24.6	8.9	32.2	38.7	18.7	1.5
其他港、澳、台投资企业	65.7	34.3	23.3	37.1	31.5	6.7	1.4
外商投资企业	69.0	31.0	9.1	38.6	37.1	13.4	1.7
中外合资经营企业	71.9	28.1	11.9	32.6	37.4	15.7	2.4
中外合作经营企业	74.7	25.3	6.8	30.7	41.9	17.3	3.4
外资企业	68.9	31.1	8.3	39.8	37.3	12.9	1.6
外商投资股份有限公司	77.9	22.1	3.4	36.4	40.8	18.0	1.4
其他外商投资企业	51.1	48.9	13.0	49.4	28.3	9.0	0.3
三、按行业分							
批发和零售业	69.7	30.3	14.5	35.7	35.0	13.1	1.6
批发业	72.8	27.2	10.5	33.3	38.2	16.0	2.0
零售业	67.2	32.8	17.8	37.8	32.3	10.8	1.3
交通运输、仓储和邮政业	80.8	19.2	9.4	29.2	39.2	20.2	1.9
铁路运输业	88.2	11.8	1.8	19.3	32.4	45.5	1.0
道路运输业	81.4	18.6	10.2	30.0	38.8	19.0	1.9
水上运输业	86.1	13.9	5.9	21.7	39.7	29.1	3.5
航空运输业	83.9	16.1	6.0	20.4	39.1	32.3	2.2
管道运输业	84.2	15.8	5.0	23.7	34.3	36.2	0.8
装卸搬运和运输代理业	75.5	24.5	10.2	33.0	39.0	15.9	1.9
仓储业	82.1	17.9	5.6	22.4	43.4	27.3	1.3
邮政业	78.4	21.6	12.6	36.3	37.9	12.8	0.4
信息传输、软件和信息技术服务业	76.1	23.9	18.3	41.2	30.7	8.9	0.8
电信、广播电视和卫星传输服务	81.6	18.4	9.5	25.0	45.3	19.3	0.8
互联网和相关服务	68.4	31.6	22.1	55.7	18.7	3.2	0.4
软件和信息技术服务业	76.6	23.4	19.3	41.4	30.4	8.0	0.9

11-4 续表

项目	在企业家中下列各类人员占比(%)						
	按性别分		按年龄分				
	1.男性	2.女性	1. 29岁及以下	2. 30-39岁	3. 40-49岁	4. 50-59岁	5. 60岁及以上
租赁和商务服务业	71.3	28.7	11.3	32.3	36.3	18.0	2.2
租赁业	79.3	20.7	13.3	31.7	37.8	15.6	1.6
商务服务业	70.9	29.1	11.2	32.3	36.2	18.1	2.2
科学研究和技术服务业	79.0	21.0	10.5	28.9	36.9	21.2	2.5
研究和试验发展	76.5	23.5	7.9	30.4	36.8	22.6	2.5
专业技术服务业	79.4	20.6	10.4	27.4	37.2	22.3	2.7
科技推广和应用服务业	78.7	21.3	12.1	34.2	35.6	16.1	1.9
水利、环境和公共设施管理业	74.4	25.6	10.2	29.2	36.7	20.4	3.4
水利管理业	83.8	16.2	5.0	19.8	43.0	30.4	1.7
生态保护和环境治理业	78.9	21.1	7.1	28.9	40.5	21.4	2.1
公共设施管理业	73.6	26.4	10.8	29.6	36.1	19.9	3.6
四、按地区分							
东部地区	73.3	26.7	12.6	35.4	34.9	15.2	1.9
中部地区	73.0	27.0	14.0	33.2	36.7	14.6	1.4
西部地区	72.5	27.5	15.4	32.4	35.9	14.7	1.7
东北地区	68.6	31.4	13.4	32.4	35.9	16.2	2.1
北　京	74.0	26.0	14.2	33.7	32.6	17.4	2.0
天　津	74.5	25.5	7.0	34.3	36.7	19.3	2.8
河　北	76.0	24.0	15.0	34.4	32.2	16.3	2.0
山　西	76.4	23.6	13.5	27.6	36.6	20.5	1.9
内蒙古	74.9	25.1	12.5	30.3	34.9	20.4	1.8
辽　宁	66.6	33.4	14.5	33.3	34.7	15.4	2.2
吉　林	71.1	28.9	11.8	32.0	37.6	16.4	2.1
黑龙江	75.2	24.8	10.0	28.2	40.0	20.2	1.6
上　海	70.6	29.4	7.3	34.5	37.9	17.7	2.5
江　苏	73.7	26.3	8.7	33.6	38.9	16.8	2.1
浙　江	71.0	29.0	9.1	39.0	33.8	15.8	2.3
安　徽	73.2	26.8	14.5	32.3	35.7	16.1	1.4
福　建	73.0	27.0	15.9	36.8	32.8	13.0	1.5
江　西	75.1	24.9	16.4	35.6	34.1	12.6	1.2
山　东	75.6	24.4	11.9	33.9	39.2	13.8	1.1
河　南	72.4	27.6	14.0	34.2	36.8	13.6	1.5
湖　北	73.2	26.8	13.1	31.4	37.8	16.1	1.6
湖　南	70.9	29.1	13.3	34.8	38.2	12.7	1.0
广　东	73.3	26.7	17.4	36.8	32.0	12.3	1.5
广　西	74.3	25.7	15.4	34.4	32.4	15.8	2.1
海　南	76.6	23.4	17.2	36.8	28.8	14.8	2.3
重　庆	71.6	28.4	14.8	31.3	36.7	14.7	2.5
四　川	74.0	26.0	14.6	31.4	37.5	14.8	1.8
贵　州	73.0	27.0	19.7	34.0	33.5	11.8	1.0
云　南	68.1	31.9	14.2	37.9	36.5	10.4	1.0
西　藏	80.3	19.7	24.6	28.3	34.2	12.2	0.6
陕　西	71.6	28.4	16.6	33.2	34.1	14.8	1.3
甘　肃	73.7	26.3	18.0	30.8	34.3	15.4	1.5
青　海	71.5	28.5	22.7	32.7	32.6	11.1	0.8
宁　夏	73.2	26.8	14.4	30.1	37.4	16.7	1.4
新　疆	73.6	26.4	10.6	24.7	43.0	20.0	1.7

11-5 规模(限额)以上企业企业家教育程度构成

项　目	在企业家中下列各类人员占比(%)				
	1.博士	2.硕士	3.本科	4.大专	5.其他
总　计	**1.1**	**6.0**	**37.2**	**29.3**	**26.3**
#有创新活动的企业	1.7	8.1	40.2	27.6	22.4
#有技术创新活动的企业	2.0	9.3	41.2	26.4	21.1
一、按规模分					
大型企业	2.0	12.4	42.0	20.3	23.4
中型企业	1.2	6.6	40.3	28.3	23.5
小型企业	1.0	4.4	34.7	31.6	28.4
微型企业	0.8	4.1	34.7	32.9	27.5
二、按登记注册类型分					
内资企业	1.0	5.2	36.8	30.5	26.5
国有企业	1.1	8.1	44.4	26.6	19.9
集体企业	0.4	1.8	24.7	32.3	40.8
股份合作企业	0.4	2.3	27.0	34.7	35.7
联营企业	0.4	5.2	36.0	35.7	22.7
#国有联营企业		7.4	51.9	22.6	18.1
有限责任公司	1.1	6.4	39.8	29.1	23.6
#国有独资公司	1.7	13.1	50.6	19.3	15.3
股份有限公司	1.9	9.9	40.2	24.3	23.8
私营企业	0.9	3.8	34.3	32.4	28.6
其他企业	0.5	1.9	21.4	30.5	45.6
港、澳、台商投资企业	1.7	8.9	37.4	22.9	29.2
合资经营企业	1.9	8.4	40.4	25.4	24.2
合作经营企业	1.4	6.5	37.0	30.0	25.1
港、澳、台商独资经营企业	1.6	9.1	35.9	21.9	31.6
港、澳、台商投资股份有限公司	2.7	12.9	46.0	22.2	16.1
其他港、澳、台投资企业	0.8	6.8	39.4	20.6	32.3
外商投资企业	2.5	14.2	44.0	18.0	21.3
中外合资经营企业	2.2	11.9	45.9	21.7	18.3
中外合作经营企业	2.3	11.3	44.9	19.4	22.2
外资企业	2.7	15.4	43.1	16.3	22.5
外商投资股份有限公司	3.4	15.7	47.2	17.5	16.2
其他外商投资企业	1.3	11.3	42.9	16.4	28.1
三、按行业分					
采矿业	0.8	3.2	28.2	30.9	37.0
制造业	1.2	5.2	33.9	29.4	30.4
电力、热力、燃气及水生产和供应业	0.8	7.4	48.5	26.2	17.0
建筑业	0.7	4.2	42.7	31.7	20.7
批发和零售业	0.6	4.1	35.7	33.0	26.5
交通运输、仓储和邮政业	0.5	4.4	34.2	31.1	29.8
信息传输、软件和信息技术服务业	2.9	19.9	57.3	16.2	3.8

11-5 续表

项　目	在企业家中下列各类人员占比(%)				
	1.博士	2.硕士	3.本科	4.大专	5.其他
租赁和商务服务业	1.9	13.2	46.2	23.3	15.4
科学研究和技术服务业	3.4	14.4	54.3	19.6	8.4
水利、环境和公共设施管理业	0.8	5.1	37.9	28.0	28.1
四、按地区分					
东部地区	1.3	7.2	38.8	28.5	24.2
中部地区	1.0	4.4	34.8	32.1	27.7
西部地区	0.8	4.5	34.9	29.5	30.2
东北地区	0.9	5.1	38.7	25.6	29.7
北　京	3.3	21.0	52.2	15.4	8.1
天　津	1.6	10.9	52.5	22.3	12.7
河　北	0.8	3.9	31.9	34.2	29.1
山　西	0.6	3.7	35.2	30.2	30.3
内蒙古	0.7	5.0	37.7	33.5	23.0
辽　宁	0.9	5.4	37.3	24.6	31.9
吉　林	1.0	4.6	38.9	25.7	29.8
黑龙江	0.8	4.9	42.0	27.8	24.4
上　海	3.3	18.8	49.0	17.6	11.2
江　苏	1.3	6.4	43.2	30.9	18.2
浙　江	0.8	4.7	35.6	33.6	25.3
安　徽	1.0	4.8	36.0	35.1	23.1
福　建	0.9	3.6	32.5	29.3	33.7
江　西	1.1	3.9	31.4	29.1	34.6
山　东	1.0	4.8	38.5	34.0	21.8
河　南	0.9	4.1	35.3	33.9	25.8
湖　北	1.3	5.0	35.3	30.7	27.7
湖　南	1.0	4.8	35.0	31.1	28.1
广　东	1.1	5.7	34.1	25.8	33.3
广　西	0.9	6.2	42.2	23.8	26.9
海　南	0.9	7.1	46.2	28.0	17.8
重　庆	1.0	4.7	32.0	27.5	34.9
四　川	0.9	4.5	33.0	29.9	31.6
贵　州	0.6	3.0	31.5	30.2	34.7
云　南	0.6	3.3	29.7	29.8	36.7
西　藏	0.8	3.8	23.9	26.2	45.3
陕　西	1.0	5.7	35.3	30.8	27.2
甘　肃	0.7	3.7	36.5	32.4	26.6
青　海	0.8	3.3	44.5	30.1	21.3
宁　夏	0.5	4.0	43.6	31.6	20.3
新　疆	0.5	3.8	41.0	32.3	22.4

11-6 规模以上工业企业企业家教育程度构成

项　目	在企业家中下列各类人员占比(%)				
	1.博士	2.硕士	3.本科	4.大专	5.其他
总　计	**1.2**	**5.2**	**34.1**	**29.3**	**30.2**
#有创新活动的企业	1.6	7.0	37.6	28.3	25.5
#有技术创新活动的企业	1.8	7.8	38.8	27.6	24.1
一、按规模分					
大型企业	2.0	10.4	38.5	20.7	28.4
中型企业	1.3	6.2	35.0	27.2	30.3
小型企业	1.0	4.1	33.1	31.3	30.5
微型企业	1.0	4.4	34.7	30.4	29.6
二、按登记注册类型分					
内资企业	1.1	4.6	33.6	30.7	30.0
国有企业	1.2	8.4	43.5	26.5	20.4
集体企业	1.0	3.0	27.1	30.4	38.5
股份合作企业	0.5	2.2	26.4	34.5	36.4
联营企业		4.0	40.5	30.4	25.1
#国有联营企业			73.9	26.1	
有限责任公司	1.1	5.4	36.6	29.2	27.7
#国有独资公司	1.5	11.5	48.1	20.0	18.9
股份有限公司	2.3	11.8	44.3	25.2	16.4
私营企业	0.9	3.4	30.9	32.1	32.6
其他企业	0.4	1.1	15.9	23.7	58.7
港、澳、台商投资企业	1.4	5.9	32.2	24.0	36.6
合资经营企业	1.6	7.1	37.6	26.0	28.1
合作经营企业	1.1	4.1	33.1	31.4	30.2
港、澳、台商独资经营企业	1.3	5.2	29.7	23.1	40.7
港、澳、台商投资股份有限公司	2.6	10.6	44.7	22.9	19.2
其他港、澳、台投资企业	0.7	6.6	27.1	23.1	42.4
外商投资企业	2.0	10.4	41.6	20.1	25.8
中外合资经营企业	2.0	10.5	44.0	23.1	20.4
中外合作经营企业	1.6	9.0	44.7	19.2	25.4
外资企业	2.0	10.5	40.4	18.5	28.6
外商投资股份有限公司	3.3	13.6	43.4	19.6	20.1
其他外商投资企业	0.8	4.1	29.2	20.9	45.0
三、按行业分					
采矿业	0.8	3.2	28.2	30.9	37.0
煤炭开采和洗选业	0.5	2.6	26.8	31.5	38.7
石油和天然气开采业	6.1	14.3	47.8	22.1	9.8
黑色金属矿采选业	0.7	3.3	30.1	35.8	30.0
有色金属矿采选业	1.0	4.3	32.2	27.4	35.0

11-6 续表 1

项　　目	在企业家中下列各类人员占比(%)				
	1.博士	2.硕士	3.本科	4.大专	5.其他
非金属矿采选业	0.5	2.1	25.1	30.7	41.5
开采辅助活动	4.4	10.1	35.9	20.1	29.4
其他采矿业		6.2	39.2	29.9	24.7
制造业	1.2	5.2	33.9	29.4	30.4
农副食品加工业	1.1	3.7	32.0	32.2	31.0
食品制造业	1.2	5.8	34.7	30.0	28.3
酒、饮料和精制茶制造业	0.8	4.0	36.7	31.3	27.2
烟草制品业	1.8	13.8	45.5	29.0	10.0
纺织业	0.5	2.3	25.8	30.0	41.3
纺织服装、服饰业	0.5	2.7	28.1	29.3	39.4
皮革、毛皮、羽毛及其制品和制鞋业	0.5	2.1	24.4	29.6	43.4
木材加工和木、竹、藤、棕、草制品业	0.6	1.9	23.7	29.5	44.2
家具制造业	0.6	2.4	26.4	28.7	41.9
造纸和纸制品业	0.6	2.7	26.6	30.0	40.0
印刷和记录媒介复制业	0.6	3.6	31.1	31.3	33.4
文教、工美、体育和娱乐用品制造业	0.7	2.8	30.1	31.8	34.6
石油加工、炼焦和核燃料加工业	1.8	8.3	42.7	28.8	18.4
化学原料和化学制品制造业	2.3	7.5	39.5	29.1	21.7
医药制造业	3.4	11.2	47.5	24.5	13.3
化学纤维制造业	1.2	5.1	36.1	28.7	28.8
橡胶和塑料制品业	0.9	4.0	30.9	29.9	34.3
非金属矿物制品业	0.7	2.9	28.4	32.7	35.3
黑色金属冶炼和压延加工业	0.9	4.3	31.8	30.4	32.6
有色金属冶炼和压延加工业	1.3	5.1	32.5	27.6	33.5
金属制品业	0.9	4.0	33.0	30.5	31.7
通用设备制造业	1.3	6.3	38.6	30.1	23.7
专用设备制造业	1.7	7.7	40.5	28.9	21.2
汽车制造业	1.2	6.5	38.3	27.2	26.9
铁路、船舶、航空航天和其他运输设备制造业	1.2	8.3	40.3	28.1	22.0
电气机械和器材制造业	1.4	6.6	37.9	27.8	26.4
计算机、通信和其他电子设备制造业	2.0	8.7	37.1	23.5	28.7
仪器仪表制造业	2.3	11.6	44.9	25.6	15.5
其他制造业	0.8	4.7	33.0	33.4	28.2
废弃资源综合利用业	0.8	4.2	33.1	30.0	31.9
金属制品、机械和设备修理业	0.5	7.1	33.8	19.8	38.9
电力、热力、燃气及水生产和供应业	0.8	7.4	48.5	26.2	17.0
电力、热力生产和供应业	0.8	8.1	48.8	24.3	18.0
燃气生产和供应业	0.9	7.8	53.3	27.7	10.4
水的生产和供应业	0.6	4.7	44.5	32.9	17.3

11-6 续表 2

项　目	在企业家中下列各类人员占比(%)				
	1.博士	2.硕士	3.本科	4.大专	5.其他
四、按地区分					
东部地区	1.2	5.6	34.5	29.0	29.6
中部地区	1.1	4.5	33.0	31.2	30.1
西部地区	1.1	4.5	32.7	28.4	33.3
东北地区	1.2	5.7	39.9	25.7	27.6
北　京	3.6	19.0	49.5	17.1	10.8
天　津	1.8	11.3	51.5	22.1	13.3
河　北	1.0	4.4	31.9	32.8	29.9
山　西	0.7	3.9	31.9	27.7	35.8
内蒙古	0.9	5.3	36.0	32.6	25.3
辽　宁	1.7	7.7	44.9	25.5	20.1
吉　林	0.9	4.4	35.0	24.8	34.8
黑龙江	0.9	4.7	40.5	27.0	26.9
上　海	3.0	14.2	44.7	20.4	17.6
江　苏	1.6	6.9	42.3	29.9	19.3
浙　江	0.8	3.9	31.2	34.8	29.3
安　徽	1.1	4.8	35.1	34.5	24.4
福　建	0.9	3.1	28.1	28.2	39.8
江　西	1.3	4.2	29.7	27.7	37.1
山　东	1.2	5.3	38.2	33.1	22.2
河　南	0.9	4.3	34.2	33.7	26.9
湖　北	1.4	4.8	32.9	29.8	31.1
湖　南	1.2	4.9	32.9	30.6	30.4
广　东	1.0	4.6	28.2	24.4	41.8
广　西	1.5	3.5	30.4	27.2	37.4
海　南	1.7	10.4	41.7	19.0	27.2
重　庆	1.0	4.8	29.1	24.0	41.1
四　川	1.1	4.6	31.6	28.8	33.9
贵　州	0.7	2.9	30.1	30.2	36.0
云　南	0.6	3.4	28.9	26.6	40.5
西　藏	1.2	5.7	27.0	23.4	42.6
陕　西	1.4	6.5	37.2	29.2	25.7
甘　肃	1.1	4.4	37.7	29.8	27.0
青　海	1.8	5.6	45.7	26.1	20.8
宁　夏	0.7	4.8	43.7	28.4	22.5
新　疆	0.8	4.1	39.9	32.2	23.0

11-7 资质等级以上建筑业企业企业家教育程度构成

项 目	在企业家中下列各类人员占比(%)				
	1.博士	2.硕士	3.本科	4.大专	5.其他
总 计	**0.7**	**4.2**	**42.7**	**31.7**	**20.7**
#有创新活动的企业	1.2	5.5	44.9	29.4	19.0
#有技术创新活动的企业	1.4	6.9	47.2	26.7	17.9
一、按规模分					
大型企业	1.5	8.0	47.6	23.4	19.4
中型企业	0.6	4.2	44.5	31.7	19.1
小型企业	0.5	2.3	37.2	35.5	24.5
微型企业	0.8	2.8	39.3	36.2	20.9
二、按登记注册类型分					
内资企业	0.7	4.1	42.6	31.8	20.8
国有企业	0.3	4.5	43.3	30.5	21.4
集体企业	0.1	0.8	25.3	38.4	35.4
股份合作企业	0.3	2.0	42.3	40.5	14.9
联营企业	0.7	10.5	37.5	40.8	10.5
#国有联营企业		12.5	42.5	40.0	5.0
有限责任公司	0.7	4.2	42.5	30.9	21.6
#国有独资公司	1.0	13.6	65.0	14.8	5.6
股份有限公司	2.4	4.3	39.0	33.1	21.2
私营企业	0.6	4.1	44.4	32.1	18.8
其他企业		1.6	53.5	34.1	10.9
港、澳、台商投资企业	2.7	13.7	49.9	26.0	7.6
合资经营企业	2.6	10.4	51.4	29.1	6.5
合作经营企业	1.2	16.9	44.6	27.7	9.6
港、澳、台商独资经营企业	2.6	25.4	50.3	16.4	5.3
港、澳、台商投资股份有限公司	3.9	9.2	40.1	26.3	20.4
其他港、澳、台投资企业	7.1	7.1	57.1	14.3	14.3
外商投资企业	2.0	9.5	52.1	23.6	12.8
中外合资经营企业	2.1	14.0	55.4	24.2	4.2
中外合作经营企业	2.0	13.3	16.7	28.0	40.0
外资企业	2.0	6.3	56.2	22.7	12.9
外商投资股份有限公司		18.2	72.7	9.1	
三、按行业分					
房屋建筑业	0.5	3.8	40.2	32.6	22.9
土木工程建筑业	0.7	4.8	45.2	29.2	20.2
建筑安装业	0.7	5.2	47.2	30.2	16.8
建筑装饰和其他建筑业	1.5	3.9	45.1	34.0	15.6

11-7 续表

项目	在企业家中下列各类人员占比(%)				
	1.博士	2.硕士	3.本科	4.大专	5.其他
四、按地区分					
东部地区	0.8	4.1	43.2	32.6	19.3
中部地区	0.8	3.5	39.3	33.5	23.0
西部地区	0.4	4.8	43.4	29.3	22.1
东北地区	0.7	4.1	48.8	30.4	16.0
北　京	1.4	11.4	55.6	21.6	9.9
天　津	0.9	7.7	54.3	25.6	11.5
河　北	0.2	2.2	30.4	36.0	31.3
山　西	0.9	3.7	47.4	35.9	12.1
内蒙古	0.3	5.2	46.0	34.9	13.5
辽　宁	0.7	4.6	47.9	32.2	14.6
吉　林	0.6	3.3	52.0	26.6	17.4
黑龙江	0.6	3.6	47.7	30.1	18.0
上　海	0.9	7.7	47.1	29.7	14.6
江　苏	0.5	3.7	43.9	37.4	14.5
浙　江	0.6	3.0	43.3	30.7	22.5
安　徽	0.5	4.1	40.9	39.2	15.2
福　建	0.6	2.6	43.1	33.0	20.7
江　西	0.7	3.3	39.7	32.5	23.9
山　东	0.4	2.8	36.2	34.4	26.2
河　南	1.0	3.2	34.5	31.3	30.0
湖　北	0.7	4.2	43.8	33.5	17.8
湖　南	0.5	2.8	40.9	34.8	21.0
广　东	2.7	4.9	52.8	29.2	10.4
广　西	0.1	14.8	77.2	6.4	1.5
海　南	0.1	3.8	47.0	32.1	17.0
重　庆	0.7	3.4	41.0	38.1	16.8
四　川	0.4	2.3	33.6	32.4	31.3
贵　州	0.3	2.4	39.7	26.1	31.4
云　南	0.5	3.0	38.5	33.7	24.2
西　藏	1.0	2.1	16.4	31.3	49.2
陕　西	0.6	4.1	35.5	34.4	25.4
甘　肃	0.3	3.2	36.0	35.3	25.3
青　海	0.5	2.2	46.3	36.8	14.2
宁　夏	0.2	2.7	44.2	35.8	17.0
新　疆	0.2	2.3	43.6	32.4	21.5

11-8 规模(限额)以上服务业企业企业家教育程度构成

项目	在企业家中下列各类人员占比(%)				
	1.博士	2.硕士	3.本科	4.大专	5.其他
总 计	**1.2**	**7.7**	**40.5**	**28.7**	**21.9**
#有创新活动的企业	2.0	11.3	44.8	25.8	16.1
#有技术创新活动的企业	2.9	14.9	47.7	22.3	12.3
一、按规模分					
大型企业	2.1	15.6	44.1	19.1	19.1
中型企业	1.3	8.2	44.3	28.1	18.1
小型企业	1.0	5.4	37.7	31.4	24.5
微型企业	0.8	4.1	34.1	33.3	27.7
二、按登记注册类型分					
内资企业	1.1	6.5	39.5	29.9	23.1
国有企业	1.3	9.2	45.2	25.2	19.0
集体企业	0.3	1.6	22.8	29.7	45.5
股份合作企业	0.3	2.3	25.1	33.9	38.3
联营企业	0.6	5.0	33.3	37.7	23.5
#国有联营企业		8.2	48.4	17.9	25.5
有限责任公司	1.2	8.3	42.8	28.4	19.3
#国有独资公司	1.9	14.1	49.9	19.6	14.5
股份有限公司	1.3	8.9	36.2	21.8	31.9
私营企业	0.9	4.6	37.8	32.9	23.9
其他企业	0.6	2.3	23.7	33.7	39.7
港、澳、台商投资企业	2.4	17.8	52.1	19.6	8.1
合资经营企业	3.0	14.0	51.9	22.4	8.7
合作经营企业	2.5	14.1	50.3	24.9	8.2
港、澳、台商独资经营企业	2.2	19.1	52.3	18.9	7.6
港、澳、台商投资股份有限公司	2.7	17.7	49.0	20.7	9.9
其他港、澳、台投资企业	0.9	7.1	58.1	17.0	17.0
外商投资企业	4.1	24.8	50.7	11.9	8.4
中外合资经营企业	3.6	18.9	54.8	14.4	8.3
中外合作经营企业	4.9	19.4	49.8	18.6	7.2
外资企业	4.3	26.8	48.9	11.2	8.8
外商投资股份有限公司	3.6	22.6	59.4	10.6	3.8
其他外商投资企业	1.9	20.8	60.7	10.5	6.1
三、按行业分					
批发和零售业	0.6	4.1	35.7	33.0	26.5
批发业	0.8	6.0	40.7	31.0	21.5
零售业	0.5	2.6	31.7	34.6	30.6
交通运输、仓储和邮政业	0.5	4.4	34.2	31.1	29.8
铁路运输业	1.1	9.6	59.6	17.0	12.7
道路运输业	0.4	2.6	28.8	32.4	35.9
水上运输业	0.6	7.2	36.6	29.7	25.9
航空运输业	1.6	19.8	57.2	16.4	5.0
管道运输业	1.7	13.3	62.0	17.7	5.4
装卸搬运和运输代理业	0.8	6.5	43.2	29.2	20.3
仓储业	0.4	5.2	39.3	33.5	21.6
邮政业	0.6	6.5	43.9	27.4	21.7
信息传输、软件和信息技术服务业	2.9	19.9	57.3	16.2	3.8
电信、广播电视和卫星传输服务	1.3	17.5	58.6	16.0	6.6
互联网和相关服务	1.6	14.6	59.1	22.3	2.4
软件和信息技术服务业	3.5	21.5	56.6	14.9	3.5

11-8 续表

项　　目	在企业家中下列各类人员占比(%)				
	1.博士	2.硕士	3.本科	4.大专	5.其他
租赁和商务服务业	1.9	13.2	46.2	23.3	15.4
租赁业	1.6	11.0	35.2	26.3	26.0
商务服务业	1.9	13.3	46.6	23.2	15.0
科学研究和技术服务业	3.4	14.4	54.3	19.6	8.4
研究和试验发展	12.5	23.7	44.8	13.9	5.3
专业技术服务业	2.2	13.3	57.8	19.6	7.2
科技推广和应用服务业	4.1	14.8	44.4	22.1	14.6
水利、环境和公共设施管理业	0.8	5.1	37.9	28.0	28.1
水利管理业	0.9	14.0	50.9	23.4	10.8
生态保护和环境治理业	3.2	12.6	50.4	20.7	13.1
公共设施管理业	0.6	4.0	36.1	29.0	30.4
四、按地区分					
东部地区	1.6	10.0	44.1	27.0	17.3
中部地区	0.8	4.6	37.0	33.3	24.4
西部地区	0.7	4.5	34.5	31.2	29.1
东北地区	0.6	4.6	34.6	24.1	36.0
北　京	3.4	22.2	52.4	14.5	7.5
天　津	1.5	11.0	53.0	22.1	12.4
河　北	0.9	3.8	32.7	36.4	26.2
山　西	0.4	3.2	37.3	33.2	26.0
内蒙古	0.5	4.5	39.3	35.1	20.6
辽　宁	0.5	4.2	30.6	22.3	42.5
吉　林	1.1	5.3	43.3	27.5	22.8
黑龙江	0.7	6.1	42.7	28.4	22.0
上　海	3.8	22.5	51.6	14.8	7.4
江　苏	1.1	6.3	44.6	30.8	17.1
浙　江	0.9	6.8	42.6	31.9	17.9
安　徽	0.8	5.0	36.8	35.4	22.0
福　建	1.0	4.7	38.1	30.5	25.8
江　西	0.7	3.3	33.1	31.5	31.4
山　东	0.7	4.3	39.7	35.7	19.7
河　南	0.8	4.2	37.7	35.3	22.0
湖　北	1.2	5.5	37.5	31.9	23.9
湖　南	0.8	5.2	37.9	30.9	25.2
广　东	1.1	7.6	41.9	27.7	21.7
广　西	0.5	4.6	36.3	30.7	27.9
海　南	0.7	6.2	48.0	31.0	14.1
重　庆	1.0	4.9	33.5	29.2	31.4
四　川	1.0	5.6	35.3	30.5	27.5
贵　州	0.6	3.1	31.5	31.3	33.5
云　南	0.6	3.3	28.0	31.8	36.5
西　藏	0.3	3.6	26.8	24.7	44.6
陕　西	0.8	5.4	33.0	31.1	29.8
甘　肃	0.6	3.4	35.6	33.6	26.9
青　海	0.2	2.2	43.4	31.1	23.1
宁　夏	0.2	3.3	43.1	35.4	18.0
新　疆	0.3	3.8	41.6	32.4	21.9

11-9 规模(限额)以上企业企业家对创新的总体认识

项　　目	在企业家中，认为创新对企业的生存和发展(%)		
	起了重要作用的人员占比	起了一定作用的人员占比	不起作用的人员占比
总　计	**22.8**	**58.5**	**18.7**
#有创新活动的企业	37.0	57.3	5.8
#有技术创新活动的企业	43.8	52.0	4.2
一、按规模分			
大型企业	44.7	47.7	7.6
中型企业	26.3	58.2	15.5
小型企业	21.8	59.3	18.8
微型企业	14.5	56.5	29.0
二、按登记注册类型分			
内资企业	22.1	58.9	19.0
国有企业	22.5	58.4	19.1
集体企业	13.8	60.5	25.7
股份合作企业	16.5	58.7	24.8
联营企业	13.4	55.8	30.8
#国有联营企业	15.5	65.5	19.0
有限责任公司	24.0	58.0	18.0
#国有独资公司	30.9	55.2	13.9
股份有限公司	36.9	50.5	12.6
私营企业	20.4	59.9	19.7
其他企业	14.6	61.8	23.6
港、澳、台商投资企业	28.1	55.4	16.4
合资经营企业	33.4	53.9	12.7
合作经营企业	22.4	56.9	20.8
港、澳、台商独资经营企业	25.8	56.1	18.1
港、澳、台商投资股份有限公司	35.3	52.8	11.9
其他港、澳、台投资企业	28.5	57.7	13.7
外商投资企业	30.9	54.2	14.9
中外合资经营企业	35.1	53.0	12.0
中外合作经营企业	29.0	53.3	17.7
外资企业	28.7	54.9	16.3
外商投资股份有限公司	33.4	53.2	13.4
其他外商投资企业	31.6	53.3	15.1
三、按行业分			
采矿业	17.3	59.1	23.6
制造业	27.6	58.5	13.9
电力、热力、燃气及水生产和供应业	24.9	58.9	16.3
建筑业	17.4	61.5	21.1
批发和零售业	15.7	59.2	25.1
交通运输、仓储和邮政业	15.3	58.0	26.7
信息传输、软件和信息技术服务业	41.6	48.9	9.5

11-9 续表

项目	在企业家中，认为创新对企业的生存和发展(%)		
	起了重要作用的人员占比	起了一定作用的人员占比	不起作用的人员占比
租赁和商务服务业	19.2	57.5	23.3
科学研究和技术服务业	25.0	55.9	19.1
水利、环境和公共设施管理业	21.0	59.1	20.0
四、按地区分			
东部地区	23.0	58.1	18.8
中部地区	21.6	60.4	17.9
西部地区	24.3	58.0	17.7
东北地区	20.0	56.2	23.8
北　京	26.9	52.4	20.7
天　津	22.4	55.6	22.0
河　北	22.7	59.9	17.4
山　西	19.8	58.5	21.7
内蒙古	19.3	57.8	22.8
辽　宁	19.2	54.3	26.5
吉　林	21.3	58.7	19.9
黑龙江	19.7	56.3	24.0
上　海	25.3	51.7	23.1
江　苏	21.0	60.0	18.9
浙　江	23.5	58.8	17.7
安　徽	26.4	55.9	17.7
福　建	21.8	58.0	20.2
江　西	22.1	58.6	19.3
山　东	22.2	64.0	13.7
河　南	18.5	64.0	17.5
湖　北	22.1	61.1	16.8
湖　南	21.0	60.9	18.1
广　东	24.4	54.1	21.5
广　西	25.4	58.3	16.4
海　南	28.7	54.2	17.0
重　庆	23.1	57.6	19.3
四　川	23.9	58.5	17.6
贵　州	24.7	57.6	17.7
云　南	33.8	53.4	12.8
西　藏	22.6	65.6	11.8
陕　西	21.9	60.2	17.8
甘　肃	22.7	60.7	16.7
青　海	26.4	55.3	18.3
宁　夏	28.2	56.0	15.9
新　疆	22.7	58.6	18.7

11-10 规模以上工业企业企业家对创新的总体认识

项　　目	在企业家中，认为创新对企业的生存和发展(%)		
	起了重要作用的人员占比	起了一定作用的人员占比	不起作用的人员占比
总　计	**27.2**	**58.6**	**14.3**
#有创新活动的企业	39.7	55.4	5.0
#有技术创新活动的企业	44.1	51.7	4.2
一、按规模分			
大型企业	52.9	41.6	5.5
中型企业	34.9	55.0	10.1
小型企业	25.3	59.7	15.0
微型企业	19.4	58.2	22.3
二、按登记注册类型分			
内资企业	26.5	59.1	14.3
国有企业	32.7	53.1	14.2
集体企业	16.4	63.1	20.6
股份合作企业	20.8	61.7	17.5
联营企业	18.2	54.5	27.3
#国有联营企业	11.1	88.9	
有限责任公司	29.3	57.1	13.6
#国有独资公司	39.1	50.9	10.0
股份有限公司	45.7	46.0	8.3
私营企业	24.3	60.8	14.9
其他企业	15.6	66.2	18.1
港、澳、台商投资企业	29.4	55.5	15.1
合资经营企业	34.8	54.2	11.0
合作经营企业	22.9	55.9	21.2
港、澳、台商独资经营企业	26.8	56.2	16.9
港、澳、台商投资股份有限公司	39.5	50.4	10.1
其他港、澳、台投资企业	28.9	59.7	11.3
外商投资企业	32.9	54.1	13.0
中外合资经营企业	36.8	52.5	10.7
中外合作经营企业	30.4	53.3	16.3
外资企业	30.7	55.1	14.2
外商投资股份有限公司	36.0	52.7	11.3
其他外商投资企业	32.6	52.4	15.0
三、按行业分			
采矿业	17.3	59.1	23.6
煤炭开采和洗选业	16.6	58.3	25.1
石油和天然气开采业	32.4	55.9	11.8
黑色金属矿采选业	15.9	59.8	24.3
有色金属矿采选业	18.8	61.4	19.8

11-10 续表 1

项 目	在企业家中，认为创新对企业的生存和发展(%)		
	起了重要作用的人员占比	起了一定作用的人员占比	不起作用的人员占比
非金属矿采选业	17.1	58.9	24.0
开采辅助活动	30.2	58.6	11.1
其他采矿业	23.1	61.5	15.4
制造业	27.6	58.5	13.9
农副食品加工业	23.7	61.7	14.6
食品制造业	29.5	58.7	11.8
酒、饮料和精制茶制造业	28.2	59.7	12.1
烟草制品业	53.9	41.4	4.7
纺织业	19.9	63.1	17.0
纺织服装、服饰业	15.5	64.3	20.3
皮革、毛皮、羽毛及其制品和制鞋业	17.2	64.5	18.3
木材加工和木、竹、藤、棕、草制品业	19.1	62.7	18.3
家具制造业	24.4	61.0	14.6
造纸和纸制品业	22.6	61.1	16.3
印刷和记录媒介复制业	23.2	61.4	15.4
文教、工美、体育和娱乐用品制造业	24.2	60.9	14.9
石油加工、炼焦和核燃料加工业	29.9	57.0	13.1
化学原料和化学制品制造业	32.3	55.6	12.1
医药制造业	42.6	50.1	7.3
化学纤维制造业	24.4	61.4	14.2
橡胶和塑料制品业	25.0	59.7	15.3
非金属矿物制品业	21.7	61.4	16.8
黑色金属冶炼和压延加工业	23.3	60.3	16.4
有色金属冶炼和压延加工业	27.8	58.0	14.2
金属制品业	24.7	59.9	15.4
通用设备制造业	31.8	57.1	11.0
专用设备制造业	35.2	54.5	10.2
汽车制造业	34.8	54.3	10.9
铁路、船舶、航空航天和其他运输设备制造业	32.8	55.7	11.4
电气机械和器材制造业	35.0	54.8	10.2
计算机、通信和其他电子设备制造业	41.5	48.4	10.1
仪器仪表制造业	43.8	49.1	7.1
其他制造业	23.0	61.6	15.4
废弃资源综合利用业	20.7	59.6	19.7
金属制品、机械和设备修理业	30.8	51.8	17.4
电力、热力、燃气及水生产和供应业	24.9	58.9	16.3
电力、热力生产和供应业	25.4	58.5	16.1
燃气生产和供应业	22.9	60.1	17.0
水的生产和供应业	24.2	59.6	16.3

11-10 续表 2

项　目	在企业家中，认为创新对企业的生存和发展(%)		
	起了重要作用的人员占比	起了一定作用的人员占比	不起作用的人员占比
四、按地区分			
东部地区	27.4	58.7	13.9
中部地区	25.4	59.9	14.6
西部地区	29.9	56.3	13.8
东北地区	24.3	56.6	19.1
北　京	41.1	46.3	12.6
天　津	32.5	53.5	13.9
河　北	25.9	60.1	14.0
山　西	26.2	58.3	15.5
内蒙古	21.2	58.5	20.2
辽　宁	25.3	53.5	21.1
吉　林	22.9	60.5	16.6
黑龙江	24.7	55.8	19.6
上　海	33.9	49.8	16.3
江　苏	26.1	60.8	13.1
浙　江	27.9	59.9	12.3
安　徽	30.4	54.3	15.3
福　建	26.0	57.2	16.9
江　西	25.1	58.1	16.8
山　东	25.8	63.3	10.9
河　南	20.9	65.3	13.8
湖　北	26.9	59.9	13.2
湖　南	24.2	60.8	15.0
广　东	28.0	54.5	17.5
广　西	29.3	57.0	13.7
海　南	39.2	48.1	12.8
重　庆	32.5	54.1	13.4
四　川	29.0	57.6	13.4
贵　州	27.6	57.8	14.6
云　南	42.7	47.8	9.5
西　藏	29.0	60.7	10.3
陕　西	27.5	57.7	14.8
甘　肃	29.6	58.6	11.8
青　海	35.5	53.3	11.2
宁　夏	35.8	53.2	11.0
新　疆	29.2	57.4	13.4

11-11 资质等级以上建筑业企业企业家对创新的总体认识

项　目	在企业家中，认为创新对企业的生存和发展(%)		
	起了重要作用的人员占比	起了一定作用的人员占比	不起作用的人员占比
总　计	**17.4**	**61.4**	**21.1**
#有创新活动的企业	30.0	63.4	6.6
#有技术创新活动的企业	38.3	57.8	3.9
一、按规模分			
大型企业	41.7	53.9	4.4
中型企业	18.1	63.8	18.0
小型企业	14.1	61.1	24.8
微型企业	12.6	55.7	31.7
二、按登记注册类型分			
内资企业	17.4	61.5	21.1
国有企业	20.7	62.4	16.9
集体企业	14.3	63.9	21.8
股份合作企业	14.5	59.0	26.5
联营企业	12.5	50.0	37.5
#国有联营企业	20.0	60.0	20.0
有限责任公司	19.8	61.2	19.0
#国有独资公司	34.7	55.0	10.2
股份有限公司	20.1	62.3	17.6
私营企业	15.2	61.5	23.2
其他企业	4.8	61.9	33.3
港、澳、台商投资企业	19.5	57.5	23.0
合资经营企业	20.7	57.5	21.8
合作经营企业	20.0	60.0	20.0
港、澳、台商独资经营企业	15.8	57.9	26.3
港、澳、台商投资股份有限公司	12.5	50.0	37.5
其他港、澳、台投资企业	28.6	57.1	14.3
外商投资企业	20.4	56.3	23.2
中外合资经营企业	16.5	62.4	21.2
中外合作经营企业	33.3	33.3	33.3
外资企业	23.9	50.0	26.1
外商投资股份有限公司	50.0	50.0	
三、按行业分			
房屋建筑业	16.7	63.2	20.1
土木工程建筑业	21.1	61.0	17.9
建筑安装业	16.5	58.7	24.8
建筑装饰和其他建筑业	16.0	59.8	24.3

11-11 续表

项　　目	在企业家中，认为创新对企业的生存和发展(%)		
	起了重要作用的人员占比	起了一定作用的人员占比	不起作用的人员占比
四、按地区分			
东部地区	18.4	61.4	20.2
中部地区	17.6	62.6	19.9
西部地区	16.6	61.8	21.6
东北地区	14.2	58.5	27.4
北　京	19.1	55.5	25.4
天　津	21.6	58.5	19.9
河　北	17.1	64.9	18.0
山　西	16.2	61.3	22.5
内蒙古	18.2	55.3	26.5
辽　宁	15.4	56.1	28.6
吉　林	15.2	59.7	25.0
黑龙江	11.4	61.5	27.1
上　海	16.6	55.8	27.6
江　苏	16.2	62.6	21.2
浙　江	17.6	62.9	19.5
安　徽	18.6	59.3	22.1
福　建	17.0	63.6	19.3
江　西	15.8	64.3	20.0
山　东	21.7	64.6	13.7
河　南	18.9	62.1	19.0
湖　北	17.1	64.6	18.3
湖　南	16.3	64.4	19.4
广　东	21.3	56.8	21.9
广　西	17.8	64.5	17.8
海　南	11.1	68.5	20.4
重　庆	14.3	63.3	22.3
四　川	16.0	61.9	22.1
贵　州	18.2	61.3	20.5
云　南	23.0	59.0	18.0
西　藏	17.4	67.8	14.8
陕　西	16.0	60.9	23.2
甘　肃	13.3	65.7	21.0
青　海	15.4	60.1	24.5
宁　夏	14.0	59.0	27.0
新　疆	15.9	65.0	19.1

11-12 规模(限额)以上服务业企业企业家对创新的总体认识

项目	在企业家中，认为创新对企业的生存和发展(%)		
	起了重要作用的人员占比	起了一定作用的人员占比	不起作用的人员占比
总计	**18.1**	**58.1**	**23.8**
#有创新活动的企业	32.3	60.4	7.3
#有技术创新活动的企业	43.4	52.0	4.6
一、按规模分			
大型企业	37.0	52.6	10.5
中型企业	22.1	59.1	18.8
小型企业	16.7	58.5	24.9
微型企业	13.3	56.1	30.6
二、按登记注册类型分			
内资企业	17.8	58.3	23.9
国有企业	20.0	59.2	20.8
集体企业	12.4	58.5	29.0
股份合作企业	12.1	55.3	32.7
联营企业	11.0	57.1	31.9
#国有联营企业	15.9	61.4	22.7
有限责任公司	19.9	58.3	21.8
#国有独资公司	26.4	57.3	16.2
股份有限公司	29.1	54.0	16.9
私营企业	15.8	58.4	25.8
其他企业	14.4	60.9	24.7
港、澳、台商投资企业	24.3	54.9	20.8
合资经营企业	29.0	52.3	18.8
合作经营企业	20.6	60.0	19.4
港、澳、台商独资经营企业	22.7	55.5	21.8
港、澳、台商投资股份有限公司	27.4	57.8	14.8
其他港、澳、台投资企业	28.0	55.2	16.8
外商投资企业	24.1	54.7	21.2
中外合资经营企业	26.8	55.0	18.2
中外合作经营企业	23.4	54.7	21.9
外资企业	22.9	54.6	22.4
外商投资股份有限公司	27.4	54.3	18.3
其他外商投资企业	30.2	54.7	15.1
三、按行业分			
批发和零售业	15.7	59.2	25.1
批发业	15.1	57.8	27.1
零售业	16.2	60.6	23.2
交通运输、仓储和邮政业	15.3	58.0	26.7
铁路运输业	21.9	61.4	16.7
道路运输业	14.0	58.7	27.3
水上运输业	16.1	57.5	26.4
航空运输业	30.8	58.0	11.2
管道运输业	22.4	60.5	17.1
装卸搬运和运输代理业	15.4	53.9	30.7
仓储业	17.4	59.9	22.7
邮政业	25.3	60.0	14.6
信息传输、软件和信息技术服务业	41.6	48.9	9.5
电信、广播电视和卫星传输服务	36.7	53.4	9.9
互联网和相关服务	38.6	51.7	9.7
软件和信息技术服务业	42.9	47.7	9.4

11-12 续表

项　　目	在企业家中，认为创新对企业的生存和发展(%)		
	起了重要作用的人员占比	起了一定作用的人员占比	不起作用的人员占比
租赁和商务服务业	19.2	57.5	23.3
租赁业	17.1	58.1	24.8
商务服务业	19.3	57.4	23.2
科学研究和技术服务业	25.0	55.9	19.1
研究和试验发展	42.5	46.5	11.0
专业技术服务业	22.1	57.3	20.6
科技推广和应用服务业	26.6	55.5	17.9
水利、环境和公共设施管理业	21.0	59.1	20.0
水利管理业	21.0	56.5	22.4
生态保护和环境治理业	29.2	55.6	15.2
公共设施管理业	20.0	59.6	20.4
四、按地区分			
东部地区	18.3	57.2	24.6
中部地区	16.5	60.9	22.6
西部地区	19.7	59.2	21.1
东北地区	16.5	55.1	28.4
北　京	24.9	53.2	21.9
天　津	16.5	56.6	26.9
河　北	17.2	58.5	24.3
山　西	14.8	58.1	27.1
内蒙古	17.0	57.2	25.8
辽　宁	14.5	54.5	30.9
吉　林	20.3	56.1	23.6
黑龙江	15.8	55.1	29.1
上　海	20.8	52.4	26.7
江　苏	14.3	58.6	27.1
浙　江	17.1	56.7	26.2
安　徽	19.5	58.7	21.8
福　建	17.7	58.3	24.0
江　西	17.6	58.7	23.7
山　东	16.9	65.1	18.0
河　南	15.2	62.6	22.2
湖　北	16.0	62.3	21.7
湖　南	16.5	60.8	22.7
广　东	20.3	53.4	26.2
广　西	21.7	59.1	19.2
海　南	26.7	54.9	18.4
重　庆	17.2	59.4	23.3
四　川	19.0	59.0	22.0
贵　州	21.6	56.9	21.5
云　南	27.9	57.4	14.7
西　藏	22.2	67.0	10.8
陕　西	18.2	62.6	19.3
甘　肃	19.2	61.2	19.7
青　海	21.0	55.7	23.3
宁　夏	21.6	59.2	19.1
新　疆	18.3	58.6	23.1

十二、创新对规模（限额）以上企业的影响情况（2016 年）

12-1 规模(限额)以上企业影响最大的创新类型

项　目	在实现创新企业中，认为下列各类创新对企业影响最大的企业家占比(%)			
	产品创新	工艺创新	组织创新	营销创新
总　计	**31.6**	**17.7**	**26.5**	**24.3**
一、按规模分				
大型企业	40.6	21.8	21.9	15.7
中型企业	31.9	17.4	27.4	23.4
小型企业	31.8	18.2	25.8	24.2
微型企业	15.6	7.9	36.4	40.2
二、按登记注册类型分				
内资企业	30.4	17.1	27.2	25.4
国有企业	20.0	15.4	43.1	21.5
集体企业	16.2	12.1	44.7	27.1
股份合作企业	36.4	18.5	22.7	22.4
联营企业	19.1	6.7	43.8	30.3
#国有联营企业	28.6		57.1	14.3
有限责任公司	27.8	16.8	30.0	25.5
#国有独资公司	23.7	17.1	40.5	18.8
股份有限公司	41.7	18.0	21.8	18.4
私营企业	31.2	17.3	25.6	25.9
其他企业	18.7	10.9	31.8	38.6
港、澳、台商投资企业	40.8	23.2	19.8	16.2
合资经营企业	44.3	23.3	17.9	14.5
合作经营企业	40.6	24.1	19.7	15.7
港、澳、台商独资经营企业	38.9	23.2	20.9	17.0
港、澳、台商投资股份有限公司	42.7	20.7	18.9	17.6
其他港、澳、台投资企业	27.1	27.1	20.2	24.8
外商投资企业	41.8	22.6	21.0	14.6
中外合资经营企业	45.2	23.0	18.8	13.0
中外合作经营企业	35.2	22.7	20.3	22.3
外资企业	40.0	22.5	22.2	15.3
外商投资股份有限公司	41.3	19.3	22.0	17.4
其他外商投资企业	34.9	17.8	28.4	18.9
三、按行业分				
采矿业	7.2	26.7	45.8	20.5
制造业	39.7	23.3	19.1	18.0
电力、热力、燃气及水生产和供应业	3.7	28.6	49.3	18.4
建筑业	13.3	17.8	58.8	10.1
批发和零售业	13.4	5.1	31.7	49.8
交通运输、仓储和邮政业	14.1	7.8	54.4	23.6
信息传输、软件和信息技术服务业	52.6	6.7	22.7	17.9
租赁和商务服务业	18.2	5.6	46.9	29.3
科学研究和技术服务业	33.9	13.6	37.4	15.0
水利、环境和公共设施管理业	15.6	9.3	43.0	32.1

12-1 续表

项　目	在实现创新企业中，认为下列各类创新对企业影响最大的企业家占比(%)			
	产品创新	工艺创新	组织创新	营销创新
四、按地区分				
东部地区	35.6	18.1	24.6	21.7
中部地区	26.8	18.3	27.1	27.7
西部地区	21.8	15.8	33.2	29.4
东北地区	26.4	14.5	29.4	29.7
北　京	39.1	10.9	29.6	20.5
天　津	31.6	13.6	33.9	20.8
河　北	18.2	16.0	33.8	32.0
山　西	14.3	16.9	37.0	31.8
内蒙古	14.6	14.3	37.0	34.1
辽　宁	33.1	15.5	26.9	24.6
吉　林	23.8	14.0	30.7	31.5
黑龙江	16.9	13.0	32.7	37.3
上　海	38.9	17.3	24.8	19.0
江　苏	37.8	19.3	23.8	19.1
浙　江	49.3	19.3	16.2	15.2
安　徽	33.2	18.4	22.4	25.9
福　建	25.2	18.0	26.4	30.4
江　西	26.2	23.7	25.2	24.9
山　东	20.0	19.1	32.4	28.6
河　南	19.8	15.7	32.7	31.9
湖　北	27.0	18.2	27.4	27.4
湖　南	31.5	19.2	24.1	25.3
广　东	41.4	18.3	19.9	20.4
广　西	19.7	16.0	33.1	31.2
海　南	25.7	12.2	37.6	24.5
重　庆	29.9	17.4	27.1	26.6
四　川	22.7	15.0	33.6	28.7
贵　州	21.0	14.1	33.0	31.8
云　南	22.5	18.3	31.3	28.0
西　藏	13.0	10.1	37.4	39.6
陕　西	20.4	14.6	34.6	30.4
甘　肃	17.7	15.7	36.7	29.9
青　海	13.1	16.1	39.4	31.5
宁　夏	22.1	19.5	33.7	24.7
新　疆	13.8	15.9	40.8	29.5

12-2 规模以上工业企业影响最大的创新类型

项目	在实现创新企业中，认为下列各类创新对企业影响最大的企业家占比(%)			
	产品创新	工艺创新	组织创新	营销创新
总 计	**38.6**	**23.4**	**20.0**	**18.0**
一、按规模分				
大型企业	49.5	27.1	14.5	8.9
中型企业	43.9	26.5	16.6	13.0
小型企业	36.9	22.6	21.0	19.6
微型企业	23.7	17.8	30.0	28.6
二、按登记注册类型分				
内资企业	37.6	23.1	20.4	19.0
国有企业	29.0	23.8	32.8	14.3
集体企业	24.4	20.6	30.7	24.6
股份合作企业	46.9	24.5	15.3	13.4
联营企业	30.8	10.3	43.6	15.4
#国有联营企业	66.7		33.3	
有限责任公司	35.2	24.0	22.2	18.6
#国有独资公司	32.5	26.5	28.3	12.6
股份有限公司	48.2	22.9	15.8	13.0
私营企业	37.9	22.7	19.8	19.6
其他企业	22.9	18.3	28.3	30.4
港、澳、台商投资企业	44.2	26.4	16.7	12.7
合资经营企业	47.4	25.3	15.0	12.3
合作经营企业	45.7	25.9	12.7	15.7
港、澳、台商独资经营企业	42.0	26.9	18.2	12.9
港、澳、台商投资股份有限公司	49.7	26.2	13.6	10.5
其他港、澳、台投资企业	33.8	38.8	6.3	21.3
外商投资企业	44.2	24.9	18.6	12.3
中外合资经营企业	47.5	24.3	16.7	11.4
中外合作经营企业	38.1	25.2	16.5	20.2
外资企业	42.1	25.3	19.9	12.6
外商投资股份有限公司	42.9	22.6	19.9	14.6
其他外商投资企业	42.2	21.6	22.4	13.8
三、按行业分				
采矿业	7.2	26.7	45.8	20.5
煤炭开采和洗选业	5.2	22.7	52.9	19.4
石油和天然气开采业	4.4	57.8	26.7	11.1
黑色金属矿采选业	3.1	26.5	47.1	23.4
有色金属矿采选业	5.3	40.8	43.5	10.6
非金属矿采选业	12.3	22.6	38.3	27.1
开采辅助活动	14.0	28.1	54.4	3.5
其他采矿业	14.3	28.6	28.6	28.6
制造业	39.7	23.3	19.1	18.0
农副食品加工业	24.3	18.8	23.8	33.2
食品制造业	33.4	19.0	17.2	30.4
酒、饮料和精制茶制造业	26.2	17.5	17.3	39.1
烟草制品业	44.2	26.0	22.1	7.8
纺织业	36.7	23.9	21.3	18.1
纺织服装、服饰业	33.2	21.7	22.8	22.3
皮革、毛皮、羽毛及其制品和制鞋业	40.8	17.9	17.8	23.5
木材加工和木、竹、藤、棕、草制品业	29.6	23.0	22.9	24.5
家具制造业	36.8	19.4	21.1	22.7
造纸和纸制品业	27.3	26.6	23.9	22.3
印刷和记录媒介复制业	24.4	31.4	24.5	19.9
文教、工美、体育和娱乐用品制造业	39.4	22.4	18.4	19.7
石油加工、炼焦和核燃料加工业	22.5	29.3	28.9	19.3
化学原料和化学制品制造业	38.3	26.3	18.4	17.0
医药制造业	35.0	27.9	16.9	20.2
化学纤维制造业	44.8	24.6	16.5	14.1

12-2 续表

项　　目	在实现创新企业中，认为下列各类创新对企业影响最大的企业家占比(%)			
	产品创新	工艺创新	组织创新	营销创新
橡胶和塑料制品业	38.1	23.0	19.5	19.4
非金属矿物制品业	26.3	24.0	27.5	22.3
黑色金属冶炼和压延加工业	28.7	29.8	25.4	16.1
有色金属冶炼和压延加工业	33.5	34.1	20.1	12.4
金属制品业	36.6	25.5	21.7	16.3
通用设备制造业	49.3	22.4	15.5	12.8
专用设备制造业	50.5	21.6	15.7	12.2
汽车制造业	46.1	27.3	17.4	9.2
铁路、船舶、航空航天和其他运输设备制造业	49.7	22.4	17.2	10.9
电气机械和器材制造业	52.1	20.9	14.3	12.8
计算机、通信和其他电子设备制造业	54.4	23.3	13.5	8.8
仪器仪表制造业	61.8	16.5	11.2	10.5
其他制造业	40.2	22.4	17.8	19.6
废弃资源综合利用业	20.4	31.0	29.5	19.1
金属制品、机械和设备修理业	37.6	22.0	28.4	12.1
电力、热力、燃气及水生产和供应业	3.7	28.6	49.3	18.4
电力、热力生产和供应业	3.5	29.8	49.2	17.5
燃气生产和供应业	3.7	14.0	51.9	30.4
水的生产和供应业	4.6	37.2	47.7	10.5
四、按地区分				
东部地区	42.9	23.6	17.8	15.7
中部地区	32.4	23.8	22.3	21.5
西部地区	27.8	23.0	27.1	22.4
东北地区	32.3	20.2	22.9	24.6
北　京	55.6	17.9	15.0	11.6
天　津	47.4	22.8	19.3	10.5
河　北	20.3	18.9	30.9	29.9
山　西	20.1	24.2	31.9	23.9
内蒙古	17.2	20.8	32.7	29.2
辽　宁	42.6	22.2	19.0	16.2
吉　林	25.9	19.4	25.5	29.2
黑龙江	22.0	17.5	26.7	33.8
上　海	45.1	24.8	16.5	13.5
江　苏	44.8	24.5	17.4	13.3
浙　江	58.9	22.2	9.6	9.4
安　徽	38.7	23.0	18.7	19.6
福　建	32.7	26.2	20.1	21.0
江　西	30.8	30.5	19.8	18.9
山　东	23.5	23.9	27.6	25.1
河　南	24.2	20.4	28.9	26.5
湖　北	32.6	23.7	22.3	21.4
湖　南	37.4	24.8	18.8	19.0
广　东	48.2	24.7	13.7	13.4
广　西	24.7	23.6	27.6	24.1
海　南	31.0	20.9	29.7	18.4
重　庆	42.3	25.9	18.1	15.5
四　川	25.8	20.8	30.0	23.3
贵　州	27.1	20.1	27.9	24.9
云　南	26.8	27.8	24.0	21.4
西　藏	12.5	16.7	31.3	39.6
陕　西	28.4	21.7	26.3	23.6
甘　肃	24.5	22.9	29.2	23.5
青　海	17.4	27.2	32.6	22.8
宁　夏	29.2	27.2	24.9	18.6
新　疆	16.2	24.1	36.6	23.2

12-3 资质等级以上建筑业企业影响最大的创新类型

项　目	在实现创新企业中，认为下列各类创新对企业影响最大的企业家占比(%)			
	产品创新	工艺创新	组织创新	营销创新
总　计	**13.4**	**17.8**	**58.8**	**10.1**
一、按规模分				
大型企业	23.1	34.7	37.2	5.1
中型企业	12.7	17.0	62.1	8.3
小型企业	10.5	11.6	63.8	14.2
微型企业	5.7	11.6	62.5	20.2
二、按登记注册类型分				
内资企业	13.3	17.8	58.8	10.0
国有企业	10.5	25.1	59.8	4.6
集体企业	5.5	10.4	73.8	10.4
股份合作企业	23.8	9.5	52.4	14.3
联营企业	20.0	20.0	60.0	
有限责任公司	14.6	19.7	56.2	9.5
#国有独资公司	21.1	29.7	42.9	6.3
股份有限公司	15.6	23.3	52.3	8.8
私营企业	12.4	15.1	61.4	11.1
港、澳、台商投资企业	11.0	21.9	52.1	15.1
合资经营企业	11.3	24.5	49.1	15.1
合作经营企业	12.5	25.0	62.5	
港、澳、台商独资经营企业	11.1	11.1	55.6	22.2
外商投资企业	22.2	11.1	58.3	8.3
中外合资经营企业	16.0	12.0	64.0	8.0
外资企业	44.4	11.1	44.4	
三、按行业分				
房屋建筑业	11.0	17.9	62.4	8.8
土木工程建筑业	15.1	21.1	56.7	7.1
建筑安装业	17.4	15.9	55.4	11.3
建筑装饰和其他建筑业	14.1	14.8	54.6	16.6

12-3 续表

项　　目	在实现创新企业中，认为下列各类创新对企业影响最大的企业家占比(%)			
	产品创新	工艺创新	组织创新	营销创新
四、按地区分				
东部地区	19.0	16.6	54.9	9.6
中部地区	8.6	20.8	60.1	10.6
西部地区	4.2	19.6	66.8	9.3
东北地区	11.2	11.8	60.9	16.1
北　京	30.7	7.0	52.7	9.6
天　津	31.4	7.0	52.8	8.9
河　北	6.1	22.4	60.6	10.8
山　西	4.5	30.8	57.5	7.2
内蒙古	5.6	25.4	64.8	4.2
辽　宁	18.2	9.1	58.4	14.3
吉　林	4.1	15.4	66.7	13.8
黑龙江	3.5	14.0	60.8	21.7
上　海	33.3	7.1	47.2	12.7
江　苏	28.3	6.7	55.5	9.5
浙　江	6.3	36.2	51.0	6.5
安　徽	25.0	6.9	58.2	9.8
福　建	6.0	24.9	58.1	10.9
江　西	2.8	22.8	64.2	10.2
山　东	6.1	20.6	62.3	11.0
河　南	6.2	23.1	57.3	13.4
湖　北	5.8	21.4	63.4	9.4
湖　南	4.4	23.5	63.3	8.8
广　东	31.6	10.8	48.0	9.6
广　西	2.3	30.5	59.4	7.8
海　南	7.4	22.2	66.7	3.7
重　庆	5.6	18.6	65.3	10.5
四　川	4.0	18.8	66.5	10.7
贵　州	3.9	26.5	58.8	10.8
云　南	7.3	19.1	64.9	8.8
西　藏	5.3	15.8	68.4	10.5
陕　西	4.2	17.3	69.3	9.1
甘　肃	2.5	21.6	67.9	8.0
青　海	2.4	17.1	65.9	14.6
宁　夏	2.9	14.7	79.4	2.9
新　疆	0.8	16.3	73.6	9.3

12-4 规模(限额)以上服务业企业影响最大的创新类型

项 目	在实现创新企业中，认为下列各类创新对企业影响最大的企业家占比(%)			
	产品创新	工艺创新	组织创新	营销创新
总 计	**20.2**	**6.4**	**35.1**	**38.3**
一、按规模分				
大型企业	32.8	9.3	28.1	29.8
中型企业	21.5	6.5	33.0	38.9
小型企业	19.3	6.4	36.7	37.6
微型企业	13.4	4.3	37.1	45.1
二、按登记注册类型分				
内资企业	19.7	6.3	35.2	38.8
国有企业	18.0	10.0	44.3	27.8
集体企业	12.9	6.1	47.7	33.4
股份合作企业	9.2	3.1	38.9	48.9
联营企业	8.9	2.2	42.2	46.7
#国有联营企业			71.4	28.6
有限责任公司	19.7	6.5	36.6	37.2
#国有独资公司	17.8	7.8	48.8	25.6
股份有限公司	32.5	7.8	29.5	30.3
私营企业	18.8	5.7	34.1	41.4
其他企业	17.7	8.9	32.5	40.9
港、澳、台商投资企业	25.4	7.8	33.5	33.2
合资经营企业	26.5	10.0	34.3	29.2
合作经营企业	22.7	15.9	43.2	18.2
港、澳、台商独资经营企业	25.4	6.7	32.6	35.1
港、澳、台商投资股份有限公司	23.8	5.7	33.3	37.1
其他港、澳、台投资企业	17.4	8.7	41.3	30.4
外商投资企业	29.2	10.2	33.2	27.4
中外合资经营企业	28.3	12.8	33.1	25.7
中外合作经营企业	18.9	8.1	40.5	35.1
外资企业	30.0	9.3	32.9	27.8
外商投资股份有限公司	35.4	6.2	30.8	27.7
其他外商投资企业	18.9	9.4	41.5	30.2
三、按行业分				
批发和零售业	13.4	5.1	31.7	49.8
批发业	13.5	6.4	36.5	43.6
零售业	13.2	4.1	28.0	54.6
交通运输、仓储和邮政业	14.1	7.8	54.4	23.6
铁路运输业	10.6	6.4	61.7	21.3
道路运输业	15.3	6.7	55.8	22.2
水上运输业	13.1	11.6	50.6	24.9
航空运输业	20.9	6.7	50.7	21.6
管道运输业	13.6	36.4	50.0	
装卸搬运和运输代理业	12.2	8.1	55.4	24.3
仓储业	10.7	9.6	54.2	25.5
邮政业	15.3	9.6	42.2	32.9
信息传输、软件和信息技术服务业	52.6	6.7	22.7	17.9
电信、广播电视和卫星传输服务	30.1	5.7	27.7	36.4
互联网和相关服务	46.4	5.4	24.1	24.0
软件和信息技术服务业	56.5	7.0	21.9	14.6
租赁和商务服务业	18.2	5.6	46.9	29.3

12-4 续表

项　　目	在实现创新企业中，认为下列各类创新对企业影响最大的企业家占比(%)			
	产品创新	工艺创新	组织创新	营销创新
租赁业	18.1	7.2	50.8	23.9
商务服务业	18.2	5.6	46.7	29.6
科学研究和技术服务业	33.9	13.6	37.4	15.0
研究和试验发展	44.6	19.5	22.8	13.1
专业技术服务业	30.3	12.9	44.1	12.6
科技推广和应用服务业	36.5	11.9	29.6	22.0
水利、环境和公共设施管理业	15.6	9.3	43.0	32.1
水利管理业	13.7	13.7	58.8	13.7
生态保护和环境治理业	23.9	29.3	34.6	12.2
公共设施管理业	14.5	6.3	43.5	35.6
四、按地区分				
东部地区	22.3	7.1	35.2	35.3
中部地区	16.9	5.8	33.2	44.1
西部地区	15.9	4.7	36.8	42.6
东北地区	19.3	5.2	34.2	41.3
北　京	34.2	8.8	32.7	24.3
天　津	16.7	5.6	46.1	31.5
河　北	13.8	6.2	38.2	41.7
山　西	9.7	5.2	38.3	46.8
内蒙古	11.8	3.8	40.5	44.0
辽　宁	20.6	5.9	32.6	40.8
吉　林	22.9	5.0	34.5	37.6
黑龙江	10.5	3.9	37.1	48.5
上　海	31.9	9.3	32.6	26.2
江　苏	18.9	6.2	37.5	37.4
浙　江	22.0	7.1	34.3	36.7
安　徽	18.9	6.9	28.7	45.5
福　建	16.4	5.8	32.1	45.7
江　西	17.0	5.0	34.8	43.2
山　东	13.7	8.0	39.7	38.6
河　南	14.0	5.9	35.6	44.5
湖　北	17.7	4.9	33.1	44.3
湖　南	21.0	6.0	32.0	41.0
广　东	29.6	7.2	29.4	33.8
广　西	14.7	4.4	37.9	43.0
海　南	24.3	5.4	39.5	30.9
重　庆	15.5	5.2	35.0	44.3
四　川	20.0	4.4	34.8	40.8
贵　州	13.7	4.5	38.2	43.6
云　南	19.3	5.0	35.1	40.6
西　藏	15.3	4.2	33.3	47.2
陕　西	14.0	5.0	37.2	43.8
甘　肃	12.4	4.6	39.2	43.7
青　海	10.4	3.5	41.6	44.6
宁　夏	12.9	5.4	38.6	43.2
新　疆	12.8	5.4	40.9	40.8

12-5　产品创新对规模(限额)

项　目	在实现产品创新企业中，对下列各项作出					
	增加了产品品种			提高了产品性能		
	高	低	无	高	低	无
总　计	**75.3**	**16.5**	**6.0**	**81.8**	**13.8**	**4.4**
一、按规模分						
大型企业	74.2	13.1	4.3	87.6	9.6	2.8
中型企业	75.1	15.1	5.6	83.0	12.9	4.1
小型企业	75.9	17.2	6.0	81.0	14.4	4.5
微型企业	65.2	20.6	11.7	71.8	18.9	9.3
二、按登记注册类型分						
内资企业	75.1	16.3	6.1	81.7	13.7	4.5
国有企业	63.8	17.9	9.7	80.1	13.7	6.2
集体企业	64.6	16.6	9.5	74.1	18.8	6.8
股份合作企业	67.2	22.6	6.6	75.2	17.5	7.3
联营企业	66.7	20.8	8.3	79.2	12.5	8.3
#国有联营企业	80.0		20.0	100.0		
有限责任公司	74.0	15.6	6.5	82.3	13.0	4.7
#国有独资公司	66.7	15.8	8.3	81.5	13.3	5.2
股份有限公司	79.2	13.4	5.1	87.6	9.4	3.0
私营企业	75.5	17.0	5.9	80.9	14.6	4.6
其他企业	67.2	20.9	11.6	75.3	19.8	4.9
港、澳、台商投资企业	76.8	17.9	5.0	82.3	13.8	4.0
合资经营企业	78.3	17.1	4.1	83.2	13.7	3.0
合作经营企业	73.4	17.5	4.9	81.8	11.2	7.0
港、澳、台商独资经营企业	75.7	18.8	5.4	81.4	14.1	4.4
港、澳、台商投资股份有限公司	81.1	13.2	5.8	87.7	8.6	3.7
其他港、澳、台投资企业	81.5	10.8	7.7	78.5	15.4	6.2
外商投资企业	76.8	17.6	5.4	81.5	14.6	4.0
中外合资经营企业	78.4	16.4	5.0	83.5	13.2	3.3
中外合作经营企业	71.3	18.6	10.1	80.6	13.2	6.2
外资企业	75.6	18.6	5.7	79.9	15.7	4.4
外商投资股份有限公司	82.8	13.8	3.4	87.7	10.8	1.5
其他外商投资企业	78.8	16.3	5.0	75.0	18.8	6.3
三、按行业分						
采矿业	65.0	21.0	14.1	74.5	18.6	6.9
制造业	78.7	16.6	4.7	82.8	13.6	3.6
电力、热力、燃气及水生产和供应业	52.5	17.6	29.8	74.1	14.1	11.8
建筑业				79.4	12.9	7.7
批发和零售业	69.5	19.2	11.2	75.0	16.5	8.4
交通运输、仓储和邮政业	59.3	21.7	19.0	71.1	17.8	11.1
信息传输、软件和信息技术服务业	79.8	13.8	6.4	85.9	10.1	4.0
租赁和商务服务业	71.0	17.2	11.7	77.2	15.4	7.4
科学研究和技术服务业	70.2	18.7	11.1	82.1	12.4	5.5
水利、环境和公共设施管理业	69.7	16.4	13.9	79.0	14.8	6.2

以上企业的影响情况

不同影响程度判断的企业家占比(%)								
开拓了新市场			扩大了市场份额			取代了过时产品		
高	低	无	高	低	无	高	低	无
75.1	**19.1**	**5.8**	**69.5**	**23.6**	**6.9**	**65.5**	**23.3**	**11.2**
78.6	17.0	4.4	73.5	21.6	4.9	67.1	23.0	9.9
76.3	18.3	5.5	70.8	22.9	6.3	65.7	23.3	11.1
74.6	19.6	5.8	68.9	24.0	7.1	65.5	23.3	11.2
66.1	22.5	11.4	61.9	25.1	13.0	59.2	25.0	15.8
75.3	18.9	5.8	69.9	23.3	6.9	65.6	23.1	11.3
70.9	20.3	8.8	63.4	26.1	10.5	55.8	26.2	18.0
67.0	21.5	11.2	61.0	27.2	11.4	62.1	24.5	13.1
64.2	26.3	9.5	60.2	31.0	8.8	58.0	28.1	13.9
58.3	33.3	8.3	66.7	29.2	4.2	62.5	29.2	8.3
100.0			100.0			100.0		
75.3	18.7	6.0	69.8	23.1	7.1	64.4	23.1	12.4
73.8	18.7	7.5	66.5	24.8	8.7	59.4	24.1	16.5
80.7	15.6	3.8	75.2	20.0	4.8	68.2	21.9	10.0
74.8	19.4	5.8	69.5	23.7	6.9	66.2	23.1	10.7
67.7	22.1	10.2	63.7	25.3	11.0	60.2	25.9	14.0
74.4	20.3	5.3	67.6	25.6	6.9	65.2	24.2	10.6
75.8	19.7	4.5	69.0	25.9	5.1	66.4	23.6	10.1
74.1	19.6	6.3	70.6	20.3	9.1	65.7	21.7	12.6
73.1	21.1	5.8	66.1	25.9	8.1	64.1	25.0	10.9
81.9	12.8	5.4	74.9	19.8	5.4	71.6	18.5	9.9
72.3	21.5	6.2	67.7	24.6	7.7	58.5	23.1	18.5
73.6	20.3	6.1	67.3	25.4	7.2	64.0	24.9	11.1
76.8	18.1	5.1	70.9	22.9	6.3	66.0	23.4	10.6
76.0	19.4	4.7	68.2	25.6	6.2	64.3	22.5	13.2
70.9	22.2	6.9	64.5	27.4	8.1	62.4	26.2	11.4
80.8	16.3	3.0	73.9	22.2	3.9	68.0	22.2	9.9
71.3	20.0	8.8	62.5	28.8	8.8	63.8	21.3	15.0
68.7	21.2	10.1	67.1	22.3	10.6	56.8	26.5	16.7
76.2	19.1	4.7	70.5	23.8	5.8	66.8	23.4	9.9
62.0	19.6	18.4	55.7	24.3	20.0	49.8	20.8	29.4
67.0	22.2	10.8	60.8	27.0	12.3	62.6	23.7	13.6
69.3	20.8	9.9	65.8	23.3	10.8	60.8	23.7	15.6
61.2	23.2	15.6	57.3	26.0	16.6	52.3	22.8	24.9
79.7	15.0	5.4	73.6	19.9	6.6	68.3	21.4	10.3
72.1	18.2	9.7	65.3	22.7	11.9	56.2	24.1	19.7
74.8	18.1	7.1	67.4	23.0	9.7	59.3	24.1	16.6
68.4	20.8	10.9	62.8	23.3	13.9	60.7	20.6	18.7

12-5 续表

项 目	在实现产品创新企业中，对下列各项作出					
	增加了产品品种			提高了产品性能		
	高	低	无	高	低	无
四、按地区分						
东部地区	75.0	17.4	5.7	81.2	14.4	4.3
中部地区	77.6	14.2	5.8	83.8	12.3	3.9
西部地区	74.4	15.1	7.2	82.0	12.4	5.5
东北地区	73.7	14.4	7.4	80.3	13.1	6.6
北 京	69.6	17.6	9.5	79.5	13.9	6.6
天 津	73.4	15.6	8.2	81.4	13.2	5.5
河 北	72.9	15.1	8.7	81.6	12.3	6.1
山 西	69.0	12.7	10.4	80.4	12.0	7.5
内蒙古	69.1	17.1	9.8	79.1	12.4	8.5
辽 宁	72.0	14.8	7.9	80.5	13.7	5.7
吉 林	77.6	12.8	6.9	80.0	12.3	7.6
黑龙江	72.3	16.1	6.6	80.2	12.4	7.4
上 海	75.5	16.1	5.8	82.8	12.4	4.8
江 苏	73.9	18.8	5.5	80.0	16.2	3.8
浙 江	74.0	19.4	5.5	79.0	16.2	4.8
安 徽	79.4	13.4	5.3	85.9	10.3	3.8
福 建	76.8	15.4	5.5	81.0	14.1	4.9
江 西	79.1	14.1	5.3	83.3	13.0	3.8
山 东	78.6	13.7	5.1	83.9	12.7	3.4
河 南	77.4	13.1	5.7	83.4	12.8	3.8
湖 北	76.3	15.0	6.2	83.8	12.0	4.2
湖 南	76.5	16.2	5.8	81.3	15.3	3.4
广 东	77.2	16.5	4.8	84.7	12.0	3.3
广 西	75.9	15.4	6.1	80.5	13.0	6.5
海 南	78.2	12.2	6.4	86.5	7.7	5.8
重 庆	77.8	14.4	5.9	83.2	11.9	4.8
四 川	74.2	16.0	6.9	82.2	12.4	5.5
贵 州	72.6	15.5	9.4	80.8	13.1	6.1
云 南	74.6	14.7	6.5	85.8	10.6	3.6
西 藏	60.0	13.3	13.3	73.3	20.0	6.7
陕 西	72.2	15.0	7.8	81.2	13.5	5.4
甘 肃	72.5	14.7	6.5	81.9	12.6	5.6
青 海	71.4	10.3	12.7	73.8	13.5	12.7
宁 夏	74.8	15.6	7.5	80.3	12.6	7.1
新 疆	72.4	13.6	10.5	78.5	14.6	6.9

不同影响程度判断的企业家占比(%)								
开拓了新市场			扩大了市场份额			取代了过时产品		
高	低	无	高	低	无	高	低	无
74.3	19.9	5.8	68.5	24.5	7.0	65.1	24.0	10.9
78.2	16.9	5.0	73.2	21.0	5.9	68.7	21.2	10.1
75.1	18.4	6.5	69.2	23.0	7.8	62.8	22.9	14.3
74.7	17.7	7.6	71.6	20.3	8.1	63.7	22.0	14.3
70.7	20.7	8.6	63.0	26.4	10.5	56.3	26.9	16.9
73.2	18.2	8.7	68.7	22.2	9.1	61.0	23.1	15.9
76.9	16.0	7.1	70.6	20.6	8.8	64.8	19.5	15.7
72.9	17.8	9.3	64.2	25.4	10.4	54.4	25.2	20.4
71.1	18.1	10.8	64.0	24.8	11.2	55.5	26.2	18.3
74.8	17.5	7.7	71.0	21.3	7.7	62.9	23.4	13.6
74.6	17.1	8.3	73.6	18.0	8.4	65.5	18.5	16.0
74.4	19.4	6.2	70.0	20.9	9.1	63.0	23.6	13.4
75.6	18.4	6.0	68.4	24.6	7.0	65.4	23.1	11.5
73.8	20.8	5.3	67.8	25.5	6.6	64.5	25.6	9.9
71.6	21.9	6.5	65.8	26.7	7.5	65.2	24.5	10.3
81.4	14.3	4.3	76.8	18.4	4.9	70.9	20.3	8.8
74.4	20.0	5.6	68.2	24.7	7.1	65.8	23.0	11.1
76.2	18.8	5.0	72.3	22.0	5.8	67.8	21.8	10.4
77.6	17.7	4.7	74.7	19.8	5.6	67.6	21.4	11.0
78.2	16.6	5.2	72.7	21.1	6.2	68.4	20.9	10.6
77.2	17.3	5.5	72.2	21.2	6.6	69.5	20.4	10.1
75.7	19.8	4.6	70.7	23.6	5.7	67.4	23.0	9.6
77.1	18.2	4.7	71.3	23.0	5.7	67.6	23.0	9.4
72.6	20.4	7.1	67.7	24.5	7.8	59.3	24.9	15.9
75.6	17.3	7.1	71.2	19.2	9.6	64.7	23.7	11.5
76.9	17.2	5.9	71.5	21.9	6.6	66.7	21.0	12.3
74.8	19.2	6.0	69.6	22.9	7.6	64.4	22.3	13.3
77.8	16.3	5.9	71.7	20.3	8.0	64.0	21.9	14.1
76.1	18.4	5.5	70.8	22.1	7.0	63.1	22.4	14.5
70.0	23.3	6.7	70.0	23.3	6.7	66.7	13.3	20.0
76.0	16.9	7.2	68.0	23.6	8.4	59.9	24.9	15.3
72.5	22.1	5.4	63.9	28.0	8.1	61.9	25.3	12.7
69.8	18.3	11.9	65.1	20.6	14.3	57.1	17.5	25.4
73.8	20.7	5.4	66.7	24.5	8.8	55.8	25.9	18.4
70.9	19.5	9.6	63.6	26.2	10.3	59.6	23.2	17.2

12-6 产品创新对规模以上

项　目	在实现产品创新企业中，对下列各项作出					
	增加了产品品种			提高了产品性能		
	高	低	无	高	低	无
总　计	**78.6**	**16.6**	**4.8**	**82.7**	**13.7**	**3.6**
一、按规模分						
大型企业	82.8	13.7	3.5	88.7	9.2	2.1
中型企业	80.3	15.6	4.2	84.0	13.0	3.1
小型企业	77.7	17.2	5.1	81.9	14.2	3.9
微型企业	72.8	18.3	9.0	77.2	16.7	6.1
二、按登记注册类型分						
内资企业	78.8	16.4	4.8	82.8	13.5	3.6
国有企业	77.7	17.1	5.2	83.9	12.2	3.9
集体企业	76.6	16.3	7.1	78.8	16.3	4.9
股份合作企业	72.6	23.2	4.2	77.6	17.3	5.1
联营企业	66.7	26.7	6.7	80.0	20.0	
#国有联营企业	75.0		25.0	100.0		
有限责任公司	79.3	15.7	5.0	84.0	12.5	3.5
#国有独资公司	79.1	15.0	5.9	84.4	11.8	3.8
股份有限公司	82.4	13.5	4.0	88.6	9.1	2.3
私营企业	78.2	17.0	4.8	81.7	14.5	3.8
其他企业	60.8	27.8	11.4	72.2	24.1	3.8
港、澳、台商投资企业	77.6	18.0	4.5	82.5	13.9	3.6
合资经营企业	79.2	16.9	3.8	83.3	13.8	2.9
合作经营企业	77.4	18.5	4.0	82.3	12.1	5.6
港、澳、台商独资经营企业	76.0	19.1	4.9	81.6	14.4	4.0
港、澳、台商投资股份有限公司	82.0	12.2	5.9	88.8	7.3	3.9
其他港、澳、台投资企业	87.8	8.2	4.1	85.7	10.2	4.1
外商投资企业	77.3	17.7	5.0	81.7	14.6	3.7
中外合资经营企业	78.8	16.6	4.6	83.8	13.1	3.2
中外合作经营企业	73.7	16.1	10.2	81.4	12.7	5.9
外资企业	76.0	18.8	5.2	79.9	16.0	4.1
外商投资股份有限公司	83.4	13.7	2.9	88.6	10.9	0.6
其他外商投资企业	80.3	16.4	3.3	77.0	18.0	4.9
三、按行业分						
采矿业	65.0	21.0	14.1	74.5	18.6	6.9
煤炭开采和洗选业	60.7	22.3	17.0	75.0	14.3	10.7
石油和天然气开采业	62.5	25.0	12.5	75.0	12.5	12.5
黑色金属矿采选业	59.4	34.4	6.3	65.6	28.1	6.3
有色金属矿采选业	49.0	25.5	25.5	74.5	21.6	3.9
非金属矿采选业	74.5	16.6	8.9	77.1	17.8	5.1

工业企业的影响情况

不同影响程度判断的企业家占比(%)								
开拓了新市场			扩大了市场份额			取代了过时产品		
高	低	无	高	低	无	高	低	无
76.1	**19.1**	**4.8**	**70.4**	**23.8**	**5.8**	**66.7**	**23.4**	**10.0**
80.9	16.1	3.1	76.0	20.3	3.7	69.7	22.4	7.9
77.7	18.2	4.2	71.9	23.1	4.9	67.2	23.4	9.4
75.3	19.6	5.1	69.5	24.2	6.2	66.3	23.4	10.3
69.8	21.9	8.3	64.8	26.3	9.0	64.6	23.8	11.6
76.5	18.8	4.7	71.0	23.4	5.6	67.0	23.1	9.9
76.2	18.4	5.4	66.1	25.9	8.0	58.3	26.9	14.8
74.5	16.8	8.7	67.4	25.0	7.6	67.9	21.7	10.3
67.1	26.6	6.3	62.0	31.6	6.3	59.5	29.5	11.0
66.7	33.3		66.7	33.3		60.0	40.0	
100.0			100.0			100.0		
77.1	18.4	4.6	71.6	22.9	5.5	66.4	23.1	10.5
77.4	17.2	5.4	69.4	25.1	5.5	62.2	24.0	13.8
81.9	15.3	2.8	76.5	19.8	3.8	69.7	21.2	9.0
75.7	19.4	4.9	70.2	23.9	5.9	67.1	23.2	9.6
65.8	25.3	8.9	53.2	32.9	13.9	50.6	32.9	16.5
74.5	20.5	5.1	67.7	25.8	6.6	65.6	24.2	10.2
75.9	19.8	4.4	69.6	25.4	5.0	66.3	23.9	9.8
77.4	18.5	4.0	71.0	23.4	5.6	66.1	23.4	10.5
72.9	21.5	5.6	65.8	26.5	7.7	64.7	24.9	10.3
82.4	11.7	5.9	75.6	18.5	5.9	72.2	17.1	10.7
77.6	20.4	2.0	71.4	24.5	4.1	63.3	20.4	16.3
73.8	20.5	5.7	67.4	25.7	6.8	64.3	25.2	10.6
76.6	18.3	5.1	70.8	23.1	6.1	66.2	23.7	10.1
75.4	19.5	5.1	68.6	25.4	5.9	66.1	21.2	12.7
71.3	22.5	6.2	64.6	27.8	7.5	62.6	26.6	10.8
82.3	14.9	2.9	73.7	22.3	4.0	67.4	22.3	10.3
70.5	21.3	8.2	62.3	29.5	8.2	63.9	18.0	18.0
68.7	21.2	10.1	67.1	22.3	10.6	56.8	26.5	16.7
72.3	16.1	11.6	63.4	24.1	12.5	48.2	32.1	19.6
62.5	12.5	25.0	75.0		25.0	50.0	12.5	37.5
53.1	40.6	6.3	56.3	28.1	15.6	53.1	34.4	12.5
51.0	31.4	17.6	58.8	23.5	17.6	45.1	27.5	27.5
74.5	18.5	7.0	75.2	19.7	5.1	66.9	21.7	11.5

12-6 续表 1

项　目	在实现产品创新企业中，对下列各项作出					
	增加了产品品种			提高了产品性能		
	高	低	无	高	低	无
开采辅助活动	62.5	12.5	25.0	62.5	31.3	6.3
制造业	78.7	16.6	4.7	82.8	13.6	3.6
农副食品加工业	80.8	14.5	4.6	80.5	14.1	5.4
食品制造业	83.5	13.5	3.0	78.9	16.0	5.1
酒、饮料和精制茶制造业	82.9	13.9	3.1	77.7	17.5	4.8
烟草制品业	70.0	22.0	8.0	74.0	18.0	8.0
纺织业	77.5	18.4	4.2	76.6	18.9	4.5
纺织服装、服饰业	74.4	20.5	5.1	69.9	22.4	7.8
皮革、毛皮、羽毛及其制品和制鞋业	71.9	23.6	4.5	68.9	25.2	6.0
木材加工和木、竹、藤、棕、草制品业	79.1	16.2	4.7	80.7	14.9	4.4
家具制造业	81.0	15.5	3.5	78.2	17.2	4.6
造纸和纸制品业	75.6	17.4	7.0	81.8	14.2	4.1
印刷和记录媒介复制业	73.7	21.2	5.1	78.1	16.8	5.1
文教、工美、体育和娱乐用品制造业	80.5	16.2	3.4	78.2	17.6	4.2
石油加工、炼焦和核燃料加工业	78.7	13.2	8.2	83.7	11.9	4.4
化学原料和化学制品制造业	79.2	15.5	5.3	84.7	12.1	3.1
医药制造业	78.5	14.6	7.0	83.6	11.7	4.7
化学纤维制造业	76.5	20.1	3.4	82.8	15.4	1.7
橡胶和塑料制品业	78.4	17.3	4.3	82.2	14.0	3.8
非金属矿物制品业	76.8	16.4	6.8	80.9	14.6	4.6
黑色金属冶炼和压延加工业	74.2	18.1	7.7	81.1	14.6	4.3
有色金属冶炼和压延加工业	76.0	17.5	6.4	80.7	15.0	4.3
金属制品业	77.5	17.6	4.9	82.5	14.1	3.4
通用设备制造业	77.5	17.6	4.9	84.8	12.6	2.7
专用设备制造业	78.5	16.4	5.1	86.9	10.8	2.3
汽车制造业	80.5	15.3	4.2	84.5	12.4	3.1
铁路、船舶、航空航天和其他运输设备制造业	81.3	14.4	4.3	84.3	12.0	3.6
电气机械和器材制造业	80.0	16.2	3.8	86.7	11.0	2.3
计算机、通信和其他电子设备制造业	80.2	16.0	3.8	86.4	11.0	2.6
仪器仪表制造业	79.0	17.4	3.6	86.6	11.5	2.0
其他制造业	80.5	15.9	3.5	81.9	14.2	4.0
废弃资源综合利用业	69.1	22.8	8.0	76.5	16.0	7.4
金属制品、机械和设备修理业	84.5	9.9	5.6	93.0	5.6	1.4
电力、热力、燃气及水生产和供应业	52.5	17.6	29.8	74.1	14.1	11.8
电力、热力生产和供应业	49.0	20.0	31.0	70.3	17.4	12.3
燃气生产和供应业	59.6	10.6	29.8	78.7	12.8	8.5
水的生产和供应业	56.6	17.0	26.4	81.1	5.7	13.2

不同影响程度判断的企业家占比(%)								
开拓了新市场			扩大了市场份额			取代了过时产品		
高	低	无	高	低	无	高	低	无
75.0	18.8	6.3	56.3	31.3	12.5	62.5	25.0	12.5
76.2	19.1	4.7	70.5	23.8	5.8	66.8	23.4	9.9
77.8	17.4	4.7	72.5	22.1	5.4	62.5	24.3	13.2
77.1	18.8	4.1	73.0	22.6	4.4	65.4	22.4	12.1
75.8	20.4	3.8	69.2	25.3	5.4	63.0	24.2	12.8
60.0	20.0	20.0	62.0	28.0	10.0	50.0	32.0	18.0
73.0	21.9	5.1	66.8	27.2	6.0	65.2	25.5	9.3
66.9	24.7	8.4	61.0	28.4	10.7	62.1	26.4	11.5
64.9	27.8	7.3	58.5	32.4	9.1	61.4	29.1	9.5
75.6	19.5	4.9	71.4	22.3	6.3	68.6	21.2	10.2
76.5	19.6	3.9	69.8	24.0	6.2	69.5	22.4	8.1
75.2	19.8	5.0	68.1	25.2	6.7	62.6	23.8	13.6
71.6	22.7	5.7	65.2	27.3	7.5	61.9	26.8	11.3
75.1	20.2	4.7	68.8	25.7	5.5	67.8	23.5	8.7
76.5	17.9	5.6	72.1	21.0	6.9	66.5	16.6	16.9
76.8	19.4	3.7	71.7	23.2	5.0	65.2	23.9	10.9
77.8	17.1	5.1	73.3	21.0	5.7	61.7	22.8	15.5
75.8	20.1	4.1	69.0	25.9	5.1	61.9	28.6	9.4
74.8	19.8	5.4	68.5	25.6	6.0	66.4	24.2	9.4
74.5	19.3	6.2	69.6	23.3	7.0	64.4	24.1	11.6
75.2	19.9	4.9	67.3	25.4	7.3	61.4	27.0	11.7
75.0	19.5	5.6	68.4	25.7	5.9	59.2	27.0	13.7
75.9	19.1	5.0	69.1	25.0	5.9	67.0	23.2	9.8
75.7	19.7	4.7	70.0	24.1	5.9	67.5	23.4	9.1
78.8	17.1	4.1	72.5	22.4	5.1	69.2	21.7	9.1
77.1	17.6	5.3	73.3	21.2	5.5	70.9	20.6	8.5
78.7	17.1	4.2	72.4	22.0	5.6	67.8	23.0	9.1
78.2	18.1	3.8	72.2	23.0	4.7	69.9	22.1	8.0
78.5	17.2	4.3	73.4	21.4	5.2	71.2	21.4	7.4
78.1	18.3	3.6	71.5	23.9	4.5	68.4	24.5	7.0
76.3	20.1	3.5	69.7	26.1	4.2	70.6	21.0	8.4
72.8	21.0	6.2	66.7	22.2	11.1	61.7	22.2	16.0
85.9	11.3	2.8	77.5	16.9	5.6	64.8	23.9	11.3
62.0	19.6	18.4	55.7	24.3	20.0	49.8	20.8	29.4
57.4	24.5	18.1	52.3	27.7	20.0	49.0	21.9	29.0
72.3	10.6	17.0	61.7	23.4	14.9	46.8	21.3	31.9
66.0	13.2	20.8	60.4	15.1	24.5	54.7	17.0	28.3

12-6 续表 2

项目	在实现产品创新企业中，对下列各项作出					
	增加了产品品种			提高了产品性能		
	高	低	无	高	低	无
四、按地区分						
东部地区	77.7	17.6	4.8	82.0	14.4	3.6
中部地区	81.3	14.2	4.5	84.9	12.2	3.0
西部地区	79.5	14.7	5.8	83.8	11.7	4.4
东北地区	79.6	14.8	5.6	82.5	13.0	4.5
北　京	74.6	18.3	7.2	82.9	12.6	4.5
天　津	79.8	13.7	6.5	85.1	10.8	4.1
河　北	78.4	14.4	7.2	82.1	12.1	5.8
山　西	79.0	12.3	8.8	82.0	11.8	6.3
内蒙古	76.1	15.2	8.7	82.8	10.4	6.8
辽　宁	79.5	14.6	6.0	83.1	12.9	4.0
吉　林	81.3	13.9	4.8	81.8	13.5	4.6
黑龙江	77.4	16.9	5.7	81.6	12.1	6.2
上　海	79.9	16.2	3.9	84.7	11.9	3.4
江　苏	76.3	18.9	4.9	81.0	15.8	3.2
浙　江	75.1	19.9	5.1	78.9	16.5	4.6
安　徽	82.5	13.2	4.3	87.0	10.2	2.8
福　建	80.4	15.3	4.3	82.7	13.5	3.8
江　西	81.7	14.0	4.2	83.8	13.2	3.0
山　东	82.5	13.3	4.2	84.5	12.6	3.0
河　南	83.6	12.5	3.9	85.7	11.8	2.5
湖　北	79.8	15.1	5.2	85.1	11.4	3.5
湖　南	78.6	17.1	4.3	81.1	16.1	2.7
广　东	80.1	16.3	3.6	85.8	11.6	2.6
广　西	81.9	15.2	3.0	83.8	11.5	4.7
海　南	81.4	14.3	4.3	84.3	8.6	7.1
重　庆	80.8	14.5	4.7	84.4	11.9	3.7
四　川	79.0	15.9	5.2	83.9	11.5	4.7
贵　州	75.6	15.6	8.8	81.3	13.7	5.0
云　南	80.4	13.4	6.2	87.4	9.4	3.1
西　藏	100.0			85.7		14.3
陕　西	78.4	14.8	6.7	82.6	12.8	4.7
甘　肃	80.1	14.6	5.3	84.6	11.5	3.9
青　海	81.9	11.1	6.9	77.8	12.5	9.7
宁　夏	81.7	13.0	5.2	83.5	12.2	4.3
新　疆	80.6	10.2	9.2	80.6	13.8	5.6

不同影响程度判断的企业家占比(%)								
开拓了新市场			扩大了市场份额			取代了过时产品		
高	低	无	高	低	无	高	低	无
75.0	20.0	5.0	69.2	24.7	6.1	66.3	24.0	9.8
79.7	16.5	3.7	74.6	20.9	4.6	70.1	21.2	8.7
77.2	17.7	5.1	70.8	23.1	6.2	63.9	23.1	13.1
77.8	16.7	5.5	73.8	20.5	5.7	64.2	22.9	12.9
72.8	20.5	6.7	64.5	26.9	8.6	59.7	26.8	13.5
76.2	16.6	7.1	71.8	20.8	7.3	64.5	20.9	14.6
78.8	15.3	5.9	72.3	20.0	7.7	65.5	18.8	15.6
75.3	19.0	5.8	66.0	26.5	7.5	55.0	25.8	19.3
72.5	17.8	9.7	65.0	25.6	9.4	56.3	26.2	17.5
78.1	16.3	5.6	73.5	21.3	5.2	64.0	24.1	11.9
77.0	16.9	6.1	75.0	18.7	6.2	65.2	20.0	14.8
78.2	17.5	4.2	72.9	20.9	6.2	63.3	23.7	13.0
77.0	18.3	4.7	69.4	25.2	5.4	67.6	23.2	9.2
74.7	20.7	4.6	68.6	25.6	5.8	65.3	25.6	9.1
71.5	22.4	6.1	65.7	27.1	7.2	65.6	24.7	9.7
83.1	13.7	3.2	78.2	18.1	3.8	72.4	20.3	7.3
75.1	20.1	4.8	68.6	25.2	6.1	66.6	23.1	10.3
77.1	19.0	3.9	72.8	22.2	5.0	68.5	21.9	9.7
78.1	17.8	4.1	75.4	19.8	4.8	67.6	22.1	10.3
81.3	15.3	3.4	75.5	20.3	4.2	70.8	21.0	8.3
78.5	17.0	4.5	73.4	21.3	5.3	70.7	20.1	9.3
75.8	20.3	3.9	70.8	24.3	4.9	67.7	23.4	8.9
78.2	18.1	3.7	72.2	23.1	4.8	69.2	22.6	8.2
76.8	18.3	4.9	70.2	24.3	5.5	60.2	26.4	13.4
80.0	11.4	8.6	71.4	17.1	11.4	64.3	24.3	11.4
78.2	16.8	5.0	72.0	22.4	5.5	67.8	21.4	10.8
76.1	19.3	4.6	71.2	22.9	5.8	66.6	21.9	11.6
78.8	16.1	5.0	70.8	22.5	6.6	63.4	22.7	14.0
77.8	17.9	4.4	72.2	22.2	5.6	62.8	22.6	14.5
85.7	14.3		100.0			85.7		14.3
78.7	15.7	5.5	70.8	22.6	6.6	60.6	25.1	14.2
75.0	21.3	3.7	66.3	27.0	6.7	61.0	25.8	13.2
80.6	15.3	4.2	70.8	16.7	12.5	58.3	19.4	22.2
78.7	17.8	3.5	70.0	24.3	5.7	56.1	26.1	17.8
73.7	17.8	8.6	66.1	25.0	8.9	60.9	22.7	16.4

12-7 产品创新对资质等级

项　　目	在实现产品创新企业中，对下列各项作出					
	提高了产品性能			开拓了新市场		
	高	低	无	高	低	无
总　计	**79.3**	**13.0**	**7.7**	**67.0**	**22.2**	**10.8**
一、按规模分						
大型企业	84.5	11.3	4.2	69.3	21.5	9.2
中型企业	79.9	12.6	7.6	67.1	21.8	11.1
小型企业	73.9	15.0	11.1	65.3	23.1	11.6
微型企业	68.9	14.9	16.2	59.5	27.0	13.5
二、按登记注册类型分						
内资企业	79.3	12.8	7.8	67.0	22.1	10.9
国有企业	79.8	13.8	6.4	59.6	27.7	12.8
集体企业	70.6	14.7	14.7	58.8	29.4	11.8
股份合作企业	60.0	20.0	20.0	70.0	10.0	20.0
有限责任公司	81.5	12.3	6.3	67.8	22.2	10.0
#国有独资公司	84.0	11.3	4.7	71.3	20.0	8.7
股份有限公司	79.0	11.9	9.1	67.6	19.3	13.1
私营企业	77.3	13.5	9.3	66.9	21.8	11.4
港、澳、台商投资企业	88.5	7.7	3.8	61.5	34.6	3.8
合资经营企业	93.8	6.3		68.8	31.3	
合作经营企业	83.3		16.7	50.0	33.3	16.7
港、澳、台商独资经营企业	75.0	25.0		50.0	50.0	
外商投资企业	71.4	28.6		78.6	21.4	
中外合资经营企业	80.0	20.0		90.0	10.0	
外资企业	50.0	50.0		50.0	50.0	
三、按行业分						
房屋建筑业	78.4	13.4	8.2	65.8	23.2	11.1
土木工程建筑业	79.3	13.5	7.2	66.1	20.7	13.2
建筑安装业	81.3	10.9	7.8	74.0	19.6	6.4
建筑装饰和其他建筑业	80.4	12.3	7.2	66.2	24.0	9.8

以上建筑业企业的影响情况

不同影响程度判断的企业家占比(%)					
扩大了市场份额			取代了过时产品		
高	低	无	高	低	无
60.7	**27.0**	**12.2**	**62.6**	**23.8**	**13.6**
59.2	31.6	9.2	56.8	28.9	14.2
61.9	24.9	13.3	65.3	22.0	12.7
60.8	26.1	13.1	64.6	21.0	14.4
58.1	24.3	17.6	58.1	25.7	16.2
60.8	26.8	12.4	62.6	23.6	13.7
56.4	33.0	10.6	57.4	26.6	16.0
47.1	38.2	14.7	70.6	11.8	17.6
50.0	20.0	30.0	60.0	20.0	20.0
59.9	28.7	11.4	61.0	24.8	14.2
63.3	28.0	8.7	55.3	29.3	15.3
62.5	23.3	14.2	59.7	27.3	13.1
62.6	24.2	13.3	65.2	21.9	12.9
65.4	30.8	3.8	69.2	26.9	3.8
62.5	37.5		68.8	31.3	
83.3		16.7	66.7	16.7	16.7
50.0	50.0		75.0	25.0	
42.9	57.1		50.0	35.7	14.3
50.0	50.0		70.0	20.0	10.0
25.0	75.0			75.0	25.0
58.7	28.4	12.9	61.3	25.6	13.2
59.6	27.0	13.5	59.4	24.2	16.4
67.0	24.3	8.7	64.5	23.2	12.3
62.8	25.5	11.7	69.1	19.1	11.7

12-7 续表

项 目	在实现产品创新企业中，对下列各项作出					
	提高了产品性能			开拓了新市场		
	高	低	无	高	低	无
四、按地区分						
东部地区	79.5	13.1	7.4	67.6	21.8	10.6
中部地区	84.4	9.9	5.7	70.0	20.6	9.4
西部地区	75.4	14.8	9.8	63.3	24.8	11.8
东北地区	72.3	15.3	12.4	61.3	24.1	14.6
北 京	80.0	11.5	8.5	58.5	26.2	15.4
天 津	79.8	10.7	9.5	66.7	21.4	11.9
河 北	83.1	9.6	7.2	73.5	14.5	12.0
山 西	83.7	10.2	6.1	73.5	16.3	10.2
内蒙古	70.0	20.0	10.0	60.0	25.0	15.0
辽 宁	76.4	14.6	9.0	64.0	23.6	12.4
吉 林	66.7	8.3	25.0	58.3	16.7	25.0
黑龙江	62.5	25.0	12.5	54.2	33.3	12.5
上 海	73.2	15.2	11.6	69.6	17.0	13.4
江 苏	73.8	16.8	9.4	65.4	24.2	10.4
浙 江	79.4	13.9	6.7	66.4	22.0	11.7
安 徽	85.5	7.3	7.3	77.4	17.7	4.8
福 建	72.0	17.8	10.3	62.6	26.2	11.2
江 西	87.5	7.5	5.0	67.5	22.5	10.0
山 东	87.7	9.2	3.1	71.8	22.1	6.2
河 南	81.4	12.2	6.4	64.7	21.8	13.5
湖 北	84.7	13.3	2.0	73.5	19.4	7.1
湖 南	87.7	5.3	7.0	61.4	28.1	10.5
广 东	87.1	9.2	3.7	73.7	18.0	8.3
广 西	70.4	11.1	18.5	48.1	29.6	22.2
海 南	100.0			80.0	20.0	
重 庆	64.7	23.5	11.8	62.7	29.4	7.8
四 川	77.4	12.9	9.7	65.6	23.7	10.8
贵 州	81.5	14.8	3.7	66.7	25.9	7.4
云 南	86.2	10.8	3.1	78.5	13.8	7.7
西 藏	75.0	25.0		75.0	25.0	
陕 西	73.6	17.2	9.2	58.6	28.7	12.6
甘 肃	68.6	14.3	17.1	54.3	31.4	14.3
青 海	57.1	14.3	28.6	57.1	14.3	28.6
宁 夏	100.0			33.3	50.0	16.7
新 疆	82.4	5.9	11.8	70.6	11.8	17.6

不同影响程度判断的企业家占比(%)					
扩大了市场份额			取代了过时产品		
高	低	无	高	低	无
60.0	28.0	12.0	62.9	24.1	13.0
64.7	24.8	10.5	63.4	23.7	13.0
58.5	27.8	13.7	60.8	22.8	16.4
61.3	21.2	17.5	62.0	23.4	14.6
55.4	26.9	17.7	50.8	29.2	20.0
61.9	25.0	13.1	57.1	29.8	13.1
66.3	20.5	13.3	72.3	16.9	10.8
63.3	22.4	14.3	53.1	28.6	18.4
65.0	20.0	15.0	55.0	30.0	15.0
64.0	22.5	13.5	62.9	23.6	13.5
54.2	20.8	25.0	66.7	8.3	25.0
58.3	16.7	25.0	54.2	37.5	8.3
59.8	29.5	10.7	57.1	22.3	20.5
59.3	28.2	12.5	62.1	24.9	13.0
54.3	32.7	13.0	59.6	27.4	13.0
68.5	21.0	10.5	71.8	16.9	11.3
54.2	33.6	12.2	60.7	25.2	14.0
57.5	30.0	12.5	57.5	30.0	12.5
69.2	23.1	7.7	73.3	17.9	8.7
59.0	27.6	13.5	61.5	23.7	14.7
76.5	20.4	3.1	66.3	26.5	7.1
57.9	31.6	10.5	57.9	24.6	17.5
61.8	27.7	10.6	68.7	22.1	9.2
48.1	33.3	18.5	66.7	7.4	25.9
60.0	40.0		60.0	40.0	
58.8	31.4	9.8	60.8	21.6	17.6
58.1	29.0	12.9	57.0	25.8	17.2
63.0	33.3	3.7	70.4	25.9	3.7
75.4	13.8	10.8	70.8	20.0	9.2
75.0	25.0		75.0	25.0	
57.5	25.3	17.2	52.9	26.4	20.7
40.0	42.9	17.1	57.1	22.9	20.0
42.9	28.6	28.6	57.1	14.3	28.6
50.0	33.3	16.7	83.3	16.7	
47.1	35.3	17.6	64.7	17.6	17.6

12-8 产品创新对规模(限额)

项　　目	在实现产品创新企业中，对下列各项作出					
	增加了产品品种			提高了产品性能		
	高	低	无	高	低	无
总　计	**71.5**	**17.8**	**10.7**	**78.5**	**14.4**	**7.0**
一、按规模分						
大型企业	76.3	15.9	7.8	85.8	10.0	4.2
中型企业	73.6	16.2	10.1	81.0	12.8	6.2
小型企业	70.5	18.4	11.1	77.2	15.3	7.5
微型企业	63.8	22.6	13.6	69.2	20.2	10.6
二、按登记注册类型分						
内资企业	71.4	17.9	10.8	78.4	14.5	7.1
国有企业	64.8	21.2	14.0	77.8	14.6	7.6
集体企业	64.4	20.8	14.8	69.1	22.8	7.4
股份合作企业	44.4	25.9	29.6	59.3	18.5	22.2
联营企业	75.0	12.5	12.5	75.0		25.0
有限责任公司	71.3	17.7	11.0	78.4	14.4	7.2
#国有独资公司	66.2	20.6	13.2	77.2	15.7	7.1
股份有限公司	76.9	14.1	9.0	85.2	10.3	4.6
私营企业	71.0	18.4	10.6	77.6	15.0	7.3
其他企业	69.3	18.9	11.7	76.1	18.6	5.3
港、澳、台商投资企业	73.0	17.5	9.5	80.1	13.1	6.8
合资经营企业	72.0	19.7	8.3	81.2	14.2	4.6
合作经营企业	69.2	15.4	15.4	76.9	7.7	15.4
港、澳、台商独资经营企业	73.7	16.4	9.9	80.4	11.9	7.7
港、澳、台商投资股份有限公司	76.3	18.4	5.3	81.6	15.8	2.6
其他港、澳、台投资企业	62.5	18.8	18.8	56.3	31.3	12.5
外商投资企业	73.9	16.5	9.6	79.7	13.7	6.6
中外合资经营企业	76.1	13.9	10.0	80.3	14.7	5.0
中外合作经营企业	45.5	45.5	9.1	72.7	18.2	9.1
外资企业	73.3	17.2	9.4	79.8	13.1	7.1
外商投资股份有限公司	78.6	14.3	7.1	82.1	10.7	7.1
其他外商投资企业	73.7	15.8	10.5	68.4	21.1	10.5
三、按行业分						
批发和零售业	69.5	19.2	11.2	75.0	16.5	8.4
批发业	68.6	19.6	11.7	73.9	17.2	8.9
零售业	70.2	18.9	10.9	75.8	16.1	8.1
交通运输、仓储和邮政业	59.3	21.7	19.0	71.1	17.8	11.1
铁路运输业	50.0	20.0	30.0	70.0	10.0	20.0
道路运输业	57.2	23.2	19.6	70.1	18.8	11.1
水上运输业	57.5	14.2	28.3	70.0	13.3	16.7
航空运输业	74.4	20.9	4.7	81.4	16.3	2.3
管道运输业	66.7		33.3	100.0		
装卸搬运和运输代理业	60.1	26.1	13.8	70.1	21.3	8.6
仓储业	60.6	15.4	24.0	70.9	15.4	13.7
邮政业	71.9	15.7	12.4	80.2	10.7	9.1
信息传输、软件和信息技术服务业	79.8	13.8	6.4	85.9	10.1	4.0
电信、广播电视和卫星传输服务	79.5	13.2	7.2	84.6	9.6	5.8
互联网和相关服务	82.0	12.3	5.7	84.7	11.9	3.4
软件和信息技术服务业	79.6	14.0	6.4	86.1	10.0	3.9
租赁和商务服务业	71.0	17.2	11.7	77.2	15.4	7.4

以上服务业企业的影响情况

不同影响程度判断的企业家占比(%)								
开拓了新市场			扩大了市场份额			取代了过时产品		
高	低	无	高	低	无	高	低	无
72.1	**19.0**	**8.9**	**67.2**	**22.6**	**10.2**	**61.4**	**23.1**	**15.5**
75.9	17.9	6.2	71.6	21.6	6.8	63.8	22.7	13.4
74.2	18.0	7.8	69.3	22.1	8.6	61.8	23.1	15.1
71.4	19.2	9.3	66.1	22.8	11.1	61.5	22.8	15.7
64.4	22.6	12.9	60.6	24.5	14.9	56.6	25.6	17.9
72.1	19.0	8.9	67.2	22.6	10.2	61.4	23.1	15.5
69.2	20.4	10.4	62.8	25.2	12.0	53.9	25.7	20.4
59.7	25.5	14.1	56.4	27.5	15.4	53.0	30.9	15.4
37.0	29.6	33.3	48.1	29.6	22.2	44.4	18.5	37.0
37.5	37.5	25.0	62.5	25.0	12.5	62.5	12.5	25.0
72.0	19.0	9.0	66.9	22.7	10.4	60.3	22.9	16.8
69.8	20.3	9.9	63.4	23.7	12.9	56.6	23.1	20.3
78.1	15.9	6.1	72.3	20.5	7.1	64.0	23.5	12.5
71.8	19.3	9.0	67.1	22.6	10.3	62.3	23.0	14.8
68.2	21.2	10.6	66.7	23.1	10.2	62.9	23.9	13.3
73.9	18.6	7.4	66.6	23.5	9.9	61.5	23.4	15.1
74.8	18.8	6.4	62.4	30.3	7.3	66.5	19.3	14.2
53.8	23.1	23.1	61.5		38.5	61.5	7.7	30.8
74.3	18.2	7.5	68.6	20.9	10.5	59.3	25.1	15.6
78.9	18.4	2.6	71.1	26.3	2.6	68.4	26.3	5.3
56.3	25.0	18.8	56.3	25.0	18.8	43.8	31.3	25.0
71.9	18.7	9.4	66.6	22.6	10.9	62.0	22.5	15.5
79.5	15.1	5.4	72.6	18.9	8.5	62.9	20.1	17.0
81.8	18.2		63.6	27.3	9.1	45.5	36.4	18.2
68.4	20.0	11.6	63.7	24.0	12.3	61.4	23.0	15.6
71.4	25.0	3.6	75.0	21.4	3.6	71.4	21.4	7.1
73.7	15.8	10.5	63.2	26.3	10.5	63.2	31.6	5.3
69.3	20.8	9.9	65.8	23.3	10.8	60.8	23.7	15.6
70.0	20.4	9.6	65.6	23.7	10.7	59.2	24.6	16.2
68.8	21.1	10.1	66.0	23.0	11.0	61.9	23.0	15.1
61.2	23.2	15.6	57.3	26.0	16.6	52.3	22.8	24.9
70.0		30.0	60.0	10.0	30.0	70.0		30.0
57.1	26.2	16.7	54.6	28.2	17.2	51.6	23.8	24.7
61.7	19.2	19.2	60.8	17.5	21.7	46.7	20.8	32.5
72.1	23.3	4.7	62.8	30.2	7.0	53.5	25.6	20.9
66.7		33.3	33.3	33.3	33.3	33.3	33.3	33.3
65.7	21.6	12.7	57.8	27.2	14.9	52.6	24.6	22.8
66.3	18.3	15.4	62.9	18.3	18.9	54.9	18.9	26.3
76.0	12.4	11.6	67.8	23.1	9.1	58.7	18.2	23.1
79.7	15.0	5.4	73.6	19.9	6.6	68.3	21.4	10.3
80.2	14.3	5.5	72.9	20.9	6.2	68.9	19.8	11.3
83.1	12.7	4.2	74.8	20.6	4.5	66.1	24.1	9.8
79.3	15.3	5.5	73.5	19.7	6.8	68.5	21.2	10.3
72.1	18.2	9.7	65.3	22.7	11.9	56.2	24.1	19.7

12-8 续表

项目	在实现产品创新企业中，对下列各项作出					
	增加了产品品种			提高了产品性能		
	高	低	无	高	低	无
租赁业	66.7	21.9	11.4	75.4	20.2	4.4
商务服务业	71.3	17.0	11.8	77.3	15.2	7.5
科学研究和技术服务业	70.2	18.7	11.1	82.1	12.4	5.5
研究和试验发展	77.5	16.3	6.2	85.5	10.0	4.5
专业技术服务业	67.0	19.9	13.1	81.2	13.1	5.7
科技推广和应用服务业	71.9	17.9	10.2	81.6	12.5	5.8
水利、环境和公共设施管理业	69.7	16.4	13.9	79.0	14.8	6.2
水利管理业	33.3	50.0	16.7	91.7	8.3	
生态保护和环境治理业	66.3	11.6	22.1	79.1	11.6	9.3
公共设施管理业	71.9	16.4	11.6	78.5	15.8	5.7
四、按地区分						
东部地区	71.5	18.4	10.2	78.5	14.9	6.6
中部地区	72.6	16.0	11.5	79.3	13.3	7.4
西部地区	70.6	17.9	11.4	78.5	13.9	7.7
东北地区	70.8	15.8	13.4	75.9	13.2	10.9
北　京	70.6	18.2	11.3	77.5	14.8	7.7
天　津	64.9	22.0	13.1	72.1	19.3	8.6
河　北	64.8	19.8	15.4	79.7	13.3	7.0
山　西	65.5	17.2	17.2	75.9	13.2	10.9
内蒙古	64.4	22.7	12.9	73.0	15.3	11.7
辽　宁	65.2	18.9	16.0	73.1	16.2	10.6
吉　林	77.0	11.8	11.2	78.0	10.6	11.5
黑龙江	71.7	17.0	11.3	79.2	10.4	10.4
上　海	73.3	17.0	9.7	80.2	13.2	6.7
江　苏	68.7	20.8	10.5	74.2	19.1	6.8
浙　江	72.8	17.1	10.2	80.0	13.2	6.8
安　徽	73.0	16.0	11.0	80.4	11.1	8.5
福　建	73.6	17.0	9.4	77.2	15.6	7.2
江　西	73.4	15.6	11.0	80.5	12.1	7.4
山　东	74.0	17.1	8.9	81.6	13.4	5.0
河　南	71.9	16.7	11.3	77.5	15.5	7.0
湖　北	72.1	16.8	11.1	78.1	14.3	7.6
湖　南	74.4	14.0	11.6	81.6	13.0	5.4
广　东	73.1	18.1	8.8	80.9	13.3	5.7
广　西	70.1	17.0	12.9	74.8	16.1	9.1
海　南	80.2	11.1	8.6	87.7	7.4	4.9
重　庆	74.3	15.1	10.5	80.6	11.2	8.2
四　川	70.6	17.9	11.6	78.7	14.4	7.0
贵　州	71.7	16.7	11.7	79.7	11.3	9.0
云　南	72.7	19.4	7.9	82.3	13.0	4.7
西　藏	57.9	21.1	21.1	68.4	26.3	5.3
陕　西	70.7	17.9	11.4	79.5	14.3	6.3
甘　肃	71.7	18.1	10.2	78.9	14.5	6.6
青　海	66.0	10.6	23.4	70.2	14.9	14.9
宁　夏	55.2	27.6	17.2	65.5	15.5	19.0
新　疆	64.3	21.7	14.0	73.9	17.2	8.9

不同影响程度判断的企业家占比(%)								
开拓了新市场			扩大了市场份额			取代了过时产品		
高	低	无	高	低	无	高	低	无
71.1	21.1	7.9	64.0	29.8	6.1	52.6	30.7	16.7
72.1	18.0	9.8	65.4	22.4	12.2	56.4	23.7	19.8
74.8	18.1	7.1	67.4	23.0	9.7	59.3	24.1	16.6
78.4	17.0	4.7	70.5	21.3	8.2	64.4	21.8	13.8
74.4	18.2	7.4	66.0	24.3	9.7	55.6	26.1	18.3
73.2	18.6	8.2	68.1	21.3	10.6	63.7	21.4	14.9
68.4	20.8	10.9	62.8	23.3	13.9	60.7	20.6	18.7
66.7	16.7	16.7	50.0	41.7	8.3	58.3	16.7	25.0
70.9	17.4	11.6	64.0	20.9	15.1	59.3	17.4	23.3
67.8	21.8	10.4	63.0	23.3	13.7	61.2	21.5	17.3
72.2	19.2	8.6	66.8	23.3	9.9	60.8	24.0	15.2
73.0	17.8	9.1	68.9	20.8	10.3	64.0	21.0	15.1
71.6	19.2	9.2	66.6	22.3	11.1	60.6	22.5	17.0
68.8	19.2	12.1	67.5	19.4	13.1	62.7	19.3	18.0
70.1	20.5	9.4	62.6	26.2	11.2	54.6	26.8	18.6
66.2	21.6	12.2	61.4	25.4	13.2	52.6	28.0	19.4
70.7	18.8	10.5	64.8	22.8	12.4	60.8	22.4	16.7
67.2	15.5	17.2	60.3	23.6	16.1	53.4	23.0	23.6
69.9	17.8	12.3	62.0	23.9	14.1	54.0	25.8	20.2
67.0	19.7	13.3	64.4	21.3	14.4	59.6	21.3	19.1
71.7	17.4	10.9	72.7	16.5	10.9	65.8	16.8	17.4
66.0	22.6	11.3	63.2	21.7	15.1	64.2	19.8	16.0
73.5	18.7	7.8	67.1	23.1	9.8	61.9	23.1	15.1
69.6	21.0	9.4	64.3	24.8	10.9	59.6	25.8	14.5
72.9	17.6	9.5	68.0	22.1	9.8	62.3	21.9	15.8
73.1	17.0	9.9	70.4	19.6	10.0	63.1	20.7	16.2
73.7	19.0	7.3	68.4	22.5	9.2	64.3	22.6	13.1
72.5	17.5	10.0	71.2	19.9	8.9	65.6	20.8	13.6
76.5	17.0	6.5	72.7	19.2	8.0	66.9	19.2	13.8
72.1	19.3	8.6	67.1	22.3	10.6	63.2	20.4	16.4
72.3	18.3	9.4	66.9	20.8	12.3	64.8	21.2	14.0
76.4	17.2	6.4	71.6	20.5	7.9	66.9	21.4	11.7
73.9	18.7	7.4	69.1	22.6	8.3	62.6	24.1	13.2
66.0	23.8	10.3	64.2	24.0	11.7	56.9	23.2	19.9
71.6	22.2	6.2	71.6	19.8	8.6	65.4	22.2	12.3
73.6	17.3	9.0	70.7	19.2	10.0	63.4	19.6	17.0
72.8	18.5	8.6	66.9	22.1	11.0	60.3	22.9	16.9
76.3	15.7	8.0	74.7	13.7	11.7	65.0	19.7	15.3
72.3	20.3	7.5	67.4	23.0	9.6	62.5	22.4	15.1
63.2	26.3	10.5	57.9	31.6	10.5	57.9	15.8	26.3
73.0	17.3	9.7	63.9	25.3	10.8	59.3	24.1	16.5
71.1	21.7	7.2	63.9	27.1	9.0	65.1	24.7	10.2
55.3	23.4	21.3	59.6	25.5	14.9	55.3	14.9	29.8
58.6	29.3	12.1	55.2	24.1	20.7	51.7	25.9	22.4
65.6	23.6	10.8	60.5	27.4	12.1	56.7	24.8	18.5

12-9 工艺创新对规模(限额)

项目	在实现工艺创新企业中，对下列各项								
	提高了生产的灵活性			提高了生产效率			降低了人力成本		
	高	低	无	高	低	无	高	低	无
总　计	**72.0**	**19.1**	**8.9**	**80.5**	**13.7**	**5.8**	**66.4**	**24.1**	**9.5**
一、按规模分									
大型企业	74.5	18.0	7.5	86.5	9.6	3.9	70.4	22.5	7.1
中型企业	72.4	18.4	9.2	81.4	12.6	6.0	66.6	23.6	9.8
小型企业	71.9	19.4	8.7	79.9	14.4	5.7	66.1	24.4	9.5
微型企业	66.3	20.0	13.7	69.1	18.8	12.1	60.3	24.9	14.8
二、按登记注册类型分									
内资企业	72.0	18.9	9.0	80.1	13.8	6.0	66.3	24.0	9.7
国有企业	64.1	19.6	16.3	78.3	12.5	9.1	62.8	23.6	13.6
集体企业	63.8	21.2	15.0	69.3	17.2	13.6	58.7	27.8	13.3
股份合作企业	68.0	20.4	11.6	77.6	14.4	8.0	68.0	21.6	10.4
联营企业	68.4	15.8	15.8	84.2	10.5	5.3	73.7	21.1	5.3
#国有联营企业	80.0		20.0	100.0			100.0		
有限责任公司	71.7	18.6	9.7	80.6	13.0	6.4	66.3	23.4	10.2
#国有独资公司	66.6	20.0	13.4	79.3	12.6	8.1	64.3	23.8	11.9
股份有限公司	75.4	17.0	7.6	84.7	10.5	4.7	68.8	22.9	8.3
私营企业	72.1	19.3	8.5	79.5	14.7	5.8	66.1	24.4	9.4
其他企业	66.6	22.1	11.3	69.1	21.4	9.5	68.3	21.9	9.8
港、澳、台商投资企业	72.3	19.6	8.1	83.0	12.3	4.6	67.0	24.9	8.1
合资经营企业	72.6	19.3	8.1	84.6	11.5	4.0	68.7	23.4	7.9
合作经营企业	75.3	14.0	10.7	78.7	13.3	8.0	66.7	22.0	11.3
港、澳、台商独资经营企业	72.1	20.0	7.8	82.1	13.0	4.8	65.8	26.1	8.2
港、澳、台商投资股份有限公司	73.5	18.6	7.9	87.7	7.1	5.1	71.9	19.8	8.3
其他港、澳、台投资企业	65.8	19.2	15.1	74.0	19.2	6.8	56.2	35.6	8.2
外商投资企业	71.8	20.2	8.0	82.1	13.2	4.7	66.4	24.8	8.7
中外合资经营企业	74.0	18.8	7.2	84.2	11.4	4.4	69.1	23.1	7.8
中外合作经营企业	66.2	23.0	10.8	83.5	11.5	5.0	66.2	23.7	10.1
外资企业	70.3	21.0	8.7	80.6	14.5	4.9	64.7	26.0	9.3
外商投资股份有限公司	74.2	21.7	4.0	84.3	12.1	3.5	64.1	26.8	9.1
其他外商投资企业	61.2	28.2	10.6	74.1	16.5	9.4	60.0	30.6	9.4
三、按行业分									
采矿业	67.6	19.6	12.8	81.4	13.2	5.4	68.3	21.5	10.2
制造业	73.9	19.3	6.9	83.0	13.1	3.9	68.9	23.8	7.3
电力、热力、燃气及水生产和供应业	57.2	19.0	23.7	76.1	12.0	11.9	54.6	22.9	22.5
建筑业	67.7	20.6	11.7	79.9	12.9	7.2	66.6	23.8	9.6
批发和零售业	65.5	19.3	15.2	68.5	18.2	13.3	57.0	25.7	17.4
交通运输、仓储和邮政业	60.6	20.1	19.3	67.5	17.3	15.2	58.2	25.0	16.8
信息传输、软件和信息技术服务业	75.5	13.6	10.9	79.7	11.1	9.2	59.3	24.9	15.9
租赁和商务服务业	66.3	17.1	16.6	70.6	15.8	13.7	56.7	24.9	18.3
科学研究和技术服务业	67.7	19.2	13.1	76.9	14.2	8.9	59.9	25.7	14.4
水利、环境和公共设施管理业	64.8	19.4	15.8	71.9	16.3	11.9	62.5	22.7	14.8

以上企业的影响情况

作出不同影响程度判断的企业家占比(%)											
节约了原材料			降低了能源消耗			减少了环境污染			改善了工作条件		
高	低	无	高	低	无	高	低	无	高	低	无
61.4	**25.9**	**12.7**	**63.5**	**24.5**	**12.0**	**64.2**	**22.3**	**13.5**	**62.2**	**25.2**	**12.6**
64.1	24.7	11.2	67.5	22.1	10.4	67.1	21.0	12.0	63.5	25.5	11.0
60.3	25.6	14.1	62.1	24.8	13.1	62.9	22.3	14.8	61.7	25.2	13.0
61.7	26.2	12.1	63.8	24.7	11.5	64.6	22.4	13.0	62.4	25.2	12.5
55.7	24.5	19.8	57.2	24.4	18.4	58.6	22.4	19.0	60.4	23.5	16.2
61.6	25.5	12.9	63.6	24.2	12.2	64.5	21.9	13.6	62.6	24.8	12.6
52.2	27.3	20.6	54.9	26.2	18.9	54.3	24.1	21.6	59.4	26.5	14.1
56.8	25.0	18.0	57.8	26.5	15.5	62.3	21.8	15.7	61.0	23.7	15.0
61.6	24.4	14.0	64.4	22.4	13.2	65.2	20.4	14.4	59.2	24.8	16.0
73.7	15.8	10.5	63.2	26.3	10.5	57.9	21.1	21.1	47.4	42.1	10.5
100.0			80.0		20.0	60.0		40.0	60.0	20.0	20.0
61.2	24.7	14.1	63.3	23.6	13.1	63.6	21.7	14.7	62.1	24.7	13.2
58.4	23.8	17.8	61.4	22.6	16.0	60.0	22.1	17.9	60.7	24.0	15.3
64.2	24.1	11.7	66.5	22.0	11.4	66.5	20.1	13.4	63.3	24.7	11.9
61.7	26.1	12.2	63.7	24.8	11.5	65.0	22.2	12.8	63.0	24.8	12.2
62.1	27.4	10.6	62.1	24.1	13.8	65.3	20.9	13.8	64.1	23.6	12.3
60.4	28.0	11.6	63.3	25.7	11.0	63.2	24.1	12.7	60.2	27.3	12.5
62.4	27.2	10.4	66.8	23.9	9.3	66.4	22.3	11.3	61.8	26.6	11.6
61.3	22.0	16.7	66.0	18.0	16.0	63.3	21.3	15.3	67.3	19.3	13.3
59.0	28.9	12.2	60.9	27.1	12.0	61.1	25.2	13.6	58.9	28.1	13.0
66.8	22.9	10.3	69.6	21.3	9.1	66.8	22.5	10.7	63.6	24.5	11.9
52.1	32.9	15.1	49.3	41.1	9.6	56.2	34.2	9.6	47.9	35.6	16.4
59.6	28.9	11.5	61.8	27.2	11.0	61.1	25.7	13.2	58.8	28.3	12.9
63.5	26.7	9.7	66.2	24.9	8.9	65.0	24.0	11.0	61.3	27.5	11.2
58.3	30.9	10.8	59.7	30.2	10.1	59.7	26.6	13.7	57.6	28.8	13.7
56.8	30.2	13.0	58.7	28.6	12.8	58.2	26.8	15.0	57.1	28.5	14.3
61.1	31.3	7.6	62.1	29.8	8.1	63.1	26.8	10.1	57.6	31.8	10.6
57.6	34.1	8.2	58.8	31.8	9.4	60.0	29.4	10.6	54.1	36.5	9.4
65.1	22.5	12.3	68.7	21.5	9.7	71.9	18.8	9.3	67.4	21.2	11.3
65.1	26.1	8.7	67.4	24.6	8.0	67.9	22.4	9.7	63.9	25.7	10.4
57.5	20.4	22.1	68.4	15.9	15.7	70.8	14.0	15.2	59.2	20.4	20.5
63.0	24.4	12.6	62.0	25.0	13.0	62.9	23.7	13.4	61.4	25.8	12.8
48.7	26.2	25.1	50.1	25.5	24.4	52.3	23.3	24.4	57.6	23.7	18.7
44.0	26.5	29.4	47.4	26.4	26.2	48.1	23.9	28.0	56.1	24.6	19.2
46.0	24.5	29.5	46.9	23.3	29.8	45.7	20.6	33.7	54.6	21.7	23.7
43.9	23.3	32.8	45.0	22.1	32.8	45.3	20.5	34.1	55.4	21.3	23.2
52.8	26.2	21.0	54.8	24.1	21.1	55.8	21.2	23.1	55.3	26.4	18.2
57.3	23.1	19.6	56.9	22.3	20.8	66.0	14.8	19.2	64.0	21.3	14.8

12-9 续表

项 目	在实现工艺创新企业中，对下列各项								
	提高了生产的灵活性			提高了生产效率			降低了人力成本		
	高	低	无	高	低	无	高	低	无
四、按地区分									
东部地区	71.9	19.7	8.5	80.2	14.3	5.5	65.7	24.9	9.4
中部地区	74.0	17.8	8.2	82.1	12.5	5.4	69.5	22.0	8.5
西部地区	69.7	18.7	11.7	79.6	12.8	7.6	64.9	23.8	11.3
东北地区	72.8	16.3	10.9	78.4	13.1	8.5	65.3	22.2	12.6
北 京	63.3	21.4	15.3	74.5	15.2	10.3	55.3	28.0	16.7
天 津	70.0	21.4	8.5	78.9	15.0	6.1	65.0	24.6	10.3
河 北	68.4	19.2	12.3	78.7	14.1	7.2	66.1	22.5	11.4
山 西	65.7	18.6	15.7	76.0	15.0	9.0	59.7	25.3	15.0
内蒙古	67.4	18.5	14.0	75.3	13.6	11.1	59.6	22.9	17.4
辽 宁	70.9	18.2	10.9	77.3	14.1	8.6	64.3	23.5	12.2
吉 林	76.2	13.2	10.6	81.0	10.6	8.4	69.1	18.7	12.3
黑龙江	72.3	16.2	11.5	77.2	14.3	8.5	61.5	24.4	14.2
上 海	68.9	21.8	9.3	79.8	13.9	6.3	61.2	28.5	10.3
江 苏	71.2	21.1	7.7	79.6	15.6	4.8	66.9	25.2	7.9
浙 江	71.7	20.3	8.0	80.2	14.5	5.4	63.6	26.3	10.1
安 徽	76.5	16.8	6.6	84.7	10.9	4.4	72.3	20.5	7.2
福 建	72.4	18.8	8.8	79.7	14.7	5.6	66.8	23.6	9.6
江 西	75.7	15.8	8.4	81.3	13.4	5.2	68.0	23.4	8.6
山 东	75.7	17.0	7.4	82.1	13.4	4.5	71.1	21.7	7.2
河 南	73.4	17.8	8.8	80.7	13.1	6.2	70.3	21.0	8.7
湖 北	72.8	18.9	8.3	83.4	11.4	5.2	69.4	21.9	8.8
湖 南	72.0	19.6	8.4	79.8	14.8	5.4	67.5	24.0	8.5
广 东	74.3	17.8	7.9	82.1	12.4	5.4	66.5	24.3	9.2
广 西	70.3	18.0	11.7	78.3	12.3	9.4	65.1	22.2	12.7
海 南	65.1	19.0	15.9	76.4	12.3	11.3	59.0	25.1	15.9
重 庆	72.2	17.8	10.0	81.0	12.2	6.7	67.6	23.2	9.3
四 川	68.6	20.3	11.1	80.8	12.7	6.6	64.3	24.4	11.4
贵 州	72.3	15.9	11.8	80.1	12.9	7.0	67.6	21.5	10.9
云 南	74.0	16.2	9.9	82.6	11.5	5.9	68.5	21.8	9.7
西 藏	61.7	21.3	17.0	68.1	21.3	10.6	66.0	25.5	8.5
陕 西	67.1	19.7	13.2	78.6	13.0	8.4	62.9	26.0	11.2
甘 肃	66.4	20.7	12.9	72.6	17.2	10.2	62.3	25.5	12.2
青 海	67.2	19.7	13.1	75.8	15.7	8.6	61.1	27.3	11.6
宁 夏	61.7	22.3	16.0	78.2	12.9	8.9	57.6	27.9	14.5
新 疆	65.8	19.8	14.4	77.0	13.3	9.7	61.0	25.0	14.0

作出不同影响程度判断的企业家占比(%)											
节约了原材料			降低了能源消耗			减少了环境污染			改善了工作条件		
高	低	无	高	低	无	高	低	无	高	低	无
60.2	27.0	12.8	62.2	25.6	12.2	62.5	23.6	13.9	60.7	26.3	13.0
66.0	23.2	10.8	68.2	21.8	10.0	69.1	19.8	11.1	66.7	22.9	10.4
59.8	24.9	15.3	62.3	23.5	14.2	64.8	20.1	15.1	63.1	23.3	13.6
63.2	22.4	14.4	64.6	21.8	13.6	64.4	19.9	15.7	62.5	22.9	14.5
45.3	28.7	26.0	46.7	26.9	26.4	46.4	24.7	29.0	46.8	27.9	25.3
61.7	24.7	13.6	63.0	23.9	13.1	62.1	22.2	15.8	59.4	25.3	15.2
61.2	23.9	14.9	64.6	22.4	13.0	66.2	20.1	13.7	61.7	24.2	14.1
56.9	26.0	17.1	61.9	23.3	14.8	64.8	19.7	15.5	60.3	24.3	15.4
56.3	23.2	20.5	60.9	21.2	18.0	62.9	18.1	19.0	61.0	20.5	18.5
62.4	23.2	14.4	63.2	23.1	13.7	62.8	21.7	15.5	59.6	25.4	15.0
65.1	20.1	14.8	67.6	18.7	13.7	68.2	16.6	15.1	67.7	18.7	13.6
62.0	24.2	13.8	63.7	23.1	13.2	62.3	20.3	17.5	62.1	23.3	14.6
54.6	29.7	15.7	57.3	27.9	14.8	57.3	25.3	17.5	55.3	29.2	15.5
62.4	27.4	10.2	63.0	26.8	10.2	62.5	25.6	11.9	60.4	28.1	11.6
57.7	29.2	13.1	61.2	27.0	11.8	62.2	24.3	13.5	60.3	27.0	12.7
67.3	23.3	9.3	69.7	21.3	9.0	69.2	20.1	10.7	67.2	23.2	9.7
61.8	24.7	13.4	61.9	25.3	12.8	63.0	22.3	14.7	63.3	24.4	12.3
67.6	21.9	10.6	68.3	21.8	9.9	69.4	19.9	10.7	66.5	22.0	11.5
68.5	22.3	9.2	70.3	21.0	8.7	70.1	19.8	10.1	67.6	22.0	10.4
66.7	21.9	11.4	68.5	21.9	9.7	71.0	19.1	10.0	69.1	21.6	9.3
65.1	23.5	11.4	67.2	21.8	11.0	68.8	19.1	12.2	66.1	22.5	11.4
64.5	24.8	10.8	67.9	22.4	9.8	67.6	21.1	11.3	64.9	25.1	10.1
58.6	28.1	13.3	61.5	25.8	12.7	62.3	23.4	14.3	60.8	26.3	12.9
58.3	25.2	16.6	61.6	22.5	15.8	62.1	21.7	16.3	65.6	22.1	12.3
55.4	21.0	23.6	48.2	29.7	22.1	56.4	23.1	20.5	56.4	24.6	19.0
62.7	24.6	12.6	64.2	24.3	11.6	66.7	20.2	13.0	63.5	23.6	13.0
57.9	26.7	15.5	60.8	25.0	14.3	64.0	20.0	16.1	61.5	24.5	14.0
63.4	22.0	14.6	65.2	21.2	13.7	68.3	17.9	13.8	68.0	20.0	12.0
63.7	21.8	14.5	66.5	20.9	12.6	68.8	18.0	13.2	67.9	20.6	11.4
57.4	31.9	10.6	59.6	25.5	14.9	66.0	21.3	12.8	63.8	25.5	10.6
57.9	26.9	15.2	60.3	25.0	14.7	62.1	22.2	15.7	59.6	25.9	14.5
59.2	25.4	15.4	60.4	24.5	15.2	66.3	19.9	13.8	62.4	25.4	12.2
58.6	25.8	15.7	58.1	25.8	16.2	59.6	24.7	15.7	59.6	25.3	15.2
56.3	23.9	19.8	59.6	23.6	16.8	61.4	22.6	16.0	56.3	26.9	16.8
56.1	25.7	18.2	60.6	21.0	18.4	62.0	19.5	18.5	60.9	22.3	16.8

12-10 工艺创新对规模以上

项目	在实现工艺创新企业中，对下列各项								
	提高了生产的灵活性			提高了生产效率			降低了人力成本		
	高	低	无	高	低	无	高	低	无
总　计	**73.6**	**19.3**	**7.2**	**82.9**	**13.1**	**4.0**	**68.7**	**23.8**	**7.5**
一、按规模分									
大型企业	77.1	17.4	5.6	88.7	8.8	2.5	74.1	20.8	5.0
中型企业	74.6	18.9	6.5	85.0	11.7	3.3	70.3	23.1	6.6
小型企业	73.0	19.5	7.4	81.9	13.8	4.3	67.8	24.2	8.0
微型企业	69.7	20.5	9.8	75.8	17.4	6.7	66.1	25.0	8.9
二、按登记注册类型分									
内资企业	73.7	19.1	7.2	82.7	13.2	4.1	68.8	23.6	7.6
国有企业	68.7	20.0	11.4	86.4	9.1	4.5	67.0	22.6	10.4
集体企业	71.4	16.4	12.2	78.2	13.4	8.4	64.3	26.1	9.7
股份合作企业	70.1	21.3	8.5	80.1	15.2	4.7	69.2	22.7	8.1
联营企业	72.7	18.2	9.1	81.8	18.2		81.8	18.2	
#国有联营企业	66.7		33.3	100.0			100.0		
有限责任公司	74.0	18.6	7.5	84.0	11.9	4.1	69.3	22.9	7.7
#国有独资公司	69.9	19.1	11.0	84.6	10.1	5.2	69.0	20.5	10.5
股份有限公司	76.6	17.4	6.1	86.7	10.0	3.3	71.6	22.5	6.0
私营企业	73.4	19.6	7.1	81.7	14.1	4.2	68.3	24.1	7.6
其他企业	56.5	33.7	9.8	66.3	31.5	2.2	63.0	31.5	5.4
港、澳、台商投资企业	73.0	19.8	7.2	84.1	12.2	3.6	68.3	24.4	7.3
合资经营企业	73.1	19.2	7.7	85.3	11.2	3.5	69.4	23.0	7.7
合作经营企业	77.8	14.3	7.9	79.4	15.1	5.6	69.0	21.4	9.5
港、澳、台商独资经营企业	72.7	20.4	6.9	83.3	13.1	3.7	67.4	25.5	7.1
港、澳、台商投资股份有限公司	76.1	17.4	6.6	91.5	5.2	3.3	75.1	19.7	5.2
其他港、澳、台投资企业	68.5	18.5	13.0	77.8	18.5	3.7	61.1	33.3	5.6
外商投资企业	72.5	20.3	7.2	83.1	13.0	3.8	67.7	24.5	7.7
中外合资经营企业	74.5	18.8	6.7	84.9	11.3	3.8	70.0	22.8	7.2
中外合作经营企业	66.1	23.6	10.2	85.0	11.0	3.9	68.5	22.8	8.7
外资企业	71.2	21.1	7.7	81.7	14.4	3.9	66.2	25.6	8.1
外商投资股份有限公司	75.7	21.3	3.0	85.8	12.4	1.8	65.7	27.2	7.1
其他外商投资企业	59.4	32.8	7.8	76.6	15.6	7.8	57.8	34.4	7.8
三、按行业分									
采矿业	67.6	19.6	12.8	81.4	13.2	5.4	68.3	21.5	10.2
煤炭开采和洗选业	64.7	18.8	16.5	80.0	12.9	7.1	70.6	19.1	10.3
石油和天然气开采业	58.1	22.6	19.4	96.8	3.2		58.1	32.3	9.7
黑色金属矿采选业	66.3	19.9	13.9	80.1	15.7	4.2	61.4	27.1	11.4
有色金属矿采选业	65.5	22.0	12.5	84.5	11.5	4.0	68.5	20.5	11.0
非金属矿采选业	73.0	18.9	8.1	80.5	14.3	5.2	71.0	20.8	8.1

工业企业的影响情况

作出不同影响程度判断的企业家占比(%)											
节约了原材料			降低了能源消耗			减少了环境污染			改善了工作条件		
高	低	无	高	低	无	高	低	无	高	低	无
65.0	**26.0**	**9.0**	**67.4**	**24.4**	**8.1**	**68.0**	**22.2**	**9.8**	**63.9**	**25.6**	**10.6**
70.0	23.9	6.1	74.5	20.7	4.8	74.2	19.8	6.0	67.5	24.9	7.6
66.2	25.8	8.1	68.3	24.8	6.9	69.0	22.2	8.7	64.4	26.1	9.6
64.3	26.3	9.4	66.6	24.7	8.8	67.1	22.5	10.4	63.4	25.5	11.1
63.1	25.8	11.1	67.7	23.0	9.3	67.9	21.6	10.5	63.8	25.5	10.7
65.6	25.5	8.9	68.0	24.0	8.0	68.7	21.7	9.6	64.5	25.1	10.4
59.7	28.0	12.3	63.2	27.1	9.7	60.6	25.7	13.6	62.5	27.1	10.4
62.6	25.2	12.2	64.3	26.5	9.2	71.0	22.3	6.7	66.0	24.4	9.7
63.0	26.1	10.9	67.3	22.7	10.0	67.8	20.4	11.8	61.1	26.5	12.3
81.8	18.2		72.7	27.3		63.6	27.3	9.1	45.5	45.5	9.1
100.0			100.0			66.7		33.3	66.7		33.3
66.4	24.7	8.8	69.0	23.2	7.8	69.5	21.0	9.5	64.7	24.9	10.4
66.2	22.9	10.9	70.2	20.5	9.3	68.8	20.0	11.2	64.9	23.0	12.1
69.0	23.8	7.2	71.6	21.6	6.8	71.3	20.1	8.5	65.3	25.3	9.4
64.9	26.1	9.0	67.2	24.6	8.2	68.2	22.1	9.7	64.3	25.2	10.5
56.5	37.0	6.5	57.6	33.7	8.7	62.0	27.2	10.9	60.9	29.3	9.8
62.4	28.2	9.4	65.3	25.9	8.8	65.4	24.2	10.5	61.4	27.4	11.2
63.8	27.1	9.1	68.0	24.0	8.0	68.1	22.1	9.8	62.7	26.3	10.9
65.1	20.6	14.3	68.3	18.3	13.5	65.9	22.2	11.9	69.8	18.3	11.9
61.0	29.4	9.5	63.0	27.5	9.5	63.3	25.6	11.1	60.1	28.4	11.4
71.8	21.6	6.6	75.1	20.2	4.7	71.4	22.1	6.6	67.6	23.9	8.5
59.3	31.5	9.3	55.6	40.7	3.7	63.0	33.3	3.7	51.9	33.3	14.8
61.5	29.1	9.4	63.5	27.6	8.9	62.5	26.3	11.2	59.7	28.6	11.7
65.0	26.8	8.2	67.6	25.1	7.3	66.0	24.5	9.5	61.7	28.1	10.3
60.6	31.5	7.9	63.0	29.9	7.1	62.2	26.8	11.0	59.8	28.3	11.8
58.8	30.7	10.5	60.4	29.3	10.3	59.8	27.5	12.6	58.2	28.9	12.9
64.5	30.2	5.3	65.7	27.8	6.5	66.3	24.9	8.9	59.8	30.8	9.5
62.5	29.7	7.8	57.8	32.8	9.4	59.4	32.8	7.8	54.7	37.5	7.8
65.1	22.5	12.3	68.7	21.5	9.7	71.9	18.8	9.3	67.4	21.2	11.3
64.7	22.1	13.2	65.3	24.1	10.6	69.4	20.3	10.3	68.2	21.5	10.3
54.8	41.9	3.2	87.1	9.7	3.2	87.1	9.7	3.2	58.1	29.0	12.9
57.2	23.5	19.3	67.5	18.7	13.9	69.9	16.9	13.3	61.4	21.1	17.5
70.5	20.5	9.0	71.5	19.5	9.0	72.5	19.5	8.0	70.5	19.0	10.5
67.4	22.8	9.8	68.7	23.1	8.1	74.3	18.9	6.8	69.4	22.5	8.1

12-10 续表 1

项目	在实现工艺创新企业中，对下列各项								
	提高了生产的灵活性			提高了生产效率			降低了人力成本		
	高	低	无	高	低	无	高	低	无
开采辅助活动	76.7	13.3	10.0	76.7	13.3	10.0	56.7	23.3	20.0
其他采矿业	75.0	25.0		100.0			100.0		
制造业	73.9	19.3	6.9	83.0	13.1	3.9	68.9	23.8	7.3
农副食品加工业	75.2	16.7	8.2	82.2	13.1	4.7	70.8	21.4	7.7
食品制造业	74.4	19.0	6.6	84.3	11.9	3.8	71.1	22.6	6.3
酒、饮料和精制茶制造业	74.4	18.9	6.7	81.2	14.5	4.3	68.9	23.7	7.4
烟草制品业	71.2	13.6	15.3	74.6	11.9	13.6	61.0	22.0	16.9
纺织业	71.5	21.3	7.2	77.6	17.4	5.0	63.1	27.7	9.2
纺织服装、服饰业	70.5	21.9	7.7	75.2	19.1	5.7	62.3	28.0	9.7
皮革、毛皮、羽毛及其制品和制鞋业	69.0	22.6	8.4	73.3	20.7	6.0	59.9	30.2	10.0
木材加工和木、竹、藤、棕、草制品业	72.1	20.7	7.2	79.6	16.2	4.2	68.1	24.4	7.5
家具制造业	73.9	19.8	6.3	80.1	15.3	4.6	67.7	24.5	7.8
造纸和纸制品业	72.5	18.6	8.9	82.2	12.6	5.3	67.7	22.3	10.0
印刷和记录媒介复制业	73.7	18.6	7.7	82.6	12.9	4.5	68.2	22.7	9.1
文教、工美、体育和娱乐用品制造业	73.9	19.4	6.6	79.6	15.8	4.6	67.8	24.4	7.8
石油加工、炼焦和核燃料加工业	74.9	15.1	10.0	78.2	14.8	7.0	62.4	25.8	11.8
化学原料和化学制品制造业	72.0	20.2	7.9	82.9	13.1	4.0	68.0	24.1	7.9
医药制造业	73.7	17.9	8.3	86.8	9.8	3.4	70.9	21.4	7.8
化学纤维制造业	71.8	21.3	6.9	79.2	17.3	3.5	61.9	29.9	8.1
橡胶和塑料制品业	73.0	20.0	7.1	82.2	13.5	4.3	68.5	23.7	7.8
非金属矿物制品业	71.4	20.2	8.4	80.4	14.7	4.9	68.1	23.8	8.0
黑色金属冶炼和压延加工业	68.2	22.3	9.5	81.8	13.7	4.5	64.6	25.6	9.7
有色金属冶炼和压延加工业	67.8	21.2	11.0	80.5	13.4	6.0	66.0	23.4	10.6
金属制品业	73.5	20.0	6.5	82.6	13.6	3.8	69.6	23.6	6.8
通用设备制造业	74.8	19.4	5.8	84.6	12.2	3.2	70.0	23.9	6.1
专用设备制造业	75.8	18.4	5.8	85.3	11.7	3.1	70.0	24.1	5.9
汽车制造业	76.3	18.2	5.5	86.7	10.4	2.8	72.2	21.7	6.1
铁路、船舶、航空航天和其他运输设备制造业	75.9	17.7	6.4	83.8	12.6	3.6	69.8	23.2	7.0
电气机械和器材制造业	75.9	18.5	5.6	84.6	12.3	3.1	70.4	23.6	6.0
计算机、通信和其他电子设备制造业	76.6	18.1	5.3	87.1	10.2	2.8	71.9	22.3	5.8
仪器仪表制造业	76.1	18.4	5.5	84.6	12.5	2.9	68.2	25.4	6.4
其他制造业	76.7	16.4	7.0	82.3	14.1	3.6	68.2	24.7	7.2
废弃资源综合利用业	67.1	23.3	9.7	79.8	12.4	7.8	66.3	23.6	10.1
金属制品、机械和设备修理业	74.1	18.5	7.4	90.1	7.4	2.5	75.3	21.0	3.7
电力、热力、燃气及水生产和供应业	57.2	19.0	23.7	76.1	12.0	11.9	54.6	22.9	22.5
电力、热力生产和供应业	55.1	19.2	25.7	75.7	11.3	13.1	53.3	23.2	23.5
燃气生产和供应业	62.3	19.2	18.5	76.0	13.7	10.3	57.5	23.3	19.2
水的生产和供应业	62.2	18.5	19.3	77.9	13.7	8.4	57.8	21.7	20.5

作出不同影响程度判断的企业家占比(%)											
节约了原材料			降低了能源消耗			减少了环境污染			改善了工作条件		
高	低	无	高	低	无	高	低	无	高	低	无
63.3	16.7	20.0	76.7	16.7	6.7	66.7	16.7	16.7	60.0	13.3	26.7
75.0		25.0	75.0	25.0		75.0	25.0		75.0	25.0	
65.1	26.1	8.7	67.4	24.6	8.0	67.9	22.4	9.7	63.9	25.7	10.4
65.8	23.7	10.5	68.0	22.7	9.3	70.9	20.0	9.1	67.5	22.4	10.1
65.6	25.5	8.9	67.1	24.8	8.0	69.1	21.9	8.9	68.1	22.6	9.3
62.3	27.2	10.5	66.8	24.6	8.5	70.3	19.9	9.8	66.3	23.5	10.2
50.8	28.8	20.3	57.6	25.4	16.9	61.0	28.8	10.2	55.9	25.4	18.6
60.0	29.0	11.0	63.6	26.8	9.7	63.3	25.3	11.4	58.0	29.3	12.6
59.1	29.0	11.9	57.6	29.2	13.2	57.1	27.3	15.6	57.6	28.1	14.3
58.2	31.2	10.6	57.9	31.7	10.3	60.8	27.6	11.5	58.5	28.5	13.0
67.4	24.8	7.7	66.6	25.2	8.2	69.1	22.6	8.3	64.0	24.8	11.3
63.9	26.7	9.4	62.5	27.9	9.6	64.6	24.7	10.6	63.0	26.1	10.9
67.4	22.1	10.5	71.1	20.4	8.5	70.3	20.3	9.5	62.4	24.6	13.0
65.3	25.2	9.5	66.0	24.7	9.3	68.6	20.5	10.9	60.9	26.3	12.8
64.2	26.7	9.1	62.3	28.5	9.3	64.3	24.5	11.2	62.8	26.7	10.5
64.0	23.2	12.8	73.6	17.6	8.8	82.1	12.1	5.8	67.1	22.3	10.7
67.9	24.4	7.7	72.7	21.5	5.8	77.1	17.1	5.8	67.9	23.6	8.5
69.2	21.7	9.1	71.3	21.0	7.7	72.5	18.6	8.9	66.7	23.2	10.1
59.7	30.8	9.5	65.2	27.0	7.8	64.5	26.5	9.0	57.1	32.7	10.2
63.2	27.6	9.3	67.5	24.3	8.2	68.3	22.3	9.4	64.3	25.3	10.4
67.2	24.2	8.7	71.3	21.7	7.1	74.2	18.4	7.4	66.2	24.5	9.3
62.6	27.0	10.4	70.3	22.5	7.2	71.2	20.1	8.7	62.4	26.0	11.6
63.5	24.8	11.7	71.7	21.7	6.6	71.3	20.7	8.0	63.5	25.7	10.8
64.0	27.3	8.7	66.4	25.7	7.9	67.9	22.5	9.6	64.8	25.3	9.9
64.8	27.4	7.8	66.7	25.9	7.3	65.8	24.3	9.9	63.7	26.5	9.8
66.8	26.0	7.1	67.1	25.3	7.6	66.1	23.7	10.3	63.4	26.4	10.2
65.4	26.3	8.3	68.3	24.2	7.5	66.4	23.8	9.9	66.0	24.8	9.3
63.3	27.2	9.5	65.4	25.9	8.6	65.4	23.5	11.1	64.2	25.2	10.6
66.6	25.8	7.6	68.6	24.0	7.3	66.6	23.5	9.9	62.7	26.9	10.4
65.9	26.9	7.2	65.2	26.3	8.5	63.4	24.8	11.8	61.6	27.8	10.6
63.6	28.7	7.7	62.2	28.6	9.3	59.1	27.2	13.8	58.9	28.8	12.4
64.4	26.2	9.4	67.7	22.6	9.6	66.8	21.7	11.4	62.6	25.8	11.7
58.5	30.2	11.2	70.5	21.7	7.8	76.4	17.8	5.8	67.8	20.2	12.0
67.9	24.7	7.4	71.6	18.5	9.9	69.1	18.5	12.3	64.2	25.9	9.9
57.5	20.4	22.1	68.4	15.9	15.7	70.8	14.0	15.2	59.2	20.4	20.5
57.9	20.4	21.7	70.1	15.1	14.9	72.4	13.6	14.0	59.1	21.1	19.8
53.4	19.9	26.7	61.0	16.4	22.6	60.3	11.0	28.8	58.9	17.1	24.0
58.6	20.5	20.9	66.3	18.9	14.9	71.1	17.3	11.6	59.4	19.7	20.9

12-10 续表 2

项 目	在实现工艺创新企业中，对下列各项								
	提高了生产的灵活性			提高了生产效率			降低了人力成本		
	高	低	无	高	低	无	高	低	无
四、按地区分									
东部地区	73.3	19.9	6.8	82.3	13.8	3.9	67.9	24.6	7.5
中部地区	75.3	17.8	6.9	84.5	11.7	3.9	71.7	21.5	6.8
西部地区	71.5	18.9	9.6	83.5	11.7	4.8	68.2	23.3	8.5
东北地区	75.4	16.0	8.7	82.0	12.1	5.8	67.2	22.1	10.7
北 京	64.9	23.6	11.5	79.2	15.0	5.8	57.9	30.8	11.3
天 津	74.7	20.1	5.3	84.4	12.1	3.5	69.9	23.0	7.1
河 北	70.2	19.4	10.4	80.9	13.9	5.2	67.6	22.5	9.9
山 西	66.0	17.2	16.8	78.3	13.0	8.7	60.4	25.0	14.6
内蒙古	69.1	18.8	12.0	79.8	12.6	7.6	62.5	22.6	14.8
辽 宁	73.7	17.8	8.5	81.2	13.0	5.9	66.5	23.1	10.4
吉 林	79.0	12.6	8.3	85.0	9.7	5.3	71.9	17.9	10.1
黑龙江	74.1	16.2	9.7	79.7	13.6	6.7	62.1	25.9	12.1
上 海	69.9	23.2	6.9	82.5	13.5	4.0	64.6	28.0	7.4
江 苏	72.0	21.3	6.7	80.9	15.3	3.8	68.3	24.8	7.0
浙 江	72.2	21.0	6.8	81.0	14.7	4.4	64.4	26.7	8.8
安 徽	77.4	17.1	5.5	86.7	10.1	3.2	74.4	20.2	5.4
福 建	73.7	18.7	7.6	82.3	13.7	4.0	68.7	23.2	8.1
江 西	76.8	16.2	7.0	82.9	13.2	3.8	69.5	23.8	6.7
山 东	76.9	16.8	6.3	83.9	12.8	3.3	72.2	21.7	6.1
河 南	75.9	16.7	7.4	84.0	11.2	4.8	73.3	19.4	7.3
湖 北	74.3	18.9	6.8	85.9	10.6	3.4	71.9	20.9	7.2
湖 南	72.7	20.3	7.1	81.5	14.7	3.8	69.0	24.3	6.7
广 东	76.5	17.8	5.7	85.3	11.5	3.2	70.1	23.4	6.5
广 西	73.7	18.1	8.3	83.5	11.3	5.2	69.3	21.7	9.0
海 南	61.5	24.2	14.3	76.9	13.2	9.9	62.6	25.3	12.1
重 庆	74.0	17.8	8.2	84.5	11.2	4.3	70.7	22.4	6.9
四 川	70.1	20.9	9.1	84.5	11.5	4.0	67.9	24.0	8.0
贵 州	72.3	17.3	10.5	81.6	12.7	5.7	69.8	21.3	8.9
云 南	74.6	15.9	9.5	86.6	9.7	3.7	71.7	21.0	7.3
西 藏	68.4	15.8	15.8	73.7	15.8	10.5	57.9	36.8	5.3
陕 西	69.8	19.4	10.8	83.1	11.5	5.4	65.9	25.7	8.4
甘 肃	70.6	19.5	9.9	78.7	15.1	6.2	66.9	24.2	8.9
青 海	66.4	23.2	10.4	77.6	18.4	4.0	62.4	27.2	10.4
宁 夏	65.6	21.9	12.5	82.6	12.5	4.8	60.1	28.6	11.3
新 疆	68.7	20.6	10.7	82.1	12.2	5.7	65.3	24.2	10.5

作出不同影响程度判断的企业家占比(%)											
节约了原材料			降低了能源消耗			减少了环境污染			改善了工作条件		
高	低	无	高	低	无	高	低	无	高	低	无
63.5	27.4	9.1	65.7	25.8	8.4	66.0	23.7	10.3	62.2	26.9	11.0
69.5	22.8	7.7	72.1	21.2	6.7	72.8	19.5	7.8	68.3	23.0	8.7
65.1	24.6	10.2	68.6	22.7	8.7	70.8	19.3	9.8	65.5	23.4	11.1
66.2	23.0	10.8	68.3	21.7	9.9	68.0	20.0	12.0	63.8	23.4	12.8
54.6	32.1	13.4	55.1	30.8	14.1	54.7	28.0	17.2	50.0	31.5	18.5
68.2	24.0	7.8	69.2	22.1	8.7	68.4	20.1	11.5	63.2	24.0	12.7
64.3	24.1	11.6	67.9	22.2	9.9	69.9	19.6	10.4	62.6	24.4	13.0
62.0	25.0	13.0	67.2	21.9	10.9	70.1	18.4	11.5	62.0	24.1	13.9
61.9	21.6	16.4	67.9	20.0	12.0	69.7	16.2	14.0	64.1	19.6	16.2
65.7	23.5	10.8	66.9	23.2	10.0	66.8	21.5	11.7	61.3	25.7	13.0
68.2	20.8	11.0	72.1	18.5	9.4	72.2	16.8	11.0	69.0	19.0	11.9
64.4	25.0	10.6	66.6	22.8	10.6	64.7	20.9	14.4	62.3	24.1	13.6
59.1	31.2	9.7	62.5	29.2	8.3	61.9	26.2	11.9	57.6	30.5	11.9
64.1	27.6	8.3	64.8	27.0	8.2	64.1	25.8	10.1	60.8	28.5	10.6
59.3	30.1	10.6	63.3	27.5	9.2	64.4	24.7	10.9	60.7	28.0	11.3
70.4	23.4	6.2	73.1	21.0	5.9	72.4	20.1	7.5	68.5	23.5	8.0
66.1	24.4	9.5	66.2	25.3	8.5	66.9	21.9	11.2	63.6	25.2	11.2
70.5	22.0	7.6	71.3	21.8	6.9	72.7	19.5	7.8	67.7	22.4	9.8
71.1	22.2	6.7	72.9	20.8	6.3	72.8	19.5	7.7	68.9	21.9	9.2
71.3	20.2	8.5	74.0	20.0	6.0	76.2	17.5	6.3	72.0	20.7	7.2
69.2	22.4	8.4	71.4	20.8	7.8	72.8	18.5	8.7	68.3	22.0	9.7
67.0	25.3	7.7	70.5	22.8	6.7	70.1	21.7	8.2	65.3	26.3	8.4
62.8	28.5	8.7	65.8	25.9	8.3	66.7	23.3	10.0	63.0	26.7	10.4
65.2	24.3	10.5	69.9	21.8	8.4	69.5	20.8	9.7	69.4	21.4	9.2
64.8	19.8	15.4	56.0	29.7	14.3	60.4	25.3	14.3	51.6	33.0	15.4
67.2	24.0	8.8	69.4	23.1	7.5	72.1	18.9	9.0	65.0	23.9	11.1
63.0	27.3	9.7	66.6	24.9	8.5	69.7	19.8	10.5	64.3	24.8	10.9
68.5	20.9	10.6	70.8	20.5	8.8	71.8	18.6	9.6	69.7	20.2	10.1
68.1	21.4	10.5	72.2	19.8	8.0	75.1	16.4	8.5	70.1	19.8	10.1
63.2	31.6	5.3	57.9	26.3	15.8	68.4	21.1	10.5	57.9	31.6	10.5
63.6	26.5	9.8	66.4	24.2	9.4	67.5	21.8	10.7	61.3	26.7	12.0
65.8	24.0	10.1	68.7	22.8	8.5	73.9	18.2	7.9	64.6	25.9	9.5
62.4	28.0	9.6	64.0	26.4	9.6	65.6	26.4	8.0	60.8	28.8	10.4
62.4	23.8	13.8	66.6	22.8	10.6	68.8	22.8	8.4	60.5	25.7	13.8
63.7	25.6	10.7	69.7	20.0	10.3	71.2	18.9	9.9	66.0	22.5	11.6

12-11 工艺创新对资质等级以上

项　目	在实现工艺创新企业中，对下列各项								
	提高了生产的灵活性			提高了生产效率			降低了人力成本		
	高	低	无	高	低	无	高	低	无
总　计	**67.7**	**20.7**	**11.6**	**79.9**	**12.9**	**7.3**	**66.6**	**23.8**	**9.6**
一、按规模分									
大型企业	70.4	22.4	7.1	88.9	8.7	2.4	72.3	22.4	5.3
中型企业	67.8	19.6	12.6	78.5	13.6	7.9	64.7	24.7	10.6
小型企业	64.3	20.9	14.8	73.2	16.0	10.9	64.1	23.7	12.2
微型企业	65.1	17.5	17.5	61.9	20.6	17.5	61.1	23.0	15.9
二、按登记注册类型分									
内资企业	67.7	20.7	11.6	79.9	12.9	7.2	66.6	23.8	9.5
国有企业	62.0	22.7	15.3	85.2	12.0	2.8	70.4	19.4	10.2
集体企业	51.7	28.3	20.0	60.0	18.3	21.7	53.3	33.3	13.3
股份合作企业	90.0		10.0	80.0	10.0	10.0	80.0	10.0	10.0
有限责任公司	68.5	21.4	10.1	82.8	11.6	5.6	69.4	22.5	8.1
#国有独资公司	69.2	25.7	5.1	86.0	12.7	1.3	70.2	25.1	4.8
股份有限公司	70.5	19.2	10.3	82.9	11.6	5.5	68.8	20.5	10.6
私营企业	67.5	19.7	12.9	76.0	14.6	9.4	62.9	26.2	10.9
港、澳、台商投资企业	67.6	18.9	13.5	81.1	8.1	10.8	59.5	21.6	18.9
合资经营企业	75.0	12.5	12.5	87.5		12.5	62.5	20.8	16.7
合作经营企业	50.0	16.7	33.3	83.3		16.7	66.7		33.3
港、澳、台商独资经营企业	50.0	50.0		50.0	50.0		33.3	50.0	16.7
外商投资企业	66.7	6.7	26.7	60.0	20.0	20.0	66.7	26.7	6.7
中外合资经营企业	81.8		18.2	72.7	18.2	9.1	81.8	18.2	
外资企业	25.0	25.0	50.0	25.0	25.0	50.0	25.0	50.0	25.0
三、按行业分									
房屋建筑业	67.6	21.9	10.5	78.9	14.0	7.1	67.2	24.3	8.5
土木工程建筑业	68.5	19.8	11.7	83.7	9.7	6.5	68.2	22.9	8.8
建筑安装业	69.0	17.9	13.1	79.2	13.6	7.2	65.2	24.6	10.2
建筑装饰和其他建筑业	65.7	20.7	13.6	76.3	14.8	8.9	63.0	23.4	13.6

建筑业企业的影响情况

作出不同影响程度判断的企业家占比(%)											
节约了原材料			降低了能源消耗			减少了环境污染			改善了工作条件		
高	低	无	高	低	无	高	低	无	高	低	无
62.9	**24.4**	**12.6**	**62.0**	**25.1**	**13.0**	**62.9**	**23.7**	**13.4**	**61.4**	**25.8**	**12.8**
68.4	24.1	7.5	67.3	24.7	8.0	65.9	24.9	9.2	60.9	29.2	9.9
61.3	25.0	13.7	61.4	24.9	13.8	62.3	23.3	14.4	62.5	24.1	13.4
59.7	23.7	16.6	57.1	25.8	17.1	61.0	22.7	16.3	60.6	25.2	14.2
61.9	21.4	16.7	56.3	26.2	17.5	56.3	25.4	18.3	54.0	25.4	20.6
62.9	24.5	12.6	62.0	25.0	13.0	62.9	23.7	13.4	61.5	25.8	12.7
62.0	24.5	13.4	62.0	24.5	13.4	65.7	22.7	11.6	60.6	27.8	11.6
58.3	18.3	23.3	55.0	23.3	21.7	60.0	16.7	23.3	60.0	20.0	20.0
80.0	10.0	10.0	80.0	10.0	10.0	80.0	10.0	10.0	70.0	10.0	20.0
65.1	23.9	11.0	63.2	24.8	12.0	62.4	24.6	13.0	61.1	26.8	12.2
67.9	27.0	5.1	63.2	30.5	6.3	62.2	29.8	7.9	56.2	34.6	9.2
64.0	23.3	12.7	64.7	21.6	13.7	68.5	18.5	13.0	63.4	23.6	13.0
60.3	25.7	14.0	60.3	26.0	13.7	62.3	23.8	13.9	61.9	24.9	13.2
67.6	16.2	16.2	62.2	24.3	13.5	67.6	21.6	10.8	56.8	29.7	13.5
70.8	12.5	16.7	62.5	25.0	12.5	66.7	20.8	12.5	54.2	29.2	16.7
66.7		33.3	83.3		16.7	83.3		16.7	66.7	16.7	16.7
50.0	50.0		33.3	50.0	16.7	50.0	50.0		50.0	50.0	
60.0	26.7	13.3	53.3	33.3	13.3	53.3	26.7	20.0	53.3	26.7	20.0
72.7	18.2	9.1	54.5	27.3	18.2	54.5	27.3	18.2	63.6	18.2	18.2
25.0	50.0	25.0	50.0	50.0		50.0	25.0	25.0	25.0	50.0	25.0
64.9	24.2	10.9	64.2	25.2	10.6	64.9	23.7	11.3	62.0	26.9	11.1
62.1	24.3	13.6	61.6	24.3	14.1	61.5	24.7	13.8	60.7	25.8	13.5
60.8	26.4	12.8	59.8	25.9	14.3	57.0	24.6	18.4	62.1	23.8	14.1
60.7	23.6	15.7	58.3	25.0	16.7	64.3	21.0	14.7	60.6	24.2	15.2

12-11 续表

项目	在实现工艺创新企业中，对下列各项								
	提高了生产的灵活性			提高了生产效率			降低了人力成本		
	高	低	无	高	低	无	高	低	无
四、按地区分									
东部地区	67.7	20.5	11.8	80.5	12.8	6.7	65.9	24.9	9.2
中部地区	69.1	20.7	10.2	81.1	12.1	6.7	70.2	21.3	8.5
西部地区	66.3	21.1	12.5	77.4	13.7	8.8	65.0	23.4	11.6
东北地区	67.8	19.1	13.1	75.9	13.6	10.6	65.3	22.6	12.1
北　京	63.8	21.7	14.6	80.4	11.7	7.9	65.0	23.8	11.3
天　津	68.8	19.4	11.8	84.0	11.1	4.9	66.7	25.0	8.3
河　北	66.7	19.9	13.5	78.2	15.4	6.4	71.8	18.6	9.6
山　西	68.1	22.3	9.6	76.6	17.0	6.4	70.2	21.3	8.5
内蒙古	59.4	25.0	15.6	68.8	15.6	15.6	59.4	21.9	18.8
辽　宁	69.2	18.8	12.0	76.9	13.7	9.4	67.5	21.4	11.1
吉　林	60.5	15.8	23.7	71.1	10.5	18.4	60.5	21.1	18.4
黑龙江	70.5	22.7	6.8	77.3	15.9	6.8	63.6	27.3	9.1
上　海	67.1	21.0	12.0	77.8	15.0	7.2	64.1	24.0	12.0
江　苏	64.3	23.5	12.2	75.9	15.9	8.2	62.3	29.7	7.9
浙　江	70.9	16.4	12.8	83.8	10.3	5.9	63.4	26.3	10.3
安　徽	74.7	17.7	7.5	82.3	10.8	7.0	79.6	14.5	5.9
福　建	63.9	22.4	13.7	76.6	13.2	10.2	68.8	20.5	10.7
江　西	72.2	17.7	10.1	81.0	15.2	3.8	68.4	21.5	10.1
山　东	72.3	18.1	9.6	86.0	9.3	4.7	72.9	19.8	7.3
河　南	66.0	22.1	11.9	81.5	11.6	6.9	70.0	21.8	8.3
湖　北	67.6	21.6	10.8	82.2	10.3	7.5	63.9	25.4	10.8
湖　南	69.8	20.8	9.4	80.2	13.2	6.6	68.9	23.6	7.5
广　东	70.4	21.5	8.1	82.9	12.5	4.7	66.7	24.3	9.0
广　西	74.2	16.7	9.1	78.8	10.6	10.6	63.6	24.2	12.1
海　南	78.6	21.4		78.6	21.4		64.3	35.7	
重　庆	65.7	22.2	12.0	75.9	15.7	8.3	65.7	25.9	8.3
四　川	65.0	23.9	11.0	79.1	12.9	8.0	62.6	21.5	16.0
贵　州	76.9	11.5	11.5	84.6	15.4		78.8	17.3	3.8
云　南	77.3	17.3	5.5	80.9	12.7	6.4	70.9	21.8	7.3
西　藏	71.4	14.3	14.3	57.1	28.6	14.3	85.7	14.3	
陕　西	63.2	20.4	16.4	79.6	11.2	9.2	64.5	23.7	11.8
甘　肃	56.3	26.8	16.9	67.6	16.9	15.5	62.0	23.9	14.1
青　海	64.3	14.3	21.4	78.6	7.1	14.3	57.1	35.7	7.1
宁　夏	66.7	20.0	13.3	73.3	20.0	6.7	60.0	26.7	13.3
新　疆	53.2	29.8	17.0	74.5	17.0	8.5	55.3	29.8	14.9

作出不同影响程度判断的企业家占比(%)											
节约了原材料			降低了能源消耗			减少了环境污染			改善了工作条件		
高	低	无	高	低	无	高	低	无	高	低	无
61.8	26.1	12.2	61.9	25.6	12.5	62.4	24.6	13.0	61.1	26.6	12.3
66.8	21.2	12.0	66.1	22.3	11.6	66.7	20.9	12.4	63.2	24.3	12.5
61.5	23.9	14.6	57.6	26.9	15.5	60.9	24.3	14.8	61.2	25.2	13.6
66.8	19.1	14.1	61.8	23.6	14.6	59.8	22.6	17.6	58.3	24.6	17.1
56.3	29.2	14.6	59.6	26.3	14.2	57.9	25.8	16.3	50.4	27.5	22.1
68.1	20.1	11.8	66.7	24.3	9.0	68.1	21.5	10.4	55.6	29.2	15.3
60.3	28.8	10.9	62.2	25.6	12.2	63.5	26.3	10.3	60.9	28.8	10.3
64.9	19.1	16.0	64.9	23.4	11.7	64.9	21.3	13.8	62.8	20.2	17.0
50.0	28.1	21.9	46.9	31.3	21.9	53.1	21.9	25.0	50.0	34.4	15.6
70.1	17.9	12.0	64.1	20.5	15.4	64.1	18.8	17.1	60.7	22.2	17.1
57.9	18.4	23.7	47.4	31.6	21.1	50.0	26.3	23.7	44.7	28.9	26.3
65.9	22.7	11.4	68.2	25.0	6.8	56.8	29.5	13.6	63.6	27.3	9.1
61.1	25.7	13.2	63.5	21.6	15.0	64.1	21.0	15.0	56.3	29.3	14.4
60.9	27.8	11.3	59.6	26.8	13.6	58.6	26.8	14.6	60.5	29.0	10.5
59.5	26.7	13.8	60.1	25.7	14.2	60.1	25.7	14.2	61.1	24.7	14.2
72.6	18.3	9.1	68.8	18.8	12.4	69.4	17.7	12.9	63.4	23.1	13.4
62.4	25.4	12.2	60.0	26.8	13.2	62.4	24.9	12.7	67.8	21.0	11.2
65.8	22.8	11.4	67.1	20.3	12.7	60.8	25.3	13.9	55.7	29.1	15.2
72.0	19.2	8.7	68.8	23.0	8.2	70.8	19.8	9.3	66.5	24.5	9.0
65.7	22.1	12.2	65.3	23.4	11.2	67.7	21.8	10.6	65.7	24.1	10.2
63.4	25.8	10.8	62.9	26.3	10.8	65.3	20.7	14.1	60.6	25.8	13.6
68.9	15.1	16.0	69.8	17.9	12.3	67.9	20.8	11.3	67.0	23.6	9.4
58.3	27.7	14.0	62.6	25.9	11.5	63.2	24.9	11.8	65.1	25.5	9.3
66.7	24.2	9.1	66.7	19.7	13.6	60.6	27.3	12.1	62.1	25.8	12.1
64.3	35.7		50.0	42.9	7.1	85.7	14.3		71.4	28.6	
60.2	29.6	10.2	53.7	32.4	13.9	57.4	26.9	15.7	61.1	25.9	13.0
62.6	18.4	19.0	57.1	26.4	16.6	61.4	22.1	16.6	62.6	23.3	14.1
71.2	21.2	7.7	63.5	25.0	11.5	73.1	21.2	5.8	65.4	28.8	5.8
74.5	19.1	6.4	69.1	20.9	10.0	73.6	17.3	9.1	70.9	21.8	7.3
42.9	42.9	14.3	57.1	28.6	14.3	71.4	28.6		85.7	14.3	
59.2	23.7	17.1	57.9	28.3	13.8	58.6	27.0	14.5	57.9	25.0	17.1
56.3	25.4	18.3	53.5	26.8	19.7	59.2	21.1	19.7	62.0	21.1	16.9
57.1	35.7	7.1	50.0	35.7	14.3	57.1	35.7	7.1	78.6	7.1	14.3
46.7	33.3	20.0	46.7	26.7	26.7	53.3	26.7	20.0	46.7	40.0	13.3
44.7	29.8	25.5	40.4	31.9	27.7	42.6	34.0	23.4	40.4	36.2	23.4

12-12 工艺创新对规模(限额)

项　目	在实现工艺创新企业中，对下列各项								
	提高了生产的灵活性			提高了生产效率			降低了人力成本		
	高	低	无	高	低	无	高	低	无
总　计	**67.3**	**18.1**	**14.6**	**71.8**	**16.0**	**12.1**	**58.0**	**25.3**	**16.7**
一、按规模分									
大型企业	70.4	17.0	12.6	79.7	12.0	8.3	59.9	26.8	13.4
中型企业	68.3	17.1	14.6	73.7	14.5	11.8	58.3	24.7	17.1
小型企业	66.6	18.6	14.8	70.3	17.2	12.6	57.6	25.6	16.8
微型企业	64.5	19.9	15.6	65.7	19.5	14.8	57.0	24.9	18.0
二、按登记注册类型分									
内资企业	67.4	18.0	14.6	71.7	16.2	12.1	58.2	25.1	16.7
国有企业	61.6	18.6	19.8	71.1	14.9	13.9	58.0	25.4	16.6
集体企业	57.5	25.3	17.2	60.3	21.8	17.8	52.9	28.2	18.4
股份合作企业	44.8	20.7	34.5	58.6	10.3	31.0	55.2	17.2	27.6
联营企业	66.7		33.3	83.3		16.7	66.7	16.7	16.7
有限责任公司	66.7	18.0	15.3	71.7	15.9	12.4	58.1	24.9	17.0
#国有独资公司	60.9	19.0	20.1	69.2	15.9	14.9	55.5	27.7	16.8
股份有限公司	72.4	15.4	12.2	78.7	12.1	9.2	60.0	24.8	15.2
私营企业	67.6	18.4	14.0	70.9	17.0	12.1	57.7	25.5	16.8
其他企业	69.7	18.8	11.5	70.1	18.4	11.5	70.1	19.1	10.9
港、澳、台商投资企业	67.0	18.0	15.0	73.5	13.4	13.1	55.1	29.6	15.3
合资经营企业	67.8	20.3	11.9	76.3	15.3	8.5	62.3	28.0	9.7
合作经营企业	66.7	11.1	22.2	72.2	5.6	22.2	50.0	33.3	16.7
港、澳、台商独资经营企业	67.6	16.4	16.0	73.2	12.1	14.8	52.5	30.5	17.0
港、澳、台商投资股份有限公司	60.0	25.0	15.0	67.5	17.5	15.0	55.0	20.0	25.0
其他港、澳、台投资企业	55.6	22.2	22.2	61.1	22.2	16.7	38.9	44.4	16.7
外商投资企业	65.6	19.5	14.9	73.5	14.3	12.1	54.9	27.5	17.6
中外合资经营企业	68.6	19.0	12.4	77.5	11.8	10.8	58.2	26.5	15.4
中外合作经营企业	66.7	16.7	16.7	66.7	16.7	16.7	41.7	33.3	25.0
外资企业	63.9	19.8	16.3	71.6	15.8	12.6	52.9	28.4	18.7
外商投资股份有限公司	65.5	24.1	10.3	75.9	10.3	13.8	55.2	24.1	20.7
其他外商投资企业	66.7	14.3	19.0	66.7	19.0	14.3	66.7	19.0	14.3
三、按行业分									
批发和零售业	65.5	19.3	15.2	68.5	18.2	13.3	57.0	25.7	17.4
批发业	63.8	20.1	16.1	67.9	18.9	13.2	57.2	26.6	16.2
零售业	66.8	18.7	14.5	69.0	17.7	13.4	56.8	24.9	18.3
交通运输、仓储和邮政业	60.6	20.1	19.3	67.5	17.3	15.2	58.2	25.0	16.8
铁路运输业	46.2	38.5	15.4	61.5	23.1	15.4	53.8	23.1	23.1
道路运输业	60.0	21.8	18.3	64.5	20.3	15.2	56.8	26.1	17.1
水上运输业	57.0	21.2	21.8	73.6	11.4	15.0	57.0	28.5	14.5
航空运输业	75.0	19.2	5.8	76.9	17.3	5.8	42.3	40.4	17.3
管道运输业	60.0	10.0	30.0	70.0	20.0	10.0	70.0	20.0	10.0
装卸搬运和运输代理业	60.7	19.8	19.2	69.9	15.2	14.6	58.8	23.0	18.2
仓储业	59.6	16.7	23.7	67.9	13.6	18.5	64.5	20.6	15.0
邮政业	68.0	11.0	20.9	75.6	11.0	13.4	63.4	20.3	16.3
信息传输、软件和信息技术服务业	75.5	13.6	10.9	79.7	11.1	9.2	59.3	24.9	15.9
电信、广播电视和卫星传输服务	73.6	12.9	13.6	76.8	12.9	10.3	54.7	24.6	20.7
互联网和相关服务	77.7	11.3	11.1	79.1	11.3	9.6	62.3	23.2	14.5
软件和信息技术服务业	75.5	13.9	10.6	80.0	11.0	9.0	59.4	25.1	15.5
租赁和商务服务业	66.3	17.1	16.6	70.6	15.8	13.7	56.7	24.9	18.3

以上服务业企业的影响情况

作出不同影响程度判断的企业家占比(%)											
节约了原材料			降低了能源消耗			减少了环境污染			改善了工作条件		
高	低	无	高	低	无	高	低	无	高	低	无
48.1	**25.6**	**26.4**	**49.6**	**24.6**	**25.8**	**50.8**	**22.2**	**27.1**	**56.5**	**23.5**	**19.9**
47.2	26.9	25.9	50.4	23.8	25.7	50.0	21.6	28.4	55.1	25.0	19.9
46.2	25.4	28.5	47.7	24.7	27.7	48.5	22.1	29.4	55.2	23.6	21.2
48.9	25.8	25.3	50.3	24.7	25.0	51.9	22.3	25.9	57.3	23.4	19.3
51.1	24.0	25.0	51.3	25.0	23.6	53.4	22.7	23.9	58.8	22.2	19.0
48.4	25.5	26.1	49.7	24.7	25.6	51.0	22.2	26.8	57.0	23.4	19.7
44.5	27.5	28.0	47.4	26.0	26.5	46.9	23.4	29.6	56.9	25.8	17.3
48.3	27.0	24.1	50.0	27.6	21.8	51.1	23.0	25.3	54.6	24.1	20.7
44.8	17.2	37.9	37.9	24.1	37.9	41.4	24.1	34.5	41.4	17.2	41.4
66.7	16.7	16.7	50.0	16.7	33.3	50.0		50.0	50.0	33.3	16.7
47.2	24.8	27.9	48.9	24.2	26.9	49.2	22.6	28.2	56.0	23.5	20.5
44.0	23.7	32.3	48.7	22.3	29.0	47.0	21.8	31.1	56.7	21.1	22.2
48.9	25.3	25.8	50.7	23.4	25.9	51.0	20.1	28.9	57.2	23.0	19.9
49.1	25.9	24.9	50.1	25.2	24.7	52.4	22.1	25.5	57.5	23.2	19.3
63.8	24.7	11.5	63.5	21.4	15.1	66.4	19.1	14.5	65.1	22.0	12.8
42.4	27.0	30.6	46.3	24.0	29.8	44.4	23.3	32.4	49.0	27.0	24.0
45.8	30.5	23.7	53.8	22.9	23.3	47.9	24.2	28.0	52.5	29.2	18.2
33.3	38.9	27.8	44.4	22.2	33.3	38.9	22.2	38.9	50.0	27.8	22.2
41.8	24.2	34.0	43.9	23.6	32.6	43.4	22.1	34.4	48.4	25.2	26.4
40.0	30.0	30.0	40.0	27.5	32.5	42.5	25.0	32.5	42.5	27.5	30.0
27.8	38.9	33.3	27.8	44.4	27.8	33.3	38.9	27.8	33.3	44.4	22.2
43.0	27.0	30.0	47.2	23.5	29.3	48.4	20.7	31.0	51.3	25.1	23.6
47.4	26.5	26.1	52.0	22.5	25.5	53.9	19.0	27.1	57.5	21.9	20.6
33.3	25.0	41.7	25.0	33.3	41.7	33.3	25.0	41.7	33.3	33.3	33.3
40.8	26.0	33.2	44.7	22.7	32.6	45.2	20.7	34.1	48.5	25.6	25.8
41.4	37.9	20.7	41.4	41.4	17.2	44.8	37.9	17.2	44.8	37.9	17.2
42.9	47.6	9.5	61.9	28.6	9.5	61.9	19.0	19.0	52.4	33.3	14.3
48.7	26.2	25.1	50.1	25.5	24.4	52.3	23.3	24.4	57.6	23.7	18.7
49.1	26.5	24.4	50.4	25.8	23.8	51.5	24.5	24.0	56.8	24.9	18.4
48.5	25.8	25.7	49.9	25.3	24.8	52.9	22.3	24.8	58.2	22.8	18.9
44.0	26.5	29.4	47.4	26.4	26.2	48.1	23.9	28.0	56.1	24.6	19.2
30.8	38.5	30.8	30.8	30.8	38.5	38.5	23.1	38.5	53.8	30.8	15.4
45.2	26.8	28.1	48.4	26.9	24.6	49.7	24.2	26.1	54.6	25.8	19.6
47.7	28.0	24.4	54.4	28.0	17.6	56.0	25.9	18.1	56.5	24.9	18.7
34.6	44.2	21.2	38.5	36.5	25.0	42.3	30.8	26.9	50.0	34.6	15.4
30.0	40.0	30.0	60.0	10.0	30.0	40.0	40.0	20.0	50.0	20.0	30.0
37.4	26.3	36.0	41.2	25.7	32.8	41.5	23.8	34.4	53.4	23.6	22.8
47.0	21.6	31.4	49.1	23.7	27.2	47.7	21.3	31.0	63.1	23.0	13.9
44.8	24.4	30.8	45.9	23.3	30.8	44.2	20.3	35.5	64.5	16.9	18.6
46.0	24.5	29.5	46.9	23.3	29.8	45.7	20.6	33.7	54.6	21.7	23.7
46.2	24.4	29.4	47.8	23.9	28.3	44.6	21.1	34.3	54.3	19.8	26.0
46.8	23.8	29.4	47.4	23.6	28.9	44.9	22.3	32.8	53.6	22.8	23.6
45.9	24.6	29.5	46.8	23.2	30.0	45.9	20.4	33.7	54.7	21.8	23.4
43.9	23.3	32.8	45.0	22.1	32.8	45.3	20.5	34.1	55.4	21.3	23.2

12-12 续表

项目	在实现工艺创新企业中，对下列各项								
	提高了生产的灵活性			提高了生产效率			降低了人力成本		
	高	低	无	高	低	无	高	低	无
租赁业	69.0	18.6	12.4	69.0	21.7	9.3	62.8	22.5	14.7
商务服务业	66.2	17.0	16.8	70.7	15.4	13.9	56.3	25.1	18.6
科学研究和技术服务业	67.7	19.2	13.1	76.9	14.2	8.9	59.9	25.7	14.4
研究和试验发展	70.9	19.0	10.1	81.6	12.5	5.9	62.0	25.2	12.8
专业技术服务业	65.7	20.0	14.4	76.3	14.6	9.1	57.8	26.8	15.4
科技推广和应用服务业	69.9	17.7	12.4	74.7	14.6	10.8	63.1	23.7	13.3
水利、环境和公共设施管理业	64.8	19.4	15.8	71.9	16.3	11.9	62.5	22.7	14.8
水利管理业	42.9	23.8	33.3	66.7	9.5	23.8	52.4	23.8	23.8
生态保护和环境治理业	62.1	18.4	19.4	72.8	14.6	12.6	65.0	19.4	15.5
公共设施管理业	66.9	19.4	13.8	71.9	17.1	11.0	62.4	23.6	14.0
四、按地区分									
东部地区	67.2	18.5	14.3	72.3	16.1	11.6	57.6	26.0	16.4
中部地区	69.5	17.3	13.2	72.8	16.1	11.1	60.6	24.0	15.5
西部地区	65.5	17.6	16.9	69.6	15.7	14.7	56.2	25.1	18.7
东北地区	66.6	16.5	16.9	68.6	15.6	15.8	59.6	22.3	18.2
北　京	62.4	20.2	17.3	71.4	15.7	12.9	52.8	27.0	20.1
天　津	59.3	25.0	15.7	65.2	22.4	12.5	53.4	28.4	18.2
河　北	61.3	18.2	20.5	69.0	15.0	16.0	58.0	23.6	18.4
山　西	63.9	20.5	15.5	69.9	19.2	11.0	53.4	27.9	18.7
内蒙古	64.5	16.8	18.8	65.0	15.7	19.3	52.3	23.9	23.9
辽　宁	62.5	19.3	18.3	65.0	17.8	17.3	56.5	25.5	18.0
吉　林	71.7	14.2	14.2	73.2	12.6	14.2	63.7	20.0	16.3
黑龙江	66.4	14.1	19.5	68.0	16.4	15.6	58.6	18.0	23.4
上　海	67.2	19.2	13.7	74.6	14.6	10.8	54.2	30.0	15.8
江　苏	68.4	18.9	12.7	72.1	17.3	10.6	59.3	26.4	14.2
浙　江	68.6	16.3	15.1	74.0	13.9	12.0	57.9	23.5	18.6
安　徽	72.5	15.3	12.2	75.0	14.6	10.4	60.7	22.6	16.7
福　建	69.5	18.6	11.9	71.7	18.4	9.9	60.2	25.4	14.4
江　西	70.6	13.8	15.6	72.8	14.2	13.0	59.8	21.8	18.4
山　东	71.3	17.3	11.5	73.9	16.8	9.4	66.4	22.3	11.4
河　南	68.1	19.8	12.1	70.9	19.0	10.1	61.6	25.4	13.0
湖　北	67.9	17.8	14.3	73.0	14.7	12.3	59.9	25.1	14.9
湖　南	69.8	17.0	13.2	73.2	15.4	11.3	61.6	22.7	15.7
广　东	68.0	17.5	14.3	72.5	15.3	12.1	55.7	27.0	17.3
广　西	62.3	18.1	19.6	66.7	14.9	18.3	56.0	23.2	20.8
海　南	66.7	13.3	20.0	75.6	10.0	14.4	54.4	23.3	22.2
重　庆	67.8	16.8	15.5	71.0	15.0	14.0	58.3	25.1	16.6
四　川	65.3	18.1	16.6	71.1	15.7	13.3	54.6	25.7	19.7
贵　州	71.8	13.2	15.1	75.5	13.2	11.3	60.5	22.3	17.2
云　南	71.7	16.5	11.8	73.3	15.6	11.1	60.4	23.6	16.0
西　藏	52.4	28.6	19.0	66.7	23.8	9.5	66.7	19.0	14.3
陕　西	61.8	20.2	18.0	67.8	16.8	15.3	55.2	27.2	17.7
甘　肃	60.5	21.5	17.9	61.0	22.0	17.0	52.5	28.7	18.8
青　海	69.5	13.6	16.9	71.2	11.9	16.9	59.3	25.4	15.3
宁　夏	42.6	25.0	32.4	58.8	13.2	27.9	45.6	25.0	29.4
新　疆	61.6	15.3	23.2	64.7	15.3	20.0	51.6	25.8	22.6

作出不同影响程度判断的企业家占比(%)											
节约了原材料			降低了能源消耗			减少了环境污染			改善了工作条件		
高	低	无	高	低	无	高	低	无	高	低	无
48.8	24.8	26.4	52.7	23.3	24.0	49.6	25.6	24.8	55.8	27.9	16.3
43.6	23.2	33.2	44.6	22.0	33.3	45.1	20.2	34.6	55.4	20.9	23.6
52.8	26.2	21.0	54.8	24.1	21.1	55.8	21.2	23.1	55.3	26.4	18.2
61.1	25.5	13.4	60.6	26.8	12.6	61.1	23.1	15.9	56.2	28.3	15.4
48.2	27.1	24.7	50.4	24.8	24.8	51.4	22.0	26.6	53.8	26.6	19.6
57.2	24.6	18.2	60.5	20.7	18.9	62.0	17.8	20.2	58.3	24.5	17.2
57.3	23.1	19.6	56.9	22.3	20.8	66.0	14.8	19.2	64.0	21.3	14.8
42.9	28.6	28.6	52.4	23.8	23.8	52.4	19.0	28.6	52.4	19.0	28.6
68.9	16.5	14.6	68.0	18.4	13.6	83.5	5.8	10.7	62.1	19.4	18.4
54.8	24.7	20.5	53.9	23.3	22.8	61.8	17.1	21.1	65.2	21.9	12.9
47.4	25.8	26.8	49.0	24.9	26.1	49.6	23.0	27.5	55.0	24.3	20.8
51.4	25.3	23.3	52.8	24.2	23.0	54.6	21.0	24.3	60.8	22.2	17.1
45.6	25.9	28.5	47.1	24.7	28.3	50.1	21.1	28.8	57.2	22.7	20.1
53.6	21.6	24.9	54.6	21.5	23.9	55.2	18.8	26.0	60.0	21.1	18.9
39.1	26.9	34.0	40.8	24.9	34.3	40.7	22.7	36.6	44.7	26.0	29.3
45.3	27.1	27.7	47.7	28.3	24.1	46.3	27.1	26.6	51.1	27.7	21.2
47.8	21.7	30.5	50.8	22.5	26.7	50.6	20.3	29.1	58.0	22.2	19.8
40.2	31.5	28.3	46.6	26.9	26.5	50.7	22.4	26.9	54.8	26.5	18.7
43.1	26.4	30.5	45.2	22.3	32.5	47.2	22.3	30.5	54.8	20.3	24.9
49.8	23.8	26.5	51.3	23.8	25.0	50.0	23.0	27.0	53.8	25.3	21.0
59.1	18.8	22.2	60.0	17.8	22.2	61.5	15.1	23.4	67.4	16.9	15.7
51.6	21.9	26.6	51.6	23.4	25.0	55.5	14.8	29.7	60.9	18.8	20.3
44.8	27.2	28.0	46.2	26.0	27.8	47.3	23.9	28.9	50.8	26.6	22.6
51.6	26.6	21.8	52.0	26.1	21.9	53.5	23.7	22.8	57.2	24.9	17.9
46.6	23.8	29.7	47.4	23.8	28.8	47.8	21.5	30.7	57.4	20.8	21.8
51.2	23.9	24.9	52.6	23.6	23.8	53.4	20.3	26.3	61.3	21.3	17.4
48.1	25.5	26.4	48.3	25.3	26.4	50.8	23.0	26.2	61.3	22.3	16.4
52.4	21.0	26.6	52.4	21.6	26.0	52.8	21.0	26.2	61.8	18.6	19.6
57.2	23.4	19.4	59.8	21.6	18.6	59.1	21.0	20.0	62.5	22.0	15.4
53.8	26.6	19.6	53.1	26.8	20.1	56.7	22.9	20.4	61.5	23.5	15.0
47.7	27.5	24.8	50.1	24.9	25.0	52.1	21.0	26.9	57.7	23.8	18.5
54.3	23.9	21.9	57.4	21.2	21.4	57.9	19.1	23.0	63.0	20.6	16.4
45.9	27.0	27.0	48.4	25.5	26.1	49.0	23.6	27.4	53.8	25.5	20.7
41.8	27.1	31.1	42.8	24.7	32.5	46.0	22.7	31.3	57.7	23.0	19.3
44.4	20.0	35.6	40.0	27.8	32.2	47.8	22.2	30.0	58.9	15.6	25.6
49.4	25.8	24.8	49.9	26.5	23.6	51.6	23.3	25.1	59.0	22.3	18.7
43.2	26.1	30.6	45.3	24.9	29.8	48.7	20.2	31.1	53.6	24.0	22.4
49.5	24.7	25.8	51.3	22.3	26.3	58.9	15.6	25.5	64.2	18.3	17.5
51.0	23.2	25.8	52.3	23.4	24.3	52.8	21.8	25.4	62.3	22.3	15.4
57.1	28.6	14.3	61.9	23.8	14.3	61.9	19.0	19.0	61.9	23.8	14.3
44.0	28.5	27.5	46.7	25.8	27.5	50.2	22.2	27.7	56.0	24.2	19.8
45.7	28.3	26.0	44.4	27.4	28.3	52.0	23.3	24.7	57.8	25.6	16.6
50.8	18.6	30.5	47.5	22.0	30.5	47.5	18.6	33.9	52.5	22.0	25.4
30.9	22.1	47.1	30.9	26.5	42.6	29.4	20.6	50.0	39.7	29.4	30.9
40.0	24.7	35.3	42.6	21.1	36.3	43.7	17.4	38.9	53.2	18.4	28.4

12-13 组织创新对规模(限额)

项 目	在实现组织创新企业中，对下列								
	加快了对客户或供应商的响应速度			提高了新产品或新工艺的开发能力			提高了产品质量		
	高	低	无	高	低	无	高	低	无
总 计	**72.2**	**18.3**	**9.5**	**63.4**	**21.2**	**15.4**	**73.2**	**17.4**	**9.4**
一、按规模分									
大型企业	76.2	15.4	8.4	71.0	17.6	11.4	77.2	14.8	8.0
中型企业	72.8	17.6	9.6	62.8	20.5	16.7	73.0	17.0	9.9
小型企业	72.2	18.6	9.3	63.8	21.4	14.8	73.6	17.5	8.9
微型企业	65.3	21.0	13.7	51.1	25.8	23.1	64.5	20.7	14.8
二、按登记注册类型分									
内资企业	72.2	18.2	9.6	63.0	21.3	15.7	73.3	17.3	9.4
国有企业	64.0	19.4	16.6	52.4	22.1	25.5	66.6	18.9	14.5
集体企业	61.5	22.7	15.8	51.5	23.9	24.5	65.3	20.4	14.3
股份合作企业	65.2	24.5	10.3	62.4	23.4	14.2	69.5	19.9	10.6
联营企业	60.7	27.9	11.5	49.2	31.1	19.7	62.3	29.5	8.2
#国有联营企业	66.7	16.7	16.7	75.0	16.7	8.3	66.7	25.0	8.3
有限责任公司	71.8	17.6	10.6	62.0	20.7	17.2	73.0	16.6	10.3
#国有独资公司	67.2	17.6	15.2	57.0	21.0	22.0	68.7	16.9	14.4
股份有限公司	75.7	16.0	8.3	70.6	17.8	11.6	77.3	14.8	7.8
私营企业	72.4	18.8	8.8	63.4	21.9	14.7	73.4	17.8	8.7
其他企业	67.6	21.0	11.4	57.6	24.6	17.8	69.9	19.3	10.8
港、澳、台商投资企业	73.2	18.0	8.8	67.3	19.2	13.5	73.7	16.9	9.3
合资经营企业	74.4	17.5	8.1	70.5	16.8	12.7	75.1	15.7	9.2
合作经营企业	69.8	23.7	6.5	69.8	17.3	13.0	76.3	15.8	7.9
港、澳、台商独资经营企业	72.6	18.2	9.1	65.6	20.4	14.0	72.9	17.7	9.4
港、澳、台商投资股份有限公司	71.3	18.0	10.7	63.2	24.3	12.5	75.0	16.9	8.1
其他港、澳、台投资企业	73.7	14.5	11.8	65.8	18.4	15.8	67.1	17.1	15.8
外商投资企业	72.5	18.6	8.9	65.3	21.4	13.3	71.3	18.7	9.9
中外合资经营企业	74.8	17.2	8.0	70.0	19.2	10.8	75.5	16.5	8.0
中外合作经营企业	71.5	15.2	13.2	64.9	20.5	14.6	75.5	14.6	9.9
外资企业	70.7	19.7	9.6	61.9	23.1	15.0	68.0	20.6	11.4
外商投资股份有限公司	78.0	16.4	5.6	68.7	20.6	10.7	77.1	16.4	6.5
其他外商投资企业	71.6	21.6	6.9	65.5	15.5	19.0	74.1	15.5	10.3
三、按行业分									
采矿业	61.9	22.6	15.5	48.9	26.2	24.9	65.3	20.4	14.3
制造业	75.3	17.8	7.0	70.7	19.5	9.9	77.3	16.4	6.3
电力、热力、燃气及水生产和供应业	58.5	15.3	26.2	43.1	18.6	38.4	52.7	16.0	31.4
建筑业	63.6	21.0	15.4	50.1	25.2	24.7	62.7	20.8	16.5
批发和零售业	70.0	19.0	11.1	51.5	24.5	24.0	67.8	19.2	13.0
交通运输、仓储和邮政业	64.0	20.8	15.2	46.6	26.6	26.8	64.9	20.1	14.9
信息传输、软件和信息技术服务业	77.1	14.0	8.9	73.2	16.4	10.3	78.2	14.1	7.7
租赁和商务服务业	64.2	19.2	16.6	53.0	22.9	24.1	67.0	18.2	14.8
科学研究和技术服务业	68.5	18.8	12.6	60.9	21.6	17.4	73.0	16.5	10.5
水利、环境和公共设施管理业	62.5	20.1	17.4	53.6	23.9	22.5	70.5	16.8	12.7

以上企业的影响情况

各项作出不同影响程度判断的企业家占比(%)											
降低了单位成本			提高了信息交换与共享的水平			改善了员工工作条件			提升了管理效率		
高	低	无	高	低	无	高	低	无	高	低	无
60.3	**27.7**	**12.0**	**65.0**	**23.8**	**11.2**	**60.9**	**26.9**	**12.3**	**77.0**	**16.6**	**6.4**
64.7	26.0	9.3	72.1	20.4	7.5	60.8	28.1	11.1	83.6	12.2	4.2
59.6	28.0	12.4	66.5	22.8	10.7	60.4	27.2	12.4	78.6	15.6	5.7
60.7	27.6	11.7	64.2	24.4	11.4	61.3	26.6	12.1	76.2	17.2	6.6
53.0	29.9	17.1	59.0	25.0	16.0	57.9	26.7	15.4	70.5	20.0	9.5
60.3	27.6	12.1	65.0	23.7	11.3	61.3	26.6	12.1	77.1	16.6	6.3
56.2	26.8	17.0	62.7	22.1	15.2	57.1	26.8	16.2	77.3	16.4	6.2
55.8	30.2	14.0	56.5	25.9	17.5	58.5	27.3	14.1	69.9	21.8	8.3
52.5	34.4	13.1	57.4	29.8	12.8	55.0	30.9	14.2	70.2	20.6	9.2
52.5	37.7	9.8	57.4	31.1	11.5	59.0	26.2	14.8	75.4	21.3	3.3
58.3	33.3	8.3	75.0	16.7	8.3	66.7	16.7	16.7	83.3	8.3	8.3
60.4	26.9	12.7	65.7	22.7	11.5	60.8	26.4	12.8	78.1	15.8	6.1
59.2	26.7	14.1	66.4	22.1	11.5	57.6	27.5	15.0	81.1	14.1	4.8
63.7	26.2	10.0	69.7	21.2	9.1	61.3	27.5	11.2	81.3	13.8	4.9
60.1	28.2	11.7	64.3	24.6	11.1	61.8	26.6	11.7	76.1	17.3	6.6
60.3	27.0	12.7	63.3	23.7	13.0	63.7	24.9	11.4	73.4	18.4	8.2
60.3	28.3	11.4	65.3	23.8	10.9	58.5	28.5	13.0	76.7	16.7	6.6
63.3	26.6	10.1	68.2	22.2	9.6	59.8	28.1	12.1	79.3	15.2	5.5
61.9	28.1	10.1	71.9	18.7	9.4	68.3	22.3	9.4	77.0	18.0	5.0
58.1	29.6	12.3	63.5	24.8	11.6	57.4	29.1	13.5	74.9	17.7	7.3
66.5	23.5	9.9	64.3	23.5	12.1	58.5	26.5	15.1	79.0	14.3	6.6
57.9	25.0	17.1	64.5	22.4	13.2	60.5	23.7	14.5	76.3	15.8	7.9
59.1	29.3	11.6	63.9	25.3	10.8	55.7	30.2	14.2	75.3	17.7	7.0
63.3	27.1	9.6	66.6	23.4	9.9	59.4	27.8	12.8	78.6	15.1	6.3
59.6	29.8	10.6	65.6	21.9	12.6	58.3	28.5	13.2	77.5	18.5	4.0
55.8	31.0	13.2	61.7	26.7	11.7	52.8	31.8	15.4	72.8	19.3	7.8
64.5	29.0	6.5	71.5	23.4	5.1	59.3	34.6	6.1	79.9	17.3	2.8
64.7	25.0	10.3	62.9	27.6	9.5	58.6	26.7	14.7	71.6	19.8	8.6
63.4	25.8	10.9	54.9	28.4	16.7	61.5	25.2	13.2	76.0	17.0	7.0
65.2	26.4	8.3	66.0	24.6	9.4	63.0	26.9	10.1	78.1	16.3	5.7
61.2	20.7	18.1	66.0	17.6	16.4	63.2	20.9	15.9	83.7	11.4	4.9
58.7	27.9	13.4	64.2	22.9	12.9	59.8	27.1	13.2	78.3	16.0	5.6
50.9	30.6	18.5	62.2	23.6	14.3	57.5	27.3	15.2	73.7	18.1	8.2
52.0	30.0	18.0	60.1	24.3	15.6	56.0	27.2	16.8	72.5	19.2	8.3
57.8	28.6	13.6	73.0	18.2	8.9	59.4	26.3	14.3	80.5	13.5	6.1
50.6	29.2	20.3	64.4	21.0	14.5	56.3	26.1	17.5	75.4	16.8	7.8
54.9	30.5	14.6	65.7	23.0	11.3	56.6	28.2	15.2	76.1	17.3	6.6
54.9	30.0	15.1	63.2	23.5	13.3	61.6	24.8	13.6	76.6	16.7	6.7

12-13 续表

项　目	在实现组织创新企业中，对下列								
	加快了对客户或供应商的响应速度			提高了新产品或新工艺的开发能力			提高了产品质量		
	高	低	无	高	低	无	高	低	无
四、按地区分									
东部地区	72.0	18.8	9.2	64.4	21.3	14.3	72.6	18.1	9.3
中部地区	74.9	16.7	8.4	65.3	20.2	14.5	76.1	15.9	8.0
西部地区	70.1	18.2	11.7	57.2	22.1	20.7	72.1	16.6	11.3
东北地区	69.7	18.3	12.1	61.7	20.6	17.7	71.8	17.0	11.2
北　京	67.8	18.2	14.0	57.4	21.1	21.5	66.8	18.4	14.8
天　津	65.7	22.6	11.8	58.2	24.9	17.0	67.8	19.6	12.5
河　北	67.0	20.6	12.4	55.4	24.0	20.5	69.3	19.0	11.8
山　西	66.3	18.3	15.5	51.0	22.6	26.4	67.7	17.6	14.7
内蒙古	65.8	19.6	14.6	54.3	21.4	24.3	67.7	17.2	15.0
辽　宁	68.6	19.7	11.7	62.8	20.1	17.1	70.3	18.0	11.7
吉　林	73.3	15.8	10.9	65.1	18.6	16.3	75.2	15.0	9.8
黑龙江	65.9	19.3	14.8	54.3	24.5	21.2	69.5	18.1	12.4
上　海	69.3	20.1	10.6	60.5	23.1	16.4	67.0	21.2	11.8
江　苏	71.4	20.7	7.9	64.9	22.8	12.3	71.7	19.8	8.5
浙　江	73.9	17.5	8.6	68.6	18.8	12.5	76.3	15.8	7.9
安　徽	77.7	15.1	7.3	69.6	18.1	12.3	78.5	14.4	7.1
福　建	69.4	20.3	10.3	59.7	23.9	16.4	70.7	18.8	10.6
江　西	75.1	15.8	9.1	67.9	18.6	13.5	77.1	15.0	7.9
山　东	76.1	16.2	7.6	67.2	19.8	12.9	75.4	16.9	7.7
河　南	74.1	17.5	8.4	63.0	21.7	15.3	74.6	17.5	7.9
湖　北	74.8	17.0	8.2	64.7	20.4	14.9	76.1	15.4	8.5
湖　南	74.3	17.8	8.0	65.3	21.6	13.1	76.3	16.6	7.1
广　东	73.2	17.8	9.0	67.2	19.7	13.2	73.9	17.4	8.6
广　西	71.0	17.3	11.7	57.6	22.0	20.5	72.8	16.1	11.1
海　南	72.2	16.3	11.6	55.3	21.3	23.4	75.3	13.8	10.9
重　庆	72.5	17.5	10.0	61.6	20.6	17.8	74.9	15.0	10.1
四　川	70.1	18.7	11.1	55.8	22.9	21.3	70.9	17.7	11.4
贵　州	71.7	17.3	11.0	59.5	21.2	19.3	74.4	15.4	10.2
云　南	73.2	16.4	10.4	61.6	20.0	18.4	76.1	15.1	8.8
西　藏	73.9	14.4	11.7	49.6	23.4	27.0	73.9	18.0	8.1
陕　西	69.7	18.5	11.8	54.8	23.5	21.7	70.4	17.7	11.9
甘　肃	66.5	20.6	12.9	53.9	25.1	21.0	68.6	19.5	11.9
青　海	66.7	18.8	14.6	52.4	22.0	25.7	72.5	13.8	13.8
宁　夏	65.3	18.3	16.4	53.2	24.0	22.8	71.8	15.8	12.4
新　疆	65.1	19.5	15.4	53.3	22.0	24.8	69.1	16.6	14.3

各项作出不同影响程度判断的企业家占比(%)											
降低了单位成本			提高了信息交换与共享的水平			改善了员工工作条件			提升了管理效率		
高	低	无	高	低	无	高	低	无	高	低	无
59.2	28.6	12.2	64.9	24.2	10.9	59.5	28.0	12.5	75.8	17.5	6.7
64.7	25.1	10.2	67.4	22.5	10.1	65.5	24.3	10.2	79.9	14.7	5.3
58.2	28.3	13.6	62.4	24.2	13.4	60.0	26.5	13.5	77.8	16.0	6.2
60.4	26.1	13.5	63.2	23.1	13.6	60.8	25.0	14.2	74.8	17.1	8.2
48.2	31.6	20.2	63.1	22.8	14.2	48.4	30.7	20.9	75.3	17.0	7.7
55.5	29.4	15.1	59.2	25.7	15.1	53.9	29.4	16.7	71.8	18.6	9.6
57.1	28.8	14.0	60.5	24.7	14.7	57.6	27.9	14.5	75.9	16.8	7.3
57.3	27.5	15.2	61.2	22.6	16.2	60.4	25.1	14.5	78.1	15.2	6.7
57.0	26.2	16.8	58.2	25.0	16.8	58.3	26.3	15.4	74.4	17.1	8.5
60.2	25.9	13.9	63.5	23.4	13.1	59.0	25.9	15.1	74.5	16.9	8.6
63.2	24.9	11.9	65.7	21.5	12.8	64.2	24.0	11.8	76.5	16.2	7.3
56.2	28.5	15.3	58.8	25.2	16.0	59.0	24.9	16.1	72.7	18.8	8.6
52.8	33.2	14.0	64.7	25.1	10.2	51.1	33.7	15.2	73.9	19.6	6.5
61.1	28.4	10.5	64.0	26.2	9.9	59.1	29.6	11.4	73.8	19.6	6.6
59.1	29.3	11.7	64.5	24.6	10.9	60.5	27.4	12.1	76.4	17.1	6.5
66.8	23.7	9.4	68.7	21.5	9.8	66.1	24.0	9.9	80.3	14.1	5.7
57.7	29.2	13.1	63.8	24.2	12.0	60.7	27.3	12.1	75.3	18.0	6.7
65.0	24.6	10.4	67.0	22.6	10.4	64.8	24.7	10.5	78.8	15.2	5.9
66.8	23.6	9.6	70.1	21.0	8.9	67.6	23.1	9.3	79.5	14.8	5.7
64.3	26.1	9.6	67.0	23.4	9.6	67.2	23.3	9.4	81.1	14.2	4.7
64.0	25.1	11.0	66.9	22.8	10.3	64.2	24.9	10.8	79.8	14.7	5.5
64.5	25.3	10.2	68.7	22.2	9.1	65.0	25.1	9.8	79.1	16.0	4.9
57.3	30.1	12.5	65.6	23.9	10.5	58.8	28.4	12.8	76.4	16.8	6.8
56.9	28.7	14.4	65.0	22.3	12.7	62.6	24.9	12.6	77.5	16.2	6.3
57.5	26.3	16.3	65.0	22.8	12.2	59.4	27.2	13.4	79.4	14.4	6.3
60.1	27.6	12.3	63.7	23.8	12.5	61.2	25.5	13.4	77.9	15.6	6.5
57.0	29.0	14.0	61.5	25.1	13.4	57.8	27.8	14.5	78.5	15.7	5.8
61.6	26.2	12.2	66.3	21.3	12.4	64.8	23.7	11.5	79.0	14.6	6.4
61.5	26.6	11.9	65.0	23.4	11.5	63.7	24.2	12.0	80.9	14.6	4.5
54.1	30.6	15.3	61.3	23.4	15.3	70.3	18.9	10.8	78.4	16.2	5.4
57.3	29.4	13.3	60.4	26.0	13.6	58.1	28.2	13.7	76.3	17.5	6.1
56.1	31.1	12.8	58.9	26.6	14.5	58.3	30.2	11.5	74.9	18.0	7.1
61.4	24.6	14.0	63.2	22.2	14.6	60.6	24.6	14.8	77.8	15.6	6.6
51.7	34.2	14.1	59.9	26.2	13.9	53.5	31.9	14.6	76.7	17.3	6.0
55.7	27.7	16.5	60.6	23.5	15.9	58.6	26.5	14.9	76.6	15.9	7.6

12-14 组织创新对规模以上

项 目	在实现组织创新企业中，对下列								
	加快了对客户或供应商的响应速度			提高了新产品或新工艺的开发能力			提高了产品质量		
	高	低	无	高	低	无	高	低	无
总 计	**74.7**	**17.8**	**7.5**	**69.7**	**19.6**	**10.7**	**76.6**	**16.5**	**7.0**
一、按规模分									
大型企业	78.9	15.6	5.5	77.4	15.9	6.7	79.5	15.1	5.4
中型企业	75.9	17.0	7.1	73.1	17.7	9.2	77.6	16.1	6.3
小型企业	74.2	18.2	7.7	68.6	20.2	11.2	76.3	16.6	7.1
微型企业	71.0	17.2	11.8	59.3	22.6	18.1	69.5	18.5	12.0
二、按登记注册类型分									
内资企业	74.8	17.7	7.4	69.9	19.5	10.6	77.0	16.3	6.7
国有企业	66.4	18.1	15.6	58.6	21.0	20.4	63.9	21.0	15.1
集体企业	65.6	23.2	11.2	59.1	21.8	19.1	71.2	18.2	10.6
股份合作企业	67.4	26.3	6.3	68.0	21.7	10.3	76.0	17.1	6.9
联营企业	70.4	18.5	11.1	55.6	29.6	14.8	70.4	25.9	3.7
#国有联营企业	80.0		20.0	80.0	20.0		80.0	20.0	
有限责任公司	75.1	16.7	8.2	69.9	18.6	11.5	77.1	15.5	7.4
#国有独资公司	71.6	16.1	12.2	63.8	18.9	17.3	71.3	16.5	12.2
股份有限公司	78.0	15.8	6.2	75.9	15.8	8.2	80.1	14.0	5.9
私营企业	74.6	18.3	7.1	69.5	20.3	10.2	76.8	16.8	6.3
其他企业	63.8	26.8	9.4	59.4	23.2	17.4	71.7	21.0	7.2
港、澳、台商投资企业	74.2	18.0	7.8	70.2	18.4	11.4	75.1	16.9	8.1
合资经营企业	75.5	17.3	7.2	73.7	15.8	10.5	76.8	15.4	7.8
合作经营企业	70.3	22.8	6.9	72.3	12.9	14.9	78.2	11.9	9.9
港、澳、台商独资经营企业	73.4	18.5	8.2	67.7	20.2	12.1	73.7	18.0	8.3
港、澳、台商投资股份有限公司	76.0	15.1	8.9	71.4	19.8	8.9	78.6	15.6	5.7
其他港、澳、台投资企业	80.0	12.5	7.5	80.0	15.0	5.0	70.0	17.5	12.5
外商投资企业	73.0	18.7	8.3	67.3	21.2	11.5	72.4	18.8	8.8
中外合资经营企业	75.0	17.4	7.6	71.5	18.9	9.6	76.0	16.6	7.4
中外合作经营企业	75.2	13.6	11.2	68.8	20.0	11.2	77.6	13.6	8.8
外资企业	71.2	19.9	8.8	64.0	23.0	13.0	69.2	20.7	10.1
外商投资股份有限公司	80.0	15.0	5.0	73.1	19.4	7.5	78.8	15.6	5.6
其他外商投资企业	72.0	21.3	6.7	65.3	16.0	18.7	74.7	18.7	6.7
三、按行业分									
采矿业	61.9	22.6	15.5	48.9	26.2	24.9	65.3	20.4	14.3
煤炭开采和洗选业	62.9	22.9	14.2	45.3	27.6	27.1	63.8	21.9	14.3
石油和天然气开采业	42.9	25.0	32.1	53.6	21.4	25.0	60.7	17.9	21.4
黑色金属矿采选业	56.2	25.4	18.4	44.9	29.7	25.4	60.4	22.6	17.0
有色金属矿采选业	49.1	27.9	23.0	45.0	27.9	27.1	64.3	20.8	14.9
非金属矿采选业	70.5	18.6	10.8	56.5	22.6	20.9	70.9	17.5	11.6

工业企业的影响情况

各项作出不同影响程度判断的企业家占比(%)											
降低了单位成本			提高了信息交换与共享的水平			改善了员工工作条件			提升了管理效率		
高	低	无	高	低	无	高	低	无	高	低	无
65.1	**26.3**	**8.6**	**65.8**	**24.5**	**9.7**	**63.0**	**26.7**	**10.3**	**78.1**	**16.2**	**5.7**
70.0	24.6	5.4	72.4	21.7	5.9	64.3	27.8	7.8	84.9	12.1	2.9
66.7	25.9	7.3	67.5	23.9	8.6	63.2	27.1	9.7	79.9	15.2	4.9
64.5	26.5	9.0	64.9	24.9	10.2	62.9	26.5	10.6	77.3	16.7	6.0
61.6	26.7	11.7	63.2	24.8	12.0	62.5	25.4	12.1	75.2	17.1	7.6
65.6	26.0	8.4	66.0	24.4	9.6	63.8	26.3	10.0	78.4	16.1	5.5
61.7	24.8	13.4	66.4	21.3	12.3	58.0	28.2	13.7	79.2	15.6	5.2
61.2	30.0	8.8	58.2	27.9	13.8	62.6	27.6	9.7	74.4	20.0	5.6
57.7	32.6	9.7	58.3	31.4	10.3	54.9	31.4	13.7	70.3	19.4	10.3
66.7	22.2	11.1	70.4	18.5	11.1	77.8	14.8	7.4	85.2	11.1	3.7
80.0	20.0		80.0		20.0	80.0		20.0	80.0	20.0	
66.8	24.7	8.4	66.8	23.4	9.8	64.0	25.8	10.2	79.9	15.0	5.1
66.3	24.2	9.5	65.2	23.5	11.3	58.2	28.1	13.7	82.8	13.5	3.7
68.6	24.2	7.2	70.5	21.6	7.8	63.8	27.0	9.2	82.7	13.0	4.3
64.8	26.7	8.5	65.1	25.2	9.6	63.7	26.4	9.9	77.3	16.9	5.8
58.0	33.3	8.7	55.8	28.3	15.9	54.3	34.8	10.9	69.6	24.6	5.8
62.7	28.0	9.2	64.9	24.7	10.3	59.9	28.5	11.6	76.9	16.7	6.4
65.8	25.8	8.4	67.8	23.3	8.9	61.3	27.8	10.9	79.0	15.8	5.1
61.4	28.7	9.9	68.3	19.8	11.9	70.3	19.8	9.9	77.2	16.8	5.9
60.4	29.8	9.8	62.8	26.0	11.2	58.6	29.4	12.0	75.2	17.6	7.2
71.9	20.3	7.8	67.2	22.9	9.9	62.0	24.0	14.1	82.8	9.9	7.3
65.0	27.5	7.5	75.0	17.5	7.5	62.5	27.5	10.0	80.0	12.5	7.5
61.2	28.8	10.1	64.0	25.7	10.3	56.8	30.1	13.1	75.9	17.3	6.8
64.9	26.5	8.7	66.7	23.8	9.5	60.2	27.8	12.0	78.9	15.0	6.1
62.4	29.6	8.0	67.2	23.2	9.6	63.2	26.4	10.4	78.4	19.2	2.4
58.0	30.6	11.4	61.5	27.3	11.2	53.8	31.8	14.4	73.5	18.9	7.6
70.0	26.3	3.8	73.8	21.3	5.0	62.5	33.1	4.4	78.1	18.1	3.8
65.3	25.3	9.3	61.3	30.7	8.0	60.0	28.0	12.0	72.0	21.3	6.7
63.4	25.8	10.9	54.9	28.4	16.7	61.5	25.2	13.2	76.0	17.0	7.0
64.9	25.4	9.7	56.7	26.1	17.2	62.4	25.8	11.8	77.9	16.5	5.6
85.7	10.7	3.6	67.9	25.0	7.1	67.9	21.4	10.7	85.7	14.3	
54.4	27.9	17.7	45.2	31.4	23.3	53.0	27.2	19.8	66.8	20.5	12.7
61.3	29.4	9.3	45.0	35.7	19.3	57.6	27.1	15.2	73.6	17.8	8.6
65.4	24.7	9.9	62.0	27.2	10.8	67.5	22.2	10.3	79.5	16.0	4.6

12-14 续表 1

项目	在实现组织创新企业中，对下列								
	加快了对客户或供应商的响应速度			提高了新产品或新工艺的开发能力			提高了产品质量		
	高	低	无	高	低	无	高	低	无
开采辅助活动	67.3	16.3	16.3	61.2	20.4	18.4	63.3	18.4	18.4
其他采矿业	60.0		40.0	60.0		40.0	60.0		40.0
制造业	75.3	17.8	7.0	70.7	19.5	9.9	77.3	16.4	6.3
农副食品加工业	74.3	18.0	7.7	65.4	22.7	11.9	77.2	16.0	6.8
食品制造业	76.9	16.2	7.0	72.3	18.2	9.5	79.3	14.2	6.5
酒、饮料和精制茶制造业	75.3	17.5	7.2	69.7	19.4	10.9	79.3	14.3	6.4
烟草制品业	72.2	13.0	14.8	64.8	16.7	18.5	70.4	18.5	11.1
纺织业	72.9	19.7	7.4	67.5	21.8	10.7	75.3	18.1	6.7
纺织服装、服饰业	71.8	20.4	7.8	63.8	23.6	12.6	71.8	20.3	7.9
皮革、毛皮、羽毛及其制品和制鞋业	74.4	17.0	8.6	65.6	23.6	10.7	75.5	18.3	6.2
木材加工和木、竹、藤、棕、草制品业	72.9	20.0	7.1	66.8	23.8	9.5	76.6	18.3	5.1
家具制造业	74.9	17.5	7.6	70.3	19.1	10.5	76.0	17.0	7.0
造纸和纸制品业	72.9	18.9	8.2	66.0	21.8	12.2	76.4	17.0	6.7
印刷和记录媒介复制业	73.9	18.9	7.2	64.8	22.4	12.7	75.3	17.8	6.9
文教、工美、体育和娱乐用品制造业	73.3	19.4	7.3	69.9	20.6	9.6	76.5	17.1	6.4
石油加工、炼焦和核燃料加工业	75.0	17.1	8.0	64.8	21.2	14.1	74.4	17.6	8.0
化学原料和化学制品制造业	75.1	18.0	6.9	71.0	19.1	10.0	76.7	16.8	6.5
医药制造业	76.8	15.3	7.9	75.3	16.0	8.6	80.5	12.9	6.6
化学纤维制造业	76.2	18.5	5.3	72.0	20.0	7.9	80.0	15.5	4.5
橡胶和塑料制品业	72.9	19.2	7.9	70.2	19.4	10.4	77.0	16.0	7.0
非金属矿物制品业	74.3	17.6	8.1	64.1	20.7	15.1	75.4	16.9	7.7
黑色金属冶炼和压延加工业	72.0	19.2	8.9	62.8	22.4	14.8	73.9	17.6	8.5
有色金属冶炼和压延加工业	74.3	17.8	7.9	70.6	18.3	11.0	74.6	18.1	7.2
金属制品业	74.2	19.0	6.8	68.9	20.9	10.2	75.5	18.2	6.3
通用设备制造业	76.8	17.4	5.8	73.6	18.8	7.6	78.4	16.2	5.5
专用设备制造业	76.7	17.3	6.0	75.6	17.5	6.9	79.3	15.9	4.8
汽车制造业	77.7	16.2	6.1	76.2	16.2	7.6	79.6	14.9	5.4
铁路、船舶、航空航天和其他运输设备制造业	75.0	17.8	7.2	72.0	19.9	8.1	76.4	17.9	5.8
电气机械和器材制造业	76.6	17.7	5.7	74.7	17.9	7.4	79.0	15.8	5.2
计算机、通信和其他电子设备制造业	78.3	16.0	5.7	76.4	16.0	7.6	79.3	15.0	5.7
仪器仪表制造业	78.6	15.1	6.3	76.4	16.2	7.4	79.7	14.6	5.7
其他制造业	75.4	18.4	6.2	66.8	24.4	8.8	73.9	19.3	6.9
废弃资源综合利用业	66.2	19.5	14.3	56.8	25.6	17.5	67.2	20.8	12.0
金属制品、机械和设备修理业	73.5	17.3	9.2	65.3	24.5	10.2	74.5	20.4	5.1
电力、热力、燃气及水生产和供应业	58.5	15.3	26.2	43.1	18.6	38.4	52.7	16.0	31.4
电力、热力生产和供应业	55.2	15.1	29.7	41.6	17.8	40.6	50.3	15.5	34.2
燃气生产和供应业	73.1	13.9	13.0	42.3	20.7	37.0	52.4	16.3	31.4
水的生产和供应业	58.9	17.2	23.9	50.6	20.1	29.3	64.0	17.8	18.2

各项作出不同影响程度判断的企业家占比(%)											
降低了单位成本			提高了信息交换与共享的水平			改善了员工工作条件			提升了管理效率		
高	低	无	高	低	无	高	低	无	高	低	无
71.4	18.4	10.2	57.1	20.4	22.4	55.1	26.5	18.4	75.5	10.2	14.3
40.0	40.0	20.0	40.0	20.0	40.0	40.0	40.0	20.0	40.0	40.0	20.0
65.2	26.4	8.3	66.0	24.6	9.4	63.0	26.9	10.1	78.1	16.3	5.7
65.3	25.8	8.9	65.0	24.6	10.4	64.5	25.4	10.1	77.7	16.5	5.8
65.7	25.4	8.9	67.9	22.7	9.4	66.4	23.4	10.2	79.8	14.5	5.7
65.9	24.9	9.2	68.2	23.3	8.5	65.1	24.7	10.2	80.4	13.9	5.7
66.7	22.2	11.1	59.3	25.9	14.8	42.6	35.2	22.2	79.6	14.8	5.6
62.2	28.7	9.1	63.0	27.0	10.0	61.8	28.5	9.8	76.9	17.5	5.7
60.8	29.4	9.8	61.3	26.9	11.9	59.3	28.6	12.1	73.0	19.4	7.6
60.9	29.1	10.1	63.3	25.7	11.0	64.8	24.0	11.3	75.9	17.6	6.5
65.0	27.4	7.6	62.7	27.2	10.1	64.8	25.7	9.6	73.0	20.1	6.9
64.4	26.1	9.5	65.5	24.0	10.5	62.3	26.4	11.3	76.8	16.9	6.3
66.4	24.6	9.0	64.4	24.4	11.2	62.7	26.2	11.1	77.7	15.8	6.5
62.1	28.4	9.5	62.6	26.9	10.5	59.2	30.3	10.5	77.1	17.3	5.6
63.7	27.6	8.7	64.9	25.5	9.6	63.2	27.0	9.8	74.8	18.3	6.9
65.3	24.5	10.2	70.3	20.8	8.9	64.0	25.6	10.4	83.3	12.1	4.6
67.0	25.0	8.0	67.1	23.8	9.1	65.4	25.1	9.5	79.5	15.3	5.3
68.7	23.4	7.9	69.9	20.8	9.3	66.7	23.7	9.6	82.9	12.7	4.3
65.8	26.8	7.4	63.1	28.7	8.1	60.9	29.5	9.6	76.6	19.5	4.0
63.3	27.2	9.5	63.4	25.9	10.7	62.4	27.1	10.4	75.5	17.7	6.8
66.6	25.1	8.2	64.6	24.8	10.6	64.0	25.6	10.4	78.8	15.4	5.8
63.2	26.8	9.9	61.9	26.0	12.1	60.6	26.5	12.9	77.8	14.9	7.3
66.1	26.0	7.9	66.6	23.0	10.4	64.5	24.7	10.7	81.0	13.6	5.4
64.5	27.2	8.2	65.4	25.2	9.4	62.0	28.1	9.8	76.5	17.9	5.6
65.1	27.1	7.8	66.3	25.2	8.5	61.5	28.6	9.9	77.4	17.1	5.5
65.8	26.6	7.6	67.2	24.7	8.1	62.5	28.0	9.5	78.9	16.2	4.8
67.4	24.9	7.6	67.7	23.6	8.7	64.7	25.8	9.4	78.9	15.7	5.3
64.5	27.0	8.5	67.5	23.2	9.3	63.4	26.6	10.0	78.9	16.1	5.1
65.6	27.0	7.4	67.4	24.5	8.1	62.3	27.7	9.9	78.7	16.2	5.1
66.0	26.2	7.9	68.4	23.5	8.1	61.2	28.9	9.9	79.0	15.5	5.5
64.9	27.1	8.0	68.1	23.7	8.2	60.0	29.5	10.5	78.4	16.1	5.5
59.1	31.3	9.6	66.0	25.3	8.8	60.4	30.4	9.2	75.4	19.7	4.9
66.2	24.7	9.1	60.1	27.3	12.7	60.4	27.3	12.3	74.7	17.9	7.5
64.3	31.6	4.1	68.4	26.5	5.1	58.2	32.7	9.2	81.6	14.3	4.1
61.2	20.7	18.1	66.0	17.6	16.4	63.2	20.9	15.9	83.7	11.4	4.9
61.5	19.7	18.8	64.9	17.6	17.5	63.1	20.4	16.5	82.7	11.7	5.6
56.8	23.1	20.1	69.2	16.3	14.5	61.5	22.8	15.7	87.3	9.5	3.3
64.3	22.6	13.1	67.8	18.8	13.4	65.3	21.3	13.4	84.4	12.1	3.5

12-14 续表 2

项目	在实现组织创新企业中，对下列								
	加快了对客户或供应商的响应速度			提高了新产品或新工艺的开发能力			提高了产品质量		
	高	低	无	高	低	无	高	低	无
四、按地区分									
东部地区	74.4	18.4	7.2	70.5	19.6	9.9	75.8	17.3	6.9
中部地区	77.3	16.3	6.4	71.4	18.9	9.8	79.1	15.2	5.7
西部地区	72.3	17.8	9.9	64.3	20.5	15.2	75.9	15.4	8.7
东北地区	71.9	17.9	10.2	67.8	19.3	12.9	75.6	15.7	8.7
北　京	71.0	18.9	10.1	66.3	20.7	13.0	70.9	18.3	10.8
天　津	75.5	16.3	8.1	71.6	18.2	10.3	76.1	15.7	8.2
河　北	68.1	21.0	10.9	58.3	24.5	17.2	70.6	19.6	9.9
山　西	67.8	18.3	13.9	55.6	21.3	23.1	69.5	17.4	13.1
内蒙古	68.1	18.0	13.8	60.5	19.8	19.7	70.6	16.1	13.3
辽　宁	72.4	18.1	9.4	70.7	17.7	11.6	75.3	15.9	8.9
吉　林	74.1	16.3	9.6	69.9	17.8	12.3	77.3	14.8	7.9
黑龙江	67.7	19.8	12.5	59.1	24.6	16.3	73.7	16.8	9.5
上　海	71.4	20.9	7.7	65.8	22.8	11.4	68.6	22.3	9.1
江　苏	73.5	20.2	6.3	70.1	21.3	8.6	74.5	18.9	6.6
浙　江	75.5	17.7	6.8	74.7	17.3	8.1	79.2	15.2	5.6
安　徽	79.4	14.7	5.9	73.6	16.8	9.6	81.1	13.4	5.5
福　建	72.4	18.7	8.9	66.6	20.5	12.9	75.2	16.1	8.7
江　西	76.8	16.2	7.0	74.6	16.8	8.6	79.7	14.4	5.9
山　东	77.7	16.1	6.2	71.5	19.1	9.5	77.2	16.7	6.1
河　南	77.2	17.1	5.7	70.2	20.6	9.2	77.7	17.6	4.7
湖　北	77.3	16.4	6.4	70.9	19.1	10.1	79.2	14.6	6.2
湖　南	76.3	17.8	6.0	70.8	20.7	8.5	79.4	15.8	4.8
广　东	75.3	17.2	7.5	73.0	17.6	9.4	76.8	16.4	6.8
广　西	72.6	17.6	9.9	63.2	20.8	16.0	77.6	15.1	7.3
海　南	74.1	12.5	13.4	67.0	12.5	20.5	76.8	10.7	12.5
重　庆	75.8	17.4	6.8	72.5	17.7	9.8	80.3	13.2	6.5
四　川	71.8	18.9	9.3	61.1	22.8	16.1	73.7	17.4	8.8
贵　州	71.7	17.5	10.8	63.9	20.1	16.1	75.1	15.2	9.7
云　南	75.0	15.3	9.7	68.7	17.3	14.0	79.7	12.7	7.6
西　藏	76.5	8.8	14.7	55.9	17.6	26.5	79.4	11.8	8.8
陕　西	72.9	17.5	9.6	63.9	21.0	15.0	75.4	16.9	7.7
甘　肃	70.4	19.3	10.3	63.1	22.8	14.1	74.8	16.4	8.8
青　海	66.5	18.2	15.3	57.4	19.3	23.3	73.9	11.9	14.2
宁　夏	67.6	18.2	14.2	62.1	22.8	15.0	76.9	14.2	9.0
新　疆	68.1	18.1	13.8	60.0	20.0	20.0	73.7	14.1	12.3

各项作出不同影响程度判断的企业家占比(%)											
降低了单位成本			提高了信息交换与共享的水平			改善了员工工作条件			提升了管理效率		
高	低	无	高	低	无	高	低	无	高	低	无
63.6	27.5	8.9	65.4	25.0	9.6	61.5	28.0	10.5	76.8	17.1	6.1
69.5	23.5	7.0	68.5	23.0	8.4	67.6	23.8	8.6	81.3	14.3	4.5
64.4	26.2	9.4	63.0	25.2	11.8	62.4	26.2	11.5	79.4	15.2	5.4
64.8	24.7	10.5	64.2	23.7	12.1	62.1	25.0	12.9	76.2	16.4	7.4
54.7	32.0	13.3	63.2	25.7	11.1	48.3	34.5	17.2	77.1	16.7	6.3
64.8	26.1	9.1	65.3	23.1	11.6	59.9	26.9	13.3	77.7	14.7	7.5
60.0	28.7	11.3	60.5	25.9	13.6	58.4	28.6	13.1	76.4	16.5	7.1
65.1	25.6	9.3	63.2	24.4	12.4	62.3	24.5	13.2	79.4	14.6	6.1
63.3	24.1	12.6	58.6	25.1	16.2	61.9	24.2	13.8	76.9	14.8	8.2
65.9	23.5	10.6	66.1	23.0	10.9	61.5	24.7	13.8	76.5	15.5	8.0
66.3	24.0	9.7	64.7	23.5	11.8	64.6	24.7	10.7	77.0	16.5	6.5
60.6	28.0	11.4	60.1	25.3	14.7	59.5	25.8	14.7	74.5	17.7	7.8
56.4	33.8	9.8	63.1	28.2	8.7	52.0	35.1	12.9	74.5	20.0	5.5
64.2	27.6	8.2	64.6	26.7	8.7	60.3	29.5	10.2	74.6	19.3	6.1
62.1	29.0	9.0	63.8	26.1	10.2	61.4	28.1	10.6	76.0	17.6	6.4
70.6	22.4	7.0	69.1	22.3	8.6	67.7	23.6	8.7	81.3	13.8	4.9
62.8	26.5	10.7	64.6	23.9	11.5	63.2	25.9	10.9	77.8	15.6	6.6
69.1	23.0	7.9	66.8	23.5	9.6	66.5	24.0	9.5	79.4	15.2	5.4
70.3	22.7	7.0	71.3	21.4	7.4	68.8	23.5	7.7	80.2	14.8	5.0
70.1	24.6	5.3	69.8	23.4	6.8	71.0	22.2	6.8	83.6	13.4	3.0
68.3	23.5	8.2	67.7	23.1	9.1	66.3	24.2	9.5	80.7	14.4	5.0
69.3	23.6	7.1	69.2	22.9	8.0	65.9	26.0	8.1	80.3	15.6	4.1
61.9	28.7	9.4	65.7	24.5	9.7	60.4	28.6	11.0	77.5	16.4	6.1
63.4	27.3	9.4	65.5	23.3	11.2	66.0	23.8	10.3	78.9	16.0	5.1
67.9	20.5	11.6	67.0	20.5	12.5	58.0	25.9	16.1	80.4	13.4	6.3
66.5	25.1	8.5	65.1	24.7	10.2	63.2	25.7	11.1	78.4	16.1	5.5
62.4	28.0	9.6	61.6	26.4	12.1	59.8	28.1	12.1	79.3	15.3	5.4
66.7	23.5	9.8	65.8	22.3	11.9	67.0	23.0	10.0	79.9	14.3	5.9
67.1	25.0	7.9	65.7	23.5	10.9	65.3	23.7	11.0	82.1	13.6	4.4
52.9	32.4	14.7	52.9	26.5	20.6	73.5	11.8	14.7	79.4	14.7	5.9
65.0	26.4	8.7	61.7	27.0	11.3	61.3	27.4	11.3	78.9	16.8	4.3
64.4	26.9	8.7	61.1	27.2	11.7	59.7	29.0	11.2	78.4	15.0	6.5
66.5	22.2	11.4	60.8	25.0	14.2	59.1	27.3	13.6	76.7	15.3	8.0
57.5	32.7	9.8	59.2	28.3	12.4	56.4	31.2	12.4	81.8	14.2	4.0
65.2	24.0	10.8	62.8	23.6	13.5	62.3	26.3	11.4	81.3	13.4	5.3

12-15 组织创新对资质等级

项目	在实现组织创新企业中，对下列								
	加快了对客户或供应商的响应速度			提高了新产品或新工艺的开发能力			提高了产品质量		
	高	低	无	高	低	无	高	低	无
总计	**63.6**	**21.0**	**15.4**	**50.0**	**25.2**	**24.7**	**62.6**	**20.8**	**16.5**
一、按规模分									
大型企业	65.3	20.7	14.0	65.0	21.4	13.7	70.9	16.6	12.5
中型企业	64.9	20.3	14.9	49.4	25.0	25.6	63.3	20.3	16.4
小型企业	61.3	21.9	16.8	44.9	26.9	28.2	58.6	23.2	18.2
微型企业	59.6	24.5	15.9	45.3	28.3	26.4	55.5	25.1	19.4
二、按登记注册类型分									
内资企业	63.6	21.1	15.4	50.1	25.2	24.7	62.7	20.9	16.4
国有企业	57.8	20.2	22.0	51.6	21.7	26.7	64.8	18.8	16.4
集体企业	61.1	23.5	15.4	53.1	27.2	19.8	67.9	16.7	15.4
股份合作企业	68.8	25.0	6.3	62.5	31.3	6.3	68.8	25.0	6.3
联营企业	40.0	20.0	40.0	60.0		40.0	40.0	40.0	20.0
有限责任公司	63.7	20.8	15.5	51.1	24.8	24.1	63.9	20.1	16.0
#国有独资公司	61.4	22.0	16.6	58.3	23.4	18.3	66.3	21.7	12.0
股份有限公司	62.1	20.3	17.6	53.5	25.4	21.2	63.5	20.3	16.3
私营企业	64.3	21.3	14.4	48.4	25.8	25.8	61.1	22.0	16.9
其他企业	33.3	33.3	33.3	33.3	33.3	33.3	33.3	33.3	33.3
港、澳、台商投资企业	68.3	15.9	15.9	49.2	20.6	30.2	58.7	15.9	25.4
合资经营企业	64.4	15.6	20.0	46.7	20.0	33.3	57.8	11.1	31.1
合作经营企业	85.7	14.3		71.4	28.6		57.1	42.9	
港、澳、台商独资经营企业	75.0	25.0		50.0	25.0	25.0	62.5	25.0	12.5
其他港、澳、台投资企业	66.7		33.3	33.3		66.7	66.7		33.3
外商投资企业	59.3	22.2	18.5	40.7	37.0	22.2	59.3	22.2	18.5
中外合资经营企业	60.0	25.0	15.0	45.0	35.0	20.0	60.0	30.0	10.0
外资企业	40.0	20.0	40.0	20.0	40.0	40.0	40.0		60.0
三、按行业分									
房屋建筑业	63.7	21.7	14.7	50.2	26.2	23.6	64.1	20.8	15.1
土木工程建筑业	62.3	19.6	18.0	51.7	22.6	25.6	63.4	19.0	17.5
建筑安装业	64.3	21.0	14.7	48.4	25.9	25.8	58.5	21.9	19.6
建筑装饰和其他建筑业	64.7	21.3	14.0	48.6	25.6	25.8	60.7	22.7	16.6

以上建筑业企业的影响情况

各项作出不同影响程度判断的企业家占比(%)											
降低了单位成本			提高了信息交换与共享的水平			改善了员工工作条件			提升了管理效率		
高	低	无	高	低	无	高	低	无	高	低	无
58.7	**27.9**	**13.4**	**64.2**	**22.9**	**12.8**	**59.8**	**27.1**	**13.2**	**78.3**	**16.0**	**5.6**
64.7	26.1	9.1	69.0	21.7	9.4	56.6	30.9	12.6	83.2	11.5	5.3
59.7	27.2	13.1	65.4	22.2	12.5	61.6	26.0	12.5	79.9	15.1	5.1
54.6	29.9	15.5	61.0	24.4	14.6	58.7	27.1	14.2	75.0	18.9	6.1
55.3	28.0	16.7	57.1	25.9	17.0	57.1	27.0	15.9	67.1	22.9	10.0
58.7	28.0	13.3	64.2	23.0	12.9	59.9	27.0	13.1	78.3	16.1	5.6
60.4	25.8	13.8	62.8	22.9	14.4	57.2	27.3	15.5	82.4	12.6	5.0
58.0	29.6	12.3	62.3	24.1	13.6	64.2	24.7	11.1	76.5	18.5	4.9
43.8	43.8	12.5	56.3	31.3	12.5	68.8	25.0	6.3	81.3	18.8	
60.0	20.0	20.0	80.0		20.0	40.0	40.0	20.0	80.0	20.0	
59.8	27.8	12.4	64.9	22.7	12.5	59.4	27.5	13.1	79.1	15.6	5.3
63.7	27.7	8.6	66.6	24.3	9.1	55.7	30.9	13.4	82.0	13.7	4.3
60.1	27.4	12.5	61.2	25.4	13.4	57.7	29.0	13.4	79.7	14.0	6.2
57.4	28.3	14.2	64.0	23.0	13.0	60.6	26.4	13.1	77.2	16.8	6.0
33.3	33.3	33.3	33.3	33.3	33.3	33.3	33.3	33.3	33.3	66.7	
58.7	19.0	22.2	74.6	11.1	14.3	52.4	30.2	17.5	81.0	11.1	7.9
55.6	20.0	24.4	75.6	6.7	17.8	51.1	28.9	20.0	82.2	6.7	11.1
85.7	14.3		85.7	14.3		57.1	42.9		85.7	14.3	
62.5	25.0	12.5	75.0	25.0		50.0	37.5	12.5	75.0	25.0	
33.3		66.7	33.3	33.3	33.3	66.7		33.3	66.7	33.3	
51.9	33.3	14.8	59.3	29.6	11.1	48.1	40.7	11.1	74.1	22.2	3.7
60.0	30.0	10.0	60.0	30.0	10.0	55.0	40.0	5.0	90.0	10.0	
20.0	40.0	40.0	40.0	40.0	20.0	20.0	40.0	40.0	20.0	60.0	20.0
58.6	29.0	12.4	65.3	23.0	11.7	61.2	26.9	11.9	78.6	16.0	5.3
60.3	25.9	13.9	64.4	21.3	14.2	60.2	26.0	13.8	80.3	14.0	5.6
59.3	25.9	14.8	63.0	24.0	13.1	56.0	27.8	16.2	78.3	15.4	6.4
56.2	29.4	14.4	61.7	24.3	14.0	58.0	28.4	13.6	74.7	19.4	5.9

12-15 续表

项目	在实现组织创新企业中，对下列								
	加快了对客户或供应商的响应速度			提高了新产品或新工艺的开发能力			提高了产品质量		
	高	低	无	高	低	无	高	低	无
四、按地区分									
东部地区	64.6	21.2	14.2	52.7	24.6	22.7	63.3	21.1	15.6
中部地区	66.6	18.0	15.4	51.1	24.1	24.8	65.3	19.1	15.6
西部地区	59.4	23.2	17.5	43.0	27.9	29.2	59.6	21.4	19.0
东北地区	59.2	22.7	18.0	49.5	24.8	25.7	58.6	22.9	18.5
北京	58.3	21.7	20.0	42.3	26.7	31.0	52.2	21.2	26.7
天津	62.9	23.5	13.6	54.5	27.2	18.3	65.3	20.2	14.6
河北	59.1	22.4	18.5	50.9	23.5	25.6	60.1	22.1	17.8
山西	57.4	20.2	22.4	48.6	23.0	28.4	59.6	20.8	19.7
内蒙古	59.4	25.0	15.6	45.3	29.7	25.0	67.2	18.8	14.1
辽宁	59.5	25.6	14.9	52.1	25.2	22.7	57.0	24.8	18.2
吉林	63.3	16.5	20.2	48.6	24.8	26.6	62.4	17.4	20.2
黑龙江	55.0	22.5	22.5	45.0	24.2	30.8	58.3	24.2	17.5
上海	58.8	23.3	18.0	45.7	30.2	24.1	56.7	25.3	18.0
江苏	63.6	24.0	12.4	51.7	27.0	21.2	61.4	24.0	14.7
浙江	66.6	19.3	14.2	53.7	24.1	22.2	66.3	19.0	14.7
安徽	70.9	18.0	11.1	58.6	21.6	19.8	67.6	21.0	11.4
福建	62.6	22.2	15.2	49.2	24.0	26.8	60.1	22.7	17.2
江西	64.7	16.8	18.5	51.1	26.1	22.8	62.5	20.1	17.4
山东	70.5	16.3	13.3	57.9	19.2	23.0	71.1	15.6	13.3
河南	68.2	17.7	14.1	50.3	25.4	24.3	65.7	19.2	15.1
湖北	67.0	18.4	14.6	48.5	24.5	26.9	67.7	16.3	16.0
湖南	64.1	17.1	18.9	48.4	23.0	28.6	63.1	19.4	17.5
广东	67.5	21.5	11.1	59.2	23.6	17.1	65.5	22.3	12.1
广西	66.4	14.5	19.1	47.3	21.8	30.9	57.3	18.2	24.5
海南	87.5	12.5		75.0	16.7	8.3	79.2	16.7	4.2
重庆	56.4	24.3	19.3	37.4	35.8	26.7	58.0	22.6	19.3
四川	56.0	27.2	16.7	36.0	31.4	32.6	53.5	23.3	23.3
贵州	62.9	23.6	13.5	55.1	20.2	24.7	66.3	21.3	12.4
云南	66.1	19.3	14.6	56.7	20.2	23.2	66.1	19.7	14.2
西藏	58.8	5.9	35.3	41.2	29.4	29.4	70.6	17.6	11.8
陕西	60.2	23.8	16.0	42.6	28.8	28.6	60.4	22.3	17.3
甘肃	55.6	26.8	17.6	45.1	25.4	29.6	59.9	23.2	16.9
青海	68.6	14.3	17.1	40.0	25.7	34.3	60.0	11.4	28.6
宁夏	55.6	17.5	27.0	33.3	19.0	47.6	54.0	15.9	30.2
新疆	56.0	22.4	21.6	43.1	29.3	27.6	62.9	21.6	15.5

各项作出不同影响程度判断的企业家占比(%)											
降低了单位成本			提高了信息交换与共享的水平			改善了员工工作条件			提升了管理效率		
高	低	无	高	低	无	高	低	无	高	低	无
59.7	27.7	12.6	66.4	22.6	11.0	59.5	27.5	13.0	79.4	15.6	5.0
60.5	26.0	13.5	65.4	20.7	13.9	63.4	24.3	12.3	79.8	14.7	5.5
54.9	30.6	14.5	59.1	25.5	15.4	57.5	28.7	13.8	75.9	17.5	6.6
56.7	27.4	15.9	59.0	24.8	16.1	57.1	27.6	15.3	72.4	19.7	7.9
52.5	29.3	18.3	61.2	23.8	15.1	45.5	33.0	21.4	75.9	15.4	8.7
64.8	23.0	12.2	68.1	21.6	10.3	58.7	27.2	14.1	82.2	14.1	3.8
60.5	28.1	11.4	63.0	26.0	11.0	58.7	26.3	14.9	78.6	17.4	3.9
57.4	26.2	16.4	56.3	21.9	21.9	51.4	30.6	18.0	77.6	15.3	7.1
56.3	25.0	18.8	59.4	25.0	15.6	62.5	20.3	17.2	78.1	14.1	7.8
55.0	28.9	16.1	59.5	26.4	14.1	53.3	30.6	16.1	72.7	20.2	7.0
63.3	22.9	13.8	63.3	18.3	18.3	65.1	22.0	12.8	75.2	14.7	10.1
54.2	28.3	17.5	54.2	27.5	18.3	57.5	26.7	15.8	69.2	23.3	7.5
53.9	32.2	13.9	63.7	25.3	11.0	53.1	34.7	12.2	73.1	22.4	4.5
58.9	29.0	12.1	65.5	24.2	10.3	59.5	29.2	11.3	77.1	18.1	4.8
59.6	26.8	13.6	67.7	20.0	12.3	59.3	25.9	14.7	80.6	14.2	5.2
60.4	27.9	11.7	68.5	20.7	10.8	65.2	25.5	9.3	80.2	15.9	3.9
60.6	27.3	12.1	70.5	21.0	8.6	67.2	22.5	10.4	84.1	12.1	3.8
58.7	25.0	16.3	70.1	16.3	13.6	62.0	27.7	10.3	78.3	16.8	4.9
66.2	21.9	11.9	68.1	20.8	11.1	66.2	22.6	11.2	82.8	12.2	5.1
61.1	27.0	11.8	66.9	20.3	12.8	65.2	22.1	12.6	80.3	13.8	5.9
64.1	24.0	11.9	63.6	22.1	14.3	65.8	22.8	11.4	80.1	13.8	6.1
56.7	24.4	18.9	63.6	21.7	14.7	62.2	23.5	14.3	80.2	14.7	5.1
56.4	33.0	10.6	67.0	22.8	10.2	56.4	30.6	13.0	78.3	16.3	5.4
57.3	21.8	20.9	69.1	12.7	18.2	57.3	25.5	17.3	76.4	13.6	10.0
58.3	41.7		70.8	25.0	4.2	75.0	20.8	4.2	87.5	12.5	
56.8	31.7	11.5	57.6	28.0	14.4	60.5	27.2	12.3	77.0	18.1	4.9
51.6	32.3	16.0	55.6	27.4	17.0	53.3	29.3	17.4	77.4	17.9	4.7
55.1	32.6	12.4	66.3	24.7	9.0	59.6	30.3	10.1	74.2	18.0	7.9
64.8	23.2	12.0	67.8	24.0	8.2	63.9	26.2	9.9	80.3	17.2	2.6
58.8	29.4	11.8	64.7	5.9	29.4	76.5	17.6	5.9	82.4	5.9	11.8
51.9	33.6	14.5	57.9	27.1	15.0	56.4	30.1	13.5	73.2	18.8	8.0
56.3	31.7	12.0	51.4	29.6	19.0	58.5	32.4	9.2	73.2	20.4	6.3
62.9	25.7	11.4	62.9	11.4	25.7	57.1	20.0	22.9	74.3	11.4	14.3
50.8	31.7	17.5	57.1	25.4	17.5	52.4	34.9	12.7	66.7	19.0	14.3
47.4	36.2	16.4	56.0	25.9	18.1	52.6	32.8	14.7	75.9	15.5	8.6

12-16 组织创新对规模(限额)

项目	在实现组织创新企业中，对下列								
	加快了对客户或供应商的响应速度			提高了新产品或新工艺的开发能力			提高了产品质量		
	高	低	无	高	低	无	高	低	无
总　计	**69.3**	**18.6**	**12.1**	**54.5**	**23.4**	**22.1**	**69.1**	**18.3**	**12.5**
一、按规模分									
大型企业	76.2	13.1	10.6	63.5	18.8	17.6	76.2	13.7	10.2
中型企业	71.4	17.5	11.1	55.2	22.4	22.4	70.6	17.2	12.2
小型企业	68.3	19.2	12.5	54.2	23.8	22.1	68.6	18.9	12.5
微型企业	63.9	21.9	14.1	49.0	26.6	24.4	63.5	21.1	15.4
二、按登记注册类型分									
内资企业	69.3	18.6	12.1	54.4	23.4	22.2	69.2	18.4	12.5
国有企业	64.4	19.7	15.9	50.1	22.6	27.3	68.1	18.1	13.8
集体企业	59.0	22.0	19.0	46.0	24.3	29.5	60.7	23.0	16.3
股份合作企业	60.4	20.9	18.7	51.6	25.3	23.1	57.1	24.2	18.7
联营企业	55.2	37.9	6.9	41.4	37.9	20.7	58.6	31.0	10.3
#国有联营企业	66.7	16.7	16.7	66.7	16.7	16.7	66.7	16.7	16.7
有限责任公司	69.1	18.0	12.9	54.1	22.8	23.1	69.5	17.5	13.0
#国有独资公司	65.3	17.7	17.0	52.0	21.9	26.0	67.3	16.3	16.3
股份有限公司	73.2	15.8	11.0	63.2	20.3	16.6	74.2	15.5	10.3
私营企业	69.5	19.2	11.3	54.0	24.2	21.8	68.7	19.2	12.1
其他企业	68.6	19.7	11.7	57.3	24.9	17.8	69.7	18.9	11.4
港、澳、台商投资企业	68.9	18.4	12.7	56.1	22.4	21.6	68.9	17.3	13.8
合资经营企业	69.0	19.1	11.9	54.9	22.2	22.9	67.3	18.1	14.6
合作经营企业	64.5	29.0	6.5	61.3	29.0	9.7	74.2	22.6	3.2
港、澳、台商独资经营企业	69.8	17.3	13.0	57.5	21.2	21.3	69.8	16.6	13.7
港、澳、台商投资股份有限公司	60.0	25.0	15.0	43.8	35.0	21.3	66.3	20.0	13.8
其他港、澳、台投资企业	66.7	18.2	15.2	51.5	24.2	24.2	63.6	18.2	18.2
外商投资企业	70.3	18.1	11.6	56.1	22.1	21.8	66.7	18.4	14.9
中外合资经营企业	74.2	15.8	10.1	61.1	20.4	18.5	72.7	15.3	12.0
中外合作经营企业	52.0	24.0	24.0	48.0	20.0	32.0	64.0	20.0	16.0
外资企业	68.8	18.8	12.4	53.6	23.2	23.2	63.4	20.2	16.4
外商投资股份有限公司	71.7	20.8	7.5	54.7	24.5	20.8	71.7	18.9	9.4
其他外商投资企业	70.7	22.0	7.3	65.9	14.6	19.5	73.2	9.8	17.1
三、按行业分									
批发和零售业	70.0	19.0	11.1	51.5	24.5	24.0	67.8	19.2	13.0
批发业	69.6	19.3	11.1	51.0	25.2	23.8	65.8	20.1	14.1
零售业	70.3	18.6	11.1	51.9	23.9	24.2	69.4	18.5	12.1
交通运输、仓储和邮政业	64.0	20.8	15.2	46.6	26.6	26.8	64.9	20.1	14.9
铁路运输业	67.6	18.9	13.5	35.1	27.0	37.8	75.7	10.8	13.5
道路运输业	62.2	21.5	16.4	46.8	25.6	27.6	64.3	20.5	15.2
水上运输业	65.1	19.5	15.4	41.9	30.4	27.7	61.0	23.6	15.4
航空运输业	67.6	21.6	10.8	52.0	26.5	21.6	74.5	14.7	10.8
管道运输业	50.0	16.7	33.3	50.0	27.8	22.2	66.7	22.2	11.1
装卸搬运和运输代理业	64.0	23.3	12.7	46.1	30.4	23.5	65.3	21.5	13.2
仓储业	68.3	16.9	14.8	45.8	25.4	28.8	64.9	18.2	16.9
邮政业	71.8	15.1	13.1	53.6	22.2	24.2	71.2	14.0	14.8
信息传输、软件和信息技术服务业	77.1	14.0	8.9	73.2	16.4	10.3	78.2	14.1	7.7
电信、广播电视和卫星传输服务	75.6	15.1	9.3	64.3	19.6	16.2	77.0	13.9	9.1
互联网和相关服务	76.7	14.7	8.6	71.3	18.2	10.5	77.8	15.1	7.1
软件和信息技术服务业	77.4	13.8	8.9	74.8	15.8	9.5	78.4	14.0	7.6
租赁和商务服务业	64.2	19.2	16.6	53.0	22.9	24.1	67.0	18.2	14.8

以上服务业企业的影响情况

各项作出不同影响程度判断的企业家占比(%)											
降低了单位成本			提高了信息交换与共享的水平			改善了员工工作条件			提升了管理效率		
高	低	无	高	低	无	高	低	无	高	低	无
52.2	**30.1**	**17.7**	**63.7**	**22.7**	**13.5**	**57.5**	**27.1**	**15.4**	**74.8**	**17.5**	**7.7**
56.8	28.1	15.1	72.8	18.1	9.2	56.9	27.5	15.5	81.8	12.7	5.5
52.0	30.5	17.5	65.8	21.7	12.5	57.2	27.6	15.2	77.0	16.2	6.8
52.2	30.0	17.8	62.7	23.4	13.9	57.8	26.7	15.4	73.8	18.1	8.1
50.3	31.0	18.8	57.8	25.1	17.1	56.6	27.1	16.3	69.3	20.6	10.0
52.4	30.1	17.6	63.7	22.8	13.6	57.8	27.0	15.3	74.8	17.4	7.7
53.0	27.9	19.1	61.2	22.2	16.6	56.6	26.0	17.3	75.5	17.6	6.9
51.5	30.5	17.8	53.6	25.1	21.1	54.0	28.0	17.8	64.9	23.9	11.1
44.0	36.3	19.8	56.0	26.4	17.6	52.7	30.8	16.5	68.1	23.1	8.8
37.9	55.2	6.9	41.4	48.3	10.3	44.8	34.5	20.7	65.5	31.0	3.4
33.3	50.0	16.7	66.7	33.3		66.7	16.7	16.7	83.3		16.7
52.6	29.3	18.1	64.6	21.9	13.5	57.2	26.9	15.9	75.8	16.8	7.5
53.4	28.3	18.4	67.3	20.6	12.1	57.5	26.3	16.2	79.7	14.6	5.7
55.2	29.9	15.0	69.4	19.8	10.8	57.1	28.4	14.5	78.8	15.4	5.9
51.7	30.8	17.4	62.7	23.7	13.6	58.2	27.0	14.8	73.9	18.0	8.1
61.0	25.6	13.5	65.1	22.7	12.2	65.9	22.7	11.4	74.4	16.8	8.7
50.0	29.8	20.1	66.6	20.1	13.2	53.1	28.3	18.5	75.5	17.1	7.4
50.1	32.0	17.9	69.7	17.9	12.4	52.3	29.8	17.9	80.4	12.6	6.9
58.1	29.0	12.9	80.6	16.1	3.2	64.5	25.8	9.7	74.2	22.6	3.2
49.4	29.0	21.6	66.1	20.6	13.4	53.2	27.6	19.2	74.0	18.1	7.9
53.8	31.3	15.0	57.5	25.0	17.5	50.0	32.5	17.5	70.0	25.0	5.0
51.5	24.2	24.2	54.5	27.3	18.2	57.6	21.2	18.2	72.7	18.2	9.1
49.3	32.0	18.7	63.7	23.1	13.2	50.4	30.5	19.1	72.6	19.2	8.2
53.8	30.7	15.5	66.6	20.8	12.6	54.2	27.5	18.3	76.3	16.4	7.4
48.0	28.0	24.0	56.0	16.0	28.0	36.0	36.0	28.0	76.0	12.0	12.0
46.8	32.7	20.5	62.4	24.1	13.5	48.9	31.5	19.6	70.2	21.0	8.8
47.2	37.7	15.1	64.2	30.2	5.7	49.1	39.6	11.3	84.9	15.1	
63.4	24.4	12.2	65.9	22.0	12.2	56.1	24.4	19.5	70.7	17.1	12.2
50.9	30.6	18.5	62.2	23.6	14.3	57.5	27.3	15.2	73.7	18.1	8.2
50.1	31.0	18.8	61.4	24.4	14.2	55.5	28.6	16.0	72.7	18.7	8.6
51.6	30.2	18.2	62.8	22.9	14.3	59.2	26.3	14.5	74.5	17.7	7.8
52.0	30.0	18.0	60.1	24.3	15.6	56.0	27.2	16.8	72.5	19.2	8.3
51.4	21.6	27.0	70.3	16.2	13.5	54.1	21.6	24.3	78.4	16.2	5.4
52.0	29.7	18.3	60.2	24.2	15.6	56.6	26.8	16.6	72.5	19.0	8.6
52.0	30.6	17.3	62.4	23.1	14.5	51.8	30.1	18.1	71.8	19.5	8.7
52.9	31.4	15.7	70.6	22.5	6.9	55.9	31.4	12.7	79.4	16.7	3.9
77.8	11.1	11.1	61.1	22.2	16.7	55.6	33.3	11.1	83.3	11.1	5.6
48.1	33.1	18.8	57.2	27.2	15.6	52.7	29.4	17.9	68.4	23.0	8.6
55.7	28.1	16.2	58.4	24.9	16.7	57.8	26.7	15.5	74.0	18.6	7.4
54.7	26.8	18.5	65.2	17.7	17.1	62.1	21.4	16.5	79.8	12.3	8.0
57.8	28.6	13.6	73.0	18.2	8.9	59.4	26.3	14.3	80.5	13.5	6.1
57.2	28.4	14.4	71.9	18.4	9.7	57.2	27.4	15.4	81.4	13.1	5.5
59.4	27.8	12.8	74.5	15.6	9.9	57.6	28.2	14.1	78.8	14.1	7.1
57.7	28.7	13.6	72.9	18.5	8.6	60.0	25.9	14.2	80.6	13.4	6.0
50.6	29.2	20.3	64.4	21.0	14.5	56.3	26.1	17.5	75.4	16.8	7.8

12-16 续表

项目	在实现组织创新企业中，对下列								
	加快了对客户或供应商的响应速度			提高了新产品或新工艺的开发能力			提高了产品质量		
	高	低	无	高	低	无	高	低	无
租赁业	69.5	20.1	10.5	51.8	24.3	24.0	67.4	19.5	13.2
商务服务业	63.9	19.1	16.9	53.0	22.8	24.1	67.0	18.2	14.9
科学研究和技术服务业	68.5	18.8	12.6	60.9	21.6	17.4	73.0	16.5	10.5
研究和试验发展	73.9	16.6	9.5	70.2	19.9	9.9	78.0	14.5	7.5
专业技术服务业	66.0	19.8	14.2	56.6	22.5	20.9	71.5	16.8	11.6
科技推广和应用服务业	72.2	17.5	10.3	67.0	20.3	12.7	74.0	16.8	9.2
水利、环境和公共设施管理业	62.5	20.1	17.4	53.6	23.9	22.5	70.5	16.8	12.7
水利管理业	61.5	20.5	17.9	41.0	33.3	25.6	61.5	20.5	17.9
生态保护和环境治理业	61.8	16.2	22.1	56.6	21.3	22.1	71.3	14.7	14.0
公共设施管理业	62.7	20.6	16.7	53.7	23.9	22.4	70.7	16.9	12.3
四、按地区分									
东部地区	68.7	19.3	11.9	55.6	23.8	20.7	68.3	19.2	12.5
中部地区	71.4	17.2	11.4	55.3	22.4	22.3	71.7	16.8	11.5
西部地区	69.1	17.8	13.0	50.1	23.2	26.7	69.2	17.3	13.5
东北地区	68.4	17.8	13.8	54.7	21.6	23.7	68.8	17.7	13.5
北　京	67.8	17.7	14.5	56.2	20.7	23.1	67.0	18.1	14.9
天　津	57.6	27.7	14.7	47.1	30.3	22.5	61.1	22.9	16.0
河　北	65.5	19.3	15.2	48.6	22.8	28.5	67.4	16.8	15.8
山　西	66.9	17.7	15.4	46.2	24.1	29.8	67.6	17.0	15.4
内蒙古	63.3	21.1	15.6	46.8	22.7	30.5	64.0	18.5	17.5
辽　宁	65.2	20.5	14.3	53.3	22.5	24.2	66.1	19.6	14.3
吉　林	73.6	14.8	11.5	60.0	19.0	21.0	73.9	15.0	11.1
黑龙江	65.8	17.5	16.7	47.8	24.5	27.7	65.0	18.8	16.2
上　海	68.3	18.9	12.8	56.6	22.7	20.8	66.4	19.6	14.0
江　苏	68.0	21.3	10.7	55.0	25.7	19.3	67.1	21.0	11.9
浙　江	70.9	16.5	12.6	55.2	22.2	22.7	70.3	16.8	12.8
安　徽	74.0	15.7	10.3	60.2	21.2	18.6	73.2	16.2	10.6
福　建	66.3	22.2	11.5	51.7	28.5	19.8	65.8	21.9	12.2
江　西	73.0	14.7	12.3	55.5	21.6	22.9	73.7	15.5	10.7
山　东	73.7	16.5	9.8	60.1	21.4	18.5	72.4	17.4	10.2
河　南	70.1	18.2	11.7	53.3	22.9	23.8	71.0	17.1	11.9
湖　北	70.8	18.2	11.1	54.4	22.4	23.2	71.0	16.9	12.1
湖　南	71.5	17.8	10.7	56.6	23.0	20.4	71.8	17.8	10.4
广　东	70.4	18.4	11.2	58.7	22.6	18.6	70.1	18.7	11.2
广　西	69.5	17.2	13.2	51.8	23.5	24.7	68.7	17.0	14.2
海　南	69.0	19.0	12.0	45.7	27.2	27.2	73.9	15.2	10.9
重　庆	70.6	16.8	12.7	51.6	22.1	26.3	70.6	16.2	13.3
四　川	69.8	17.0	13.2	50.5	21.6	27.9	69.2	17.1	13.7
贵　州	72.3	16.5	11.1	54.0	22.7	23.2	74.1	15.1	10.7
云　南	72.2	17.4	10.4	53.3	23.5	23.2	73.4	17.3	9.3
西　藏	76.7	20.0	3.3	48.3	25.0	26.7	71.7	21.7	6.7
陕　西	68.5	18.2	13.3	47.1	25.1	27.8	67.1	17.5	15.4
甘　肃	64.7	20.5	14.8	45.0	27.8	27.2	63.2	22.3	14.4
青　海	66.5	20.4	13.2	49.7	24.0	26.3	73.7	16.2	10.2
宁　夏	64.2	18.7	17.1	43.3	27.8	28.9	68.4	18.7	12.8
新　疆	63.0	20.8	16.2	46.8	23.1	30.2	64.4	18.8	16.7

各项作出不同影响程度判断的企业家占比(%)											
降低了单位成本			提高了信息交换与共享的水平			改善了员工工作条件			提升了管理效率		
高	低	无	高	低	无	高	低	无	高	低	无
58.7	25.4	15.9	66.8	19.8	13.5	58.1	23.4	18.6	76.6	17.1	6.3
50.1	29.4	20.5	64.3	21.1	14.6	56.2	26.3	17.5	75.3	16.8	7.9
54.9	30.5	14.6	65.7	23.0	11.3	56.6	28.2	15.2	76.1	17.3	6.6
58.7	29.8	11.4	69.7	22.6	7.7	57.5	29.8	12.7	77.4	16.3	6.3
52.5	31.1	16.5	64.7	22.8	12.5	55.1	28.2	16.6	75.7	17.6	6.7
59.1	29.3	11.7	65.8	24.0	10.2	60.0	27.3	12.8	76.5	17.1	6.4
54.9	30.0	15.1	63.2	23.5	13.3	61.6	24.8	13.6	76.6	16.7	6.7
46.2	35.9	17.9	56.4	28.2	15.4	48.7	25.6	25.6	76.9	10.3	12.8
51.5	26.5	22.1	57.4	23.5	19.1	58.8	21.3	19.9	77.2	15.4	7.4
55.7	30.2	14.1	64.2	23.3	12.4	62.4	25.3	12.3	76.5	17.1	6.4
51.7	30.6	17.7	63.7	23.1	13.2	56.1	28.0	15.9	73.7	18.3	8.0
55.5	28.3	16.3	65.4	21.7	12.8	61.4	25.3	13.3	77.3	15.6	7.1
50.3	30.7	19.0	62.1	22.8	15.1	57.4	26.6	16.1	76.0	16.7	7.3
54.0	28.1	17.9	62.6	21.7	15.6	59.4	24.5	16.0	73.0	17.6	9.4
45.9	31.8	22.3	63.2	21.8	14.9	48.7	29.5	21.8	74.7	17.3	8.0
46.7	32.9	20.4	53.2	28.3	18.5	48.4	31.8	19.8	65.7	22.4	11.9
48.7	29.4	21.9	60.2	21.4	18.4	55.4	26.2	18.4	74.0	17.5	8.5
48.3	30.0	21.6	60.2	20.6	19.2	60.5	24.4	15.1	76.8	15.8	7.4
48.4	29.3	22.4	57.5	24.8	17.7	52.9	29.8	17.3	70.5	20.5	9.0
52.7	28.9	18.4	60.5	23.1	16.4	56.5	26.5	17.0	71.8	18.2	10.0
58.5	26.5	15.0	67.7	18.8	13.5	63.3	23.4	13.3	76.0	15.9	8.1
48.3	29.5	22.2	57.7	24.3	18.0	58.5	22.5	19.1	70.2	19.3	10.4
49.1	32.6	18.3	66.4	22.0	11.6	50.1	32.1	17.8	73.3	19.0	7.7
54.0	30.3	15.7	62.1	25.2	12.7	56.0	29.7	14.3	71.4	20.5	8.1
51.1	30.4	18.5	65.8	21.6	12.6	58.4	25.8	15.8	76.7	16.1	7.2
57.6	26.9	15.6	67.5	19.6	13.0	61.8	24.8	13.4	77.4	14.6	8.0
50.3	33.2	16.5	61.9	24.9	13.2	56.5	29.7	13.8	70.7	22.0	7.3
57.0	28.1	14.9	66.9	21.6	11.6	61.5	25.8	12.7	77.8	15.0	7.2
60.0	25.7	14.3	68.1	20.2	11.7	65.3	22.4	12.3	77.7	15.1	7.2
55.2	28.5	16.3	62.6	23.9	13.5	61.4	25.3	13.2	77.1	15.7	7.1
54.3	28.8	16.9	65.6	22.2	12.2	59.3	27.1	13.6	77.9	15.5	6.6
56.1	28.6	15.3	68.5	20.8	10.6	63.6	23.7	12.7	76.6	17.0	6.4
50.4	32.1	17.5	65.3	23.0	11.7	56.4	27.9	15.6	74.6	17.4	7.9
49.0	31.1	19.9	63.9	22.1	13.9	59.1	26.1	14.8	75.8	16.8	7.4
51.1	27.7	21.2	63.0	23.9	13.0	58.2	28.8	13.0	77.7	15.2	7.1
52.7	30.2	17.2	63.0	22.0	15.0	58.7	25.0	16.3	77.5	14.6	7.9
49.1	30.0	20.9	62.5	22.5	15.1	55.3	26.9	17.8	77.4	15.8	6.8
55.3	29.2	15.5	67.0	19.7	13.4	62.4	23.9	13.8	78.3	14.6	7.0
53.7	29.3	17.0	63.7	23.2	13.1	61.7	24.5	13.8	79.6	15.4	5.0
53.3	30.0	16.7	65.0	26.7	8.3	66.7	23.3	10.0	76.7	20.0	3.3
49.5	32.0	18.5	59.5	24.5	16.0	54.7	28.6	16.7	74.1	18.1	7.8
45.8	36.2	18.0	58.2	25.1	16.7	56.5	31.1	12.4	70.9	21.0	8.1
55.7	26.9	17.4	65.9	21.6	12.6	62.9	22.8	14.4	79.6	16.8	3.6
41.2	38.0	20.9	62.0	22.5	15.5	48.7	32.1	19.3	70.6	22.5	7.0
45.5	30.8	23.7	58.6	22.9	18.5	55.0	25.6	19.3	70.8	19.0	10.2

12-17 营销创新对规模(限额)

项 目	在实现营销创新企业中，保持或扩大了市场份额		
	高	低	无
总 计	**70.9**	**21.6**	**7.5**
一、按规模分			
大型企业	78.1	16.7	5.2
中型企业	72.2	20.7	7.1
小型企业	70.5	21.9	7.5
微型企业	62.8	26.8	10.4
二、按登记注册类型分			
内资企业	71.0	21.6	7.4
国有企业	65.5	24.3	10.2
集体企业	64.1	25.9	9.9
股份合作企业	61.5	26.4	12.2
联营企业	64.8	25.9	9.3
#国有联营企业	66.7	33.3	
有限责任公司	71.3	21.1	7.5
#国有独资公司	70.7	21.2	8.1
股份有限公司	76.2	18.3	5.5
私营企业	70.5	22.1	7.4
其他企业	68.6	23.3	8.1
港、澳、台商投资企业	70.8	21.4	7.8
合资经营企业	73.7	19.8	6.5
合作经营企业	71.5	22.2	6.3
港、澳、台商独资经营企业	68.6	22.5	8.9
港、澳、台商投资股份有限公司	78.3	18.4	3.4
其他港、澳、台投资企业	70.8	23.6	5.6
外商投资企业	70.0	21.6	8.4
中外合资经营企业	74.0	19.0	7.0
中外合作经营企业	67.4	24.8	7.8
外资企业	66.9	23.5	9.6
外商投资股份有限公司	74.6	21.1	4.3
其他外商投资企业	77.0	17.0	6.0
三、按行业分			
采矿业	65.5	23.8	10.7
制造业	73.4	20.2	6.4
电力、热力、燃气及水生产和供应业	66.4	20.3	13.3
建筑业	62.1	24.4	13.5
批发和零售业	66.7	25.0	8.3
交通运输、仓储和邮政业	63.1	25.2	11.6
信息传输、软件和信息技术服务业	76.0	17.7	6.2
租赁和商务服务业	65.1	23.7	11.1
科学研究和技术服务业	69.8	21.3	8.9
水利、环境和公共设施管理业	68.6	21.2	10.2

以上企业的影响情况

对下列各项作出不同影响程度判断的企业家占比(%)					
开拓了新客户群体			开拓了新区域市场		
高	低	无	高	低	无
71.5	**22.0**	**6.5**	**67.8**	**23.5**	**8.8**
76.0	18.5	5.5	72.7	20.3	7.0
72.3	21.1	6.7	68.3	22.9	8.8
71.4	22.2	6.4	67.7	23.6	8.7
65.6	26.9	7.5	60.8	27.6	11.5
71.7	21.9	6.4	68.0	23.4	8.7
64.7	24.8	10.5	59.8	26.2	14.0
64.1	26.1	9.7	59.7	25.9	14.4
65.6	25.7	8.7	58.7	27.4	13.9
66.7	24.1	9.3	64.8	29.6	5.6
77.8	22.2		77.8	22.2	
71.5	21.9	6.6	67.9	23.2	8.9
68.9	23.5	7.6	66.0	23.9	10.2
76.1	18.5	5.4	72.9	20.3	6.8
71.6	22.2	6.2	67.8	23.7	8.5
69.1	24.0	6.9	65.0	23.9	11.1
70.9	21.8	7.4	66.7	24.1	9.1
73.3	20.6	6.1	69.5	22.4	8.1
71.5	25.7	2.8	68.8	23.6	7.6
69.2	22.4	8.4	64.8	25.1	10.0
74.5	21.3	4.1	71.2	24.3	4.5
73.0	18.0	9.0	62.9	27.0	10.1
69.3	22.7	8.1	65.0	24.6	10.4
72.2	20.8	7.0	68.9	22.2	8.9
72.3	17.7	9.9	67.4	21.3	11.3
66.6	24.4	9.0	61.7	26.6	11.8
77.0	18.7	4.3	73.2	21.5	5.3
77.0	17.0	6.0	70.0	21.0	9.0
66.6	24.2	9.2	62.5	25.2	12.2
73.4	20.8	5.8	70.3	22.4	7.3
64.1	21.3	14.6	60.6	20.8	18.6
63.9	24.4	11.7	63.0	24.1	13.0
68.6	24.7	6.8	62.5	26.6	10.9
64.2	25.7	10.2	59.4	27.2	13.4
76.0	18.1	5.9	72.9	20.1	7.0
67.8	23.9	8.3	64.1	23.5	12.3
71.4	20.7	7.9	68.5	22.0	9.5
70.9	22.4	6.7	68.3	22.4	9.3

12-17 续表

项目	在实现营销创新企业中，保持或扩大了市场份额		
	高	低	无
四、按地区分			
东部地区	70.7	21.8	7.5
中部地区	73.8	19.8	6.4
西部地区	67.8	23.5	8.7
东北地区	71.2	21.3	7.4
北　京	66.6	23.1	10.4
天　津	69.5	22.3	8.1
河　北	67.0	23.5	9.5
山　西	66.2	24.5	9.3
内蒙古	65.8	23.3	10.9
辽　宁	71.4	20.8	7.8
吉　林	73.1	19.6	7.4
黑龙江	68.1	25.0	6.9
上　海	66.1	25.3	8.6
江　苏	71.4	22.1	6.5
浙　江	70.4	21.7	7.8
安　徽	76.7	17.7	5.6
福　建	67.2	24.6	8.2
江　西	73.5	19.3	7.3
山　东	76.8	17.3	5.9
河　南	73.5	20.1	6.3
湖　北	72.6	20.5	6.9
湖　南	73.1	21.1	5.8
广　东	69.7	22.4	7.9
广　西	67.7	24.0	8.3
海　南	64.0	25.7	10.3
重　庆	69.2	22.3	8.5
四　川	67.1	24.2	8.7
贵　州	68.6	23.6	7.8
云　南	72.4	20.2	7.4
西　藏	75.5	22.3	2.1
陕　西	66.5	24.9	8.6
甘　肃	63.2	26.8	10.0
青　海	68.5	21.0	10.5
宁　夏	65.3	22.0	12.6
新　疆	65.8	24.3	9.9

对下列各项作出不同影响程度判断的企业家占比(%)					
开拓了新客户群体			开拓了新区域市场		
高	低	无	高	低	无
71.0	22.4	6.6	66.9	24.1	9.0
74.4	20.0	5.5	71.3	21.3	7.5
69.7	23.0	7.3	65.8	24.4	9.7
70.8	21.9	7.3	67.9	23.0	9.1
67.2	24.2	8.6	62.1	25.6	12.3
68.6	21.7	9.7	61.7	25.5	12.8
67.8	24.3	8.0	62.8	26.1	11.1
68.4	24.5	7.2	64.3	25.1	10.6
66.4	25.0	8.6	60.9	25.6	13.5
69.9	22.6	7.5	66.7	23.1	10.3
73.8	18.7	7.4	70.3	21.0	8.7
68.0	25.4	6.6	66.6	25.8	7.6
67.7	24.6	7.6	61.9	27.8	10.3
71.4	22.8	5.8	68.0	24.1	7.9
71.7	21.3	7.0	67.7	23.4	8.9
76.8	18.3	5.0	73.7	19.9	6.4
67.7	25.4	6.9	64.1	26.5	9.3
74.5	18.7	6.8	70.6	20.9	8.5
75.6	19.7	4.7	72.4	20.3	7.3
73.9	21.0	5.1	70.6	21.7	7.7
74.2	19.9	5.9	70.9	21.3	7.7
73.2	21.4	5.4	71.1	22.0	6.9
70.4	22.7	6.9	66.1	24.8	9.1
68.3	23.8	7.9	65.2	24.7	10.1
66.5	22.4	11.0	62.9	25.4	11.8
70.6	21.5	7.9	66.4	23.8	9.8
69.2	23.9	6.9	64.9	25.2	9.9
71.2	22.6	6.3	69.5	22.8	7.7
75.2	18.8	6.0	69.9	21.6	8.5
66.0	28.7	5.3	69.1	25.5	5.3
68.7	24.1	7.2	65.0	25.1	9.9
66.0	26.3	7.7	63.2	27.3	9.4
69.4	22.3	8.3	67.5	23.6	8.9
69.1	22.0	8.9	65.3	23.9	10.7
67.6	23.8	8.6	64.0	25.4	10.7

12-18 营销创新对规模以上

项　目	在实现营销创新企业中,		
	保持或扩大了市场份额		
	高	低	无
总　计	**73.3**	**20.2**	**6.5**
一、按规模分			
大型企业	80.2	15.6	4.1
中型企业	75.1	18.9	6.1
小型企业	72.5	20.7	6.7
微型企业	67.1	24.2	8.7
二、按登记注册类型分			
内资企业	73.6	20.1	6.3
国有企业	66.4	22.6	11.1
集体企业	70.7	21.9	7.4
股份合作企业	68.5	22.7	8.8
联营企业	65.0	35.0	
有限责任公司	74.2	19.4	6.4
#国有独资公司	73.2	19.8	7.0
股份有限公司	78.3	16.9	4.8
私营企业	72.9	20.7	6.4
其他企业	59.0	29.2	11.8
港、澳、台商投资企业	71.8	20.9	7.3
合资经营企业	74.7	19.1	6.2
合作经营企业	71.4	24.1	4.5
港、澳、台商独资经营企业	69.5	22.1	8.3
港、澳、台商投资股份有限公司	83.0	13.3	3.7
其他港、澳、台投资企业	67.9	28.3	3.8
外商投资企业	70.6	21.2	8.2
中外合资经营企业	74.9	18.2	6.9
中外合作经营企业	68.9	23.5	7.6
外资企业	67.2	23.4	9.4
外商投资股份有限公司	73.0	22.6	4.4
其他外商投资企业	74.6	20.6	4.8
三、按行业分			
采矿业	65.5	23.8	10.7
煤炭开采和洗选业	62.9	27.2	9.9
石油和天然气开采业	71.4	7.1	21.4
黑色金属矿采选业	58.1	24.6	17.2
有色金属矿采选业	60.7	24.6	14.8
非金属矿采选业	71.3	21.1	7.6

工业企业的影响情况

对下列各项作出不同影响程度判断的企业家占比(%)					
开拓了新客户群体			开拓了新区域市场		
高	低	无	高	低	无
73.2	**20.9**	**5.9**	**70.1**	**22.4**	**7.5**
78.1	17.4	4.5	75.7	18.9	5.4
73.9	20.3	5.8	71.4	21.5	7.1
72.9	21.1	6.0	69.6	22.8	7.7
68.6	24.7	6.7	65.6	24.6	9.8
73.6	20.7	5.7	70.6	22.2	7.2
64.3	25.3	10.4	58.9	27.7	13.4
68.5	23.8	7.7	66.2	24.8	9.0
68.5	24.9	6.6	64.6	27.6	7.7
75.0	15.0	10.0	70.0	25.0	5.0
73.7	20.4	5.9	71.1	21.5	7.4
71.1	21.5	7.4	67.8	23.4	8.9
77.7	17.5	4.9	75.0	19.3	5.7
73.4	21.1	5.6	70.2	22.7	7.2
62.1	25.5	12.4	55.9	29.8	14.3
71.2	21.4	7.3	67.3	23.8	8.8
73.4	20.3	6.3	70.3	21.9	7.8
69.6	27.7	2.7	65.2	25.9	8.9
69.6	22.1	8.4	65.3	25.0	9.7
76.6	20.2	3.2	72.3	21.8	5.9
77.4	17.0	5.7	64.2	28.3	7.5
69.6	22.5	7.9	66.0	24.0	10.0
72.7	20.5	6.8	69.6	21.9	8.4
70.6	19.3	10.1	68.1	20.2	11.8
66.8	24.3	8.8	62.7	26.0	11.4
76.7	18.9	4.4	75.5	19.5	5.0
74.6	20.6	4.8	69.8	20.6	9.5
66.6	24.2	9.2	62.5	25.2	12.2
66.3	24.8	8.8	59.6	28.0	12.4
64.3	35.7		78.6	7.1	14.3
57.6	28.1	14.3	53.2	23.2	23.6
63.1	25.4	11.5	62.3	27.0	10.7
72.0	21.3	6.7	68.0	24.1	7.8

12-18 续表 1

项　目	在实现营销创新企业中,		
	保持或扩大了市场份额		
	高	低	无
开采辅助活动	81.0	14.3	4.8
其他采矿业	100.0		
制造业	73.4	20.2	6.4
农副食品加工业	74.3	19.8	5.9
食品制造业	74.7	19.9	5.4
酒、饮料和精制茶制造业	73.3	21.7	5.0
烟草制品业	70.7	22.0	7.3
纺织业	71.1	22.2	6.7
纺织服装、服饰业	66.8	23.8	9.4
皮革、毛皮、羽毛及其制品和制鞋业	68.8	22.3	9.0
木材加工和木、竹、藤、棕、草制品业	72.1	21.5	6.4
家具制造业	71.4	21.6	7.0
造纸和纸制品业	69.5	23.2	7.2
印刷和记录媒介复制业	70.2	22.7	7.1
文教、工美、体育和娱乐用品制造业	72.4	21.2	6.4
石油加工、炼焦和核燃料加工业	78.4	15.3	6.2
化学原料和化学制品制造业	74.8	19.2	6.0
医药制造业	78.2	15.8	6.0
化学纤维制造业	72.5	23.2	4.2
橡胶和塑料制品业	71.5	21.4	7.1
非金属矿物制品业	72.8	20.4	6.8
黑色金属冶炼和压延加工业	70.8	22.4	6.8
有色金属冶炼和压延加工业	73.9	20.2	5.9
金属制品业	72.0	22.0	6.0
通用设备制造业	73.2	20.8	6.1
专用设备制造业	75.8	18.4	5.8
汽车制造业	74.9	18.1	7.0
铁路、船舶、航空航天和其他运输设备制造业	73.4	19.9	6.7
电气机械和器材制造业	74.8	18.8	6.4
计算机、通信和其他电子设备制造业	74.8	19.1	6.1
仪器仪表制造业	76.3	17.8	5.9
其他制造业	73.4	20.7	5.9
废弃资源综合利用业	72.4	23.0	4.6
金属制品、机械和设备修理业	75.0	13.3	11.7
电力、热力、燃气及水生产和供应业	66.4	20.3	13.3
电力、热力生产和供应业	66.0	21.3	12.7
燃气生产和供应业	68.4	17.8	13.8
水的生产和供应业	64.6	19.9	15.5

对下列各项作出不同影响程度判断的企业家占比(%)					
开拓了新客户群体			开拓了新区域市场		
高	低	无	高	低	无
61.9	28.6	9.5	81.0	14.3	4.8
80.0		20.0	100.0		
73.4	20.8	5.8	70.3	22.4	7.3
74.7	20.3	5.0	72.7	20.9	6.4
75.4	19.7	5.0	71.5	22.1	6.4
73.8	21.9	4.2	70.8	23.3	5.9
68.3	14.6	17.1	65.9	14.6	19.5
72.4	21.5	6.1	67.5	25.4	7.1
68.5	24.9	6.6	65.3	25.6	9.1
68.4	23.9	7.6	67.4	23.5	9.1
72.1	23.0	4.9	68.1	24.3	7.5
74.1	20.6	5.3	69.2	23.5	7.3
72.0	22.5	5.5	67.0	25.0	8.0
69.7	23.8	6.5	66.0	26.0	8.0
71.3	22.8	5.9	68.7	23.9	7.4
76.9	17.6	5.6	75.8	17.1	7.1
74.4	20.0	5.6	71.6	21.2	7.2
76.2	17.4	6.4	74.8	18.2	7.0
77.0	18.6	4.4	72.5	22.0	5.5
72.4	21.4	6.2	68.6	23.5	7.9
72.3	21.7	6.0	69.2	22.9	7.9
71.2	23.2	5.6	67.7	24.2	8.1
74.2	20.1	5.7	69.8	23.2	7.0
71.9	22.5	5.5	69.3	23.3	7.4
73.4	20.7	5.9	70.0	22.6	7.4
75.3	19.4	5.4	72.0	21.3	6.7
73.8	19.2	7.1	70.9	20.9	8.2
70.8	23.3	5.9	69.8	23.0	7.2
73.9	20.2	5.9	71.1	21.6	7.3
75.4	18.7	5.8	72.2	20.9	6.9
75.0	19.6	5.5	71.7	21.5	6.8
71.0	24.1	4.9	70.6	24.3	5.1
67.4	27.2	5.4	68.6	24.7	6.7
73.3	18.3	8.3	73.3	16.7	10.0
64.1	21.3	14.6	60.6	20.8	18.6
62.5	22.4	15.2	58.5	22.4	19.2
72.3	15.8	11.9	69.2	15.4	15.4
59.0	24.8	16.1	57.1	21.7	21.1

12-18 续表 2

项　目	在实现营销创新企业中，保持或扩大了市场份额 高	低	无
四、按地区分			
东部地区	72.7	20.5	6.8
中部地区	76.1	18.5	5.3
西部地区	70.6	21.9	7.5
东北地区	73.8	20.0	6.2
北　京	72.0	18.8	9.2
天　津	78.1	16.4	5.6
河　北	68.5	22.5	9.0
山　西	70.9	22.6	6.5
内蒙古	68.0	22.7	9.4
辽　宁	76.5	17.5	6.0
吉　林	73.2	20.1	6.8
黑龙江	70.2	24.2	5.6
上　海	67.4	25.5	7.1
江　苏	73.1	21.1	5.8
浙　江	71.0	21.5	7.4
安　徽	78.4	16.7	4.9
福　建	69.7	21.8	8.5
江　西	74.2	18.9	6.9
山　东	79.0	16.0	5.0
河　南	76.6	18.7	4.7
湖　北	75.3	18.8	5.8
湖　南	74.8	20.0	5.2
广　东	71.0	21.5	7.4
广　西	71.0	22.6	6.4
海　南	66.3	23.2	10.5
重　庆	72.8	20.1	7.1
四　川	69.7	22.6	7.7
贵　州	69.1	23.4	7.5
云　南	73.7	19.4	6.9
西　藏	86.1	11.1	2.8
陕　西	71.1	21.9	7.1
甘　肃	67.8	24.6	7.6
青　海	72.8	17.7	9.5
宁　夏	68.6	20.8	10.6
新　疆	68.4	23.5	8.0

对下列各项作出不同影响程度判断的企业家占比(%)					
开拓了新客户群体			开拓了新区域市场		
高	低	无	高	低	无
72.4	21.5	6.1	69.0	23.2	7.9
76.2	18.9	4.9	74.1	19.8	6.1
71.5	21.8	6.7	68.3	23.4	8.3
73.0	20.6	6.4	70.8	22.3	6.9
69.5	21.9	8.5	65.1	24.3	10.7
75.5	16.8	7.7	72.4	18.1	9.6
68.4	24.2	7.4	64.0	25.8	10.2
72.3	21.3	6.3	70.3	22.0	7.6
68.3	24.4	7.4	63.3	25.0	11.7
72.8	20.5	6.7	71.4	21.5	7.1
75.1	18.2	6.8	70.2	21.6	8.1
70.4	24.2	5.5	70.6	24.4	4.9
68.6	24.5	6.9	62.8	28.1	9.1
72.6	22.0	5.4	69.4	23.6	6.9
72.1	21.1	6.8	68.7	23.1	8.2
78.6	17.1	4.3	76.0	18.5	5.6
70.1	22.5	7.4	66.9	24.0	9.1
74.6	18.7	6.7	71.3	20.9	7.8
76.8	19.1	4.1	74.3	19.6	6.2
75.7	20.2	4.1	74.2	20.0	5.8
76.4	18.5	5.1	73.5	20.2	6.3
74.7	20.3	5.0	73.8	20.3	5.9
71.3	22.0	6.6	67.2	24.6	8.2
70.0	22.8	7.2	68.3	24.1	7.6
69.5	15.8	14.7	69.5	16.8	13.7
73.4	19.3	7.3	69.3	22.5	8.2
70.5	23.1	6.4	66.4	24.9	8.7
70.6	23.7	5.7	70.1	22.7	7.1
76.3	18.0	5.8	72.7	20.2	7.1
72.2	25.0	2.8	75.0	22.2	2.8
71.3	21.8	6.9	68.4	23.0	8.6
69.8	23.4	6.8	66.7	25.6	7.8
71.4	17.7	10.9	68.7	22.4	8.8
74.3	18.7	6.9	69.8	21.8	8.5
69.2	23.4	7.4	68.3	23.1	8.6

12-19 营销创新对资质等级以上

项 目	在实现营销创新企业中,		
	保持或扩大了市场份额		
	高	低	无
总 计	**62.1**	**24.4**	**13.5**
一、按规模分			
大型企业	68.6	22.2	9.2
中型企业	63.0	23.1	13.9
小型企业	59.4	26.3	14.3
微型企业	53.8	28.9	17.3
二、按登记注册类型分			
内资企业	62.0	24.4	13.5
国有企业	57.1	29.5	13.4
集体企业	55.2	35.8	9.0
股份合作企业	22.2	22.2	55.6
有限责任公司	64.7	23.0	12.3
#国有独资公司	64.7	27.5	7.8
股份有限公司	68.4	20.6	11.0
私营企业	59.6	25.5	14.9
其他企业			
港、澳、台商投资企业	68.4	15.8	15.8
合资经营企业	74.1	7.4	18.5
合作经营企业	66.7	16.7	16.7
港、澳、台商独资经营企业	25.0	75.0	
外商投资企业	63.6	27.3	9.1
中外合资经营企业	66.7	33.3	
三、按行业分			
房屋建筑业	62.1	24.5	13.3
土木工程建筑业	64.4	22.5	13.1
建筑安装业	61.0	23.8	15.2
建筑装饰和其他建筑业	60.6	26.0	13.4

建筑业企业的影响情况

对下列各项作出不同影响程度判断的企业家占比(%)					
开拓了新客户群体			开拓了新区域市场		
高	低	无	高	低	无
63.9	**24.4**	**11.7**	**63.0**	**24.1**	**13.0**
66.6	23.9	9.6	70.0	20.3	9.7
64.8	23.3	11.9	63.7	23.2	13.1
62.4	25.6	12.0	59.7	26.4	13.9
58.2	28.0	13.8	59.1	26.7	14.2
63.9	24.5	11.6	63.0	24.1	12.9
60.7	25.0	14.3	57.1	24.1	18.8
61.2	28.4	10.4	59.7	31.3	9.0
44.4	22.2	33.3	44.4	11.1	44.4
64.5	24.8	10.8	64.6	24.3	11.2
64.7	26.8	8.5	64.1	27.5	8.5
66.7	24.1	9.2	71.5	17.1	11.4
63.4	24.1	12.5	61.1	24.6	14.3
65.8	18.4	15.8	65.8	21.1	13.2
70.4	11.1	18.5	70.4	14.8	14.8
66.7	16.7	16.7	66.7	16.7	16.7
25.0	75.0		25.0	75.0	
72.7		27.3	63.6	9.1	27.3
77.8		22.2	66.7	11.1	22.2
64.1	24.7	11.3	63.9	23.2	12.9
63.0	24.3	12.7	63.5	24.4	12.1
65.9	22.5	11.6	62.1	24.0	14.0
63.2	25.1	11.7	61.3	25.5	13.2

12-19 续表

项目	在实现营销创新企业中，保持或扩大了市场份额 高	低	无
四、按地区分			
东部地区	62.8	24.8	12.4
中部地区	65.8	20.3	13.9
西部地区	57.5	26.2	16.2
东北地区	56.5	30.1	13.4
北　京	59.6	24.5	15.9
天　津	65.3	15.3	19.4
河　北	65.9	20.5	13.6
山　西	56.9	18.1	25.0
内蒙古	46.4	28.6	25.0
辽　宁	53.2	35.3	11.5
吉　林	53.2	25.5	21.3
黑龙江	66.7	21.7	11.7
上　海	58.9	27.7	13.5
江　苏	61.6	26.0	12.5
浙　江	63.4	22.7	13.9
安　徽	71.5	15.7	12.8
福　建	59.5	28.8	11.8
江　西	67.5	20.0	12.5
山　东	67.1	24.1	8.8
河　南	65.6	20.8	13.7
湖　北	64.1	23.4	12.5
湖　南	64.8	22.7	12.5
广　东	62.3	27.2	10.5
广　西	61.7	19.1	19.1
海　南	50.0	40.0	10.0
重　庆	59.8	25.8	14.4
四　川	58.1	24.0	17.9
贵　州	57.1	35.7	7.1
云　南	66.3	17.8	15.8
西　藏	100.0		
陕　西	52.6	32.1	15.4
甘　肃	51.6	35.5	12.9
青　海	42.1	26.3	31.6
宁　夏	66.7	14.3	19.0
新　疆	54.8	29.0	16.1

对下列各项作出不同影响程度判断的企业家占比(%)					
开拓了新客户群体			开拓了新区域市场		
高	低	无	高	低	无
65.5	24.2	10.3	63.8	24.6	11.6
64.8	22.2	13.0	65.0	22.6	12.4
59.6	26.9	13.6	60.7	22.8	16.5
60.2	26.4	13.4	55.3	28.9	15.9
64.9	24.5	10.6	59.6	27.2	13.2
68.4	16.3	15.3	66.3	16.3	17.3
62.9	27.3	9.8	66.7	22.7	10.6
55.6	27.8	16.7	54.2	23.6	22.2
46.4	25.0	28.6	39.3	28.6	32.1
56.1	30.2	13.7	50.4	36.0	13.7
61.7	19.1	19.1	53.2	25.5	21.3
68.3	23.3	8.3	68.3	15.0	16.7
63.8	24.8	11.3	58.2	28.4	13.5
63.0	25.3	11.7	64.1	24.5	11.4
66.4	21.4	12.2	61.7	23.4	14.9
66.9	19.2	14.0	66.9	22.7	10.5
64.7	26.8	8.5	66.0	28.1	5.9
67.5	20.0	12.5	68.8	18.8	12.5
69.3	23.5	7.2	69.3	22.7	8.0
65.3	23.1	11.6	65.9	21.7	12.5
65.2	20.7	14.1	64.7	25.0	10.3
63.6	25.0	11.4	63.6	23.9	12.5
66.5	24.9	8.6	59.9	26.5	13.6
55.3	23.4	21.3	55.3	21.3	23.4
60.0	40.0		60.0	40.0	
61.9	27.8	10.3	61.9	24.7	13.4
58.7	28.5	12.8	63.1	21.2	15.6
69.0	26.2	4.8	78.6	16.7	4.8
68.3	16.8	14.9	63.4	17.8	18.8
50.0	50.0		66.7	16.7	16.7
59.0	26.9	14.1	57.1	26.3	16.7
54.8	33.9	11.3	62.9	25.8	11.3
52.6	31.6	15.8	57.9	15.8	26.3
57.1	23.8	19.0	52.4	28.6	19.0
54.8	35.5	9.7	58.1	25.8	16.1

12-20 营销创新对规模(限额)

项 目	在实现营销创新企业中，保持或扩大了市场份额		
	高	低	无
总 计	**67.5**	**23.8**	**8.6**
一、按规模分			
大型企业	76.7	17.3	6.0
中型企业	70.3	22.2	7.5
小型企业	66.0	24.8	9.2
微型企业	61.9	27.4	10.7
二、按登记注册类型分			
内资企业	67.6	23.8	8.6
国有企业	66.0	24.5	9.5
集体企业	60.7	27.3	11.8
股份合作企业	52.0	33.7	14.3
联营企业	62.5	21.9	15.6
#国有联营企业	66.7	33.3	
有限责任公司	68.2	23.2	8.6
#国有独资公司	69.6	21.4	9.0
股份有限公司	73.0	20.6	6.4
私营企业	66.7	24.6	8.8
其他企业	70.9	21.9	7.2
港、澳、台商投资企业	66.5	23.9	9.5
合资经营企业	67.9	24.9	7.2
合作经营企业	73.1	15.4	11.5
港、澳、台商独资经营企业	65.5	23.5	11.0
港、澳、台商投资股份有限公司	67.1	30.4	2.5
其他港、澳、台投资企业	74.3	17.1	8.6
外商投资企业	67.3	23.4	9.3
中外合资经营企业	68.3	24.3	7.4
中外合作经营企业	59.1	31.8	9.1
外资企业	65.8	23.7	10.5
外商投资股份有限公司	79.6	16.3	4.1
其他外商投资企业	81.1	10.8	8.1
三、按行业分			
批发和零售业	66.7	25.0	8.3
批发业	66.7	25.2	8.1
零售业	66.7	24.9	8.4
交通运输、仓储和邮政业	63.1	25.2	11.6
铁路运输业	68.2	13.6	18.2
道路运输业	61.2	26.4	12.4
水上运输业	57.7	26.5	15.8
航空运输业	60.9	29.9	9.2
管道运输业	33.3	33.3	33.3
装卸搬运和运输代理业	65.4	24.8	9.8
仓储业	67.5	21.6	11.0
邮政业	71.6	21.1	7.4
信息传输、软件和信息技术服务业	76.0	17.7	6.2
电信、广播电视和卫星传输服务	78.8	16.8	4.4
互联网和相关服务	75.7	17.4	6.8
软件和信息技术服务业	75.6	17.9	6.5
租赁和商务服务业	65.1	23.7	11.1

以上服务业企业的影响情况

对下列各项作出不同影响程度判断的企业家占比(%)					
开拓了新客户群体			开拓了新区域市场		
高	低	无	高	低	无
69.2	**23.7**	**7.1**	**64.0**	**25.3**	**10.7**
74.8	19.1	6.1	68.7	22.4	8.9
71.4	21.6	6.9	65.6	24.2	10.2
68.1	24.7	7.3	63.4	25.7	10.9
65.0	27.5	7.5	59.5	28.5	11.9
69.2	23.7	7.1	64.1	25.3	10.7
65.3	24.6	10.1	60.4	25.8	13.7
61.4	27.5	11.1	55.0	25.9	19.2
62.2	27.6	10.2	49.0	28.6	22.4
62.5	28.1	9.4	62.5	31.3	6.3
66.7	33.3		66.7	33.3	
69.4	23.5	7.1	64.2	25.3	10.5
67.9	24.5	7.7	64.9	23.8	11.3
73.9	19.9	6.2	69.1	22.3	8.7
68.9	24.1	7.0	63.7	25.6	10.7
70.8	23.6	5.6	67.2	22.5	10.3
69.4	23.3	7.3	64.3	25.5	10.2
72.9	23.0	4.2	64.8	25.8	9.4
80.8	19.2		84.6	15.4	
67.9	23.5	8.6	63.3	25.3	11.4
69.6	24.1	6.3	68.4	30.4	1.3
65.7	20.0	14.3	60.0	25.7	14.3
67.6	23.5	8.9	60.0	27.6	12.4
68.9	23.2	7.9	63.9	24.5	11.6
81.8	9.1	9.1	63.6	27.3	9.1
65.7	24.7	9.6	57.6	29.0	13.4
77.6	18.4	4.1	65.3	28.6	6.1
81.1	10.8	8.1	70.3	21.6	8.1
68.6	24.7	6.8	62.5	26.6	10.9
67.9	24.8	7.3	62.9	26.6	10.5
69.0	24.6	6.4	62.3	26.6	11.2
64.2	25.7	10.2	59.4	27.2	13.4
63.6	22.7	13.6	63.6	22.7	13.6
61.5	27.1	11.3	59.6	26.1	14.3
59.9	26.9	13.3	53.0	28.3	18.6
63.2	29.9	6.9	62.1	28.7	9.2
33.3	66.7		33.3	66.7	
67.0	25.3	7.6	56.2	32.4	11.4
70.5	21.0	8.6	62.7	25.3	12.0
72.2	20.4	7.4	64.5	24.7	10.7
76.0	18.1	5.9	72.9	20.1	7.0
75.3	19.3	5.3	71.9	21.2	6.9
78.0	16.5	5.5	71.1	20.7	8.2
75.8	18.1	6.1	73.2	19.9	6.8
67.8	23.9	8.3	64.1	23.5	12.3

12-20 续表

项目	在实现营销创新企业中，保持或扩大了市场份额		
	高	低	无
租赁业	67.7	25.2	7.1
商务服务业	65.0	23.6	11.3
科学研究和技术服务业	69.8	21.3	8.9
研究和试验发展	72.3	19.9	7.8
专业技术服务业	67.4	22.3	10.2
科技推广和应用服务业	72.6	20.3	7.1
水利、环境和公共设施管理业	68.6	21.2	10.2
水利管理业	66.7	26.7	6.7
生态保护和环境治理业	74.7	12.6	12.6
公共设施管理业	68.0	22.0	10.0
四、按地区分			
东部地区	67.5	23.9	8.6
中部地区	69.7	22.5	7.9
西部地区	64.9	25.4	9.7
东北地区	69.0	22.3	8.7
北　京	65.3	24.2	10.5
天　津	61.5	28.5	10.0
河　北	63.0	26.4	10.6
山　西	62.5	27.1	10.4
内蒙古	64.1	23.9	12.0
辽　宁	66.9	23.4	9.7
吉　林	74.3	18.3	7.4
黑龙江	64.2	27.1	8.7
上　海	65.1	25.1	9.8
江　苏	68.3	24.3	7.4
浙　江	69.3	22.2	8.4
安　徽	72.5	20.6	6.9
福　建	64.4	27.8	7.8
江　西	72.1	20.1	7.8
山　东	72.7	19.6	7.7
河　南	69.2	22.4	8.4
湖　北	67.6	23.8	8.6
湖　南	70.1	23.2	6.7
广　东	67.8	23.5	8.7
广　西	64.0	26.1	10.0
海　南	63.5	26.3	10.2
重　庆	65.5	24.8	9.7
四　川	63.8	26.6	9.6
贵　州	68.6	23.2	8.2
云　南	71.3	21.4	7.3
西　藏	65.4	32.7	1.9
陕　西	62.7	27.7	9.6
甘　肃	58.9	28.5	12.6
青　海	67.6	23.6	8.8
宁　夏	59.2	25.1	15.6
新　疆	63.3	24.9	11.9

对下列各项作出不同影响程度判断的企业家占比(%)					
开拓了新客户群体			开拓了新区域市场		
高	低	无	高	低	无
73.0	20.4	6.6	65.9	25.2	8.9
67.6	24.1	8.4	64.0	23.5	12.5
71.4	20.7	7.9	68.5	22.0	9.5
75.1	16.9	8.0	71.4	19.7	8.9
69.1	22.1	8.9	66.6	22.4	10.9
73.6	20.3	6.1	70.2	22.5	7.4
70.9	22.4	6.7	68.3	22.4	9.3
66.7	26.7	6.7	53.3	40.0	6.7
74.7	15.8	9.5	74.7	12.6	12.6
70.6	23.0	6.4	67.9	23.1	9.0
68.7	24.1	7.2	63.5	25.7	10.8
71.6	22.2	6.2	66.2	24.0	9.8
68.1	24.3	7.6	63.0	25.9	11.1
68.7	23.5	7.8	64.9	23.4	11.7
66.6	24.9	8.6	61.3	25.9	12.8
61.8	26.9	11.3	51.1	33.2	15.7
66.5	24.2	9.3	59.3	27.2	13.6
65.8	27.2	7.0	59.5	28.2	12.3
65.0	25.8	9.2	58.8	26.3	14.9
67.9	24.4	7.6	62.4	23.3	14.4
72.7	19.6	7.7	71.7	19.6	8.7
63.4	28.1	8.4	58.6	30.2	11.3
67.1	24.8	8.1	61.1	27.4	11.4
69.4	24.4	6.3	64.9	25.2	9.8
71.0	21.8	7.2	65.3	24.3	10.4
72.9	21.1	6.0	68.4	23.3	8.3
64.9	28.8	6.2	60.6	29.6	9.8
74.8	18.7	6.5	69.1	21.0	9.9
73.4	20.9	5.7	68.8	21.6	9.7
71.9	22.2	6.0	65.0	24.7	10.3
70.3	22.7	7.0	66.0	23.3	10.7
70.9	23.3	5.9	66.1	25.1	8.8
69.1	23.7	7.2	64.7	25.0	10.3
66.8	25.0	8.2	62.0	25.5	12.5
65.3	25.2	9.6	59.3	29.3	11.4
67.7	23.7	8.6	63.2	25.4	11.4
67.9	24.8	7.3	62.6	26.1	11.3
72.0	20.9	7.1	68.2	23.2	8.6
74.5	20.0	5.4	66.9	23.7	9.4
63.5	28.8	7.7	65.4	28.8	5.8
66.7	26.4	6.8	61.9	27.4	10.7
62.7	28.9	8.4	59.1	29.7	11.2
69.6	25.7	4.7	67.6	25.7	6.8
60.9	27.9	11.2	58.7	27.4	14.0
66.3	23.5	10.1	59.1	28.1	12.8

十三、规模（限额）以上企业创新成功影响因素情况（2016年）

13-1 规模(限额)以上企业

项　目	在开展创新活动企业中，对下列各项创新					
	有创新精神的企业家			充足的经费支持		
	高	低	无	高	低	无
总　计	**68.1**	**17.9**	**12.9**	**62.3**	**23.4**	**13.0**
一、按规模分						
大型企业	79.5	12.3	7.3	71.5	19.9	7.5
中型企业	70.2	16.2	12.4	63.8	22.3	12.5
小型企业	67.3	18.6	13.0	61.7	23.8	13.1
微型企业	56.3	23.0	19.3	52.0	26.9	19.6
二、按登记注册类型分						
内资企业	68.0	17.9	12.9	62.0	23.5	13.2
国有企业	65.5	15.9	16.9	59.9	21.4	16.6
集体企业	58.1	19.4	20.8	52.2	25.2	21.0
股份合作企业	64.7	19.2	15.3	54.7	25.8	18.5
联营企业	54.4	22.2	22.2	56.7	25.6	17.8
#国有联营企业	35.7	28.6	35.7	50.0	35.7	14.3
有限责任公司	68.4	17.0	13.2	61.8	22.9	13.7
#国有独资公司	71.5	14.6	12.6	63.1	21.8	13.3
股份有限公司	76.4	13.5	8.9	69.0	20.8	9.0
私营企业	67.3	18.7	12.9	61.6	24.0	13.1
其他企业	60.7	22.1	17.0	57.3	25.6	16.7
港、澳、台商投资企业	69.0	17.9	12.0	64.5	22.8	11.5
合资经营企业	73.5	16.2	9.5	66.9	22.4	9.8
合作经营企业	70.3	16.2	11.6	63.7	20.1	13.9
港、澳、台商独资经营企业	66.2	19.0	13.5	62.8	23.2	12.5
港、澳、台商投资股份有限公司	72.5	15.4	11.1	68.9	19.9	9.8
其他港、澳、台投资企业	65.9	19.4	13.2	62.8	24.8	11.6
外商投资企业	68.3	18.0	12.8	65.2	22.8	11.0
中外合资经营企业	73.3	15.7	10.2	67.3	22.2	9.5
中外合作经营企业	67.6	16.4	14.1	63.7	24.8	10.3
外资企业	65.0	19.7	14.3	63.9	23.3	11.9
外商投资股份有限公司	74.6	12.4	12.7	69.0	22.1	8.6
其他外商投资企业	64.0	16.6	18.9	61.7	18.3	19.4
三、按行业分						
采矿业	60.6	21.3	16.9	57.5	24.9	16.3
制造业	71.3	17.5	10.2	65.8	23.0	10.1
电力、热力、燃气及水生产和供应业	68.9	14.2	15.1	64.5	19.7	14.2
建筑业	64.9	17.1	16.7	57.0	23.6	17.9
批发和零售业	58.9	20.4	19.0	53.2	25.5	19.3
交通运输、仓储和邮政业	59.1	19.5	19.7	52.3	25.3	20.7
信息传输、软件和信息技术服务业	75.7	13.8	9.4	69.9	19.7	9.1
租赁和商务服务业	65.0	16.7	16.9	55.8	23.7	18.8
科学研究和技术服务业	69.6	16.1	13.0	63.4	21.5	13.7
水利、环境和公共设施管理业	64.0	17.5	16.8	59.6	23.2	15.4

创新成功影响因素情况

成功因素作出不同影响程度判断的企业家占比(%)								
高素质的人才			员工对企业的认同感			企业内部的激励措施		
高	低	无	高	低	无	高	低	无
71.3	**18.9**	**8.8**	**71.3**	**21.2**	**6.5**	**69.4**	**21.9**	**7.6**
83.1	12.2	4.1	77.4	17.9	3.9	77.2	17.8	4.2
73.9	17.4	7.8	73.7	19.4	6.0	72.0	20.2	6.7
70.2	19.6	9.1	70.4	22.0	6.6	68.3	22.7	7.9
60.2	23.4	15.2	65.0	23.6	10.2	62.3	24.0	12.3
70.9	19.1	9.0	71.4	21.1	6.5	69.5	21.7	7.6
71.6	16.5	10.7	71.9	19.5	7.3	70.6	19.8	8.5
60.7	22.4	15.6	64.7	24.4	9.8	62.2	25.5	11.0
64.7	21.9	12.6	62.6	27.2	9.4	61.5	26.4	11.3
62.2	20.0	17.8	57.8	28.9	13.3	63.3	22.2	14.4
50.0	28.6	21.4	57.1	28.6	14.3	57.1	28.6	14.3
72.1	18.1	8.7	72.8	19.9	6.3	70.9	20.6	7.3
74.8	15.3	8.7	74.3	18.7	5.9	73.3	18.5	7.1
79.5	14.1	5.5	77.3	17.5	4.2	75.9	17.9	5.2
69.7	20.1	9.3	70.2	22.1	6.8	68.3	22.7	7.9
61.6	23.8	14.4	66.1	24.4	9.3	64.1	24.0	11.6
73.5	17.8	7.8	71.3	21.8	6.0	69.5	22.0	7.5
75.7	17.1	6.6	72.7	21.5	5.1	72.4	21.0	6.0
73.4	15.4	10.0	71.4	21.6	5.0	71.4	20.5	7.0
72.2	18.3	8.5	70.2	22.2	6.8	67.6	22.9	8.4
77.0	16.9	5.6	75.3	20.5	3.8	74.5	18.4	6.3
68.2	22.5	9.3	75.2	17.8	5.4	71.3	18.6	7.8
75.3	16.8	7.3	69.9	22.5	6.7	66.9	24.2	8.1
77.0	16.4	6.1	72.1	21.3	5.6	69.5	22.8	6.8
76.7	15.3	7.6	69.8	20.6	8.4	68.3	19.8	10.3
74.1	17.1	8.1	68.3	23.5	7.4	64.8	25.4	8.8
79.6	14.7	5.3	76.4	17.1	6.2	76.1	19.5	3.8
74.3	15.4	10.3	68.6	21.7	9.7	68.6	18.9	12.6
66.0	21.9	10.9	67.7	22.6	8.4	68.5	21.1	9.1
73.6	18.6	7.0	71.2	22.3	5.6	69.7	22.7	6.6
76.6	13.2	9.2	76.2	16.1	6.5	74.0	16.8	7.9
70.6	18.1	10.3	71.6	19.4	7.9	69.4	20.4	9.1
62.8	22.0	13.7	69.8	20.7	8.3	67.4	21.5	9.8
60.7	22.2	15.8	67.3	21.7	9.9	64.3	22.8	11.7
82.9	11.9	4.5	79.9	14.7	4.5	76.8	16.5	5.6
69.6	17.0	12.2	72.4	17.7	8.8	68.6	19.7	10.5
78.6	13.7	7.0	74.2	18.2	6.6	71.1	20.1	7.9
67.6	19.7	11.4	71.5	19.9	7.9	68.2	20.7	10.0

13-1 续表 1

项目	在开展创新活动企业中，对下列各项创新					
	有创新精神的企业家			充足的经费支持		
	高	低	无	高	低	无
四、按地区分						
东部地区	68.5	18.3	12.3	63.1	23.5	12.3
中部地区	70.2	16.7	11.8	64.0	22.4	12.1
西部地区	63.6	17.9	17.0	57.0	24.6	16.8
东北地区	67.1	16.8	13.5	60.5	21.7	14.9
北　京	69.0	15.1	15.7	60.4	23.0	16.2
天　津	63.5	19.2	15.0	55.7	25.6	15.8
河　北	67.6	17.8	13.9	60.0	23.9	15.2
山　西	64.4	16.6	19.0	54.5	23.7	21.8
内蒙古	64.4	17.5	18.1	56.4	23.9	19.8
辽　宁	66.9	16.1	13.7	60.3	21.3	14.7
吉　林	68.4	16.0	12.3	61.6	20.8	13.8
黑龙江	65.6	19.5	14.9	59.2	23.9	16.9
上　海	68.0	18.6	13.3	63.4	23.7	12.8
江　苏	68.5	20.1	11.1	64.1	24.7	10.9
浙　江	68.2	18.3	12.1	60.2	24.9	13.2
安　徽	72.3	15.4	11.8	66.3	21.2	11.7
福　建	63.4	20.6	14.6	58.6	25.2	14.6
江　西	70.7	18.2	11.1	64.8	23.4	11.8
山　东	73.6	16.5	9.8	68.8	21.2	9.9
河　南	71.3	16.3	11.5	64.8	21.8	12.2
湖　北	68.2	16.6	12.3	62.6	22.0	12.1
湖　南	69.1	18.5	10.0	62.9	24.5	10.1
广　东	67.8	16.9	12.6	64.9	21.2	11.3
广　西	64.7	17.3	16.9	59.4	23.4	16.0
海　南	67.7	14.2	15.4	59.9	23.6	13.5
重　庆	64.9	17.9	15.6	59.8	22.7	15.7
四　川	63.2	17.6	16.8	57.2	24.0	16.2
贵　州	62.3	19.0	17.0	56.8	25.6	15.7
云　南	67.2	16.0	15.4	59.1	24.0	15.3
西　藏	55.7	23.6	19.3	55.0	23.6	20.7
陕　西	63.3	19.2	16.8	54.8	27.2	17.3
甘　肃	59.4	19.8	20.1	51.3	28.9	19.0
青　海	60.7	17.9	21.4	53.6	26.6	19.8
宁　夏	60.8	18.6	18.7	52.8	26.8	17.9
新　疆	60.6	17.4	19.7	53.9	23.7	20.2

成功因素作出不同影响程度判断的企业家占比(%)								
高素质的人才			员工对企业的认同感			企业内部的激励措施		
高	低	无	高	低	无	高	低	无
71.8	18.8	8.6	70.3	22.1	6.7	68.3	22.8	8.0
72.9	18.3	7.8	73.6	19.6	5.6	72.2	20.2	6.3
67.4	20.3	11.0	72.5	20.0	6.4	70.5	20.7	7.6
70.2	17.6	9.9	71.1	19.4	7.4	68.1	20.3	9.0
77.3	14.2	8.3	73.0	19.4	7.4	66.8	22.5	10.5
68.1	18.6	11.3	67.5	20.8	9.5	64.1	21.6	12.0
71.1	19.0	9.4	69.8	22.1	7.4	67.7	22.8	8.8
67.8	18.8	13.4	73.6	18.2	8.1	69.5	20.3	10.2
67.5	20.5	12.0	70.5	21.0	8.5	69.0	20.5	10.5
71.5	15.9	9.6	69.5	19.5	8.0	67.2	20.0	9.5
70.1	17.8	9.3	73.9	17.9	5.9	70.6	18.8	7.4
67.8	20.7	11.4	70.4	21.5	8.1	66.4	23.0	10.6
74.8	16.9	8.3	69.6	23.0	7.3	65.9	24.9	9.2
71.7	20.1	8.0	67.5	25.6	6.7	66.3	25.4	8.0
67.4	21.1	10.1	70.8	21.5	6.5	67.2	23.3	8.0
75.3	16.3	7.9	74.9	18.7	5.8	73.1	19.7	6.6
66.3	21.9	10.6	69.2	22.3	7.4	67.5	23.1	8.1
73.1	18.6	8.2	73.6	20.0	6.4	72.5	20.5	7.0
75.6	17.1	7.2	73.4	20.3	6.2	73.6	19.7	6.6
73.3	18.8	7.1	74.4	19.5	5.2	73.1	20.2	5.9
72.7	17.1	8.1	73.6	18.7	5.3	72.1	19.4	5.8
70.4	21.4	6.5	70.6	22.1	5.1	70.3	21.9	5.5
74.1	16.3	7.5	71.7	20.3	6.0	70.2	20.8	7.0
68.6	19.7	10.9	72.7	20.5	5.7	71.5	19.9	7.7
71.1	16.7	9.9	73.6	17.4	6.7	71.1	17.9	8.3
68.8	19.1	10.6	74.1	18.8	6.0	72.0	19.4	7.2
67.6	19.4	11.1	71.7	19.7	6.9	69.9	20.5	7.7
65.8	22.0	10.8	72.5	19.5	6.8	70.2	20.9	7.2
69.3	20.5	9.3	76.9	17.8	4.3	74.3	19.6	5.2
65.0	18.6	15.7	75.7	15.0	8.6	72.1	17.9	10.0
67.6	21.2	10.7	70.6	22.6	6.3	69.0	22.5	7.9
63.1	24.4	11.9	70.1	22.2	7.3	66.4	24.9	8.1
65.7	21.2	13.1	71.3	22.5	6.2	71.9	18.9	9.1
64.8	21.1	12.1	70.9	22.4	5.5	69.7	21.2	7.3
64.9	20.5	13.1	72.4	19.0	7.2	69.6	20.6	8.4

13-1 续表 2

项　　目	在开展创新活动企业中，对下列各项创新		
	有效的技术战略或计划		
	高	低	无
总　计	**65.0**	**23.4**	**10.3**
一、按规模分			
大型企业	75.7	17.8	5.5
中型企业	67.7	21.6	9.3
小型企业	63.9	24.2	10.6
微型企业	55.4	26.8	16.4
二、按登记注册类型分			
内资企业	64.7	23.5	10.5
国有企业	62.2	23.1	12.9
集体企业	51.4	28.8	18.2
股份合作企业	55.8	28.7	14.7
联营企业	63.3	20.0	16.7
#国有联营企业	57.1	28.6	14.3
有限责任公司	66.1	22.3	10.1
#国有独资公司	68.2	20.3	10.1
股份有限公司	73.8	18.5	6.4
私营企业	63.4	24.5	10.8
其他企业	54.9	27.1	17.4
港、澳、台商投资企业	67.7	22.2	8.9
合资经营企业	69.2	22.3	7.6
合作经营企业	68.0	22.8	7.7
港、澳、台商独资经营企业	66.6	22.4	9.7
港、澳、台商投资股份有限公司	75.3	16.4	6.8
其他港、澳、台投资企业	65.9	20.9	12.4
外商投资企业	67.2	23.0	8.9
中外合资经营企业	69.2	21.9	7.9
中外合作经营企业	66.4	23.3	9.2
外资企业	65.9	23.7	9.6
外商投资股份有限公司	69.9	23.0	6.5
其他外商投资企业	66.9	18.9	13.7
三、按行业分			
采矿业	59.0	26.0	13.5
制造业	66.7	23.6	8.5
电力、热力、燃气及水生产和供应业	69.4	18.1	11.0
建筑业	63.2	22.9	12.4
批发和零售业	58.9	24.7	14.7
交通运输、仓储和邮政业	56.2	25.4	16.7
信息传输、软件和信息技术服务业	76.3	16.4	6.0
租赁和商务服务业	63.1	20.9	14.5
科学研究和技术服务业	68.4	20.3	10.0
水利、环境和公共设施管理业	62.6	23.7	11.9

成功因素作出不同影响程度判断的企业家占比(%)								
畅通的信息渠道			可信赖的创新合作伙伴			优惠政策的扶持		
高	低	无	高	低	无	高	低	无
65.7	**23.9**	**9.0**	**58.4**	**25.9**	**14.1**	**57.4**	**24.5**	**16.4**
71.4	21.6	5.7	62.5	26.5	9.6	61.6	24.7	12.0
67.3	23.0	8.2	59.2	25.6	13.6	57.7	24.1	16.3
65.1	24.2	9.2	58.2	26.0	14.3	57.3	24.6	16.4
60.1	25.4	12.9	53.6	26.3	18.6	51.9	25.3	20.9
65.9	23.7	9.0	58.6	25.8	14.1	57.7	24.3	16.2
63.6	23.9	10.7	54.4	26.0	17.4	54.0	24.4	19.2
55.7	29.2	13.3	49.8	26.0	22.4	49.3	26.4	22.4
61.1	27.2	10.4	54.5	26.0	18.1	50.2	25.8	22.8
57.8	28.9	13.3	55.6	23.3	21.1	53.3	25.6	21.1
64.3	28.6	7.1	57.1	21.4	21.4	42.9	35.7	21.4
66.6	23.0	8.7	58.6	25.6	14.1	58.0	23.7	16.4
66.1	23.2	9.1	56.6	26.8	14.9	57.5	23.4	17.0
71.1	21.5	6.0	63.9	24.7	10.0	64.6	22.2	11.5
65.2	24.2	9.3	58.4	26.0	14.2	57.2	24.8	16.3
61.4	26.4	11.7	56.1	25.2	18.2	54.7	26.4	18.2
64.9	24.7	9.0	57.0	27.1	14.4	55.9	25.4	16.9
67.1	24.4	7.5	59.4	26.6	12.8	60.3	24.4	13.9
62.2	28.2	7.3	54.8	29.3	13.9	55.6	27.0	15.1
63.4	24.9	10.1	55.4	27.4	15.6	52.9	26.1	18.8
69.4	22.2	6.3	63.1	25.8	9.6	64.6	22.0	12.1
65.9	21.7	10.1	58.1	26.4	12.4	55.0	24.0	18.6
64.2	25.3	9.3	57.1	27.3	14.4	53.5	26.3	18.8
65.9	24.8	8.0	60.3	25.9	12.4	57.5	25.3	15.6
65.3	24.0	8.8	55.7	24.0	18.3	52.3	25.2	19.8
62.9	25.8	10.2	55.0	28.4	15.6	50.7	27.0	20.9
69.6	23.3	6.8	59.6	28.0	12.1	59.0	25.7	14.7
65.1	20.6	13.7	58.9	23.4	17.1	56.6	25.1	17.1
60.6	26.3	11.4	53.3	27.6	17.4	53.9	25.2	18.9
66.2	24.6	7.9	59.7	26.4	12.5	59.4	25.0	14.0
67.7	19.6	10.8	56.7	22.1	19.2	60.3	20.2	17.3
63.1	24.8	10.6	55.3	26.4	16.7	51.9	25.3	21.1
63.9	23.2	11.2	55.0	25.5	17.5	51.7	24.3	21.7
61.5	23.5	13.3	52.4	26.0	19.9	52.4	24.3	21.4
72.9	19.5	6.2	65.6	23.0	9.8	65.8	20.5	12.0
65.9	20.5	11.9	56.9	23.1	18.2	53.7	21.9	22.2
67.1	22.2	9.2	58.6	25.5	14.5	58.1	23.2	17.0
64.4	22.8	11.2	57.0	25.2	16.0	57.9	22.4	18.0

13-1 续表 3

项　目	在开展创新活动企业中，对下列各项创新		
	有效的技术战略或计划		
	高	低	无
四、按地区分			
东部地区	64.9	23.8	10.2
中部地区	65.9	22.7	9.8
西部地区	64.3	22.9	11.3
东北地区	65.0	20.6	11.4
北　京	67.4	21.1	11.3
天　津	58.1	24.5	14.5
河　北	61.4	24.6	13.1
山　西	61.7	22.5	15.8
内蒙古	63.5	22.6	13.9
辽　宁	65.2	19.5	11.4
吉　林	66.8	19.6	9.8
黑龙江	62.1	24.3	13.6
上　海	66.9	23.8	9.3
江　苏	62.7	26.9	10.1
浙　江	63.4	24.4	10.4
安　徽	67.9	21.4	9.9
福　建	62.1	25.1	11.3
江　西	67.3	23.0	9.7
山　东	69.3	21.2	9.4
河　南	65.6	23.6	9.8
湖　北	65.4	21.9	9.2
湖　南	64.0	24.4	8.6
广　东	68.3	20.9	8.2
广　西	66.3	22.4	10.1
海　南	67.9	19.5	9.9
重　庆	66.5	21.4	10.5
四　川	63.9	22.3	11.4
贵　州	64.1	22.5	11.5
云　南	68.3	21.4	8.8
西　藏	60.7	22.9	15.7
陕　西	61.4	25.8	12.1
甘　肃	60.3	26.7	12.4
青　海	62.6	23.3	14.1
宁　夏	62.8	23.3	11.5
新　疆	62.3	23.4	11.8

成功因素作出不同影响程度判断的企业家占比(%)								
畅通的信息渠道			可信赖的创新合作伙伴			优惠政策的扶持		
高	低	无	高	低	无	高	低	无
65.0	24.5	9.3	58.1	26.4	14.2	56.2	25.2	17.1
68.3	22.4	7.6	61.0	24.7	12.4	61.2	22.7	14.1
65.7	23.4	9.2	56.4	26.0	15.8	57.4	24.3	16.5
64.3	22.5	10.2	58.1	23.5	15.2	57.4	21.9	16.9
65.5	23.3	10.9	55.9	27.1	16.7	51.8	24.2	23.7
60.0	23.9	13.5	51.9	25.6	19.6	49.7	23.8	22.8
64.7	23.7	10.6	56.4	25.6	17.0	55.8	24.3	18.8
64.1	23.7	12.1	54.3	25.7	20.0	53.5	23.3	23.2
62.8	24.6	12.6	55.7	24.7	19.6	55.7	23.9	20.4
63.3	21.8	11.0	57.6	23.0	15.2	54.1	21.3	19.1
66.9	20.8	8.3	60.4	21.5	13.9	62.0	20.5	13.4
62.3	26.3	11.4	55.6	27.3	17.1	57.3	24.9	17.7
63.9	26.7	9.3	55.2	30.1	14.6	53.2	26.4	20.3
63.3	26.9	9.5	58.0	28.6	13.1	54.7	27.7	17.2
63.3	25.6	9.1	56.1	26.9	15.0	55.4	26.9	15.4
69.8	21.3	8.2	64.0	23.5	11.7	61.4	22.1	15.4
63.3	24.9	10.0	55.8	26.9	15.5	55.4	25.8	16.8
68.2	22.8	9.0	60.7	25.8	13.5	64.4	23.2	12.4
71.8	20.3	7.7	65.0	22.5	12.3	64.9	21.4	13.6
69.4	22.5	6.9	61.9	24.5	12.3	62.3	22.1	14.1
68.4	21.0	6.7	60.0	24.1	11.8	60.5	22.3	12.7
65.3	24.5	6.7	58.5	26.5	11.3	59.6	24.3	12.2
64.9	23.7	8.6	58.7	25.5	13.0	55.4	23.7	17.1
67.8	21.9	8.9	57.5	25.0	16.0	57.0	24.4	17.5
67.2	20.0	9.4	61.9	21.3	14.2	54.8	22.9	18.6
67.9	22.2	8.2	58.4	24.5	15.1	60.8	22.6	14.7
64.8	23.1	9.5	55.1	26.3	15.8	56.6	24.5	16.1
65.5	23.4	9.1	57.5	25.0	15.6	58.9	22.7	16.1
69.1	22.0	7.4	59.5	25.0	13.9	59.1	24.1	15.0
62.9	26.4	10.0	55.7	23.6	19.3	61.4	21.4	16.4
64.7	25.5	9.0	55.4	28.7	15.0	55.1	27.0	17.0
62.6	27.0	9.8	52.4	30.0	16.8	55.1	27.1	17.1
65.5	24.7	9.8	53.8	27.7	18.5	58.0	24.5	17.5
64.5	23.6	9.6	54.7	25.2	17.5	55.5	23.6	18.1
63.4	23.8	10.3	55.0	24.7	17.8	56.0	23.1	18.6

13-2 规模以上工业企业

项目	在开展创新活动企业中，对下列各项创新成功					
	有创新精神的企业家			充足的经费支持		
	高	低	无	高	低	无
总计	**71.1**	**17.5**	**10.4**	**65.6**	**23.0**	**10.3**
一、按规模分						
大型企业	81.2	12.3	5.7	74.5	19.2	5.6
中型企业	74.4	15.7	8.9	69.5	21.3	8.2
小型企业	69.9	18.1	11.0	64.4	23.5	11.0
微型企业	61.9	21.6	15.3	57.8	26.2	14.6
二、按登记注册类型分						
内资企业	71.4	17.4	10.2	65.6	23.0	10.3
国有企业	71.3	15.2	11.4	67.3	18.9	11.7
集体企业	64.8	19.3	15.2	59.6	23.9	15.6
股份合作企业	69.8	19.1	10.6	59.4	26.8	13.0
联营企业	60.0	25.0	12.5	57.5	27.5	15.0
#国有联营企业	66.7	16.7	16.7	83.3	16.7	
有限责任公司	72.1	16.4	10.4	65.9	22.4	10.4
#国有独资公司	74.6	13.8	10.4	66.0	21.9	10.5
股份有限公司	79.0	13.0	7.0	72.3	19.8	6.8
私营企业	70.6	18.2	10.3	65.0	23.5	10.4
其他企业	55.7	24.2	19.7	52.0	26.6	20.5
港、澳、台商投资企业	69.6	18.1	11.3	65.2	23.1	10.6
合资经营企业	73.9	16.5	8.7	67.8	22.3	9.0
合作经营企业	71.2	17.6	11.2	64.4	22.0	13.2
港、澳、台商独资经营企业	66.7	19.3	12.9	63.4	23.6	11.7
港、澳、台商投资股份有限公司	75.6	13.1	10.3	70.8	21.0	7.6
其他港、澳、台投资企业	66.7	22.2	8.6	63.0	25.9	9.9
外商投资企业	68.6	18.2	12.3	66.0	22.8	10.3
中外合资经营企业	73.7	15.9	9.7	67.9	22.6	8.7
中外合作经营企业	67.9	17.0	13.4	65.2	24.1	9.4
外资企业	65.1	20.0	13.9	64.8	23.1	11.3
外商投资股份有限公司	74.3	13.8	11.5	70.6	21.2	7.8
其他外商投资企业	61.3	16.8	21.0	60.5	17.6	21.0
三、按行业分						
采矿业	60.6	21.3	16.9	57.5	24.9	16.3
煤炭开采和洗选业	58.6	20.4	20.0	53.5	25.6	20.2
石油和天然气开采业	80.0	8.0	12.0	68.0	20.0	12.0
黑色金属矿采选业	60.0	23.0	15.6	58.5	24.9	15.4
有色金属矿采选业	61.6	23.4	14.1	61.6	23.1	13.6
非金属矿采选业	61.1	21.8	15.1	59.3	25.4	13.2

创新成功影响因素情况

因素作出不同影响程度判断的企业家占比(%)								
高素质的人才			员工对企业的认同感			企业内部的激励措施		
高	低	无	高	低	无	高	低	无
73.5	**18.6**	**7.1**	**71.2**	**22.2**	**5.7**	**69.7**	**22.6**	**6.7**
83.7	12.6	3.2	76.7	19.2	3.2	77.3	18.7	3.3
76.9	17.0	5.4	73.2	21.1	4.8	72.6	21.2	5.3
72.2	19.2	7.7	70.5	22.6	6.0	68.7	23.1	7.1
66.6	21.2	11.1	67.6	23.4	7.7	64.9	23.7	9.9
73.3	18.7	7.1	71.4	22.1	5.6	70.0	22.4	6.5
77.5	14.0	7.4	69.3	22.9	6.3	71.4	20.7	6.4
66.8	21.7	10.8	64.9	27.3	7.1	65.7	25.2	8.2
67.4	23.1	8.8	65.0	27.3	7.2	63.1	27.3	8.8
67.5	20.0	12.5	57.5	32.5	10.0	67.5	25.0	7.5
83.3	16.7		66.7	16.7	16.7	66.7	16.7	16.7
74.7	17.6	6.7	72.9	20.9	5.2	71.6	21.2	6.1
76.6	15.7	6.7	75.0	19.3	4.6	74.8	19.0	5.2
81.3	13.8	4.2	77.1	18.5	3.5	76.4	18.4	4.2
72.0	19.6	7.5	70.3	22.9	5.9	68.8	23.2	6.9
61.9	24.6	13.5	60.7	28.7	10.2	57.8	31.1	10.7
73.6	18.2	7.4	70.8	22.7	5.6	69.2	22.9	7.0
75.9	17.3	6.1	72.2	22.3	4.7	72.1	21.8	5.5
73.7	17.6	8.8	69.3	24.9	5.4	69.3	22.9	7.3
72.0	18.8	8.2	69.8	23.0	6.3	67.1	23.8	8.0
78.4	16.5	5.2	74.2	21.0	4.1	75.6	17.9	5.8
71.6	23.5	4.9	76.5	17.3	3.7	72.8	19.8	4.9
75.2	17.2	7.1	69.5	23.1	6.5	66.9	24.6	7.7
76.9	17.0	5.6	71.9	21.9	5.3	69.6	23.1	6.4
76.3	15.6	7.6	69.2	21.4	8.0	67.4	20.1	10.7
73.8	17.5	8.0	67.7	24.2	7.3	64.9	25.9	8.4
79.2	15.2	5.2	75.1	18.2	6.3	75.1	20.1	4.1
71.4	16.0	12.6	63.0	24.4	12.6	63.9	20.2	16.0
66.0	21.9	10.9	67.7	22.6	8.4	68.5	21.1	9.1
64.5	22.4	12.4	68.0	23.0	8.3	68.0	22.6	8.9
82.0	12.0	6.0	72.0	22.0	6.0	74.0	22.0	4.0
65.6	22.7	10.4	62.6	25.1	10.7	64.9	19.9	13.0
68.6	22.1	8.5	68.3	22.6	8.3	70.1	20.4	8.8
65.0	21.8	11.1	69.6	20.9	7.5	69.6	20.5	7.5

13-2 续表 1

项　　目	在开展创新活动企业中，对下列各项创新成功					
	有创新精神的企业家			充足的经费支持		
	高	低	无	高	低	无
开采辅助活动	64.4	13.6	22.0	52.5	23.7	23.7
其他采矿业	71.4	14.3	14.3	71.4	14.3	14.3
制造业	71.3	17.5	10.2	65.8	23.0	10.1
农副食品加工业	68.5	18.6	11.9	63.6	23.4	11.8
食品制造业	72.8	16.8	9.3	67.8	22.1	8.8
酒、饮料和精制茶制造业	71.0	17.0	11.1	63.6	23.9	11.6
烟草制品业	79.5	15.7	4.8	65.1	24.1	7.2
纺织业	68.8	18.8	11.3	62.6	24.8	11.5
纺织服装、服饰业	64.1	21.0	13.9	59.6	26.2	13.2
皮革、毛皮、羽毛及其制品和制鞋业	65.3	22.5	11.5	60.5	26.9	11.6
木材加工和木、竹、藤、棕、草制品业	68.5	19.3	11.6	66.0	23.0	10.3
家具制造业	67.9	19.4	11.6	63.0	24.2	11.6
造纸和纸制品业	68.4	17.6	12.9	62.6	23.5	12.6
印刷和记录媒介复制业	69.0	19.5	10.7	62.0	25.6	11.5
文教、工美、体育和娱乐用品制造业	70.7	18.2	10.4	64.1	24.5	10.5
石油加工、炼焦和核燃料加工业	73.1	15.9	10.0	66.1	21.2	11.7
化学原料和化学制品制造业	73.2	16.8	9.1	67.5	22.5	9.1
医药制造业	77.7	13.3	8.0	72.2	19.2	7.5
化学纤维制造业	69.7	17.8	12.0	67.2	20.9	11.0
橡胶和塑料制品业	68.7	19.0	11.4	64.2	23.6	11.2
非金属矿物制品业	69.7	17.4	11.8	64.1	22.5	12.1
黑色金属冶炼和压延加工业	69.1	18.8	11.3	62.1	24.1	12.8
有色金属冶炼和压延加工业	71.6	17.2	10.2	63.5	24.3	10.7
金属制品业	69.6	18.6	10.8	65.2	23.2	10.6
通用设备制造业	73.2	16.9	9.1	66.4	23.5	9.1
专用设备制造业	74.3	16.1	8.7	68.5	22.1	8.4
汽车制造业	72.5	16.8	9.5	67.7	22.2	8.9
铁路、船舶、航空航天和其他运输设备制造业	73.8	16.2	9.0	68.3	21.9	8.7
电气机械和器材制造业	73.7	16.5	8.8	67.6	22.6	8.6
计算机、通信和其他电子设备制造业	73.3	16.3	9.5	69.1	21.3	8.5
仪器仪表制造业	76.1	15.5	7.7	69.5	21.7	8.0
其他制造业	68.0	20.2	10.8	63.9	24.2	11.3
废弃资源综合利用业	67.5	17.6	13.0	63.4	20.7	14.1
金属制品、机械和设备修理业	74.3	16.0	9.0	70.1	19.4	9.0
电力、热力、燃气及水生产和供应业	68.9	14.2	15.1	64.5	19.7	14.2
电力、热力生产和供应业	68.2	14.3	15.8	65.1	19.2	13.7
燃气生产和供应业	68.9	15.5	14.6	61.0	22.3	16.0
水的生产和供应业	72.2	12.1	13.0	64.9	19.2	14.4

因素作出不同影响程度判断的企业家占比(%)								
高素质的人才			员工对企业的认同感			企业内部的激励措施		
高	低	无	高	低	无	高	低	无
72.9	16.9	10.2	62.7	25.4	11.9	67.8	18.6	11.9
100.0			100.0			100.0		
73.6	18.6	7.0	71.2	22.3	5.6	69.7	22.7	6.6
70.9	19.5	8.6	70.5	22.7	6.0	69.4	22.5	7.0
75.2	17.3	6.5	74.5	19.3	5.2	71.8	20.8	6.1
71.0	20.2	7.9	73.1	20.4	5.6	70.0	22.6	6.4
75.9	15.7	4.8	73.5	22.9	2.4	69.9	22.9	4.8
68.0	22.1	9.0	67.1	25.3	6.7	66.1	25.1	7.8
66.1	22.3	10.8	65.6	25.5	8.1	64.0	25.4	9.6
65.3	24.6	9.2	66.7	25.4	7.1	65.0	26.5	7.6
70.0	20.4	8.9	68.8	23.9	6.6	66.6	25.0	7.6
70.2	20.1	8.8	69.5	22.9	6.6	68.6	22.3	8.1
69.6	20.5	8.8	70.8	22.5	5.7	69.0	22.6	7.5
70.8	21.0	7.6	70.1	23.1	6.3	67.4	24.5	7.6
70.5	20.3	8.4	69.0	24.3	6.0	66.5	25.1	7.5
75.9	17.4	6.3	72.5	21.1	5.7	72.5	20.2	6.7
76.1	17.4	5.8	71.9	22.1	5.2	71.4	21.9	5.7
80.7	13.8	4.8	76.7	17.7	4.6	75.1	18.7	5.2
71.6	19.0	8.5	68.6	25.2	5.8	67.1	25.2	7.2
71.0	20.2	8.0	69.1	23.7	6.2	67.4	24.6	7.1
71.0	19.0	9.0	69.9	22.3	6.9	69.1	22.3	7.6
69.6	20.4	9.0	68.3	23.8	7.2	66.9	24.4	8.0
72.5	18.9	7.6	71.3	22.3	5.2	68.9	23.4	6.3
72.1	20.3	6.9	69.9	23.6	5.5	68.8	23.4	6.8
74.9	18.3	6.1	71.8	22.4	5.1	69.7	23.2	6.2
78.0	16.1	5.2	73.7	20.8	4.6	72.2	21.1	5.7
76.4	17.1	5.8	72.9	21.2	4.8	70.8	22.1	5.9
75.9	17.7	5.4	71.7	22.4	5.1	71.0	22.0	6.0
76.4	17.3	5.5	72.6	21.6	4.8	71.2	21.8	5.9
78.5	15.6	5.1	73.8	20.5	4.8	72.3	21.4	5.2
79.5	15.7	4.4	73.0	21.7	4.5	71.2	22.4	5.5
70.0	21.8	7.8	68.1	23.8	7.6	67.4	24.4	7.8
71.0	18.8	8.5	71.2	22.2	5.6	69.2	21.7	7.7
79.2	14.6	5.6	77.8	14.6	6.3	78.5	14.6	6.3
76.6	13.2	9.2	76.2	16.1	6.5	74.0	16.8	7.9
76.7	12.9	9.1	75.8	16.1	6.8	73.6	16.9	8.0
75.7	14.9	9.5	77.9	16.7	4.7	74.6	18.0	7.0
76.8	12.8	9.2	76.2	15.7	6.7	75.7	15.3	8.0

13-2 续表 2

项　目	在开展创新活动企业中，对下列各项创新成功					
	有创新精神的企业家			充足的经费支持		
	高	低	无	高	低	无
四、按地区分						
东部地区	71.1	18.0	10.3	66.1	23.0	10.0
中部地区	73.5	16.2	9.1	67.2	22.0	9.3
西部地区	67.6	17.5	13.5	60.9	24.6	12.9
东北地区	70.6	16.8	10.7	63.3	22.4	12.1
北　京	73.6	14.2	12.2	64.2	23.9	11.8
天　津	73.3	15.3	9.8	66.8	21.9	9.6
河　北	70.1	17.9	11.4	62.7	23.6	12.9
山　西	68.9	16.4	14.7	57.8	24.1	18.0
内蒙古	67.5	17.0	15.4	59.8	23.2	17.0
辽　宁	71.4	15.4	11.4	63.8	22.2	11.9
吉　林	70.0	17.0	9.4	62.6	21.8	11.5
黑龙江	69.8	19.1	11.1	63.2	23.5	13.3
上　海	69.0	19.2	11.7	65.5	24.2	10.3
江　苏	71.1	19.6	9.2	67.1	24.0	8.6
浙　江	68.7	18.9	10.9	61.1	25.6	11.6
安　徽	75.1	14.9	9.4	69.1	21.1	9.1
福　建	68.1	17.6	13.0	62.7	22.4	13.2
江　西	73.1	18.1	8.8	66.8	23.4	9.8
山　东	76.4	15.4	8.1	72.5	19.4	8.0
河　南	75.7	14.9	8.6	69.4	20.8	9.0
湖　北	71.4	16.2	9.4	65.8	21.2	9.6
湖　南	71.4	18.4	8.0	65.1	24.9	7.7
广　东	70.0	17.3	11.3	67.9	21.2	9.6
广　西	67.5	17.8	13.7	62.2	23.8	12.9
海　南	69.6	13.0	14.3	65.8	21.1	10.6
重　庆	69.9	17.2	11.1	64.8	22.9	10.3
四　川	66.4	17.6	13.9	60.4	24.3	12.9
贵　州	64.3	18.1	15.8	58.4	26.0	13.6
云　南	71.1	14.7	12.7	62.5	23.3	12.5
西　藏	61.2	22.4	14.3	53.1	22.4	22.4
陕　西	69.1	17.7	12.8	60.9	26.0	12.6
甘　肃	65.6	19.2	14.6	55.5	29.3	14.5
青　海	66.9	16.9	16.1	58.5	26.7	14.8
宁　夏	67.2	19.4	12.2	59.6	27.6	11.6
新　疆	64.5	18.8	14.8	58.0	25.1	15.0

因素作出不同影响程度判断的企业家占比(%)								
高素质的人才			员工对企业的认同感			企业内部的激励措施		
高	低	无	高	低	无	高	低	无
73.5	18.7	7.2	70.1	23.3	5.9	68.6	23.6	7.1
75.5	17.6	6.0	73.7	20.2	4.9	72.6	20.7	5.4
70.5	19.7	8.6	72.8	20.5	5.5	71.4	20.8	6.5
72.6	17.6	8.1	71.6	20.5	6.2	68.3	21.6	7.9
80.2	13.9	5.9	71.6	22.4	6.0	64.9	25.7	9.4
77.6	15.0	6.0	72.6	20.0	5.8	69.1	20.9	8.3
72.8	18.7	8.0	68.9	23.6	6.9	67.4	23.7	8.3
72.3	18.3	9.4	74.6	18.6	6.8	71.6	20.8	7.6
68.9	20.9	10.2	72.3	19.9	7.8	70.6	18.9	10.5
74.7	15.7	7.7	70.8	20.5	6.8	68.6	21.0	8.5
70.7	18.3	8.1	72.7	19.5	5.1	68.7	21.0	6.3
71.2	20.0	8.8	71.5	21.9	6.6	67.2	23.7	9.1
75.7	17.5	6.7	68.3	25.5	6.1	65.8	26.4	7.7
74.2	19.4	6.2	67.8	26.3	5.7	67.1	25.9	6.8
67.2	22.1	9.2	69.6	23.0	6.0	66.0	24.8	7.7
77.9	15.6	6.0	75.3	19.1	4.9	73.6	20.0	5.7
70.2	19.7	8.9	71.0	21.2	6.7	69.0	22.3	7.2
74.8	18.2	7.0	73.0	21.1	5.9	72.4	21.2	6.3
77.8	16.2	5.9	73.4	20.8	5.7	74.1	19.8	6.0
76.3	17.8	5.3	74.9	19.9	4.4	73.9	20.5	4.8
75.7	16.0	6.3	74.0	18.7	4.7	72.6	19.5	4.9
71.9	21.4	5.0	69.4	23.4	4.8	69.5	22.9	5.0
75.8	16.5	6.6	71.1	21.9	5.7	70.2	22.0	6.5
70.9	19.1	9.1	70.9	22.4	5.3	70.6	21.1	7.4
74.5	13.0	11.2	68.3	19.9	9.3	67.1	19.9	9.3
72.8	18.3	7.4	75.2	19.1	4.7	73.5	19.8	5.3
70.0	19.1	9.0	72.3	19.8	6.2	70.5	20.6	6.9
66.9	22.2	9.5	72.1	20.4	6.3	70.1	20.9	7.1
72.5	18.9	7.4	78.1	17.3	3.4	76.0	19.1	3.8
63.3	20.4	14.3	71.4	16.3	10.2	73.5	12.2	14.3
72.3	19.5	7.7	69.8	24.4	5.3	69.8	23.0	6.6
65.8	24.2	9.4	70.8	22.6	6.2	66.2	26.6	6.6
71.2	19.5	9.3	73.7	20.3	5.9	76.3	14.8	8.9
69.8	20.6	8.4	71.0	24.0	4.2	71.2	22.0	5.6
69.0	19.8	9.8	73.3	20.3	5.2	71.8	20.6	6.1

13-2 续表 3

项目	在开展创新活动企业中，对下列各项创新成功		
	有效的技术战略或计划		
	高	低	无
总　计	**66.6**	**23.6**	**8.6**
一、按规模分			
大型企业	77.2	18.2	4.0
中型企业	70.1	22.0	6.8
小型企业	65.3	24.3	9.2
微型企业	60.2	25.5	12.8
二、按登记注册类型分			
内资企业	66.5	23.6	8.6
国有企业	64.4	23.9	9.8
集体企业	56.4	29.3	13.5
股份合作企业	60.7	27.6	11.1
联营企业	60.0	25.0	15.0
#国有联营企业	66.7	16.7	16.7
有限责任公司	68.4	22.2	8.1
#国有独资公司	71.7	19.6	7.6
股份有限公司	75.6	18.5	4.9
私营企业	65.0	24.7	9.1
其他企业	49.2	30.7	18.9
港、澳、台商投资企业	67.6	23.0	8.3
合资经营企业	69.1	22.8	7.2
合作经营企业	68.3	24.9	6.8
港、澳、台商独资经营企业	66.2	23.5	9.1
港、澳、台商投资股份有限公司	76.3	16.5	5.8
其他港、澳、台投资企业	71.6	19.8	8.6
外商投资企业	67.0	23.5	8.6
中外合资经营企业	69.2	22.3	7.5
中外合作经营企业	65.6	22.8	10.3
外资企业	65.6	24.4	9.3
外商投资股份有限公司	69.1	23.0	7.1
其他外商投资企业	63.9	20.2	15.1
三、按行业分			
采矿业	59.0	26.0	13.5
煤炭开采和洗选业	58.8	26.3	13.9
石油和天然气开采业	68.0	22.0	10.0
黑色金属矿采选业	53.8	27.3	17.8
有色金属矿采选业	58.8	28.1	11.1
非金属矿采选业	61.2	24.6	12.0

因素作出不同影响程度判断的企业家占比(%)								
畅通的信息渠道			可信赖的创新合作伙伴			优惠政策的扶持		
高	低	无	高	低	无	高	低	无
66.1	**24.5**	**8.0**	**59.6**	**26.4**	**12.7**	**59.3**	**25.0**	**14.2**
71.4	22.8	4.8	63.6	27.3	8.0	63.7	25.6	9.3
67.6	24.4	6.8	60.7	26.7	11.4	60.9	25.1	12.5
65.5	24.6	8.5	59.2	26.3	13.2	58.7	24.9	14.8
62.8	24.7	10.7	56.1	25.7	16.4	56.5	24.2	17.6
66.5	24.3	7.9	60.0	26.1	12.4	60.0	24.7	13.7
61.7	27.0	9.1	53.2	27.7	16.5	52.5	27.0	17.4
58.6	28.9	11.1	53.4	27.3	17.8	51.6	27.3	19.5
62.3	28.9	7.4	56.2	26.5	16.2	53.1	27.3	18.3
62.5	25.0	12.5	62.5	20.0	17.5	57.5	20.0	22.5
83.3		16.7	83.3		16.7	66.7	16.7	16.7
67.2	23.8	7.5	60.1	26.0	12.3	60.9	24.1	13.3
65.4	25.2	7.7	57.1	28.0	13.1	58.7	25.3	14.0
72.0	21.7	5.0	64.9	25.5	8.4	66.4	22.6	9.5
65.8	24.6	8.2	59.7	26.2	12.7	59.2	25.1	14.1
53.7	31.6	13.5	48.0	31.1	19.7	48.4	29.5	21.3
64.2	25.7	8.7	56.9	27.8	14.0	56.6	25.9	15.9
66.5	25.1	7.3	59.6	26.9	12.4	60.9	24.7	13.2
62.0	30.7	6.8	52.7	33.2	13.7	54.6	30.2	14.6
62.5	26.2	9.8	55.1	28.2	15.1	53.6	26.7	17.8
70.1	22.7	5.5	64.3	24.4	10.3	68.4	20.6	10.0
71.6	17.3	7.4	55.6	29.6	12.3	54.3	27.2	16.0
63.8	26.0	9.2	56.9	27.8	14.2	53.8	26.8	18.0
65.8	25.2	7.7	60.1	26.5	12.2	57.6	25.9	15.0
64.7	25.0	8.5	55.8	24.6	17.9	53.1	25.4	19.2
62.2	26.7	10.1	54.7	28.8	15.4	51.0	27.5	20.2
68.8	23.0	7.8	59.1	28.6	11.9	60.2	25.7	13.4
61.3	20.2	17.6	55.5	23.5	20.2	54.6	25.2	19.3
60.6	26.3	11.4	53.3	27.6	17.4	53.9	25.2	18.9
60.2	28.0	11.0	51.6	28.6	18.7	52.4	25.3	20.9
60.0	28.0	10.0	56.0	24.0	18.0	56.0	28.0	14.0
55.9	24.9	17.3	47.2	29.6	21.1	49.3	25.1	23.2
60.8	26.6	11.1	55.8	25.6	17.1	58.5	23.9	15.8
63.7	25.2	8.4	57.5	26.6	13.6	55.5	25.8	15.8

13-2 续表 4

项　目	在开展创新活动企业中，对下列各项创新成功有效的技术战略或计划		
	高	低	无
开采辅助活动	59.3	23.7	15.3
其他采矿业	85.7		14.3
制造业	66.7	23.6	8.5
农副食品加工业	64.1	24.1	10.5
食品制造业	68.1	22.4	7.9
酒、饮料和精制茶制造业	66.5	23.7	8.6
烟草制品业	71.1	20.5	7.2
纺织业	61.5	27.0	10.2
纺织服装、服饰业	57.9	28.1	12.9
皮革、毛皮、羽毛及其制品和制鞋业	59.1	29.0	10.8
木材加工和木、竹、藤、棕、草制品业	62.0	26.6	10.5
家具制造业	65.3	23.3	10.0
造纸和纸制品业	63.8	24.5	10.3
印刷和记录媒介复制业	62.6	27.3	9.1
文教、工美、体育和娱乐用品制造业	62.4	27.3	9.5
石油加工、炼焦和核燃料加工业	71.8	20.6	6.9
化学原料和化学制品制造业	68.5	22.7	7.8
医药制造业	73.7	19.2	5.9
化学纤维制造业	66.0	24.0	9.0
橡胶和塑料制品业	64.0	25.6	9.3
非金属矿物制品业	65.0	23.4	10.4
黑色金属冶炼和压延加工业	62.9	25.6	10.8
有色金属冶炼和压延加工业	66.2	24.2	8.1
金属制品业	65.7	24.4	8.6
通用设备制造业	67.6	24.0	7.5
专用设备制造业	70.0	22.0	7.0
汽车制造业	70.0	21.7	6.9
铁路、船舶、航空航天和其他运输设备制造业	69.9	22.1	6.8
电气机械和器材制造业	69.6	22.2	7.1
计算机、通信和其他电子设备制造业	72.1	20.5	6.2
仪器仪表制造业	72.0	21.8	5.5
其他制造业	63.6	26.7	9.3
废弃资源综合利用业	63.6	25.1	9.1
金属制品、机械和设备修理业	72.2	18.8	7.6
电力、热力、燃气及水生产和供应业	69.4	18.1	11.0
电力、热力生产和供应业	68.8	18.5	11.1
燃气生产和供应业	75.0	14.4	10.1
水的生产和供应业	66.7	19.7	11.5

因素作出不同影响程度判断的企业家占比(%)								
畅通的信息渠道			可信赖的创新合作伙伴			优惠政策的扶持		
高	低	无	高	低	无	高	低	无
55.9	25.4	16.9	44.1	32.2	22.0	55.9	22.0	20.3
85.7		14.3	85.7		14.3	71.4	14.3	14.3
66.2	24.6	7.9	59.7	26.4	12.5	59.4	25.0	14.0
67.1	23.0	8.5	60.2	25.0	13.5	60.7	24.3	13.5
69.2	22.0	7.1	61.4	24.8	12.1	62.1	23.7	12.4
68.5	23.5	6.7	61.3	25.0	12.2	60.5	24.1	14.0
63.9	26.5	4.8	55.4	28.9	12.0	41.0	33.7	21.7
62.9	26.3	9.4	57.1	27.7	13.7	55.5	27.1	15.6
61.4	26.4	11.0	56.8	27.0	15.1	52.2	27.7	18.6
60.8	28.2	9.7	57.0	27.9	14.0	53.4	28.1	17.0
64.6	25.3	9.2	59.7	25.6	13.7	60.4	23.9	14.3
64.4	24.9	9.3	57.7	26.5	14.2	55.3	26.5	16.6
65.3	24.3	8.9	57.9	25.9	14.6	56.4	24.5	17.2
64.5	26.2	8.4	56.7	29.3	13.1	56.8	26.3	15.8
64.8	25.7	8.6	58.0	27.8	13.3	56.1	27.7	15.0
69.8	22.2	7.2	61.9	25.6	11.2	58.2	25.0	15.6
67.4	24.4	6.9	60.6	26.8	11.3	60.0	24.9	13.5
71.5	20.7	6.6	66.7	22.5	9.5	67.5	21.2	9.8
67.4	23.9	7.6	59.0	27.5	12.5	56.4	27.0	15.3
64.1	25.5	9.1	57.8	27.7	13.2	57.0	25.5	15.8
66.3	23.4	9.0	57.8	26.0	14.8	58.4	24.4	15.6
62.5	27.5	9.0	56.4	28.9	13.6	56.2	26.5	16.0
64.2	26.1	8.2	58.6	26.4	13.2	58.3	25.3	14.7
64.6	26.0	8.1	58.5	27.2	12.9	57.9	25.4	15.1
66.9	24.8	7.1	59.8	27.1	11.9	59.7	25.7	13.3
67.5	24.1	7.1	61.1	26.1	11.4	62.3	24.2	12.1
66.7	24.8	6.8	62.0	25.5	11.0	60.7	24.6	12.7
66.1	25.2	7.2	62.0	25.0	11.7	59.9	25.3	13.2
67.1	24.3	7.2	60.7	26.6	11.3	61.4	24.3	12.6
67.9	23.9	6.9	61.3	26.3	11.0	61.4	24.2	12.8
67.5	25.0	6.5	60.1	27.1	11.7	61.3	24.7	12.7
63.5	26.4	9.3	55.5	30.3	13.2	57.4	26.9	14.4
65.0	22.6	10.4	58.4	23.8	15.9	61.1	21.7	15.5
70.1	22.2	6.3	67.4	24.3	7.6	66.0	21.5	11.1
67.7	19.6	10.8	56.7	22.1	19.2	60.3	20.2	17.3
67.6	19.5	10.8	56.8	21.3	19.8	62.0	19.5	16.3
72.3	18.7	7.9	60.4	23.0	15.8	58.1	22.1	18.7
63.6	20.5	13.6	52.9	24.9	19.7	54.6	21.5	20.5

13-2 续表 5

项　　目	在开展创新活动企业中，对下列各项创新成功		
	有效的技术战略或计划		
	高	低	无
四、按地区分			
东部地区	66.2	24.2	8.7
中部地区	67.8	22.6	7.9
西部地区	66.9	22.5	9.0
东北地区	67.1	21.4	9.2
北　京	68.6	22.1	9.4
天　津	66.6	21.3	10.4
河　北	62.5	25.0	11.8
山　西	65.8	22.0	12.2
内蒙古	65.6	21.6	12.9
辽　宁	69.3	19.7	9.0
吉　林	66.2	21.3	8.1
黑龙江	64.3	24.6	11.1
上　海	67.0	25.7	7.3
江　苏	64.6	27.0	8.2
浙　江	63.1	25.5	9.5
安　徽	69.8	21.3	8.2
福　建	65.7	22.7	10.0
江　西	68.8	22.8	8.3
山　东	70.9	20.8	8.1
河　南	68.3	23.4	7.5
湖　北	67.4	21.4	7.5
湖　南	64.3	25.1	7.4
广　东	69.3	22.0	7.4
广　西	67.7	22.4	8.5
海　南	68.3	19.3	10.6
重　庆	70.5	19.9	7.7
四　川	65.9	22.3	9.5
贵　州	64.4	23.9	9.8
云　南	71.2	20.7	6.6
西　藏	57.1	18.4	22.4
陕　西	64.8	25.4	9.1
甘　肃	62.6	27.1	9.9
青　海	70.3	18.6	11.0
宁　夏	65.8	24.2	8.6
新　疆	66.2	23.0	8.4

因素作出不同影响程度判断的企业家占比(%)								
畅通的信息渠道			可信赖的创新合作伙伴			优惠政策的扶持		
高	低	无	高	低	无	高	低	无
65.2	25.3	8.4	59.0	27.0	13.0	57.7	25.9	15.1
69.0	22.6	6.6	62.8	24.8	10.5	63.7	22.6	11.6
66.2	23.9	8.1	57.5	26.3	14.3	60.2	24.5	13.4
65.1	23.2	9.1	59.3	24.7	13.5	59.0	23.1	14.9
63.0	27.3	9.7	54.9	29.1	15.9	51.5	26.8	21.7
64.1	23.1	11.0	57.6	24.8	15.6	56.3	22.2	18.9
65.7	23.7	9.8	57.5	26.4	15.3	57.7	24.6	16.8
65.1	24.9	10.0	55.3	27.2	17.4	55.3	25.6	19.1
63.7	24.1	12.2	57.1	23.9	19.0	57.9	23.4	18.7
64.9	22.6	10.1	60.2	23.9	13.6	56.6	22.7	17.4
66.1	22.1	7.2	59.2	23.5	12.5	62.8	21.3	11.4
64.3	25.9	9.8	57.7	27.9	14.4	58.3	26.5	15.2
63.1	28.7	8.1	54.8	32.3	12.8	54.0	27.6	18.3
64.3	27.1	8.3	59.4	28.9	11.5	56.4	27.9	15.3
61.8	27.4	8.8	55.2	28.1	14.5	55.1	28.4	14.2
70.9	21.3	7.0	66.1	23.5	9.7	63.7	22.0	13.2
64.9	23.6	9.4	57.4	25.4	15.2	57.5	25.1	15.2
67.6	23.9	8.5	60.9	26.5	12.6	66.0	23.3	10.7
72.7	20.2	6.9	66.3	22.2	11.3	66.5	21.2	12.2
71.1	22.5	5.5	65.0	24.2	9.6	66.0	21.6	11.0
68.6	21.2	5.9	61.6	23.7	10.4	63.3	21.9	10.2
65.2	25.1	6.0	58.9	26.7	10.3	60.8	24.6	10.5
64.8	25.3	8.3	58.8	27.0	12.8	56.7	24.9	16.2
66.6	23.3	8.6	57.8	26.3	14.2	58.6	24.9	15.2
64.6	22.4	8.7	58.4	22.4	16.1	52.8	24.2	18.6
68.9	22.4	6.6	60.4	23.9	13.3	64.4	22.2	11.2
65.0	23.6	8.7	55.7	26.9	14.5	58.8	24.8	13.6
63.5	25.6	8.4	58.3	25.0	14.5	60.7	23.0	13.8
70.2	21.5	6.5	59.8	25.3	13.3	62.8	23.8	11.6
59.2	26.5	12.2	59.2	22.4	16.3	55.1	26.5	16.3
65.9	26.0	7.3	57.3	29.0	12.7	58.3	27.2	13.6
62.9	28.0	8.6	52.4	32.0	14.8	58.6	26.7	13.9
67.8	22.9	9.3	54.2	26.7	19.1	61.4	26.7	11.9
68.2	22.4	8.2	60.4	23.6	14.6	62.8	23.2	12.4
65.3	25.1	7.5	55.8	26.7	15.3	59.2	25.4	13.5

13-3 资质等级以上建筑业企业

项 目	在开展创新活动企业中，对下列各项创新					
	有创新精神的企业家			充足的经费支持		
	高	低	无	高	低	无
总 计	**64.9**	**17.1**	**16.7**	**57.0**	**23.7**	**17.9**
一、按规模分						
大型企业	79.3	13.0	7.2	70.5	21.8	7.1
中型企业	66.2	16.6	16.2	57.7	23.5	17.5
小型企业	57.0	19.7	21.4	50.3	24.8	23.0
微型企业	53.6	20.1	24.4	48.2	23.8	26.6
二、按登记注册类型分						
内资企业	64.8	17.2	16.7	57.0	23.6	17.9
国有企业	68.0	12.3	18.8	61.5	20.9	16.3
集体企业	55.3	18.1	25.0	48.9	25.5	23.4
股份合作企业	52.4	19.0	28.6	57.1	23.8	19.0
联营企业	40.0	20.0	40.0	40.0	20.0	40.0
有限责任公司	67.4	16.6	14.8	58.8	23.5	16.3
#国有独资公司	74.4	14.9	9.8	68.0	22.2	8.9
股份有限公司	70.4	14.5	14.2	60.3	23.3	15.3
私营企业	61.8	18.5	18.4	54.8	24.0	19.7
其他企业	50.0	25.0	25.0	25.0	25.0	50.0
港、澳、台商投资企业	76.6	6.5	16.9	59.7	22.1	18.2
合资经营企业	81.0	5.2	13.8	65.5	19.0	15.5
合作经营企业	85.7		14.3	57.1	14.3	28.6
港、澳、台商独资经营企业	55.6	22.2	22.2	44.4	33.3	22.2
其他港、澳、台投资企业	33.3		66.7		66.7	33.3
外商投资企业	77.1	14.3	8.6	60.0	28.6	11.4
中外合资经营企业	79.2	8.3	12.5	66.7	20.8	12.5
外资企业	77.8	22.2		44.4	44.4	11.1
三、按行业分						
房屋建筑业	64.2	17.7	16.8	56.6	23.8	18.1
土木工程建筑业	67.0	15.8	16.2	59.2	23.2	16.5
建筑安装业	66.2	17.1	15.7	57.0	23.5	18.3
建筑装饰和其他建筑业	62.8	17.6	17.9	55.2	23.9	19.3

创新成功影响因素情况

成功因素作出不同影响程度判断的企业家占比(%)								
高素质的人才			员工对企业的认同感			企业内部的激励措施		
高	低	无	高	低	无	高	低	无
70.7	**18.1**	**10.3**	**71.7**	**19.3**	**7.9**	**69.5**	**20.4**	**9.1**
84.2	12.2	3.2	75.9	19.0	4.5	77.8	18.2	3.5
71.3	17.9	10.0	72.0	19.2	7.7	69.7	20.5	8.9
64.3	21.0	13.7	69.8	19.6	9.3	65.9	21.1	11.5
58.3	22.2	17.5	64.1	21.6	13.2	60.7	22.0	15.3
70.6	18.2	10.4	71.6	19.4	7.9	69.4	20.4	9.1
72.6	15.9	10.8	73.8	16.8	8.2	74.5	15.9	8.7
61.7	20.7	16.5	64.4	22.9	10.6	61.2	25.5	11.2
61.9	14.3	23.8	76.2	9.5	14.3	66.7	9.5	23.8
40.0	20.0	40.0	60.0		40.0	60.0		40.0
72.8	17.0	9.2	72.2	19.4	7.3	71.0	20.3	7.8
80.9	14.0	4.9	71.6	23.3	4.9	74.9	19.6	5.3
74.9	15.6	9.3	72.9	19.7	6.3	71.8	19.4	7.9
68.1	19.7	11.2	71.0	19.4	8.6	67.4	21.0	10.3
25.0	25.0	50.0	25.0	25.0	50.0	25.0		50.0
80.5	9.1	10.4	75.3	18.2	6.5	80.5	11.7	7.8
84.5	6.9	8.6	75.9	17.2	6.9	82.8	10.3	6.9
85.7		14.3	85.7	14.3		100.0		
66.7	33.3		77.8	22.2		66.7	33.3	
33.3		66.7	33.3	33.3	33.3	33.3		66.7
77.1	20.0	2.9	60.0	22.9	14.3	65.7	22.9	11.4
83.3	12.5	4.2	70.8	12.5	12.5	83.3	8.3	8.3
55.6	44.4		22.2	55.6	22.2	22.2	55.6	22.2
69.8	18.7	10.5	71.0	19.9	8.1	68.4	21.5	9.0
72.7	16.9	9.7	73.2	17.6	8.2	72.1	18.1	8.9
71.7	17.7	9.8	71.5	20.0	7.5	69.8	19.7	9.5
69.2	18.6	11.3	71.3	20.1	7.4	68.2	21.1	9.4

13-3 续表 1

项目	在开展创新活动企业中，对下列各项创新					
	有创新精神的企业家			充足的经费支持		
	高	低	无	高	低	无
四、按地区分						
东部地区	66.5	17.5	15.0	58.4	24.5	16.0
中部地区	67.8	15.2	15.3	59.5	21.6	17.1
西部地区	58.9	18.2	21.4	51.3	24.4	22.8
东北地区	61.1	16.3	20.8	56.3	20.2	21.5
北　京	65.9	17.9	16.2	56.2	24.7	19.0
天　津	67.9	15.4	14.6	60.7	21.1	15.7
河　北	66.4	16.1	16.4	54.4	26.9	17.2
山　西	66.1	12.5	21.4	54.5	21.9	23.7
内蒙古	68.1	16.7	15.3	51.4	27.8	20.8
辽　宁	63.3	15.3	20.1	59.9	18.4	20.1
吉　林	55.3	16.3	23.6	52.8	15.4	26.8
黑龙江	61.6	18.5	19.9	52.1	28.1	19.9
上　海	63.4	21.0	15.0	55.0	28.8	15.3
江　苏	61.3	21.5	16.2	54.7	27.3	16.9
浙　江	72.1	13.9	13.6	63.3	20.8	14.7
安　徽	69.2	14.1	15.9	60.1	22.2	17.2
福　建	62.2	17.0	18.8	54.2	23.9	20.2
江　西	67.0	18.3	14.2	60.6	22.9	16.1
山　东	70.2	15.2	14.1	63.7	21.2	14.7
河　南	69.3	15.2	13.7	60.4	21.0	16.5
湖　北	67.8	14.1	14.9	61.0	19.8	15.4
湖　南	64.0	18.6	15.4	56.5	24.1	16.6
广　东	70.5	17.0	10.9	60.3	26.2	11.8
广　西	66.4	13.0	20.6	64.1	15.3	19.8
海　南	66.7	14.8	18.5	59.3	25.9	14.8
重　庆	55.8	18.6	23.5	51.6	21.4	24.9
四　川	61.9	15.4	19.8	52.3	22.0	23.0
贵　州	62.5	15.4	22.1	47.1	26.9	26.0
云　南	64.0	18.6	16.3	58.7	23.5	16.7
西　藏	78.9	5.3	15.8	68.4	21.1	10.5
陕　西	56.4	21.7	21.5	47.9	28.6	22.8
甘　肃	49.1	23.6	26.7	47.3	26.7	25.5
青　海	53.7	19.5	26.8	41.5	26.8	31.7
宁　夏	43.7	16.9	36.6	38.0	28.2	31.0
新　疆	56.9	18.5	20.8	47.7	26.9	23.1

成功因素作出不同影响程度判断的企业家占比(%)								
高素质的人才			员工对企业的认同感			企业内部的激励措施		
高	低	无	高	低	无	高	低	无
72.0	17.8	9.5	71.4	20.1	7.6	69.5	20.7	8.9
72.8	16.0	9.9	74.1	16.9	7.6	71.9	18.5	8.5
65.0	21.3	12.7	70.3	20.0	8.6	66.9	22.0	9.9
70.5	17.4	11.2	69.6	19.0	9.8	69.1	18.7	10.8
74.8	14.9	10.3	69.1	22.3	8.5	68.3	22.1	9.6
73.2	17.1	7.5	71.1	19.6	6.4	67.5	20.4	9.3
72.2	18.6	8.3	70.6	20.6	8.1	68.3	22.2	8.1
71.9	12.9	15.2	74.6	13.8	11.6	68.8	19.2	12.1
73.6	19.4	6.9	73.6	18.1	8.3	69.4	22.2	8.3
73.8	16.7	9.2	70.4	18.4	9.5	70.7	19.0	8.8
69.9	13.0	13.8	71.5	17.1	8.1	70.7	14.6	11.4
64.4	22.6	13.0	66.4	21.9	11.6	64.4	21.2	14.4
68.5	21.9	9.0	63.4	26.7	9.6	60.7	27.9	10.8
67.9	20.9	10.6	67.0	24.1	8.0	64.3	24.8	9.9
74.3	14.7	10.2	75.0	16.7	7.8	72.0	18.9	8.3
73.1	15.4	11.0	73.6	17.5	8.4	71.5	18.8	9.4
66.3	21.9	10.4	74.8	15.5	7.6	71.0	16.6	10.8
70.6	18.8	10.6	71.6	20.6	7.8	72.5	19.7	7.8
75.8	15.3	8.6	77.7	14.5	7.6	77.4	14.5	7.8
74.5	15.9	8.2	73.7	17.3	7.2	70.8	18.7	9.2
73.6	14.1	9.4	77.8	13.4	6.2	75.3	14.9	7.0
69.2	20.9	8.7	70.8	20.9	6.7	71.1	22.1	5.5
76.5	15.0	7.5	70.7	22.3	5.3	72.9	20.3	5.8
74.0	18.3	7.6	71.8	18.3	9.2	71.0	19.8	8.4
77.8	11.1	11.1	81.5	18.5		77.8	14.8	7.4
64.9	19.3	14.7	69.1	21.1	7.7	64.6	23.9	9.5
66.3	18.6	13.0	69.7	20.4	8.6	65.9	20.8	11.0
69.2	19.2	11.5	76.9	14.4	8.7	71.2	21.2	7.7
66.3	22.3	11.0	73.9	17.8	7.6	69.3	20.5	9.5
84.2	10.5	5.3	94.7	5.3		84.2	10.5	5.3
63.3	23.9	12.1	69.8	21.5	8.2	69.4	21.3	9.1
61.8	23.6	13.9	69.1	23.0	7.9	61.8	27.3	10.9
58.5	17.1	24.4	61.0	22.0	17.1	58.5	19.5	22.0
47.9	26.8	23.9	64.8	18.3	14.1	62.0	19.7	15.5
58.5	27.7	12.3	65.4	21.5	10.8	62.3	27.7	6.9

13-3 续表 2

项目	在开展创新活动企业中，对下列各项创新成功		
	有效的技术战略或计划		
	高	低	无
总 计	**63.2**	**22.9**	**12.4**
一、按规模分			
大型企业	72.9	20.7	5.8
中型企业	63.7	22.9	11.9
小型企业	58.6	24.1	15.6
微型企业	55.3	22.7	19.7
二、按登记注册类型分			
内资企业	63.2	23.0	12.4
国有企业	64.2	24.0	10.6
集体企业	54.3	29.8	13.8
股份合作企业	57.1	23.8	19.0
联营企业	60.0	20.0	20.0
有限责任公司	64.8	22.7	11.1
#国有独资公司	70.7	21.3	7.3
股份有限公司	67.3	19.7	11.7
私营企业	61.5	23.2	13.7
其他企业	25.0		50.0
港、澳、台商投资企业	70.1	15.6	14.3
合资经营企业	72.4	15.5	12.1
合作经营企业	71.4	14.3	14.3
港、澳、台商独资经营企业	55.6	22.2	22.2
其他港、澳、台投资企业	66.7		33.3
外商投资企业	54.3	28.6	17.1
中外合资经营企业	58.3	25.0	16.7
外资企业	44.4	33.3	22.2
三、按行业分			
房屋建筑业	62.3	23.7	12.5
土木工程建筑业	65.5	21.0	12.1
建筑安装业	65.0	21.7	12.2
建筑装饰和其他建筑业	61.1	24.4	12.7

因素作出不同影响程度判断的企业家占比(%)								
畅通的信息渠道			可信赖的创新合作伙伴			优惠政策的扶持		
高	低	无	高	低	无	高	低	无
63.2	**24.8**	**10.6**	**55.4**	**26.4**	**16.7**	**51.9**	**25.3**	**21.1**
67.5	25.9	5.8	59.1	30.5	9.6	55.5	29.1	14.5
63.7	24.7	10.1	56.2	25.4	16.9	52.5	24.6	21.2
60.5	24.7	13.2	52.4	26.2	19.4	49.5	24.8	23.6
59.4	23.1	15.6	52.3	23.8	21.8	49.5	22.9	26.1
63.1	24.9	10.6	55.3	26.4	16.7	51.9	25.3	21.1
64.2	24.3	10.6	54.3	26.4	17.5	49.0	26.7	22.6
55.3	29.3	13.3	53.7	23.9	20.7	51.1	25.0	21.8
66.7	19.0	14.3	52.4	33.3	14.3	47.6	28.6	23.8
60.0	20.0	20.0	80.0		20.0	20.0	40.0	40.0
63.8	25.1	9.7	56.1	26.9	15.5	53.0	25.3	20.0
64.7	28.7	6.2	56.0	30.9	12.4	52.9	28.9	17.6
63.7	26.0	8.4	57.5	27.3	14.0	51.9	27.3	19.2
62.5	24.5	11.6	54.5	25.8	18.0	51.2	25.0	22.1
25.0		50.0	25.0	25.0	25.0	25.0	25.0	25.0
74.0	15.6	10.4	62.3	20.8	16.9	58.4	16.9	22.1
77.6	13.8	8.6	65.5	22.4	12.1	58.6	17.2	20.7
71.4	14.3	14.3	57.1	14.3	28.6	85.7	14.3	
66.7	22.2	11.1	44.4	22.2	33.3	55.6	22.2	22.2
33.3	33.3	33.3	66.7		33.3			100.0
54.3	31.4	11.4	42.9	37.1	17.1	45.7	22.9	28.6
54.2	29.2	12.5	54.2	33.3	8.3	50.0	16.7	29.2
55.6	33.3	11.1	22.2	44.4	33.3	33.3	44.4	22.2
63.1	25.0	10.5	55.2	26.7	16.4	52.3	25.8	20.0
63.5	24.7	10.6	55.2	25.8	17.5	51.2	24.5	22.6
64.0	24.2	10.4	56.5	26.6	15.7	52.2	25.6	21.1
62.2	24.9	11.1	54.9	26.0	17.2	51.7	24.6	21.8

13-3 续表 3

项 目	在开展创新活动企业中，对下列各项创新成功		
	有效的技术战略或计划		
	高	低	无
四、按地区分			
东部地区	64.1	23.0	11.7
中部地区	64.4	21.7	11.9
西部地区	59.5	24.6	14.3
东北地区	63.8	20.4	13.7
北 京	62.1	26.0	11.8
天 津	66.1	21.1	10.0
河 北	63.9	22.8	12.8
山 西	58.5	23.7	17.9
内蒙古	66.7	19.4	13.9
辽 宁	64.6	19.4	13.6
吉 林	64.2	17.9	13.8
黑龙江	61.6	24.7	13.7
上 海	58.0	29.1	12.0
江 苏	59.0	26.5	13.6
浙 江	67.0	20.4	11.1
安 徽	65.0	21.7	13.1
福 建	64.6	20.5	13.1
江 西	64.2	24.3	11.5
山 东	70.4	18.6	10.6
河 南	65.9	20.4	11.4
湖 北	64.0	22.2	9.4
湖 南	65.6	20.6	11.5
广 东	67.1	22.3	8.3
广 西	67.9	22.1	9.2
海 南	63.0	22.2	14.8
重 庆	58.2	27.4	11.9
四 川	59.7	21.8	15.4
贵 州	61.5	26.9	11.5
云 南	63.3	23.5	11.7
西 藏	68.4	15.8	15.8
陕 西	56.4	27.3	16.1
甘 肃	57.6	25.5	16.4
青 海	43.9	29.3	26.8
宁 夏	60.6	14.1	21.1
新 疆	56.9	30.0	10.8

因素作出不同影响程度判断的企业家占比(%)								
畅通的信息渠道			可信赖的创新合作伙伴			优惠政策的扶持		
高	低	无	高	低	无	高	低	无
63.7	24.9	10.3	56.2	26.6	16.1	52.2	26.1	20.4
65.1	22.5	10.4	57.5	24.5	15.8	54.1	22.8	20.8
59.9	27.3	11.2	50.8	28.6	18.9	48.7	26.6	22.9
62.3	23.4	12.6	56.5	22.2	19.0	53.5	21.8	22.4
63.0	25.4	11.6	51.6	31.5	16.8	48.6	27.4	24.1
64.6	25.7	7.1	55.7	25.0	16.4	55.7	20.4	20.4
63.9	25.6	9.4	53.9	28.6	16.1	50.3	25.3	22.8
62.1	22.3	15.6	52.2	25.4	22.3	50.0	18.3	31.7
68.1	22.2	9.7	45.8	34.7	19.4	54.2	19.4	26.4
64.6	21.8	11.9	57.5	21.1	19.4	52.4	21.8	23.1
62.6	19.5	14.6	58.5	17.1	18.7	57.7	17.1	21.1
57.5	30.1	12.3	52.7	28.8	18.5	52.1	26.0	21.9
56.2	31.5	11.4	49.9	30.0	19.2	46.5	33.0	19.8
60.7	26.8	11.7	52.8	28.9	17.1	47.9	27.7	23.0
64.2	24.6	9.7	57.1	25.8	15.6	53.7	26.5	18.2
64.8	23.8	11.0	58.5	23.8	17.2	53.8	23.2	22.2
66.7	21.3	10.4	56.9	23.1	18.2	51.3	23.7	22.5
68.3	19.7	11.5	58.7	27.5	13.8	55.0	25.2	19.7
72.1	17.5	10.1	64.5	21.6	13.6	60.6	22.3	16.7
66.2	22.1	8.9	58.7	24.1	14.4	56.2	21.1	19.7
65.5	21.5	9.4	57.6	23.9	14.3	56.3	22.0	16.6
61.7	26.1	9.9	55.7	24.9	16.6	47.0	30.0	20.6
59.1	30.7	8.3	58.1	26.7	13.8	53.8	27.3	17.0
69.5	23.7	5.3	60.3	20.6	18.3	50.4	21.4	26.7
74.1	14.8	11.1	70.4	18.5	11.1	55.6	29.6	14.8
58.6	26.3	13.0	50.2	27.4	19.6	45.6	26.3	24.9
59.7	26.1	11.4	49.3	29.3	18.6	50.5	25.7	20.8
64.4	27.9	7.7	51.9	33.7	14.4	47.1	34.6	18.3
64.0	24.6	9.8	58.3	25.0	15.2	51.5	27.7	18.9
63.2	31.6	5.3	63.2	15.8	21.1	63.2	26.3	10.5
58.1	28.0	13.4	49.9	29.9	19.5	49.5	27.5	22.3
55.2	33.3	11.5	47.9	31.5	20.0	44.8	30.9	23.6
48.8	39.0	12.2	48.8	34.1	17.1	48.8	19.5	31.7
56.3	26.8	12.7	39.4	26.8	29.6	33.8	25.4	36.6
54.6	30.8	10.8	47.7	28.5	20.0	46.9	25.4	25.4

13-4 规模(限额)以上服务业

项　　目	在开展创新活动企业中，对下列各项创新成功					
	有创新精神的企业家			充足的经费支持		
	高	低	无	高	低	无
总　计	**62.5**	**18.7**	**17.2**	**56.4**	**24.2**	**17.6**
一、按规模分						
大型企业	77.0	11.9	9.8	67.3	20.3	10.5
中型企业	65.8	16.7	15.9	58.4	23.2	16.6
小型企业	60.6	19.7	18.1	55.3	24.6	18.3
微型企业	54.5	23.7	20.3	50.2	27.3	21.0
二、按登记注册类型分						
内资企业	62.3	18.8	17.3	56.1	24.3	17.8
国有企业	62.5	16.9	18.9	56.5	22.6	18.8
集体企业	53.6	19.9	24.1	47.4	26.1	24.6
股份合作企业	52.3	19.7	26.5	40.9	23.5	34.1
联营企业	51.1	20.0	28.9	57.8	24.4	17.8
#国有联营企业	14.3	28.6	57.1	28.6	42.9	28.6
有限责任公司	63.5	17.9	16.8	56.7	23.6	17.8
#国有独资公司	68.6	15.1	14.8	60.0	21.6	16.2
股份有限公司	72.2	14.2	11.9	63.6	22.4	12.3
私营企业	60.7	20.0	17.9	55.1	25.1	18.1
其他企业	62.1	21.5	16.3	58.9	25.4	15.5
港、澳、台商投资企业	65.6	17.1	15.5	60.8	21.5	15.6
合资经营企业	69.6	15.2	14.4	61.0	23.2	14.4
合作经营企业	63.8	12.8	12.8	61.7	12.8	14.9
港、澳、台商独资经营企业	64.2	17.8	16.1	60.3	21.4	16.2
港、澳、台商投资股份有限公司	63.8	21.9	13.3	63.8	17.1	16.2
其他港、澳、台投资企业	66.7	15.6	17.8	66.7	20.0	13.3
外商投资企业	66.4	16.6	15.7	60.8	22.7	14.9
中外合资经营企业	70.2	14.5	13.9	63.3	19.6	15.2
中外合作经营企业	67.6	10.8	18.9	56.8	27.0	16.2
外资企业	64.4	18.0	16.4	59.8	23.9	14.9
外商投资股份有限公司	75.4	7.2	17.4	62.3	26.1	11.6
其他外商投资企业	69.6	16.1	14.3	64.3	19.6	16.1
三、按行业分						
批发和零售业	58.9	20.4	19.0	53.2	25.5	19.3
批发业	59.9	20.0	18.2	53.4	25.3	19.1
零售业	58.1	20.7	19.6	53.1	25.6	19.5
交通运输、仓储和邮政业	59.1	19.5	19.7	52.3	25.3	20.7
铁路运输业	67.3	12.2	20.4	42.9	34.7	20.4
道路运输业	58.2	20.0	20.3	52.3	25.1	21.2
水上运输业	61.3	18.0	19.1	53.8	23.7	20.7
航空运输业	70.4	17.8	10.4	61.5	26.7	11.1
管道运输业	71.4	14.3	14.3	57.1	33.3	9.5
装卸搬运和运输代理业	57.9	21.2	19.4	48.8	27.4	21.7
仓储业	60.2	19.1	18.2	55.1	25.2	17.5
邮政业	62.5	14.1	21.6	54.3	21.4	21.8
信息传输、软件和信息技术服务业	75.7	13.8	9.4	69.9	19.7	9.1
电信、广播电视和卫星传输服务	73.1	15.0	11.0	62.7	23.1	12.8
互联网和相关服务	75.5	14.3	9.1	68.0	20.6	10.4
软件和信息技术服务业	76.1	13.5	9.2	71.1	19.2	8.5
租赁和商务服务业	65.0	16.7	16.9	55.8	23.7	18.8

企业创新成功影响因素情况

因素作出不同影响程度判断的企业家占比(%)								
高素质的人才			员工对企业的认同感			企业内部的激励措施		
高	低	无	高	低	无	高	低	无
67.1	**19.6**	**12.0**	**71.4**	**19.6**	**7.9**	**68.6**	**20.7**	**9.4**
81.8	11.6	5.8	78.8	15.4	4.7	76.7	16.3	5.9
70.9	17.7	10.1	74.5	17.4	6.9	71.7	19.0	8.0
65.1	20.7	12.9	70.2	20.4	8.2	67.4	21.5	9.9
58.1	24.1	16.5	64.1	23.8	11.0	61.5	24.2	13.0
66.7	19.9	12.2	71.3	19.6	7.9	68.6	20.7	9.4
68.9	17.6	12.0	72.6	18.6	7.6	69.4	20.2	9.4
55.6	23.5	19.0	64.7	22.6	11.7	59.8	25.8	13.3
57.6	19.7	22.0	53.8	29.5	15.2	56.1	26.5	16.7
60.0	20.0	20.0	57.8	28.9	13.3	60.0	22.2	17.8
28.6	28.6	42.9	42.9	42.9	14.3	42.9	42.9	14.3
68.4	18.8	11.5	72.7	18.6	7.5	70.0	19.9	8.9
72.4	15.3	10.8	74.3	17.3	7.1	71.9	17.9	8.8
76.7	14.5	7.7	78.1	15.4	5.4	75.4	16.6	6.6
64.7	21.1	13.0	69.9	20.7	8.4	67.2	21.7	9.9
61.7	23.6	14.5	67.8	23.3	8.9	66.0	22.1	11.6
72.9	16.0	9.9	73.4	17.9	8.0	70.8	18.2	9.7
73.3	16.5	9.5	75.6	16.9	7.4	73.2	17.2	8.8
70.2	8.5	14.9	78.7	8.5	4.3	76.6	12.8	6.4
73.1	15.7	10.0	71.9	18.5	8.8	69.5	18.7	10.3
73.3	18.1	6.7	78.1	19.0	2.9	71.4	20.0	7.6
64.4	22.2	13.3	75.6	17.8	6.7	71.1	17.8	8.9
76.0	14.3	8.5	72.5	18.8	7.6	66.7	22.1	10.1
77.0	12.0	9.5	73.8	16.6	8.0	68.1	20.8	9.9
78.4	13.5	8.1	73.0	16.2	10.8	73.0	18.9	8.1
75.2	15.3	8.3	71.3	20.0	7.7	64.9	23.2	10.7
81.2	13.0	5.8	81.2	13.0	5.8	81.2	15.9	2.9
80.4	14.3	5.4	80.4	16.1	3.6	78.6	16.1	5.4
62.8	22.0	13.7	69.8	20.7	8.3	67.4	21.5	9.8
63.4	21.2	13.8	68.5	21.2	9.0	65.5	22.0	11.0
62.4	22.7	13.6	70.8	20.3	7.8	68.8	21.1	8.9
60.7	22.2	15.8	67.3	21.7	9.9	64.3	22.8	11.7
71.4	16.3	10.2	59.2	28.6	10.2	63.3	22.4	12.2
59.6	22.8	16.5	66.1	22.9	10.0	62.9	24.2	11.7
62.9	20.9	14.9	68.4	19.3	11.6	65.0	22.2	12.7
74.1	18.5	7.4	74.8	20.0	4.4	70.4	22.2	5.9
81.0	9.5	9.5	81.0	9.5	9.5	71.4	4.8	23.8
59.4	23.2	15.7	66.7	21.0	11.4	63.9	21.7	12.9
62.4	21.6	14.6	68.6	21.2	8.7	66.1	21.9	10.5
65.0	17.3	15.9	75.9	15.7	6.8	72.5	15.7	10.7
82.9	11.9	4.5	79.9	14.7	4.5	76.8	16.5	5.6
80.6	12.1	6.7	79.3	14.3	5.7	78.4	15.0	5.7
79.5	15.4	4.8	80.3	13.8	5.2	75.8	16.6	6.5
83.6	11.5	4.2	79.9	14.9	4.2	76.7	16.7	5.5
69.6	17.0	12.2	72.4	17.7	8.8	68.6	19.7	10.5

13-4 续表 1

项目	在开展创新活动企业中，对下列各项创新成功					
	有创新精神的企业家			充足的经费支持		
	高	低	无	高	低	无
租赁业	69.0	15.5	15.3	63.1	19.7	16.4
商务服务业	64.7	16.8	17.0	55.4	23.9	18.9
科学研究和技术服务业	69.6	16.1	13.0	63.4	21.5	13.7
研究和试验发展	74.7	15.5	8.8	71.1	19.4	8.4
专业技术服务业	68.0	16.3	14.0	60.9	21.6	15.7
科技推广和应用服务业	70.5	15.8	13.2	64.8	22.5	12.3
水利、环境和公共设施管理业	64.0	17.5	16.8	59.6	23.2	15.4
水利管理业	71.7	13.2	15.1	64.2	18.9	17.0
生态保护和环境治理业	70.0	14.0	13.5	67.5	17.0	14.0
公共设施管理业	62.8	18.2	17.4	58.2	24.3	15.5
四、按地区分						
东部地区	63.5	19.0	16.0	57.3	24.5	16.5
中部地区	63.2	18.2	17.2	57.2	23.4	17.8
西部地区	58.4	18.6	21.5	52.1	24.7	21.5
东北地区	62.1	17.0	17.0	56.4	21.0	18.5
北京	67.8	15.1	16.8	59.5	22.6	17.5
天津	53.7	23.2	19.9	44.8	29.6	21.8
河北	59.9	17.8	21.0	52.5	24.3	21.8
山西	58.6	17.7	23.7	50.4	23.5	26.0
内蒙古	59.4	18.2	22.4	51.7	24.6	23.8
辽宁	60.0	17.5	16.1	54.3	20.6	18.4
吉林	67.2	14.2	15.6	61.1	19.9	15.8
黑龙江	58.2	20.4	21.4	53.1	23.5	23.4
上海	67.3	17.6	15.0	61.7	22.6	15.6
江苏	62.1	21.6	16.0	56.8	26.2	16.5
浙江	65.7	16.6	16.1	56.9	22.9	18.4
安徽	64.7	16.8	17.9	59.1	21.6	18.5
福建	56.9	25.4	16.6	53.3	29.3	16.0
江西	64.5	18.5	17.1	59.5	23.6	16.9
山东	67.4	19.4	13.2	61.1	25.2	13.6
河南	63.5	19.1	16.3	57.1	23.9	17.5
湖北	60.9	18.0	18.4	55.3	24.1	17.4
湖南	64.2	18.7	14.3	58.5	23.7	15.1
广东	63.6	16.2	15.3	59.6	20.9	14.3
广西	60.8	17.1	20.8	55.2	23.7	19.7
海南	66.5	14.9	15.7	56.0	25.0	15.3
重庆	58.7	18.9	21.1	53.6	22.5	22.4
四川	58.0	18.1	21.5	52.5	23.8	21.0
贵州	59.2	20.7	18.4	55.3	25.0	18.0
云南	62.5	17.4	19.1	54.5	25.1	19.0
西藏	45.8	29.2	23.6	52.8	25.0	22.2
陕西	57.5	20.6	21.0	48.5	28.5	22.1
甘肃	53.4	19.8	26.0	46.4	29.0	23.7
青海	54.9	18.6	26.5	50.5	26.5	23.0
宁夏	52.7	17.4	27.0	43.2	24.9	27.0
新疆	56.0	15.4	26.0	49.6	21.4	26.6

因素作出不同影响程度判断的企业家占比(%)								
高素质的人才			员工对企业的认同感			企业内部的激励措施		
高	低	无	高	低	无	高	低	无
70.4	18.3	10.8	73.7	17.8	7.7	70.4	20.2	9.2
69.6	17.0	12.2	72.3	17.6	8.8	68.5	19.7	10.6
78.6	13.7	7.0	74.2	18.2	6.6	71.1	20.1	7.9
84.2	10.8	4.7	76.4	17.7	5.0	73.9	20.6	5.0
77.8	14.0	7.3	73.4	18.4	6.8	70.8	19.8	8.2
77.2	14.8	7.7	74.7	17.8	7.2	70.1	20.5	9.0
67.6	19.7	11.4	71.5	19.9	7.9	68.2	20.7	10.0
73.6	18.9	7.5	79.2	17.0	3.8	77.4	18.9	3.8
75.0	15.0	9.0	73.0	18.5	8.0	63.5	25.5	10.0
66.2	20.4	11.9	70.9	20.2	8.0	68.6	20.0	10.2
68.3	19.1	11.4	70.6	20.0	8.3	67.6	21.3	9.9
67.0	20.3	11.7	73.5	18.7	7.0	71.4	19.4	8.1
63.3	21.2	14.3	72.3	19.3	7.4	69.9	20.3	8.8
65.9	17.7	12.9	70.6	17.5	9.0	67.7	18.2	10.6
76.5	14.3	9.0	73.7	18.2	7.8	67.3	21.5	10.9
58.7	22.0	16.6	62.3	21.6	13.2	59.0	22.3	15.7
65.7	19.8	13.5	72.3	18.0	8.8	68.3	19.9	10.7
61.5	20.7	17.7	72.3	18.8	8.9	67.1	20.0	12.9
64.7	20.1	15.3	67.6	22.8	9.6	66.5	22.7	10.8
65.4	16.0	12.9	66.9	18.0	9.7	64.0	18.5	11.2
69.0	17.7	10.8	76.2	15.2	7.1	73.7	15.6	8.6
62.0	21.7	16.2	69.2	20.4	10.4	65.3	22.1	12.6
74.3	15.7	10.0	71.8	19.7	8.5	66.5	22.8	10.7
64.9	22.1	12.7	66.4	23.7	9.6	64.2	24.3	11.2
67.4	18.2	13.1	74.4	16.7	7.7	70.7	18.9	9.2
68.2	18.3	12.9	73.6	17.8	8.2	71.7	18.7	9.0
60.9	25.0	13.1	66.2	24.5	8.5	65.0	24.9	9.1
68.8	20.0	11.2	75.6	16.7	7.7	72.7	18.4	8.9
70.5	19.4	9.9	72.9	20.0	7.0	72.1	20.0	7.8
67.5	21.1	10.4	73.8	19.2	6.2	71.9	20.0	7.2
65.6	20.3	12.2	72.0	19.5	6.7	70.3	19.9	7.7
67.0	21.5	9.9	73.6	19.1	5.7	72.2	19.3	6.7
70.9	16.1	9.3	72.8	17.3	6.6	69.9	18.7	7.9
64.8	20.6	13.6	75.2	18.1	5.8	72.7	18.4	8.0
68.1	19.8	8.9	76.2	15.7	5.6	73.0	16.9	7.7
63.7	20.2	14.8	73.2	18.1	7.7	70.9	18.2	9.7
63.6	19.9	14.6	71.1	19.4	8.0	69.5	20.1	8.6
63.9	21.9	12.6	72.7	18.5	7.5	70.3	21.0	7.2
65.3	22.4	11.5	75.9	18.6	5.0	72.8	20.1	6.3
61.1	19.4	19.4	73.6	16.7	9.7	68.1	23.6	8.3
62.6	22.7	14.2	71.7	20.5	7.1	68.0	22.1	9.2
59.7	25.0	14.9	69.3	21.4	8.6	67.9	22.0	9.4
60.8	24.0	15.2	70.6	25.0	4.4	69.6	23.5	6.9
59.3	20.3	16.2	72.6	20.3	5.8	68.9	19.9	8.3
60.4	20.3	17.6	72.3	16.8	9.4	67.8	19.4	11.8

13-4 续表 2

项 目	在开展创新活动企业中，对下列各项创新成功		
	有效的技术战略或计划		
	高	低	无
总 计	**62.0**	**23.0**	**13.4**
一、按规模分			
大型企业	74.5	16.2	7.7
中型企业	65.6	20.8	11.8
小型企业	60.2	24.1	14.1
微型企业	53.7	27.4	17.4
二、按登记注册类型分			
内资企业	61.6	23.2	13.5
国有企业	60.9	22.6	14.6
集体企业	46.7	28.1	22.9
股份合作企业	41.7	32.6	24.2
联营企业	66.7	15.6	17.8
#国有联营企业	42.9	42.9	14.3
有限责任公司	63.2	22.3	12.8
#国有独资公司	65.3	20.5	12.4
股份有限公司	71.1	18.5	8.7
私营企业	60.0	24.2	14.2
其他企业	56.6	26.2	16.8
港、澳、台商投资企业	68.3	18.2	11.7
合资经营企业	69.2	19.8	9.7
合作经营企业	66.0	14.9	10.6
港、澳、台商独资经营企业	68.0	17.6	12.6
港、澳、台商投资股份有限公司	72.4	16.2	9.5
其他港、澳、台投资企业	55.6	24.4	17.8
外商投资企业	68.4	20.1	10.4
中外合资经营企业	69.3	18.4	10.5
中外合作经营企业	70.3	27.0	2.7
外资企业	67.6	20.7	10.8
外商投资股份有限公司	73.9	21.7	4.3
其他外商投资企业	73.2	16.1	10.7
三、按行业分			
批发和零售业	58.9	24.7	14.7
批发业	58.4	24.7	14.9
零售业	59.2	24.7	14.5
交通运输、仓储和邮政业	56.2	25.4	16.7
铁路运输业	51.0	28.6	18.4
道路运输业	55.5	26.0	16.9
水上运输业	57.4	24.0	16.9
航空运输业	69.6	20.0	8.1
管道运输业	47.6	42.9	9.5
装卸搬运和运输代理业	54.2	26.9	17.0
仓储业	57.9	23.7	16.6
邮政业	62.5	19.5	15.9
信息传输、软件和信息技术服务业	76.3	16.4	6.0
电信、广播电视和卫星传输服务	73.4	17.1	8.4
互联网和相关服务	74.9	17.3	6.5
软件和信息技术服务业	76.9	16.2	5.6
租赁和商务服务业	63.1	20.9	14.5

因素作出不同影响程度判断的企业家占比(%)								
畅通的信息渠道			可信赖的创新合作伙伴			优惠政策的扶持		
高	低	无	高	低	无	高	低	无
65.2	**22.4**	**10.7**	**56.6**	**25.0**	**16.6**	**54.3**	**23.5**	**20.1**
72.8	18.4	7.0	61.8	24.0	12.2	60.6	21.8	15.3
67.7	20.9	9.6	58.1	24.3	15.7	55.1	22.8	19.8
64.1	23.1	11.2	55.9	25.2	17.1	53.9	23.6	20.5
59.3	25.8	13.5	52.8	26.6	19.2	50.5	25.7	21.7
65.1	22.5	10.7	56.5	25.0	16.6	54.4	23.5	20.0
64.4	22.5	11.4	54.9	25.2	17.7	55.6	22.9	19.3
53.5	29.4	15.0	46.0	25.6	26.4	47.1	26.1	24.8
56.8	23.5	18.2	50.0	23.5	24.2	42.4	21.2	35.6
53.3	33.3	13.3	46.7	28.9	24.4	53.3	28.9	17.8
42.9	57.1		28.6	42.9	28.6	28.6	42.9	28.6
66.3	21.7	10.2	57.0	24.7	16.3	54.8	22.9	19.9
66.8	20.7	10.7	56.3	25.1	16.6	57.4	21.0	19.0
70.1	20.4	7.7	62.7	22.9	12.7	62.7	20.9	14.3
64.0	23.2	11.2	55.8	25.5	16.9	53.4	24.1	20.5
63.7	25.1	11.1	58.5	23.6	17.8	56.6	25.6	17.3
67.6	19.8	10.6	57.3	24.3	16.3	52.0	23.7	21.6
69.6	20.8	8.3	57.3	25.0	15.9	56.0	23.6	18.2
61.7	19.1	8.5	63.8	14.9	12.8	55.3	14.9	19.1
67.3	19.1	11.7	56.7	23.9	17.4	49.9	23.9	23.5
67.6	21.0	8.6	60.0	29.5	7.6	54.3	25.7	18.1
57.8	28.9	13.3	62.2	22.2	11.1	60.0	20.0	17.8
66.7	21.7	10.2	58.1	24.7	15.7	51.6	23.7	22.7
67.0	20.9	9.9	61.9	21.5	14.5	56.9	20.6	19.9
70.3	16.2	10.8	56.8	21.6	18.9	48.6	24.3	21.6
66.0	22.1	10.7	56.2	26.1	16.3	49.1	24.8	24.2
72.5	24.6	2.9	62.3	24.6	13.0	53.6	26.1	20.3
73.2	21.4	5.4	66.1	23.2	10.7	60.7	25.0	12.5
63.9	23.2	11.2	55.0	25.5	17.5	51.7	24.3	21.7
63.4	23.2	11.4	55.5	25.2	17.3	50.2	24.7	22.5
64.3	23.1	11.0	54.7	25.7	17.7	52.8	24.0	21.1
61.5	23.5	13.3	52.4	26.0	19.9	52.4	24.3	21.4
59.2	24.5	14.3	49.0	30.6	18.4	44.9	28.6	24.5
61.0	24.2	13.2	51.9	25.9	20.7	52.6	24.6	21.2
61.3	22.8	14.5	53.2	25.7	19.1	54.7	22.4	20.9
70.4	19.3	8.1	54.8	26.7	15.6	68.9	17.0	11.1
61.9	19.0	19.0	47.6	28.6	23.8	38.1	33.3	28.6
59.6	23.3	15.2	50.8	27.4	19.9	47.2	26.3	24.0
63.7	23.3	11.2	53.9	26.4	17.6	54.8	23.8	19.0
65.9	19.1	13.0	57.7	21.4	18.6	54.5	19.5	23.4
72.9	19.5	6.2	65.6	23.0	9.8	65.8	20.5	12.0
72.2	19.4	6.9	62.4	23.7	12.5	59.0	23.4	15.7
72.4	19.4	6.8	68.4	19.9	10.4	64.4	19.9	14.2
73.0	19.5	6.1	65.7	23.3	9.4	66.9	20.2	11.2
65.9	20.5	11.9	56.9	23.1	18.2	53.7	21.9	22.2

13-4 续表 3

项 目	在开展创新活动企业中，对下列各项创新成功		
	有效的技术战略或计划		
	高	低	无
租赁业	67.4	18.3	13.9
商务服务业	62.9	21.0	14.6
科学研究和技术服务业	68.4	20.3	10.0
研究和试验发展	74.3	18.7	6.2
专业技术服务业	66.7	20.7	10.7
科技推广和应用服务业	68.9	20.4	10.4
水利、环境和公共设施管理业	62.6	23.7	11.9
水利管理业	77.4	17.0	5.7
生态保护和环境治理业	68.0	19.5	10.5
公共设施管理业	61.2	24.6	12.4
四、按地区分			
东部地区	62.3	23.1	13.0
中部地区	61.6	23.2	13.7
西部地区	61.2	23.1	14.1
东北地区	61.6	19.4	14.7
北 京	67.4	20.4	11.9
天 津	49.4	27.9	18.9
河 北	57.7	23.8	17.0
山 西	57.6	22.8	19.6
内蒙古	60.0	24.4	15.5
辽 宁	58.3	19.2	15.0
吉 林	68.1	17.0	12.1
黑龙江	57.8	23.5	18.6
上 海	67.5	21.0	11.4
江 苏	57.7	26.9	15.0
浙 江	64.1	21.0	13.3
安 徽	62.9	21.6	14.6
福 建	56.8	28.9	13.0
江 西	63.6	23.1	13.4
山 东	65.4	22.4	12.1
河 南	60.5	24.6	13.7
湖 北	61.0	22.9	13.0
湖 南	62.9	23.2	11.2
广 东	66.6	18.9	9.8
广 西	64.3	22.4	12.4
海 南	68.1	19.4	8.9
重 庆	61.8	22.7	14.3
四 川	60.8	22.3	14.3
贵 州	64.0	20.0	14.0
云 南	65.3	21.9	11.4
西 藏	61.1	27.8	11.1
陕 西	58.2	25.9	15.0
甘 肃	57.9	26.3	14.9
青 海	57.4	27.5	15.2
宁 夏	57.3	24.1	14.5
新 疆	57.8	23.0	16.5

因素作出不同影响程度判断的企业家占比(%)								
畅通的信息渠道			可信赖的创新合作伙伴			优惠政策的扶持		
高	低	无	高	低	无	高	低	无
72.3	16.9	10.1	62.0	20.2	16.9	63.4	17.6	18.1
65.6	20.7	12.0	56.6	23.3	18.2	53.2	22.1	22.4
67.1	22.2	9.2	58.6	25.5	14.5	58.1	23.2	17.0
68.7	23.4	6.8	64.0	24.3	10.7	63.5	23.4	11.8
65.5	22.7	9.7	56.3	26.0	15.7	55.3	23.3	19.1
70.0	20.4	9.2	60.7	24.9	13.9	61.6	22.8	15.1
64.4	22.8	11.2	57.0	25.2	16.0	57.9	22.4	18.0
73.6	15.1	11.3	58.5	22.6	18.9	64.2	17.0	18.9
64.0	24.0	11.0	56.5	28.5	13.5	62.0	20.0	16.5
64.1	23.0	11.3	57.0	24.8	16.3	57.1	23.0	18.2
64.6	22.8	11.0	56.6	25.3	16.4	53.5	23.8	20.6
67.1	21.7	9.7	57.5	24.7	16.1	56.5	22.9	18.7
66.0	22.1	10.5	55.6	25.1	17.6	54.6	23.7	19.9
63.1	21.0	11.7	56.3	21.6	17.5	55.3	19.6	19.4
66.5	21.8	11.3	56.6	26.1	17.0	52.2	23.1	24.3
55.6	24.6	16.4	46.2	26.4	23.6	43.0	25.6	26.7
61.9	23.4	13.2	53.4	22.7	22.3	51.0	23.2	24.1
63.5	22.6	13.9	53.5	24.0	22.5	52.3	21.6	26.1
60.8	25.6	13.5	54.4	25.0	20.6	52.6	25.0	22.4
60.2	20.4	12.4	53.3	22.1	16.8	50.1	18.8	21.1
69.0	18.8	9.3	62.7	18.6	15.6	61.2	19.4	15.8
59.5	26.3	14.2	52.2	25.7	22.1	56.8	21.5	21.7
65.5	23.8	10.6	56.2	27.5	16.2	52.9	24.3	22.6
60.9	26.2	12.5	54.8	27.6	17.1	50.7	27.1	21.7
68.3	19.7	10.1	58.7	23.0	16.4	57.0	22.0	18.9
67.0	21.0	11.3	58.8	23.6	16.8	55.7	22.3	21.0
60.7	27.2	10.8	53.4	29.3	15.6	52.6	27.0	18.6
69.6	20.2	10.2	60.5	23.4	16.1	61.4	22.6	16.0
69.8	20.7	9.4	62.0	23.4	14.5	61.7	21.7	16.4
66.8	22.6	9.2	56.6	25.2	16.8	56.5	23.2	18.8
68.3	20.3	8.4	56.7	24.8	14.7	54.7	23.5	17.8
66.1	23.1	7.9	57.7	26.2	13.1	58.1	23.1	15.5
65.6	20.3	9.0	58.7	22.5	13.5	53.3	21.3	18.6
69.3	20.0	9.7	56.7	23.7	18.2	55.5	24.0	19.7
68.1	19.0	9.7	63.3	21.0	13.3	56.0	21.4	19.0
67.5	21.4	10.0	56.4	24.9	17.2	57.5	22.7	18.5
65.2	21.8	10.6	54.8	24.8	17.6	53.7	23.7	19.6
68.6	19.7	10.3	56.8	24.2	17.4	57.2	21.2	19.3
68.4	22.1	8.3	59.4	24.6	14.6	55.3	23.9	18.8
65.3	25.0	9.7	51.4	26.4	20.8	65.3	16.7	18.1
64.7	24.3	10.3	54.2	28.0	16.9	52.3	26.8	20.1
64.1	24.1	11.0	53.4	26.9	18.9	52.8	26.6	19.8
66.2	24.0	9.8	54.4	27.5	18.1	55.9	23.0	21.1
59.3	25.3	11.6	47.3	28.2	19.9	46.9	24.1	24.5
62.3	21.0	14.0	55.0	21.4	20.8	53.2	19.8	24.3

十四、规模（限额）以上企业创新激励措施及效果情况（2016 年）

14-1 规模(限额)以上企业

项目	在开展创新活动企业中，					
	股权或期权			增加工资或奖金		
	有效果	不明显	未使用	有效果	不明显	未使用
总 计	**19.5**	**14.2**	**64.3**	**68.2**	**21.7**	**9.6**
一、按规模分						
大型企业	20.8	10.7	66.8	71.0	18.6	9.8
中型企业	19.3	13.6	64.9	68.3	21.4	9.7
小型企业	19.4	14.5	64.2	68.4	21.9	9.2
微型企业	20.1	17.6	60.5	60.7	25.6	13.0
二、按登记注册类型分						
内资企业	20.0	14.5	63.6	68.6	21.5	9.4
国有企业	10.3	10.2	76.6	58.7	23.6	16.9
集体企业	18.6	16.1	63.2	59.9	27.9	11.3
股份合作企业	14.4	16.4	67.7	63.7	25.3	10.6
联营企业	18.0	20.2	61.8	70.8	15.7	13.5
#国有联营企业	7.7	15.4	76.9	69.2	7.7	23.1
有限责任公司	18.4	13.7	65.7	67.2	21.5	10.6
#国有独资公司	10.3	8.6	78.5	61.0	21.7	16.3
股份有限公司	27.0	13.2	57.9	69.9	20.1	9.4
私营企业	20.4	15.1	62.6	69.6	21.5	8.4
其他企业	24.6	18.6	56.2	69.6	22.1	8.1
港、澳、台商投资企业	16.5	12.9	68.9	66.3	22.7	10.6
合资经营企业	17.4	11.8	69.1	69.6	20.1	9.9
合作经营企业	15.0	16.5	66.5	64.6	23.5	11.2
港、澳、台商独资经营企业	15.4	13.4	69.4	64.3	24.4	10.9
港、澳、台商投资股份有限公司	25.9	14.2	58.6	69.8	20.1	10.2
其他港、澳、台投资企业	22.5	14.0	61.2	67.4	17.8	14.7
外商投资企业	15.2	11.8	71.5	64.0	24.1	11.4
中外合资经营企业	17.1	12.3	68.8	67.3	22.0	10.2
中外合作经营企业	16.4	16.4	65.8	65.0	24.3	10.3
外资企业	13.7	11.4	73.5	61.8	25.5	12.3
外商投资股份有限公司	23.1	10.1	65.7	68.0	21.3	10.7
其他外商投资企业	19.9	9.7	69.3	61.9	29.5	8.5
三、按行业分						
采矿业	16.1	14.5	67.6	64.1	21.7	13.6
制造业	19.6	13.8	64.9	70.4	21.0	8.1
电力、热力、燃气及水生产和供应业	13.5	9.4	74.5	61.1	19.7	18.3
建筑业	18.1	15.7	64.2	62.7	23.7	12.8
批发和零售业	18.8	16.1	62.6	64.0	24.3	11.0
交通运输、仓储和邮政业	18.1	15.6	64.1	60.2	24.4	14.7
信息传输、软件和信息技术服务业	27.7	12.4	58.0	73.3	18.0	8.2
租赁和商务服务业	19.4	13.8	64.6	63.4	21.6	14.2
科学研究和技术服务业	19.8	12.1	66.3	67.7	20.5	11.4
水利、环境和公共设施管理业	16.7	13.4	67.7	63.8	22.6	13.1

创新激励措施及效果情况

对下列措施效果作出不同判断的企业家占比(%)								
汽车住房等物质奖励			岗位调整或升职机会			培训或深造机会		
有效果	不明显	未使用	有效果	不明显	未使用	有效果	不明显	未使用
22.3	**14.4**	**61.3**	**60.2**	**23.6**	**15.2**	**48.8**	**24.7**	**25.0**
19.9	11.8	66.5	72.0	19.0	8.3	61.5	24.0	13.3
21.3	13.8	62.7	64.4	22.9	11.8	52.7	24.9	20.8
22.7	14.7	60.6	58.5	24.1	16.4	46.9	24.7	27.0
23.2	16.7	58.3	50.4	24.8	23.6	41.3	24.5	32.7
22.7	14.6	60.7	60.0	23.5	15.4	48.7	24.6	25.2
13.5	10.6	73.1	56.8	24.7	17.3	50.3	26.0	22.0
21.6	15.4	61.0	49.3	27.9	21.6	42.5	26.0	29.8
18.5	15.3	64.8	49.7	28.9	20.2	38.8	29.3	30.6
18.0	16.9	65.2	56.2	27.0	16.9	46.1	22.5	31.5
7.7	7.7	84.6	46.2	23.1	30.8	61.5		38.5
20.8	13.4	63.5	61.9	23.0	14.1	50.8	24.5	23.1
12.7	9.0	75.6	61.7	22.6	14.4	53.1	25.8	19.6
20.9	13.5	63.7	66.7	21.5	10.9	55.3	25.0	18.2
24.1	15.4	58.6	58.7	23.9	16.4	47.0	24.6	27.0
26.5	16.9	55.9	53.9	24.3	21.3	42.9	24.4	32.1
19.7	14.0	64.4	62.0	24.3	12.9	49.1	25.6	24.0
20.1	12.9	65.3	63.1	23.2	12.9	51.1	25.2	22.7
19.2	15.4	62.7	61.5	26.2	11.5	47.3	25.8	24.6
19.5	14.6	64.1	61.1	25.0	13.1	47.8	25.7	25.1
21.3	16.0	61.2	67.3	21.6	10.4	50.8	26.9	21.1
18.6	10.9	67.4	64.3	22.5	10.9	52.7	28.7	16.3
18.3	13.2	67.0	61.5	24.5	13.3	50.3	25.1	23.5
19.3	13.4	65.4	63.5	22.8	12.8	52.7	24.2	21.7
19.8	14.4	64.3	58.9	26.6	13.7	46.4	25.5	27.4
17.4	13.0	68.3	60.1	25.5	13.7	48.6	25.9	24.6
23.7	11.8	63.6	69.2	20.7	9.2	59.8	19.2	19.5
18.2	15.3	65.3	59.1	27.3	13.1	44.3	27.3	27.8
20.4	13.7	63.9	58.3	24.3	16.6	48.2	26.2	24.2
23.3	14.6	60.4	60.9	23.6	14.7	49.2	24.8	24.7
15.3	10.0	72.1	66.4	18.4	14.1	59.4	20.6	18.4
21.6	15.8	60.8	59.1	24.8	15.2	51.6	26.0	20.9
21.4	15.3	60.8	56.1	25.1	17.5	45.6	25.1	27.3
20.7	15.0	62.1	55.3	24.7	18.9	41.9	26.2	30.1
20.1	10.9	66.9	70.7	18.9	9.5	53.9	22.3	22.2
20.1	13.2	64.5	60.8	21.6	16.6	47.9	22.5	28.0
18.9	12.2	67.1	63.8	22.2	13.1	53.0	23.4	22.3
19.1	13.4	65.3	60.4	23.8	15.1	50.0	23.7	25.0

14-1 续表

项目	在开展创新活动企业中,					
	股权或期权			增加工资或奖金		
	有效果	不明显	未使用	有效果	不明显	未使用
四、按地区分						
东部地区	19.9	14.1	64.4	68.3	21.9	9.3
中部地区	21.6	15.1	60.9	71.3	20.0	8.1
西部地区	14.7	13.3	69.5	63.9	23.6	11.7
东北地区	19.6	15.3	61.0	65.1	20.3	13.4
北　京	14.5	9.8	75.5	63.4	22.5	13.9
天　津	18.2	15.2	63.1	61.7	22.7	14.4
河　北	17.3	15.4	65.8	70.4	19.1	10.1
山　西	14.0	14.0	72.0	60.8	23.6	15.7
内蒙古	15.0	15.7	69.3	60.3	24.0	15.7
辽　宁	19.7	14.0	60.7	63.1	21.2	14.0
吉　林	22.3	15.6	57.0	68.9	18.0	11.8
黑龙江	15.5	17.3	67.2	63.4	21.9	14.7
上　海	17.2	13.1	69.5	61.3	27.1	11.6
江　苏	22.0	16.2	61.3	68.7	22.9	8.3
浙　江	15.9	12.1	69.3	68.3	22.8	8.2
安　徽	21.8	13.9	63.4	72.6	19.1	8.0
福　建	17.6	16.1	63.8	65.7	24.6	9.0
江　西	24.6	16.2	59.2	72.1	20.0	7.9
山　东	26.6	13.9	59.3	75.3	16.5	8.1
河　南	23.3	15.5	59.6	73.6	18.7	7.2
湖　北	18.2	14.9	61.1	70.6	20.4	7.8
湖　南	22.7	16.0	57.0	69.1	21.9	8.0
广　东	19.8	13.5	63.4	66.8	22.4	9.8
广　西	14.1	13.2	71.1	63.3	24.6	11.6
海　南	13.4	11.2	71.8	63.3	24.8	10.7
重　庆	15.2	12.8	69.5	66.0	23.1	10.0
四　川	14.3	11.6	70.3	63.8	23.4	11.7
贵　州	18.8	15.9	62.5	66.1	23.5	9.4
云　南	13.9	10.4	72.8	68.6	20.8	10.0
西　藏	19.3	12.9	65.0	70.7	12.9	15.7
陕　西	14.5	15.0	69.5	61.7	25.8	12.2
甘　肃	14.1	17.5	66.9	63.4	23.4	12.7
青　海	13.9	13.3	72.8	62.6	24.7	12.7
宁　夏	9.7	13.4	73.8	61.9	24.0	13.4
新　疆	14.7	13.4	68.6	57.1	24.9	16.6

对下列措施效果作出不同判断的企业家占比(%)								
汽车住房等物质奖励			岗位调整或升职机会			培训或深造机会		
有效果	不明显	未使用	有效果	不明显	未使用	有效果	不明显	未使用
22.8	14.8	60.8	60.0	23.7	15.6	47.4	24.8	26.5
24.7	14.4	58.3	62.8	22.6	13.4	51.7	23.6	22.9
16.6	12.9	68.0	58.0	25.2	15.7	50.6	25.9	21.9
22.4	14.3	59.3	59.4	22.1	16.2	49.6	23.3	23.7
13.0	10.2	76.5	61.6	22.4	15.9	43.6	23.9	32.3
20.8	15.5	60.1	57.7	22.6	17.7	44.8	22.8	29.3
20.9	13.8	63.8	60.3	21.6	17.4	48.4	23.9	26.7
16.7	12.6	70.7	55.7	24.8	19.5	52.5	23.6	24.0
16.9	14.7	68.4	57.3	24.7	18.0	52.9	24.1	23.1
23.0	14.0	57.8	59.8	21.3	16.1	46.5	21.7	26.7
24.3	13.8	56.7	61.6	21.0	14.3	55.1	22.6	19.0
18.6	15.6	65.7	55.4	25.4	19.1	47.7	27.4	24.9
16.6	14.5	68.8	60.1	26.6	13.2	45.4	28.4	26.1
26.8	17.2	55.6	58.1	24.6	17.1	44.7	25.7	29.2
17.5	13.4	66.4	55.4	25.2	18.0	45.2	26.4	26.5
27.2	14.0	57.8	62.7	22.2	14.5	50.3	22.7	25.8
20.4	15.9	61.2	58.5	25.4	15.1	47.5	26.6	24.3
26.6	16.0	57.4	65.1	22.5	12.4	55.2	24.3	20.4
30.4	14.3	55.0	66.8	19.4	13.7	56.0	20.2	23.5
27.5	14.3	56.6	65.0	21.3	12.9	52.2	22.3	24.2
20.1	13.8	60.4	61.1	22.5	13.6	50.4	23.9	21.8
22.9	15.5	56.8	61.8	24.5	11.6	51.8	26.2	19.2
22.9	14.5	59.2	62.1	24.2	12.1	47.8	25.3	23.9
16.6	12.5	69.2	60.0	25.1	14.1	50.8	27.4	20.6
14.8	13.4	68.3	58.5	24.8	15.5	46.7	28.0	22.6
17.3	13.0	66.9	58.4	24.9	15.4	49.0	26.7	22.6
14.8	11.5	69.8	57.2	24.6	16.3	49.0	25.4	22.9
20.2	15.1	61.9	59.6	24.7	14.4	51.6	25.6	20.8
15.9	10.5	70.7	60.5	24.2	14.0	55.7	24.7	18.0
21.4	10.7	66.4	61.4	27.9	10.7	52.1	26.4	19.3
17.5	14.3	67.2	56.6	26.9	15.9	49.2	27.5	22.6
18.0	15.6	65.1	56.1	26.3	16.9	50.3	25.5	23.5
14.1	12.5	73.4	59.7	28.7	11.6	56.5	24.7	18.7
13.6	13.1	70.2	54.8	26.1	17.7	47.3	27.5	23.4
16.3	13.0	66.9	56.3	25.1	17.1	51.8	24.4	21.4

14-2 规模以上工业企业创新

项目	在开展创新活动企业中,					
	股权或期权			增加工资或奖金		
	有效果	不明显	未使用	有效果	不明显	未使用
总 计	**19.4**	**13.8**	**65.1**	**70.1**	**21.0**	**8.4**
一、按规模分						
大型企业	21.3	11.1	66.1	73.9	17.9	7.7
中型企业	19.8	13.0	65.6	71.7	19.9	8.0
小型企业	19.2	14.0	65.0	69.7	21.4	8.5
微型企业	19.2	15.7	62.7	62.8	25.2	11.2
二、按登记注册类型分						
内资企业	20.0	14.0	64.1	70.8	20.6	8.1
国有企业	9.8	8.4	78.3	60.2	23.2	15.1
集体企业	17.3	17.3	63.9	67.4	23.8	8.4
股份合作企业	11.4	15.1	71.9	64.2	25.5	10.1
联营企业	20.0	17.5	62.5	82.5	12.5	5.0
#国有联营企业	16.7	16.7	66.7	100.0		
有限责任公司	18.7	13.2	66.1	69.7	20.5	9.3
#国有独资公司	9.2	8.1	80.2	62.3	21.7	15.1
股份有限公司	27.3	12.8	58.1	72.5	19.2	7.7
私营企业	20.2	14.5	63.6	71.4	20.8	7.5
其他企业	21.9	24.0	54.1	64.5	26.9	8.7
港、澳、台商投资企业	16.1	12.7	69.5	67.5	22.3	9.8
合资经营企业	17.6	11.5	69.1	70.8	19.6	9.3
合作经营企业	15.0	16.0	68.0	67.0	21.8	10.7
港、澳、台商独资经营企业	14.5	13.2	70.6	65.0	24.4	10.1
港、澳、台商投资股份有限公司	29.3	14.1	55.2	76.2	16.9	6.9
其他港、澳、台投资企业	18.5	16.0	61.7	72.8	13.6	13.6
外商投资企业	15.1	11.6	71.9	64.7	23.9	10.9
中外合资经营企业	17.1	12.6	68.7	68.1	21.8	9.7
中外合作经营企业	17.4	15.2	65.6	66.1	22.3	11.2
外资企业	13.3	10.9	74.5	62.3	25.4	11.8
外商投资股份有限公司	23.1	10.1	65.3	69.0	20.9	10.1
其他外商投资企业	18.5	10.1	69.7	59.7	32.8	7.6
三、按行业分						
采矿业	16.1	14.5	67.6	64.1	21.7	13.6
煤炭开采和洗选业	13.5	13.6	71.6	61.3	23.2	15.4
石油和天然气开采业	7.8	13.7	72.5	39.2	31.4	25.5
黑色金属矿采选业	14.7	13.8	69.8	62.7	20.9	15.2
有色金属矿采选业	18.5	13.8	65.9	66.4	20.6	12.8
非金属矿采选业	19.4	16.2	62.2	69.5	19.9	9.9

激励措施及效果情况

对下列措施效果作出不同判断的企业家占比(%)								
汽车住房等物质奖励			岗位调整或升职机会			培训或深造机会		
有效果	不明显	未使用	有效果	不明显	未使用	有效果	不明显	未使用
23.1	**14.5**	**60.7**	**60.9**	**23.5**	**14.7**	**49.4**	**24.8**	**24.5**
22.5	12.8	63.2	73.0	19.2	7.1	62.9	24.5	11.7
23.2	13.9	61.2	66.0	22.4	10.9	54.2	25.0	19.6
23.1	14.7	60.4	59.2	24.0	15.9	47.5	24.7	26.4
23.0	15.9	58.8	53.3	23.0	22.4	43.9	23.3	31.2
23.7	14.6	59.9	60.8	23.3	14.9	49.3	24.6	24.7
13.0	9.7	73.8	57.6	26.2	15.0	50.9	29.9	17.8
22.0	16.8	59.8	52.1	27.2	19.9	43.6	25.1	30.2
17.0	14.9	66.8	50.1	29.2	19.4	40.1	28.4	30.2
20.0	17.5	62.5	65.0	17.5	17.5	55.0	12.5	32.5
16.7		83.3	83.3		16.7	83.3		16.7
21.9	13.5	62.6	63.0	22.8	13.3	52.0	24.3	22.3
11.6	8.5	77.2	63.0	22.4	13.4	56.1	25.6	16.7
22.3	13.7	62.1	67.7	21.1	10.3	56.5	25.1	17.1
24.8	15.2	58.3	59.4	23.7	16.0	47.5	24.7	26.5
25.6	19.8	54.5	52.9	29.8	17.4	41.3	28.9	29.8
20.3	14.4	63.6	61.8	24.3	13.2	49.1	25.6	24.0
20.8	13.3	64.2	62.9	23.5	12.9	51.2	25.0	22.8
18.9	17.0	62.1	62.6	26.2	11.2	49.5	26.2	23.3
19.9	15.0	63.4	60.5	25.1	13.6	47.5	25.9	25.1
24.8	15.9	57.9	71.0	17.9	10.0	54.1	25.2	19.3
17.3	9.9	69.1	67.9	18.5	11.1	55.6	25.9	16.0
19.0	13.1	66.4	61.4	24.5	13.4	50.4	25.4	23.2
20.0	13.7	64.7	63.5	22.8	12.8	53.4	24.3	21.1
21.0	13.4	63.8	61.6	24.1	13.4	46.4	24.1	28.6
18.1	12.8	67.9	59.7	25.8	13.9	48.3	26.3	24.6
26.1	12.7	60.1	70.1	19.0	9.7	59.3	19.4	19.8
19.3	13.4	65.5	58.8	25.2	15.1	45.4	25.2	28.6
20.4	13.7	63.9	58.3	24.3	16.6	48.2	26.2	24.2
16.5	12.8	69.3	55.6	25.9	17.8	50.6	26.4	22.1
7.8	9.8	76.5	47.1	29.4	21.6	47.1	21.6	29.4
18.1	14.5	65.6	64.1	22.6	12.6	47.3	25.2	25.7
24.1	11.3	62.9	58.6	23.3	16.5	50.4	26.1	22.3
25.3	15.7	56.6	58.2	23.6	17.5	44.6	26.0	27.8

14-2 续表 1

项　目	在开展创新活动企业中，					
	股权或期权			增加工资或奖金		
	有效果	不明显	未使用	有效果	不明显	未使用
开采辅助活动	11.9	15.3	67.8	54.2	27.1	16.9
其他采矿业	42.9	14.3	42.9	57.1	28.6	14.3
制造业	19.6	13.8	64.9	70.4	21.0	8.1
农副食品加工业	21.1	15.1	61.9	69.8	20.9	8.8
食品制造业	19.5	13.1	65.3	70.9	19.6	9.2
酒、饮料和精制茶制造业	18.8	13.9	65.5	67.7	22.2	9.8
烟草制品业	4.9	2.4	89.0	45.1	19.5	32.9
纺织业	18.7	13.9	65.4	70.8	20.4	8.3
纺织服装、服饰业	18.7	15.9	64.2	66.6	24.1	8.9
皮革、毛皮、羽毛及其制品和制鞋业	17.3	15.7	65.8	67.9	23.6	8.3
木材加工和木、竹、藤、棕、草制品业	20.8	15.3	62.5	71.2	21.3	7.3
家具制造业	20.1	13.4	64.3	69.4	21.5	8.2
造纸和纸制品业	16.7	14.7	66.4	68.8	22.0	8.5
印刷和记录媒介复制业	15.7	14.7	68.0	67.9	22.8	9.0
文教、工美、体育和娱乐用品制造业	19.0	13.7	65.8	70.5	21.0	8.1
石油加工、炼焦和核燃料加工业	18.0	13.9	66.0	68.8	19.5	10.8
化学原料和化学制品制造业	20.6	14.4	63.3	71.4	20.5	7.7
医药制造业	22.8	11.7	63.5	73.1	17.9	8.3
化学纤维制造业	18.7	15.5	64.3	69.3	22.3	8.3
橡胶和塑料制品业	18.8	14.6	64.9	68.9	22.5	8.2
非金属矿物制品业	20.4	14.3	63.5	70.2	20.5	8.6
黑色金属冶炼和压延加工业	16.8	14.8	66.8	69.4	21.7	8.5
有色金属冶炼和压延加工业	18.1	15.2	65.0	69.2	22.3	8.3
金属制品业	19.5	14.2	64.5	70.9	21.2	7.5
通用设备制造业	19.3	12.9	66.3	69.7	21.8	8.2
专用设备制造业	20.0	13.7	64.6	71.5	20.0	8.1
汽车制造业	16.4	12.3	68.8	72.0	20.4	7.0
铁路、船舶、航空航天和其他运输设备制造业	19.1	12.0	67.1	70.4	20.2	8.9
电气机械和器材制造业	19.9	13.2	65.1	71.0	20.9	7.7
计算机、通信和其他电子设备制造业	21.2	12.9	64.2	71.8	20.8	7.1
仪器仪表制造业	19.3	12.6	66.4	71.8	20.4	7.5
其他制造业	22.0	11.8	64.8	71.3	21.4	7.2
废弃资源综合利用业	21.9	12.7	63.0	70.6	18.6	10.0
金属制品、机械和设备修理业	16.0	13.9	68.8	70.1	18.8	10.4
电力、热力、燃气及水生产和供应业	13.5	9.4	74.5	61.1	19.7	18.3
电力、热力生产和供应业	12.4	9.4	75.5	58.8	20.4	19.5
燃气生产和供应业	14.2	9.7	73.8	65.5	19.6	14.4
水的生产和供应业	17.3	9.2	71.0	66.7	16.5	16.3

对下列措施效果作出不同判断的企业家占比(%)								
汽车住房等物质奖励			岗位调整或升职机会			培训或深造机会		
有效果	不明显	未使用	有效果	不明显	未使用	有效果	不明显	未使用
16.9	13.6	64.4	64.4	23.7	10.2	47.5	37.3	11.9
57.1	14.3	28.6	100.0			85.7	14.3	
23.3	14.6	60.4	60.9	23.6	14.7	49.2	24.8	24.7
23.9	15.0	59.1	59.0	23.4	16.5	49.5	23.4	25.7
23.3	12.8	61.8	64.1	21.6	13.2	53.7	22.5	22.1
21.4	13.7	63.1	60.3	23.6	15.1	53.6	23.8	21.3
7.3	1.2	87.8	57.3	22.0	18.3	58.5	24.4	15.9
24.0	14.4	59.7	55.9	23.6	19.4	42.4	24.8	31.3
24.1	16.6	58.0	54.6	25.7	18.9	42.0	26.3	30.7
22.6	15.8	60.5	55.8	27.2	16.4	42.3	28.1	28.7
26.4	16.3	56.1	54.7	24.7	19.8	42.3	25.7	30.9
24.8	15.6	57.5	60.3	24.0	14.4	48.7	24.6	25.2
22.1	14.9	60.9	59.5	23.5	15.9	45.0	25.0	28.8
20.4	15.3	62.8	58.8	25.7	14.9	47.4	25.8	25.8
24.6	14.8	59.0	57.0	24.1	18.1	45.7	24.7	28.6
23.8	13.9	60.4	63.9	22.4	13.2	55.0	24.3	19.2
23.8	15.1	59.4	62.3	23.4	13.4	51.9	25.1	21.8
23.0	11.9	62.8	68.1	20.9	10.2	60.0	22.4	16.3
23.2	16.3	59.0	58.2	23.8	17.5	44.0	25.6	29.3
23.3	14.9	60.2	58.4	25.7	15.0	46.4	26.6	25.7
24.8	14.4	58.9	60.1	23.0	15.9	48.2	24.0	26.4
22.8	13.7	61.8	56.7	24.8	17.6	46.0	25.4	27.3
21.8	16.2	60.2	60.6	23.6	15.0	48.4	26.0	24.3
24.6	15.3	58.4	60.7	23.6	14.7	48.6	24.4	25.7
22.7	14.6	61.2	59.8	24.6	14.9	49.0	25.7	24.4
23.5	14.4	60.4	62.4	22.9	13.9	50.8	24.8	23.2
21.3	13.7	62.7	63.5	23.4	12.0	52.6	24.3	21.5
21.7	14.1	62.3	62.6	22.9	13.7	49.3	26.0	23.2
23.3	14.4	60.6	63.3	22.7	13.1	50.6	24.6	23.4
22.0	14.2	61.9	66.9	22.1	10.2	52.1	25.1	21.4
19.7	13.5	65.1	63.8	23.5	12.0	50.6	25.0	23.4
26.5	13.4	58.6	58.5	24.8	16.1	46.9	25.0	26.9
24.2	11.9	61.6	59.1	22.3	17.7	44.5	21.5	32.8
23.6	13.2	61.1	66.0	18.1	16.0	59.0	19.4	20.8
15.3	10.0	72.1	66.4	18.4	14.1	59.4	20.6	18.4
14.7	10.0	72.5	66.2	19.1	13.7	59.8	20.9	17.5
15.6	10.2	72.0	68.2	16.5	14.2	63.7	17.6	17.6
17.5	10.0	70.2	65.4	17.5	15.6	53.5	22.1	22.9

14-2 续表 2

项　　目	在开展创新活动企业中,					
	股权或期权			增加工资或奖金		
	有效果	不明显	未使用	有效果	不明显	未使用
四、按地区分						
东部地区	19.5	13.5	65.7	70.2	21.3	8.2
中部地区	22.3	15.0	60.3	73.2	19.1	7.1
西部地区	14.4	12.5	70.5	65.7	22.7	10.8
东北地区	18.9	15.6	62.1	66.6	19.9	12.5
北　京	11.6	7.9	80.5	65.4	22.1	12.5
天　津	18.9	12.2	66.4	68.9	19.3	10.8
河　北	18.0	15.2	65.3	72.6	18.3	8.7
山　西	13.9	12.1	74.1	63.1	21.2	15.7
内蒙古	15.5	16.8	67.7	63.3	22.7	14.0
辽　宁	20.0	13.5	63.2	65.9	20.1	12.9
吉　林	19.7	16.4	57.9	68.2	19.1	11.2
黑龙江	15.7	18.4	65.9	65.5	20.7	13.8
上　海	14.6	12.7	72.6	61.8	28.1	10.1
江　苏	21.9	15.5	62.3	70.3	22.3	7.3
浙　江	14.3	12.1	71.0	68.4	23.5	7.6
安　徽	22.4	13.5	63.3	74.7	18.1	7.0
福　建	15.6	13.2	68.4	67.3	23.2	8.7
江　西	24.8	16.7	58.5	72.9	19.8	7.3
山　东	26.8	12.9	60.0	76.9	15.5	7.5
河　南	24.9	15.5	58.3	75.7	18.0	5.9
湖　北	18.7	14.9	60.2	72.9	18.9	7.1
湖　南	22.3	15.9	57.2	69.9	21.6	7.4
广　东	19.2	13.4	65.6	68.8	21.6	9.1
广　西	13.1	12.9	72.1	62.9	25.0	11.5
海　南	13.0	6.8	77.2	63.6	27.2	8.6
重　庆	14.7	12.0	70.4	68.0	22.6	8.5
四　川	13.3	11.0	71.9	65.8	22.1	11.0
贵　州	18.3	15.3	63.3	65.7	24.0	9.2
云　南	13.4	8.3	74.9	69.7	19.6	9.9
西　藏	22.4	6.1	69.4	75.5	6.1	18.4
陕　西	14.1	13.7	71.3	65.3	23.5	10.9
甘　肃	16.3	17.3	65.0	65.0	22.5	11.8
青　海	12.7	12.7	74.6	67.8	21.2	11.0
宁　夏	11.5	12.7	73.8	64.8	23.1	11.7
新　疆	15.5	13.7	67.6	59.4	24.7	14.6

对下列措施效果作出不同判断的企业家占比(%)								
汽车住房等物质奖励			岗位调整或升职机会			培训或深造机会		
有效果	不明显	未使用	有效果	不明显	未使用	有效果	不明显	未使用
23.5	14.8	60.4	60.3	23.7	15.3	47.9	25.0	26.1
25.9	14.5	57.1	63.8	22.3	12.6	52.5	23.4	22.2
16.5	12.8	68.0	59.7	24.4	14.6	51.7	25.8	20.8
21.9	14.7	60.0	60.2	22.4	15.4	50.3	24.0	22.8
11.7	10.2	78.0	60.7	23.3	15.9	44.3	25.3	30.4
22.5	12.5	62.3	62.5	21.3	15.0	49.4	21.4	27.3
22.1	13.8	62.6	61.3	21.6	16.7	48.4	24.1	26.6
16.6	12.3	71.0	57.8	24.7	17.5	55.9	22.8	21.3
17.7	15.9	66.4	58.9	23.4	17.7	54.2	23.6	22.2
23.5	13.6	59.7	61.1	21.7	15.2	48.5	21.5	26.6
21.7	15.1	56.7	60.8	22.0	13.5	54.1	24.4	17.5
19.0	16.0	65.0	57.4	24.2	18.4	48.5	28.1	23.4
16.3	14.8	68.8	58.7	27.7	13.5	45.1	29.2	25.7
27.4	16.9	55.4	59.2	24.2	16.5	45.5	25.6	28.6
16.9	13.7	66.7	53.8	26.1	18.6	43.9	27.1	27.1
28.4	14.0	56.8	64.1	21.5	13.8	51.5	22.4	25.1
18.4	14.0	65.0	59.9	24.5	14.6	48.5	25.9	24.0
27.2	16.3	56.5	66.1	22.3	11.6	55.5	24.9	19.6
31.2	13.7	54.7	67.4	19.2	13.3	56.8	20.0	23.1
29.8	14.3	54.5	66.2	21.3	11.8	53.4	21.7	23.7
21.0	13.7	59.0	62.3	21.7	12.9	51.4	23.3	21.1
22.8	15.6	56.5	61.5	25.1	11.3	51.3	26.6	19.2
24.2	15.2	58.8	63.3	24.4	11.4	48.6	26.0	23.8
16.3	12.5	69.0	59.7	25.5	14.0	50.7	27.5	20.7
14.8	9.9	72.2	61.7	21.6	16.0	51.2	22.8	23.5
17.1	13.1	66.7	60.8	24.4	13.5	50.0	27.3	20.6
14.9	11.0	70.2	57.9	23.8	16.4	50.1	25.1	22.4
19.9	14.9	61.9	60.1	24.6	13.9	52.2	25.3	20.1
14.7	9.5	72.4	63.6	22.7	12.2	57.8	24.0	16.1
22.4	8.2	69.4	65.3	24.5	10.2	55.1	26.5	16.3
16.8	13.8	68.5	59.7	25.4	14.4	50.1	28.0	21.3
19.6	16.6	62.5	59.2	25.7	14.5	52.9	25.2	21.3
12.7	13.6	73.7	64.8	25.8	9.3	58.5	22.5	19.1
15.1	14.5	68.2	58.4	25.2	15.7	49.5	26.4	22.9
17.1	14.3	64.9	59.2	25.8	13.8	53.6	24.4	19.5

14-3 资质等级以上建筑业企业

项　目	在开展创新活动企业中,					
	股权或期权			增加工资或奖金		
	有效果	不明显	未使用	有效果	不明显	未使用
总　计	**18.1**	**15.7**	**64.2**	**62.7**	**23.7**	**12.8**
一、按规模分						
大型企业	14.4	11.2	73.3	70.0	18.5	11.1
中型企业	18.5	16.2	63.1	63.2	24.1	11.9
小型企业	18.5	16.4	62.7	59.5	25.3	14.5
微型企业	24.9	20.0	53.4	54.4	28.0	16.7
二、按登记注册类型分						
内资企业	18.2	15.6	64.2	62.7	23.8	12.7
国有企业	9.1	9.1	79.8	60.8	21.6	17.3
集体企业	21.5	15.1	61.3	55.4	30.1	13.4
股份合作企业	9.5	23.8	66.7	66.7	23.8	9.5
联营企业	20.0	40.0	40.0	60.0	20.0	20.0
有限责任公司	16.3	15.3	66.3	63.2	23.8	12.2
#国有独资公司	8.2	8.9	81.7	68.2	20.0	11.4
股份有限公司	21.9	16.0	60.3	62.8	23.9	12.9
私营企业	20.3	16.4	61.3	62.7	23.7	12.8
其他企业		25.0	75.0	25.0	50.0	25.0
港、澳、台商投资企业	19.7	21.1	57.9	73.7	13.2	13.2
合资经营企业	19.3	17.5	61.4	77.2	8.8	14.0
合作经营企业	14.3	42.9	42.9	71.4	28.6	
港、澳、台商独资经营企业	22.2	33.3	44.4	55.6	33.3	11.1
其他港、澳、台投资企业	33.3		66.7	66.7		33.3
外商投资企业	8.6	14.3	74.3	54.3	20.0	25.7
中外合资经营企业	12.5	4.2	79.2	58.3	20.8	20.8
外资企业		33.3	66.7	44.4	11.1	44.4
三、按行业分						
房屋建筑业	18.8	16.7	62.3	62.2	24.2	12.6
土木工程建筑业	15.5	14.0	68.8	64.2	22.3	12.8
建筑安装业	18.8	15.0	64.8	64.6	23.1	12.0
建筑装饰和其他建筑业	19.6	15.7	62.2	60.7	24.8	13.6

创新激励措施及效果情况

对下列措施效果作出不同判断的企业家占比(%)								
汽车住房等物质奖励			岗位调整或升职机会			培训或深造机会		
有效果	不明显	未使用	有效果	不明显	未使用	有效果	不明显	未使用
21.6	**15.8**	**60.8**	**59.1**	**24.8**	**15.2**	**51.6**	**26.0**	**20.9**
16.3	11.3	71.2	69.0	18.9	11.7	60.1	24.5	14.8
21.9	16.1	60.1	59.4	25.4	14.1	52.2	26.5	19.6
23.0	17.1	57.8	54.6	26.3	18.0	47.8	25.6	24.8
26.7	19.7	52.1	50.8	27.1	20.4	41.2	28.0	29.5
21.6	15.8	60.8	59.0	24.8	15.2	51.6	25.9	20.9
12.0	10.8	75.2	61.1	22.4	15.6	54.8	24.8	18.8
19.9	19.4	58.6	45.2	35.5	18.8	45.2	31.7	21.0
9.5	23.8	66.7	57.1	28.6	14.3	38.1	33.3	28.6
20.0	40.0	40.0	20.0	80.0		40.0	20.0	40.0
19.6	14.7	63.8	60.2	24.2	14.6	52.7	25.9	20.0
11.1	10.0	77.7	66.8	20.5	12.5	57.7	26.3	15.6
19.7	14.4	64.1	60.0	25.0	14.2	51.5	27.6	19.0
24.7	17.1	56.3	58.1	25.1	15.7	50.7	25.7	22.1
	25.0	75.0	25.0	50.0	25.0	50.0		50.0
23.7	17.1	57.9	73.7	11.8	14.5	60.5	22.4	17.1
22.8	12.3	63.2	82.5	3.5	14.0	64.9	17.5	17.5
42.9	14.3	42.9	71.4	28.6		57.1	42.9	
22.2	33.3	44.4	33.3	33.3	33.3	44.4	33.3	22.2
	66.7	33.3	33.3	66.7		33.3	33.3	33.3
5.7	25.7	65.7	48.6	37.1	14.3	25.7	45.7	25.7
8.3	20.8	66.7	54.2	37.5	8.3	20.8	41.7	33.3
	33.3	66.7	44.4	33.3	22.2	22.2	66.7	11.1
22.6	16.7	58.6	58.0	25.3	15.4	52.9	25.8	19.6
19.3	14.6	64.7	61.9	23.5	14.0	51.8	26.9	19.8
21.4	14.9	62.4	59.2	25.6	14.7	50.4	24.9	23.7
22.1	15.8	59.6	57.9	24.6	16.4	49.0	26.0	23.5

14-3 续表

项目	在开展创新活动企业中,					
	股权或期权			增加工资或奖金		
	有效果	不明显	未使用	有效果	不明显	未使用
四、按地区分						
东部地区	19.5	15.1	63.8	64.4	23.0	12.0
中部地区	18.5	15.1	63.6	66.2	21.0	12.0
西部地区	14.3	16.9	66.3	56.1	28.1	14.8
东北地区	18.5	18.2	61.3	58.5	24.8	16.0
北　京	10.9	9.6	79.4	59.5	24.1	16.4
天　津	19.9	12.1	65.1	62.3	18.9	17.8
河　北	15.9	16.4	66.0	59.3	24.5	15.9
山　西	11.6	17.4	71.0	60.7	25.0	14.3
内蒙古	11.1	20.8	68.1	47.2	33.3	19.4
辽　宁	21.2	17.7	59.4	56.7	25.9	16.0
吉　林	17.2	19.7	58.2	66.4	21.3	12.3
黑龙江	14.4	17.8	67.8	55.5	25.3	19.2
上　海	18.3	16.2	64.4	54.2	30.5	14.4
江　苏	22.2	20.8	55.5	63.2	26.7	9.4
浙　江	17.5	11.6	68.7	65.9	22.0	11.4
安　徽	17.1	15.6	66.2	63.6	23.1	12.2
福　建	20.7	12.9	63.7	67.0	21.3	10.2
江　西	23.4	14.7	61.5	69.3	18.3	11.9
山　东	22.8	13.9	62.7	70.7	17.3	11.8
河　南	22.0	15.0	59.6	69.5	17.9	11.8
湖　北	16.7	13.5	64.6	66.5	22.1	10.1
湖　南	15.9	15.9	64.5	62.2	23.1	13.5
广　东	19.4	14.1	64.5	67.4	21.1	11.0
广　西	19.8	15.3	64.1	57.3	30.5	11.5
海　南	11.1	25.9	63.0	63.0	25.9	11.1
重　庆	12.0	18.3	66.9	51.4	29.6	18.7
四　川	13.3	13.1	68.9	58.0	25.7	14.1
贵　州	22.3	20.4	57.3	63.1	27.2	9.7
云　南	18.3	19.0	60.5	62.4	24.3	12.5
西　藏	15.8	15.8	57.9	78.9	15.8	
陕　西	16.7	17.4	65.3	55.7	30.4	13.9
甘　肃	9.1	22.4	67.9	53.3	30.3	16.4
青　海	4.9	24.4	70.7	48.8	34.1	17.1
宁　夏	4.2	9.9	80.3	56.3	22.5	19.7
新　疆	11.6	13.2	68.2	48.1	29.5	17.8

对下列措施效果作出不同判断的企业家占比(%)								
汽车住房等物质奖励			岗位调整或升职机会			培训或深造机会		
有效果	不明显	未使用	有效果	不明显	未使用	有效果	不明显	未使用
22.6	15.9	60.1	60.7	24.1	14.5	51.6	25.9	21.2
22.5	14.8	60.3	62.5	22.2	13.8	54.8	24.0	19.3
17.7	16.1	63.6	52.1	28.5	18.1	49.5	27.8	20.9
23.0	17.3	58.1	55.8	26.7	16.2	46.9	27.6	23.5
12.7	13.8	73.5	59.1	24.9	16.0	47.3	27.6	25.2
21.4	16.4	60.1	58.0	24.2	16.7	49.8	22.8	24.6
20.6	15.3	63.0	59.6	23.1	16.4	52.1	26.2	20.3
17.4	15.2	67.4	55.4	25.4	19.2	54.9	21.0	24.1
15.3	19.4	65.3	48.6	34.7	16.7	52.8	20.8	26.4
24.9	17.1	56.7	60.1	23.9	15.7	47.4	25.9	24.2
23.8	18.0	54.1	54.9	25.4	14.8	43.4	30.3	23.0
18.5	17.1	64.4	47.9	33.6	18.5	48.6	28.8	22.6
17.4	17.7	63.8	52.4	33.2	13.8	42.8	33.5	23.1
26.7	20.7	51.1	58.6	26.9	13.6	47.0	29.9	22.1
20.3	14.0	63.3	61.4	22.5	14.9	54.5	24.7	18.7
19.2	16.9	62.9	60.0	24.2	15.1	50.1	25.2	23.9
23.4	12.7	61.5	62.5	22.1	15.2	54.5	23.4	20.1
27.5	13.8	58.3	68.8	20.6	10.6	58.3	24.3	17.4
26.5	13.4	59.7	65.9	19.9	13.8	60.1	19.6	19.7
26.8	14.2	56.5	64.7	21.0	12.8	56.9	24.3	16.6
20.6	15.2	59.4	62.4	20.0	14.2	53.9	23.6	19.1
18.7	13.1	64.5	61.4	25.1	12.4	55.0	24.3	17.9
21.7	14.1	62.3	64.3	21.9	12.9	53.3	23.9	21.1
20.6	11.5	66.4	61.1	24.4	13.7	52.7	33.6	11.5
14.8	18.5	66.7	48.1	33.3	18.5	37.0	51.9	11.1
12.7	19.4	65.1	45.8	30.3	21.8	44.4	26.1	27.5
16.5	14.5	64.1	52.4	28.7	16.9	48.4	28.7	19.1
22.3	20.4	57.3	62.1	27.2	10.7	57.3	26.2	16.5
22.4	20.5	55.1	56.3	25.5	16.0	52.9	29.7	16.0
26.3	10.5	52.6	68.4	21.1	10.5	47.4	21.1	26.3
21.0	14.8	63.6	53.4	26.0	20.4	50.8	27.1	21.9
18.2	17.0	64.2	47.3	37.0	15.8	43.6	32.1	23.6
4.9	19.5	75.6	41.5	41.5	17.1	51.2	24.4	24.4
12.7	5.6	77.5	43.7	25.4	29.6	46.5	18.3	31.0
11.6	14.7	66.7	48.8	28.7	19.4	51.9	27.1	18.6

14-4 规模(限额)以上服务业企业

项　目	在开展创新活动企业中，					
	股权或期权			增加工资或奖金		
	有效果	不明显	未使用	有效果	不明显	未使用
总　计	**19.9**	**15.0**	**62.9**	**65.0**	**23.0**	**11.4**
一、按规模分						
大型企业	22.2	10.1	65.5	67.0	19.8	12.7
中型企业	19.0	13.9	64.4	65.4	22.6	11.3
小型企业	20.1	15.5	62.2	65.5	23.0	10.9
微型企业	20.1	18.1	60.1	60.4	25.6	13.4
二、按登记注册类型分						
内资企业	20.0	15.1	62.6	65.3	22.8	11.2
国有企业	10.8	11.2	75.2	57.7	24.1	17.5
集体企业	18.8	15.5	63.2	55.3	30.5	13.0
股份合作企业	23.7	19.1	55.7	61.8	25.2	12.2
联营企业	15.9	20.5	63.6	61.4	18.2	20.5
#国有联营企业			100.0	33.3	16.7	50.0
有限责任公司	18.2	14.0	65.2	64.3	22.7	12.3
#国有独资公司	11.5	8.9	76.7	58.8	22.0	18.2
股份有限公司	27.1	13.6	57.3	65.8	21.3	12.3
私营企业	21.0	16.2	60.6	66.4	22.9	10.1
其他企业	25.5	17.2	56.7	71.2	20.7	7.8
港、澳、台商投资企业	18.3	13.8	65.9	60.3	24.6	14.4
合资经营企业	15.6	13.0	70.0	60.9	24.3	14.0
合作经营企业	14.9	14.9	63.8	53.2	29.8	14.9
港、澳、台商独资经营企业	19.3	14.2	64.3	60.9	24.3	14.2
港、澳、台商投资股份有限公司	16.3	14.4	68.3	51.9	28.8	19.2
其他港、澳、台投资企业	28.9	11.1	60.0	57.8	26.7	15.6
外商投资企业	16.2	12.6	69.2	60.1	25.3	14.0
中外合资经营企业	17.1	10.2	69.4	61.3	23.6	14.3
中外合作经营企业	10.5	21.1	68.4	60.5	34.2	5.3
外资企业	15.4	13.6	69.3	59.3	26.0	14.2
外商投资股份有限公司	23.2	10.1	66.7	63.8	23.2	13.0
其他外商投资企业	22.8	8.8	68.4	66.7	22.8	10.5
三、按行业分						
批发和零售业	18.8	16.1	62.6	64.0	24.3	11.0
批发业	19.4	15.7	62.1	62.9	24.5	11.9
零售业	18.3	16.4	63.0	64.9	24.2	10.3
交通运输、仓储和邮政业	18.1	15.6	64.1	60.2	24.4	14.7
铁路运输业	14.3	14.3	69.4	63.3	22.4	12.2
道路运输业	20.2	16.6	61.3	60.3	24.7	14.3
水上运输业	15.0	13.4	68.3	62.0	22.6	14.7
航空运输业	5.9	14.8	77.8	54.1	22.2	23.0
管道运输业	5.0	10.0	85.0	65.0	15.0	20.0
装卸搬运和运输代理业	15.8	16.0	66.3	56.1	26.3	16.9
仓储业	16.9	13.8	66.2	62.3	23.5	13.6
邮政业	14.4	11.2	72.0	66.3	21.0	11.8
信息传输、软件和信息技术服务业	27.7	12.4	58.0	73.3	18.0	8.2
电信、广播电视和卫星传输服务	11.7	10.1	75.8	62.2	22.2	14.9
互联网和相关服务	31.1	14.4	52.9	75.2	16.7	7.5
软件和信息技术服务业	29.4	12.4	56.3	74.5	17.6	7.4
租赁和商务服务业	19.4	13.8	64.6	63.4	21.6	14.2

创新激励措施及效果情况

对下列措施效果作出不同判断的企业家占比(%)								
汽车住房等物质奖励			岗位调整或升职机会			培训或深造机会		
有效果	不明显	未使用	有效果	不明显	未使用	有效果	不明显	未使用
20.8	**14.2**	**62.6**	**59.0**	**23.7**	**16.2**	**47.2**	**24.5**	**26.5**
17.3	10.5	70.0	71.5	18.8	8.9	60.0	23.0	15.4
19.0	13.2	65.0	63.5	23.1	12.4	51.0	24.5	22.5
21.7	14.7	61.3	56.9	24.3	17.6	44.9	24.5	28.7
23.1	16.8	58.5	49.3	25.3	24.2	40.4	24.8	33.3
21.1	14.4	62.2	58.8	23.7	16.4	47.1	24.4	26.7
13.9	10.9	72.5	55.7	24.5	18.5	49.3	24.6	24.3
21.7	13.3	62.6	48.1	26.4	23.7	41.0	25.1	31.9
24.4	15.3	58.8	47.3	28.2	23.7	35.1	31.3	32.1
15.9	13.6	70.5	52.3	29.5	18.2	38.6	31.8	29.5
		100.0	16.7	33.3	50.0	33.3		66.7
19.6	13.2	64.7	60.6	23.2	15.1	48.7	24.5	24.7
13.8	9.2	74.1	59.8	23.1	15.6	50.0	25.7	22.6
18.2	12.9	66.7	65.6	21.8	11.6	53.6	24.6	20.2
22.7	15.5	59.6	57.2	24.2	17.5	45.3	24.3	28.6
26.8	16.1	56.2	54.2	22.7	22.4	43.3	23.3	32.6
16.8	11.9	68.9	62.7	24.7	11.5	48.4	25.6	24.3
15.4	10.2	72.4	62.2	23.6	13.0	48.8	27.1	22.7
17.0	8.5	68.1	55.3	25.5	14.9	36.2	21.3	34.0
17.6	12.5	67.5	63.6	24.5	10.8	49.2	24.5	24.7
11.5	16.3	70.2	56.7	31.7	11.5	41.3	31.7	26.0
22.2	8.9	66.7	60.0	26.7	11.1	48.9	33.3	15.6
14.6	13.1	70.4	62.4	24.3	12.7	49.8	23.6	24.9
14.9	11.3	71.0	63.4	22.5	13.2	48.8	22.5	26.4
13.2	18.4	68.4	44.7	39.5	15.8	44.7	34.2	21.1
14.5	13.6	70.2	62.3	24.2	12.8	50.1	23.7	24.6
14.5	8.7	76.8	66.7	27.5	5.8	60.9	18.8	18.8
15.8	19.3	64.9	59.6	31.6	8.8	42.1	31.6	26.3
21.4	15.3	60.8	56.1	25.1	17.5	45.6	25.1	27.3
21.3	15.6	60.3	54.6	24.9	19.0	42.4	25.1	30.2
21.4	15.1	61.1	57.3	25.3	16.3	48.1	25.2	25.0
20.7	15.0	62.1	55.3	24.7	18.9	41.9	26.2	30.1
22.4	14.3	61.2	55.1	24.5	20.4	36.7	38.8	22.4
22.9	15.6	59.5	54.2	24.6	20.2	41.4	26.1	31.0
16.0	15.0	66.2	54.9	25.7	18.7	42.6	25.7	29.0
14.8	14.8	69.6	63.0	23.0	13.3	54.1	26.7	17.8
10.0	15.0	75.0	75.0	10.0	15.0	65.0	20.0	10.0
18.6	15.9	63.5	54.9	25.4	18.8	36.6	28.1	33.6
19.5	12.8	64.9	57.5	25.4	15.6	45.4	25.1	27.2
15.0	11.2	71.1	61.3	22.1	15.5	52.4	22.3	22.3
20.1	10.9	66.9	70.7	18.9	9.5	53.9	22.3	22.2
12.0	9.5	76.1	65.5	20.7	13.1	54.9	23.6	20.1
24.4	11.6	62.5	72.3	18.0	8.9	52.3	22.7	23.7
20.7	11.1	66.2	71.2	18.8	9.2	54.0	22.1	22.2
20.1	13.2	64.5	60.8	21.6	16.6	47.9	22.5	28.0

14-4 续表

项目	在开展创新活动企业中,					
	股权或期权			增加工资或奖金		
	有效果	不明显	未使用	有效果	不明显	未使用
租赁业	23.0	14.8	60.9	69.3	17.8	12.4
商务服务业	19.3	13.8	64.8	63.1	21.9	14.3
科学研究和技术服务业	19.8	12.1	66.3	67.7	20.5	11.4
研究和试验发展	21.6	11.3	66.1	70.5	20.3	8.8
专业技术服务业	18.1	12.2	67.3	65.6	21.0	12.7
科技推广和应用服务业	22.5	12.4	64.1	70.8	19.3	9.8
水利、环境和公共设施管理业	16.7	13.4	67.7	63.8	22.6	13.1
水利管理业	20.8	13.2	66.0	62.3	17.0	20.8
生态保护和环境治理业	17.5	11.5	67.5	59.5	25.5	14.5
公共设施管理业	16.4	13.7	67.8	64.5	22.3	12.5
四、按地区分						
东部地区	20.8	15.2	61.8	64.9	23.1	11.4
中部地区	20.6	15.4	61.7	67.9	21.8	9.8
西部地区	15.3	13.8	68.6	62.4	24.3	12.5
东北地区	21.2	14.1	58.9	63.8	20.1	14.5
北京	15.7	10.4	73.5	63.1	22.5	14.2
天津	17.3	18.3	59.7	54.9	26.2	17.5
河北	15.4	15.7	67.3	65.7	20.5	13.4
山西	14.6	15.6	69.8	58.0	26.0	16.0
内蒙古	14.5	13.7	71.8	57.1	25.1	17.8
辽宁	18.9	14.0	56.9	59.8	21.8	15.4
吉林	27.6	13.8	55.3	70.5	15.8	12.8
黑龙江	15.5	15.0	69.5	61.1	23.4	15.5
上海	20.2	13.4	66.4	61.4	25.5	13.1
江苏	22.4	17.7	59.4	64.9	24.2	10.8
浙江	21.3	12.4	63.6	68.5	20.7	10.2
安徽	20.6	14.8	63.1	67.9	21.3	10.4
福建	20.1	20.7	57.1	63.2	26.9	9.2
江西	24.2	15.1	60.7	70.0	20.8	9.1
山东	26.5	16.2	57.0	72.4	18.5	9.0
河南	20.7	15.6	61.9	70.6	20.0	9.0
湖北	17.5	15.0	62.8	66.1	23.7	9.1
湖南	24.3	16.1	55.7	67.8	22.3	9.0
广东	20.9	13.7	59.2	63.2	24.1	11.0
广西	15.0	13.5	70.3	64.3	23.5	11.7
海南	14.0	12.4	69.2	63.2	23.2	12.0
重庆	16.2	13.1	68.7	65.1	22.8	11.2
四川	16.0	12.3	67.6	61.1	25.4	12.3
贵州	19.3	16.4	61.7	67.0	22.3	9.7
云南	13.8	11.8	72.1	68.3	21.7	9.7
西藏	18.1	16.7	63.9	65.3	16.7	18.1
陕西	14.4	16.1	68.1	58.3	27.8	13.3
甘肃	12.4	16.5	69.2	63.7	22.9	12.9
青海	17.2	11.8	71.1	59.3	27.0	13.7
宁夏	7.5	15.8	71.7	57.5	26.3	15.0
新疆	14.1	13.0	69.9	55.4	24.5	19.1

对下列措施效果作出不同判断的企业家占比(%)								
汽车住房等物质奖励			岗位调整或升职机会			培训或深造机会		
有效果	不明显	未使用	有效果	不明显	未使用	有效果	不明显	未使用
26.0	13.1	59.5	62.5	19.2	17.6	47.5	20.8	30.2
19.8	13.2	64.7	60.7	21.8	16.6	47.9	22.5	27.9
18.9	12.2	67.1	63.8	22.2	13.1	53.0	23.4	22.3
19.9	11.2	67.8	68.0	20.4	11.1	58.0	22.9	18.5
17.3	12.5	67.8	62.5	22.9	13.3	53.9	23.7	20.6
22.1	12.0	65.0	64.5	21.3	13.9	47.8	22.8	28.6
19.1	13.4	65.3	60.4	23.8	15.1	50.0	23.7	25.0
13.2	11.3	75.5	69.8	20.8	9.4	50.9	30.2	18.9
14.5	13.5	69.0	58.5	21.5	19.0	46.0	21.5	30.0
20.1	13.5	64.4	60.3	24.3	14.7	50.6	23.7	24.5
21.3	14.8	61.7	59.3	23.5	16.2	45.9	24.4	27.9
22.4	14.3	61.0	60.4	23.2	15.3	49.4	24.0	24.9
16.5	12.5	68.6	56.3	25.7	16.8	49.1	25.8	23.6
23.3	12.9	58.3	58.8	20.8	17.6	48.9	21.2	25.4
13.5	9.9	76.3	62.0	21.9	15.9	43.1	23.2	33.4
19.1	18.3	58.0	53.1	23.8	20.5	40.1	24.0	31.7
17.3	13.5	67.6	57.7	21.5	19.9	47.8	23.0	27.9
16.7	12.3	71.0	53.2	24.8	22.0	47.7	25.1	27.2
15.8	12.5	71.7	55.6	25.6	18.7	50.9	25.1	24.0
21.7	13.8	54.9	57.4	19.9	17.9	42.9	21.2	27.4
28.7	11.0	57.1	63.7	18.9	15.5	58.3	18.5	21.0
17.9	14.4	67.7	53.5	25.7	20.8	45.8	25.7	28.5
17.0	13.7	69.2	62.4	24.7	12.9	45.9	27.1	27.0
25.0	17.5	57.1	54.9	25.5	19.3	41.9	25.6	32.1
19.3	12.3	65.5	59.9	22.5	16.5	48.2	24.3	25.4
24.8	13.6	60.2	58.9	24.0	16.4	47.0	23.2	28.3
22.8	19.0	55.8	56.1	27.1	15.8	45.4	28.1	25.1
24.9	15.5	59.6	61.8	23.3	15.0	54.2	22.6	23.1
29.0	15.6	55.2	65.6	19.8	14.5	53.8	20.9	25.1
23.4	14.4	60.4	62.8	21.5	14.9	49.1	23.1	26.4
17.8	13.6	63.9	58.0	24.6	15.1	47.4	25.3	23.8
23.4	15.6	56.5	62.7	23.2	12.3	52.7	25.4	19.1
20.7	13.3	59.8	59.7	24.0	13.4	46.1	24.2	24.4
16.6	12.5	69.8	60.4	24.7	14.3	50.9	26.7	21.3
14.8	15.2	66.0	57.6	26.0	14.8	44.8	28.8	23.2
18.1	12.2	67.4	56.6	24.9	17.3	48.1	25.8	24.8
14.3	11.7	70.0	56.8	25.3	16.2	47.2	25.4	24.5
20.4	15.0	62.2	58.6	24.5	15.4	50.2	26.0	22.2
16.3	10.2	71.2	57.0	26.0	16.1	53.3	24.9	21.0
19.4	12.5	68.1	56.9	31.9	11.1	51.4	27.8	19.4
17.5	14.9	66.3	53.5	29.1	16.8	47.7	26.9	24.4
15.6	13.8	68.8	54.0	24.4	20.4	48.4	24.3	26.3
17.6	9.8	72.5	57.4	29.4	13.2	55.4	27.5	17.2
10.8	12.5	72.1	50.8	28.3	18.3	42.9	32.5	22.1
15.9	11.2	69.6	53.6	23.6	21.1	49.5	24.1	24.3

十五、政策对规模（限额）以上企业创新的影响情况（2016年）

15-1 有关政策对规模(限额)

项　　目	在开展创新活动企业中，对下列政策效果					
	企业研发费用加计扣除税收优惠政策			高新技术企业所得税减免政策		
	有效果	不明显	无效果	有效果	不明显	无效果
总　计	**50.8**	**25.6**	**23.4**	**49.9**	**22.3**	**27.4**
一、按规模分						
大型企业	59.9	20.7	19.3	56.3	16.8	26.6
中型企业	50.8	24.6	24.5	49.7	21.1	28.9
小型企业	50.8	26.1	22.9	50.1	22.9	26.7
微型企业	40.9	29.2	29.7	41.5	26.3	31.8
二、按登记注册类型分						
内资企业	50.8	25.9	23.1	50.0	22.7	26.9
国有企业	41.5	27.7	30.4	39.4	24.1	36.1
集体企业	42.3	31.0	26.5	42.0	26.7	30.7
股份合作企业	43.3	27.8	28.7	41.0	23.6	35.2
联营企业	42.2	32.2	25.6	42.2	27.8	28.9
#国有联营企业	50.0	28.6	21.4	50.0	21.4	21.4
有限责任公司	49.5	25.9	24.4	48.8	22.3	28.5
#国有独资公司	46.8	26.1	26.6	43.6	21.7	34.0
股份有限公司	65.6	19.0	15.3	65.7	15.7	18.3
私营企业	50.6	26.4	22.7	49.7	23.4	26.5
其他企业	47.5	28.2	24.1	47.2	26.2	26.1
港、澳、台商投资企业	52.2	23.3	24.4	50.7	19.5	29.5
合资经营企业	57.6	22.0	20.2	56.7	17.5	25.5
合作经营企业	54.8	21.8	23.0	52.5	20.3	26.8
港、澳、台商独资经营企业	48.4	24.2	27.3	46.5	20.7	32.4
港、澳、台商投资股份有限公司	64.8	19.0	16.2	64.6	14.9	20.0
其他港、澳、台投资企业	52.3	27.3	20.3	46.9	25.8	27.3
外商投资企业	49.4	22.5	27.8	47.5	18.6	33.7
中外合资经营企业	56.6	21.1	22.1	55.7	17.1	27.0
中外合作经营企业	53.0	23.1	23.9	47.7	18.9	31.8
外资企业	44.5	23.6	31.7	42.0	19.5	38.2
外商投资股份有限公司	62.2	16.8	20.9	58.4	16.5	25.1
其他外商投资企业	39.4	25.1	34.9	39.4	21.7	38.9
三、按行业分						
采矿业	44.1	30.0	25.8	39.9	28.1	31.7
制造业	56.6	24.6	18.6	55.0	21.4	23.3
电力、热力、燃气及水生产和供应业	43.6	25.4	30.5	42.2	21.1	36.2
建筑业	42.7	31.8	25.2	40.9	27.9	30.7
批发和零售业	35.8	28.8	35.0	35.9	26.0	37.6
交通运输、仓储和邮政业	35.8	28.7	35.2	35.1	25.5	39.0
信息传输、软件和信息技术服务业	66.9	17.0	16.0	68.6	13.1	18.2
租赁和商务服务业	36.3	26.1	37.2	36.7	22.6	40.2
科学研究和技术服务业	55.1	20.7	23.9	58.1	16.5	24.9
水利、环境和公共设施管理业	40.8	27.2	31.8	41.3	23.2	35.1

以上企业创新的影响程度

作出不同影响程度判断的企业家占比(%)								
企业研发活动专用仪器设备加速折旧政策			技术转让、技术开发收入免征增值税和技术转让减免所得税优惠政策			科技开发用品免征进口税收政策		
有效果	不明显	无效果	有效果	不明显	无效果	有效果	不明显	无效果
44.9	**26.1**	**28.5**	**42.4**	**24.7**	**32.4**	**37.6**	**24.4**	**37.5**
47.6	24.4	27.6	45.4	22.6	31.6	38.1	23.0	38.4
43.1	25.7	30.8	40.6	24.2	34.7	35.6	23.9	40.0
45.7	26.4	27.5	43.0	24.9	31.6	38.4	24.6	36.6
39.2	27.0	33.3	39.2	26.2	33.9	36.8	25.5	37.0
45.3	26.2	28.0	42.9	24.9	31.8	37.9	24.4	37.1
36.3	26.7	36.5	36.5	25.4	37.5	30.4	24.9	43.9
40.2	28.3	31.1	40.0	26.2	33.3	37.3	25.6	36.7
41.0	25.0	33.8	36.3	25.5	38.0	30.2	24.4	45.0
44.4	25.6	30.0	42.2	23.3	34.4	38.9	26.7	34.4
35.7	21.4	42.9	35.7	21.4	42.9	28.6	35.7	35.7
43.4	26.1	30.0	41.7	24.4	33.4	36.3	23.9	39.2
38.2	25.7	35.3	37.3	23.9	38.2	31.5	24.1	43.8
51.2	25.0	23.4	48.2	23.0	28.3	39.3	23.2	36.9
46.2	26.4	27.1	43.2	25.3	31.0	38.9	24.8	35.9
45.3	28.0	26.0	46.9	27.0	25.3	43.4	26.5	29.4
43.1	25.9	30.6	38.3	24.4	36.8	35.6	24.6	39.3
46.8	25.4	27.5	40.7	24.1	34.8	37.5	24.1	38.0
46.7	26.1	26.4	37.9	26.4	34.5	35.6	26.4	37.2
40.7	26.1	32.9	36.4	24.6	38.5	34.3	24.7	40.5
49.1	23.8	26.8	46.6	22.0	31.1	40.8	24.6	34.4
39.1	32.8	28.1	40.6	29.7	29.7	34.4	32.0	33.6
40.1	24.8	34.7	38.7	22.2	38.7	35.0	23.1	41.6
45.9	24.2	29.5	42.8	22.3	34.6	38.9	22.6	38.1
43.2	25.4	29.9	37.5	24.6	36.4	36.7	23.9	37.9
36.1	25.2	38.3	35.7	22.3	41.6	32.1	23.6	44.0
51.3	20.4	28.3	52.8	16.8	30.4	44.8	20.6	34.5
32.6	25.7	40.6	34.9	21.1	43.4	33.7	20.0	44.6
41.9	26.7	30.8	39.5	26.2	33.8	35.1	24.1	40.3
50.1	26.2	23.3	45.4	25.0	29.1	41.0	24.5	34.1
38.8	23.8	36.7	37.5	22.9	38.9	32.3	21.4	45.4
39.1	29.6	30.8	38.1	28.2	33.2	32.9	27.3	39.1
33.7	26.2	39.5	33.8	25.2	40.3	32.1	24.8	42.4
33.4	25.5	40.6	33.1	25.0	41.3	31.5	24.2	43.7
47.2	24.7	27.8	56.0	17.7	26.1	32.9	20.8	45.9
31.9	23.5	43.8	33.1	22.1	44.1	29.5	22.3	47.5
44.2	24.4	31.1	45.4	21.2	33.0	34.0	22.3	43.1
36.4	26.0	37.1	36.6	24.1	38.9	31.7	24.7	42.9

15-1 续表 1

项目	在开展创新活动企业中，对下列政策效果					
	企业研发费用加计扣除税收优惠政策			高新技术企业所得税减免政策		
	有效果	不明显	无效果	有效果	不明显	无效果
四、按地区分						
东部地区	51.8	24.3	23.8	50.6	21.1	28.0
中部地区	52.9	26.9	19.9	52.2	24.1	23.3
西部地区	43.6	29.9	26.3	43.4	25.7	30.6
东北地区	50.7	23.0	25.8	51.0	19.6	28.6
北　京	51.9	18.7	29.4	58.3	11.6	30.0
天　津	43.3	25.9	30.1	43.7	21.4	33.9
河　北	45.2	27.3	27.4	45.1	24.0	30.6
山　西	40.2	28.2	31.7	39.7	24.7	35.7
内蒙古	39.8	29.9	30.3	40.5	25.6	33.9
辽　宁	53.0	20.6	25.7	53.1	17.2	28.6
吉　林	50.2	24.1	25.1	50.7	21.3	27.0
黑龙江	46.6	26.4	27.0	47.3	21.8	30.9
上　海	55.3	17.8	26.8	53.4	14.2	32.3
江　苏	55.7	23.0	21.2	53.3	20.9	25.7
浙　江	50.0	25.4	24.4	45.4	22.6	31.6
安　徽	57.3	23.8	18.8	56.0	20.3	23.5
福　建	44.1	28.7	27.0	43.3	26.3	30.0
江　西	55.9	27.0	17.1	55.9	23.9	20.2
山　东	55.8	23.3	20.9	54.1	21.7	24.2
河　南	49.9	28.9	21.0	48.6	27.2	23.8
湖　北	51.3	28.1	20.0	51.4	24.5	23.0
湖　南	53.9	27.0	18.5	53.5	24.3	21.2
广　东	51.1	26.0	22.5	53.0	20.7	25.7
广　西	39.6	31.6	28.7	40.3	27.9	31.6
海　南	43.5	26.8	29.5	42.3	22.9	34.3
重　庆	47.5	28.1	24.2	46.4	25.2	27.9
四　川	44.1	29.3	26.3	43.6	24.6	31.2
贵　州	47.3	29.2	23.2	47.2	25.5	26.9
云　南	43.9	31.4	24.5	41.7	26.8	31.0
西　藏	49.3	30.4	19.6	45.7	28.3	24.6
陕　西	42.1	30.8	27.0	42.9	25.7	31.2
甘　肃	42.3	31.7	25.9	43.2	27.2	29.4
青　海	46.8	32.6	20.6	46.4	28.9	24.7
宁　夏	38.7	30.8	30.4	36.8	25.5	37.4
新　疆	39.8	29.1	30.9	41.8	24.2	33.5

作出不同影响程度判断的企业家占比(%)								
企业研发活动专用仪器设备加速折旧政策			技术转让、技术开发收入免征增值税和技术转让减免所得税优惠政策			科技开发用品免征进口税收政策		
有效果	不明显	无效果	有效果	不明显	无效果	有效果	不明显	无效果
44.6	25.9	29.2	41.9	24.3	33.4	37.4	24.2	38.0
49.4	26.3	23.7	46.8	25.5	27.2	41.4	25.0	32.9
39.6	27.9	32.0	38.0	26.0	35.5	32.8	25.1	41.6
47.3	21.4	30.3	44.7	21.1	33.1	39.6	20.6	38.5
35.4	23.1	41.4	39.4	17.4	43.1	24.9	18.6	56.5
38.9	25.7	34.3	36.5	24.0	38.1	32.8	23.1	42.7
43.1	26.5	30.0	40.3	25.3	34.1	36.6	24.6	38.4
36.6	26.7	36.7	33.8	26.1	40.2	28.1	25.3	46.6
36.7	27.3	36.0	36.4	25.3	38.4	32.7	24.2	43.1
46.8	21.1	30.8	44.0	20.0	34.7	39.4	19.4	39.7
50.2	19.7	28.6	47.2	21.1	30.3	41.9	20.4	35.7
43.8	24.6	31.5	42.4	23.4	34.3	36.5	23.1	40.4
37.2	23.5	39.2	37.2	20.2	42.5	29.9	20.8	49.2
49.5	24.3	26.1	46.4	23.6	29.9	43.3	23.3	33.3
41.5	27.4	30.6	35.8	26.7	37.1	31.8	26.2	41.5
53.7	22.8	23.2	49.3	22.2	28.2	43.0	21.8	34.8
40.5	28.4	30.5	38.8	27.5	33.2	35.3	27.5	36.6
53.8	26.3	19.9	51.0	25.0	24.1	46.3	25.0	28.7
53.4	23.1	23.5	52.2	22.1	25.7	48.8	22.2	29.0
47.3	28.3	24.0	46.0	27.6	26.0	41.8	26.7	31.1
47.0	27.7	24.1	44.1	26.7	28.1	38.7	26.5	33.5
49.5	27.0	22.5	47.8	25.9	25.1	41.7	25.7	31.1
41.3	29.3	28.6	37.9	26.7	34.5	33.0	26.4	39.8
36.2	30.1	33.4	35.3	27.5	37.0	30.8	26.7	42.3
32.7	27.9	38.7	34.8	22.9	41.6	25.4	25.4	48.1
43.0	27.0	29.5	40.3	25.7	33.4	35.5	24.9	38.8
39.7	27.4	32.1	38.0	25.1	36.2	32.2	24.3	42.5
45.2	26.2	28.1	43.7	24.9	30.9	38.9	23.8	36.7
39.7	28.8	31.1	36.7	27.3	35.5	31.5	26.5	41.4
40.6	28.3	29.0	42.0	26.8	29.0	36.2	26.1	35.5
37.0	29.4	33.3	37.4	26.4	35.9	30.6	25.6	43.6
38.9	29.4	31.4	38.3	27.6	34.0	33.2	25.8	40.7
43.5	29.9	26.6	40.7	29.5	29.7	35.3	28.9	35.8
33.6	29.4	36.5	29.0	28.7	42.2	25.3	25.7	48.7
37.5	25.4	36.4	35.6	24.5	39.2	31.1	23.4	44.7

15-1 续表 2

项 目	在开展创新活动企业中，对下列政策效果					
	鼓励企业吸引和培养人才的相关政策			金融支持相关政策		
	有效果	不明显	无效果	有效果	不明显	无效果
总 计	**54.2**	**26.1**	**19.3**	**50.7**	**26.3**	**22.5**
一、按规模分						
大型企业	61.1	24.0	14.6	53.9	24.4	21.3
中型企业	54.2	26.0	19.4	49.7	26.3	23.6
小型企业	53.9	26.3	19.4	51.0	26.5	22.1
微型企业	50.2	25.8	23.4	47.5	26.4	25.5
二、按登记注册类型分						
内资企业	54.8	26.0	18.8	51.7	26.3	21.6
国有企业	50.6	27.4	21.6	43.1	28.0	28.3
集体企业	49.4	28.0	22.3	45.7	28.1	25.8
股份合作企业	42.2	30.6	27.0	41.6	28.9	28.5
联营企业	50.0	30.0	20.0	42.2	31.1	26.7
#国有联营企业	50.0	35.7	14.3	28.6	35.7	35.7
有限责任公司	54.6	25.8	19.1	50.2	26.1	23.2
#国有独资公司	53.8	26.7	19.0	48.1	25.0	26.6
股份有限公司	61.6	24.0	14.0	58.7	24.0	16.9
私营企业	54.4	26.2	19.0	52.1	26.6	20.9
其他企业	59.4	24.0	15.9	56.5	26.8	16.0
港、澳、台商投资企业	50.5	27.3	21.8	45.1	27.3	27.2
合资经营企业	54.1	26.4	19.1	51.1	25.5	23.0
合作经营企业	51.7	26.4	21.5	47.9	28.4	22.6
港、澳、台商独资经营企业	47.8	27.9	23.8	41.1	28.3	30.1
港、澳、台商投资股份有限公司	59.5	25.8	14.2	52.9	23.8	23.0
其他港、澳、台投资企业	57.8	26.6	15.6	46.1	33.6	20.3
外商投资企业	48.7	25.9	25.1	41.3	25.9	32.5
中外合资经营企业	53.5	25.2	21.0	48.1	25.2	26.3
中外合作经营企业	49.6	23.5	25.0	43.9	26.1	28.4
外资企业	45.1	26.6	28.0	36.5	26.5	36.7
外商投资股份有限公司	60.8	21.2	17.7	52.2	21.5	26.3
其他外商投资企业	53.7	21.7	24.0	44.6	21.7	33.1
三、按行业分						
采矿业	54.1	26.9	18.7	50.7	27.2	21.8
制造业	56.7	25.9	17.0	53.9	26.3	19.4
电力、热力、燃气及水生产和供应业	56.0	22.6	21.0	52.6	22.4	24.6
建筑业	52.8	28.7	18.1	45.4	30.3	23.9
批发和零售业	47.3	26.9	25.2	45.0	26.5	27.9
交通运输、仓储和邮政业	46.9	26.5	26.2	43.5	26.2	29.7
信息传输、软件和信息技术服务业	58.6	23.8	17.3	48.6	24.8	26.4
租赁和商务服务业	47.5	25.1	26.9	43.0	24.4	32.1
科学研究和技术服务业	55.9	23.8	19.9	45.0	25.8	28.8
水利、环境和公共设施管理业	53.2	26.3	20.2	49.8	25.2	24.7

作出不同影响程度判断的企业家占比(%)								
创造和保护知识产权的相关政策			优先发展产业的支持政策			关于推进大众创业万众创新的各项政策		
有效果	不明显	无效果	有效果	不明显	无效果	有效果	不明显	无效果
55.1	**22.9**	**21.6**	**51.2**	**25.2**	**23.2**	**49.2**	**26.6**	**23.8**
64.8	18.6	16.2	56.0	22.7	20.8	49.3	27.0	23.4
54.4	22.5	22.8	49.6	25.1	24.9	46.7	27.2	25.8
55.2	23.2	21.1	51.6	25.5	22.5	50.2	26.5	23.0
46.5	24.9	28.0	47.4	25.4	26.7	48.0	25.6	25.9
55.4	23.0	21.2	51.9	25.2	22.4	50.2	26.6	22.9
48.4	23.2	27.8	44.2	26.7	28.4	41.0	27.6	30.7
46.6	24.8	28.2	46.8	25.8	27.1	46.8	27.5	25.4
48.2	24.8	27.0	42.3	27.4	30.1	42.2	29.3	28.2
51.1	24.4	24.4	43.3	26.7	30.0	47.8	27.8	24.4
57.1	28.6	14.3	42.9	28.6	28.6	42.9	28.6	28.6
54.8	22.3	22.4	51.3	24.8	23.4	48.7	26.6	24.3
53.7	22.0	23.8	48.8	25.3	25.3	42.8	28.3	28.3
67.8	18.1	13.8	60.0	22.1	17.5	53.2	26.0	20.5
54.9	23.8	20.9	51.7	25.7	22.2	50.9	26.6	22.2
52.8	26.0	20.3	57.7	25.8	15.9	59.1	24.0	16.6
54.5	22.6	22.5	47.1	26.0	26.5	43.5	27.7	28.3
59.4	21.3	18.9	51.7	25.1	22.8	46.9	27.4	25.3
57.1	22.6	19.5	51.0	27.2	21.1	47.1	26.4	25.7
51.0	23.3	25.2	43.9	26.5	29.1	41.1	28.1	30.5
64.6	19.2	15.7	54.4	23.8	21.3	50.9	24.3	24.6
55.5	30.5	14.1	46.1	31.3	21.1	46.1	30.5	22.7
51.9	21.6	26.2	43.8	24.5	31.3	39.8	26.9	33.0
58.9	20.5	20.4	50.3	23.4	25.8	45.7	25.6	28.4
51.1	21.2	25.8	47.3	21.6	29.5	42.4	26.9	29.2
47.0	22.6	30.1	39.2	25.4	35.1	35.5	27.9	36.3
65.8	15.6	18.3	54.6	21.5	23.6	50.1	23.0	26.8
53.1	18.9	27.4	44.6	24.0	29.7	41.1	29.1	29.1
47.8	26.1	25.8	48.8	26.1	24.6	49.4	26.9	23.3
60.4	22.4	16.8	55.0	25.2	19.4	52.2	26.7	20.7
51.0	20.4	28.1	52.1	21.2	26.1	46.3	24.0	29.3
48.5	27.0	24.0	44.2	29.8	25.4	44.2	30.2	25.1
41.3	25.2	32.9	41.9	25.8	31.7	42.8	26.9	29.8
39.6	24.6	35.3	43.2	25.0	31.2	42.6	25.9	31.1
69.3	16.3	14.2	56.9	22.0	20.7	51.4	24.3	24.0
43.1	22.4	34.0	42.8	23.0	33.7	42.7	24.2	32.6
58.4	20.0	21.2	49.9	23.8	25.8	46.1	25.7	27.9
48.0	23.2	28.3	51.1	23.9	24.7	45.9	27.0	26.9

15-1 续表 3

项目	在开展创新活动企业中，对下列政策效果					
	鼓励企业吸引和培养人才的相关政策			金融支持相关政策		
	有效果	不明显	无效果	有效果	不明显	无效果
四、按地区分						
东部地区	53.3	25.8	20.6	49.2	26.2	24.2
中部地区	58.7	25.6	15.1	56.8	25.7	17.0
西部地区	51.7	28.8	19.1	48.5	28.3	22.7
东北地区	55.3	22.7	21.1	51.8	23.3	24.0
北　京	46.1	23.3	30.6	36.0	24.2	39.8
天　津	49.3	22.8	26.8	45.4	23.1	30.4
河　北	55.3	25.3	19.2	50.9	26.1	22.7
山　西	49.4	28.6	22.0	43.1	29.3	27.6
内蒙古	51.9	27.7	20.4	47.2	28.0	24.8
辽　宁	54.0	22.4	22.6	50.4	22.7	25.8
吉　林	58.2	21.8	18.6	55.1	22.2	21.3
黑龙江	53.5	24.8	21.6	49.6	26.2	24.2
上　海	47.1	25.9	27.0	39.2	25.8	35.0
江　苏	56.2	24.2	19.5	53.6	24.8	21.4
浙　江	48.0	29.5	22.1	45.3	29.3	24.9
安　徽	59.9	23.6	16.1	58.4	24.0	17.3
福　建	50.6	28.0	20.9	47.1	28.6	23.8
江　西	63.6	24.6	11.8	64.4	22.9	12.7
山　东	65.5	20.3	14.2	62.2	21.3	16.4
河　南	60.0	25.2	14.5	56.2	26.6	16.7
湖　北	54.9	28.3	15.7	54.2	27.3	17.5
湖　南	58.6	25.9	14.4	56.3	26.0	16.7
广　东	49.0	29.6	20.6	43.4	30.1	25.8
广　西	47.1	32.9	19.7	45.0	31.2	23.4
海　南	50.3	26.5	22.7	41.9	25.2	32.0
重　庆	52.3	28.2	19.1	50.3	27.3	21.9
四　川	50.9	27.9	20.4	48.6	27.3	23.2
贵　州	56.7	26.3	16.6	51.8	27.7	20.1
云　南	52.4	29.2	18.0	47.9	29.9	21.7
西　藏	56.5	29.7	13.0	58.7	21.0	18.8
陕　西	51.3	29.7	18.8	47.6	29.2	23.0
甘　肃	54.7	27.8	17.2	50.5	27.7	21.6
青　海	56.1	30.6	13.3	50.5	30.4	19.1
宁　夏	45.3	34.9	19.6	43.2	31.5	25.2
新　疆	50.5	28.3	20.7	47.3	26.7	25.3

作出不同影响程度判断的企业家占比(%)								
创造和保护知识产权的相关政策			优先发展产业的支持政策			关于推进大众创业万众创新的各项政策		
有效果	不明显	无效果	有效果	不明显	无效果	有效果	不明显	无效果
55.1	22.5	22.0	49.5	25.4	24.7	47.7	26.6	25.4
58.3	23.3	17.9	57.1	24.5	17.9	55.7	25.7	18.1
51.0	24.6	23.9	49.8	26.6	23.2	46.6	28.8	24.3
55.6	19.3	24.2	53.1	20.9	25.0	50.4	22.8	25.9
53.9	17.2	28.8	39.3	22.8	37.9	34.8	24.3	40.9
49.8	20.4	28.6	43.9	23.0	31.7	42.9	23.8	32.1
52.4	23.8	23.5	50.7	25.1	23.9	50.4	26.0	23.5
45.1	24.8	30.1	43.4	26.8	29.8	42.4	28.6	29.0
47.7	24.3	28.0	48.9	25.8	25.4	46.7	27.1	26.2
55.8	18.5	24.6	51.1	20.5	27.2	47.6	22.5	28.6
57.1	19.4	22.3	57.5	19.8	21.4	55.9	20.9	22.3
53.0	20.9	26.1	50.8	23.3	25.9	48.1	26.1	25.8
51.8	20.4	27.8	41.1	24.0	34.9	36.1	26.7	37.1
56.7	22.0	21.2	52.7	24.2	22.9	51.4	25.2	23.2
51.5	25.5	22.6	45.9	28.5	25.2	44.4	29.9	25.4
60.5	20.9	18.3	58.7	22.2	18.8	56.2	24.0	19.4
51.9	25.1	22.6	48.5	27.0	24.1	45.9	28.6	25.1
63.2	22.8	14.0	63.1	23.0	13.9	61.6	23.9	14.5
62.3	20.1	17.5	60.9	21.4	17.6	61.3	21.2	17.4
57.1	24.8	17.7	56.7	25.5	17.5	57.6	25.8	16.4
56.6	24.6	17.8	54.2	26.3	18.3	52.6	27.7	18.8
58.7	23.1	17.1	58.0	24.6	16.5	55.2	26.2	17.8
55.0	23.6	20.6	45.4	28.5	25.2	41.4	31.1	26.7
47.0	27.1	25.7	46.8	28.8	24.2	41.4	31.9	26.5
49.9	22.4	27.2	43.0	26.1	30.0	38.9	29.5	31.1
53.1	24.4	22.0	50.7	26.7	22.2	48.9	27.6	23.2
51.9	23.6	23.7	49.4	25.7	24.2	46.3	28.2	25.0
55.4	23.0	21.1	56.1	23.5	20.1	53.4	25.8	20.5
52.5	25.2	21.8	50.6	27.6	21.4	46.7	30.1	22.8
52.2	23.2	22.5	47.1	32.6	17.4	45.7	31.9	20.3
49.5	25.6	24.8	48.7	27.3	23.8	44.8	30.6	24.5
50.1	25.6	24.0	49.3	28.4	22.1	47.9	29.0	23.1
50.3	30.1	19.5	52.4	28.3	19.3	46.2	31.2	22.7
46.9	24.4	28.5	45.8	28.8	24.7	41.3	31.4	26.8
47.2	22.7	29.5	48.3	25.2	25.9	44.2	27.6	27.8

15-2 有关政策对规模以上

项目	在开展创新活动企业中，对下列政策效果					
	企业研发费用加计扣除税收优惠政策			高新技术企业所得税减免政策		
	有效果	不明显	无效果	有效果	不明显	无效果
总　计	**56.1**	**24.7**	**19.0**	**54.6**	**21.5**	**23.7**
一、按规模分						
大型企业	67.2	19.4	13.3	62.8	15.6	21.4
中型企业	61.0	22.4	16.4	58.8	19.1	21.8
小型企业	54.5	25.5	19.8	53.2	22.3	24.1
微型企业	46.8	28.0	25.1	47.3	24.2	28.3
二、按登记注册类型分						
内资企业	56.6	25.1	18.2	55.1	21.9	22.7
国有企业	50.4	26.7	22.5	45.7	23.8	30.0
集体企业	42.5	36.6	20.9	40.5	31.5	27.6
股份合作企业	47.3	25.3	27.4	42.8	23.1	34.0
联营企业	51.3	25.6	23.1	51.3	25.6	23.1
#国有联营企业	66.7	16.7	16.7	66.7	16.7	16.7
有限责任公司	56.5	24.9	18.4	55.3	21.2	23.2
#国有独资公司	55.1	25.7	18.7	50.3	20.2	28.8
股份有限公司	72.2	17.0	10.7	71.9	13.8	14.1
私营企业	55.4	25.7	18.7	53.8	22.8	23.1
其他企业	45.7	30.8	23.1	45.3	26.7	27.1
港、澳、台商投资企业	55.6	23.1	21.1	53.6	19.4	26.7
合资经营企业	60.5	21.6	17.8	59.1	17.2	23.4
合作经营企业	57.8	22.8	19.4	53.9	19.9	26.2
港、澳、台商独资经营企业	51.7	24.4	23.7	49.3	21.0	29.3
港、澳、台商投资股份有限公司	73.4	16.6	10.0	73.7	12.5	13.5
其他港、澳、台投资企业	60.5	22.2	17.3	53.1	22.2	24.7
外商投资企业	51.8	22.6	25.3	49.3	18.8	31.7
中外合资经营企业	58.4	21.2	20.2	57.1	17.2	25.4
中外合作经营企业	56.4	22.7	20.9	50.7	19.1	28.9
外资企业	46.8	23.8	29.2	43.6	19.9	36.4
外商投资股份有限公司	67.7	16.4	16.0	62.5	16.7	20.8
其他外商投资企业	44.9	28.0	26.3	46.6	21.2	32.2
三、按行业分						
采矿业	44.1	30.0	25.8	39.9	28.1	31.7
煤炭开采和洗选业	40.4	32.7	26.8	34.7	28.9	36.0
石油和天然气开采业	51.0	33.3	15.7	33.3	35.3	31.4
黑色金属矿采选业	40.0	31.9	27.9	32.9	35.0	31.9
有色金属矿采选业	44.9	30.3	24.6	43.2	27.5	28.8
非金属矿采选业	49.4	25.2	25.2	47.3	23.7	28.8

工业企业创新的影响程度

作出不同影响程度判断的企业家占比(%)								
企业研发活动专用仪器设备加速折旧政策			技术转让、技术开发收入免征增值税和技术转让减免所得税优惠政策			科技开发用品免征进口税收政策		
有效果	不明显	无效果	有效果	不明显	无效果	有效果	不明显	无效果
49.8	**26.2**	**23.7**	**45.2**	**25.0**	**29.4**	**40.7**	**24.4**	**34.4**
54.9	24.0	20.7	49.5	23.1	27.1	45.4	22.9	31.3
51.6	25.7	22.5	45.8	24.7	29.2	41.5	24.0	34.0
49.1	26.4	24.1	44.9	25.2	29.5	40.3	24.6	34.6
44.9	27.1	27.7	42.2	26.2	31.1	38.3	25.0	36.1
50.8	26.3	22.6	46.2	25.2	28.2	41.4	24.5	33.7
40.5	29.2	29.7	40.7	25.8	32.7	32.6	26.0	40.5
41.8	31.3	26.7	40.5	29.7	29.3	36.8	29.7	33.2
42.3	26.1	31.6	36.7	25.5	37.8	29.8	25.3	44.9
59.0	20.5	20.5	51.3	17.9	30.8	46.2	20.5	33.3
50.0	33.3	16.7	50.0	16.7	33.3	33.3	33.3	33.3
50.1	26.2	23.4	45.8	24.6	29.1	40.3	23.8	35.3
44.5	25.7	28.8	41.0	24.1	34.2	35.2	24.1	39.9
56.4	24.6	18.7	50.4	23.3	25.9	43.2	23.1	33.2
50.8	26.4	22.4	46.1	25.6	27.9	41.8	24.8	32.9
43.3	27.9	27.5	44.1	27.5	26.7	40.1	25.9	32.8
46.0	26.3	27.3	39.5	25.2	34.9	37.6	25.2	36.7
49.5	25.5	24.7	41.8	24.7	33.2	39.2	24.5	35.9
49.5	24.8	25.2	37.9	28.2	33.0	36.4	28.2	35.0
43.4	27.0	29.2	37.6	25.6	36.3	36.3	25.6	37.7
55.7	22.8	21.5	51.2	21.1	27.7	46.4	23.9	29.8
44.4	30.9	24.7	44.4	25.9	29.6	39.5	28.4	32.1
42.2	25.2	32.4	39.2	23.0	37.5	36.5	23.6	39.5
47.7	24.5	27.5	43.6	22.8	33.4	40.4	22.9	36.3
45.8	26.2	26.7	38.7	26.2	33.8	39.1	24.0	35.6
37.8	25.7	36.1	35.6	23.2	40.9	33.3	24.1	42.2
56.1	19.7	24.2	55.4	17.5	27.1	48.7	21.2	30.1
38.1	26.3	33.9	40.7	20.3	38.1	39.0	20.3	38.1
41.9	26.7	30.8	39.5	26.2	33.8	35.1	24.1	40.3
37.2	28.0	34.0	34.5	27.5	37.5	31.0	24.6	43.9
45.1	25.5	29.4	45.1	17.6	37.3	35.3	17.6	47.1
34.0	31.2	33.8	34.0	29.1	36.4	29.1	27.0	43.3
44.4	26.1	29.3	41.2	26.3	31.8	37.7	22.8	39.0
49.4	23.7	26.5	46.5	23.4	29.7	41.2	23.6	35.0

15-2 续表 1

项目	在开展创新活动企业中，对下列政策效果					
	企业研发费用加计扣除税收优惠政策			高新技术企业所得税减免政策		
	有效果	不明显	无效果	有效果	不明显	无效果
开采辅助活动	52.5	27.1	20.3	59.3	20.3	20.3
其他采矿业	28.6	57.1	14.3	42.9	28.6	28.6
制造业	56.6	24.6	18.6	55.0	21.4	23.3
农副食品加工业	52.0	27.7	20.1	49.8	24.4	25.4
食品制造业	52.9	27.0	20.0	49.8	23.5	26.3
酒、饮料和精制茶制造业	49.1	29.5	21.0	46.0	25.4	28.0
烟草制品业	34.9	28.9	33.7	27.7	25.3	44.6
纺织业	48.1	29.3	22.5	45.1	26.8	27.8
纺织服装、服饰业	43.4	30.3	26.1	40.0	27.2	32.3
皮革、毛皮、羽毛及其制品和制鞋业	42.5	31.9	25.5	40.1	27.6	32.0
木材加工和木、竹、藤、棕、草制品业	52.2	27.2	20.5	51.0	24.2	24.5
家具制造业	48.4	29.4	22.0	45.2	26.0	28.6
造纸和纸制品业	47.5	28.9	23.6	44.0	24.9	30.7
印刷和记录媒介复制业	51.2	27.8	20.9	49.8	24.6	25.3
文教、工美、体育和娱乐用品制造业	50.2	28.0	21.7	47.3	25.1	27.2
石油加工、炼焦和核燃料加工业	48.3	29.3	22.4	48.3	21.0	30.2
化学原料和化学制品制造业	60.1	22.9	16.9	58.6	20.3	20.8
医药制造业	69.5	18.7	11.6	70.1	15.7	14.0
化学纤维制造业	54.0	26.1	19.9	50.9	23.2	25.7
橡胶和塑料制品业	53.3	25.8	20.7	51.3	23.0	25.4
非金属矿物制品业	51.7	27.0	21.0	50.6	23.4	25.5
黑色金属冶炼和压延加工业	50.6	27.6	21.6	49.1	23.6	27.0
有色金属冶炼和压延加工业	54.6	27.0	18.3	52.7	23.1	23.8
金属制品业	53.8	26.0	20.0	51.6	22.7	25.4
通用设备制造业	61.3	21.9	16.6	60.1	19.1	20.5
专用设备制造业	65.2	20.0	14.6	65.7	16.8	17.3
汽车制造业	59.8	21.9	18.1	57.3	18.8	23.6
铁路、船舶、航空航天和其他运输设备制造业	60.4	24.1	15.3	59.3	19.8	20.6
电气机械和器材制造业	63.0	21.2	15.7	62.0	18.0	19.9
计算机、通信和其他电子设备制造业	64.9	20.4	14.7	65.3	16.1	18.4
仪器仪表制造业	69.1	17.7	13.1	69.0	15.1	15.9
其他制造业	54.1	27.7	18.2	52.5	25.8	21.5
废弃资源综合利用业	51.0	23.9	24.5	50.2	19.8	29.4
金属制品、机械和设备修理业	59.7	24.3	16.0	61.8	18.8	19.4
电力、热力、燃气及水生产和供应业	43.6	25.4	30.5	42.2	21.1	36.2
电力、热力生产和供应业	44.2	25.5	29.8	42.2	21.5	35.7
燃气生产和供应业	41.4	22.9	35.5	44.1	16.5	39.4
水的生产和供应业	42.6	27.6	29.3	40.5	23.8	35.2

作出不同影响程度判断的企业家占比(%)								
企业研发活动专用仪器设备加速折旧政策			技术转让、技术开发收入免征增值税和技术转让减免所得税优惠政策			科技开发用品免征进口税收政策		
有效果	不明显	无效果	有效果	不明显	无效果	有效果	不明显	无效果
54.2	18.6	27.1	50.8	25.4	23.7	42.4	20.3	37.3
42.9	42.9	14.3	42.9	28.6	28.6	57.1		42.9
50.1	26.2	23.3	45.4	25.0	29.1	41.0	24.5	34.1
49.5	26.6	23.5	47.9	25.2	26.4	43.0	24.3	32.2
48.7	26.9	24.2	45.9	24.4	29.3	40.2	24.0	35.4
48.0	26.3	25.0	45.7	25.0	28.6	39.8	23.8	35.4
33.7	31.3	32.5	25.3	30.1	42.2	25.3	25.3	48.2
45.5	28.6	25.5	41.7	28.0	29.9	39.7	27.6	32.2
42.0	28.8	28.8	39.5	28.0	32.1	38.0	27.5	34.0
40.0	30.2	29.5	38.3	30.0	31.3	37.1	28.8	33.7
50.2	26.5	23.0	49.3	24.6	25.8	45.0	25.5	29.3
45.3	26.8	27.8	43.4	26.0	30.1	39.5	26.1	34.1
42.5	28.8	28.5	39.3	26.9	33.3	36.3	26.3	37.0
46.1	28.4	25.1	40.9	27.9	30.9	36.8	26.5	36.2
46.5	28.0	25.2	43.3	26.7	29.5	42.0	26.2	31.3
46.4	25.4	27.7	43.6	24.3	31.5	36.7	23.1	39.3
53.3	25.8	20.6	47.5	24.1	28.0	42.5	23.8	33.4
59.8	22.7	17.2	54.3	21.7	23.7	44.8	22.4	32.3
48.7	27.1	23.9	42.0	28.7	28.8	39.0	26.7	33.8
48.0	26.8	24.9	42.7	26.3	30.6	39.2	25.6	34.8
48.1	26.6	24.7	45.2	25.4	28.8	41.2	24.3	33.9
47.1	27.3	25.2	42.8	26.2	30.7	38.9	25.1	35.4
48.2	28.4	23.1	43.2	27.5	29.0	38.8	26.3	34.5
48.5	27.0	24.2	43.7	26.3	29.5	40.2	25.5	33.8
52.8	25.2	21.7	46.5	24.4	28.8	41.9	23.7	34.0
54.6	24.7	20.4	48.5	23.1	28.1	43.5	22.9	33.2
51.1	24.3	24.2	45.5	23.2	30.9	39.8	23.0	36.7
52.1	26.5	21.1	47.8	24.3	27.4	41.6	24.1	33.8
53.2	24.7	21.8	46.3	23.6	29.8	41.2	23.2	35.2
52.4	25.3	21.9	45.8	23.5	30.4	41.4	23.6	34.7
53.2	26.1	20.5	46.1	23.9	29.7	39.6	23.4	36.4
48.2	29.8	21.9	45.8	27.0	27.0	41.8	27.5	30.4
48.6	22.6	28.2	44.2	22.0	33.1	38.9	20.0	40.5
45.1	30.6	24.3	49.3	25.7	25.0	35.4	22.9	41.7
38.8	23.8	36.7	37.5	22.9	38.9	32.3	21.4	45.4
39.0	23.9	36.4	38.0	23.3	37.9	32.6	21.8	44.7
38.7	20.4	41.0	37.6	20.1	42.3	32.1	19.2	48.0
38.2	27.0	34.4	35.4	23.8	40.1	31.0	21.5	46.6

15-2 续表 2

项　　目	在开展创新活动企业中，对下列政策效果					
	企业研发费用加计扣除税收优惠政策			高新技术企业所得税减免政策		
	有效果	不明显	无效果	有效果	不明显	无效果
四、按地区分						
东部地区	56.6	23.7	19.6	54.6	20.6	24.5
中部地区	58.9	25.4	15.4	57.9	22.5	19.1
西部地区	49.5	29.5	20.9	48.7	24.5	26.4
东北地区	54.9	23.0	21.6	54.7	19.7	24.8
北　京	63.2	16.5	20.3	71.3	9.2	19.5
天　津	52.1	21.8	25.8	51.7	16.9	30.9
河　北	48.9	26.5	24.4	48.4	23.4	27.9
山　西	46.3	28.3	25.4	45.8	23.0	31.2
内蒙古	45.3	30.9	23.9	45.0	27.4	27.6
辽　宁	59.2	20.2	20.0	59.1	16.7	23.4
吉　林	51.0	24.7	23.7	50.5	22.1	26.1
黑龙江	52.3	25.9	21.8	52.3	22.2	25.6
上　海	64.7	16.9	18.4	62.4	13.3	24.3
江　苏	60.0	22.4	17.6	57.1	20.5	22.3
浙　江	54.1	25.1	20.6	48.6	22.2	28.8
安　徽	62.3	22.8	14.7	61.2	19.3	19.4
福　建	49.6	27.0	23.2	48.5	23.2	27.9
江　西	60.5	25.4	14.0	60.2	22.5	17.3
山　东	59.4	22.2	18.4	57.1	20.7	22.1
河　南	56.0	27.9	16.0	54.2	25.9	19.6
湖　北	58.2	25.5	15.6	57.9	22.1	18.9
湖　南	59.6	25.5	14.5	58.7	23.0	17.4
广　东	55.5	25.5	18.7	57.5	20.4	21.8
广　西	45.0	32.1	22.7	45.7	27.6	26.5
海　南	52.5	23.8	23.8	54.4	20.0	25.0
重　庆	55.0	26.1	18.7	52.9	23.0	23.6
四　川	49.8	28.6	21.3	48.9	23.4	27.3
贵　州	50.5	29.9	19.4	50.4	25.6	23.5
云　南	50.0	30.8	19.0	46.2	25.7	27.4
西　藏	50.0	31.3	16.7	47.9	29.2	18.8
陕　西	48.7	30.6	20.7	49.2	23.6	27.0
甘　肃	46.7	31.3	21.7	47.9	26.5	25.4
青　海	55.1	28.8	16.1	55.1	24.6	20.3
宁　夏	46.7	30.9	22.2	44.1	22.2	33.3
新　疆	44.6	30.2	25.0	45.8	24.3	29.4

作出不同影响程度判断的企业家占比(%)								
企业研发活动专用仪器设备加速折旧政策			技术转让、技术开发收入免征增值税和技术转让减免所得税优惠政策			科技开发用品免征进口税收政策		
有效果	不明显	无效果	有效果	不明显	无效果	有效果	不明显	无效果
49.0	26.2	24.6	44.0	25.0	30.7	40.4	24.6	34.7
55.1	25.6	18.8	51.0	24.8	23.7	45.0	24.3	30.1
44.9	28.3	26.4	41.5	26.2	31.8	35.4	24.6	39.4
50.5	22.2	26.3	45.8	22.2	30.9	40.4	21.6	36.8
41.8	25.4	32.9	38.6	19.2	42.2	28.5	19.8	51.7
46.7	23.4	29.2	40.3	22.0	36.8	36.2	20.5	42.4
46.9	26.5	26.4	43.2	25.4	31.1	39.5	24.2	35.9
42.1	27.5	30.4	38.3	25.1	36.6	30.8	24.5	44.7
41.6	28.2	30.2	39.4	26.9	33.7	34.7	24.8	40.6
51.5	21.2	26.4	45.6	21.1	32.4	41.7	20.2	37.1
50.7	21.5	25.9	46.1	22.8	29.2	40.2	21.9	35.5
48.4	24.9	26.8	46.0	23.6	30.4	38.2	23.9	37.9
41.9	25.6	32.5	38.8	22.3	38.9	33.0	23.1	43.9
52.9	24.6	22.4	48.4	24.0	27.5	45.6	23.7	30.6
44.7	28.0	26.9	37.0	27.4	35.1	33.3	26.7	39.5
58.9	22.5	18.4	52.6	22.4	24.7	45.7	21.8	32.1
45.8	26.5	27.2	41.7	25.6	32.0	38.2	25.6	35.6
58.1	25.8	16.1	54.2	24.2	21.5	48.8	24.5	26.7
57.0	22.6	20.4	54.9	21.5	23.5	51.6	21.3	27.0
53.3	27.8	18.6	50.6	27.1	21.9	45.9	25.9	27.8
52.9	26.1	19.7	48.3	25.2	25.3	42.5	24.7	31.5
54.2	26.2	18.5	51.9	25.1	21.8	45.1	25.1	28.3
45.1	30.5	24.0	38.9	28.4	32.3	35.3	27.9	36.2
40.9	32.1	26.7	39.0	28.5	32.2	34.0	26.5	39.1
31.9	35.6	31.9	35.0	25.0	39.4	25.6	26.9	46.3
49.6	26.1	23.9	44.3	24.7	30.6	38.0	23.6	37.7
45.2	27.2	26.9	41.5	25.0	32.8	35.4	23.7	40.0
49.2	26.6	23.6	46.2	25.3	28.2	41.2	22.8	35.6
44.3	29.1	26.1	39.1	27.8	32.4	32.5	26.8	40.0
50.0	29.2	18.8	41.7	27.1	27.1	33.3	25.0	37.5
42.0	30.1	27.7	41.5	26.9	31.5	33.3	25.1	41.5
43.7	31.8	24.3	42.3	28.4	29.1	35.5	26.7	37.5
50.0	28.4	21.6	46.6	27.1	26.3	38.1	29.2	32.6
39.9	29.7	29.9	32.3	30.1	37.3	27.7	25.9	46.3
42.3	26.8	30.5	39.3	25.2	35.0	34.8	24.1	40.7

15-2 续表 3

项　目	在开展创新活动企业中，对下列政策效果					
	鼓励企业吸引和培养人才的相关政策			金融支持相关政策		
	有效果	不明显	无效果	有效果	不明显	无效果
总　计	**56.7**	**25.9**	**17.1**	**53.9**	**26.3**	**19.5**
一、按规模分						
大型企业	64.5	24.1	11.1	59.4	24.2	16.1
中型企业	59.2	25.3	15.2	55.4	25.9	18.4
小型企业	55.7	26.1	17.8	53.3	26.4	19.9
微型企业	52.8	26.5	20.3	49.5	27.4	22.4
二、按登记注册类型分						
内资企业	57.7	25.7	16.2	55.4	26.2	18.1
国有企业	52.7	29.3	17.6	46.4	31.0	21.9
集体企业	50.2	30.0	19.4	48.3	29.9	21.8
股份合作企业	42.6	30.3	27.1	41.5	29.8	28.2
联营企业	61.5	23.1	15.4	53.8	23.1	23.1
#国有联营企业	66.7	16.7	16.7	33.3	33.3	33.3
有限责任公司	58.1	25.6	15.9	54.7	26.0	18.9
#国有独资公司	56.5	26.1	16.8	50.9	25.3	23.3
股份有限公司	64.6	23.5	11.6	62.7	23.3	13.7
私营企业	57.1	26.0	16.6	55.3	26.4	18.0
其他企业	54.7	23.9	19.8	48.2	31.2	19.0
港、澳、台商投资企业	51.8	27.8	20.1	47.2	27.7	24.7
合资经营企业	55.5	26.5	17.7	53.1	25.7	20.9
合作经营企业	51.5	27.7	20.4	48.5	27.7	22.8
港、澳、台商独资经营企业	48.8	28.7	22.0	43.0	29.1	27.5
港、澳、台商投资股份有限公司	64.4	24.9	10.4	59.9	22.5	17.6
其他港、澳、台投资企业	60.5	22.2	17.3	50.6	32.1	17.3
外商投资企业	49.5	26.1	24.2	42.7	26.2	30.8
中外合资经营企业	54.6	25.0	20.1	49.3	25.2	25.2
中外合作经营企业	51.6	23.6	23.1	45.3	26.7	26.7
外资企业	45.4	27.1	27.3	37.7	27.1	34.9
外商投资股份有限公司	61.7	21.9	16.0	54.6	20.8	24.5
其他外商投资企业	52.5	22.9	23.7	44.9	22.9	31.4
三、按行业分						
采矿业	54.1	26.9	18.7	50.7	27.2	21.8
煤炭开采和洗选业	51.1	28.5	20.2	46.0	30.1	23.8
石油和天然气开采业	51.0	31.4	17.6	41.2	25.5	33.3
黑色金属矿采选业	51.3	29.8	18.7	49.2	25.8	24.8
有色金属矿采选业	55.3	26.6	17.6	51.4	28.0	20.1
非金属矿采选业	58.6	23.6	17.5	56.8	24.2	18.3

作出不同影响程度判断的企业家占比(%)								
创造和保护知识产权的相关政策			优先发展产业的支持政策			关于推进大众创业万众创新的各项政策		
有效果	不明显	无效果	有效果	不明显	无效果	有效果	不明显	无效果
60.1	**22.4**	**17.2**	**54.9**	**25.1**	**19.6**	**52.1**	**26.7**	**20.9**
71.1	17.9	10.7	61.8	22.3	15.5	53.8	27.1	18.8
63.7	21.1	14.9	56.5	24.6	18.5	52.0	27.2	20.5
58.7	23.0	18.0	54.1	25.4	20.1	52.0	26.5	21.1
52.6	24.9	21.9	51.5	26.8	21.2	50.1	27.0	22.6
60.9	22.5	16.3	56.2	25.0	18.4	53.6	26.5	19.6
57.3	21.7	20.5	49.6	26.4	23.3	43.9	27.5	27.8
48.5	28.4	22.9	48.1	29.5	22.4	46.8	31.0	22.0
50.8	25.0	24.2	42.8	27.9	29.3	41.8	29.8	28.5
66.7	12.8	20.5	53.8	17.9	28.2	61.5	17.9	20.5
83.3		16.7	50.0	16.7	33.3	50.0	16.7	33.3
61.8	21.7	16.1	56.8	24.5	18.2	52.8	26.6	20.2
62.0	20.6	16.9	53.6	25.3	20.6	45.8	29.5	24.1
73.0	17.0	9.7	64.3	21.5	13.9	56.1	26.1	17.6
59.6	23.2	16.8	55.4	25.5	18.7	53.9	26.4	19.4
49.0	26.7	23.1	52.2	28.3	18.2	52.6	27.9	18.6
57.5	22.7	19.5	49.0	26.8	23.8	45.5	28.4	25.8
62.2	21.0	16.4	53.5	25.6	20.6	48.8	27.7	23.1
59.2	21.4	18.9	51.0	27.2	21.4	48.1	26.7	24.8
53.8	23.9	21.9	45.7	27.5	26.4	42.7	29.1	27.9
71.3	18.3	10.0	61.6	24.6	13.5	57.8	23.9	18.3
64.2	28.4	7.4	51.9	28.4	18.5	53.1	28.4	18.5
53.3	21.8	24.6	45.0	24.9	29.7	41.1	27.4	31.2
60.1	20.3	19.3	51.4	23.5	24.7	47.0	25.6	27.1
53.8	21.8	23.1	48.9	22.7	27.1	43.1	29.3	26.2
48.1	23.1	28.6	40.1	26.1	33.5	36.6	28.7	34.5
69.1	14.9	15.6	57.6	21.2	20.8	52.8	22.3	24.9
53.4	22.0	23.7	45.8	24.6	27.1	42.4	29.7	27.1
47.8	26.1	25.8	48.8	26.1	24.6	49.4	26.9	23.3
41.7	29.0	29.1	44.1	27.2	28.4	44.5	29.2	26.2
62.7	13.7	23.5	47.1	23.5	29.4	47.1	25.5	27.5
43.7	25.5	30.3	48.2	24.6	26.7	51.3	23.2	25.1
51.6	25.8	22.1	46.9	28.0	24.1	48.4	27.5	23.6
53.2	24.2	22.3	55.1	24.7	19.5	54.8	25.5	19.3

15-2 续表 4

项 目	在开展创新活动企业中，对下列政策效果					
	鼓励企业吸引和培养人才的相关政策			金融支持相关政策		
	有效果	不明显	无效果	有效果	不明显	无效果
开采辅助活动	55.9	23.7	20.3	57.6	25.4	16.9
其他采矿业	57.1	28.6	14.3	57.1	28.6	14.3
制造业	56.7	25.9	17.0	53.9	26.3	19.4
农副食品加工业	59.6	24.9	15.1	58.8	25.1	15.6
食品制造业	58.4	24.4	16.8	55.3	25.3	19.0
酒、饮料和精制茶制造业	57.2	25.9	16.4	56.3	24.6	18.5
烟草制品业	49.4	28.9	20.5	38.6	27.7	31.3
纺织业	52.3	28.3	18.9	52.8	27.2	19.6
纺织服装、服饰业	50.1	28.3	21.1	48.7	28.2	22.7
皮革、毛皮、羽毛及其制品和制鞋业	46.4	31.3	21.9	48.1	28.2	23.4
木材加工和木、竹、藤、棕、草制品业	57.7	26.0	16.2	57.7	25.1	17.0
家具制造业	53.6	26.9	19.4	51.0	27.7	21.1
造纸和纸制品业	51.3	28.2	20.2	49.8	27.0	22.9
印刷和记录媒介复制业	53.0	28.0	18.6	50.4	29.5	19.6
文教、工美、体育和娱乐用品制造业	53.4	27.6	18.6	52.0	27.4	20.1
石油加工、炼焦和核燃料加工业	57.5	24.0	17.8	53.2	26.3	19.6
化学原料和化学制品制造业	59.5	24.9	15.3	55.9	25.8	17.9
医药制造业	66.2	22.2	11.4	61.1	23.1	15.6
化学纤维制造业	53.4	27.5	18.8	52.2	26.1	21.3
橡胶和塑料制品业	54.3	27.2	18.2	51.6	27.3	20.8
非金属矿物制品业	56.5	25.6	17.3	54.6	25.7	19.1
黑色金属冶炼和压延加工业	54.7	26.5	18.5	53.8	27.0	18.9
有色金属冶炼和压延加工业	55.5	28.0	16.4	53.7	28.1	17.9
金属制品业	54.1	26.9	18.6	52.0	27.8	19.8
通用设备制造业	57.6	25.6	16.5	54.4	26.0	19.3
专用设备制造业	60.0	24.5	15.2	55.6	25.5	18.6
汽车制造业	56.9	24.9	17.8	53.2	25.0	21.3
铁路、船舶、航空航天和其他运输设备制造业	55.8	27.6	16.2	52.3	27.4	20.0
电气机械和器材制造业	58.5	24.9	16.3	53.9	26.4	19.5
计算机、通信和其他电子设备制造业	57.9	25.5	16.3	51.6	26.9	21.2
仪器仪表制造业	57.3	25.8	16.7	51.6	25.9	22.1
其他制造业	53.8	30.5	15.4	53.5	28.2	18.2
废弃资源综合利用业	54.9	24.3	20.2	54.1	24.9	20.6
金属制品、机械和设备修理业	57.6	25.7	16.7	50.7	27.8	21.5
电力、热力、燃气及水生产和供应业	56.0	22.6	21.0	52.6	22.4	24.6
电力、热力生产和供应业	56.7	22.4	20.3	53.5	22.7	23.3
燃气生产和供应业	54.8	21.3	23.8	48.2	21.0	30.5
水的生产和供应业	53.8	24.3	21.7	52.5	22.4	24.9

作出不同影响程度判断的企业家占比(%)								
创造和保护知识产权的相关政策			优先发展产业的支持政策			关于推进大众创业万众创新的各项政策		
有效果	不明显	无效果	有效果	不明显	无效果	有效果	不明显	无效果
62.7	23.7	13.6	55.9	28.8	15.3	49.2	35.6	15.3
57.1	14.3	28.6	57.1	14.3	28.6	71.4	14.3	14.3
60.4	22.4	16.8	55.0	25.2	19.4	52.2	26.7	20.7
60.2	22.7	16.7	60.5	23.5	15.6	57.3	25.3	17.1
61.4	21.9	16.4	57.5	23.3	18.7	54.4	26.0	19.3
61.2	21.5	16.5	59.0	23.1	17.1	53.9	26.4	19.1
65.1	21.7	12.0	42.2	22.9	32.5	48.2	24.1	26.5
51.9	26.8	20.9	49.8	27.9	21.9	50.2	27.7	21.7
47.2	28.0	24.4	45.8	28.7	25.1	46.4	29.5	23.7
47.5	28.3	23.9	45.7	28.7	25.3	47.6	28.8	23.4
57.5	24.5	17.9	57.1	24.9	17.7	56.7	24.9	18.2
56.2	25.1	18.4	50.7	27.7	21.4	50.4	27.8	21.6
52.7	24.6	22.4	47.9	27.5	24.2	48.0	27.9	23.7
52.7	26.7	20.2	49.3	28.6	21.8	48.1	30.1	21.5
56.8	24.8	18.0	51.8	27.3	20.4	51.9	26.7	21.0
57.6	22.8	19.0	53.0	25.2	21.1	48.9	27.1	23.1
63.8	21.1	14.9	57.4	24.3	17.9	54.2	25.9	19.6
73.1	17.0	9.8	65.7	21.0	13.1	58.5	24.0	17.4
55.1	24.7	20.0	52.3	25.5	22.1	50.8	26.6	22.3
57.0	23.7	18.9	51.3	26.5	22.0	50.2	27.4	22.1
56.5	23.5	19.4	54.2	25.3	20.0	53.4	26.1	20.0
54.1	24.7	20.9	51.3	25.9	22.5	50.5	27.1	22.2
58.1	24.6	17.1	53.3	27.8	18.6	49.8	28.6	21.3
57.2	24.1	18.3	51.7	26.3	21.6	50.3	27.5	21.9
63.9	20.7	15.1	56.6	24.4	18.6	53.0	26.7	20.1
68.1	18.7	12.9	58.7	23.5	17.5	54.2	25.5	20.0
61.0	20.8	17.8	54.9	23.8	20.8	50.7	25.8	23.2
63.2	22.2	14.2	54.2	26.9	18.6	50.0	28.2	21.4
65.2	20.7	13.8	57.0	24.7	18.0	52.6	26.7	20.5
65.3	20.4	14.1	55.6	25.1	19.1	49.7	27.9	22.2
68.5	18.2	13.1	56.2	23.8	19.6	50.1	25.9	23.6
59.7	25.2	14.8	54.0	28.8	17.0	50.2	31.3	18.4
52.3	22.4	24.1	52.9	24.3	22.2	50.2	25.5	23.7
59.7	25.7	14.6	54.2	25.0	20.8	48.6	30.6	20.8
51.0	20.4	28.1	52.1	21.2	26.1	46.3	24.0	29.3
52.4	20.3	26.8	53.6	20.5	25.4	46.8	24.2	28.7
49.3	19.2	31.0	49.3	23.3	26.9	45.9	23.1	30.8
46.2	21.9	31.0	48.3	22.2	28.3	44.1	24.5	30.6

15-2 续表 5

项目	在开展创新活动企业中，对下列政策效果					
	鼓励企业吸引和培养人才的相关政策			金融支持相关政策		
	有效果	不明显	无效果	有效果	不明显	无效果
四、按地区分						
东部地区	55.4	26.0	18.4	51.9	26.5	21.3
中部地区	62.1	24.5	12.9	60.9	24.7	13.9
西部地区	54.6	28.2	16.8	52.4	27.9	19.2
东北地区	56.0	23.7	19.4	53.2	24.1	21.7
北　京	48.7	24.2	27.1	38.9	26.5	34.6
天　津	53.2	21.6	24.6	49.7	21.5	28.0
河　北	57.1	24.9	17.7	54.0	25.3	20.4
山　西	54.1	26.8	19.1	47.7	28.0	24.3
内蒙古	55.1	27.8	17.1	51.6	28.2	20.1
辽　宁	55.4	23.4	20.4	53.2	23.5	22.5
吉　林	56.5	23.1	18.7	54.1	22.4	21.6
黑龙江	56.3	25.2	18.5	52.1	27.7	20.3
上　海	49.4	27.3	23.3	41.1	28.0	30.9
江　苏	57.8	24.5	17.6	55.2	25.1	19.6
浙　江	48.9	29.8	20.8	46.5	29.8	23.1
安　徽	63.0	23.2	13.5	62.0	23.5	14.3
福　建	53.2	27.1	19.2	49.6	27.8	22.0
江　西	66.6	23.5	9.9	67.6	22.3	10.1
山　东	67.4	19.9	12.7	64.6	20.7	14.6
河　南	63.2	24.7	11.9	60.7	26.0	12.8
湖　北	58.7	26.3	13.9	59.1	25.4	14.4
湖　南	61.1	24.8	13.1	59.1	25.1	14.7
广　东	50.7	30.2	18.7	45.1	31.0	23.4
广　西	49.4	32.4	17.9	48.4	31.0	20.2
海　南	50.0	27.5	21.9	46.9	22.5	29.4
重　庆	55.0	27.5	17.1	54.0	26.4	19.2
四　川	54.5	26.8	17.9	53.5	26.1	19.6
贵　州	58.9	26.2	14.5	53.3	28.7	17.7
云　南	55.0	29.2	15.4	50.9	29.9	18.7
西　藏	52.1	33.3	14.6	60.4	27.1	8.3
陕　西	54.0	29.0	16.8	52.1	28.3	19.4
甘　肃	57.8	27.5	14.5	53.3	28.9	17.7
青　海	61.9	27.1	11.0	56.8	27.1	16.1
宁　夏	48.7	34.3	16.6	47.7	32.5	19.8
新　疆	54.6	28.0	17.0	51.6	27.6	20.1

作出不同影响程度判断的企业家占比(%)								
创造和保护知识产权的相关政策			优先发展产业的支持政策			关于推进大众创业万众创新的各项政策		
有效果	不明显	无效果	有效果	不明显	无效果	有效果	不明显	无效果
59.1	22.5	18.1	52.5	25.7	21.5	50.2	27.1	22.5
64.1	21.9	13.5	62.0	23.3	14.2	59.3	24.8	15.4
58.3	23.4	18.0	54.9	26.0	18.7	49.8	28.5	21.3
60.1	19.7	19.4	56.0	21.3	21.7	51.6	23.9	23.6
63.1	18.1	18.7	44.4	24.1	31.5	36.1	26.6	37.3
58.3	17.8	23.2	48.1	22.3	28.6	46.7	22.9	29.6
56.7	22.7	20.3	54.0	24.3	21.5	53.2	25.2	21.4
53.1	21.7	25.2	49.8	26.0	24.1	47.4	26.4	26.2
54.6	24.4	21.0	54.1	26.2	19.7	50.9	27.6	21.5
61.9	19.2	18.1	54.7	21.5	22.9	49.8	23.7	25.4
58.2	19.9	20.4	58.5	19.8	20.0	54.9	21.4	22.5
59.3	20.6	20.1	54.9	23.1	22.1	50.4	27.7	21.9
57.8	21.5	20.8	44.3	25.9	29.7	38.7	28.4	32.9
59.9	22.1	17.9	54.8	24.6	20.5	52.9	25.7	21.2
54.1	25.6	20.0	47.5	28.9	23.3	45.7	30.2	23.7
65.7	20.4	13.6	63.2	21.5	15.0	59.4	23.8	16.6
57.8	22.5	19.2	52.0	25.6	21.8	48.3	27.5	23.8
68.1	21.3	10.5	66.8	22.1	11.1	64.3	23.4	12.3
66.1	19.3	14.5	63.3	21.1	15.5	63.1	20.8	16.0
62.8	24.1	12.8	61.8	24.8	13.2	61.4	25.3	13.1
63.2	22.2	13.5	59.8	24.3	14.8	56.7	26.3	16.1
63.3	21.5	14.0	61.8	23.5	13.8	58.0	25.0	16.2
58.9	24.0	16.6	47.9	29.5	22.0	43.2	32.3	24.0
54.3	27.5	18.1	50.6	30.3	18.8	43.7	32.7	23.4
61.9	20.0	17.5	49.4	22.5	26.3	36.3	30.0	33.1
60.7	22.4	16.3	55.3	25.5	18.7	52.0	26.5	21.2
58.5	22.2	18.6	54.6	24.6	20.2	49.8	27.6	22.1
60.3	21.8	17.5	59.3	24.1	16.1	55.9	26.1	17.7
60.1	24.0	15.3	55.6	27.2	16.7	48.9	30.4	20.2
52.1	27.1	16.7	45.8	31.3	16.7	43.8	33.3	18.8
58.1	24.4	17.4	54.3	26.4	19.3	47.3	30.5	22.1
56.8	25.4	17.7	54.6	28.9	16.3	50.9	30.8	18.3
60.2	24.6	15.3	61.4	24.2	14.4	54.2	25.4	20.3
56.5	21.6	21.6	52.9	26.7	19.4	46.3	30.5	22.4
55.5	21.6	22.5	55.4	25.3	18.8	50.2	26.9	22.7

15-3 有关政策对资质等级

项　目	在开展创新活动企业中，对下列政策效果					
	企业研发费用加计扣除税收优惠政策			高新技术企业所得税减免政策		
	有效果	不明显	无效果	有效果	不明显	无效果
总　计	**42.7**	**31.8**	**25.2**	**40.9**	**27.9**	**30.7**
一、按规模分						
大型企业	56.0	28.1	15.8	48.5	23.8	27.3
中型企业	41.2	32.9	25.6	40.3	28.7	30.6
小型企业	38.4	31.8	29.6	38.0	28.4	33.0
微型企业	42.2	32.7	24.7	41.7	30.5	27.3
二、按登记注册类型分						
内资企业	42.6	31.9	25.2	40.9	28.0	30.6
国有企业	39.7	32.5	27.6	32.2	31.5	36.1
集体企业	42.3	27.0	30.2	43.4	25.9	29.6
股份合作企业	28.6	47.6	23.8	38.1	23.8	38.1
联营企业	40.0	20.0	40.0	40.0	20.0	40.0
有限责任公司	44.7	31.6	23.5	41.6	27.4	30.5
#国有独资公司	55.5	28.3	16.3	49.0	21.6	29.2
股份有限公司	49.6	29.7	20.4	49.7	26.8	22.9
私营企业	40.2	32.5	27.0	39.8	28.6	31.2
其他企业		50.0	50.0		25.0	75.0
港、澳、台商投资企业	49.4	26.0	24.7	48.1	20.8	31.2
合资经营企业	50.9	24.6	24.6	49.1	17.5	33.3
合作经营企业	62.5	37.5		62.5	37.5	
港、澳、台商独资经营企业	33.3	22.2	44.4	33.3	22.2	44.4
其他港、澳、台投资企业	33.3	33.3	33.3	33.3	33.3	33.3
外商投资企业	41.7	27.8	30.6	44.4	16.7	38.9
中外合资经营企业	45.8	29.2	25.0	50.0	20.8	29.2
外资企业	30.0	30.0	40.0	30.0	10.0	60.0
三、按行业分						
房屋建筑业	41.4	33.8	24.5	39.2	30.4	29.8
土木工程建筑业	44.9	30.8	24.1	41.7	26.6	31.2
建筑安装业	45.1	28.5	25.8	45.2	23.5	30.8
建筑装饰和其他建筑业	41.0	30.6	28.3	41.2	26.6	32.0

以上建筑业企业创新的影响程度

作出不同影响程度判断的企业家占比(%)								
企业研发活动专用仪器设备加速折旧政策			技术转让、技术开发收入免征增值税和技术转让减免所得税优惠政策			科技开发用品免征进口税收政策		
有效果	不明显	无效果	有效果	不明显	无效果	有效果	不明显	无效果
39.1	**29.6**	**30.8**	**38.1**	**28.2**	**33.2**	**32.9**	**27.3**	**39.1**
43.2	32.3	24.2	43.4	28.4	28.0	30.5	29.1	40.1
38.5	29.8	31.2	37.4	28.5	33.5	33.2	27.4	38.7
37.5	28.2	33.7	36.2	27.4	35.8	32.7	26.3	40.3
41.7	28.2	29.7	39.1	29.0	30.8	38.9	27.5	32.3
39.1	29.7	30.8	38.1	28.3	33.2	32.9	27.4	39.0
35.1	33.4	31.3	35.3	30.5	33.9	29.3	27.9	42.1
42.9	28.6	28.0	44.4	20.1	34.9	39.7	20.6	39.2
42.9	28.6	28.6	42.9	33.3	23.8	33.3	33.3	33.3
40.0	20.0	40.0	40.0	20.0	40.0	40.0	20.0	40.0
39.1	30.5	29.9	38.4	29.2	31.9	32.2	28.3	38.8
40.8	30.5	28.7	40.8	27.8	31.4	27.4	27.4	45.2
45.4	31.7	22.3	44.0	29.6	26.1	34.8	29.4	35.3
38.5	28.4	32.7	37.0	27.3	35.1	33.4	26.5	39.5
25.0	25.0	50.0		25.0	75.0		75.0	25.0
44.2	24.7	31.2	42.9	20.8	36.4	35.1	20.8	44.2
42.1	22.8	35.1	42.1	19.3	38.6	36.8	19.3	43.9
50.0	50.0		50.0	37.5	12.5	37.5	37.5	25.0
55.6	11.1	33.3	44.4	11.1	44.4	33.3	11.1	55.6
33.3	33.3	33.3	33.3	33.3	33.3		33.3	66.7
33.3	25.0	41.7	27.8	19.4	52.8	25.0	19.4	55.6
33.3	29.2	37.5	33.3	25.0	41.7	25.0	25.0	50.0
30.0	20.0	50.0	10.0	10.0	80.0	20.0	10.0	70.0
39.0	30.4	29.9	38.4	29.6	31.5	33.8	28.8	36.7
39.1	30.6	30.0	37.9	28.3	33.3	32.1	27.2	40.0
40.6	26.9	32.2	38.5	25.2	35.9	31.5	25.4	42.7
38.1	28.1	33.3	37.1	26.6	35.8	32.5	25.0	41.6

15-3 续表 1

项目	在开展创新活动企业中，对下列政策效果					
	企业研发费用加计扣除税收优惠政策			高新技术企业所得税减免政策		
	有效果	不明显	无效果	有效果	不明显	无效果
四、按地区分						
东部地区	44.1	31.4	24.3	42.5	27.2	29.9
中部地区	44.5	30.2	25.0	42.5	26.3	30.4
西部地区	36.3	35.5	27.9	34.3	32.0	33.4
东北地区	45.7	28.2	25.7	45.6	25.5	28.7
北　京	42.5	27.8	29.8	42.0	19.7	38.3
天　津	54.4	19.6	24.9	52.7	18.1	27.4
河　北	42.1	34.0	23.7	40.7	29.0	30.1
山　西	46.9	26.3	26.8	42.9	21.4	35.7
内蒙古	27.8	40.3	31.9	33.3	29.2	37.5
辽　宁	49.5	24.1	26.1	47.5	24.4	28.1
吉　林	35.8	34.1	29.3	39.8	30.1	29.3
黑龙江	46.6	31.5	21.9	46.6	24.0	29.5
上　海	44.9	28.7	26.0	44.3	23.7	31.7
江　苏	42.5	33.5	23.8	41.9	29.2	28.5
浙　江	38.9	34.0	26.7	34.6	30.8	33.9
安　徽	43.2	32.7	23.8	40.3	29.8	29.1
福　建	40.2	32.4	27.3	38.1	29.7	32.0
江　西	49.5	27.5	22.9	50.9	23.4	25.7
山　东	50.6	28.1	21.2	47.3	26.3	26.2
河　南	46.3	27.5	25.6	44.9	25.1	28.8
湖　北	41.9	31.9	25.7	38.7	26.8	33.4
湖　南	39.4	36.2	24.0	38.2	30.3	30.7
广　东	46.9	34.0	18.9	47.3	27.0	25.0
广　西	37.1	34.1	28.8	31.8	32.6	35.6
海　南	44.4	37.0	18.5	48.1	25.9	25.9
重　庆	39.5	32.2	28.3	34.3	33.2	32.5
四　川	35.1	36.1	28.3	32.7	32.3	33.7
贵　州	43.3	34.6	22.1	38.5	32.7	28.8
云　南	40.2	36.7	22.7	42.4	30.3	27.3
西　藏	63.2	21.1	15.8	42.1	21.1	36.8
陕　西	36.5	36.9	26.6	34.8	32.2	33.0
甘　肃	35.2	36.4	28.5	33.3	32.7	33.9
青　海	36.6	41.5	22.0	36.6	31.7	31.7
宁　夏	24.3	30.0	45.7	20.0	38.6	41.4
新　疆	28.2	35.1	35.9	29.8	29.0	41.2

作出不同影响程度判断的企业家占比(%)								
企业研发活动专用仪器设备加速折旧政策			技术转让、技术开发收入免征增值税和技术转让减免所得税优惠政策			科技开发用品免征进口税收政策		
有效果	不明显	无效果	有效果	不明显	无效果	有效果	不明显	无效果
39.8	29.3	30.5	38.8	27.8	33.0	33.2	27.2	39.0
41.7	28.8	28.7	40.7	28.1	30.3	35.9	26.8	36.5
32.7	32.7	34.3	32.4	29.8	37.4	27.8	28.8	42.8
46.1	24.1	29.3	42.7	25.9	31.0	37.8	25.0	36.2
29.8	28.0	42.2	30.0	24.1	46.0	22.3	21.4	56.2
45.2	23.8	30.2	47.0	17.4	34.2	38.4	16.7	43.4
37.9	32.0	29.2	36.5	29.8	33.4	31.8	29.2	38.4
38.8	27.7	33.5	38.4	27.2	34.4	30.4	23.2	46.4
31.9	29.2	38.9	31.9	29.2	38.9	29.2	25.0	45.8
45.8	24.7	28.8	44.4	24.7	30.5	36.6	25.4	36.3
46.3	20.3	32.5	39.0	26.0	34.1	35.0	23.6	40.7
46.6	26.0	27.4	42.5	28.1	29.5	42.5	25.3	32.2
33.8	31.7	34.1	35.0	29.3	35.0	26.6	28.1	44.6
42.0	30.0	27.5	40.0	29.0	30.5	35.6	28.8	35.0
34.4	32.1	32.9	32.6	30.1	36.6	27.5	30.4	41.5
39.8	30.6	28.5	38.2	30.1	30.6	34.0	27.5	37.7
38.7	26.8	34.2	40.2	25.8	34.0	35.7	26.4	37.7
50.5	25.2	24.3	51.4	24.3	24.3	45.4	23.4	31.2
49.2	24.5	26.3	47.7	24.1	28.1	43.1	24.9	31.7
45.6	25.8	27.4	43.3	25.7	29.6	40.6	24.0	34.0
37.4	31.1	30.6	37.4	29.6	32.1	32.3	30.9	35.7
36.2	33.9	28.7	36.2	33.1	29.9	28.7	31.9	38.6
39.3	33.5	26.7	36.9	34.5	27.9	29.1	30.4	39.5
28.0	37.1	34.1	28.8	33.3	37.9	25.8	28.0	44.7
44.4	22.2	33.3	44.4	14.8	40.7	40.7	25.9	33.3
31.8	32.5	35.7	32.5	29.0	37.8	29.4	24.8	45.1
31.9	32.3	34.7	30.5	29.7	38.7	26.9	29.3	42.5
35.6	34.6	29.8	40.4	27.9	31.7	26.0	32.7	41.3
39.8	33.7	26.5	39.4	30.3	30.3	36.4	31.4	32.2
36.8	21.1	42.1	42.1	31.6	26.3	31.6	31.6	36.8
33.3	33.5	33.3	33.3	28.1	38.4	27.0	30.0	43.0
32.7	32.7	34.5	31.5	33.9	34.5	26.7	30.9	41.8
39.0	34.1	26.8	31.7	34.1	34.1	31.7	26.8	41.5
18.6	34.3	45.7	20.0	32.9	47.1	18.6	30.0	51.4
29.8	25.2	44.3	26.0	26.7	46.6	21.4	22.9	55.0

15-3 续表 2

项目	在开展创新活动企业中，对下列政策效果					
	鼓励企业吸引和培养人才的相关政策			金融支持相关政策		
	有效果	不明显	无效果	有效果	不明显	无效果
总　计	**52.8**	**28.7**	**18.1**	**45.4**	**30.3**	**23.9**
一、按规模分						
大型企业	59.9	26.2	13.6	51.7	26.5	21.5
中型企业	53.3	28.8	17.4	45.7	31.3	22.5
小型企业	48.5	29.7	21.3	41.6	30.5	27.2
微型企业	51.8	28.6	18.9	45.2	29.7	24.5
二、按登记注册类型分						
内资企业	52.8	28.7	18.0	45.4	30.3	23.8
国有企业	52.6	28.8	18.3	43.5	29.1	27.2
集体企业	57.1	27.0	15.3	47.6	29.6	22.2
股份合作企业	52.4	28.6	19.0	52.4	23.8	23.8
联营企业	40.0	20.0	40.0	40.0	40.0	20.0
有限责任公司	54.0	28.6	16.9	45.9	30.5	23.1
#国有独资公司	57.0	29.6	13.1	47.9	26.9	25.2
股份有限公司	58.7	27.0	13.9	51.5	30.3	18.0
私营企业	50.9	29.1	19.6	44.3	30.4	24.8
其他企业	25.0	25.0	50.0	25.0	50.0	25.0
港、澳、台商投资企业	57.1	22.1	20.8	48.1	22.1	29.9
合资经营企业	54.4	22.8	22.8	45.6	19.3	35.1
合作经营企业	75.0	12.5	12.5	75.0	25.0	
港、澳、台商独资经营企业	66.7	22.2	11.1	44.4	33.3	22.2
其他港、澳、台投资企业	33.3	33.3	33.3	33.3	33.3	33.3
外商投资企业	41.7	27.8	30.6	33.3	22.2	44.4
中外合资经营企业	50.0	25.0	25.0	37.5	25.0	37.5
外资企业	20.0	40.0	40.0	20.0	20.0	60.0
三、按行业分						
房屋建筑业	53.6	29.7	16.1	46.2	31.5	21.7
土木工程建筑业	54.6	27.1	17.9	45.8	28.6	25.0
建筑安装业	50.5	27.5	21.7	43.3	29.1	27.3
建筑装饰和其他建筑业	50.1	29.0	20.6	44.0	30.1	25.5

作出不同影响程度判断的企业家占比(%)								
创造和保护知识产权的相关政策			优先发展产业的支持政策			关于推进大众创业万众创新的各项政策		
有效果	不明显	无效果	有效果	不明显	无效果	有效果	不明显	无效果
48.5	**27.0**	**24.0**	**44.2**	**29.8**	**25.4**	**44.2**	**30.2**	**25.1**
65.5	22.7	11.6	50.8	28.1	20.8	47.7	31.0	21.1
47.0	27.7	24.7	43.9	30.6	25.0	43.9	30.6	25.0
42.7	27.8	29.0	41.4	29.6	28.5	42.7	29.4	27.4
46.5	28.8	24.1	44.7	29.2	25.2	46.2	28.2	24.7
48.5	27.1	23.9	44.3	29.9	25.3	44.2	30.3	25.0
46.4	29.8	23.6	40.9	32.2	26.7	42.5	28.4	28.8
50.3	22.8	26.5	46.0	28.0	25.4	48.7	27.0	24.3
57.1	23.8	19.0	47.6	19.0	33.3	61.9	23.8	14.3
40.0	20.0	40.0	40.0	20.0	40.0	40.0	40.0	20.0
50.8	26.5	22.1	45.1	30.0	24.3	44.6	31.3	23.4
60.4	23.6	15.8	46.5	29.6	23.2	42.3	30.7	26.3
55.3	27.0	17.5	51.0	29.0	19.5	47.9	31.0	20.7
45.6	27.6	26.3	42.9	29.9	26.7	43.3	29.6	26.8
25.0	50.0	25.0	25.0	25.0	50.0	25.0	25.0	50.0
54.5	19.5	26.0	46.8	18.2	35.1	46.8	19.5	33.8
52.6	17.5	29.8	45.6	15.8	38.6	45.6	21.1	33.3
75.0	25.0		62.5	25.0	12.5	50.0	25.0	25.0
55.6	22.2	22.2	55.6	22.2	22.2	55.6	11.1	33.3
33.3	33.3	33.3		33.3	66.7	33.3		66.7
44.4	16.7	38.9	36.1	19.4	44.4	36.1	25.0	38.9
50.0	16.7	33.3	33.3	25.0	41.7	37.5	25.0	37.5
30.0	20.0	50.0	40.0	10.0	50.0	30.0	30.0	40.0
47.9	28.4	23.1	44.6	31.0	23.8	45.3	30.9	23.3
51.3	25.9	22.5	45.2	29.1	25.2	43.7	30.6	25.2
48.4	25.5	25.8	43.3	28.5	27.8	41.9	29.8	28.0
46.5	26.1	27.1	42.5	28.6	28.3	43.9	28.2	27.5

15-3 续表 3

项　　目	在开展创新活动企业中，对下列政策效果					
	鼓励企业吸引和培养人才的相关政策			金融支持相关政策		
	有效果	不明显	无效果	有效果	不明显	无效果
四、按地区分						
东部地区	53.5	27.7	18.4	45.9	29.8	23.8
中部地区	55.2	27.8	16.5	48.7	29.2	21.5
西部地区	48.1	32.5	19.0	39.8	32.9	26.8
东北地区	54.8	27.1	17.4	48.6	28.0	23.1
北　京	44.6	27.4	28.0	34.4	27.8	37.9
天　津	57.3	21.7	19.9	51.2	21.7	25.3
河　北	55.7	28.1	16.2	43.7	30.9	25.1
山　西	54.5	27.2	18.3	43.3	25.4	31.3
内蒙古	48.6	30.6	20.8	44.4	26.4	29.2
辽　宁	53.9	27.1	18.3	48.8	28.8	21.7
吉　林	54.5	28.5	15.4	50.4	27.6	22.0
黑龙江	56.8	26.0	17.1	46.6	26.7	26.7
上　海	47.9	28.1	23.4	38.3	29.3	31.7
江　苏	53.1	28.3	18.0	48.3	29.9	21.3
浙　江	50.1	30.6	18.5	42.4	33.5	23.5
安　徽	51.6	30.9	16.5	47.4	33.2	18.6
福　建	54.1	29.1	16.8	47.1	29.1	23.4
江　西	61.9	23.9	14.2	59.2	23.9	17.0
山　东	64.3	21.4	14.2	56.2	26.0	17.7
河　南	60.5	22.8	16.2	51.4	26.5	21.5
湖　北	50.6	31.9	16.8	47.0	31.5	20.6
湖　南	48.8	33.5	16.9	42.1	34.6	22.4
广　东	49.7	32.7	17.0	41.0	35.2	23.1
广　西	49.2	33.3	17.4	35.6	31.1	32.6
海　南	63.0	22.2	14.8	48.1	37.0	14.8
重　庆	44.1	34.6	21.0	38.1	32.2	29.0
四　川	45.7	34.3	19.0	36.7	35.7	26.3
贵　州	55.8	28.8	15.4	38.5	37.5	24.0
云　南	52.3	29.5	18.2	45.8	31.8	22.3
西　藏	52.6	26.3	15.8	52.6	21.1	26.3
陕　西	50.8	30.7	18.6	42.5	32.8	24.4
甘　肃	50.9	30.9	18.2	44.2	30.3	25.5
青　海	43.9	39.0	17.1	39.0	39.0	22.0
宁　夏	37.1	37.1	25.7	27.1	30.0	42.9
新　疆	43.5	34.4	20.6	35.1	32.8	30.5

作出不同影响程度判断的企业家占比(%)								
创造和保护知识产权的相关政策			优先发展产业的支持政策			关于推进大众创业万众创新的各项政策		
有效果	不明显	无效果	有效果	不明显	无效果	有效果	不明显	无效果
50.0	26.5	22.9	44.3	29.7	25.6	44.5	29.8	25.3
51.0	26.0	22.5	47.5	28.7	23.1	47.0	29.6	22.7
41.5	30.2	27.9	39.5	32.5	27.5	39.5	32.4	27.8
51.4	23.4	24.8	49.6	24.6	25.0	48.8	27.8	23.1
48.1	23.6	28.2	35.4	27.6	37.0	33.9	29.1	37.0
59.4	16.4	22.8	49.5	21.0	28.5	47.0	25.3	26.0
49.0	28.1	22.6	42.6	32.3	25.1	44.3	31.5	24.2
48.2	25.4	26.3	44.2	24.6	31.3	43.3	28.6	28.1
40.3	33.3	26.4	43.1	33.3	23.6	47.2	26.4	26.4
52.2	22.0	25.1	47.8	23.7	27.5	47.5	27.5	24.4
52.8	23.6	23.6	54.5	22.0	22.8	50.4	26.8	22.8
48.6	26.0	25.3	49.3	28.8	21.9	50.0	29.5	20.5
45.8	26.3	27.5	35.0	29.9	34.7	32.0	31.7	35.3
47.3	28.0	24.0	44.6	30.8	24.0	44.9	30.2	24.4
47.3	29.7	22.4	42.0	32.5	24.9	42.0	31.8	25.8
46.9	27.5	24.6	42.9	31.7	24.6	42.4	33.8	23.3
48.4	28.1	23.4	46.5	29.1	24.4	46.1	31.6	22.1
62.4	19.7	17.9	58.7	23.9	17.4	60.1	22.0	17.9
58.1	23.1	18.6	53.7	26.6	19.6	56.2	24.3	19.5
55.1	23.2	21.2	52.2	25.6	21.6	53.4	24.2	21.5
47.0	29.4	23.0	43.6	31.5	23.2	40.0	34.7	24.3
46.1	31.1	22.4	41.7	35.4	22.4	40.9	37.0	21.3
50.3	28.4	20.4	41.5	32.1	25.2	42.5	33.3	23.3
42.4	27.3	29.5	42.4	26.5	30.3	42.4	25.0	31.8
48.1	22.2	29.6	44.4	33.3	22.2	44.4	29.6	25.9
39.5	30.8	29.7	39.5	31.5	29.0	37.8	31.1	31.1
38.7	32.1	27.7	35.1	34.1	28.9	35.9	35.5	27.3
50.0	30.8	19.2	50.0	30.8	19.2	50.0	28.8	21.2
51.5	26.9	21.6	45.5	31.1	23.5	46.2	31.8	22.0
52.6	15.8	31.6	47.4	31.6	21.1	42.1	26.3	31.6
41.9	30.7	27.4	39.5	34.3	26.1	40.6	34.3	25.1
41.8	29.1	29.1	41.8	32.1	26.1	41.2	30.9	27.9
34.1	39.0	26.8	36.6	31.7	31.7	36.6	31.7	31.7
30.0	31.4	38.6	28.6	38.6	32.9	22.9	37.1	40.0
34.4	26.7	38.2	33.6	29.8	35.9	31.3	31.3	36.6

15-4 有关政策对规模(限额)以上

项 目	在开展创新活动企业中，对下列政策效果					
	企业研发费用加计扣除税收优惠政策			高新技术企业所得税减免政策		
	有效果	不明显	无效果	有效果	不明显	无效果
总 计	**41.3**	**26.4**	**32.0**	**41.8**	**23.2**	**34.5**
一、按规模分						
大型企业	50.1	20.0	29.6	48.9	16.3	34.2
中型企业	40.4	25.4	33.9	40.7	21.9	37.0
小型企业	41.4	27.1	31.2	42.2	24.0	33.4
微型企业	38.8	29.4	31.5	39.5	26.7	33.2
二、按登记注册类型分						
内资企业	41.6	26.6	31.4	42.1	23.4	34.0
国有企业	38.0	27.2	34.3	38.0	22.9	38.6
集体企业	42.2	27.8	29.8	42.9	23.2	33.4
股份合作企业	34.1	31.8	33.3	36.4	25.0	37.9
联营企业	34.8	39.1	26.1	34.8	30.4	32.6
#国有联营企业	42.9	28.6	28.6	42.9	14.3	28.6
有限责任公司	40.5	26.4	32.8	41.0	23.1	35.4
#国有独资公司	39.2	26.0	34.2	37.8	22.8	38.7
股份有限公司	54.8	21.4	23.6	55.6	18.1	26.0
私营企业	41.2	27.2	31.2	41.7	24.2	33.6
其他企业	48.2	27.4	24.3	48.0	26.1	25.6
港、澳、台商投资企业	35.6	23.7	40.5	36.6	19.8	43.2
合资经营企业	38.8	24.8	36.4	41.3	19.5	39.0
合作经营企业	40.4	14.9	42.6	44.7	19.1	34.0
港、澳、台商独资经营企业	33.6	23.1	43.1	34.2	19.4	46.0
港、澳、台商投资股份有限公司	41.5	25.5	33.0	39.6	21.7	37.7
其他港、澳、台投资企业	38.6	36.4	25.0	36.4	31.8	31.8
外商投资企业	36.5	21.9	41.3	37.4	17.6	44.6
中外合资经营企业	42.9	20.2	36.7	44.4	16.0	39.3
中外合作经营企业	34.2	26.3	39.5	31.6	18.4	47.4
外资企业	34.2	22.6	42.8	35.0	18.1	46.5
外商投资股份有限公司	40.6	18.8	40.6	42.0	15.9	42.0
其他外商投资企业	28.1	19.3	52.6	24.6	22.8	52.6
三、按行业分						
批发和零售业	35.8	28.8	35.0	35.9	26.0	37.6
批发业	35.9	28.6	35.1	35.7	25.7	38.1
零售业	35.7	29.0	34.9	36.0	26.2	37.2
交通运输、仓储和邮政业	35.8	28.7	35.2	35.1	25.5	39.0
铁路运输业	38.8	32.7	28.6	28.6	24.5	46.9
道路运输业	37.7	28.2	34.0	37.2	25.5	37.0
水上运输业	36.0	29.3	34.7	32.5	25.8	41.4
航空运输业	33.3	20.0	45.9	31.1	20.0	48.1
管道运输业	33.3	38.1	28.6	28.6	23.8	47.6
装卸搬运和运输代理业	31.6	28.6	39.6	31.6	25.2	42.7
仓储业	35.2	30.7	33.6	34.5	26.9	38.2
邮政业	31.0	31.9	36.7	31.7	25.0	43.1
信息传输、软件和信息技术服务业	66.9	17.0	16.0	68.6	13.1	18.2
电信、广播电视和卫星传输服务	47.5	25.3	27.0	47.6	22.6	29.4
互联网和相关服务	61.3	21.1	17.6	61.0	17.9	21.0
软件和信息技术服务业	70.1	15.5	14.4	72.3	11.2	16.4
租赁和商务服务业	36.3	26.1	37.2	36.7	22.6	40.2

服务业企业创新的影响程度

作出不同影响程度判断的企业家占比(%)								
企业研发活动专用仪器设备加速折旧政策			技术转让、技术开发收入免征增值税和技术转让减免所得税优惠政策			科技开发用品免征进口税收政策		
有效果	不明显	无效果	有效果	不明显	无效果	有效果	不明显	无效果
36.1	**25.5**	**37.9**	**37.4**	**23.6**	**38.4**	**32.0**	**23.8**	**43.5**
37.9	22.3	39.3	39.8	19.9	39.8	29.6	21.0	48.8
33.8	24.8	40.8	35.0	22.7	41.7	28.9	23.0	47.5
36.9	26.0	36.6	38.3	24.1	37.0	33.3	24.3	41.8
37.2	26.9	35.3	38.2	26.1	35.0	36.2	25.6	37.5
36.5	25.6	37.3	37.6	23.9	38.0	32.4	24.0	43.0
34.8	24.3	40.4	34.9	24.2	40.2	29.7	23.9	45.7
38.3	25.9	35.3	38.4	25.2	36.0	37.0	23.7	38.7
37.1	21.2	40.9	34.1	24.2	40.9	31.1	20.5	47.0
32.6	30.4	37.0	34.8	28.3	37.0	32.6	32.6	34.8
28.6		71.4	28.6	14.3	57.1	28.6	28.6	42.9
35.0	25.3	39.1	36.6	23.3	39.6	31.3	23.4	44.7
33.2	24.7	41.4	34.0	23.1	42.4	29.5	23.4	46.5
41.9	24.7	32.9	44.6	21.5	33.3	32.3	22.7	44.4
36.8	26.0	36.6	37.5	24.5	37.4	33.0	24.5	41.9
46.0	28.1	25.5	47.9	26.8	24.8	44.4	26.4	28.5
28.9	23.7	47.0	32.1	20.8	46.5	25.7	21.9	51.8
29.3	25.3	45.3	33.4	20.8	45.5	26.1	22.1	51.4
34.0	27.7	36.2	36.2	17.0	44.7	31.9	17.0	48.9
28.4	22.3	48.9	31.3	20.2	47.9	25.3	21.1	52.9
31.1	26.4	41.5	34.0	24.5	40.6	25.5	26.4	47.2
29.5	36.4	34.1	34.1	36.4	29.5	27.3	38.6	34.1
29.2	22.7	47.4	36.5	18.4	44.6	26.6	20.6	52.3
32.3	21.9	45.0	37.3	18.6	43.5	27.5	19.8	52.3
28.9	21.1	47.4	31.6	15.8	50.0	23.7	23.7	50.0
28.1	23.0	48.3	36.5	18.4	44.6	26.3	21.0	52.2
31.9	23.2	44.9	42.0	14.5	43.5	29.0	18.8	52.2
21.1	24.6	54.4	22.8	22.8	54.4	22.8	19.3	57.9
33.7	26.2	39.5	33.8	25.2	40.3	32.1	24.8	42.4
33.3	26.5	39.5	33.4	25.6	40.3	31.8	25.2	42.3
33.9	25.9	39.6	34.1	24.9	40.3	32.3	24.5	42.5
33.4	25.5	40.6	33.1	25.0	41.3	31.5	24.2	43.7
34.7	24.5	40.8	26.5	24.5	49.0	28.6	26.5	44.9
35.7	25.0	38.8	35.3	24.7	39.5	33.4	24.2	42.0
32.1	23.2	43.8	31.7	24.3	42.9	31.4	21.0	46.8
28.1	17.8	53.3	25.9	19.3	54.1	25.9	20.0	53.3
23.8	28.6	47.6	19.0	33.3	47.6	19.0	33.3	47.6
27.8	27.0	44.5	27.9	25.5	45.8	27.9	24.2	46.9
34.1	26.7	38.8	34.1	26.5	38.7	31.1	25.8	42.6
29.4	27.1	43.3	28.9	26.1	44.5	26.8	25.2	47.2
47.2	24.7	27.8	56.0	17.7	26.1	32.9	20.8	45.9
40.5	26.1	33.1	40.0	23.7	36.0	31.2	25.1	43.1
45.1	24.9	29.9	48.9	21.1	30.0	32.7	20.9	46.0
48.4	24.5	26.8	59.0	16.5	24.3	33.2	20.2	46.3
31.9	23.5	43.8	33.1	22.1	44.1	29.5	22.3	47.5

15-4 续表 1

项目	在开展创新活动企业中，对下列政策效果					
	企业研发费用加计扣除税收优惠政策			高新技术企业所得税减免政策		
	有效果	不明显	无效果	有效果	不明显	无效果
租赁业	40.5	24.9	34.4	40.9	22.6	36.2
商务服务业	36.1	26.1	37.4	36.5	22.6	40.4
科学研究和技术服务业	55.1	20.7	23.9	58.1	16.5	24.9
研究和试验发展	67.4	15.1	17.2	69.8	10.3	19.6
专业技术服务业	50.2	22.1	27.3	52.8	18.2	28.5
科技推广和应用服务业	59.5	20.6	19.7	64.0	16.3	19.5
水利、环境和公共设施管理业	40.8	27.2	31.8	41.3	23.2	35.1
水利管理业	50.0	17.3	32.7	46.2	17.3	36.5
生态保护和环境治理业	57.3	19.1	23.6	61.8	15.6	22.6
公共设施管理业	38.0	28.8	32.9	38.1	24.5	36.8
四、按地区分						
东部地区	42.9	24.7	32.1	43.3	21.4	34.9
中部地区	40.4	29.9	29.4	40.5	27.4	31.5
西部地区	36.1	29.7	34.0	36.9	26.3	36.2
东北地区	44.1	22.0	33.1	45.7	18.1	35.3
北　京	48.9	18.7	32.3	55.3	11.8	32.8
天　津	33.9	30.3	34.7	35.3	25.9	37.4
河　北	34.5	28.4	36.8	35.9	24.8	39.0
山　西	31.2	28.4	40.4	31.5	27.4	41.1
内蒙古	32.8	27.5	39.7	34.5	22.4	43.0
辽　宁	43.1	20.4	35.4	44.0	16.4	37.7
吉　林	50.7	21.8	26.9	52.5	18.8	28.3
黑龙江	35.0	26.1	38.9	37.6	20.4	42.0
上　海	45.2	18.0	36.8	43.8	14.3	41.8
江　苏	45.5	23.0	31.4	43.9	21.1	34.9
浙　江	37.6	25.1	37.0	35.9	22.8	41.0
安　徽	44.6	25.3	29.8	43.3	21.8	34.4
福　建	36.7	30.8	32.4	36.3	30.5	32.9
江　西	43.6	31.4	25.0	44.5	28.0	27.5
山　东	48.1	25.3	26.6	47.8	23.3	28.8
河　南	39.5	30.8	29.5	38.9	30.0	30.6
湖　北	36.9	33.5	29.3	38.6	29.7	30.8
湖　南	42.1	29.6	27.5	42.8	26.8	29.1
广　东	43.2	26.4	29.6	45.0	20.8	33.0
广　西	32.5	30.6	36.8	33.7	28.0	38.1
海　南	37.6	27.6	34.4	34.0	24.4	41.2
重　庆	37.8	30.5	31.5	38.7	27.4	33.3
四　川	35.5	29.5	34.7	35.9	25.5	37.7
贵　州	42.9	27.7	29.0	43.1	24.6	31.9
云　南	36.1	31.2	32.5	35.4	27.5	36.6
西　藏	45.1	32.4	22.5	45.1	29.6	25.4
陕　西	34.9	29.6	35.2	36.6	27.0	36.1
甘　肃	37.9	31.0	31.0	39.0	26.8	33.9
青　海	39.2	35.3	25.5	38.2	33.3	28.4
宁　夏	26.4	30.6	43.0	26.4	28.5	44.6
新　疆	35.1	26.9	37.8	38.3	23.3	37.8

作出不同影响程度判断的企业家占比(%)								
企业研发活动专用仪器设备加速折旧政策			技术转让、技术开发收入免征增值税和技术转让减免所得税优惠政策			科技开发用品免征进口税收政策		
有效果	不明显	无效果	有效果	不明显	无效果	有效果	不明显	无效果
35.3	22.8	41.4	36.0	20.5	43.3	32.5	21.4	45.9
31.8	23.6	44.0	33.0	22.2	44.2	29.4	22.3	47.6
44.2	24.4	31.1	45.4	21.2	33.0	34.0	22.3	43.1
53.1	22.0	24.8	60.0	15.6	24.2	43.7	18.7	37.4
40.5	24.8	34.3	38.8	23.1	37.5	29.7	23.4	46.2
47.7	24.7	27.4	52.4	20.0	27.4	38.7	21.8	39.2
36.4	26.0	37.1	36.6	24.1	38.9	31.7	24.7	42.9
42.3	25.0	32.7	38.5	25.0	36.5	25.0	28.8	44.2
44.2	27.6	28.1	42.7	20.6	36.7	32.7	24.1	43.2
35.1	25.8	38.6	35.6	24.6	39.3	31.8	24.6	42.9
36.1	24.9	38.5	37.9	22.7	39.0	31.7	23.0	44.7
37.7	27.7	34.0	38.1	26.6	34.5	34.1	26.6	38.6
32.9	26.7	39.8	33.8	25.1	40.5	29.7	25.1	44.6
41.7	19.5	37.5	43.0	18.1	37.6	38.5	17.8	42.1
33.8	22.0	44.2	40.3	16.4	43.2	23.9	18.0	58.0
30.8	28.0	39.5	31.9	26.6	39.6	29.1	26.1	42.9
32.4	25.9	41.2	32.3	24.4	42.9	28.9	24.8	45.8
29.5	25.6	44.9	27.3	27.0	45.7	24.4	26.7	48.9
29.9	25.8	44.4	32.3	22.4	45.3	30.0	23.2	46.7
39.0	19.9	39.1	41.1	17.0	39.7	36.1	16.6	44.9
49.8	16.5	32.7	50.2	17.5	31.6	45.6	17.4	35.5
33.9	23.7	42.3	34.9	21.7	43.4	31.6	21.0	47.4
32.1	20.3	47.6	35.5	16.9	47.5	26.6	17.5	55.9
40.5	22.7	36.7	41.3	21.5	37.1	37.7	21.4	40.7
31.6	24.9	43.0	31.9	23.6	44.0	27.3	23.9	48.3
40.6	22.7	36.1	41.1	20.7	37.6	36.3	21.0	42.1
33.3	31.2	34.9	34.5	30.4	34.8	31.2	30.4	37.8
42.1	27.9	30.1	41.7	27.1	31.2	39.2	26.7	34.1
45.6	24.1	30.3	46.3	23.3	30.3	42.9	23.8	33.3
36.7	29.5	33.3	38.0	28.7	32.7	34.3	28.5	36.8
34.8	30.8	33.3	35.3	29.5	33.9	31.0	29.9	37.8
39.6	28.0	31.3	39.4	27.0	32.3	35.1	26.4	37.0
34.6	26.7	37.3	36.3	23.2	39.1	28.8	23.3	46.4
30.6	26.7	42.4	30.9	25.4	43.5	26.9	26.7	46.3
32.0	23.6	43.6	33.6	22.4	43.2	23.6	24.4	50.8
35.1	27.5	36.9	35.5	26.8	37.0	32.8	26.7	39.7
31.3	27.0	40.9	33.0	24.5	41.7	27.5	24.6	47.0
40.0	24.8	34.6	40.3	24.2	34.8	36.5	24.7	37.9
33.2	27.5	38.9	32.8	26.0	40.7	29.3	25.2	45.0
35.2	29.6	32.4	42.3	25.4	31.0	39.4	25.4	33.8
31.4	27.5	40.6	33.2	25.4	41.0	28.0	25.3	46.3
33.8	25.4	40.5	34.4	24.9	40.6	31.7	23.2	44.8
36.8	30.9	32.4	35.8	31.4	32.8	32.8	28.9	38.2
24.8	27.3	47.5	24.8	24.4	50.8	22.3	24.0	52.9
32.4	23.7	43.0	32.3	23.1	43.5	27.8	22.6	48.5

15-4 续表 2

项　　目	在开展创新活动企业中，对下列政策效果					
	鼓励企业吸引和培养人才的相关政策			金融支持相关政策		
	有效果	不明显	无效果	有效果	不明显	无效果
总　计	**49.5**	**26.0**	**24.0**	**45.2**	**26.0**	**28.3**
一、按规模分						
大型企业	56.2	23.1	20.3	46.3	23.9	29.4
中型企业	48.4	26.3	24.9	43.7	25.8	29.9
小型企业	49.5	26.3	23.7	45.5	26.3	27.7
微型企业	49.2	25.5	24.7	47.0	25.9	26.6
二、按登记注册类型分						
内资企业	49.8	26.1	23.6	45.8	26.0	27.6
国有企业	49.2	26.4	24.0	41.7	26.5	31.3
集体企业	46.6	26.8	26.3	43.2	26.3	29.9
股份合作企业	39.4	31.8	28.0	40.2	27.3	30.3
联营企业	41.3	37.0	21.7	32.6	37.0	30.4
#国有联营企业	42.9	42.9	14.3	28.6	28.6	42.9
有限责任公司	49.9	25.7	23.8	44.8	25.5	29.2
#国有独资公司	51.2	26.6	21.8	46.0	24.3	29.2
股份有限公司	56.2	24.8	18.7	51.9	24.6	23.1
私营企业	49.0	26.5	24.1	46.0	26.6	26.9
其他企业	60.8	24.0	14.6	58.9	25.5	15.2
港、澳、台商投资企业	44.1	25.3	30.1	34.7	25.4	39.2
合资经营企业	45.3	26.1	28.1	38.8	25.3	35.5
合作经营企业	48.9	23.4	27.7	40.4	31.9	25.5
港、澳、台商独资经营企业	42.9	24.5	31.9	32.7	24.8	41.7
港、澳、台商投资股份有限公司	46.2	28.3	24.5	34.0	27.4	37.7
其他港、澳、台投资企业	54.5	34.1	11.4	38.6	36.4	25.0
外商投资企业	44.6	24.9	30.2	34.0	24.1	41.4
中外合资经营企业	45.0	26.6	28.1	39.6	25.1	34.9
中外合作经营企业	39.5	23.7	34.2	36.8	23.7	36.8
外资企业	43.6	24.7	31.3	31.0	23.9	44.6
外商投资股份有限公司	56.5	18.8	24.6	42.0	24.6	33.3
其他外商投资企业	56.1	19.3	24.6	43.9	19.3	36.8
三、按行业分						
批发和零售业	47.3	26.9	25.2	45.0	26.5	27.9
批发业	45.8	27.2	26.5	43.9	26.7	28.7
零售业	48.5	26.7	24.3	45.8	26.3	27.3
交通运输、仓储和邮政业	46.9	26.5	26.2	43.5	26.2	29.7
铁路运输业	49.0	32.7	18.4	40.8	36.7	22.4
道路运输业	47.9	27.1	24.6	44.4	26.8	28.3
水上运输业	45.6	23.7	30.1	45.3	24.3	29.9
航空运输业	49.6	20.0	29.6	46.7	17.8	34.8
管道运输业	33.3	33.3	33.3	33.3	33.3	33.3
装卸搬运和运输代理业	42.2	26.2	31.1	38.3	25.7	35.2
仓储业	48.6	25.7	25.6	47.1	25.4	27.2
邮政业	48.4	26.6	24.1	41.1	26.8	31.9
信息传输、软件和信息技术服务业	58.6	23.8	17.3	48.6	24.8	26.4
电信、广播电视和卫星传输服务	56.7	24.8	18.0	43.6	27.0	28.9
互联网和相关服务	57.5	23.0	19.3	48.9	23.3	27.5
软件和信息技术服务业	59.0	23.8	17.0	49.2	24.6	25.9
租赁和商务服务业	47.5	25.1	26.9	43.0	24.4	32.1

作出不同影响程度判断的企业家占比(%)								
创造和保护知识产权的相关政策			优先发展产业的支持政策			关于推进大众创业万众创新的各项政策		
有效果	不明显	无效果	有效果	不明显	无效果	有效果	不明显	无效果
46.3	**23.3**	**29.9**	**44.8**	**24.8**	**29.9**	**44.1**	**26.1**	**29.3**
54.9	18.4	26.2	48.9	21.6	29.0	42.9	25.6	31.1
44.8	23.0	31.7	42.4	24.5	32.5	40.8	26.4	32.3
46.5	23.7	29.2	45.4	25.3	28.8	45.6	26.2	27.8
44.4	24.7	30.3	46.1	24.7	28.6	47.4	25.1	27.1
46.5	23.4	29.6	45.2	24.9	29.4	44.8	26.2	28.6
45.0	22.6	31.8	42.5	25.8	31.0	39.5	27.5	32.4
44.2	22.6	32.8	46.0	22.4	31.2	46.2	25.0	28.2
39.4	24.2	36.4	40.2	27.3	31.8	40.2	28.8	29.5
39.1	34.8	26.1	34.8	34.8	30.4	37.0	34.8	28.3
42.9	42.9	14.3	42.9	28.6	28.6	42.9	28.6	28.6
45.8	22.7	31.0	44.7	24.3	30.5	43.6	25.9	30.0
46.3	22.8	30.4	45.6	24.5	29.2	40.7	27.0	31.8
59.2	19.1	21.4	52.9	22.4	24.3	48.2	25.1	26.3
45.7	24.4	29.3	44.7	25.6	29.2	45.2	26.5	27.8
54.0	25.7	19.6	59.3	25.1	15.2	60.9	22.9	16.0
40.1	21.9	37.4	37.5	22.7	39.3	34.0	24.8	40.6
41.7	23.3	34.7	40.7	22.8	36.2	34.5	26.3	38.8
44.7	27.7	25.5	48.9	27.7	21.3	42.6	25.5	29.8
38.9	20.8	39.7	35.9	22.1	41.4	33.6	23.8	42.0
46.2	21.7	31.1	34.9	21.7	42.5	32.1	25.5	41.5
40.9	34.1	25.0	38.6	36.4	22.7	34.1	36.4	27.3
44.6	20.3	34.6	37.4	22.4	39.6	32.8	24.4	42.3
49.2	21.8	28.4	42.6	22.7	34.1	36.1	25.2	38.1
36.8	18.4	39.5	39.5	15.8	42.1	39.5	13.2	44.7
42.2	20.1	37.2	35.0	22.4	42.1	30.9	24.1	44.6
52.2	18.8	29.0	42.0	23.2	34.8	39.1	26.1	34.8
52.6	12.3	35.1	42.1	22.8	35.1	38.6	28.1	33.3
41.3	25.2	32.9	41.9	25.8	31.7	42.8	26.9	29.8
41.3	25.5	32.6	40.8	26.4	32.3	41.2	27.3	31.0
41.3	24.9	33.2	42.8	25.4	31.3	44.1	26.6	28.9
39.6	24.6	35.3	43.2	25.0	31.2	42.6	25.9	31.1
42.9	26.5	30.6	38.8	30.6	30.6	42.9	32.7	24.5
40.4	25.3	33.8	44.6	25.3	29.6	44.6	26.3	28.7
40.4	22.8	35.8	41.4	25.2	32.8	39.7	23.6	35.6
39.3	19.3	40.7	41.5	20.0	37.8	37.8	20.7	40.7
28.6	33.3	33.3	28.6	23.8	47.6	28.6	33.3	38.1
36.5	22.5	40.3	39.5	23.2	36.7	38.6	24.4	36.5
40.4	25.3	33.7	44.3	26.4	28.9	41.7	26.9	31.1
37.8	25.2	36.2	42.2	25.7	31.4	41.1	27.3	31.2
69.3	16.3	14.2	56.9	22.0	20.7	51.4	24.3	24.0
54.5	22.2	22.7	51.7	23.6	24.1	50.1	24.9	24.6
63.1	19.1	17.7	54.6	22.1	22.9	53.0	23.7	23.2
71.9	15.2	12.7	57.9	21.8	20.0	51.4	24.3	24.1
43.1	22.4	34.0	42.8	23.0	33.7	42.7	24.2	32.6

15-4 续表 3

项　　目	在开展创新活动企业中，对下列政策效果					
	鼓励企业吸引和培养人才的相关政策			金融支持相关政策		
	有效果	不明显	无效果	有效果	不明显	无效果
租赁业	48.7	24.7	26.4	49.2	23.5	27.1
商务服务业	47.4	25.1	27.0	42.7	24.4	32.4
科学研究和技术服务业	55.9	23.8	19.9	45.0	25.8	28.8
研究和试验发展	65.6	18.5	15.7	49.9	24.7	25.1
专业技术服务业	52.1	25.6	21.8	40.8	26.8	31.9
科技推广和应用服务业	59.3	22.7	17.8	52.0	24.1	23.5
水利、环境和公共设施管理业	53.2	26.3	20.2	49.8	25.2	24.7
水利管理业	61.5	21.2	17.3	48.1	21.2	30.8
生态保护和环境治理业	55.3	24.6	20.1	50.8	25.6	23.6
公共设施管理业	52.6	26.7	20.3	49.7	25.3	24.6
四、按地区分						
东部地区	49.1	25.0	25.5	44.3	25.2	30.1
中部地区	51.7	27.6	20.1	48.4	27.5	23.5
西部地区	47.8	29.2	22.6	44.2	28.3	27.1
东北地区	54.1	20.1	24.8	49.8	21.0	28.2
北　京	45.3	22.7	32.0	35.2	23.2	41.6
天　津	45.0	24.0	29.6	40.7	24.7	33.0
河　北	49.7	25.8	24.3	42.7	27.6	29.2
山　西	42.6	31.1	26.2	37.6	31.6	30.8
内蒙古	47.4	27.2	25.4	40.8	27.8	31.5
辽　宁	51.5	19.5	27.4	46.0	19.7	32.5
吉　林	61.5	18.7	18.9	57.4	21.2	20.8
黑龙江	47.1	23.7	29.2	45.3	23.2	31.6
上　海	44.3	24.0	31.6	37.0	22.9	40.1
江　苏	52.1	22.7	25.0	49.9	23.2	26.7
浙　江	44.7	28.1	26.8	41.4	26.9	31.2
安　徽	52.3	23.8	23.5	49.4	24.5	25.5
福　建	46.7	29.2	23.7	43.6	29.7	26.2
江　西	55.2	27.8	17.0	56.0	24.7	19.3
山　东	61.3	21.0	17.7	57.5	22.1	20.4
河　南	54.1	26.5	19.0	48.8	27.7	23.1
湖　北	46.7	32.4	19.7	43.9	30.9	24.2
湖　南	53.7	27.8	17.4	51.1	27.2	20.7
广　东	46.0	28.4	24.5	40.5	28.0	30.3
广　西	43.7	33.6	22.5	41.4	31.6	26.9
海　南	49.2	26.4	24.0	38.0	25.6	35.6
重　庆	49.6	28.3	21.8	46.6	28.0	24.7
四　川	45.4	28.9	25.0	42.0	28.1	29.1
贵　州	53.7	26.1	19.8	50.8	25.5	23.3
云　南	48.8	29.1	21.7	44.2	29.5	25.8
西　藏	60.6	28.2	11.3	59.2	16.9	23.9
陕　西	48.0	30.3	21.4	42.9	29.7	27.2
甘　肃	51.5	27.4	20.7	48.2	25.6	26.0
青　海	52.0	32.8	15.2	45.6	32.4	22.1
宁　夏	40.5	35.5	24.0	38.4	29.8	31.4
新　疆	46.1	27.7	25.6	43.5	24.5	31.3

作出不同影响程度判断的企业家占比(%)								
创造和保护知识产权的相关政策			优先发展产业的支持政策			关于推进大众创业万众创新的各项政策		
有效果	不明显	无效果	有效果	不明显	无效果	有效果	不明显	无效果
43.8	23.1	32.9	46.1	22.1	31.5	46.1	24.7	29.2
43.1	22.3	34.1	42.6	23.0	33.8	42.5	24.2	32.8
58.4	20.0	21.2	49.9	23.8	25.8	46.1	25.7	27.9
71.6	14.2	14.1	59.9	19.4	20.4	51.0	23.8	24.8
53.2	21.7	24.6	44.5	25.8	29.1	42.1	27.0	30.5
62.9	19.4	17.3	56.7	21.8	21.2	52.5	23.7	23.7
48.0	23.2	28.3	51.1	23.9	24.7	45.9	27.0	26.9
57.7	9.6	32.7	50.0	19.2	30.8	44.2	21.2	34.6
53.8	24.1	22.1	51.3	25.1	23.6	43.2	28.1	28.6
46.8	23.6	29.1	51.1	23.9	24.7	46.3	27.1	26.4
47.4	22.2	30.0	44.0	24.1	31.3	42.9	25.5	31.2
46.1	26.0	27.3	47.3	26.5	25.7	48.8	27.1	23.7
41.8	25.5	32.1	44.0	26.4	29.1	42.9	28.7	28.1
48.5	17.8	32.6	48.8	19.4	30.8	48.7	19.7	30.5
51.3	16.4	32.2	37.9	22.0	40.0	34.5	23.2	42.4
40.8	23.2	34.3	39.5	23.8	35.0	38.8	24.5	35.1
39.9	26.5	33.3	42.0	26.6	31.1	42.8	27.6	29.4
34.6	28.4	36.9	35.4	28.3	36.3	36.1	31.3	32.6
38.2	23.2	38.5	41.6	24.4	34.0	40.2	26.4	33.3
46.0	16.4	35.7	45.7	17.8	34.8	43.7	19.1	35.0
55.7	18.1	25.3	56.2	19.6	23.5	58.3	19.2	22.1
41.6	20.1	38.3	42.9	22.3	34.9	43.1	21.7	35.2
45.3	18.5	36.1	37.9	21.1	40.9	33.4	24.2	42.3
48.9	20.9	30.1	48.0	22.0	29.8	48.1	22.8	29.0
42.8	24.9	31.8	41.0	26.5	32.2	40.3	28.2	31.1
47.3	21.3	30.8	47.7	23.0	28.8	48.9	23.6	27.0
43.9	28.5	27.3	43.6	28.7	27.4	42.5	29.9	27.4
49.5	27.2	23.3	53.1	25.5	21.4	54.2	25.6	20.1
54.2	21.4	24.3	56.0	21.7	22.2	57.8	21.8	20.3
47.1	26.4	26.0	48.3	26.8	24.6	51.3	27.0	21.6
42.7	29.2	27.0	43.1	30.1	25.7	45.1	29.9	24.3
49.2	26.1	23.8	50.7	26.3	22.1	50.1	28.0	21.3
48.0	22.6	28.2	41.2	26.2	31.1	38.1	28.7	31.9
37.5	26.6	35.6	42.0	27.0	30.9	38.2	31.4	30.3
42.4	24.0	33.2	38.8	27.6	33.2	40.0	29.2	30.4
43.9	26.5	29.2	45.5	27.7	26.2	45.9	28.8	24.9
42.7	24.7	31.8	42.5	26.4	30.4	41.8	28.1	29.6
48.6	24.1	26.5	51.8	21.9	26.0	49.9	25.1	24.7
42.1	26.5	31.0	44.6	27.5	27.5	43.7	29.5	26.4
52.1	22.5	23.9	47.9	33.8	16.9	47.9	32.4	18.3
40.0	25.9	33.8	43.7	26.8	29.2	42.6	29.9	27.4
42.9	25.1	31.5	44.0	26.8	29.0	45.4	26.0	28.4
42.2	34.8	23.0	45.1	32.4	22.5	38.7	37.7	23.5
31.8	28.1	40.1	36.0	30.2	33.5	36.4	31.4	32.2
38.2	23.5	37.4	41.2	24.4	33.7	38.2	28.1	33.2

15-5 规模(限额)以上企业有关

项目	在认为下列政策效果不明显的企业家中，					
	企业研发费用加计扣除税收优惠政策					
	不知道此政策	不具备享受该政策的资格	吸引力不足	办理手续繁琐	政府部门政策执行力度不够	其他原因
总 计	**11.2**	**64.8**	**9.4**	**8.6**	**2.8**	**3.3**
一、按规模分						
大型企业	9.3	58.5	10.5	11.6	3.6	6.6
中型企业	10.2	65.4	8.8	8.5	2.9	4.1
小型企业	11.5	64.8	9.5	8.7	2.7	2.8
微型企业	13.4	67.1	9.5	4.7	2.5	2.8
二、按登记注册类型分						
内资企业	11.6	64.6	9.6	8.4	2.9	3.0
国有企业	12.2	62.7	10.0	6.2	3.9	5.1
集体企业	12.6	62.5	12.1	6.5	3.8	2.6
股份合作企业	9.0	69.9	10.0	6.7	3.0	1.3
联营企业	15.4	65.4	15.4	3.8		
#国有联营企业	42.9	28.6		28.6		
有限责任公司	11.3	64.4	9.2	8.2	3.0	3.9
#国有独资公司	10.5	64.6	9.2	5.7	3.8	6.2
股份有限公司	11.3	56.5	11.3	11.2	4.7	5.0
私营企业	11.7	65.3	9.7	8.4	2.6	2.4
其他企业	15.7	63.4	11.5	4.4	3.8	1.2
港、澳、台商投资企业	8.6	65.2	8.0	10.9	2.3	5.0
合资经营企业	8.9	64.4	9.5	10.2	2.5	4.6
合作经营企业	6.8	65.0	12.8	11.1		4.3
港、澳、台商独资经营企业	8.4	66.0	7.3	11.3	2.0	5.0
港、澳、台商投资股份有限公司	14.4	54.0	3.6	12.2	5.8	10.1
其他港、澳、台投资企业	1.6	67.2	9.8	4.9	8.2	8.2
外商投资企业	7.3	67.8	7.2	10.2	1.6	5.9
中外合资经营企业	7.7	64.8	8.3	11.6	2.3	5.3
中外合作经营企业	8.1	72.6	5.6	10.5	0.8	2.4
外资企业	7.1	69.3	6.7	9.5	1.2	6.2
外商投资股份有限公司	9.4	64.8	6.3	10.2	1.6	7.8
其他外商投资企业	8.6	64.8	5.7	9.5	2.9	8.6
三、按行业分						
采矿业	11.1	64.8	10.1	7.7	4.1	2.2
制造业	10.5	62.1	10.7	11.2	2.9	2.8
电力、热力、燃气及水生产和供应业	11.9	65.3	8.6	4.9	3.1	6.3
建筑业	15.3	59.2	10.1	7.7	4.8	2.9
批发和零售业	11.9	71.6	7.6	3.8	2.2	2.9
交通运输、仓储和邮政业	12.5	69.8	7.2	3.3	2.6	4.6
信息传输、软件和信息技术服务业	9.5	52.3	8.7	17.9	3.1	8.4
租赁和商务服务业	11.1	71.4	5.6	4.3	2.1	5.6
科学研究和技术服务业	11.4	63.1	7.5	10.1	2.4	5.6
水利、环境和公共设施管理业	13.2	66.8	8.2	5.3	2.8	3.7

政策效果不明显的主要原因

对主要原因作出不同判断的企业家占比(%)											
高新技术企业所得税减免政策						企业研发活动专用仪器设备加速折旧政策					
不知道此政策	不具备享受该政策的资格	吸引力不足	办理手续繁琐	政府部门政策执行力度不够	其他原因	不知道此政策	不具备享受该政策的资格	吸引力不足	办理手续繁琐	政府部门政策执行力度不够	其他原因
8.5	**75.4**	**6.1**	**4.8**	**1.8**	**3.3**	**13.0**	**64.2**	**11.7**	**5.9**	**1.4**	**3.8**
6.4	75.2	5.3	4.8	1.7	6.7	14.0	54.8	14.6	7.6	1.5	7.4
7.9	76.4	5.2	4.6	1.9	4.0	12.4	63.9	11.4	6.1	1.5	4.7
8.7	75.2	6.4	5.0	1.8	2.9	13.1	64.7	11.8	5.9	1.3	3.2
11.4	74.1	6.8	3.6	1.6	2.5	14.4	69.5	8.9	3.1	1.4	2.8
8.9	75.0	6.3	4.8	1.9	3.1	13.4	64.5	11.6	5.7	1.4	3.5
9.4	73.6	6.2	3.7	2.1	5.1	14.4	64.4	10.0	3.9	1.7	5.5
10.1	70.1	10.7	3.3	2.8	3.1	12.1	66.0	12.9	4.0	2.0	3.1
8.0	76.8	6.1	4.8	1.3	2.9	12.9	65.9	11.6	5.1	2.3	2.3
9.8	74.5	11.8	2.0	2.0		14.0	70.0	12.0	4.0		
16.7	66.7	16.7				22.2	33.3	22.2	22.2		
8.7	75.0	5.9	4.4	2.0	3.9	13.8	64.1	11.0	5.4	1.5	4.2
7.6	76.3	4.8	3.0	1.7	6.5	14.8	64.6	8.8	3.6	1.9	6.3
8.4	70.7	6.6	5.4	2.8	6.1	14.7	51.7	16.1	8.6	1.9	6.9
9.0	75.4	6.4	5.0	1.8	2.4	13.0	65.7	11.6	5.7	1.4	2.7
12.2	74.5	6.3	3.3	2.8	1.0	18.8	65.7	10.2	2.6	1.8	1.0
6.5	77.1	4.6	5.5	1.2	5.1	10.7	61.2	12.8	8.4	1.1	5.9
6.4	77.7	5.0	5.0	1.5	4.5	11.0	60.0	13.5	8.3	1.5	5.8
5.7	78.0	6.5	3.3	0.8	5.7	12.4	61.3	10.9	10.2	0.7	4.4
6.6	76.9	4.4	5.8	1.0	5.3	10.4	62.3	12.4	8.3	0.9	5.7
10.1	71.0	2.9	5.1	2.2	8.7	15.5	49.5	14.0	9.0	2.0	10.0
4.4	80.9	2.9	2.9	2.9	5.9	6.4	62.8	12.8	9.0	1.3	7.7
5.1	79.7	3.9	4.9	0.9	5.4	9.8	63.7	12.3	6.9	0.9	6.5
5.1	77.5	4.9	5.7	1.3	5.5	10.9	60.5	13.7	7.1	1.3	6.4
7.5	80.6	0.7	6.0	0.7	4.5	13.0	69.9	5.5	6.2	0.7	4.8
5.0	80.9	3.5	4.6	0.8	5.3	9.0	65.5	11.7	6.7	0.6	6.5
7.1	75.2	4.3	2.8	1.4	9.2	13.3	52.7	15.2	7.3	2.4	9.1
7.5	76.4	4.7	4.7		6.6	11.2	65.5	9.5	6.0	0.9	6.9
7.9	77.0	6.4	4.7	2.5	1.6	13.1	69.9	8.7	4.0	2.5	1.7
7.7	74.4	6.8	6.2	1.9	3.1	13.3	59.8	14.2	7.8	1.5	3.4
9.3	76.8	5.2	2.5	1.4	4.8	15.1	67.0	8.9	2.4	1.6	5.1
13.0	69.9	6.3	5.0	3.3	2.6	18.6	62.0	9.8	4.3	2.5	2.9
9.6	78.6	5.2	2.5	1.5	2.6	11.6	74.9	7.1	2.4	1.0	3.0
10.1	77.1	4.9	2.3	1.6	4.1	11.8	74.5	5.9	2.1	1.3	4.4
6.1	68.1	5.5	6.9	2.2	11.1	13.5	49.6	17.1	8.8	1.1	9.9
8.5	78.6	3.8	2.6	1.1	5.4	11.3	73.7	6.1	2.4	0.9	5.7
8.0	74.6	5.1	4.8	1.8	5.7	14.2	58.4	12.6	6.7	1.2	6.8
8.3	77.7	5.7	2.2	2.0	4.1	11.1	70.6	8.4	3.5	1.6	4.8

15-5 续表 1

项目	在认为下列政策效果不明显的企业家中，企业研发费用加计扣除税收优惠政策					
	不知道此政策	不具备享受该政策的资格	吸引力不足	办理手续繁琐	政府部门政策执行力度不够	其他原因
四、按地区分						
东部地区	10.2	66.6	8.8	8.8	2.1	3.4
中部地区	12.0	62.8	11.4	7.9	3.3	2.6
西部地区	13.3	61.7	8.7	8.6	4.3	3.4
东北地区	15.0	58.8	11.4	7.8	3.3	3.8
北京	8.2	61.1	7.4	13.3	1.8	8.2
天津	11.9	66.0	9.5	7.5	1.3	3.8
河北	14.1	65.6	9.3	6.6	2.2	2.2
山西	12.2	65.0	9.1	6.2	3.3	4.3
内蒙古	18.0	60.0	8.3	5.7	4.0	4.0
辽宁	14.2	58.6	10.6	9.0	2.7	5.0
吉林	15.0	59.5	13.0	6.5	3.6	2.3
黑龙江	16.3	58.2	10.6	7.3	4.0	3.6
上海	10.2	67.5	7.2	7.7	1.6	5.7
江苏	10.9	66.6	10.1	7.5	2.0	2.9
浙江	6.0	74.4	7.2	7.2	2.3	2.9
安徽	12.4	60.1	11.6	8.9	3.2	3.6
福建	9.6	70.6	7.9	7.6	2.4	2.0
江西	11.8	59.1	14.2	8.7	3.6	2.6
山东	9.9	72.2	9.4	4.9	1.7	1.8
河南	11.5	66.6	11.1	6.5	2.8	1.5
湖北	11.8	62.6	11.2	8.4	3.2	2.6
湖南	12.3	62.3	10.5	8.3	4.3	2.3
广东	13.3	52.4	9.5	16.9	2.8	5.2
广西	14.3	59.4	9.9	8.3	5.0	3.1
海南	11.0	64.6	6.5	9.4	4.1	4.5
重庆	11.6	63.5	7.4	10.8	3.1	3.7
四川	11.3	64.3	8.7	8.7	3.8	3.1
贵州	17.5	55.4	10.1	9.2	4.8	3.0
云南	14.0	61.6	6.8	8.8	4.7	4.0
西藏	20.3	52.2	7.2	4.3	11.6	4.3
陕西	13.9	60.8	9.1	8.8	4.6	2.8
甘肃	13.0	60.0	11.2	7.3	5.6	2.9
青海	10.2	60.9	10.5	6.6	7.8	3.9
宁夏	13.9	59.0	8.0	8.2	5.8	5.0
新疆	11.4	65.9	7.8	6.2	4.6	4.2

对主要原因作出不同判断的企业家占比(%)											
高新技术企业所得税减免政策						企业研发活动专用仪器设备加速折旧政策					
不知道此政策	不具备享受该政策的资格	吸引力不足	办理手续繁琐	政府部门政策执行力度不够	其他原因	不知道此政策	不具备享受该政策的资格	吸引力不足	办理手续繁琐	政府部门政策执行力度不够	其他原因
7.7	77.0	5.7	4.8	1.4	3.4	12.1	64.7	11.9	6.1	1.1	4.1
9.1	73.5	7.7	5.0	2.2	2.5	13.5	63.5	12.6	5.7	1.8	2.8
10.2	73.0	5.3	5.0	2.7	3.9	16.0	64.2	9.3	5.2	1.9	3.5
12.2	69.2	8.1	4.8	2.2	3.5	15.8	59.8	12.9	5.4	1.7	4.5
5.2	76.4	3.7	4.7	1.1	8.9	10.2	57.6	13.9	7.5	1.0	9.8
8.3	75.6	7.4	4.1	0.9	3.8	13.8	66.4	10.8	4.3	0.5	4.1
10.0	76.3	6.6	3.3	1.7	2.0	15.0	65.8	11.3	4.4	1.3	2.2
10.7	74.7	5.7	3.3	2.1	3.5	15.2	67.0	8.9	3.2	1.9	4.0
13.1	71.7	5.0	3.8	1.8	4.7	19.2	64.6	8.4	2.8	1.6	3.3
11.3	69.1	7.2	5.5	2.2	4.7	14.6	58.1	13.4	6.6	1.3	6.2
12.1	68.9	10.3	4.2	1.8	2.7	15.4	62.2	14.4	3.4	1.8	2.8
13.9	69.9	6.6	4.6	2.6	2.3	18.6	60.0	10.2	5.7	2.2	3.4
8.0	77.1	4.2	4.3	1.0	5.3	11.3	63.1	12.0	6.1	0.9	6.5
9.0	74.1	7.1	5.1	1.3	3.4	12.5	64.3	12.5	6.2	1.1	3.4
4.4	84.5	3.5	3.7	1.2	2.6	6.5	72.8	10.8	5.1	1.2	3.7
9.9	71.2	8.0	5.0	2.2	3.8	14.1	60.0	13.7	6.7	1.5	4.0
7.5	79.1	5.5	4.6	1.7	1.6	11.8	70.0	9.6	5.3	1.2	2.1
8.3	72.2	8.1	5.9	2.7	2.8	12.9	60.3	14.8	6.9	2.3	2.8
7.6	80.0	6.6	2.7	1.3	1.8	11.4	71.9	10.4	3.4	0.9	2.0
8.7	75.4	8.5	4.4	1.7	1.4	13.0	67.2	11.9	4.8	1.6	1.5
8.9	73.4	7.3	5.6	2.3	2.5	13.0	63.7	12.6	6.0	1.6	3.1
8.9	73.8	6.9	5.3	2.9	2.1	13.8	63.3	12.3	5.7	2.1	2.7
10.0	68.0	5.7	8.7	2.1	5.5	18.0	50.1	14.6	10.2	1.5	5.7
11.8	70.9	5.8	5.0	3.1	3.5	16.3	62.4	10.4	5.4	2.1	3.2
10.4	74.0	2.8	4.4	2.8	5.6	12.0	62.2	9.3	7.2	3.4	5.8
9.6	73.0	4.9	6.5	1.8	4.3	14.9	64.6	9.8	6.4	0.9	3.3
8.7	75.2	5.2	4.7	2.5	3.7	13.9	66.2	9.4	5.6	1.6	3.2
14.1	68.2	6.7	5.4	2.9	2.8	20.1	58.7	9.7	5.5	2.8	3.3
9.5	73.3	3.8	4.9	3.0	5.5	16.8	64.0	7.0	5.8	1.8	4.5
20.5	61.6	2.7	5.5	4.1	5.5	20.3	59.5	6.3	3.8	1.3	8.9
10.3	73.6	5.3	4.9	2.6	3.2	17.3	63.1	9.4	4.7	2.3	3.2
10.1	70.5	7.9	4.3	4.2	2.9	17.1	63.4	11.6	3.2	2.4	2.3
9.7	71.7	6.6	5.8	2.7	3.5	17.6	62.9	9.9	4.4	0.7	4.4
9.8	74.0	3.9	4.5	3.1	4.7	14.9	63.2	10.6	6.0	2.2	3.0
9.3	74.5	4.8	3.4	3.7	4.2	12.6	67.7	7.7	3.3	3.3	5.4

15-5 续表 2

项 目	在认为下列政策效果不明显的企业家中，技术转让、技术开发收入免征增值税和技术转让减免所得税优惠政策					
	不知道此政策	不具备享受该政策的资格	吸引力不足	办理手续繁琐	政府部门政策执行力度不够	其他原因
总 计	**11.7**	**72.4**	**6.8**	**3.8**	**1.2**	**4.2**
一、按规模分						
大型企业	10.0	67.9	7.4	4.5	1.4	8.7
中型企业	10.7	73.1	6.1	3.6	1.4	5.1
小型企业	12.0	72.5	6.9	3.9	1.1	3.6
微型企业	13.9	72.3	7.3	2.8	1.1	2.7
二、按登记注册类型分						
内资企业	12.0	72.3	6.9	3.8	1.3	3.8
国有企业	11.7	70.9	7.5	3.1	1.4	5.4
集体企业	10.4	72.2	10.2	3.0	1.7	2.7
股份合作企业	10.4	74.7	8.9	3.3	1.2	1.5
联营企业	13.5	71.2	9.6	3.8		1.9
#国有联营企业	22.2	22.2	22.2	22.2		11.1
有限责任公司	11.7	72.3	6.5	3.7	1.3	4.5
#国有独资公司	11.1	72.3	5.9	2.3	1.5	6.8
股份有限公司	11.2	67.3	7.2	4.5	1.8	8.0
私营企业	12.2	72.7	7.0	3.9	1.2	3.1
其他企业	13.3	70.7	9.9	3.3	2.0	0.8
港、澳、台商投资企业	10.4	72.5	5.9	4.0	0.9	6.4
合资经营企业	10.1	73.0	5.9	4.1	1.2	5.8
合作经营企业	8.8	72.3	11.3	1.3	1.9	4.4
港、澳、台商独资经营企业	10.6	72.3	5.8	4.1	0.7	6.5
港、澳、台商投资股份有限公司	10.0	69.0	4.3	3.8	1.4	11.4
其他港、澳、台投资企业	7.9	75.0	6.6	1.3	1.3	7.9
外商投资企业	9.3	74.0	5.6	3.5	0.8	6.8
中外合资经营企业	9.4	72.6	6.0	3.8	1.1	7.2
中外合作经营企业	9.9	75.8	4.3	3.7	0.6	5.6
外资企业	9.3	74.8	5.5	3.3	0.6	6.5
外商投资股份有限公司	10.0	66.9	6.3	4.4	0.6	11.9
其他外商投资企业	10.6	75.2	2.7	2.7	1.8	7.1
三、按行业分						
采矿业	10.2	74.4	7.3	4.0	2.0	2.0
制造业	11.9	70.4	7.6	4.6	1.2	4.3
电力、热力、燃气及水生产和供应业	11.5	73.5	5.7	2.1	1.5	5.8
建筑业	16.1	67.7	7.2	3.8	2.2	3.2
批发和零售业	10.8	77.9	5.3	2.1	1.0	2.9
交通运输、仓储和邮政业	10.8	76.8	5.2	1.8	1.1	4.2
信息传输、软件和信息技术服务业	11.1	66.6	5.9	5.9	1.3	9.2
租赁和商务服务业	10.3	77.5	4.1	2.0	0.8	5.3
科学研究和技术服务业	12.3	70.8	5.4	4.5	1.0	6.0
水利、环境和公共设施管理业	10.7	74.9	5.8	2.6	1.1	5.0

对主要原因作出不同判断的企业家占比(%)											
科技开发用品免征进口税收政策						鼓励企业吸引和培养人才的相关政策					
不知道此政策	不具备享受该政策的资格	吸引力不足	办理手续繁琐	政府部门政策执行力度不够	其他原因	不知道此政策	不具备享受该政策的资格	吸引力不足	办理手续繁琐	政府部门政策执行力度不够	其他原因
11.8	**74.7**	**5.3**	**2.6**	**0.9**	**4.7**	**18.4**	**48.7**	**24.8**	**3.4**	**3.2**	**1.5**
11.1	70.8	5.5	2.9	1.0	8.7	18.1	39.4	31.3	4.1	4.4	2.8
11.2	74.9	4.8	2.5	1.0	5.7	18.9	46.8	25.2	3.5	3.8	1.8
11.9	74.9	5.5	2.7	0.9	4.1	18.4	49.6	24.5	3.3	3.0	1.3
13.2	74.8	5.8	2.1	0.8	3.3	17.8	54.3	21.5	2.4	2.2	1.8
11.7	74.9	5.4	2.6	0.9	4.5	18.2	48.9	25.1	3.3	3.2	1.4
12.3	72.7	5.7	1.8	1.0	6.5	16.3	48.8	28.1	2.0	2.9	1.9
13.1	71.8	8.8	2.4	1.2	2.7	15.1	53.1	26.2	2.4	1.5	1.7
11.7	78.2	5.5	2.2	0.8	1.6	16.4	55.4	21.0	3.0	3.6	0.7
12.7	72.7	9.1	1.8	1.8	1.8	26.7	44.4	20.0	4.4	4.4	
20.0	40.0	10.0	10.0	10.0	10.0	28.6	28.6	28.6	14.3		
11.4	75.1	4.9	2.3	1.0	5.2	18.7	47.5	25.6	3.1	3.5	1.6
11.2	73.8	4.1	1.5	1.1	8.3	15.9	45.9	28.4	2.3	4.3	3.3
12.0	70.6	5.0	2.6	1.0	8.8	19.7	39.4	30.5	3.7	4.6	2.1
11.9	75.3	5.6	2.7	0.9	3.7	17.9	50.2	24.2	3.4	3.0	1.2
14.0	73.9	7.4	2.5	1.1	1.1	13.0	53.7	26.6	2.4	3.7	0.6
12.0	72.5	4.9	3.1	0.9	6.5	19.7	46.3	24.4	4.0	3.5	2.1
10.9	73.7	4.9	3.0	1.1	6.4	18.5	45.4	26.0	3.8	3.9	2.4
15.1	70.5	6.0	1.8		6.6	21.6	48.8	21.6	4.8	2.4	0.8
12.7	72.1	4.9	3.2	0.8	6.3	20.3	46.7	23.8	4.0	3.3	1.9
11.2	68.2	5.6	3.9	0.9	10.3	19.6	41.8	25.9	3.2	5.7	3.8
8.3	72.6	3.6	2.4	3.6	9.5	20.4	51.9	14.8	5.6	3.7	3.7
11.9	73.1	5.0	3.0	0.6	6.3	20.3	48.6	21.9	4.0	2.5	2.6
12.2	72.5	5.4	2.7	0.9	6.4	20.5	46.5	24.3	3.4	3.0	2.4
16.0	73.0	3.1	3.1	0.6	4.3	23.4	50.8	20.3	3.9	0.8	0.8
11.5	73.7	4.9	3.2	0.4	6.2	20.3	49.6	20.6	4.4	2.4	2.7
15.5	64.2	5.9	2.7	1.6	10.2	16.7	51.5	22.7	3.0	2.3	3.8
13.3	74.3	2.7	2.7	0.9	6.2	22.5	45.0	25.0	2.5	1.3	3.8
10.3	78.0	4.9	2.8	1.0	3.0	13.9	48.1	30.9	2.8	3.5	0.7
12.2	72.9	6.0	3.2	1.0	4.8	18.1	46.8	26.5	3.7	3.5	1.4
11.1	76.7	4.3	1.3	0.7	5.9	16.5	54.0	22.9	1.4	2.7	2.5
15.4	71.3	5.4	2.5	1.4	4.1	19.4	44.7	26.1	4.4	4.2	1.5
10.6	79.4	4.7	1.6	0.8	3.0	18.0	54.6	21.6	2.4	2.2	1.3
10.1	79.1	4.4	1.5	0.8	4.1	16.6	54.6	21.8	2.0	2.2	2.6
11.0	72.7	3.0	1.9	0.6	10.9	26.0	37.9	24.3	5.1	4.6	2.1
9.8	79.0	3.2	1.6	0.7	5.7	18.9	53.9	19.1	2.7	2.8	2.6
12.6	73.2	3.9	2.3	0.7	7.3	22.9	45.3	22.5	3.9	3.2	2.2
10.3	76.1	5.1	1.8	1.0	5.6	15.5	50.0	26.1	2.8	3.9	1.7

15-5 续表 3

项　目	在认为下列政策效果不明显的企业家中，技术转让、技术开发收入免征增值税和技术转让减免所得税优惠政策					
	不知道此政策	不具备享受该政策的资格	吸引力不足	办理手续繁琐	政府部门政策执行力度不够	其他原因
四、按地区分						
东部地区	11.1	73.2	6.5	3.8	1.0	4.5
中部地区	11.8	71.0	8.2	4.1	1.5	3.3
西部地区	13.6	71.6	5.7	3.6	1.8	3.7
东北地区	14.4	66.5	8.4	3.6	1.7	5.3
北　京	7.8	72.2	4.5	4.6	0.9	9.9
天　津	11.7	71.9	8.4	2.9	0.5	4.5
河　北	12.8	72.8	7.7	2.9	1.1	2.7
山　西	12.0	73.8	5.5	2.6	1.7	4.4
内蒙古	17.0	70.0	5.6	2.4	1.1	3.9
辽　宁	13.5	65.7	8.2	3.9	1.7	7.0
吉　林	14.1	68.7	9.5	2.9	1.6	3.2
黑龙江	16.4	65.3	7.5	4.2	1.9	4.6
上　海	11.7	71.8	5.5	3.4	0.7	7.0
江　苏	12.0	71.5	7.8	4.1	0.9	3.7
浙　江	6.7	81.8	4.4	2.3	0.9	3.9
安　徽	12.5	69.4	8.1	4.1	1.4	4.5
福　建	10.3	77.1	6.1	3.1	1.1	2.3
江　西	11.4	69.7	9.5	4.1	1.9	3.4
山　东	10.0	76.7	7.5	2.5	0.9	2.4
河　南	10.8	72.7	9.1	4.2	1.5	1.8
湖　北	12.2	71.2	7.4	4.0	1.4	3.7
湖　南	12.2	70.5	7.9	4.5	1.7	3.2
广　东	16.3	62.4	6.9	6.5	1.2	6.7
广　西	14.5	70.2	6.1	3.7	2.0	3.5
海　南	12.1	70.9	6.0	4.6	0.7	5.7
重　庆	12.5	73.5	5.1	4.6	1.0	3.2
四　川	12.2	73.8	5.3	3.2	1.6	4.0
贵　州	17.1	65.3	7.0	4.8	2.6	3.2
云　南	14.2	72.0	4.2	3.9	1.5	4.3
西　藏	16.9	72.7	2.6	2.6		5.2
陕　西	14.7	70.5	5.6	3.6	2.0	3.6
甘　肃	12.3	69.7	9.0	4.0	2.6	2.5
青　海	16.1	67.4	7.7	1.8	2.5	4.6
宁　夏	12.0	71.7	7.5	3.3	2.4	3.1
新　疆	10.8	73.9	5.2	2.7	2.5	5.0

对主要原因作出不同判断的企业家占比(%)											
科技开发用品免征进口税收政策						鼓励企业吸引和培养人才的相关政策					
不知道此政策	不具备享受该政策的资格	吸引力不足	办理手续繁琐	政府部门政策执行力度不够	其他原因	不知道此政策	不具备享受该政策的资格	吸引力不足	办理手续繁琐	政府部门政策执行力度不够	其他原因
11.7	74.5	5.3	2.7	0.8	5.0	18.1	50.6	23.2	3.7	2.8	1.6
10.9	75.4	6.2	2.5	1.1	3.9	17.7	45.9	28.9	2.8	3.7	1.1
12.6	75.2	4.1	2.3	1.2	4.6	20.2	44.7	26.6	2.7	4.4	1.4
14.2	69.9	6.5	2.7	1.1	5.7	22.4	44.3	25.6	2.8	3.0	2.0
10.1	73.6	3.0	2.2	0.3	10.7	24.4	44.5	20.0	5.2	3.0	3.0
12.1	74.0	5.8	2.2	0.4	5.4	18.4	53.9	21.8	2.7	1.1	2.0
12.1	76.4	5.9	1.8	0.9	3.0	18.3	48.5	27.9	2.1	2.1	1.0
12.6	75.7	3.9	1.4	1.2	5.3	17.3	48.7	26.2	1.6	4.2	2.0
14.8	73.7	4.0	2.0	0.7	4.9	20.6	48.2	23.6	1.8	4.2	1.6
14.4	67.9	6.3	3.1	1.0	7.5	22.6	43.0	26.3	3.2	2.5	2.5
13.5	72.0	7.9	1.9	0.8	3.9	22.7	46.0	24.5	2.2	3.2	1.4
14.6	70.9	5.0	2.9	1.8	4.8	21.4	44.6	25.5	3.0	3.6	1.9
13.9	71.5	4.1	2.3	0.8	7.5	25.1	44.2	20.6	5.3	2.5	2.3
12.7	72.6	6.7	3.2	0.7	4.1	16.5	51.9	24.1	3.9	2.1	1.5
7.9	81.7	3.6	1.8	0.7	4.4	13.0	58.8	21.6	2.3	3.0	1.3
11.7	73.7	5.9	2.7	0.9	5.1	18.5	43.7	30.0	3.3	3.2	1.4
10.4	78.4	5.1	2.5	1.0	2.7	15.5	56.0	21.9	2.7	3.1	0.7
10.4	74.3	7.3	2.4	1.4	4.1	18.1	45.2	28.0	3.2	4.5	1.1
9.2	79.2	6.4	1.6	0.7	2.9	12.9	58.9	23.1	1.9	2.0	1.2
9.8	77.3	6.9	2.8	1.0	2.2	14.7	50.7	28.3	2.6	3.2	0.5
10.7	75.3	6.3	2.5	1.1	4.2	18.6	43.2	31.0	2.4	3.6	1.2
11.5	75.8	5.3	2.5	1.4	3.5	19.6	44.6	26.8	3.3	4.3	1.2
17.1	64.5	5.6	4.8	1.1	7.0	25.8	35.7	25.4	6.3	4.4	2.3
13.1	74.1	4.7	2.0	1.5	4.6	22.8	39.5	29.6	2.0	5.1	1.0
11.8	73.5	5.0	1.6	0.9	7.2	24.2	35.8	31.2	1.4	4.7	2.8
12.8	76.6	3.6	2.6	0.8	3.7	21.4	47.7	23.3	3.3	3.1	1.2
10.7	78.1	3.7	2.1	1.0	4.4	19.1	49.3	24.0	2.8	3.6	1.2
15.3	70.2	5.4	3.5	1.7	3.9	20.8	41.1	29.6	3.1	3.7	1.6
13.1	74.5	3.1	2.3	1.0	5.9	22.5	43.8	24.2	2.8	5.4	1.3
18.8	74.1	1.2	1.2		4.7	20.3	44.1	27.1	1.7	5.1	1.7
13.6	74.3	4.1	2.2	1.3	4.5	21.0	39.8	29.5	3.3	5.2	1.3
12.7	72.7	7.0	2.8	1.5	3.3	16.3	41.4	32.1	2.8	5.9	1.5
13.2	74.9	5.1	0.6	1.0	5.1	17.1	44.1	27.0	1.4	7.6	2.8
11.1	75.5	3.6	1.3	1.8	6.6	17.6	38.6	30.7	2.3	5.4	5.4
10.5	75.0	4.5	2.0	2.0	6.0	14.7	44.9	32.3	1.6	5.1	1.4

15-5 续表 4

项　　目	在认为下列政策效果不明显的企业家中，金融支持相关政策：不知道此政策	不具备享受该政策的资格	吸引力不足	办理手续繁琐	政府部门政策执行力度不够	其他原因
总　计	**16.9**	**52.0**	**13.0**	**10.7**	**4.9**	**2.6**
一、按规模分						
大型企业	17.9	47.4	15.7	8.2	5.0	5.8
中型企业	17.6	51.6	13.3	9.4	4.9	3.3
小型企业	16.6	52.1	12.7	11.4	4.9	2.2
微型企业	16.9	56.8	11.6	8.8	4.0	1.8
二、按登记注册类型分						
内资企业	16.6	52.1	12.9	11.1	5.1	2.3
国有企业	14.6	58.8	13.0	6.0	4.1	3.5
集体企业	14.0	55.7	13.4	11.1	4.0	1.8
股份合作企业	14.8	57.9	11.2	7.2	7.6	1.3
联营企业	19.2	57.7	9.6	9.6	3.8	
#国有联营企业	30.0	50.0		10.0	10.0	
有限责任公司	17.0	52.2	12.6	10.4	4.9	2.8
#国有独资公司	16.1	57.0	11.4	6.2	4.5	4.7
股份有限公司	18.6	44.1	14.7	11.4	7.3	3.9
私营企业	16.3	52.3	12.9	11.7	5.0	1.8
其他企业	12.9	53.9	13.5	12.9	6.4	0.4
港、澳、台商投资企业	18.7	50.0	13.9	8.9	4.1	4.4
合资经营企业	18.0	48.7	15.9	9.1	4.5	3.7
合作经营企业	18.8	54.1	11.3	6.0	5.3	4.5
港、澳、台商独资经营企业	19.0	50.6	13.2	8.7	3.8	4.7
港、澳、台商投资股份有限公司	18.9	47.6	12.4	12.4	3.8	4.9
其他港、澳、台投资企业	17.4	47.8	11.6	8.7	8.7	5.8
外商投资企业	19.0	52.6	13.4	6.7	2.8	5.6
中外合资经营企业	19.2	51.0	14.0	7.5	3.9	4.5
中外合作经营企业	14.6	56.3	17.4	5.6	2.1	4.2
外资企业	19.0	53.5	13.0	6.3	2.2	6.0
外商投资股份有限公司	19.8	44.4	15.4	7.4	3.7	9.3
其他外商投资企业	20.8	55.2	10.4	2.1	3.1	8.3
三、按行业分						
采矿业	12.2	52.9	12.9	14.0	6.8	1.2
制造业	16.4	48.9	14.3	12.3	5.5	2.6
电力、热力、燃气及水生产和供应业	16.1	59.0	11.1	6.1	4.6	3.2
建筑业	19.0	51.3	11.8	10.7	5.5	1.8
批发和零售业	16.7	58.9	11.0	8.1	3.4	1.8
交通运输、仓储和邮政业	15.2	61.0	9.6	7.0	4.1	3.1
信息传输、软件和信息技术服务业	22.8	44.0	13.2	9.8	4.3	5.9
租赁和商务服务业	18.0	59.9	9.1	6.1	3.4	3.5
科学研究和技术服务业	20.3	50.9	12.0	8.5	3.8	4.5
水利、环境和公共设施管理业	13.7	58.1	12.1	10.2	4.7	1.1

对主要原因作出不同判断的企业家占比(%)					
创造和保护知识产权的相关政策					
不知道此政策	不具备享受该政策的资格	吸引力不足	办理手续繁琐	政府部门政策执行力度不够	其他原因
15.2	**63.7**	**11.3**	**4.9**	**3.1**	**1.8**
14.4	58.0	15.0	4.5	4.4	3.6
14.4	64.9	10.8	4.5	3.1	2.3
15.5	63.4	11.4	5.2	3.0	1.5
15.4	67.2	9.9	3.2	2.2	2.0
15.1	63.9	11.4	4.9	3.0	1.7
13.0	66.0	11.9	2.9	2.8	3.2
12.1	67.5	12.9	3.9	2.3	1.6
15.7	67.2	9.1	4.7	2.9	0.4
11.4	75.0	9.1	2.3	2.3	
50.0	33.3	16.7			
14.6	64.8	11.0	4.5	3.0	2.1
12.0	66.3	10.5	2.6	4.0	4.6
16.6	55.4	14.7	6.3	4.8	2.3
15.4	63.8	11.4	5.1	2.9	1.4
15.6	65.4	11.2	3.7	3.9	0.2
15.9	61.6	11.2	5.0	3.5	2.7
15.4	61.1	12.2	5.1	3.7	2.4
20.9	65.5	10.0	0.9	0.9	1.8
16.3	61.8	10.7	5.2	3.4	2.7
13.8	60.9	13.8	3.6	2.9	5.1
7.0	61.4	15.8	1.8	7.0	7.0
15.7	62.9	10.6	4.8	3.0	3.1
16.0	60.7	11.8	5.3	3.5	2.6
14.5	65.3	12.1	2.4	3.2	2.4
15.6	63.9	9.8	4.6	2.6	3.4
10.4	62.6	13.0	4.3	6.1	3.5
17.3	64.2	11.1	2.5	1.2	3.7
13.1	67.8	11.4	4.1	2.6	1.0
15.8	59.4	13.4	6.4	3.6	1.3
11.8	70.9	8.9	2.2	2.2	4.0
16.2	62.2	11.4	4.4	4.0	2.0
13.7	72.0	8.0	2.5	1.9	1.9
13.3	72.8	6.9	2.0	1.8	3.2
20.5	51.6	13.2	6.9	4.5	3.3
14.6	70.1	6.9	3.0	1.9	3.6
16.8	59.7	12.3	4.9	3.4	2.9
11.2	69.4	10.5	3.9	2.3	2.8

15-5 续表 5

项　目	在认为下列政策效果不明显的企业家中，					
	金融支持相关政策					
	不知道此政策	不具备享受该政策的资格	吸引力不足	办理手续繁琐	政府部门政策执行力度不够	其他原因
四、按地区分						
东部地区	17.3	53.7	12.9	9.3	4.0	2.9
中部地区	15.1	48.2	14.1	14.2	6.6	1.9
西部地区	16.7	49.6	11.9	12.7	6.8	2.3
东北地区	19.0	49.3	12.8	10.2	5.3	3.5
北　京	21.2	50.3	11.4	8.7	2.9	5.5
天　津	16.6	59.5	11.8	7.0	2.4	2.8
河　北	15.3	56.2	12.8	10.0	3.8	1.9
山　西	15.3	54.3	11.0	9.4	7.6	2.5
内蒙古	19.5	51.6	10.3	8.6	7.0	3.0
辽　宁	21.4	46.8	13.3	9.8	4.6	4.1
吉　林	18.7	50.5	13.4	8.9	5.5	3.0
黑龙江	14.8	52.4	10.9	12.4	6.6	2.9
上　海	23.6	50.2	11.8	7.4	2.8	4.1
江　苏	16.5	53.5	14.0	9.9	3.4	2.7
浙　江	13.6	59.9	12.8	6.1	5.0	2.5
安　徽	17.0	43.4	14.5	16.4	6.2	2.5
福　建	14.9	57.3	12.5	8.6	5.3	1.4
江　西	14.9	47.0	15.6	13.0	7.6	1.8
山　东	11.9	61.6	12.7	8.8	3.4	1.6
河　南	12.6	53.3	14.9	12.8	5.5	0.9
湖　北	15.1	46.1	14.1	15.6	6.9	2.1
湖　南	16.1	48.2	12.7	13.7	7.3	2.0
广　东	24.3	40.5	13.4	13.6	4.4	3.8
广　西	18.9	48.4	12.2	11.0	7.5	2.1
海　南	18.8	52.4	7.2	12.0	5.2	4.4
重　庆	17.8	50.8	12.0	13.1	4.2	2.1
四　川	15.0	53.2	11.9	12.0	5.6	2.2
贵　州	19.5	44.2	12.2	15.5	6.6	2.1
云　南	17.3	47.0	10.3	13.7	8.4	3.2
西　藏	23.6	52.7	7.3	5.5	7.3	3.6
陕　西	16.5	45.5	12.8	15.7	7.6	2.0
甘　肃	15.6	50.0	11.5	12.0	9.4	1.5
青　海	12.6	47.1	12.6	13.0	10.5	4.2
宁　夏	12.8	47.3	13.7	10.6	11.9	3.7
新　疆	14.0	53.9	11.4	10.6	7.6	2.4

对主要原因作出不同判断的企业家占比(%)					
创造和保护知识产权的相关政策					
不知道此政策	不具备享受该政策的资格	吸引力不足	办理手续繁琐	政府部门政策执行力度不够	其他原因
15.3	64.1	11.0	5.0	2.8	1.9
14.2	62.5	13.4	5.2	3.3	1.5
15.4	64.3	10.3	4.4	3.8	1.9
18.1	61.4	11.1	4.4	2.5	2.5
17.7	60.2	10.0	4.8	3.0	4.3
14.1	66.7	12.3	3.3	1.4	2.2
15.3	65.9	12.0	3.8	2.0	1.0
13.1	67.0	10.8	3.3	3.1	2.7
18.5	66.4	7.7	3.5	2.2	1.7
19.4	59.5	11.0	5.0	2.3	2.9
16.9	62.9	12.8	3.4	2.2	1.8
17.2	62.9	9.2	4.7	3.4	2.5
19.1	60.1	9.3	4.8	3.5	3.1
15.6	63.4	11.8	5.4	2.3	1.6
11.5	70.3	9.8	3.8	3.3	1.4
16.5	59.3	13.2	6.2	3.0	1.8
13.9	68.3	10.2	4.2	2.6	0.9
14.7	60.2	14.3	5.4	4.0	1.4
11.3	71.7	11.4	2.8	1.7	1.2
11.5	65.8	14.1	5.1	2.6	0.8
14.6	62.4	13.2	4.7	3.5	1.5
14.7	61.8	12.8	4.9	4.2	1.5
21.6	50.4	11.8	8.9	4.3	3.0
17.6	61.4	11.0	3.7	4.9	1.5
13.8	61.8	11.5	5.1	5.5	2.3
15.5	64.6	10.0	5.3	3.0	1.6
13.7	66.3	10.1	4.6	3.4	1.8
18.1	59.4	11.4	4.7	4.2	2.1
14.7	64.6	9.4	4.9	4.3	2.1
22.2	61.9	3.2	4.8	4.8	3.2
16.9	61.1	11.3	4.4	4.6	1.7
11.8	66.0	13.3	4.1	3.0	1.8
13.4	65.7	10.9	3.3	3.8	2.9
15.1	62.3	10.2	3.5	4.4	4.4
12.6	69.8	8.0	2.7	4.5	2.4

15-5 续表 6

项目	在认为下列政策效果不明显的企业家中，优先发展产业的支持政策					
	不知道此政策	不具备享受该政策的资格	吸引力不足	办理手续繁项	政府部门政策执行力度不够	其他原因
总　计	**20.8**	**61.3**	**10.3**	**3.0**	**3.2**	**1.3**
一、按规模分						
大型企业	19.7	59.7	11.2	2.7	4.0	2.6
中型企业	20.2	62.5	9.3	2.9	3.4	1.8
小型企业	21.2	60.7	10.6	3.2	3.2	1.1
微型企业	19.0	64.4	9.9	2.5	2.7	1.4
二、按登记注册类型分						
内资企业	20.5	61.3	10.5	3.1	3.3	1.2
国有企业	16.4	64.9	10.5	1.6	4.2	2.3
集体企业	14.4	64.8	13.3	2.8	3.5	1.3
股份合作企业	19.4	64.1	10.2	2.6	3.3	0.3
联营企业	13.7	72.5	5.9	3.9	3.9	
#国有联营企业	25.0	62.5		12.5		
有限责任公司	20.3	61.8	10.1	2.9	3.4	1.5
#国有独资公司	16.0	65.2	9.4	1.8	4.2	3.5
股份有限公司	24.2	54.3	10.9	3.4	5.0	2.3
私营企业	20.6	61.4	10.6	3.2	3.1	1.0
其他企业	16.5	62.0	13.8	3.1	4.3	0.2
港、澳、台商投资企业	23.0	60.1	9.3	3.0	2.8	1.9
合资经营企业	22.3	60.6	9.0	3.0	3.4	1.7
合作经营企业	24.6	54.8	12.7	2.4	4.0	1.6
港、澳、台商独资经营企业	23.3	60.2	9.3	3.0	2.3	1.9
港、澳、台商投资股份有限公司	26.4	50.6	9.0	3.4	6.2	4.5
其他港、澳、台投资企业	14.9	65.7	10.4	1.5	4.5	3.0
外商投资企业	22.4	62.4	8.3	2.5	2.1	2.2
中外合资经营企业	22.0	61.1	9.4	2.5	2.9	2.1
中外合作经营企业	22.2	63.0	7.4	3.0	2.2	2.2
外资企业	22.7	63.2	7.8	2.4	1.6	2.2
外商投资股份有限公司	22.2	54.9	8.5	4.6	4.6	5.2
其他外商投资企业	19.1	63.8	9.6	1.1	3.2	3.2
三、按行业分						
采矿业	14.5	65.4	12.5	3.0	3.8	0.7
制造业	21.8	58.5	11.5	3.7	3.5	1.0
电力、热力、燃气及水生产和供应业	15.7	67.1	7.8	1.3	4.8	3.3
建筑业	20.1	61.0	10.0	3.3	4.2	1.6
批发和零售业	17.4	68.8	8.2	2.0	2.2	1.4
交通运输、仓储和邮政业	16.8	66.4	8.7	1.8	3.6	2.7
信息传输、软件和信息技术服务业	33.6	48.7	9.1	3.2	3.6	1.8
租赁和商务服务业	19.1	66.6	7.3	1.8	2.5	2.7
科学研究和技术服务业	26.2	57.0	9.5	2.2	3.1	1.9
水利、环境和公共设施管理业	16.6	64.1	9.5	3.6	4.9	1.4

对主要原因作出不同判断的企业家占比(%)					
关于推进大众创业万众创新的各项政策					
不知道此政策	不具备享受该政策的资格	吸引力不足	办理手续繁琐	政府部门政策执行力度不够	其他原因
23.8	**54.0**	**14.5**	**3.0**	**3.2**	**1.6**
23.0	52.2	15.4	2.7	3.4	3.3
23.6	55.1	13.7	2.7	3.0	1.9
24.2	53.5	14.8	3.1	3.2	1.3
21.2	57.4	14.3	2.6	3.0	1.5
23.5	53.9	14.9	3.1	3.3	1.4
17.7	59.5	15.4	2.0	2.6	2.8
18.4	58.3	16.8	2.7	2.9	1.1
19.7	58.6	14.1	4.6	2.6	0.3
14.9	53.2	21.3	6.4	4.3	
25.0	37.5	12.5	25.0		
23.1	54.7	14.4	2.7	3.4	1.8
18.2	59.4	13.3	1.5	3.5	4.3
26.9	49.2	14.6	2.7	4.2	2.4
23.7	53.6	15.1	3.3	3.2	1.1
19.5	56.3	17.6	2.8	3.4	0.4
26.4	53.7	12.5	2.8	2.6	2.1
26.6	52.8	13.4	2.4	3.0	1.9
28.7	51.5	11.8	4.4	0.7	2.9
26.3	54.4	12.1	2.9	2.3	2.0
28.0	47.2	11.9	4.1	5.2	3.6
16.2	63.2	10.3	1.5	4.4	4.4
26.3	55.3	11.9	2.0	1.9	2.6
26.0	54.6	13.0	1.9	2.3	2.2
22.3	58.8	10.1	2.0	2.7	4.1
26.5	56.0	11.3	2.0	1.6	2.7
26.6	47.3	17.2	2.4	2.4	4.1
32.4	47.1	11.8		2.0	6.9
16.2	59.0	16.1	2.9	4.7	1.2
25.0	51.3	15.8	3.4	3.3	1.2
17.8	64.2	11.1	1.2	2.7	3.0
22.7	53.2	14.7	3.3	4.6	1.7
20.2	60.8	12.7	2.2	2.6	1.5
18.6	61.8	11.9	2.1	2.6	2.9
35.1	43.9	12.5	2.7	3.1	2.6
20.8	60.2	10.7	2.3	2.9	3.1
28.7	49.4	13.7	2.5	3.2	2.5
19.6	56.6	13.7	3.3	5.1	1.7

15-5 续表 7

项目	在认为下列政策效果不明显的企业家中，					
	优先发展产业的支持政策					
	不知道此政策	不具备享受该政策的资格	吸引力不足	办理手续繁琐	政府部门政策执行力度不够	其他原因
四、按地区分						
东部地区	21.4	62.0	9.8	2.9	2.5	1.4
中部地区	19.0	59.9	12.3	3.5	4.2	1.0
西部地区	20.1	60.7	9.7	3.3	4.9	1.4
东北地区	22.4	57.2	11.2	3.0	4.0	2.2
北京	27.4	58.4	7.2	2.2	2.1	2.8
天津	21.6	64.9	8.8	2.1	1.0	1.6
河北	17.8	64.4	11.2	2.7	2.8	1.0
山西	16.3	64.8	9.2	2.5	5.2	2.0
内蒙古	23.5	59.6	8.6	3.2	3.2	1.8
辽宁	24.6	55.3	11.2	3.1	3.3	2.7
吉林	20.9	60.1	10.5	2.6	4.2	1.7
黑龙江	20.2	57.3	12.1	3.5	5.1	1.9
上海	27.2	59.0	7.5	2.1	2.2	2.0
江苏	20.7	61.2	11.4	3.3	2.2	1.2
浙江	16.9	69.3	8.4	1.8	2.7	0.9
安徽	22.7	56.4	11.8	3.9	4.0	1.2
福建	17.3	66.9	9.6	2.7	3.0	0.5
江西	18.4	59.0	13.4	3.2	4.9	1.1
山东	14.6	69.0	11.6	1.9	1.9	1.0
河南	15.2	64.8	13.1	3.2	3.2	0.4
湖北	20.1	58.4	12.8	3.3	4.3	1.2
湖南	19.5	58.3	11.8	4.1	5.4	0.9
广东	30.9	48.6	9.8	5.0	3.6	2.1
广西	20.8	58.5	10.6	3.0	6.2	1.0
海南	20.0	56.3	9.4	4.5	6.9	2.9
重庆	22.0	61.9	8.2	3.8	2.9	1.2
四川	18.2	64.2	9.2	3.1	3.9	1.3
贵州	22.4	55.9	11.0	3.3	6.2	1.2
云南	21.4	57.8	8.5	3.7	7.0	1.6
西藏	17.4	65.2	8.7	1.4	5.8	1.4
陕西	21.5	56.6	11.3	3.8	5.5	1.3
甘肃	16.1	60.4	12.4	2.8	6.7	1.6
青海	15.7	63.8	13.1	2.2	2.6	2.6
宁夏	18.4	61.4	10.8	1.6	6.2	1.6
新疆	14.5	66.4	9.3	2.4	5.6	1.7

对主要原因作出不同判断的企业家占比(%)					
关于推进大众创业万众创新的各项政策					
不知道此政策	不具备享受该政策的资格	吸引力不足	办理手续繁琐	政府部门政策执行力度不够	其他原因
24.6	54.8	13.7	2.8	2.5	1.6
21.8	51.5	18.0	3.5	4.1	1.2
22.7	53.7	14.3	3.1	4.6	1.6
25.1	52.2	14.0	2.9	3.5	2.4
30.8	50.6	11.1	2.2	1.8	3.4
23.6	57.8	13.4	1.9	1.3	2.1
21.9	55.9	15.9	2.5	2.7	1.1
17.9	58.2	16.3	1.6	4.1	2.0
24.9	55.8	11.9	2.5	3.1	1.8
27.9	48.3	14.7	3.1	3.3	2.8
22.3	55.8	13.6	2.6	3.9	1.8
23.3	55.2	12.9	3.1	3.2	2.2
30.1	51.8	10.9	2.2	2.5	2.4
24.4	54.1	14.9	3.2	2.1	1.3
19.9	61.9	12.4	1.8	2.8	1.1
26.4	47.0	17.6	3.6	4.0	1.4
19.2	61.6	13.0	2.7	2.8	0.8
21.4	49.8	19.4	3.4	4.9	1.2
16.7	62.7	15.5	1.9	2.1	1.1
16.1	56.7	19.6	3.5	3.3	0.8
22.7	50.2	18.3	3.4	4.3	1.0
23.7	50.7	15.5	4.0	4.9	1.2
34.1	41.6	13.8	4.8	3.4	2.3
26.2	48.9	15.3	2.9	5.3	1.4
23.8	50.2	15.1	3.4	5.3	2.3
24.0	55.9	12.3	3.6	3.1	1.1
20.2	58.0	13.4	3.3	3.6	1.5
23.3	48.8	17.5	3.3	5.7	1.3
25.2	50.2	13.3	3.2	6.1	2.0
29.2	55.6	9.7	4.2		1.4
23.8	49.2	16.7	3.0	5.6	1.6
18.2	53.4	17.4	2.9	6.1	2.0
22.0	54.8	15.1	1.2	5.4	1.5
20.9	53.5	14.2	3.8	5.3	2.3
18.3	57.9	14.0	2.2	5.2	2.3

15-6 规模以上工业企业有关

项　目	在认为下列政策效果不明显的企业家中，企业研发费用加计扣除税收优惠政策					
	不知道此政　策	不具备享受该政策的资格	吸引力不足	办理手续繁　琐	政府部门政策执行力度不够	其他原因
总　计	**10.5**	**62.2**	**10.6**	**11.0**	**2.9**	**2.9**
一、按规模分						
大型企业	7.5	52.8	13.0	16.4	4.1	6.2
中型企业	9.3	59.0	11.4	13.2	3.3	3.8
小型企业	10.8	63.2	10.4	10.4	2.7	2.5
微型企业	12.5	64.1	10.3	6.9	3.1	3.1
二、按登记注册类型分						
内资企业	11.0	61.6	11.0	10.8	3.0	2.5
国有企业	15.9	52.3	11.3	10.0	4.6	5.9
集体企业	8.4	64.0	14.9	8.8	2.6	1.3
股份合作企业	7.1	74.2	8.6	8.1	1.0	1.0
联营企业	21.1	57.9	15.8	5.3		
#国有联营企业		50.0		50.0		
有限责任公司	11.0	59.8	10.9	11.4	3.4	3.5
#国有独资公司	11.8	57.3	11.4	9.1	4.7	5.8
股份有限公司	10.3	52.4	13.5	14.3	5.0	4.5
私营企业	11.0	63.0	11.0	10.4	2.8	1.9
其他企业	17.3	59.4	13.5	6.8	3.0	
港、澳、台商投资企业	8.6	63.4	9.0	12.2	2.5	4.4
合资经营企业	8.6	63.3	10.4	10.6	2.8	4.3
合作经营企业	8.0	62.1	14.9	12.6		2.3
港、澳、台商独资经营企业	8.6	63.9	8.1	12.9	2.2	4.4
港、澳、台商投资股份有限公司	11.7	48.1	6.5	19.5	7.8	6.5
其他港、澳、台投资企业	3.1	56.3	15.6	9.4	9.4	6.3
外商投资企业	7.2	66.7	7.7	11.2	1.7	5.5
中外合资经营企业	7.8	63.9	8.8	12.3	2.4	4.8
中外合作经营企业	10.2	67.3	7.1	12.2	1.0	2.0
外资企业	6.9	68.4	7.1	10.5	1.2	5.8
外商投资股份有限公司	5.7	62.1	6.9	13.8	2.3	9.2
其他外商投资企业	7.8	59.4	6.3	14.1	4.7	7.8
三、按行业分						
采矿业	11.1	64.8	10.1	7.7	4.1	2.2
煤炭开采和洗选业	11.6	64.8	9.3	7.6	4.2	2.5
石油和天然气开采业	12.0	28.0	28.0	4.0	12.0	16.0
黑色金属矿采选业	10.3	69.6	12.3	5.5	1.6	0.8
有色金属矿采选业	7.7	65.2	8.6	11.3	4.5	2.7
非金属矿采选业	12.8	64.1	9.8	7.0	4.5	1.8

政策效果不明显的主要原因

对主要原因作出不同判断的企业家占比(%)											
高新技术企业所得税减免政策						企业研发活动专用仪器设备加速折旧政策					
不知道此政策	不具备享受该政策的资格	吸引力不足	办理手续繁琐	政府部门政策执行力度不够	其他原因	不知道此政策	不具备享受该政策的资格	吸引力不足	办理手续繁琐	政府部门政策执行力度不够	其他原因
7.7	**74.5**	**6.7**	**6.1**	**1.9**	**3.1**	**13.3**	**60.1**	**14.0**	**7.6**	**1.5**	**3.4**
4.6	74.0	6.3	6.5	2.1	6.4	14.4	46.5	19.3	10.7	1.8	7.4
6.5	74.2	6.4	6.9	1.9	4.0	13.5	54.8	16.0	9.4	1.8	4.4
8.1	74.7	6.8	5.9	1.8	2.7	13.2	62.0	13.3	7.2	1.4	3.0
10.0	73.1	6.9	5.1	2.0	3.0	13.8	64.5	12.1	4.3	2.3	3.0
8.1	73.9	7.1	6.2	2.0	2.7	13.8	60.0	14.1	7.5	1.6	3.0
11.0	65.3	9.0	5.6	2.8	6.4	20.8	51.2	14.6	5.5	2.4	5.6
8.5	69.1	12.9	4.4	2.8	2.2	10.9	64.6	17.4	3.5	1.6	1.9
7.0	79.5	4.7	6.0	0.5	2.3	11.5	66.4	12.0	6.5	1.4	2.3
15.8	73.7	5.3		5.3		18.8	68.8		12.5		
	100.0						33.3		66.7		
8.2	72.9	7.0	6.0	2.1	3.8	15.2	57.8	13.9	7.7	1.6	3.8
8.0	73.6	5.4	4.5	1.9	6.7	19.7	54.3	11.5	5.5	2.8	6.2
7.3	68.5	7.7	7.1	3.0	6.3	15.3	45.0	19.6	11.4	2.2	6.6
8.1	74.7	7.1	6.2	1.9	2.0	13.0	62.3	13.7	7.2	1.5	2.3
9.8	71.4	7.5	7.5	3.0	0.8	17.5	65.0	12.4	3.7	1.5	
6.3	76.7	5.0	6.1	1.3	4.7	11.0	58.6	14.3	9.3	1.3	5.5
5.9	77.5	5.6	5.2	1.5	4.2	10.9	57.7	14.7	9.1	1.6	6.0
6.3	77.9	7.4	3.2	1.1	4.2	13.6	59.2	12.6	10.7	1.0	2.9
6.5	76.3	4.7	6.6	1.1	4.9	10.9	59.8	13.8	9.3	1.0	5.2
10.7	68.0	4.0	8.0	4.0	5.3	16.4	39.8	21.1	10.9	3.1	8.6
	81.6	2.6	5.3	5.3	5.3	4.4	60.0	13.3	13.3	2.2	6.7
5.0	79.5	4.1	5.4	1.0	5.0	10.1	62.2	13.1	7.7	0.9	6.1
4.9	77.3	5.0	6.2	1.5	5.1	11.4	59.2	14.3	7.7	1.4	6.1
9.3	77.8	0.9	6.5	0.9	4.6	16.0	64.7	5.9	7.6	0.8	5.0
5.0	80.8	3.7	4.9	0.8	4.8	9.1	64.2	12.5	7.6	0.7	6.0
3.0	74.3	5.0	4.0	2.0	11.9	11.0	49.2	16.1	10.2	2.5	11.0
6.3	77.8	4.8	6.3		4.8	12.7	62.0	11.3	7.0	1.4	5.6
7.9	77.0	6.4	4.7	2.5	1.6	13.1	69.9	8.7	4.0	2.5	1.7
8.1	79.4	5.2	3.7	2.3	1.5	12.2	72.0	7.6	3.9	2.9	1.5
8.8	64.7	20.6		2.9	2.9	21.4	42.9	25.0	3.6	7.1	
8.1	77.7	6.0	4.6	2.1	1.4	12.4	73.1	8.7	3.6	1.1	1.1
6.2	77.5	5.7	5.3	3.5	1.8	12.1	69.5	8.1	4.9	1.8	3.6
8.7	73.2	7.7	6.3	2.4	1.7	15.2	66.9	9.6	3.8	2.8	1.8

15-6 续表 1

项　　目	在认为下列政策效果不明显的企业家中，企业研发费用加计扣除税收优惠政策					
	不知道此政策	不具备享受该政策的资格	吸引力不足	办理手续繁琐	政府部门政策执行力度不够	其他原因
开采辅助活动	10.7	57.1	10.7	10.7	10.7	
其他采矿业		80.0		20.0		
制造业	10.5	62.1	10.7	11.2	2.9	2.8
农副食品加工业	13.1	60.0	13.6	7.5	3.4	2.5
食品制造业	12.5	60.6	11.0	9.3	4.0	2.7
酒、饮料和精制茶制造业	13.7	59.0	11.7	8.8	4.1	2.7
烟草制品业	13.5	48.1	19.2	9.6	1.9	7.7
纺织业	9.1	70.4	9.5	7.6	1.9	1.5
纺织服装、服饰业	9.4	70.0	10.8	6.2	2.2	1.4
皮革、毛皮、羽毛及其制品和制鞋业	10.6	67.0	10.6	8.8	2.3	0.7
木材加工和木、竹、藤、棕、草制品业	13.7	59.3	14.3	8.6	2.6	1.6
家具制造业	11.8	64.3	10.3	9.3	2.5	1.8
造纸和纸制品业	11.4	64.6	11.4	8.1	2.3	2.2
印刷和记录媒介复制业	10.8	63.8	10.3	9.8	2.0	3.3
文教、工美、体育和娱乐用品制造业	10.1	66.6	10.4	8.8	2.1	2.0
石油加工、炼焦和核燃料加工业	9.8	59.7	12.0	11.7	4.2	2.7
化学原料和化学制品制造业	10.9	59.6	10.7	12.3	3.4	3.1
医药制造业	11.0	52.9	12.6	14.0	5.0	4.5
化学纤维制造业	8.5	66.2	9.9	9.0	2.8	3.5
橡胶和塑料制品业	10.2	64.4	10.1	10.5	2.0	2.7
非金属矿物制品业	11.5	64.5	10.4	8.4	2.9	2.3
黑色金属冶炼和压延加工业	9.2	65.3	11.4	10.0	2.3	1.9
有色金属冶炼和压延加工业	9.5	61.5	11.1	11.6	3.5	2.9
金属制品业	10.2	64.1	10.5	10.8	2.3	2.2
通用设备制造业	8.9	62.0	9.3	13.9	3.0	3.0
专用设备制造业	9.8	56.0	11.6	15.9	3.2	3.5
汽车制造业	9.5	62.2	9.0	12.7	2.8	3.8
铁路、船舶、航空航天和其他运输设备制造业	9.5	59.1	10.8	14.1	2.8	3.7
电气机械和器材制造业	9.2	59.5	9.7	14.7	3.3	3.6
计算机、通信和其他电子设备制造业	10.0	55.1	9.4	18.0	2.7	5.0
仪器仪表制造业	7.1	56.9	11.3	17.8	2.5	4.5
其他制造业	11.2	60.6	11.4	12.0	2.1	2.7
废弃资源综合利用业	14.9	60.9	8.9	10.2	1.7	3.4
金属制品、机械和设备修理业	12.1	50.0	6.9	12.1	1.7	17.2
电力、热力、燃气及水生产和供应业	11.9	65.3	8.6	4.9	3.1	6.3
电力、热力生产和供应业	13.3	63.9	9.0	4.5	3.4	5.9
燃气生产和供应业	8.5	70.5	6.2	5.4	1.6	7.8
水的生产和供应业	8.9	65.9	8.9	5.9	3.7	6.7

对主要原因作出不同判断的企业家占比(%)											
高新技术企业所得税减免政策						企业研发活动专用仪器设备加速折旧政策					
不知道此政策	不具备享受该政策的资格	吸引力不足	办理手续繁琐	政府部门政策执行力度不够	其他原因	不知道此政策	不具备享受该政策的资格	吸引力不足	办理手续繁琐	政府部门政策执行力度不够	其他原因
4.2	79.2	8.3	4.2	4.2		11.1	66.7	11.1	7.4	3.7	
	100.0					25.0	75.0				
7.7	74.4	6.8	6.2	1.9	3.1	13.3	59.8	14.2	7.8	1.5	3.4
9.6	73.3	8.1	4.4	2.2	2.3	15.5	62.0	13.6	4.8	1.7	2.5
7.9	75.4	7.2	4.8	1.8	2.8	14.3	60.4	13.9	6.6	1.9	2.9
11.1	72.4	6.4	4.6	3.0	2.4	15.3	62.0	12.9	5.6	1.8	2.4
8.6	69.0	5.2	8.6	1.7	6.9	24.5	52.8	11.3	3.8	1.9	5.7
6.8	80.0	5.7	5.0	1.1	1.5	10.4	70.6	11.2	5.1	1.1	1.6
7.6	79.2	6.9	3.5	1.5	1.3	10.1	70.7	11.8	4.5	1.2	1.6
8.1	79.6	5.7	5.2	1.0	0.4	11.6	68.1	11.7	6.8	1.0	0.8
12.1	70.4	9.0	5.3	1.7	1.5	15.5	60.1	16.1	5.1	1.0	2.1
8.3	77.2	6.4	5.0	1.6	1.5	11.4	67.1	12.1	6.1	1.6	1.7
8.7	76.2	7.1	4.1	1.2	2.6	12.6	65.1	12.3	5.7	1.2	3.0
8.1	74.0	6.9	6.4	1.6	3.0	11.9	62.6	13.5	6.6	1.6	3.8
7.7	76.8	6.3	5.5	1.5	2.2	12.1	66.1	12.7	5.8	1.0	2.4
8.4	75.3	5.9	6.4	2.0	2.0	15.7	57.9	12.9	7.9	1.7	4.0
7.1	73.1	7.1	6.7	2.4	3.6	13.9	57.4	14.4	9.4	1.8	3.2
6.7	67.5	9.1	6.8	4.1	6.0	15.8	44.1	20.5	11.2	2.5	5.8
7.4	77.1	4.5	6.5	1.1	3.6	10.9	66.5	12.4	5.5	1.1	3.6
8.0	74.8	6.9	6.3	1.4	2.6	12.5	63.6	12.8	7.2	1.4	2.5
8.7	75.2	6.7	4.9	2.0	2.5	13.9	64.1	11.8	6.0	1.7	2.5
6.7	76.6	7.6	5.3	1.8	2.0	12.4	63.8	13.6	6.2	1.9	2.2
7.6	73.8	6.8	6.4	2.1	3.2	13.8	60.6	13.3	7.6	2.0	2.8
7.3	76.5	6.1	5.9	1.5	2.7	12.6	62.7	14.2	6.8	1.2	2.6
6.7	74.6	6.2	7.4	2.0	3.2	12.6	58.9	14.4	8.8	1.3	4.0
7.2	69.4	8.3	8.7	2.0	4.3	13.6	51.5	17.5	11.2	1.5	4.7
6.8	74.3	5.3	7.2	1.8	4.7	13.3	57.0	14.5	9.3	1.3	4.7
6.1	72.9	7.9	7.5	1.0	4.6	14.7	54.6	15.2	8.7	1.3	5.5
7.1	72.6	5.9	8.1	1.9	4.4	13.4	55.4	15.1	10.0	1.3	4.8
6.3	70.9	6.1	9.3	2.0	5.5	14.0	47.8	17.8	12.3	1.3	6.7
4.8	71.2	7.0	9.4	2.0	5.5	12.3	48.9	19.9	11.2	1.6	6.1
9.0	70.3	8.8	7.8	1.0	3.1	12.8	60.0	14.9	7.6	2.1	2.6
9.6	73.6	5.9	6.3	1.7	2.9	18.2	59.1	12.6	6.9	1.2	2.0
14.5	65.5	7.3	3.6		9.1	22.8	46.8	12.7	3.8	1.3	12.7
9.3	76.8	5.2	2.5	1.4	4.8	15.1	67.0	8.9	2.4	1.6	5.1
11.1	76.4	5.0	2.4	1.3	3.7	16.0	66.0	8.9	2.7	1.5	4.9
4.0	79.4	6.1	2.0	0.8	7.7	9.2	74.2	7.0	1.8	1.1	6.6
6.1	76.1	5.4	3.6	2.1	6.8	16.5	64.6	10.3	1.7	2.4	4.5

15-6 续表 2

项　目	在认为下列政策效果不明显的企业家中，企业研发费用加计扣除税收优惠政策					
	不知道此政策	不具备享受该政策的资格	吸引力不足	办理手续繁琐	政府部门政策执行力度不够	其他原因
四、按地区分						
东部地区	9.6	64.6	9.8	11.0	2.2	2.8
中部地区	11.1	59.3	13.5	10.0	3.7	2.4
西部地区	13.2	56.6	9.9	12.1	4.7	3.4
东北地区	13.9	56.8	12.4	9.7	3.5	3.8
北　京	7.9	48.5	11.9	20.9	2.4	8.4
天　津	12.8	59.8	8.3	13.0	1.9	4.1
河　北	14.0	63.1	10.5	8.1	2.3	1.9
山　西	11.6	61.5	10.3	8.5	3.5	4.7
内蒙古	21.1	52.4	10.2	7.5	4.2	4.7
辽　宁	13.5	55.4	11.2	12.3	2.7	4.9
吉　林	13.7	57.7	15.4	7.2	3.8	2.2
黑龙江	14.9	57.5	10.0	9.1	4.2	4.3
上　海	10.5	62.2	9.2	11.2	1.9	5.0
江　苏	9.4	66.3	10.6	9.4	1.8	2.6
浙　江	4.6	73.3	8.0	9.0	2.5	2.5
安　徽	11.4	57.5	13.1	10.9	3.7	3.3
福　建	9.9	65.5	8.8	11.2	2.7	1.9
江　西	10.6	55.6	17.1	10.3	3.7	2.6
山　东	10.2	70.9	10.1	5.8	1.7	1.3
河　南	9.4	64.1	13.8	8.5	3.1	1.1
湖　北	12.0	57.9	13.0	10.8	3.6	2.7
湖　南	12.1	58.7	12.6	10.2	4.5	1.9
广　东	13.2	47.1	11.1	21.2	2.8	4.6
广　西	14.0	53.7	11.9	13.2	5.1	2.2
海　南	7.9	53.9	10.5	14.5	3.9	9.2
重　庆	10.7	57.6	7.6	16.4	3.5	4.2
四　川	10.5	61.5	9.3	11.8	3.8	3.0
贵　州	19.8	47.9	12.2	11.8	5.4	2.8
云　南	12.9	55.9	8.7	12.5	4.9	5.2
西　藏	8.7	47.8	17.4	4.3	13.0	8.7
陕　西	13.7	54.4	11.1	12.9	5.0	2.9
甘　肃	14.1	56.2	12.9	8.6	6.7	1.4
青　海	14.2	53.8	11.3	9.4	6.6	4.7
宁　夏	13.5	54.1	9.8	11.3	6.8	4.5
新　疆	12.0	61.8	8.0	8.5	5.6	4.2

对主要原因作出不同判断的企业家占比(%)											
高新技术企业所得税减免政策						企业研发活动专用仪器设备加速折旧政策					
不知道此政策	不具备享受该政策的资格	吸引力不足	办理手续繁琐	政府部门政策执行力度不够	其他原因	不知道此政策	不具备享受该政策的资格	吸引力不足	办理手续繁琐	政府部门政策执行力度不够	其他原因
7.1	76.6	6.0	6.0	1.4	2.9	12.2	61.3	13.9	7.8	1.2	3.6
7.9	71.7	9.2	6.3	2.5	2.5	13.7	58.4	15.6	7.6	2.0	2.7
9.8	70.5	6.1	6.4	2.8	4.4	17.5	58.0	11.8	7.3	2.0	3.5
11.2	67.7	9.8	5.3	2.3	3.6	16.5	54.3	16.2	6.5	1.8	4.7
4.3	70.0	6.7	8.9	1.1	9.0	11.5	45.1	19.9	11.8	1.2	10.4
7.2	76.2	4.4	6.7	1.2	4.3	16.8	58.7	12.6	7.0	0.6	4.3
9.7	75.5	7.4	3.7	1.8	1.8	15.8	62.2	13.3	5.3	1.5	2.0
9.4	73.6	6.2	4.8	2.5	3.5	18.2	59.5	11.2	4.2	2.7	4.3
15.5	66.3	6.0	4.7	1.8	5.8	23.7	56.4	10.9	3.2	2.0	3.8
11.0	66.8	7.9	6.8	2.4	5.2	15.4	51.7	16.4	8.5	1.1	6.8
10.6	66.4	14.2	4.6	1.8	2.4	15.9	56.3	19.6	3.9	2.0	2.4
12.5	70.8	6.8	4.2	3.0	2.8	19.0	56.2	11.5	6.6	2.6	4.0
9.0	74.5	5.0	5.3	1.3	4.9	13.4	56.0	14.4	8.4	1.2	6.7
7.6	74.3	7.2	6.4	1.2	3.3	11.5	62.4	13.8	7.9	1.1	3.3
3.5	84.6	3.8	4.5	1.2	2.3	5.7	70.6	12.7	6.3	1.3	3.4
8.6	70.3	9.1	5.9	2.4	3.6	14.0	55.2	16.6	8.6	1.7	3.9
7.0	77.2	5.7	6.6	1.9	1.5	13.0	63.9	11.8	7.9	1.4	2.0
6.4	71.3	9.5	6.5	3.3	3.1	12.2	54.4	18.7	9.0	2.7	3.0
7.6	79.3	7.1	3.3	1.4	1.4	12.1	69.1	12.4	4.0	0.9	1.5
6.9	74.2	10.6	5.4	1.7	1.1	12.4	63.3	15.0	6.4	1.7	1.2
8.4	69.7	8.8	7.8	2.7	2.6	14.2	58.4	14.8	7.8	1.9	2.9
8.6	71.8	8.1	6.7	2.9	1.9	14.4	58.6	15.0	7.3	2.2	2.5
10.0	65.9	6.3	11.2	1.9	4.8	19.2	43.7	17.4	13.0	1.6	5.2
11.4	68.6	7.0	7.5	2.9	2.7	17.8	56.2	13.4	8.3	2.0	2.4
12.5	62.5	4.2	6.9	2.8	11.1	11.1	47.2	14.8	14.8	3.7	8.3
9.1	70.6	4.4	8.7	2.0	5.2	16.8	56.8	12.5	9.2	1.0	3.7
7.5	73.9	6.4	6.0	2.5	3.7	13.8	62.0	12.1	7.6	1.4	3.3
14.4	64.3	7.9	7.0	3.3	3.2	21.7	52.6	11.9	7.2	3.1	3.5
7.6	69.8	4.6	6.5	3.5	8.0	18.6	56.5	9.0	8.5	1.9	5.5
13.0	56.5	4.3	4.3	8.7	13.0	21.7	52.2	8.7	4.3		13.0
10.2	70.0	6.1	6.4	2.9	4.4	19.8	55.1	11.8	7.0	2.9	3.4
10.0	69.9	10.0	3.6	4.4	2.1	17.4	59.6	15.3	4.3	2.5	1.0
10.4	71.7	6.6	3.8	3.8	3.8	22.0	58.5	10.2	4.2	0.8	4.2
9.7	74.1	3.6	5.8	2.5	4.3	17.7	57.9	11.7	8.0	2.3	2.3
9.4	72.7	5.3	4.3	3.9	4.4	15.8	61.6	8.8	5.0	4.2	4.6

15-6 续表 3

项 目	在认为下列政策效果不明显的企业家中，					
	技术转让、技术开发收入免征增值税和技术转让减免所得税优惠政策					
	不知道此政 策	不具备享受该政策的资格	吸引力不足	办理手续繁 琐	政府部门政策执行力度不够	其他原因
总 计	**11.8**	**70.5**	**7.6**	**4.5**	**1.3**	**4.3**
一、按规模分						
大型企业	9.7	64.1	9.0	5.9	1.6	9.6
中型企业	11.1	68.8	7.9	4.9	1.5	5.7
小型企业	12.1	71.3	7.4	4.4	1.2	3.6
微型企业	13.7	69.3	8.9	3.9	1.0	3.3
二、按登记注册类型分						
内资企业	12.2	70.2	7.9	4.6	1.3	3.9
国有企业	15.2	63.0	9.7	4.2	1.5	6.4
集体企业	8.9	72.2	12.7	3.2	1.3	1.9
股份合作企业	9.7	76.9	8.4	2.9	0.8	1.3
联营企业	21.1	68.4	5.3	5.3		
#国有联营企业		33.3	33.3	33.3		
有限责任公司	12.4	69.0	7.7	4.7	1.4	4.8
#国有独资公司	13.1	67.1	6.3	3.6	2.3	7.6
股份有限公司	11.0	65.4	7.8	5.2	1.8	8.8
私营企业	12.2	71.1	7.9	4.5	1.2	3.0
其他企业	13.4	69.4	10.4	5.2	1.5	
港、澳、台商投资企业	10.6	71.3	6.6	4.3	1.0	6.3
合资经营企业	9.7	72.3	6.5	4.4	1.4	5.8
合作经营企业	8.7	71.4	13.5	0.8	1.6	4.0
港、澳、台商独资经营企业	11.3	70.9	6.4	4.3	0.8	6.5
港、澳、台商投资股份有限公司	9.9	67.4	6.4	3.5	2.1	10.6
其他港、澳、台投资企业	2.2	77.8	8.9	2.2	2.2	6.7
外商投资企业	9.7	73.4	5.8	3.7	0.8	6.6
中外合资经营企业	9.4	72.3	6.2	4.0	1.1	7.0
中外合作经营企业	11.9	72.6	5.2	3.7	0.7	5.9
外资企业	9.7	74.3	5.6	3.5	0.6	6.2
外商投资股份有限公司	10.0	65.0	5.8	5.0	0.8	13.3
其他外商投资企业	11.6	75.4	4.3	2.9		5.8
三、按行业分						
采矿业	10.2	74.4	7.3	4.0	2.0	2.0
煤炭开采和洗选业	10.1	75.2	6.3	4.0	2.7	1.6
石油和天然气开采业	17.9	50.0	17.9	3.6	3.6	7.1
黑色金属矿采选业	10.5	77.6	7.2	3.6		1.1
有色金属矿采选业	6.0	76.9	6.4	4.7	3.0	3.0
非金属矿采选业	12.2	71.4	8.6	3.8	1.4	2.6

对主要原因作出不同判断的企业家占比(%)											
科技开发用品免征进口税收政策						鼓励企业吸引和培养人才的相关政策					
不知道此政策	不具备享受该政策的资格	吸引力不足	办理手续繁琐	政府部门政策执行力度不够	其他原因	不知道此政策	不具备享受该政策的资格	吸引力不足	办理手续繁琐	政府部门政策执行力度不够	其他原因
12.1	**73.0**	**5.9**	**3.2**	**1.0**	**4.8**	**18.0**	**47.0**	**26.5**	**3.7**	**3.5**	**1.4**
11.8	66.3	7.5	4.2	1.3	8.8	16.6	34.4	36.6	4.4	5.2	2.8
12.1	70.8	6.2	3.5	1.2	6.2	18.3	42.7	28.8	4.1	4.5	1.7
12.1	74.0	5.8	3.0	0.9	4.2	18.0	48.5	25.7	3.6	3.1	1.2
14.3	72.1	5.8	2.2	1.0	4.6	18.4	50.7	21.6	2.9	3.4	3.0
12.1	73.2	6.0	3.1	1.0	4.6	17.7	47.0	27.0	3.6	3.5	1.2
15.0	67.2	6.8	2.7	1.0	7.4	20.1	38.9	32.0	2.7	3.7	2.5
11.6	73.6	9.8	1.8	0.9	2.4	13.2	54.0	29.8	1.9	0.8	0.4
11.4	80.7	4.5	1.9	0.4	1.1	17.6	56.9	19.0	2.3	3.7	0.5
19.0	71.4	4.8	4.8			33.3	46.7	13.3		6.7	
	50.0	25.0	25.0				50.0	50.0			
12.2	72.3	5.8	3.0	1.0	5.6	19.1	44.1	28.2	3.3	4.0	1.4
13.0	69.3	4.8	2.3	1.6	9.0	17.7	39.9	31.3	2.7	5.5	2.9
12.2	68.6	5.8	3.1	1.0	9.3	18.3	36.4	34.2	4.0	4.9	2.3
12.0	74.1	6.1	3.2	1.0	3.7	17.1	49.0	25.9	3.8	3.2	1.0
15.9	71.0	7.6	4.1	0.7	0.7	11.1	54.6	26.9	3.7	2.8	0.9
12.4	71.5	5.4	3.4	1.0	6.3	19.5	45.3	25.6	4.0	3.8	1.9
10.8	73.1	5.3	3.1	1.2	6.4	18.3	44.6	27.0	3.7	4.1	2.4
14.6	70.0	6.9	2.3		6.2	21.2	50.5	21.2	4.0	3.0	
13.5	70.7	5.3	3.5	0.9	6.2	20.1	45.6	24.9	4.1	3.5	1.7
11.0	65.8	8.4	4.5	1.3	9.0	18.6	37.3	32.4	2.9	6.9	2.0
4.1	75.5	4.1	4.1	6.1	6.1	12.5	53.1	18.8	9.4	6.3	
12.4	72.4	5.4	3.2	0.6	5.8	19.7	48.3	22.9	3.9	2.7	2.5
12.8	72.0	5.6	2.9	0.8	5.9	19.7	46.7	24.8	3.3	3.2	2.4
17.9	69.4	3.7	3.7	0.7	4.5	24.8	45.7	23.8	4.8	1.0	
11.9	73.0	5.4	3.4	0.5	5.8	19.6	49.3	21.9	4.2	2.5	2.7
15.2	63.0	5.8	3.6	2.2	10.1	18.6	49.0	22.5	2.9	2.9	3.9
14.5	73.9	4.3	1.4	1.4	4.3	21.8	43.6	25.5	3.6	1.8	3.6
10.3	78.0	4.9	2.8	1.0	3.0	13.9	48.1	30.9	2.8	3.5	0.7
11.0	77.1	5.2	2.9	1.2	2.6	15.3	47.1	30.8	2.2	3.7	1.1
	72.7	12.1		6.1	9.1	12.0	28.0	48.0		4.0	8.0
9.1	81.5	4.4	3.0	0.3	1.7	11.7	48.3	33.2	3.9	2.9	
7.6	80.3	2.8	3.6	0.8	4.8	11.2	54.5	26.4	2.8	5.1	
12.3	76.0	5.8	2.2	0.6	3.0	15.4	47.5	30.2	3.4	2.8	0.6

15-6 续表 4

项 目	在认为下列政策效果不明显的企业家中，					
	技术转让、技术开发收入免征增值税和技术转让减免所得税优惠政策					
	不知道此政策	不具备享受该政策的资格	吸引力不足	办理手续繁琐	政府部门政策执行力度不够	其他原因
开采辅助活动	6.9	75.9	6.9	3.4	6.9	
其他采矿业	25.0	75.0				
制造业	11.9	70.4	7.6	4.6	1.2	4.3
农副食品加工业	13.5	69.3	9.2	3.7	1.5	2.6
食品制造业	12.8	70.4	7.3	4.0	1.7	3.8
酒、饮料和精制茶制造业	13.3	70.2	7.4	4.0	1.8	3.3
烟草制品业	15.0	63.3	10.0	1.7		10.0
纺织业	9.5	76.9	7.1	3.7	0.9	1.8
纺织服装、服饰业	10.4	75.1	8.6	3.4	1.0	1.5
皮革、毛皮、羽毛及其制品和制鞋业	10.3	77.0	7.3	4.0	0.8	0.6
木材加工和木、竹、藤、棕、草制品业	15.0	65.9	11.0	4.3	1.4	2.3
家具制造业	12.2	72.5	7.8	4.3	0.9	2.2
造纸和纸制品业	10.2	73.7	7.9	3.8	1.3	3.0
印刷和记录媒介复制业	12.2	70.5	7.6	5.1	1.0	3.6
文教、工美、体育和娱乐用品制造业	11.6	73.9	7.7	3.2	0.7	2.8
石油加工、炼焦和核燃料加工业	12.7	67.6	7.0	7.3	0.7	4.8
化学原料和化学制品制造业	12.4	68.4	7.7	5.1	1.5	5.0
医药制造业	12.0	64.9	8.3	5.5	1.8	7.6
化学纤维制造业	10.6	74.7	4.9	5.1	0.6	4.2
橡胶和塑料制品业	11.9	71.9	7.5	4.2	1.2	3.3
非金属矿物制品业	11.9	71.7	8.1	3.9	1.4	3.1
黑色金属冶炼和压延加工业	10.5	71.9	7.9	5.3	1.1	3.3
有色金属冶炼和压延加工业	11.4	69.9	9.2	4.7	1.0	3.8
金属制品业	11.6	70.8	8.2	4.9	1.2	3.4
通用设备制造业	11.5	70.5	7.1	4.9	0.9	5.2
专用设备制造业	12.4	67.6	7.9	4.9	1.2	6.0
汽车制造业	12.2	70.9	6.2	4.3	1.3	5.1
铁路、船舶、航空航天和其他运输设备制造业	13.4	67.5	7.9	5.0	0.7	5.4
电气机械和器材制造业	11.7	69.4	6.9	4.9	1.2	5.9
计算机、通信和其他电子设备制造业	12.5	66.5	6.3	5.8	1.3	7.6
仪器仪表制造业	9.7	67.7	7.1	6.4	1.5	7.5
其他制造业	12.9	67.2	7.9	6.8	1.6	3.6
废弃资源综合利用业	16.4	66.4	4.9	4.9	2.6	4.9
金属制品、机械和设备修理业	12.3	63.0	8.2	1.4		15.1
电力、热力、燃气及水生产和供应业	11.5	73.5	5.7	2.1	1.5	5.8
电力、热力生产和供应业	13.4	72.1	5.4	2.3	1.7	5.1
燃气生产和供应业	5.8	77.5	6.9	1.8	0.4	7.6
水的生产和供应业	8.3	75.6	5.9	1.7	1.7	6.9

对主要原因作出不同判断的企业家占比(%)											
科技开发用品免征进口税收政策						鼓励企业吸引和培养人才的相关政策					
不知道此政　策	不具备享受该政策的 资 格	吸引力不足	办理手续繁　琐	政府部门政策执行力度不够	其他原因	不知道此政　策	不具备享受该政策的 资 格	吸引力不足	办理手续繁　琐	政府部门政策执行力度不够	其他原因
8.8	79.4		2.9	5.9	2.9	11.5	46.2	38.5		3.8	
	100.0						66.7	33.3			
12.2	72.9	6.0	3.2	1.0	4.8	18.1	46.8	26.5	3.7	3.5	1.4
11.8	73.9	7.2	2.4	1.1	3.6	18.6	45.6	28.9	2.6	3.4	0.9
11.7	75.7	5.0	2.5	1.0	4.1	18.6	45.2	28.1	2.9	4.1	1.2
11.6	74.8	5.9	2.9	0.9	4.0	17.8	44.7	27.9	2.6	5.4	1.6
11.5	68.9	4.9	3.3		11.5	24.4	39.0	31.7	2.4		2.4
10.2	77.3	6.1	3.5	0.7	2.1	12.5	57.4	24.0	3.2	2.2	0.7
9.8	77.2	7.6	2.7	0.9	1.7	12.6	58.6	23.1	2.6	2.2	0.9
10.5	78.0	6.3	3.4	0.8	1.0	13.6	56.4	24.0	3.3	2.4	0.4
14.8	69.4	9.2	2.7	0.8	3.1	18.2	47.7	27.4	3.2	2.6	1.0
13.1	74.0	6.2	3.3	0.7	2.8	18.4	48.5	26.1	3.3	2.5	1.1
10.4	76.4	6.3	3.1	0.7	3.1	16.5	48.0	27.4	3.8	3.0	1.3
11.2	74.7	5.9	3.2	0.7	4.3	16.7	49.5	26.6	4.1	2.2	0.9
12.4	74.5	6.4	2.8	0.9	3.0	16.5	52.7	23.4	3.3	2.9	1.3
13.0	71.1	5.1	3.8	0.8	6.3	18.7	47.4	26.3	3.0	2.1	2.4
12.1	71.9	5.7	3.5	1.1	5.7	19.0	45.8	25.9	4.3	3.3	1.7
12.8	69.1	5.6	2.8	1.4	8.3	21.5	35.3	32.2	3.3	5.6	2.1
11.7	75.7	4.9	2.7	1.1	4.0	16.9	54.9	20.9	3.1	2.3	1.9
12.6	73.1	6.3	3.3	0.9	3.8	17.4	49.0	25.0	4.3	3.3	1.0
11.3	75.2	6.3	2.5	1.0	3.6	16.6	49.3	26.7	3.1	3.4	1.0
10.2	75.3	7.2	2.8	1.0	3.5	15.9	48.2	28.1	3.9	2.7	1.1
11.8	72.2	6.7	3.9	1.1	4.4	15.0	46.8	28.7	3.7	4.2	1.5
11.9	73.6	6.2	3.5	0.9	4.0	16.7	50.1	24.4	4.3	3.3	1.2
12.2	72.6	5.4	3.5	0.9	5.5	18.6	45.8	27.2	3.6	3.4	1.5
13.2	70.2	5.5	3.6	0.9	6.5	21.1	41.0	27.3	4.5	4.4	1.6
12.5	72.4	5.2	3.0	0.9	6.1	20.6	44.5	26.2	3.2	3.7	1.7
13.0	71.5	5.3	3.1	1.0	6.2	20.3	42.9	28.7	3.6	2.2	2.2
13.0	71.0	5.5	3.1	1.0	6.5	20.1	43.3	26.9	4.1	3.9	1.8
15.0	67.4	5.2	4.3	1.0	7.1	22.3	39.0	26.6	5.5	4.4	2.0
12.8	69.6	5.4	3.6	0.9	7.8	21.0	41.3	28.1	3.9	3.8	1.9
13.7	70.5	6.1	4.2	1.1	4.4	16.5	42.6	29.8	5.1	5.3	0.8
12.2	74.8	3.4	3.1	1.4	5.1	21.8	44.0	25.5	4.6	3.2	0.9
14.0	65.6	3.2	3.2	1.1	12.9	27.9	31.1	31.1	8.2		1.6
11.1	76.7	4.3	1.3	0.7	5.9	16.5	54.0	22.9	1.4	2.7	2.5
12.7	75.3	4.2	1.5	0.6	5.6	18.0	52.2	23.0	1.3	3.0	2.4
5.4	81.1	4.7	1.3	0.7	6.7	13.1	59.3	21.6	1.5	2.0	2.5
9.3	78.3	4.3	0.3	0.9	6.8	13.3	56.9	23.4	1.8	1.8	2.8

15-6 续表 5

项目	在认为下列政策效果不明显的企业家中，技术转让、技术开发收入免征增值税和技术转让减免所得税优惠政策					
	不知道此政策	不具备享受该政策的资格	吸引力不足	办理手续繁琐	政府部门政策执行力度不够	其他原因
四、按地区分						
东部地区	11.2	71.9	7.1	4.4	1.0	4.4
中部地区	11.8	68.2	9.7	4.9	1.7	3.7
西部地区	14.5	68.5	6.5	4.7	1.8	4.1
东北地区	13.8	64.1	9.6	4.2	2.0	6.3
北　京	8.9	65.0	7.2	5.6	1.2	12.0
天　津	13.1	69.3	7.1	4.0	0.7	5.8
河　北	13.1	71.0	8.9	3.3	1.0	2.6
山　西	13.3	71.1	6.0	2.9	1.8	4.9
内蒙古	20.5	64.4	6.9	2.6	1.0	4.5
辽　宁	13.4	62.9	8.3	4.6	2.0	8.8
吉　林	13.0	66.6	12.0	3.3	1.9	3.2
黑龙江	15.7	62.8	8.7	4.7	2.0	6.2
上　海	13.9	67.0	6.5	4.0	0.7	7.9
江　苏	11.3	71.3	8.0	4.7	0.8	3.8
浙　江	6.3	81.5	4.7	2.7	1.0	3.9
安　徽	12.4	67.3	9.3	4.7	1.6	4.7
福　建	10.7	75.4	6.2	4.0	1.3	2.6
江　西	10.7	66.7	11.3	5.0	2.3	4.0
山　东	10.4	75.2	8.2	3.0	1.0	2.1
河　南	10.1	70.0	11.3	5.1	1.5	1.9
湖　北	13.2	67.8	8.3	4.7	1.7	4.3
湖　南	12.3	67.8	9.7	5.6	1.4	3.3
广　东	17.4	58.4	8.1	7.9	1.3	6.9
广　西	16.0	67.0	7.0	5.6	1.6	2.8
海　南	9.7	68.0	8.7	3.9		9.7
重　庆	14.0	70.2	4.9	6.0	1.2	3.7
四　川	12.0	71.8	6.2	3.9	1.6	4.5
贵　州	17.8	61.5	7.8	6.4	2.7	3.7
云　南	14.6	68.3	5.2	4.9	1.5	5.5
西　藏	19.2	65.4	7.7			7.7
陕　西	14.7	66.9	6.6	5.1	2.6	4.1
甘　肃	12.8	67.5	11.1	4.0	2.8	1.7
青　海	21.4	61.1	9.5	2.4	1.6	4.0
宁　夏	13.6	68.6	9.2	4.7	1.2	2.7
新　疆	13.7	69.6	5.5	3.5	3.0	4.7

对主要原因作出不同判断的企业家占比(%)											
科技开发用品免征进口税收政策						鼓励企业吸引和培养人才的相关政策					
不知道此政　策	不具备享受该政策的资格	吸引力不足	办理手续繁　琐	政府部门政策执行力度不够	其他原因	不知道此政　策	不具备享受该政策的资格	吸引力不足	办理手续繁　琐	政府部门政策执行力度不够	其他原因
12.4	73.0	5.8	3.3	0.8	4.8	17.4	49.5	24.7	4.0	3.0	1.4
10.5	73.9	7.0	3.1	1.2	4.3	17.2	43.1	31.3	3.1	4.1	1.2
12.9	73.2	4.8	2.8	1.1	5.3	20.9	41.1	28.7	3.0	4.7	1.5
14.3	67.5	7.2	3.1	1.4	6.5	23.4	40.6	27.5	2.8	3.5	2.3
13.0	66.9	4.1	3.6	0.8	11.5	25.2	38.9	22.3	6.3	4.1	3.2
14.3	71.0	4.5	2.9	0.3	7.0	20.2	51.3	22.6	2.7	1.1	2.1
12.4	75.0	6.6	2.0	1.1	3.0	18.1	47.0	29.9	2.3	2.1	0.6
12.7	73.4	4.7	1.5	1.5	6.2	17.4	42.8	29.8	1.7	5.3	3.0
17.3	68.5	5.3	2.2	0.5	6.3	24.1	43.5	24.5	1.8	4.5	1.6
16.1	64.0	6.1	3.7	1.3	8.7	25.8	36.3	28.6	3.4	2.8	3.1
13.0	69.9	10.2	2.3	0.9	3.7	21.1	46.0	25.5	2.0	4.2	1.2
13.1	70.4	5.2	2.9	2.0	6.3	22.1	41.2	28.0	2.7	3.7	2.3
16.9	66.6	5.1	3.0	0.7	7.7	26.0	39.8	23.1	5.4	3.3	2.3
12.7	72.0	6.9	3.7	0.6	4.1	15.8	51.3	25.1	4.3	2.2	1.4
7.9	81.0	3.9	2.1	0.7	4.4	12.1	58.9	22.3	2.5	3.1	1.1
11.6	72.7	6.2	3.1	1.0	5.5	17.7	41.2	32.6	3.5	3.6	1.3
11.2	76.2	4.9	3.4	1.1	3.2	16.5	50.3	24.6	3.5	4.1	0.9
9.9	72.8	8.4	2.7	1.4	4.9	17.3	42.5	31.0	3.0	4.9	1.2
9.5	78.5	6.8	1.7	0.7	2.8	13.0	57.7	24.7	2.0	2.0	0.5
8.3	76.3	8.4	3.6	1.2	2.1	13.2	48.6	31.1	3.1	3.5	0.5
10.8	73.2	6.8	3.1	1.1	5.0	19.2	39.6	33.2	2.7	4.2	1.2
11.6	74.4	6.2	2.9	1.3	3.6	19.2	43.4	27.7	3.5	4.9	1.4
19.1	59.9	6.9	6.0	1.2	6.9	26.6	32.4	26.9	7.3	4.7	2.0
13.9	71.6	5.9	2.4	1.1	5.1	24.8	35.9	31.2	2.5	4.9	0.8
11.1	67.5	6.0	2.6	0.9	12.0	21.5	32.9	32.9	1.3	5.1	6.3
13.5	75.1	3.3	3.2	1.0	3.9	20.9	45.8	25.0	3.9	3.4	1.0
10.4	76.6	4.5	2.6	0.8	5.0	18.6	47.6	25.6	3.2	3.6	1.3
16.4	68.1	5.6	3.9	1.7	4.4	23.0	34.6	33.1	3.1	4.8	1.4
12.4	72.3	4.1	2.7	1.0	7.5	23.5	37.7	28.4	3.0	6.0	1.4
20.0	70.0	3.3			6.7	17.4	39.1	34.8	4.3	4.3	
13.3	71.9	4.9	3.1	1.4	5.5	22.7	35.1	31.2	3.2	6.2	1.6
11.8	72.5	7.9	2.7	1.7	3.4	16.0	35.3	37.1	2.1	7.2	2.3
16.4	70.5	5.5	0.7	0.7	6.2	13.3	46.7	30.0	2.2	5.6	2.2
12.2	73.2	3.6	1.9	1.7	7.5	20.0	31.4	33.7	1.2	6.7	7.1
12.9	70.9	5.4	2.5	2.3	6.1	17.1	39.7	34.2	2.2	5.1	1.6

15-6 续表 6

项 目	在认为下列政策效果不明显的企业家中,金融支持相关政策					
	不知道此政策	不具备享受该政策的资格	吸引力不足	办理手续繁琐	政府部门政策执行力度不够	其他原因
总 计	**16.3**	**49.1**	**14.2**	**12.2**	**5.5**	**2.6**
一、按规模分						
大型企业	17.1	40.8	18.8	10.1	6.3	6.9
中型企业	17.1	45.9	16.2	11.3	5.9	3.7
小型企业	16.1	50.2	13.6	12.5	5.4	2.2
微型企业	15.3	51.4	12.6	11.9	6.7	2.1
二、按登记注册类型分						
内资企业	15.8	48.9	14.2	13.0	5.9	2.1
国有企业	18.1	48.3	17.6	6.3	6.1	3.7
集体企业	12.3	53.4	16.2	14.4	3.2	0.4
股份合作企业	14.7	59.2	9.2	8.3	7.8	0.9
联营企业	27.8	66.7		5.6		
#国有联营企业		75.0		25.0		
有限责任公司	16.8	47.3	14.2	12.8	6.1	2.8
#国有独资公司	17.5	52.1	12.8	7.1	6.3	4.4
股份有限公司	16.9	40.1	16.8	13.5	8.7	4.0
私营企业	15.3	50.2	14.0	13.2	5.7	1.7
其他企业	12.1	50.0	17.7	15.3	4.8	
港、澳、台商投资企业	18.6	47.8	15.2	9.6	4.6	4.3
合资经营企业	17.9	46.7	17.2	9.4	5.0	3.8
合作经营企业	19.2	51.9	14.4	4.8	5.8	3.8
港、澳、台商独资经营企业	18.9	48.6	14.0	9.6	4.2	4.7
港、澳、台商投资股份有限公司	18.1	39.7	18.1	14.7	5.2	4.3
其他港、澳、台投资企业	17.5	42.5	15.0	10.0	15.0	
外商投资企业	18.7	51.7	13.9	7.3	2.9	5.5
中外合资经营企业	18.5	50.8	14.4	8.1	4.0	4.3
中外合作经营企业	14.2	52.5	20.0	6.7	2.5	4.2
外资企业	19.0	52.3	13.4	6.9	2.3	6.1
外商投资股份有限公司	16.4	44.3	15.6	8.2	4.9	10.7
其他外商投资企业	17.2	56.3	12.5	1.6	3.1	9.4
三、按行业分						
采矿业	12.2	52.9	12.9	14.0	6.8	1.2
煤炭开采和洗选业	11.1	54.5	12.8	11.9	8.0	1.8
石油和天然气开采业	13.3	53.3	16.7	10.0	3.3	3.3
黑色金属矿采选业	14.5	51.9	11.7	16.8	4.2	0.9
有色金属矿采选业	10.8	55.7	11.9	16.0	5.7	
非金属矿采选业	13.4	49.0	13.4	15.2	7.8	1.2

对主要原因作出不同判断的企业家占比(%)					
创造和保护知识产权的相关政策					
不知道此政策	不具备享受该政策的资格	吸引力不足	办理手续繁琐	政府部门政策执行力度不够	其他原因
15.6	**59.9**	**13.3**	**6.3**	**3.6**	**1.4**
15.2	51.2	19.5	5.1	5.9	3.2
15.3	57.3	15.1	6.6	4.0	1.7
15.7	60.7	12.7	6.3	3.4	1.2
16.4	61.7	11.8	4.6	3.4	2.1
15.5	59.7	13.6	6.4	3.6	1.2
18.3	56.2	16.8	3.3	3.1	2.3
10.2	64.4	17.1	6.5	1.5	0.4
15.7	66.5	9.7	4.9	3.2	
15.4	76.9			7.7	
	100.0				
15.8	58.7	14.0	6.3	3.7	1.5
13.6	59.9	13.2	3.8	6.1	3.4
16.1	48.9	19.3	8.1	5.9	1.8
15.4	60.7	13.1	6.4	3.4	1.0
13.0	66.7	13.8	4.9	1.6	
16.8	58.9	12.6	5.7	4.0	2.1
16.0	58.5	13.6	5.5	4.4	2.1
21.7	61.4	13.3	1.2	1.2	1.2
17.2	59.2	11.7	6.0	3.8	2.1
15.9	52.4	20.7	4.9	4.9	1.2
3.4	62.1	24.1	3.4	3.4	3.4
15.8	61.9	11.0	5.3	3.2	2.8
16.2	60.0	12.1	5.7	3.6	2.3
17.8	60.4	12.9	3.0	4.0	2.0
15.8	62.9	10.2	5.1	2.9	3.1
7.3	58.5	15.9	6.1	8.5	3.7
14.8	61.1	16.7	1.9	1.9	3.7
13.1	67.8	11.4	4.1	2.6	1.0
13.3	68.8	10.5	4.0	2.5	0.9
10.5	42.1	36.8		5.3	5.3
13.6	69.9	9.3	4.7	2.1	0.4
10.9	69.9	10.4	4.1	4.1	0.5
13.9	65.7	12.5	4.4	1.9	1.6

15-6 续表 7

项目	在认为下列政策效果不明显的企业家中,					
	金融支持相关政策					
	不知道此政策	不具备享受该政策的资格	吸引力不足	办理手续繁琐	政府部门政策执行力度不够	其他原因
开采辅助活动	12.0	56.0	20.0	4.0	8.0	
其他采矿业		66.7		33.3		
制造业	16.4	48.9	14.3	12.3	5.5	2.6
农副食品加工业	15.1	46.1	15.2	14.7	7.2	1.7
食品制造业	15.4	47.6	16.0	12.6	6.0	2.3
酒、饮料和精制茶制造业	16.1	47.3	13.3	13.8	6.2	3.2
烟草制品业	16.3	42.9	22.4		4.1	14.3
纺织业	12.2	57.7	14.0	10.0	4.9	1.1
纺织服装、服饰业	12.7	59.7	14.1	9.0	3.2	1.2
皮革、毛皮、羽毛及其制品和制鞋业	14.4	58.9	12.3	10.1	3.6	0.6
木材加工和木、竹、藤、棕、草制品业	15.1	49.8	15.6	13.6	4.8	1.1
家具制造业	16.1	51.5	13.7	13.2	3.9	1.6
造纸和纸制品业	15.4	52.0	13.7	11.0	5.6	2.3
印刷和记录媒介复制业	16.8	50.1	14.1	12.2	4.9	1.9
文教、工美、体育和娱乐用品制造业	15.9	53.5	13.9	10.6	4.8	1.4
石油加工、炼焦和核燃料加工业	12.7	52.6	12.4	10.7	7.4	4.1
化学原料和化学制品制造业	16.9	45.8	14.4	14.0	6.3	2.7
医药制造业	18.3	40.7	16.0	12.8	7.4	4.8
化学纤维制造业	17.2	54.1	9.6	10.1	6.7	2.3
橡胶和塑料制品业	16.2	52.0	13.6	11.6	4.8	1.8
非金属矿物制品业	14.7	53.3	12.7	12.1	5.4	1.7
黑色金属冶炼和压延加工业	13.3	51.9	15.0	12.3	6.0	1.5
有色金属冶炼和压延加工业	14.4	50.4	14.7	11.8	6.7	2.0
金属制品业	15.8	51.3	13.9	12.2	4.9	1.9
通用设备制造业	16.8	47.8	14.6	12.2	5.8	2.8
专用设备制造业	18.6	43.9	14.8	13.3	5.9	3.5
汽车制造业	18.7	47.5	14.1	11.1	4.8	3.8
铁路、船舶、航空航天和其他运输设备制造业	18.2	48.6	13.2	12.4	4.7	2.9
电气机械和器材制造业	18.3	44.9	14.5	12.4	6.2	3.7
计算机、通信和其他电子设备制造业	19.8	41.6	15.1	13.3	5.1	5.1
仪器仪表制造业	16.0	44.6	16.0	12.9	5.4	5.2
其他制造业	14.7	47.1	15.8	12.9	7.1	2.4
废弃资源综合利用业	20.4	43.9	13.6	14.9	5.9	1.4
金属制品、机械和设备修理业	21.1	49.3	14.1	7.0	5.6	2.8
电力、热力、燃气及水生产和供应业	16.1	59.0	11.1	6.1	4.6	3.2
电力、热力生产和供应业	17.3	57.9	11.5	5.5	5.0	2.9
燃气生产和供应业	14.9	62.3	10.1	7.0	3.5	2.2
水的生产和供应业	12.1	60.7	10.3	7.6	4.0	5.4

对主要原因作出不同判断的企业家占比(%)					
创造和保护知识产权的相关政策					
不知道此政　　策	不具备享受该政策的 资 格	吸引力不足	办理手续繁　　琐	政府部门政策执行力度不够	其他原因
13.6	54.5	27.3		4.5	
	100.0				
15.8	59.4	13.4	6.4	3.6	1.3
15.6	59.4	14.9	5.9	3.2	1.0
16.9	57.3	14.1	6.6	4.2	1.0
15.7	58.4	14.5	5.8	4.2	1.3
14.3	35.7	25.0	10.7	3.6	10.7
11.3	68.6	11.5	5.2	2.7	0.8
11.9	68.3	12.3	4.9	1.6	0.9
13.1	67.9	10.7	5.7	2.5	0.2
16.4	59.0	15.3	5.9	2.9	0.5
15.9	58.7	14.8	6.1	3.2	1.3
14.8	62.7	13.0	5.5	2.9	1.2
15.9	60.7	14.1	6.0	1.9	1.5
14.7	61.6	13.0	6.2	3.1	1.4
12.1	65.8	11.8	4.8	2.4	3.0
16.2	57.1	13.7	7.3	4.4	1.2
18.3	49.0	17.8	7.4	5.4	2.2
16.1	64.5	8.8	5.6	2.9	2.2
15.3	60.8	12.4	7.1	3.5	0.9
13.9	63.9	12.7	5.0	3.2	1.2
13.6	64.1	13.6	5.1	2.5	1.1
13.5	62.3	12.8	6.9	3.1	1.3
15.3	61.4	12.2	6.5	3.5	1.1
16.2	57.2	13.7	6.6	4.8	1.6
17.9	51.1	15.4	8.3	5.5	1.8
17.9	59.1	12.3	5.6	3.5	1.7
18.6	56.6	13.9	5.9	3.7	1.2
18.2	54.3	13.4	7.4	4.8	1.8
19.9	52.2	14.1	7.7	3.7	2.4
16.7	53.4	16.4	7.5	4.4	1.7
14.7	57.5	16.8	7.6	2.4	0.9
21.7	56.6	9.3	8.0	3.5	0.9
19.0	51.7	15.5	5.2	3.4	5.2
11.8	70.9	8.9	2.2	2.2	4.0
13.1	69.2	9.3	2.5	2.1	3.7
9.9	73.9	7.7	1.4	2.3	5.0
8.4	74.9	8.4	1.6	2.4	4.4

15-6 续表 8

项目	在认为下列政策效果不明显的企业家中，金融支持相关政策：不知道此政策	不具备享受该政策的资格	吸引力不足	办理手续繁琐	政府部门政策执行力度不够	其他原因
四、按地区分						
东部地区	16.8	51.4	14.0	10.6	4.4	2.7
中部地区	14.0	44.1	16.1	16.3	7.6	2.0
西部地区	16.0	44.8	12.9	15.3	8.2	2.6
东北地区	19.0	45.1	13.8	11.6	6.6	3.9
北京	21.7	43.3	14.1	10.3	3.6	7.0
天津	16.6	57.0	11.4	9.1	2.9	2.9
河北	15.5	54.3	13.8	10.7	4.2	1.5
山西	15.5	48.6	12.5	11.4	9.2	2.8
内蒙古	21.5	44.8	12.7	9.5	8.3	3.3
辽宁	23.5	40.4	14.0	11.4	5.8	4.9
吉林	16.4	49.8	15.1	9.3	6.5	3.0
黑龙江	14.3	47.6	11.8	14.9	8.3	3.2
上海	26.4	45.0	13.3	8.2	3.2	3.9
江苏	16.0	52.0	14.7	11.1	3.5	2.8
浙江	12.8	58.8	13.6	6.7	5.6	2.5
安徽	16.4	39.8	15.6	18.1	7.4	2.7
福建	15.0	52.1	13.6	11.0	6.7	1.6
江西	13.1	44.4	18.0	13.9	8.5	2.2
山东	11.8	59.7	13.8	9.9	3.7	1.0
河南	9.9	50.2	18.1	14.9	5.9	0.9
湖北	14.9	41.0	15.7	18.1	8.4	1.9
湖南	15.2	44.2	14.2	16.4	8.1	1.9
广东	24.3	36.3	14.6	16.1	4.7	4.0
广西	18.9	42.6	13.8	14.4	8.0	2.3
海南	20.5	45.8	9.6	12.0	3.6	8.4
重庆	16.4	48.0	12.4	16.1	4.8	2.3
四川	13.1	50.5	12.1	14.8	6.6	2.9
贵州	19.9	35.8	13.9	18.9	9.3	2.3
云南	16.5	40.9	12.3	16.3	10.4	3.8
西藏	23.5	29.4	17.6	11.8	11.8	5.9
陕西	16.2	40.4	14.3	17.8	9.5	1.9
甘肃	16.1	43.8	12.1	13.1	13.1	1.9
青海	12.7	40.2	13.7	17.6	11.8	3.9
宁夏	11.5	40.1	16.0	13.7	15.3	3.4
新疆	14.4	48.7	12.5	11.9	9.6	2.9

对主要原因作出不同判断的企业家占比(%)					
创造和保护知识产权的相关政策					
不知道此政策	不具备享受该政策的资格	吸引力不足	办理手续繁琐	政府部门政策执行力度不够	其他原因
15.6	61.1	12.5	6.2	3.3	1.4
14.5	57.7	16.1	6.8	3.9	1.1
16.5	57.8	13.0	6.0	4.8	1.9
19.8	55.5	14.1	5.4	3.2	2.0
23.2	47.0	14.5	7.2	4.6	3.6
15.9	64.4	11.8	4.6	1.6	1.6
15.7	63.1	13.6	4.5	2.5	0.6
14.0	61.8	13.1	5.1	3.9	2.2
22.1	60.4	9.8	4.5	2.1	1.2
23.0	51.5	13.2	6.3	3.2	2.8
17.4	57.7	16.7	4.9	2.3	0.9
17.7	59.3	11.9	4.6	4.2	2.2
22.4	51.6	11.9	6.6	5.0	2.6
15.4	61.5	12.7	6.7	2.4	1.3
11.3	68.7	10.8	4.3	3.8	1.1
16.7	55.0	15.6	7.6	3.9	1.2
15.1	63.1	12.2	5.7	3.1	0.8
15.1	54.9	17.5	6.8	4.5	1.3
11.8	69.0	13.5	3.2	2.0	0.4
9.7	62.2	17.7	7.1	2.9	0.4
15.9	56.7	15.7	6.3	4.3	1.1
15.9	57.3	14.6	6.4	4.5	1.3
23.3	43.8	13.8	11.4	5.1	2.5
19.1	53.5	15.1	5.1	6.0	1.1
16.7	50.0	18.3	8.3	1.7	5.0
16.3	58.2	12.4	7.4	3.7	1.9
14.3	62.2	11.9	5.9	3.9	1.9
18.8	52.7	13.6	6.9	6.1	2.0
14.8	56.2	14.1	7.5	5.2	2.3
23.8	47.6	9.5	4.8	14.3	
18.9	51.6	15.2	6.2	6.4	1.7
10.3	61.2	17.6	4.8	4.8	1.3
13.8	61.7	12.8	5.3	3.2	3.2
17.6	54.2	12.0	4.6	6.9	4.6
15.6	62.8	9.1	4.4	5.8	2.3

15-6 续表 9

项　　目	在认为下列政策效果不明显的企业家中，					
	优先发展产业的支持政策					
	不知道此政　策	不具备享受该政策的资格	吸引力不足	办理手续繁　琐	政府部门政策执行力度不够	其他原因
总　计	**21.5**	**58.8**	**11.5**	**3.6**	**3.5**	**1.1**
一、按规模分						
大型企业	19.6	55.9	14.1	3.4	4.7	2.2
中型企业	21.2	58.0	11.6	3.8	3.8	1.5
小型企业	21.7	59.1	11.3	3.6	3.4	0.9
微型企业	21.2	58.1	11.1	3.7	4.0	1.8
二、按登记注册类型分						
内资企业	21.2	58.5	11.9	3.8	3.7	0.9
国有企业	19.9	57.9	12.1	2.4	5.0	2.8
集体企业	13.3	65.8	14.7	3.2	2.5	0.4
股份合作企业	20.5	64.2	9.8	1.9	3.7	
联营企业	16.7	77.8			5.6	
#国有联营企业		100.0				
有限责任公司	21.6	57.3	12.1	3.7	4.0	1.3
#国有独资公司	17.4	60.1	11.5	2.1	6.0	2.9
股份有限公司	25.1	50.9	12.7	3.9	5.4	2.0
私营企业	20.8	59.4	11.8	3.9	3.4	0.7
其他企业	18.3	60.9	13.9	3.5	3.5	
港、澳、台商投资企业	24.0	58.3	10.0	3.1	3.1	1.5
合资经营企业	22.8	59.3	9.9	2.9	3.9	1.3
合作经营企业	26.0	52.0	13.0	3.0	5.0	1.0
港、澳、台商独资经营企业	24.6	58.3	9.9	3.2	2.5	1.6
港、澳、台商投资股份有限公司	29.1	41.8	14.5	3.6	9.1	1.8
其他港、澳、台投资企业	10.5	71.1	10.5	2.6	5.3	
外商投资企业	22.4	61.9	8.7	2.7	2.3	2.0
中外合资经营企业	21.6	61.2	9.5	2.7	3.0	2.0
中外合作经营企业	25.0	58.9	8.0	3.6	2.7	1.8
外资企业	22.8	62.6	8.3	2.5	1.8	2.0
外商投资股份有限公司	22.1	53.1	7.1	6.2	5.3	6.2
其他外商投资企业	21.3	62.3	8.2	1.6	3.3	3.3
三、按行业分						
采矿业	14.5	65.4	12.5	3.0	3.8	0.7
煤炭开采和洗选业	15.3	66.7	10.7	2.4	3.8	1.1
石油和天然气开采业	11.1	51.9	29.6		3.7	3.7
黑色金属矿采选业	15.7	65.0	13.4	2.8	3.2	
有色金属矿采选业	11.4	65.7	12.9	4.3	5.7	
非金属矿采选业	15.2	64.5	13.8	3.4	2.6	0.6

对主要原因作出不同判断的企业家占比(%)					
关于推进大众创业万众创新的各项政策					
不知道此政策	不具备享受该政策的资格	吸引力不足	办理手续繁琐	政府部门政策执行力度不够	其他原因
24.7	**51.7**	**15.7**	**3.4**	**3.3**	**1.3**
24.0	47.8	18.3	3.3	3.6	2.9
24.9	50.8	16.0	3.3	3.3	1.7
24.8	52.0	15.5	3.3	3.2	1.1
21.9	54.3	14.6	4.0	3.5	1.6
24.3	51.3	16.3	3.5	3.5	1.1
21.5	51.6	18.4	2.3	3.1	3.1
18.7	56.3	20.1	3.2	1.8	
20.1	58.4	14.2	5.0	2.3	
20.0	66.7	6.7		6.7	
	66.7	33.3			
24.7	50.6	16.2	3.3	3.6	1.6
19.7	55.4	15.8	1.8	4.0	3.3
27.8	46.3	16.2	2.9	4.5	2.3
24.0	51.9	16.2	3.7	3.3	0.8
15.7	57.4	21.7	2.6	2.6	
27.1	51.8	13.8	2.9	2.8	1.6
26.6	51.7	14.6	2.3	3.2	1.7
31.1	50.0	11.3	3.8	0.9	2.8
27.3	52.2	13.3	3.1	2.6	1.6
31.1	38.5	17.2	4.9	6.6	1.6
13.2	65.8	13.2	2.6	5.3	
26.4	54.8	12.4	2.1	2.0	2.4
26.1	54.4	13.2	2.1	2.3	1.9
23.2	55.2	12.0	2.4	3.2	4.0
26.6	55.3	11.7	2.2	1.8	2.5
24.4	46.5	18.9	2.4	3.2	4.7
32.8	49.3	11.9			6.0
16.2	59.0	16.1	2.9	4.7	1.2
15.9	59.2	15.7	2.6	5.1	1.5
14.8	48.1	22.2	3.7	3.7	7.4
18.1	61.3	14.7	1.5	4.4	
15.0	59.2	17.0	2.4	4.9	1.5
17.0	57.5	16.4	4.5	4.0	0.6

15-6 续表 10

项目	在认为下列政策效果不明显的企业家中,					
	优先发展产业的支持政策					
	不知道此政策	不具备享受该政策的资格	吸引力不足	办理手续繁琐	政府部门政策执行力度不够	其他原因
开采辅助活动	11.5	65.4	7.7	3.8	11.5	
其他采矿业		100.0				
制造业	21.8	58.5	11.5	3.7	3.5	1.0
农副食品加工业	19.7	55.4	14.8	4.5	4.8	0.8
食品制造业	21.7	57.6	12.9	3.5	3.5	0.8
酒、饮料和精制茶制造业	19.4	57.3	12.2	4.2	5.5	1.3
烟草制品业	17.4	67.4	8.7		2.2	4.3
纺织业	15.1	67.5	11.0	3.3	2.5	0.5
纺织服装、服饰业	14.6	67.5	11.8	3.2	2.2	0.6
皮革、毛皮、羽毛及其制品和制鞋业	15.9	67.8	10.3	3.7	2.1	0.2
木材加工和木、竹、藤、棕、草制品业	20.4	55.6	17.1	3.2	3.1	0.6
家具制造业	20.2	62.6	10.8	3.7	2.2	0.4
造纸和纸制品业	19.6	61.8	10.6	3.5	3.6	0.9
印刷和记录媒介复制业	21.1	61.3	11.0	3.8	2.1	0.7
文教、工美、体育和娱乐用品制造业	20.4	60.7	11.1	3.8	3.1	0.9
石油加工、炼焦和核燃料加工业	18.0	64.5	8.7	4.1	2.5	2.2
化学原料和化学制品制造业	22.1	58.2	11.2	3.9	3.4	1.3
医药制造业	26.7	49.2	12.9	4.0	6.1	1.2
化学纤维制造业	18.3	64.8	8.5	3.0	3.7	1.8
橡胶和塑料制品业	21.6	60.8	10.1	3.9	3.0	0.6
非金属矿物制品业	17.4	63.0	11.8	3.2	3.6	1.0
黑色金属冶炼和压延加工业	16.3	63.8	12.0	3.9	2.8	1.2
有色金属冶炼和压延加工业	18.8	60.7	10.9	4.2	4.4	0.9
金属制品业	20.6	60.9	10.7	3.4	3.4	1.0
通用设备制造业	22.7	57.2	12.0	3.7	3.2	1.1
专用设备制造业	27.2	52.3	11.2	3.9	4.2	1.3
汽车制造业	25.4	55.6	11.2	3.2	3.5	1.1
铁路、船舶、航空航天和其他运输设备制造业	23.3	56.5	11.7	3.6	3.6	1.2
电气机械和器材制造业	25.7	54.8	10.6	3.7	3.7	1.4
计算机、通信和其他电子设备制造业	30.3	50.3	10.4	3.8	3.6	1.6
仪器仪表制造业	27.6	51.4	13.2	2.9	3.4	1.4
其他制造业	20.3	58.7	12.5	5.1	2.9	0.5
废弃资源综合利用业	25.2	52.2	10.6	5.3	6.2	0.4
金属制品、机械和设备修理业	28.8	51.5	6.1	4.5	4.5	4.5
电力、热力、燃气及水生产和供应业	15.7	67.1	7.8	1.3	4.8	3.3
电力、热力生产和供应业	16.6	65.9	8.2	1.0	5.3	3.0
燃气生产和供应业	12.2	68.5	8.1	1.8	5.0	4.5
水的生产和供应业	15.5	70.3	6.3	1.7	2.9	3.3

对主要原因作出不同判断的企业家占比(%)					
关于推进大众创业万众创新的各项政策					
不知道此政策	不具备享受该政策的资格	吸引力不足	办理手续繁琐	政府部门政策执行力度不够	其他原因
10.0	63.3	16.7		6.7	3.3
	100.0				
25.0	51.3	15.8	3.4	3.3	1.2
22.8	49.0	18.9	4.1	4.2	0.9
24.4	51.0	16.5	3.1	3.7	1.3
21.5	51.1	17.4	3.4	4.8	1.7
23.8	50.0	16.7		2.4	7.1
19.2	59.3	15.5	2.9	2.7	0.4
17.6	60.7	15.8	2.6	2.6	0.8
20.3	59.8	13.6	3.3	2.5	0.3
23.9	50.0	18.8	3.2	3.4	0.7
25.1	51.6	16.5	4.0	2.1	0.7
22.9	54.6	14.8	3.4	3.1	1.3
21.8	55.5	15.3	3.9	2.8	0.6
23.0	53.4	16.5	3.6	2.5	1.1
20.2	55.2	14.4	4.8	3.3	2.3
24.6	51.6	15.3	3.9	3.4	1.3
27.5	45.3	17.4	3.1	4.6	2.1
20.9	59.7	12.2	2.2	2.7	2.2
24.1	54.1	14.2	3.7	3.1	0.8
20.0	55.8	16.4	3.4	3.5	0.9
19.7	57.3	16.5	3.1	2.7	0.7
21.5	53.0	16.9	4.1	3.5	1.1
24.0	53.2	15.3	3.7	3.0	0.9
26.1	50.3	15.9	3.3	3.1	1.2
30.4	45.1	16.0	3.3	3.6	1.6
28.7	50.0	13.7	2.8	3.1	1.7
26.1	49.7	16.6	3.4	2.8	1.4
30.2	46.4	15.1	3.4	3.3	1.7
33.1	43.4	14.6	3.3	3.2	2.4
29.9	46.8	16.1	2.9	2.9	1.3
22.4	49.6	18.4	3.9	4.4	1.2
31.4	45.2	13.4	5.4	4.2	0.4
31.1	48.6	12.2	2.7	1.4	4.1
17.8	64.2	11.1	1.2	2.7	3.0
17.9	63.6	11.7	1.2	2.5	3.1
15.5	64.3	13.0	1.3	2.1	3.8
19.5	66.7	6.5	1.5	3.8	1.9

15-6 续表 11

项目	在认为下列政策效果不明显的企业家中，优先发展产业的支持政策					
	不知道此政策	不具备享受该政策的资格	吸引力不足	办理手续繁琐	政府部门政策执行力度不够	其他原因
四、按地区分						
东部地区	21.9	60.1	10.8	3.4	2.8	1.0
中部地区	19.6	56.4	14.1	4.3	4.8	0.9
西部地区	21.7	56.1	11.3	4.0	5.6	1.2
东北地区	23.8	52.8	12.9	3.4	4.7	2.4
北京	30.2	52.6	8.9	3.0	2.7	2.6
天津	25.9	61.3	7.3	2.8	1.4	1.5
河北	18.0	62.5	12.9	2.9	2.9	0.8
山西	18.7	60.3	10.5	2.6	6.0	1.9
内蒙古	26.9	53.6	10.8	3.7	3.3	1.7
辽宁	28.9	48.1	13.0	3.4	3.8	2.8
吉林	19.2	58.3	12.7	3.0	5.1	1.7
黑龙江	20.2	54.5	13.2	4.0	5.8	2.4
上海	31.5	52.6	8.5	2.8	2.8	1.8
江苏	20.9	60.1	11.9	3.8	2.2	1.0
浙江	17.0	68.5	8.9	2.1	2.9	0.8
安徽	23.9	52.8	13.1	4.4	4.8	1.0
福建	19.7	62.0	10.5	3.4	3.8	0.5
江西	18.4	55.2	15.8	3.7	5.6	1.3
山东	14.9	67.9	12.9	2.1	1.9	0.4
河南	12.6	64.2	15.4	4.2	3.2	0.3
湖北	22.1	53.0	14.7	4.2	4.8	1.1
湖南	20.7	54.6	13.2	4.9	5.9	0.6
广东	33.0	44.6	10.8	6.0	3.8	1.7
广西	23.0	53.1	12.9	3.9	6.9	0.2
海南	15.4	53.8	10.3	9.0	5.1	6.4
重庆	23.8	58.0	8.8	5.1	3.1	1.2
四川	18.8	61.8	10.3	3.7	3.8	1.4
贵州	25.9	47.5	14.2	3.7	7.9	0.8
云南	21.8	52.0	11.5	4.4	8.9	1.5
西藏	21.7	56.5	13.0	4.3	4.3	
陕西	24.0	50.9	12.6	4.6	6.6	1.3
甘肃	15.9	54.8	14.9	3.4	9.6	1.4
青海	19.8	57.1	14.3	3.3	2.2	3.3
宁夏	20.8	57.6	12.1	0.4	8.2	0.9
新疆	16.6	61.3	10.4	3.1	7.1	1.5

对主要原因作出不同判断的企业家占比(%)					
关于推进大众创业万众创新的各项政策					
不知道此政策	不具备享受该政策的资格	吸引力不足	办理手续繁琐	政府部门政策执行力度不够	其他原因
25.3	52.9	14.7	3.2	2.7	1.3
22.7	48.5	19.6	3.9	4.3	1.0
24.3	50.1	15.7	3.6	4.8	1.5
26.5	48.7	15.4	3.2	4.0	2.4
34.8	45.8	12.4	2.2	1.6	3.3
27.3	55.1	12.1	2.1	1.3	2.1
22.7	53.6	17.4	2.7	2.8	0.7
18.2	56.7	17.5	1.3	4.1	2.1
28.0	51.4	13.7	2.9	2.2	1.8
31.7	43.0	15.7	3.3	3.4	2.8
21.2	54.7	15.1	3.2	4.3	1.6
23.2	51.7	15.1	2.9	4.5	2.5
33.1	47.2	12.0	2.6	2.9	2.3
25.0	52.7	15.4	3.5	2.2	1.2
19.8	61.2	13.2	1.9	3.0	0.9
27.4	44.0	19.1	3.9	4.4	1.1
21.7	56.8	14.4	3.2	3.1	0.8
21.1	46.8	22.0	3.5	5.2	1.3
16.9	61.8	16.8	2.2	1.8	0.4
14.6	55.8	21.4	4.5	2.9	0.7
25.1	45.6	19.9	3.9	4.6	0.9
25.4	48.3	16.7	3.8	4.8	0.9
36.8	37.3	14.7	5.6	3.6	2.0
28.9	43.6	17.7	3.7	4.9	1.3
20.8	44.6	18.8	4.0	7.9	4.0
26.8	52.5	12.3	4.4	2.9	1.2
20.8	56.3	14.2	3.6	3.6	1.5
26.3	43.4	18.5	3.4	7.1	1.3
26.6	44.9	15.9	3.9	6.7	2.0
36.0	52.0	8.0	4.0		
25.0	45.0	18.5	3.4	6.4	1.7
16.6	51.7	19.4	3.1	7.9	1.3
24.1	52.8	16.7	1.9	3.7	0.9
23.8	47.5	16.6	4.9	5.3	1.9
20.3	52.3	16.6	2.4	6.1	2.2

15-7 资质等级以上建筑业企业

项　目	在认为下列政策效果不明显的企业家中，企业研发费用加计扣除税收优惠政策					
	不知道此政　策	不具备享受该政策的资格	吸引力不足	办理手续繁　琐	政府部门政策执行力度不够	其他原因
总　计	**15.3**	**59.2**	**10.1**	**7.7**	**4.8**	**2.9**
一、按规模分						
大型企业	14.8	47.8	13.4	13.0	6.4	4.6
中型企业	14.7	60.0	10.1	7.5	4.9	3.0
小型企业	16.1	62.2	8.6	6.3	4.2	2.5
微型企业	18.0	59.9	11.6	6.0	4.1	0.7
二、按登记注册类型分						
内资企业	15.3	59.2	10.1	7.7	4.9	2.9
国有企业	15.2	56.0	12.4	8.0	3.6	4.8
集体企业	16.7	50.9	14.8	7.4	3.7	6.5
股份合作企业	26.7	40.0	26.7	6.7		
联营企业		66.7		33.3		
有限责任公司	15.0	58.1	11.1	8.0	4.8	3.1
#国有独资公司	15.0	53.5	14.5	10.0	4.5	2.5
股份有限公司	14.7	54.3	9.7	11.5	8.3	1.8
私营企业	15.7	61.3	8.8	7.0	4.8	2.6
其他企业		50.0			25.0	25.0
港、澳、台商投资企业	10.3	61.5	5.1	17.9	2.6	2.6
合资经营企业	14.3	57.1	3.6	21.4	3.6	
合作经营企业		33.3		33.3		33.3
港、澳、台商独资经营企业		83.3	16.7			
其他港、澳、台投资企业		100.0				
外商投资企业	19.0	71.4	4.8			4.8
中外合资经营企业	23.1	69.2	7.7			
外资企业	14.3	71.4				14.3
三、按行业分						
房屋建筑业	16.0	57.0	11.1	7.5	5.8	2.6
土木工程建筑业	14.9	57.7	10.4	8.5	4.8	3.7
建筑安装业	14.4	65.3	6.8	7.7	2.6	3.7
建筑装饰和其他建筑业	14.7	62.9	9.1	7.3	3.8	2.3

有关政策效果不明显的主要原因

对主要原因作出不同判断的企业家占比(%)											
高新技术企业所得税减免政策						企业研发活动专用仪器设备加速折旧政策					
不知道此政策	不具备享受该政策的资格	吸引力不足	办理手续繁琐	政府部门政策执行力度不够	其他原因	不知道此政策	不具备享受该政策的资格	吸引力不足	办理手续繁琐	政府部门政策执行力度不够	其他原因
13.0	**69.9**	**6.3**	**5.0**	**3.3**	**2.6**	**18.6**	**62.0**	**9.8**	**4.3**	**2.5**	**2.9**
10.7	68.5	7.6	5.4	3.0	4.9	24.1	48.8	14.6	6.4	2.5	3.6
12.8	70.2	6.1	5.0	3.6	2.5	17.6	63.3	9.0	4.3	2.7	3.2
14.0	70.4	5.6	4.9	3.0	2.1	17.5	66.1	8.8	3.2	2.2	2.3
15.6	66.5	10.0	5.2	2.2	0.7	19.7	62.1	11.2	5.2	1.5	0.4
13.1	69.8	6.4	5.0	3.3	2.6	18.6	62.0	9.9	4.3	2.5	2.9
13.2	71.2	6.1	3.2	2.1	4.3	18.6	60.6	12.6	3.3	1.1	3.7
10.5	63.8	9.5	2.9	7.6	5.7	15.0	55.1	11.2	5.6	4.7	8.4
15.4	69.2	7.7	7.7			8.3	58.3	33.3			
	33.3	66.7				33.3	66.7				
12.6	69.5	6.4	5.4	3.2	3.0	19.3	60.0	10.8	4.7	2.3	2.9
8.8	68.9	9.6	6.1	1.3	5.3	23.7	54.1	12.8	6.4	0.8	2.3
10.9	68.1	9.1	5.4	5.1	1.4	20.7	55.7	11.7	4.7	5.0	2.3
13.8	70.3	5.9	4.8	3.2	2.2	17.8	64.9	8.4	4.0	2.4	2.7
	75.0			25.0			66.7			33.3	
7.5	80.0		7.5	2.5	2.5	20.9	69.8	4.7	4.7		
10.3	82.8		3.4	3.4		21.2	72.7	6.1			
	33.3		33.3		33.3	50.0			50.0		
	83.3		16.7				100.0				
	100.0						100.0				
15.0	80.0	5.0				16.7	66.7	12.5		4.2	
16.7	75.0	8.3				18.8	62.5	12.5		6.3	
14.3	85.7					14.3	71.4	14.3			
14.2	66.9	6.9	5.3	4.3	2.4	18.7	60.7	10.2	4.6	3.3	2.7
11.7	71.4	6.4	4.5	2.8	3.3	19.8	60.1	10.6	4.2	1.8	3.6
11.0	74.2	5.4	4.5	1.8	3.4	17.8	64.6	9.0	4.5	1.3	2.9
13.0	72.6	5.2	5.2	2.4	1.7	17.0	66.3	8.5	3.7	2.3	2.2

15-7 续表 1

项　　目	在认为下列政策效果不明显的企业家中，企业研发费用加计扣除税收优惠政策					
	不知道此政　策	不具备享受该政策的资格	吸引力不足	办理手续繁　琐	政府部门政策执行力度不够	其他原因
四、按地区分						
东部地区	13.9	60.6	10.1	8.1	4.7	2.8
中部地区	17.2	57.0	10.4	7.6	5.2	2.5
西部地区	15.9	58.4	9.3	7.6	5.0	3.8
东北地区	20.1	57.9	11.8	5.3	3.6	2.0
北　京	13.3	55.5	9.5	11.4	4.9	5.3
天　津	16.0	62.4	8.0	8.0	3.2	3.2
河　北	17.9	60.9	9.2	8.2	1.9	1.9
山　西	13.4	58.8	10.1	10.9	4.2	2.5
内蒙古	13.5	61.5	1.9	7.7	9.6	5.8
辽　宁	22.3	58.1	8.1	6.1	4.1	2.7
吉　林	16.7	57.7	15.4	6.4	3.8	
黑龙江	19.2	57.7	15.4	2.6	2.6	2.6
上　海	16.4	59.6	10.9	7.1	2.7	3.3
江　苏	15.9	57.7	11.6	7.3	6.2	1.8
浙　江	12.3	66.7	8.2	5.7	4.6	2.6
安　徽	21.8	51.9	10.6	8.8	3.2	3.7
福　建	9.3	69.1	6.9	6.2	5.2	3.4
江　西	19.1	50.0	14.5	11.8	4.5	
山　东	12.2	65.7	10.1	6.4	3.2	2.3
河　南	19.0	56.3	9.8	7.4	5.0	2.4
湖　北	13.3	59.4	11.4	5.2	7.4	3.3
湖　南	15.0	65.4	7.2	5.2	5.9	1.3
广　东	13.2	47.6	13.5	16.1	5.8	4.5
广　西	25.3	50.6	12.0	6.0	2.4	3.6
海　南	20.0	40.0	13.3	13.3	13.3	
重　庆	12.1	61.9	11.0	8.7	2.3	4.0
四　川	13.9	64.7	9.3	6.5	3.1	2.5
贵　州	15.3	61.0	6.8	5.1	10.2	1.7
云　南	19.7	60.5	4.5	5.1	5.1	5.1
西　藏	14.3	42.9		14.3	14.3	14.3
陕　西	17.3	53.1	10.9	9.5	5.8	3.4
甘　肃	14.0	53.3	14.0	12.2	6.5	
青　海	11.5	61.5	7.7	3.8	11.5	3.8
宁　夏	15.1	50.9	7.5	5.7	9.4	11.3
新　疆	16.1	58.1	9.7	6.5	3.2	6.5

对主要原因作出不同判断的企业家占比(%)											
高新技术企业所得税减免政策						企业研发活动专用仪器设备加速折旧政策					
不知道此政策	不具备享受该政策的资格	吸引力不足	办理手续繁琐	政府部门政策执行力度不够	其他原因	不知道此政策	不具备享受该政策的资格	吸引力不足	办理手续繁琐	政府部门政策执行力度不够	其他原因
11.7	71.6	6.6	4.6	3.2	2.5	17.6	63.3	10.0	4.1	2.4	2.7
14.7	68.1	6.5	4.9	3.6	2.3	20.4	60.2	9.6	4.2	3.0	2.7
13.7	68.2	5.7	5.9	3.3	3.3	18.9	60.6	10.0	4.9	2.2	3.4
17.3	66.7	5.6	5.2	2.9	2.3	20.3	62.1	8.3	4.7	2.3	3.0
9.8	73.6	5.3	3.4	3.4	4.5	18.4	58.3	11.8	4.7	2.2	4.7
7.0	78.1	6.3	4.7	2.3	3.1	15.8	66.4	9.2	4.6	0.7	3.9
15.1	67.0	8.5	6.1	1.9	1.4	15.9	65.5	12.3	4.5	0.9	0.9
18.8	65.6	5.5	3.9	2.3	3.9	19.0	62.8	10.9	2.2	2.2	2.9
12.5	64.6	6.3	8.3	2.1	6.3	16.3	57.1	16.3	6.1		4.1
18.7	63.9	4.5	6.5	3.2	3.2	21.5	60.1	7.6	6.3	2.5	3.2
15.1	69.9	8.2	4.1	1.4	1.4	16.9	66.2	12.3	1.5	1.5	1.5
16.7	69.2	5.1	3.8	3.8	1.3	20.5	62.8	6.4	3.8	2.6	3.8
14.1	68.6	7.6	3.8	1.6	4.3	18.6	64.1	9.1	3.6	0.9	3.6
13.7	66.5	7.9	6.2	3.9	1.9	19.0	60.5	10.0	5.1	3.6	2.1
10.1	78.7	3.8	2.2	3.3	1.9	16.2	68.7	7.4	2.7	2.4	2.6
18.7	64.0	6.7	6.2	1.8	3.1	23.5	55.8	11.1	5.3	1.3	4.0
11.6	75.4	5.3	3.0	2.3	2.3	15.1	68.8	8.4	2.7	3.4	1.7
15.0	61.7	14.0	5.6	3.7		23.1	55.6	13.9	4.6	2.8	
9.9	76.9	5.8	2.8	2.8	1.7	15.0	69.6	8.9	2.7	1.8	2.0
15.9	68.8	5.5	4.4	3.6	1.8	23.7	59.6	6.9	4.5	3.4	1.8
10.6	71.0	4.9	5.3	4.9	3.2	13.8	62.1	11.4	4.5	3.4	4.8
10.3	73.5	7.1	3.9	4.5	0.6	19.5	65.4	6.9	3.1	4.4	0.6
10.8	61.8	9.5	9.8	4.9	4.2	22.0	50.6	14.7	6.2	2.5	4.2
16.7	58.9	10.0	3.3	4.4	6.7	23.4	55.3	11.7	4.3	2.1	3.2
21.4	57.1	14.3	7.1			26.7	53.3	13.3		6.7	
8.5	70.7	8.0	6.9	2.7	3.2	8.7	68.7	10.3	7.7	1.5	3.1
12.7	73.1	4.2	5.1	2.1	2.7	17.3	64.3	8.6	4.5	2.4	3.0
14.1	73.4	4.7	3.1	3.1	1.6	29.9	55.2	7.5	4.5		3.0
16.4	68.4	2.6	4.6	2.0	5.9	25.2	57.9	6.3	3.8	2.5	4.4
27.3	54.5		9.1		9.1	8.3	58.3		8.3	8.3	16.7
13.9	69.9	5.0	6.0	3.6	1.7	21.7	58.3	11.3	5.2	1.9	1.6
14.5	60.0	6.4	9.1	9.1	0.9	19.8	58.6	11.7	4.5	4.5	0.9
11.5	61.5	11.5	15.4			24.0	44.0	16.0	8.0		8.0
16.1	64.3	3.6	3.6	5.4	7.1	19.6	57.1	12.5	1.8	1.8	7.1
16.3	62.0	9.8	5.4	2.2	4.3	13.2	63.7	9.9	2.2	3.3	7.7

15-7 续表 2

项　　目	在认为下列政策效果不明显的企业家中，					
	技术转让、技术开发收入免征增值税和技术转让减免所得税优惠政策					
	不知道此政　策	不具备享受该政策的资格	吸引力不足	办理手续繁　琐	政府部门政策执行力度不够	其他原因
总　计	**16.1**	**67.7**	**7.2**	**3.8**	**2.2**	**3.2**
一、按规模分						
大型企业	15.1	60.8	10.4	5.6	2.2	6.0
中型企业	15.8	68.4	6.9	3.8	2.0	3.2
小型企业	17.0	69.8	5.9	3.0	2.1	2.3
微型企业	16.9	65.5	8.6	4.3	4.0	0.7
二、按登记注册类型分						
内资企业	16.1	67.6	7.2	3.9	2.2	3.2
国有企业	15.3	64.6	10.8	3.7	1.1	4.5
集体企业	14.4	64.4	8.7	5.8	1.0	5.8
股份合作企业	8.3	66.7	8.3	8.3	8.3	
联营企业	33.3	33.3		33.3		
有限责任公司	15.8	66.9	7.4	4.4	1.9	3.6
#国有独资公司	15.4	64.3	9.4	4.9	1.1	4.9
股份有限公司	16.5	62.1	12.0	3.6	3.9	2.3
私营企业	16.5	69.2	6.2	3.2	2.3	2.7
其他企业		50.0	25.0		25.0	
港、澳、台商投资企业	15.9	77.3		2.3		4.5
合资经营企业	21.2	72.7				6.1
合作经营企业		75.0		25.0		
港、澳、台商独资经营企业		100.0				
其他港、澳、台投资企业		100.0				
外商投资企业	11.5	73.1	7.7		3.8	3.8
中外合资经营企业	18.8	68.8	6.3			6.3
外资企业		77.8	11.1		11.1	
三、按行业分						
房屋建筑业	16.9	65.3	8.3	4.2	2.5	3.0
土木工程建筑业	15.7	67.2	7.6	3.9	1.4	4.2
建筑安装业	14.4	71.6	4.8	3.5	2.2	3.6
建筑装饰和其他建筑业	15.9	71.4	5.4	3.1	2.3	2.0

对主要原因作出不同判断的企业家占比(%)											
科技开发用品免征进口税收政策						鼓励企业吸引和培养人才的相关政策					
不知道此政策	不具备享受该政策的资格	吸引力不足	办理手续繁琐	政府部门政策执行力度不够	其他原因	不知道此政策	不具备享受该政策的资格	吸引力不足	办理手续繁琐	政府部门政策执行力度不够	其他原因
15.4	**71.3**	**5.4**	**2.5**	**1.4**	**4.1**	**19.4**	**44.7**	**26.1**	**4.4**	**4.2**	**1.5**
16.4	66.4	5.5	2.4	1.5	8.0	20.5	36.1	32.3	4.3	4.9	1.9
15.0	72.0	5.1	2.7	1.4	4.0	18.3	44.1	26.7	4.7	5.0	1.5
15.6	73.1	5.6	2.2	1.3	2.4	21.1	48.3	22.5	4.0	2.8	1.6
16.2	69.1	9.4	3.6	1.1	1.1	16.7	49.3	26.7	3.6	3.2	0.5
15.5	71.2	5.5	2.6	1.4	4.0	19.5	44.5	26.1	4.3	4.2	1.6
14.4	70.8	6.9	2.1	0.3	5.5	16.8	43.9	33.7	1.5	2.6	1.5
15.9	61.9	11.5	5.3		5.3	20.0	41.3	30.0	3.8		5.0
21.4	57.1	14.3	7.1			40.0	20.0	30.0	10.0		
	66.7			33.3		33.3	33.3		33.3		
15.3	70.6	5.5	2.6	1.4	4.8	18.7	43.1	27.7	4.6	4.6	1.5
16.3	66.6	6.1	2.1	1.2	7.7	18.2	39.1	32.3	3.6	4.7	2.1
17.0	68.0	6.7	3.3	1.4	3.9	17.6	40.5	30.0	4.8	5.7	1.3
15.5	72.7	4.9	2.4	1.5	3.2	20.4	46.5	23.6	4.3	4.0	1.5
	75.0	25.0				33.3	33.3	33.3			
12.0	82.0			2.0	4.0	15.2	54.5	24.2	3.0	3.0	
13.9	80.6			2.8	2.8	15.4	50.0	26.9	3.8	3.8	
20.0	80.0					50.0	50.0				
	100.0						66.7	33.3			
	66.7				33.3		100.0				
7.4	74.1	7.4		3.7	7.4	19.0	61.9	9.5	9.5		
11.1	72.2	5.6			11.1	25.0	58.3	8.3	8.3		
	75.0	12.5		12.5		12.5	62.5	12.5	12.5		
16.6	69.1	6.4	2.7	1.9	3.5	18.5	43.4	27.7	4.6	4.9	1.1
15.4	71.0	5.1	2.6	0.8	5.4	19.9	42.8	26.8	4.6	3.8	2.4
12.3	75.9	4.1	2.1	0.7	5.1	20.8	47.4	22.0	3.9	4.2	1.9
14.7	74.1	4.6	2.5	1.4	2.9	20.1	48.0	24.1	3.9	2.8	1.3

15-7 续表 3

项　目	在认为下列政策效果不明显的企业家中，技术转让、技术开发收入免征增值税和技术转让减免所得税优惠政策					
	不知道此政策	不具备享受该政策的资格	吸引力不足	办理手续繁琐	政府部门政策执行力度不够	其他原因
四、按地区分						
东部地区	14.8	68.7	7.4	3.9	2.2	3.2
中部地区	17.3	66.0	7.0	4.2	2.3	3.3
西部地区	16.9	67.4	6.9	3.4	2.1	3.2
东北地区	21.8	64.2	6.2	3.4	2.2	2.5
北　京	11.6	68.4	5.6	5.0	2.5	6.9
天　津	11.7	77.9	2.8	2.1	2.1	4.1
河　北	14.1	67.0	10.1	4.0	1.3	3.5
山　西	17.4	64.5	6.5	4.3	2.9	4.3
内蒙古	18.4	63.3	10.2	2.0	2.0	4.1
辽　宁	24.5	61.4	8.0	2.5	1.8	2.5
吉　林	18.9	68.9	4.1	4.1	1.4	2.7
黑龙江	19.0	65.5	4.8	4.8	3.6	2.4
上　海	19.1	65.1	9.3	3.3	1.4	1.9
江　苏	17.2	64.5	9.2	4.5	3.0	2.0
浙　江	13.0	74.2	5.7	2.8	1.5	2.8
安　徽	19.0	64.2	6.9	5.2	0.9	4.7
福　建	13.7	74.3	3.8	3.1	2.7	2.4
江　西	21.7	58.5	13.2	5.7	0.9	
山　东	12.6	74.4	6.9	3.3	0.7	2.2
河　南	18.5	66.5	5.8	4.6	2.3	2.3
湖　北	12.1	70.7	6.2	3.4	2.4	5.2
湖　南	18.1	65.0	8.1	2.5	4.4	1.9
广　东	16.9	58.6	10.1	6.0	3.3	5.7
广　西	13.8	62.8	13.8	2.1	2.1	5.3
海　南	26.7	53.3	6.7	6.7	6.7	
重　庆	6.3	78.0	7.3	5.2	0.5	2.6
四　川	14.9	71.4	5.8	3.5	1.5	2.9
贵　州	19.4	67.7	3.2	3.2	1.6	4.8
云　南	26.3	63.1	4.4	2.5		3.8
西　藏	36.4	54.5				9.1
陕　西	22.1	64.0	7.5	1.9	3.6	1.0
甘　肃	14.2	64.6	8.9	7.1	3.5	1.8
青　海	21.4	60.7	3.6	3.6	3.6	7.1
宁　夏	16.1	62.5	7.1		7.1	7.1
新　疆	14.6	66.7	6.3	5.2	1.0	6.3

对主要原因作出不同判断的企业家占比(%)

科技开发用品免征进口税收政策						鼓励企业吸引和培养人才的相关政策					
不知道此政策	不具备享受该政策的资格	吸引力不足	办理手续繁琐	政府部门政策执行力度不够	其他原因	不知道此政策	不具备享受该政策的资格	吸引力不足	办理手续繁琐	政府部门政策执行力度不够	其他原因
14.3	72.4	5.4	2.7	1.3	4.2	18.9	46.2	24.8	4.8	3.7	1.8
16.7	70.2	5.6	2.4	1.7	3.5	21.3	42.9	26.6	3.5	5.0	1.0
16.5	70.1	5.3	2.3	1.5	4.3	18.6	42.3	29.0	3.9	4.9	1.3
17.4	70.1	6.7	2.3	0.9	3.8	21.9	46.2	23.9	4.8	2.4	1.6
12.7	71.5	4.8	2.0	1.1	7.9	21.3	42.3	27.3	5.1	2.4	1.6
10.7	76.3	3.6	0.6	0.6	8.3	17.9	54.7	19.7	5.1	2.6	0.9
14.8	71.2	5.4	4.1	0.8	3.7	23.9	39.6	27.0	3.8	3.1	2.5
16.0	71.8	3.8	1.9	1.3	5.1	14.7	44.1	30.4	2.9	5.9	2.0
13.7	74.5	2.0	2.0	2.0	5.9	21.6	45.9	27.0	2.7		2.7
19.2	67.0	6.6	3.8	0.5	4.9	25.4	45.5	19.4	7.5	2.2	1.5
11.4	77.2	7.6	1.3		2.5	18.5	46.3	27.8	3.7	1.9	1.9
19.0	70.2	6.0		2.4	2.4	17.5	47.6	30.2		3.2	1.6
16.5	69.1	4.5	2.1	2.1	5.8	23.3	39.5	23.8	9.3	2.3	1.7
15.6	70.0	6.7	3.4	1.8	2.8	18.4	46.0	23.7	7.1	3.5	1.6
12.5	77.9	3.3	2.3	1.4	2.6	15.6	51.7	23.6	3.2	4.5	1.4
17.3	67.5	7.2	2.8	1.6	4.0	28.7	39.2	24.9	4.4	3.3	1.1
14.4	76.4	3.5	1.6	1.3	2.9	16.5	52.2	22.3	2.2	5.8	0.9
16.8	65.5	11.8	4.2	0.8	0.8	21.7	42.2	27.7	8.4		
12.8	74.6	7.0	2.2	0.6	2.8	18.2	52.5	23.6	1.6	2.2	1.9
20.3	68.8	3.9	2.4	1.7	2.9	22.0	43.3	25.6	2.9	5.4	0.7
12.1	74.8	5.8	1.6	1.3	4.5	19.7	47.2	23.6	2.2	5.7	1.7
16.2	71.0	4.5	2.2	3.4	2.8	17.2	39.1	32.8	3.1	7.8	
16.8	65.2	6.6	4.4	0.7	7.1	20.2	34.6	31.2	5.5	5.1	4.1
13.5	70.8	6.3	1.0	2.1	6.3	16.4	38.8	37.3	1.5	4.5	1.5
18.8	68.8	6.3		6.3		20.0	40.0	30.0		10.0	
9.0	75.0	9.0	2.5	0.5	4.0	13.8	45.9	30.2	5.0	3.1	1.9
16.1	73.3	3.6	1.9	1.4	3.6	20.2	41.9	29.2	2.2	5.6	0.7
16.9	75.3	1.3	2.6	1.3	2.6	23.9	45.7	28.3	2.2		
23.2	65.5	2.4	1.8	0.6	6.5	25.4	44.4	19.8	4.8	4.0	1.6
23.1	61.5				15.4	25.0	50.0	12.5			12.5
20.4	64.8	7.1	3.0	2.1	2.7	21.1	36.8	27.6	6.6	7.9	
15.0	67.5	8.3	4.2	2.5	2.5	13.6	40.7	34.6	4.9	4.9	1.2
17.9	71.4	3.6			7.1	21.7	43.5	26.1		4.3	4.3
14.0	70.2	5.3		1.8	8.8	13.6	54.5	18.2	2.3	4.5	6.8
14.7	70.6	3.9	2.9	2.0	5.9	6.9	41.7	43.1	2.8	5.6	

15-7 续表 4

项　目	在认为下列政策效果不明显的企业家中，					
	金融支持相关政策					
	不知道此政　策	不具备享受该政策的资格	吸引力不足	办理手续繁　琐	政府部门政策执行力度不够	其他原因
总　计	**19.0**	**51.3**	**11.8**	**10.7**	**5.5**	**1.8**
一、按规模分						
大型企业	23.3	45.7	14.5	8.6	5.5	2.7
中型企业	18.3	50.5	12.2	11.8	5.8	1.7
小型企业	19.1	54.6	10.0	10.1	4.8	1.7
微型企业	13.9	54.8	11.9	9.5	7.9	2.0
二、按登记注册类型分						
内资企业	19.1	51.2	11.8	10.7	5.6	1.9
国有企业	14.5	57.7	13.7	6.8	5.1	2.1
集体企业	15.3	52.0	11.2	13.3	3.1	5.1
股份合作企业	20.0	60.0	10.0	10.0		
联营企业			33.3	33.3	33.3	
有限责任公司	19.1	51.0	12.2	11.0	4.8	2.0
#国有独资公司	20.5	50.9	11.5	9.4	4.3	3.4
股份有限公司	19.8	44.4	13.8	12.7	8.6	0.7
私营企业	19.5	51.4	11.0	10.5	6.0	1.7
其他企业		66.7			33.3	
港、澳、台商投资企业	15.0	60.0	12.5	10.0	2.5	
合资经营企业	16.1	58.1	16.1	6.5	3.2	
合作经营企业	50.0	50.0				
港、澳、台商独资经营企业		80.0		20.0		
其他港、澳、台投资企业		50.0		50.0		
外商投资企业	16.7	66.7	12.5	4.2		
中外合资经营企业	20.0	66.7	6.7	6.7		
外资企业	12.5	62.5	25.0			
三、按行业分						
房屋建筑业	18.4	49.0	12.8	12.0	6.6	1.4
土木工程建筑业	20.4	51.1	12.1	9.3	4.7	2.7
建筑安装业	19.6	54.8	9.1	10.7	3.5	2.4
建筑装饰和其他建筑业	18.4	54.9	10.9	9.3	5.5	1.3

对主要原因作出不同判断的企业家占比(%)					
创造和保护知识产权的相关政策					
不知道此政　策	不具备享受该政策的资格	吸引力不足	办理手续繁　琐	政府部门政策执行力度不够	其他原因
16.2	**62.2**	**11.4**	**4.4**	**4.0**	**2.0**
15.0	44.9	23.3	6.6	7.7	2.8
15.4	63.4	11.0	4.5	3.9	2.2
18.1	65.3	8.3	3.8	3.1	1.5
14.6	65.0	12.6	4.1	2.8	0.8
16.2	62.1	11.4	4.5	4.0	2.0
12.2	65.3	13.5	3.2	3.6	2.3
16.1	62.4	10.8	3.2	1.1	6.5
55.6	22.2		22.2		
	33.3	33.3	33.3		
15.3	61.3	13.0	4.3	4.2	2.1
11.3	53.1	19.8	5.1	7.9	2.8
17.0	55.5	14.6	6.1	5.3	1.6
17.2	63.3	9.7	4.6	3.8	1.7
	100.0				
20.0	71.4	8.6			
18.5	74.1	7.4			
100.0					
	100.0				
	50.0	50.0			
15.0	70.0	15.0			
25.0	58.3	16.7			
	85.7	14.3			
16.6	60.2	12.4	4.7	4.3	2.0
15.1	63.0	11.5	4.6	3.8	2.2
15.6	64.9	10.0	4.4	3.1	2.2
17.0	64.5	10.0	3.7	3.8	1.3

15-7 续表 5

项目	在认为下列政策效果不明显的企业家中，					
	金融支持相关政策					
	不知道此政策	不具备享受该政策的资格	吸引力不足	办理手续繁琐	政府部门政策执行力度不够	其他原因
四、按地区分						
东部地区	18.9	52.8	12.3	9.5	4.7	2.0
中部地区	20.2	48.2	10.7	13.1	6.6	1.3
西部地区	17.9	50.1	11.9	11.6	6.5	2.0
东北地区	21.2	53.5	9.7	10.1	4.9	1.4
北京	21.7	53.3	12.3	7.7	2.3	2.7
天津	16.7	63.6	6.8	7.6	4.5	1.5
河北	20.4	54.2	12.9	9.0	1.5	2.0
山西	13.4	58.3	8.7	8.7	8.7	2.4
内蒙古	17.5	55.0	5.0	7.5	10.0	5.0
辽宁	23.5	49.7	10.7	11.4	4.7	1.3
吉林	18.0	57.4	9.8	8.2	4.9	1.6
黑龙江	19.2	57.7	7.7	9.0	5.1	1.3
上海	24.0	47.5	14.7	9.8	2.0	2.0
江苏	18.1	52.3	13.6	10.3	4.7	1.5
浙江	16.6	54.9	12.9	6.3	7.8	1.6
安徽	24.2	44.4	11.1	13.6	5.6	1.5
福建	16.8	55.9	9.8	9.4	6.6	1.6
江西	20.2	42.7	12.4	16.9	6.7	1.1
山东	15.0	57.5	10.6	10.6	4.7	1.6
河南	22.5	47.1	11.1	13.5	5.3	0.6
湖北	18.4	47.3	10.6	14.3	7.3	2.0
湖南	17.9	51.7	10.3	11.0	8.3	0.7
广东	23.9	42.0	12.8	13.7	4.1	4.4
广西	23.8	47.6	11.9	8.3	6.0	2.4
海南	35.7	28.6	7.1	7.1	21.4	
重庆	16.0	49.1	14.9	14.9	3.4	1.7
四川	17.4	50.8	14.1	10.0	6.1	1.6
贵州	21.9	45.3	7.8	15.6	6.3	3.1
云南	20.3	50.4	10.5	11.2	4.9	2.8
西藏	44.4	33.3			11.1	11.1
陕西	19.2	45.3	12.1	13.6	8.7	1.1
甘肃	8.7	58.7	10.9	14.1	6.5	1.1
青海	16.0	56.0	16.0	8.0	4.0	
宁夏	15.7	56.9	7.8	2.0	11.8	5.9
新疆	15.7	54.2	9.6	13.3	6.0	1.2

对主要原因作出不同判断的企业家占比(%)					
创造和保护知识产权的相关政策					
不知道此政策	不具备享受该政策的资格	吸引力不足	办理手续繁琐	政府部门政策执行力度不够	其他原因
15.5	62.7	11.5	4.8	4.1	1.7
17.6	60.8	11.7	3.7	4.4	1.9
15.9	61.6	11.6	4.7	3.7	2.5
19.9	65.8	8.1	2.6	2.6	1.8
13.9	58.7	15.6	6.3	2.1	3.4
10.9	76.4	7.3	1.8	2.7	1.8
20.3	59.9	10.4	6.0	1.6	1.6
14.7	60.3	15.5	3.4	4.3	1.7
14.0	60.5	9.3	7.0	4.7	4.7
23.0	62.6	9.4	2.2	2.2	2.2
13.8	74.1	10.3		1.7	
18.7	65.3	4.0	5.3	4.0	2.7
20.6	57.8	11.7	4.4	4.4	1.1
16.8	60.0	11.7	5.8	4.7	1.4
12.8	64.5	12.2	3.6	5.3	1.5
18.1	57.8	12.6	6.5	2.5	3.5
14.3	70.9	6.8	2.8	4.0	1.2
18.3	57.3	14.6	4.9	4.9	
14.9	69.6	9.8	2.4	2.2	1.1
20.6	61.1	10.1	3.8	3.2	1.3
15.0	63.0	11.0	2.0	6.5	2.4
16.9	63.2	10.3	2.2	5.9	1.5
14.3	54.7	15.7	8.0	5.2	3.1
13.3	62.7	17.3	4.0	1.3	1.3
21.4	42.9	7.1	7.1	21.4	
12.7	61.9	13.9	8.7	1.2	1.7
15.0	61.7	11.7	4.7	4.3	2.7
21.2	63.5	7.7	1.9	3.8	1.9
19.5	60.9	7.0	4.7	3.1	4.7
22.2	55.6				22.2
18.6	58.4	11.5	4.1	6.3	1.1
16.7	61.5	14.6	5.2	1.0	1.0
22.2	59.3	14.8		3.7	
14.3	63.3	8.2	4.1	2.0	8.2
9.4	70.6	11.8	1.2	4.7	2.4

15-7 续表 6

项目	在认为下列政策效果不明显的企业家中，优先发展产业的支持政策					
	不知道此政策	不具备享受该政策的资格	吸引力不足	办理手续繁琐	政府部门政策执行力度不够	其他原因
总计	**20.1**	**61.0**	**10.0**	**3.3**	**4.2**	**1.6**
一、按规模分						
大型企业	20.3	57.0	12.2	3.2	4.8	2.6
中型企业	20.1	60.6	10.0	3.7	4.4	1.4
小型企业	20.3	63.1	8.9	2.7	3.6	1.5
微型企业	18.6	61.7	12.6	2.8	3.6	0.8
二、按登记注册类型分						
内资企业	20.2	60.8	10.0	3.3	4.2	1.6
国有企业	18.4	64.5	9.4	2.0	4.5	1.2
集体企业	15.8	59.4	14.9	2.0	4.0	4.0
股份合作企业	45.5	36.4	9.1	9.1		
联营企业	33.3	66.7				
有限责任公司	19.5	60.7	10.2	3.5	4.3	1.9
#国有独资公司	19.4	62.0	11.4	2.1	3.0	2.5
股份有限公司	19.3	57.6	13.8	3.7	3.7	1.9
私营企业	21.1	61.1	9.4	3.3	4.0	1.2
其他企业		33.3	33.3		33.3	
港、澳、台商投资企业	12.2	70.7	14.6		2.4	
合资经营企业	9.7	77.4	9.7		3.2	
合作经营企业	66.7		33.3			
港、澳、台商独资经营企业		75.0	25.0			
其他港、澳、台投资企业		66.7	33.3			
外商投资企业	13.0	78.3	4.3		4.3	
中外合资经营企业	18.8	75.0	6.3			
外资企业		83.3			16.7	
三、按行业分						
房屋建筑业	19.9	57.8	11.5	4.1	5.4	1.3
土木工程建筑业	19.1	63.1	10.3	2.8	2.8	2.0
建筑安装业	20.5	65.4	7.1	2.3	2.8	2.0
建筑装饰和其他建筑业	21.6	62.8	8.1	2.6	3.8	1.4

对主要原因作出不同判断的企业家占比(%)					
关于推进大众创业万众创新的各项政策					
不知道此政策	不具备享受该政策的资格	吸引力不足	办理手续繁琐	政府部门政策执行力度不够	其他原因
22.7	**53.2**	**14.7**	**3.3**	**4.6**	**1.7**
22.3	49.0	16.9	3.3	6.0	2.5
22.8	53.7	14.1	3.4	4.4	1.7
22.8	54.3	14.4	3.0	4.2	1.5
21.5	53.7	16.3	3.3	4.1	1.2
22.7	53.1	14.7	3.3	4.6	1.7
17.6	59.7	15.1	2.1	3.4	2.1
20.6	55.7	13.4	2.1	4.1	4.1
50.0	25.0	12.5	12.5		
		66.7	33.3		
22.0	52.5	15.3	3.3	5.2	2.1
21.5	52.0	15.6	3.1	5.5	2.7
21.3	53.0	15.7	3.5	5.2	1.4
24.0	53.2	14.1	3.4	4.1	1.3
	33.3	33.3		33.3	
24.4	58.5	12.2	2.4	2.4	
22.6	61.3	12.9		3.2	
50.0		25.0	25.0		
25.0	75.0				
	100.0				
8.7	78.3	13.0			
6.7	80.0	13.3			
14.3	71.4	14.3			
22.0	51.4	15.7	3.5	5.9	1.6
21.8	53.9	15.1	3.5	3.8	2.0
24.5	56.0	12.2	3.1	2.7	1.6
24.4	54.5	13.6	2.6	3.7	1.5

15-7 续表 7

项　目	在认为下列政策效果不明显的企业家中,					
	优先发展产业的支持政策					
	不知道此政　策	不具备享受该政策的资格	吸引力不足	办理手续繁　琐	政府部门政策执行力度不够	其他原因
四、按地区分						
东部地区	19.6	62.5	9.9	3.1	3.5	1.6
中部地区	21.5	58.1	10.6	3.3	5.2	1.4
西部地区	19.9	59.6	10.3	3.8	4.7	1.6
东北地区	21.8	61.8	7.9	2.9	4.6	2.1
北　京	21.4	63.4	8.8	2.4	1.7	2.4
天　津	18.0	72.7	3.6	2.9	1.4	1.4
河　北	19.9	62.1	9.2	4.9	2.4	1.5
山　西	14.4	62.4	12.0	2.4	5.6	3.2
内蒙古	17.1	58.5	7.3	7.3	4.9	4.9
辽　宁	25.2	58.9	8.6	4.0	2.6	2.6
吉　林	18.2	65.5	5.5	3.6	7.3	
黑龙江	17.6	64.9	8.1		6.8	2.7
上　海	23.6	59.3	11.1	1.9	2.3	1.9
江　苏	19.7	61.0	11.5	3.9	3.4	0.7
浙　江	16.9	65.9	9.3	1.7	4.7	1.6
安　徽	23.3	54.0	12.1	5.1	3.3	2.8
福　建	14.6	67.4	8.4	2.7	6.1	0.8
江　西	18.9	54.4	14.4	6.7	5.6	
山　东	18.4	65.2	9.6	1.7	3.7	1.5
河　南	24.7	57.1	10.4	3.0	4.5	0.3
湖　北	20.6	58.4	9.7	2.7	7.0	1.6
湖　南	20.4	64.6	6.8	1.4	6.1	0.7
广　东	24.6	52.5	11.9	5.6	2.7	3.6
广　西	18.7	60.0	12.0	4.0	4.0	1.3
海　南	26.7	33.3	13.3	6.7	20.0	
重　庆	16.8	63.0	10.4	5.8	2.3	1.7
四　川	18.7	62.7	9.5	3.5	4.1	1.6
贵　州	23.1	61.5	9.6	1.9	3.8	
云　南	28.5	57.6	4.9	3.5	3.5	2.1
西　藏	20.0	60.0			10.0	10.0
陕　西	21.8	54.6	11.1	4.6	7.1	0.7
甘　肃	17.7	60.4	14.6	2.1	4.2	1.0
青　海	23.1	57.7	15.4		3.8	
宁　夏	18.0	60.0	10.0	2.0	6.0	4.0
新　疆	14.0	59.3	15.1	2.3	7.0	2.3

对主要原因作出不同判断的企业家占比(%)					
关于推进大众创业万众创新的各项政策					
不知道此政策	不具备享受该政策的资格	吸引力不足	办理手续繁琐	政府部门政策执行力度不够	其他原因
23.3	54.1	14.5	2.7	4.0	1.6
23.2	50.3	15.0	4.4	5.5	1.7
19.7	53.7	15.4	3.9	5.3	1.9
27.9	52.3	13.2	2.1	3.5	1.7
25.8	51.3	13.9	2.6	2.6	3.6
22.2	58.3	13.2	1.4	4.2	1.4
23.0	58.0	12.0	3.5	2.0	1.5
23.6	49.6	15.0	4.7	5.5	1.6
7.9	68.4	10.5	2.6	5.3	5.3
28.8	49.0	13.1	3.3	5.2	2.0
23.0	60.7	14.8		1.6	
30.1	52.1	12.3	1.4	1.4	2.7
31.7	49.1	16.1	1.8	0.9	0.9
24.4	51.3	15.4	3.6	4.5	0.8
19.7	61.4	11.4	0.6	5.2	1.7
26.6	46.8	15.6	4.6	4.6	2.3
17.6	61.5	11.5	3.4	5.3	0.8
26.4	46.0	19.5	4.6	2.3	1.1
20.4	59.7	14.2	1.8	2.3	1.6
23.1	52.3	14.5	3.1	5.8	1.2
20.6	52.3	14.1	4.7	6.5	1.8
20.9	50.7	14.2	6.1	6.1	2.0
26.4	40.5	20.4	4.8	6.0	3.0
17.3	54.7	16.0	4.0	8.0	
33.3	26.7	33.3		6.7	
17.4	56.7	15.7	4.5	4.5	1.1
17.1	60.3	11.4	4.8	3.8	2.5
17.3	51.9	17.3	1.9	9.6	1.9
23.9	54.9	9.9	2.8	5.6	2.8
18.2	45.5	27.3			9.1
28.0	43.3	17.5	4.7	6.2	0.4
14.4	47.4	26.8	2.1	7.2	2.1
26.9	57.7	11.5		3.8	
14.8	61.1	11.1	5.6	1.9	5.6
16.9	50.6	21.3	3.4	5.6	2.2

15-8 规模(限额)以上服务业企业

项　目	在认为下列政策效果不明显的企业家中，					
	企业研发费用加计扣除税收优惠政策					
	不知道此政　策	不具备享受该政策的 资 格	吸引力不足	办理手续繁　琐	政府部门政策执行力度不够	其他原因
总　计	**11.7**	**69.4**	**7.4**	**5.2**	**2.3**	**4.0**
一、按规模分						
大型企业	9.4	67.6	7.0	6.3	2.3	7.5
中型企业	10.1	71.6	6.5	5.1	2.1	4.6
小型企业	12.5	68.6	7.6	5.4	2.4	3.5
微型企业	13.4	68.3	9.2	4.0	2.2	2.8
二、按登记注册类型分						
内资企业	11.9	69.3	7.6	5.2	2.4	3.7
国有企业	10.4	67.5	9.0	4.5	3.7	4.8
集体企业	14.8	64.5	9.3	4.5	4.8	2.5
股份合作企业	10.5	65.1	10.5	3.5	8.1	2.3
联营企业	13.3	70.0	16.7			
#国有联营企业	75.0	25.0				
有限责任公司	11.2	70.0	7.1	5.0	2.3	4.3
#国有独资公司	9.2	70.0	7.3	3.2	3.2	7.0
股份有限公司	12.1	61.8	8.8	7.3	3.9	6.0
私营企业	12.4	69.6	7.6	5.2	2.1	3.1
其他企业	15.3	64.7	11.1	3.8	3.8	1.3
港、澳、台商投资企业	8.5	71.6	4.9	6.3	1.6	7.2
合资经营企业	9.7	69.5	5.9	7.8	1.1	5.9
合作经营企业	3.7	77.8	7.4	3.7		7.4
港、澳、台商独资经营企业	7.8	72.8	4.8	6.1	1.5	7.0
港、澳、台商投资股份有限公司	17.7	61.3		3.2	3.2	14.5
其他港、澳、台投资企业		77.8	3.7		7.4	11.1
外商投资企业	7.6	72.2	5.3	6.0	1.2	7.8
中外合资经营企业	6.9	69.8	5.8	7.7	1.6	8.2
中外合作经营企业		92.0		4.0		4.0
外资企业	7.5	72.6	5.2	5.8	1.2	7.7
外商投资股份有限公司	17.1	70.7	4.9	2.4		4.9
其他外商投资企业	9.8	73.2	4.9	2.4		9.8
三、按行业分						
批发和零售业	11.9	71.6	7.6	3.8	2.2	2.9
批发业	10.2	73.5	7.0	4.1	1.9	3.3
零售业	13.1	70.2	8.1	3.6	2.4	2.6
交通运输、仓储和邮政业	12.5	69.8	7.2	3.3	2.6	4.6
铁路运输业	10.0	76.7	6.7		6.7	
道路运输业	12.7	69.3	7.6	3.6	2.8	4.0
水上运输业	12.5	68.4	8.1	4.1	2.9	4.1
航空运输业	12.4	65.2	7.9	2.2	2.2	10.1
管道运输业	7.1	64.3	14.3	7.1		7.1
装卸搬运和运输代理业	11.7	73.7	5.1	2.3	1.3	5.8
仓储业	11.9	70.3	7.4	3.1	3.0	4.4
邮政业	15.7	64.2	9.0	2.3	3.3	5.4
信息传输、软件和信息技术服务业	9.5	52.3	8.7	17.9	3.1	8.4
电信、广播电视和卫星传输服务	12.5	60.4	9.1	6.4	1.6	10.0
互联网和相关服务	8.8	53.6	11.8	14.2	3.2	8.3
软件和信息技术服务业	8.9	50.2	8.1	21.1	3.5	8.1
租赁和商务服务业	11.1	71.4	5.6	4.3	2.1	5.6

有关政策效果不明显的主要原因

对主要原因作出不同判断的企业家占比(%)											
高新技术企业所得税减免政策						企业研发活动专用仪器设备加速折旧政策					
不知道此政策	不具备享受该政策的资格	吸引力不足	办理手续繁琐	政府部门政策执行力度不够	其他原因	不知道此政策	不具备享受该政策的资格	吸引力不足	办理手续繁琐	政府部门政策执行力度不够	其他原因
9.2	**77.5**	**5.0**	**2.9**	**1.5**	**3.8**	**12.0**	**70.9**	**8.3**	**3.3**	**1.1**	**4.4**
6.8	78.7	3.3	2.8	0.7	7.6	10.5	65.8	9.5	4.6	0.8	8.7
7.9	79.5	4.1	2.7	1.5	4.3	10.4	72.1	7.8	3.5	1.0	5.2
9.7	76.8	5.5	3.0	1.6	3.4	12.6	70.6	8.6	3.2	1.2	3.8
11.7	74.7	6.6	3.0	1.5	2.4	14.3	71.3	7.8	2.6	1.1	2.9
9.4	77.4	5.2	2.9	1.6	3.6	12.2	70.9	8.3	3.3	1.1	4.2
8.0	77.1	5.3	3.0	1.8	4.8	11.1	70.3	7.8	3.4	1.6	5.8
11.2	72.5	9.2	2.5	1.5	3.1	12.2	69.6	10.1	4.0	1.6	2.6
9.6	71.1	9.6	1.2	3.6	4.8	17.1	65.9	7.3	2.4	4.9	2.4
6.9	79.3	10.3	3.4			9.7	71.0	19.4			
33.3	66.7					40.0	20.0	40.0			
8.7	78.1	4.8	2.7	1.6	4.1	11.5	71.4	7.9	3.1	1.2	4.8
7.2	79.0	3.8	1.7	1.7	6.6	10.3	72.7	6.5	1.9	1.5	7.1
9.2	73.9	4.9	3.2	2.2	6.5	13.1	61.1	11.5	5.1	1.2	8.0
9.8	77.2	5.4	3.0	1.5	3.0	12.5	71.7	8.2	3.2	1.0	3.4
13.0	75.3	6.0	2.1	2.6	1.1	19.3	65.9	9.7	2.3	1.6	1.2
7.4	78.7	3.3	3.2	0.8	6.6	9.4	70.3	7.5	5.0	0.6	7.3
8.2	78.2	2.5	4.0	1.1	5.9	10.5	69.6	8.2	5.6	0.7	5.4
4.0	84.0	4.0			8.0	3.3	76.7	6.7	3.3		10.0
7.0	79.1	3.6	3.2	0.7	6.4	8.7	70.8	7.5	4.7	0.7	7.6
9.5	74.6	1.6	1.6		12.7	13.9	66.7	1.4	5.6		12.5
10.7	78.6	3.6			7.1	9.7	64.5	12.9	3.2		9.7
5.4	80.5	2.9	3.2	0.5	7.5	8.4	70.2	8.8	3.4	0.6	8.5
5.5	78.7	3.8	3.3	0.5	8.2	7.9	67.9	10.4	3.8	0.9	9.0
	92.0		4.0		4.0		92.3	3.8			3.8
4.9	81.3	2.5	3.3	0.5	7.5	8.4	70.8	8.3	3.4	0.5	8.6
17.5	77.5	2.5			2.5	19.1	61.7	12.8		2.1	4.3
9.3	74.4	4.7	2.3		9.3	8.9	71.1	6.7	4.4		8.9
9.6	78.6	5.2	2.5	1.5	2.6	11.6	74.9	7.1	2.4	1.0	3.0
8.2	79.7	5.0	2.6	1.3	3.1	10.5	75.5	6.8	2.7	0.9	3.6
10.7	77.7	5.4	2.4	1.6	2.2	12.5	74.4	7.2	2.1	1.2	2.5
10.1	77.1	4.9	2.3	1.6	4.1	11.8	74.5	5.9	2.1	1.3	4.4
14.3	74.3	2.9	2.9	5.7		12.5	78.1	9.4			
10.4	77.1	4.7	2.2	1.8	3.8	12.6	74.0	5.9	2.3	1.4	3.7
9.9	76.5	6.1	2.8	1.4	3.3	10.5	74.8	7.8	1.7	0.8	4.4
9.8	75.0	3.3	3.3	3.3	5.4	11.5	74.0	1.0		3.1	10.4
	86.7	6.7			6.7	6.3	87.5	6.3			
9.0	78.9	4.5	1.8	0.6	5.0	11.2	75.4	5.6	1.7	0.8	5.2
9.9	75.9	5.4	3.6	1.2	4.0	10.3	74.7	5.7	2.5	1.4	5.5
10.4	75.4	5.7	1.0	2.4	5.1	10.4	74.3	6.2	2.9	1.0	5.2
6.1	68.1	5.5	6.9	2.2	11.1	13.5	49.6	17.1	8.8	1.1	9.9
9.5	72.4	6.3	2.7	1.3	7.9	13.7	63.8	10.3	2.7	0.8	8.7
4.0	71.5	6.1	5.6	2.7	10.1	11.9	52.7	16.5	10.2	0.9	7.8
5.5	66.5	5.2	8.2	2.4	12.1	13.6	47.1	18.2	9.5	1.2	10.3
8.5	78.6	3.8	2.6	1.1	5.4	11.3	73.7	6.1	2.4	0.9	5.7

15-8 续表 1

项 目	在认为下列政策效果不明显的企业家中，					
	企业研发费用加计扣除税收优惠政策					
	不知道此政 策	不具备享受该政策的 资 格	吸引力不足	办理手续繁 琐	政府部门政策执行力度不够	其他原因
租赁业	10.3	77.8	4.8	2.0	1.6	3.6
商务服务业	11.1	71.1	5.6	4.5	2.1	5.7
科学研究和技术服务业	11.4	63.1	7.5	10.1	2.4	5.6
研究和试验发展	11.1	53.6	6.7	13.6	3.6	11.4
专业技术服务业	11.6	65.4	7.0	9.1	2.2	4.7
科技推广和应用服务业	10.8	60.7	9.2	11.5	2.2	5.6
水利、环境和公共设施管理业	13.2	66.8	8.2	5.3	2.8	3.7
水利管理业		73.1	11.5	7.7	3.8	3.8
生态保护和环境治理业	10.6	65.9	7.1	10.6	2.4	3.5
公共设施管理业	13.8	66.7	8.2	4.7	2.9	3.7
四、按地区分						
东部地区	10.8	70.3	7.2	5.5	1.7	4.5
中部地区	12.6	69.1	8.1	4.7	2.5	2.9
西部地区	13.0	68.2	7.1	4.7	3.9	3.3
东北地区	15.5	61.9	9.9	5.5	3.1	4.1
北 京	7.8	64.6	6.1	11.6	1.5	8.4
天 津	11.0	70.5	10.4	3.6	0.7	3.7
河 北	13.8	72.0	6.2	2.9	2.0	3.0
山 西	12.5	69.4	7.8	3.2	2.9	4.2
内蒙古	14.8	69.2	6.5	3.4	3.2	3.0
辽 宁	13.3	62.7	10.5	5.4	2.4	5.7
吉 林	16.9	62.9	8.6	5.5	3.3	2.9
黑龙江	17.7	59.3	10.4	5.6	4.2	2.8
上 海	9.4	72.3	5.4	5.2	1.3	6.5
江 苏	13.6	68.6	9.0	3.6	1.6	3.7
浙 江	8.6	78.1	4.9	2.9	1.5	4.0
安 徽	13.1	66.2	8.9	5.2	2.2	4.3
福 建	9.4	76.5	6.9	3.6	1.8	1.9
江 西	13.3	67.0	8.4	5.3	3.2	2.8
山 东	9.0	75.4	8.1	3.2	1.5	2.8
河 南	13.1	71.4	7.7	3.8	2.1	1.9
湖 北	11.4	70.4	8.5	5.2	2.1	2.4
湖 南	12.4	67.9	7.4	5.4	3.8	3.2
广 东	13.3	60.3	7.1	10.6	2.6	6.1
广 西	13.7	66.5	7.5	3.1	5.2	4.0
海 南	11.6	72.3	3.9	6.5	3.2	2.6
重 庆	12.5	69.8	6.7	5.2	2.7	3.2
四 川	12.2	68.0	7.9	4.9	3.7	3.4
贵 州	14.8	64.5	7.8	6.1	3.5	3.3
云 南	14.2	68.0	5.2	5.5	4.5	2.6
西 藏	28.2	56.4	2.6	2.6	10.3	
陕 西	13.4	69.1	6.6	4.4	4.0	2.5
甘 肃	11.5	66.1	8.4	4.6	4.1	5.3
青 海	6.5	66.9	10.5	4.8	8.1	3.2
宁 夏	14.0	68.5	5.6	4.5	3.4	3.9
新 疆	10.0	71.8	7.3	3.6	3.6	3.8

对主要原因作出不同判断的企业家占比(%)											
高新技术企业所得税减免政策						企业研发活动专用仪器设备加速折旧政策					
不知道此政策	不具备享受该政策的资格	吸引力不足	办理手续繁琐	政府部门政策执行力度不够	其他原因	不知道此政策	不具备享受该政策的资格	吸引力不足	办理手续繁琐	政府部门政策执行力度不够	其他原因
9.2	81.2	3.2	1.2	2.0	3.2	10.3	74.4	8.1	1.8	1.1	4.4
8.5	78.5	3.9	2.6	1.1	5.5	11.3	73.7	6.0	2.4	0.9	5.8
8.0	74.6	5.1	4.8	1.8	5.7	14.2	58.4	12.6	6.7	1.2	6.8
8.4	66.5	3.9	8.1	1.2	12.0	17.9	44.7	16.5	10.2	1.7	9.0
8.4	75.7	4.8	4.5	1.6	4.9	13.6	62.1	10.9	6.0	1.1	6.2
6.7	75.0	6.6	3.9	2.6	5.1	14.2	55.7	14.9	6.6	1.3	7.2
8.3	77.7	5.7	2.2	2.0	4.1	11.1	70.6	8.4	3.5	1.6	4.8
	78.6	10.7	3.6	3.6	3.6	10.0	73.3	10.0	3.3		3.3
5.3	77.6	6.6	3.9	2.6	3.9	16.2	55.0	16.2	4.5	1.8	6.3
8.9	77.7	5.4	2.0	1.9	4.1	10.5	72.5	7.3	3.4	1.6	4.7
8.4	78.2	5.1	2.8	1.2	4.4	11.3	70.2	8.9	3.6	0.9	5.1
10.2	77.1	5.5	3.0	1.6	2.6	12.3	72.4	8.1	3.0	1.2	3.0
10.3	76.6	4.3	3.1	2.4	3.3	13.7	72.2	6.2	2.7	1.7	3.5
12.6	72.1	6.1	4.0	1.7	3.5	13.9	67.8	8.8	3.8	1.4	4.4
4.9	78.0	2.9	4.0	0.8	9.3	9.2	61.2	12.3	6.5	0.8	10.1
9.1	75.0	9.6	2.2	0.5	3.5	11.5	72.1	9.7	2.2	0.5	4.0
10.0	79.4	4.4	2.0	1.5	2.6	12.8	74.3	6.5	2.3	1.0	3.1
10.3	77.6	5.3	1.8	1.7	3.3	11.5	75.1	6.2	2.4	1.0	3.8
10.1	79.1	3.7	2.2	1.8	3.0	13.8	75.6	4.5	2.1	1.3	2.7
10.0	73.3	7.1	3.6	1.7	4.3	11.8	66.6	10.3	4.0	1.3	6.1
14.1	73.0	4.1	3.4	1.8	3.6	14.3	71.4	6.3	2.8	1.5	3.7
15.5	68.7	6.7	5.6	1.8	1.8	17.4	65.5	8.8	4.7	1.4	2.2
6.7	80.0	3.3	3.5	0.8	5.7	8.6	70.3	9.9	4.0	0.7	6.6
11.5	74.7	6.8	2.2	1.1	3.8	13.8	69.1	9.8	2.6	0.8	3.9
6.1	85.1	2.9	1.6	0.9	3.4	7.4	79.3	5.9	2.1	0.7	4.7
11.2	73.9	5.8	3.3	1.7	4.1	13.4	69.9	8.3	3.0	1.2	4.3
7.7	81.6	5.3	2.3	1.3	1.8	10.2	77.2	7.2	2.5	0.8	2.1
11.4	75.3	4.5	4.8	1.4	2.5	13.0	73.0	6.8	3.1	1.3	2.8
7.2	81.5	5.9	1.6	1.1	2.7	9.8	77.3	7.0	2.2	0.8	2.9
10.0	78.0	6.1	3.0	1.2	1.6	12.4	73.4	8.4	2.7	1.2	1.9
9.5	79.6	5.3	2.2	1.3	2.2	10.9	72.9	9.0	3.4	0.8	3.0
9.4	77.3	5.0	3.0	2.6	2.7	12.2	71.4	8.1	3.1	1.8	3.3
10.1	71.4	4.7	5.0	2.2	6.5	15.8	60.1	10.2	6.0	1.3	6.7
11.6	74.8	4.0	2.3	3.3	4.0	14.0	70.4	6.9	2.2	2.3	4.3
8.5	80.5	1.2	3.0	3.0	3.7	11.3	72.6	5.4	3.0	3.0	4.8
10.3	76.0	5.1	4.0	1.4	3.3	13.6	72.8	6.8	3.1	0.7	2.9
9.7	77.2	3.7	3.0	2.5	3.7	13.6	72.4	5.9	3.2	1.8	3.2
13.7	72.6	5.2	3.6	2.5	2.3	17.2	66.7	7.1	3.5	2.6	3.0
10.6	78.2	3.2	3.1	2.5	2.5	13.3	73.6	4.9	3.1	1.7	3.4
23.1	66.7	2.6	5.1	2.6		22.7	63.6	6.8	2.3		4.5
9.5	78.2	4.5	3.2	2.1	2.4	13.6	72.9	6.3	2.1	1.7	3.3
9.1	74.0	5.9	3.9	2.7	4.4	16.0	69.1	7.2	1.6	1.8	4.3
8.7	73.8	5.6	5.6	2.4	4.0	12.4	70.5	8.5	3.9	0.8	3.9
7.9	76.8	4.5	2.8	3.4	4.5	8.8	74.0	8.3	3.9	2.2	2.8
8.0	78.9	3.4	2.0	3.8	4.0	8.7	75.4	6.0	1.6	2.4	5.8

15-8 续表 2

项　目	在认为下列政策效果不明显的企业家中，					
	技术转让、技术开发收入免征增值税和技术转让减免所得税优惠政策					
	不知道此政　策	不具备享受该政策的资格	吸引力不足	办理手续繁　琐	政府部门政策执行力度不够	其他原因
总　计	**10.9**	**76.2**	**5.3**	**2.5**	**1.0**	**4.1**
一、按规模分						
大型企业	8.9	75.2	4.3	2.3	0.9	8.4
中型企业	9.3	78.3	4.2	2.3	1.1	4.8
小型企业	11.5	75.6	5.7	2.8	1.0	3.5
微型企业	13.7	73.5	6.7	2.4	1.0	2.7
二、按登记注册类型分						
内资企业	11.0	76.2	5.3	2.5	1.0	3.9
国有企业	9.7	75.2	6.0	2.5	1.4	5.2
集体企业	10.6	74.1	8.7	2.1	2.1	2.6
股份合作企业	12.8	69.8	10.5	3.5	1.2	2.3
联营企业	6.7	76.7	13.3			3.3
#国有联营企业	40.0	20.0	20.0			20.0
有限责任公司	10.2	77.1	5.0	2.3	1.0	4.3
#国有独资公司	9.1	77.1	5.0	1.0	1.1	6.7
股份有限公司	10.8	71.2	5.3	3.4	1.6	7.6
私营企业	11.7	76.1	5.4	2.6	0.9	3.2
其他企业	13.4	71.2	9.6	2.8	1.9	1.1
港、澳、台商投资企业	9.2	77.4	3.1	2.9	0.3	7.0
合资经营企业	11.2	77.3	3.0	2.5		6.0
合作经营企业	10.3	75.9	3.4		3.4	6.9
港、澳、台商独资经营企业	8.1	78.0	3.4	3.2	0.4	6.9
港、澳、台商投资股份有限公司	10.1	72.5		4.3		13.0
其他港、澳、台投资企业	17.2	69.0	3.4			10.3
外商投资企业	7.5	76.8	4.6	2.3	0.6	8.2
中外合资经营企业	8.5	75.2	4.6	2.4	0.5	8.8
中外合作经营企业		92.0		4.0		4.0
外资企业	7.0	77.3	4.8	2.2	0.6	8.0
外商投资股份有限公司	10.0	72.5	7.5	2.5		7.5
其他外商投资企业	9.1	75.0		2.3	4.5	9.1
三、按行业分						
批发和零售业	10.8	77.9	5.3	2.1	1.0	2.9
批发业	9.7	78.6	5.3	2.2	0.8	3.3
零售业	11.7	77.4	5.3	1.9	1.1	2.6
交通运输、仓储和邮政业	10.8	76.8	5.2	1.8	1.1	4.2
铁路运输业	11.1	80.6	5.6	2.8		
道路运输业	11.1	76.7	5.2	2.0	1.3	3.7
水上运输业	11.1	74.9	8.0	1.7	1.4	3.3
航空运输业	8.1	76.8	3.0	1.0	2.0	9.1
管道运输业	5.9	88.2	5.9			
装卸搬运和运输代理业	10.1	77.6	4.8	1.8	0.5	5.2
仓储业	10.2	77.3	5.6	1.2	0.6	5.1
邮政业	12.7	74.7	4.2	1.6	1.9	4.9
信息传输、软件和信息技术服务业	11.1	66.6	5.9	5.9	1.3	9.2
电信、广播电视和卫星传输服务	10.3	73.0	5.6	1.6	0.5	9.1
互联网和相关服务	7.7	69.9	7.9	5.7	1.2	7.5
软件和信息技术服务业	11.8	64.8	5.7	6.8	1.5	9.4
租赁和商务服务业	10.3	77.5	4.1	2.0	0.8	5.3

对主要原因作出不同判断的企业家占比(%)											
科技开发用品免征进口税收政策						鼓励企业吸引和培养人才的相关政策					
不知道此政策	不具备享受该政策的资格	吸引力不足	办理手续繁琐	政府部门政策执行力度不够	其他原因	不知道此政策	不具备享受该政策的资格	吸引力不足	办理手续繁琐	政府部门政策执行力度不够	其他原因
10.7	**77.9**	**4.2**	**1.7**	**0.8**	**4.7**	**19.0**	**52.1**	**21.8**	**2.8**	**2.6**	**1.7**
8.6	77.6	3.1	1.5	0.5	8.8	19.1	46.6	24.3	3.8	3.2	3.0
9.5	79.4	3.3	1.5	0.7	5.6	19.5	51.3	21.6	2.8	2.9	1.9
11.3	77.4	4.7	1.7	0.8	4.0	19.0	52.3	21.7	2.8	2.6	1.6
12.7	75.9	5.6	2.0	0.8	3.0	17.7	55.7	21.2	2.2	1.7	1.5
10.7	78.0	4.3	1.6	0.8	4.5	18.8	52.2	22.0	2.7	2.6	1.6
10.9	75.3	5.0	1.4	1.1	6.3	14.7	53.6	25.5	1.7	2.6	1.7
13.6	73.0	7.4	2.1	1.8	2.3	15.4	55.0	22.8	2.4	2.4	1.9
11.2	74.2	6.7	2.2	2.2	3.4	10.1	55.7	25.3	3.8	3.8	1.3
9.7	74.2	12.9			3.2	22.2	44.4	25.9	3.7	3.7	
40.0	40.0				20.0	50.0	25.0	25.0			
9.9	79.1	3.7	1.5	0.8	4.9	18.3	52.0	22.3	2.7	2.8	1.9
9.0	78.2	3.2	0.9	0.7	7.9	14.3	50.9	25.8	1.9	3.4	3.7
11.1	74.2	3.6	1.8	0.8	8.5	22.1	44.0	24.9	3.3	3.9	1.8
11.2	77.9	4.7	1.7	0.7	3.8	19.3	52.9	21.2	2.7	2.4	1.5
13.6	74.7	7.2	2.0	1.2	1.2	13.4	53.6	26.5	2.0	4.0	0.6
10.3	76.6	3.2	2.0	0.4	7.4	21.0	50.2	19.4	4.0	2.4	3.1
10.8	76.4	3.1	2.5	0.4	6.7	19.8	49.4	20.4	4.3	3.0	3.0
16.1	71.0	3.2			9.7	20.8	41.7	25.0	8.3		4.2
9.7	77.4	3.5	1.9	0.5	7.1	21.1	51.0	19.4	3.8	2.2	2.6
11.5	73.1		2.6		12.8	21.4	50.0	14.3	3.6	3.6	7.1
15.6	68.8	3.1			12.5	35.0	45.0	10.0			10.0
9.6	76.2	3.2	1.9	0.5	8.5	23.5	49.9	17.1	4.6	1.8	3.0
8.4	75.9	3.8	1.7	1.0	9.2	25.1	44.8	21.5	4.1	1.7	2.8
7.1	89.3				3.6	18.2	72.7	4.5			4.5
9.8	76.5	3.0	2.1	0.3	8.3	23.5	51.0	15.3	5.1	2.1	3.0
16.3	67.3	6.1			10.2	10.0	60.0	23.3	3.3		3.3
11.4	75.0		4.5		9.1	24.0	48.0	24.0			4.0
10.6	79.4	4.7	1.6	0.8	3.0	18.0	54.6	21.6	2.4	2.2	1.3
9.5	79.8	4.8	1.7	0.7	3.5	17.3	55.7	20.7	2.6	2.2	1.5
11.5	79.0	4.5	1.5	0.9	2.6	18.5	53.6	22.3	2.2	2.3	1.1
10.1	79.1	4.4	1.5	0.8	4.1	16.6	54.6	21.8	2.0	2.2	2.6
5.7	80.0	11.4		2.9		8.0	60.0	24.0		8.0	
10.8	78.5	4.4	1.8	0.8	3.6	16.6	54.4	22.4	2.2	2.2	2.2
9.9	78.1	6.3	1.6	1.4	2.7	16.2	55.5	21.7	2.4	1.7	2.4
8.1	78.8	3.0	1.0	1.0	8.1	20.9	52.2	14.9		7.5	4.5
5.9	82.4	11.8				21.4	64.3	14.3			
8.8	80.9	3.9	1.4	0.5	4.5	17.3	55.4	19.9	1.9	1.8	3.5
9.7	79.7	3.7	1.2	0.7	5.0	15.5	55.4	21.8	1.8	2.2	3.3
10.1	77.8	4.7	0.6	0.9	5.7	16.7	51.1	26.2	1.4	2.7	1.8
11.0	72.7	3.0	1.9	0.6	10.9	26.0	37.9	24.3	5.1	4.6	2.1
11.8	72.9	3.4	1.1	0.7	10.1	17.9	48.1	28.1	1.7	1.5	2.6
10.7	73.8	4.3	1.9	0.9	8.4	29.4	39.2	22.5	4.2	3.9	0.7
10.9	72.5	2.8	2.0	0.5	11.2	26.7	36.3	24.0	5.7	5.1	2.2
9.8	79.0	3.2	1.6	0.7	5.7	18.9	53.9	19.1	2.7	2.8	2.6

15-8 续表 3

项目	在认为下列政策效果不明显的企业家中，技术转让、技术开发收入免征增值税和技术转让减免所得税优惠政策					
	不知道此政策	不具备享受该政策的资格	吸引力不足	办理手续繁琐	政府部门政策执行力度不够	其他原因
租赁业	8.9	79.3	7.0		0.7	4.1
商务服务业	10.4	77.4	3.9	2.1	0.8	5.4
科学研究和技术服务业	12.3	70.8	5.4	4.5	1.0	6.0
研究和试验发展	16.0	61.5	5.0	7.0	1.6	9.0
专业技术服务业	12.0	72.6	5.4	3.8	1.0	5.3
科技推广和应用服务业	11.4	69.9	5.9	5.3	0.7	6.9
水利、环境和公共设施管理业	10.7	74.9	5.8	2.6	1.1	5.0
水利管理业	6.3	78.1	9.4			6.3
生态保护和环境治理业	10.5	68.4	3.5	6.1	0.9	10.5
公共设施管理业	10.8	75.6	6.0	2.2	1.2	4.3
四、按地区分						
东部地区	10.4	76.2	5.3	2.6	0.8	4.7
中部地区	11.1	76.8	5.6	2.6	1.2	2.7
西部地区	12.0	76.4	4.4	2.3	1.6	3.3
东北地区	13.8	71.2	7.0	2.7	1.2	4.0
北京	7.1	75.0	3.5	4.3	0.6	9.5
天津	10.6	73.6	9.9	2.1	0.3	3.5
河北	11.8	78.1	4.2	1.9	1.1	2.9
山西	9.7	78.5	4.7	1.9	1.4	3.9
内蒙古	12.2	78.2	3.3	2.2	1.2	2.9
辽宁	11.1	71.4	8.1	3.0	1.2	5.3
吉林	15.4	72.4	5.9	2.0	1.1	3.3
黑龙江	17.1	69.5	6.2	3.4	1.4	2.5
上海	8.6	77.8	4.1	2.6	0.6	6.4
江苏	13.0	73.0	6.9	2.5	0.9	3.7
浙江	7.2	83.8	3.3	1.3	0.5	4.0
安徽	12.1	74.9	5.5	2.6	0.8	4.1
福建	9.5	79.5	6.2	2.0	0.8	2.0
江西	11.7	77.4	5.0	2.0	1.3	2.5
山东	8.8	79.8	6.1	1.6	0.8	2.9
河南	10.7	77.4	6.3	2.7	1.3	1.7
湖北	10.4	77.6	6.1	2.8	0.8	2.3
湖南	11.5	76.2	4.6	2.7	2.0	3.0
广东	14.2	69.8	4.6	4.0	1.0	6.4
广西	12.8	74.8	4.4	1.5	2.4	4.1
海南	12.2	74.4	4.3	4.9	0.6	3.7
重庆	11.4	77.1	5.2	2.8	0.8	2.7
四川	12.0	77.0	4.0	2.0	1.6	3.3
贵州	16.0	70.1	6.3	2.8	2.5	2.4
云南	11.7	78.1	2.8	2.9	1.8	2.8
西藏	10.0	82.5		5.0		2.5
陕西	13.2	76.1	4.0	2.2	1.0	3.5
甘肃	11.1	73.6	6.4	3.2	2.0	3.6
青海	9.9	74.8	6.9	0.8	3.1	4.6
宁夏	7.7	80.2	4.4	1.6	3.3	2.7
新疆	6.8	80.3	4.6	1.3	2.0	5.1

对主要原因作出不同判断的企业家占比(%)											
科技开发用品免征进口税收政策						鼓励企业吸引和培养人才的相关政策					
不知道此政策	不具备享受该政策的资格	吸引力不足	办理手续繁琐	政府部门政策执行力度不够	其他原因	不知道此政策	不具备享受该政策的资格	吸引力不足	办理手续繁琐	政府部门政策执行力度不够	其他原因
7.3	81.5	4.9	1.4	0.7	4.2	15.7	58.5	20.7	1.4	2.3	1.4
10.0	78.9	3.1	1.6	0.7	5.7	19.0	53.6	19.1	2.8	2.8	2.6
12.6	73.2	3.9	2.3	0.7	7.3	22.9	45.3	22.5	3.9	3.2	2.2
15.5	65.8	3.7	2.6	1.3	11.2	29.4	36.5	21.5	5.2	4.5	2.9
12.0	74.9	3.8	2.2	0.7	6.4	21.7	47.3	22.5	3.2	2.9	2.2
12.8	72.5	4.3	2.4	0.4	7.6	22.7	43.9	22.9	5.3	3.5	1.7
10.3	76.1	5.1	1.8	1.0	5.6	15.5	50.0	26.1	2.8	3.9	1.7
5.3	73.7	5.3	5.3		10.5	15.0	50.0	25.0	10.0		
10.4	67.9	6.7	3.7	0.7	10.4	20.2	49.4	13.5	7.9	5.6	3.4
10.5	77.4	4.9	1.4	1.1	4.7	14.9	50.1	27.9	1.9	3.8	1.6
10.3	77.5	4.4	1.7	0.6	5.5	19.1	53.1	20.4	3.1	2.3	2.0
10.8	79.0	4.6	1.6	0.9	3.1	18.1	51.2	24.8	2.3	2.6	1.0
11.5	78.9	3.1	1.6	1.2	3.7	19.5	49.7	23.5	2.2	3.8	1.3
13.3	74.0	5.2	2.0	0.8	4.7	20.6	50.4	22.6	2.5	2.2	1.7
9.0	75.8	2.5	1.8	0.2	10.7	24.3	46.3	18.7	4.9	2.7	3.1
10.4	76.3	7.1	1.7	0.5	3.9	16.9	56.0	21.4	2.6	1.1	2.0
10.8	80.7	4.2	1.0	0.3	3.0	18.2	53.6	22.9	1.5	1.9	1.8
11.7	79.1	2.9	1.1	1.0	4.3	17.5	55.3	21.9	1.3	2.9	1.1
11.4	80.8	2.3	1.7	0.8	3.0	15.9	54.5	22.2	1.8	4.0	1.5
10.6	74.4	6.7	1.8	0.5	6.0	16.8	53.5	24.1	1.8	2.1	1.8
14.9	75.0	3.6	1.2	0.8	4.4	26.4	46.0	22.2	2.3	1.4	1.7
16.3	72.0	4.3	3.5	1.3	2.7	21.0	49.7	20.3	4.1	3.4	1.4
10.4	76.9	3.0	1.6	0.7	7.5	24.2	49.4	17.5	4.8	1.7	2.3
12.3	74.4	6.5	1.8	0.7	4.4	18.1	54.4	21.7	2.5	1.6	1.6
7.3	84.2	2.9	0.8	0.4	4.4	15.5	59.5	19.2	1.6	2.5	1.8
11.4	76.9	5.1	1.7	0.6	4.3	19.0	49.6	24.9	2.8	2.2	1.5
9.0	81.3	5.5	1.4	0.7	2.1	14.2	63.3	18.6	1.8	1.6	0.5
11.0	79.2	4.2	1.6	1.3	2.7	19.3	51.1	21.5	3.1	4.1	0.9
8.2	81.3	5.5	1.2	0.7	3.1	12.2	62.1	20.0	1.5	1.8	2.4
10.4	79.9	4.9	1.6	0.7	2.3	16.0	54.9	24.5	1.7	2.5	0.5
10.3	79.4	5.3	1.6	0.9	2.5	17.4	48.9	28.3	1.8	2.3	1.2
10.7	79.1	3.7	1.7	1.6	3.2	20.8	47.6	24.4	3.0	2.9	1.2
13.5	72.3	3.4	2.8	0.9	7.1	24.8	41.5	22.5	4.7	3.9	2.5
12.2	77.4	3.1	1.6	2.0	3.8	21.0	44.0	26.9	1.3	5.5	1.2
11.7	77.7	4.3	1.1	0.5	4.8	26.2	37.3	30.2	1.6	4.0	0.8
12.3	78.9	3.1	1.9	0.6	3.2	23.1	50.4	20.1	2.4	2.7	1.3
10.2	81.0	2.6	1.3	1.3	3.5	19.8	52.8	20.8	2.2	3.2	1.2
13.7	72.5	5.5	3.2	1.7	3.4	17.7	49.2	25.2	3.2	2.5	2.1
12.4	78.9	2.1	1.9	1.1	3.7	20.8	51.1	19.9	2.2	5.0	1.1
16.7	81.0		2.4			21.4	46.4	25.0		7.1	
12.3	79.3	2.5	1.1	1.0	3.9	19.1	45.8	27.9	2.7	3.4	1.1
13.3	74.4	5.5	2.6	0.9	3.3	17.3	48.9	25.4	3.1	4.6	0.6
8.8	80.3	5.1	0.7	1.5	3.7	19.4	41.8	24.5	1.0	10.2	3.1
8.1	81.7	3.2	0.5	2.2	4.3	14.6	46.5	29.2	4.2	3.5	2.1
7.0	80.7	3.6	1.2	1.7	5.8	13.2	51.3	28.5	0.7	5.0	1.4

15-8 续表 4

项 目	在认为下列政策效果不明显的企业家中，					
	金融支持相关政策					
	不知道此政 策	不具备享受该政策的 资 格	吸引力不足	办理手续繁 琐	政府部门政策执行力度不够	其他原因
总 计	**17.6**	**56.8**	**11.0**	**8.1**	**3.7**	**2.8**
一、按规模分						
大型企业	17.2	55.6	12.5	6.0	3.3	5.4
中型企业	17.9	57.2	10.8	7.1	3.7	3.2
小型企业	17.6	56.4	10.9	8.9	3.8	2.4
微型企业	17.5	58.7	11.3	7.7	3.0	1.7
二、按登记注册类型分						
内资企业	17.5	56.8	11.1	8.3	3.8	2.6
国有企业	13.2	63.1	11.1	5.7	3.2	3.7
集体企业	14.8	58.3	12.0	8.2	4.9	2.0
股份合作企业	14.5	53.9	17.1	3.9	7.9	2.6
联营企业	16.1	58.1	12.9	9.7	3.2	
#国有联营企业	60.0	40.0				
有限责任公司	17.0	58.0	10.8	7.6	3.7	3.0
#国有独资公司	14.4	61.4	10.5	5.0	3.5	5.2
股份有限公司	21.1	50.1	11.6	8.1	5.1	4.0
私营企业	17.9	56.2	11.2	9.0	3.7	2.1
其他企业	13.2	55.1	12.2	12.2	6.8	0.5
港、澳、台商投资企业	19.2	58.4	9.2	6.0	2.3	4.8
合资经营企业	18.5	58.4	9.2	8.2	2.2	3.5
合作经营企业	14.8	63.0		11.1	3.7	7.4
港、澳、台商独资经营企业	19.6	58.2	9.9	5.0	2.4	4.9
港、澳、台商投资股份有限公司	20.3	60.9	2.9	8.7	1.4	5.8
其他港、澳、台投资企业	18.5	55.6	7.4	3.7		14.8
外商投资企业	20.6	56.3	11.3	3.7	2.2	5.9
中外合资经营企业	23.7	51.4	11.6	3.8	3.5	6.0
中外合作经营企业	17.4	73.9	4.3			4.3
外资企业	19.0	58.2	11.4	3.7	1.8	6.0
外商投资股份有限公司	30.0	45.0	15.0	5.0		5.0
其他外商投资企业	28.1	53.1	6.3	3.1	3.1	6.3
三、按行业分						
批发和零售业	16.7	58.9	11.0	8.1	3.4	1.8
批发业	16.2	60.0	10.6	7.8	3.4	2.1
零售业	17.1	58.0	11.4	8.4	3.5	1.5
交通运输、仓储和邮政业	15.2	61.0	9.6	7.0	4.1	3.1
铁路运输业	13.8	51.7	13.8	3.4	10.3	6.9
道路运输业	14.8	60.3	9.8	7.7	4.6	2.7
水上运输业	16.4	59.6	11.3	6.2	4.1	2.4
航空运输业	15.5	57.7	7.0	5.6	8.5	5.6
管道运输业	7.1	85.7	7.1			
装卸搬运和运输代理业	16.9	62.5	7.9	6.6	2.1	4.0
仓储业	12.8	64.8	9.0	6.3	4.0	3.1
邮政业	17.2	56.6	13.3	4.3	4.3	4.3
信息传输、软件和信息技术服务业	22.8	44.0	13.2	9.8	4.3	5.9
电信、广播电视和卫星传输服务	15.4	60.6	12.5	3.2	0.8	7.5
互联网和相关服务	23.1	44.9	13.3	10.0	4.7	4.1
软件和信息技术服务业	23.9	41.5	13.3	10.7	4.7	5.8
租赁和商务服务业	18.0	59.9	9.1	6.1	3.4	3.5

对主要原因作出不同判断的企业家占比(%)					
创造和保护知识产权的相关政策					
不知道此政策	不具备享受该政策的资格	吸引力不足	办理手续繁琐	政府部门政策执行力度不够	其他原因
14.4	**69.6**	**8.5**	**3.0**	**2.2**	**2.4**
13.5	68.2	8.4	3.3	2.1	4.3
13.6	71.2	7.4	2.7	2.3	2.8
14.7	69.0	9.0	3.1	2.1	2.1
15.2	69.0	9.3	2.7	1.8	2.1
14.4	69.7	8.5	3.0	2.2	2.3
11.5	69.4	10.0	2.8	2.6	3.7
12.5	70.9	10.4	2.1	3.1	1.3
11.3	73.8	8.8	2.5	2.5	1.3
10.7	78.6	10.7			
75.0	25.0				
13.3	71.2	7.9	2.8	2.2	2.6
11.3	71.6	7.8	1.7	2.3	5.5
17.1	63.7	8.9	4.0	3.2	3.1
15.1	69.0	8.9	3.0	2.0	1.9
16.5	64.8	10.4	3.4	4.6	0.2
12.9	70.8	6.7	2.8	1.8	4.9
12.5	71.5	6.6	4.0	1.1	4.3
12.0	84.0				4.0
13.3	70.2	7.3	2.6	2.0	4.7
10.7	73.2	3.6	1.8		10.7
11.5	61.5	3.8		11.5	11.5
15.0	67.5	8.3	2.8	1.9	4.5
14.5	64.8	9.9	3.3	3.0	4.5
	86.4	9.1			4.5
15.2	67.7	8.1	2.8	1.7	4.6
18.2	72.7	6.1			3.0
22.2	70.4		3.7		3.7
13.7	72.0	8.0	2.5	1.9	1.9
12.8	72.6	7.9	2.7	1.8	2.2
14.3	71.6	8.1	2.3	1.9	1.7
13.3	72.8	6.9	2.0	1.8	3.2
10.7	75.0	10.7		3.6	
13.8	73.3	6.4	2.0	1.7	2.8
11.7	71.8	8.9	2.8	2.2	2.5
8.6	70.4	3.7	4.9	4.9	7.4
7.1	85.7	7.1			
13.0	73.0	6.9	1.9	1.1	4.0
12.5	72.2	7.3	1.9	2.2	3.9
14.2	69.8	9.3	1.1	1.9	3.7
20.5	51.6	13.2	6.9	4.5	3.3
11.4	69.4	9.8	3.3	0.8	5.2
17.5	54.1	13.5	5.9	6.2	2.8
23.0	47.5	13.9	7.8	5.0	2.9
14.6	70.1	6.9	3.0	1.9	3.6

15-8 续表 5

项 目	在认为下列政策效果不明显的企业家中，金融支持相关政策					
	不知道此政策	不具备享受该政策的资格	吸引力不足	办理手续繁项	政府部门政策执行力度不够	其他原因
租赁业	17.7	56.7	10.7	7.9	5.6	1.4
商务服务业	18.0	60.0	9.1	6.0	3.3	3.5
科学研究和技术服务业	20.3	50.9	12.0	8.5	3.8	4.5
研究和试验发展	24.7	40.0	15.9	9.0	5.2	5.2
专业技术服务业	19.3	54.6	10.8	7.7	2.9	4.6
科技推广和应用服务业	20.8	46.6	13.0	10.5	5.3	3.9
水利、环境和公共设施管理业	13.7	58.1	12.1	10.2	4.7	1.1
水利管理业	11.1	59.3	22.2	3.7	3.7	
生态保护和环境治理业	11.2	51.0	13.3	16.3	7.1	1.0
公共设施管理业	14.2	59.1	11.5	9.6	4.4	1.2
四、按地区分						
东部地区	18.1	57.7	11.1	7.0	3.0	3.2
中部地区	16.2	55.3	11.3	10.7	4.8	1.9
西部地区	17.3	55.5	10.5	9.7	5.0	2.0
东北地区	18.5	55.3	11.7	7.9	3.3	3.3
北 京	21.0	52.1	10.5	8.3	2.7	5.3
天 津	16.5	61.3	12.4	5.2	1.8	2.8
河 北	14.1	61.0	10.3	8.6	3.4	2.7
山 西	15.4	59.1	10.0	7.6	5.6	2.2
内蒙古	17.3	59.6	7.8	7.6	5.2	2.5
辽 宁	17.6	56.0	13.0	7.0	2.7	3.7
吉 林	22.8	50.8	10.9	8.4	3.8	3.3
黑龙江	14.7	59.7	10.0	9.0	4.0	2.7
上 海	20.5	56.1	10.0	6.4	2.4	4.6
江 苏	17.5	57.7	12.3	6.9	2.9	2.7
浙 江	15.5	64.3	10.4	4.5	2.8	2.7
安 徽	17.3	50.8	12.6	13.2	3.7	2.4
福 建	14.6	63.9	11.5	5.5	3.3	1.1
江 西	18.2	53.1	11.0	10.8	6.0	1.0
山 东	11.8	65.8	10.7	6.4	2.7	2.7
河 南	14.9	58.5	10.9	9.8	4.9	1.1
湖 北	15.0	54.7	12.0	11.7	4.3	2.3
湖 南	17.5	55.5	9.9	8.9	5.7	2.4
广 东	24.3	47.6	11.4	9.2	4.0	3.6
广 西	18.3	55.4	10.5	7.1	7.0	1.8
海 南	16.3	58.2	5.9	12.4	4.6	2.6
重 庆	19.7	54.6	11.1	9.1	3.6	2.0
四 川	17.3	57.4	11.4	8.4	4.0	1.5
贵 州	18.7	55.9	10.3	10.6	2.9	1.7
云 南	17.7	54.0	7.9	11.0	6.7	2.6
西 藏	17.2	72.4	3.4	3.4	3.4	
陕 西	16.1	50.9	11.4	13.9	5.4	2.3
甘 肃	16.7	55.3	11.0	10.1	5.8	1.2
青 海	11.7	51.4	10.8	9.9	10.8	5.4
宁 夏	14.2	56.8	11.5	8.1	6.1	3.4
新 疆	13.3	59.8	10.4	8.7	5.7	2.2

对主要原因作出不同判断的企业家占比(%)					
创造和保护知识产权的相关政策					
不知道此政策	不具备享受该政策的资格	吸引力不足	办理手续繁琐	政府部门政策执行力度不够	其他原因
8.4	76.1	7.6	2.9	1.7	3.4
14.9	69.7	6.8	3.0	1.9	3.6
16.8	59.7	12.3	4.9	3.4	2.9
21.6	44.1	18.1	7.0	5.1	4.1
16.4	62.5	11.0	4.5	2.9	2.7
16.1	58.1	13.7	5.1	4.1	2.7
11.2	69.4	10.5	3.9	2.3	2.8
4.5	72.7	18.2			4.5
12.0	59.8	12.0	7.6	5.4	3.3
11.3	70.5	10.1	3.5	2.0	2.7
14.7	69.0	8.6	3.0	1.9	2.7
13.3	70.0	9.5	2.9	2.3	2.0
14.1	71.5	7.2	2.6	2.8	1.8
15.3	68.7	7.6	3.5	1.7	3.2
16.7	63.6	8.5	4.1	2.7	4.5
13.0	67.7	12.9	2.4	1.3	2.7
13.8	72.7	8.8	1.9	1.0	1.9
12.1	72.7	7.9	1.7	2.2	3.3
15.1	73.5	5.4	2.2	1.9	1.9
14.0	68.9	8.7	4.0	1.3	3.2
16.7	69.3	6.9	1.7	2.0	3.4
16.3	67.5	6.6	4.7	2.2	2.8
16.1	68.2	6.8	3.2	2.0	3.9
15.8	68.0	9.7	2.4	1.8	2.2
12.1	75.5	6.6	2.3	1.4	2.1
15.9	67.4	8.9	3.6	1.6	2.7
12.6	73.5	8.4	2.6	1.9	1.0
13.7	70.0	8.6	3.0	3.0	1.6
9.8	76.5	8.2	1.9	1.1	2.4
12.5	71.2	10.1	2.8	2.1	1.3
12.6	70.8	9.9	2.8	2.0	1.9
12.5	69.2	10.1	2.8	3.5	2.0
19.5	59.9	8.6	5.2	3.1	3.6
16.4	69.1	6.3	2.3	4.1	1.8
11.9	68.5	9.1	3.5	5.6	1.4
15.1	71.5	7.1	2.6	2.6	1.2
12.8	72.3	7.7	3.0	2.7	1.5
17.0	66.9	9.3	2.4	2.1	2.3
13.9	73.1	5.4	2.4	3.7	1.6
21.2	72.7		6.1		
14.7	70.3	7.8	2.8	2.5	1.9
12.1	72.2	8.4	3.2	1.6	2.6
11.0	70.3	8.5	2.5	4.2	3.4
12.1	72.7	8.5	1.8	1.8	3.0
10.2	76.4	6.2	1.4	3.2	2.6

15-8 续表 6

项　目	在认为下列政策效果不明显的企业家中，优先发展产业的支持政策					
	不知道此政策	不具备享受该政策的资格	吸引力不足	办理手续繁琐	政府部门政策执行力度不够	其他原因
总　计	**19.7**	**65.5**	**8.4**	**2.1**	**2.6**	**1.7**
一、按规模分						
大型企业	19.6	65.0	7.6	1.7	2.9	3.1
中型企业	19.2	67.0	7.1	1.9	2.7	2.1
小型企业	20.3	64.4	9.0	2.2	2.6	1.5
微型企业	18.4	66.5	9.4	2.1	2.2	1.3
二、按登记注册类型分						
内资企业	19.6	65.5	8.5	2.1	2.7	1.6
国有企业	14.8	67.5	10.2	1.3	3.9	2.3
集体企业	14.7	65.4	11.8	2.7	4.0	1.3
股份合作企业	12.8	67.9	11.5	3.8	2.6	1.3
联营企业	10.0	70.0	10.0	6.7	3.3	
#国有联营企业	50.0	25.0		25.0		
有限责任公司	18.9	66.7	8.0	1.9	2.7	1.8
#国有独资公司	14.5	69.1	7.7	1.5	3.2	4.0
股份有限公司	23.5	58.8	7.8	2.6	4.5	2.8
私营企业	20.3	65.0	8.7	2.1	2.4	1.4
其他企业	16.1	62.6	13.7	3.0	4.4	0.3
港、澳、台商投资企业	19.3	66.8	6.1	2.7	1.4	3.7
合资经营企业	21.0	65.8	4.5	3.9	1.1	3.6
合作经营企业	13.0	73.9	8.7			4.3
港、澳、台商独资经营企业	18.5	67.4	7.0	2.3	1.5	3.3
港、澳、台商投资股份有限公司	22.1	64.7		2.9	1.5	8.8
其他港、澳、台投资企业	23.1	57.7	7.7		3.8	7.7
外商投资企业	22.5	64.6	6.9	1.6	1.3	3.1
中外合资经营企业	24.2	60.1	8.8	1.3	2.7	2.9
中外合作经营企业	9.1	81.8	4.5			4.5
外资企业	22.3	66.0	5.9	1.8	0.8	3.2
外商投资股份有限公司	22.5	60.0	12.5		2.5	2.5
其他外商投资企业	15.2	66.7	12.1		3.0	3.0
三、按行业分						
批发和零售业	17.4	68.8	8.2	2.0	2.2	1.4
批发业	17.2	69.5	7.8	2.0	2.0	1.6
零售业	17.6	68.4	8.5	2.0	2.4	1.3
交通运输、仓储和邮政业	16.8	66.4	8.7	1.8	3.6	2.7
铁路运输业	16.7	63.3	13.3		6.7	
道路运输业	16.5	65.9	9.0	1.9	4.2	2.5
水上运输业	16.9	63.9	11.2	1.9	3.5	2.6
航空运输业	15.4	62.8	6.4	2.6	7.7	5.1
管道运输业	20.0	73.3	6.7			
装卸搬运和运输代理业	16.9	70.3	6.6	1.5	1.4	3.1
仓储业	16.6	67.0	8.4	2.2	3.3	2.6
邮政业	20.1	60.2	10.4	1.2	4.8	3.2
信息传输、软件和信息技术服务业	33.6	48.7	9.1	3.2	3.6	1.8
电信、广播电视和卫星传输服务	17.4	66.5	8.4	1.8	1.6	4.3
互联网和相关服务	32.7	47.5	11.1	3.5	3.9	1.4
软件和信息技术服务业	36.1	46.2	9.0	3.3	3.9	1.4
租赁和商务服务业	19.1	66.6	7.3	1.8	2.5	2.7

对主要原因作出不同判断的企业家占比(%)					
关于推进大众创业万众创新的各项政策					
不知道此政策	不具备享受该政策的资格	吸引力不足	办理手续繁琐	政府部门政策执行力度不够	其他原因
22.4	**58.0**	**12.5**	**2.3**	**2.8**	**2.0**
21.8	58.7	11.4	1.8	2.3	3.9
22.4	59.7	11.2	1.9	2.5	2.2
22.7	56.9	13.1	2.6	3.0	1.7
21.0	58.6	14.0	2.1	2.8	1.5
22.2	58.0	12.8	2.3	2.9	1.9
16.3	62.6	14.2	1.8	2.3	2.8
17.6	60.5	15.1	2.4	3.5	1.1
15.6	62.3	14.3	2.6	3.9	1.3
13.8	51.7	24.1	6.9	3.4	
50.0	25.0		25.0		
21.3	59.6	12.1	2.1	2.8	2.1
16.5	63.4	11.1	1.0	2.8	5.2
26.2	53.5	11.7	2.2	3.5	2.8
23.0	56.8	13.2	2.6	2.9	1.6
21.0	56.1	16.1	2.8	3.4	0.6
23.6	61.2	7.6	2.4	1.5	3.8
26.9	57.4	7.6	3.0	1.8	3.3
15.4	65.4	11.5	3.8		3.8
22.6	62.6	7.8	2.2	1.2	3.6
22.5	62.0	2.8	2.8	2.8	7.0
21.4	57.1	7.1		3.6	10.7
26.2	57.6	10.0	1.1	1.5	3.6
25.5	55.4	11.5	1.2	2.6	3.8
18.2	77.3				4.5
26.2	58.9	9.5	1.1	1.0	3.5
33.3	50.0	11.9	2.4		2.4
31.4	42.9	11.4		5.7	8.6
20.2	60.8	12.7	2.2	2.6	1.5
20.2	62.2	11.5	2.1	2.3	1.7
20.3	59.6	13.7	2.3	2.8	1.3
18.6	61.8	11.9	2.1	2.6	2.9
10.7	67.9	17.9		3.6	
18.3	61.7	12.3	2.2	3.0	2.5
17.6	63.3	11.9	2.8	2.8	1.9
14.5	60.2	9.6	3.6	3.6	8.4
13.3	73.3	13.3			
20.4	62.3	10.0	1.9	1.5	3.8
17.7	61.5	13.5	2.1	1.6	3.5
21.6	59.2	10.2	1.2	4.7	3.1
35.1	43.9	12.5	2.7	3.1	2.6
19.4	58.1	14.7	1.3	1.5	4.9
35.4	42.7	12.2	3.8	4.6	1.3
37.2	42.1	12.2	2.8	3.2	2.5
20.8	60.2	10.7	2.3	2.9	3.1

15-8 续表 7

项　　目	在认为下列政策效果不明显的企业家中，					
	优先发展产业的支持政策					
	不知道此政　策	不具备享受该政策的 资 格	吸引力不足	办理手续繁　琐	政府部门政策执行力度不够	其他原因
租赁业	20.2	68.4	7.9	1.3	1.3	0.9
商务服务业	19.1	66.5	7.3	1.8	2.5	2.8
科学研究和技术服务业	26.2	57.0	9.5	2.2	3.1	1.9
研究和试验发展	33.8	47.5	9.9	2.7	3.4	2.7
专业技术服务业	24.3	60.0	8.8	1.8	3.1	2.0
科技推广和应用服务业	27.9	53.0	11.3	3.2	3.2	1.5
水利、环境和公共设施管理业	16.6	64.1	9.5	3.6	4.9	1.4
水利管理业	19.2	61.5	11.5		7.7	
生态保护和环境治理业	19.6	59.8	5.2	5.2	5.2	5.2
公共设施管理业	16.1	64.8	10.0	3.5	4.7	0.9
四、按地区分						
东部地区	20.7	65.2	8.1	2.0	2.1	2.0
中部地区	17.7	66.0	9.6	2.2	3.2	1.2
西部地区	18.1	66.3	7.7	2.3	4.0	1.5
东北地区	20.4	63.1	9.1	2.5	2.9	2.0
北　京	27.0	59.7	6.6	2.0	1.9	2.9
天　津	18.3	67.4	10.4	1.5	0.7	1.7
河　北	17.1	69.3	7.4	2.0	2.6	1.7
山　西	14.4	69.5	7.5	2.4	4.3	1.8
内蒙古	20.2	66.8	6.1	2.3	3.0	1.6
辽　宁	18.0	65.2	9.1	2.4	2.9	2.5
吉　林	24.0	62.1	7.7	1.7	2.5	2.0
黑龙江	20.8	60.1	11.2	3.5	3.5	1.0
上　海	23.0	65.8	6.1	1.4	1.6	2.2
江　苏	20.2	64.2	9.9	2.1	1.9	1.7
浙　江	16.7	72.3	6.8	1.1	1.7	1.3
安　徽	20.2	63.8	9.3	2.8	2.4	1.5
福　建	14.6	72.8	8.5	1.7	1.8	0.5
江　西	18.4	67.1	8.3	1.8	3.4	1.0
山　东	13.7	71.5	9.2	1.4	1.8	2.3
河　南	17.3	66.7	10.4	2.0	3.0	0.6
湖　北	16.8	67.1	10.2	1.7	3.0	1.2
湖　南	17.3	64.1	9.9	2.8	4.4	1.5
广　东	27.7	55.1	7.9	3.3	3.4	2.7
广　西	18.4	64.5	7.8	1.8	5.6	1.8
海　南	21.7	59.9	8.6	2.0	6.6	1.3
重　庆	20.6	66.3	7.2	2.0	2.7	1.2
四　川	17.4	67.7	7.5	2.2	4.0	1.1
贵　州	18.0	65.8	7.2	2.9	4.3	1.7
云　南	19.7	64.3	5.9	3.0	5.5	1.6
西　藏	13.9	72.2	8.3		5.6	
陕　西	18.9	63.0	10.1	2.7	3.8	1.6
甘　肃	16.0	66.7	9.1	2.4	4.0	1.9
青　海	10.7	70.5	11.6	1.8	2.7	2.7
宁　夏	14.9	67.5	9.1	3.2	3.2	1.9
新　疆	12.6	72.8	7.1	1.7	4.0	1.9

对主要原因作出不同判断的企业家占比(%)					
关于推进大众创业万众创新的各项政策					
不知道此政策	不具备享受该政策的资格	吸引力不足	办理手续繁琐	政府部门政策执行力度不够	其他原因
18.3	61.6	13.1	2.6	2.6	1.7
20.9	60.2	10.6	2.2	2.9	3.2
28.7	49.4	13.7	2.5	3.2	2.5
35.1	40.2	14.4	3.0	3.7	3.7
25.8	53.5	12.9	2.5	2.9	2.5
33.5	43.2	15.6	2.2	3.9	1.7
19.6	56.6	13.7	3.3	5.1	1.7
17.2	62.1	13.8	3.4	3.4	
25.7	49.6	8.9	5.3	8.0	2.7
18.7	57.4	14.5	3.0	4.7	1.7
23.4	58.2	11.8	2.2	2.2	2.2
19.8	57.1	15.4	2.6	3.7	1.4
21.1	58.4	12.4	2.4	4.2	1.6
22.4	58.0	11.7	2.7	2.6	2.5
29.9	52.1	10.5	2.1	1.8	3.4
20.5	60.1	14.6	1.7	1.0	2.2
19.8	61.0	12.7	2.0	2.6	1.9
16.4	61.5	15.3	1.1	3.7	1.9
22.4	60.2	9.8	2.0	4.0	1.6
21.5	56.6	13.4	2.6	2.8	3.1
24.3	57.1	10.9	2.1	3.4	2.3
21.8	62.2	9.3	3.8	1.3	1.6
26.8	57.0	9.3	1.9	2.3	2.7
22.6	58.2	13.3	2.3	1.7	1.9
20.4	64.4	10.1	1.5	2.0	1.6
24.1	53.6	14.5	2.8	3.1	2.0
16.2	67.6	11.3	1.9	2.1	0.8
21.5	56.8	13.5	2.8	4.5	0.8
15.7	64.8	13.2	1.5	2.6	2.3
17.2	58.5	17.7	2.2	3.4	0.9
18.9	58.3	16.0	2.4	3.2	1.2
20.7	55.4	13.2	4.0	4.8	1.9
30.0	49.1	12.0	3.2	2.9	2.7
23.6	55.1	12.2	1.8	5.6	1.6
24.8	56.4	10.7	3.4	3.4	1.3
21.4	60.2	11.8	2.4	3.2	1.1
19.9	60.0	12.7	2.6	3.5	1.3
19.8	55.6	16.3	3.3	3.6	1.3
23.7	56.1	10.6	2.3	5.4	1.8
27.8	61.1	5.6	5.6		
21.5	55.5	14.5	2.2	4.6	1.7
21.3	57.1	12.3	3.0	3.6	2.7
19.2	56.0	14.4	0.8	7.2	2.4
18.2	61.0	11.0	1.3	6.5	1.9
16.5	65.3	9.9	1.8	4.2	2.4

十六、规模（限额）以上企业创新战略目标制定情况（2016年）

16-1 规模(限额)以上企业创新战略目标制定情况

项 目	制定创新战略目标的企业数(个)	制定创新战略目标企业占全部企业的比重(%)	在制定创新战略目标企业中，制定下列目标的企业占比(%)					
			保持本领域的国际领先地位	赶超同行业国际领先企业	赶超同行业国内领先企业	增加创新投入，提升企业竞争力	保持现有的技术水平和生产经营状况	其他目标
总 计	**372568**	**51.3**	**4.0**	**5.4**	**19.4**	**52.2**	**18.7**	**0.3**
#有创新活动的企业	218454	77.0	4.7	6.9	21.8	53.4	13.0	0.2
#有技术创新活动的企业	157546	82.0	5.3	7.8	22.6	54.1	10.0	0.2
一、按规模分								
大型企业	16497	77.9	9.2	10.8	24.4	47.2	8.0	0.4
中型企业	85279	58.9	4.7	6.2	21.1	51.7	15.9	0.4
小型企业	249691	50.8	3.4	4.9	18.8	53.0	19.7	0.2
微型企业	21101	30.8	3.3	4.0	15.7	49.6	26.7	0.6
二、按登记注册类型分								
内资企业	335461	50.7	3.2	4.9	19.5	53.0	19.1	0.3
国有企业	6285	50.0	3.3	3.6	16.2	52.9	23.4	0.6
集体企业	2626	36.4	1.5	1.7	10.1	54.5	31.8	0.5
股份合作企业	796	41.4	2.1	3.9	14.6	55.2	23.9	0.4
联营企业	114	32.8	4.4	6.1	11.4	59.6	18.4	
#国有联营企业	22	37.3	9.1	4.5	13.6	68.2	4.5	
有限责任公司	114883	52.8	3.4	5.2	20.2	52.5	18.4	0.4
#国有独资公司	6886	60.1	3.7	5.4	21.0	54.1	15.0	0.8
股份有限公司	15624	66.4	5.3	8.3	23.2	51.4	11.5	0.3
私营企业	193320	49.1	2.9	4.6	19.2	53.4	19.7	0.2
其他企业	1813	38.2	2.3	2.5	10.7	54.7	29.6	0.2
港、澳、台商投资企业	17104	55.6	8.0	9.5	19.7	47.1	15.3	0.3
合资经营企业	5554	63.1	6.6	8.8	22.7	48.3	13.5	0.2
合作经营企业	353	46.5	7.1	6.5	19.5	48.4	18.1	0.3
港、澳、台商独资经营企业	10565	52.4	8.8	9.9	17.8	46.6	16.5	0.4
港、澳、台商投资股份有限公司	471	65.2	8.1	11.0	25.7	45.6	9.3	0.2
其他港、澳、台投资企业	161	54.9	10.6	10.6	22.4	44.1	11.8	0.6
外商投资企业	20003	59.0	14.3	10.7	16.9	43.3	14.4	0.5
中外合资经营企业	6948	64.2	9.6	9.9	20.3	47.3	12.5	0.4
中外合作经营企业	366	53.1	11.2	11.2	22.7	38.3	15.8	0.8
外资企业	12027	56.4	17.2	11.2	14.6	41.0	15.5	0.5
外商投资股份有限公司	413	63.2	11.9	11.6	18.6	44.6	12.6	0.7
其他外商投资企业	249	60.7	10.8	8.4	20.5	45.0	14.9	0.4
三、按行业分								
采矿业	4739	37.8	1.6	2.6	12.3	52.4	30.8	0.3
制造业	205043	57.7	4.4	6.5	20.3	52.6	16.1	0.1
电力、热力、燃气及水生产和供应业	5588	53.2	4.3	4.6	22.1	44.2	23.7	1.0
建筑业	20014	49.5	1.9	2.4	15.0	58.2	22.3	0.2
批发和零售业	80871	41.9	3.4	4.1	17.7	50.7	23.7	0.5
交通运输、仓储和邮政业	15899	40.5	2.8	3.8	18.5	48.9	25.5	0.6
信息传输、软件和信息技术服务业	11930	72.0	6.1	6.5	23.5	54.6	9.1	0.3

16-1 续表

项　目	制定创新战略目标的企业数(个)	制定创新战略目标企业占全部企业的比重(%)	在制定创新战略目标企业中，制定下列目标的企业占比(%)					
			保持本领域的国际领先地位	赶超同行业国际领先企业	赶超同行业国内领先企业	增加创新投入，提升企业竞争力	保持现有的技术水平和生产经营状况	其他目标
租赁和商务服务业	14890	45.2	4.2	4.4	20.1	52.0	18.5	0.9
科学研究和技术服务业	10954	55.2	4.5	5.7	21.0	51.3	17.0	0.4
水利、环境和公共设施管理业	2640	49.8	2.7	2.8	16.0	58.6	19.5	0.5
四、按地区分								
东部地区	215594	51.1	4.7	6.1	20.1	51.0	17.8	0.3
中部地区	83093	53.0	2.7	4.4	18.5	54.6	19.5	0.3
西部地区	58998	53.2	2.8	4.2	17.8	54.8	20.0	0.5
东北地区	14882	41.1	5.0	6.1	20.3	46.7	21.5	0.3
北　京	12112	54.8	6.8	7.1	23.8	46.9	15.0	0.5
天　津	7137	47.8	6.1	6.7	22.5	45.1	19.2	0.4
河　北	12205	52.4	3.8	5.4	20.5	51.7	18.3	0.2
山　西	4419	51.8	2.4	3.8	16.7	52.6	24.0	0.4
内蒙古	3482	43.5	3.4	4.8	17.7	50.7	22.9	0.4
辽　宁	6660	38.5	5.9	6.4	20.7	45.4	21.2	0.4
吉　林	5028	45.1	4.6	6.3	20.3	48.4	19.9	0.4
黑龙江	3194	41.0	3.8	5.2	19.6	46.6	24.6	0.2
上　海	11694	50.1	9.7	9.3	22.4	42.4	15.8	0.4
江　苏	45283	53.3	4.4	5.9	20.7	50.8	17.9	0.2
浙　江	39105	57.4	3.8	6.3	20.3	52.8	16.6	0.3
安　徽	17959	57.2	2.9	4.4	19.8	55.3	17.3	0.3
福　建	16012	46.8	3.4	4.8	18.1	52.9	20.5	0.2
江　西	8863	49.8	3.3	5.9	21.4	52.2	16.9	0.2
山　东	34624	50.2	3.5	4.9	18.1	53.1	20.3	0.1
河　南	22462	50.1	2.3	3.6	16.1	55.4	22.4	0.2
湖　北	16167	55.1	2.9	4.7	18.2	54.4	19.5	0.3
湖　南	13223	53.0	2.9	4.6	19.8	54.5	17.9	0.3
广　东	36710	45.3	5.4	6.6	19.3	51.7	16.6	0.3
广　西	5650	52.5	2.4	3.6	16.3	56.3	20.8	0.6
海　南	712	56.4	4.4	4.6	17.7	53.9	18.7	0.7
重　庆	8547	51.3	3.1	4.1	18.1	54.4	19.9	0.3
四　川	14073	52.7	2.8	4.3	18.1	54.2	20.1	0.4
贵　州	4872	51.6	3.2	4.7	18.8	55.0	17.8	0.4
云　南	5748	59.7	2.6	3.5	15.2	59.9	18.3	0.5
西　藏	222	53.2	2.3	3.2	19.4	56.8	18.5	
陕　西	7716	56.8	2.7	4.8	19.5	53.1	19.4	0.5
甘　肃	2879	54.9	2.6	3.6	17.6	56.1	19.5	0.6
青　海	787	56.6	2.8	3.6	17.8	56.9	18.7	0.3
宁　夏	1312	59.3	2.4	4.4	18.2	55.0	19.1	0.9
新　疆	3710	53.8	2.7	3.3	16.7	52.3	24.3	0.6

16-2 规模以上工业企业创新战略目标制定情况

项目	制定创新战略目标的企业数（个）	制定创新战略目标企业占全部企业的比重(%)	在制定创新战略目标企业中，制定下列目标的企业占比(%)					
			保持本领域的国际领先地位	赶超同行业国际领先企业	赶超同行业国内领先企业	增加创新投入，提升企业竞争力	保持现有的技术水平和生产经营状况	其他目标
总计	**215370**	**56.9**	**4.3**	**6.3**	**20.2**	**52.4**	**16.6**	**0.2**
#有创新活动的企业	144202	78.5	5.1	7.6	22.1	53.3	11.8	0.1
#有技术创新活动的企业	118120	81.6	5.4	8.2	22.7	53.8	9.8	0.1
一、按规模分								
大型企业	7883	81.7	10.9	14.0	22.3	45.3	7.2	0.2
中型企业	35384	67.2	6.0	8.6	21.5	51.0	12.8	0.2
小型企业	167110	55.9	3.7	5.5	19.8	53.2	17.7	0.1
微型企业	4993	29.1	4.0	4.8	19.4	48.1	23.1	0.6
二、按登记注册类型分								
内资企业	186018	56.5	3.4	5.7	20.6	53.3	16.9	0.1
国有企业	1374	56.3	5.2	6.3	19.7	48.3	20.2	0.5
集体企业	861	41.2	1.3	2.7	15.4	53.7	26.8	0.1
股份合作企业	478	50.5	2.7	5.6	16.7	57.1	17.8	
联营企业	46	41.4	2.2	8.7	17.4	54.3	17.4	
#国有联营企业	7	70.0		14.3	28.6	57.1		
有限责任公司	56448	58.6	3.7	6.2	21.5	52.1	16.3	0.2
#国有独资公司	2317	67.4	5.2	8.0	24.1	47.9	14.2	0.6
股份有限公司	8950	74.6	5.6	10.3	24.0	50.4	9.5	0.2
私营企业	117493	54.8	3.0	5.2	19.9	54.1	17.6	0.1
其他企业	368	41.8	4.3	3.5	13.9	52.2	26.1	
港、澳、台商投资企业	13421	57.3	7.4	9.5	18.8	48.6	15.4	0.2
合资经营企业	4591	65.2	6.6	8.9	22.5	48.6	13.3	0.1
合作经营企业	266	45.9	7.1	6.0	19.9	47.4	19.2	0.4
港、澳、台商独资经营企业	8146	53.7	7.9	9.8	16.5	48.8	16.8	0.3
港、澳、台商投资股份有限公司	322	67.4	7.5	12.1	25.8	45.0	9.6	
其他港、澳、台投资企业	96	60.4	10.4	10.4	17.7	47.9	12.5	1.0
外商投资企业	15931	61.0	12.6	10.7	16.7	45.2	14.5	0.4
中外合资经营企业	5946	65.8	9.3	9.9	19.7	48.1	12.6	0.4
中外合作经营企业	290	53.7	10.7	13.8	22.8	37.6	14.8	0.3
外资企业	9252	58.3	14.8	11.1	14.4	43.7	15.8	0.4
外商投资股份有限公司	295	65.1	11.9	11.5	19.3	47.1	9.8	0.3
其他外商投资企业	148	62.7	12.2	9.5	21.6	38.5	17.6	0.7
三、按行业分								
采矿业	4739	37.8	1.6	2.6	12.3	52.4	30.8	0.3
煤炭开采和洗选业	1757	34.8	1.5	2.3	11.4	50.1	34.3	0.3
石油和天然气开采业	75	55.1	6.7	6.7	21.3	40.0	25.3	
黑色金属矿采选业	676	36.0	0.6	2.4	12.7	53.0	31.1	0.3
有色金属矿采选业	709	42.9	1.1	1.8	12.3	56.3	28.2	0.3

16-2 续表 1

项 目	制定创新战略目标的企业数(个)	制定创新战略目标企业占全部企业的比重(%)	在制定创新战略目标企业中，制定下列目标的企业占比(%)					
			保持本领域的国际领先地位	赶超同行业国际领先企业	赶超同行业国内领先企业	增加创新投入，提升企业竞争力	保持现有的技术水平和生产经营状况	其他目标
非金属矿采选业	1412	38.9	2.0	2.8	12.8	53.5	28.5	0.4
开采辅助活动	99	58.9	3.0	8.1	13.1	50.5	25.3	
其他采矿业	11	42.3	9.1			72.7	18.2	
制造业	205043	57.7	4.4	6.5	20.3	52.6	16.1	0.1
农副食品加工业	14484	55.7	3.1	4.4	19.4	54.2	18.9	0.1
食品制造业	5664	62.6	4.0	5.9	20.9	54.6	14.6	0.2
酒、饮料和精制茶制造业	4323	62.1	3.7	4.1	18.2	57.7	16.1	0.2
烟草制品业	103	80.5	3.9	6.8	31.1	49.5	8.7	
纺织业	9935	50.3	3.0	5.2	18.0	53.8	19.8	0.1
纺织服装、服饰业	6736	43.6	2.6	4.5	16.3	51.4	25.0	0.2
皮革、毛皮、羽毛及其制品和制鞋业	3866	44.3	3.6	5.7	16.8	51.2	22.5	0.2
木材加工和木、竹、藤、棕、草制品业	4210	46.1	3.0	3.7	16.1	54.5	22.6	0.2
家具制造业	3135	54.3	4.0	5.8	19.2	54.3	16.7	
造纸和纸制品业	3463	52.6	3.0	4.2	20.7	52.7	19.1	0.2
印刷和记录媒介复制业	2991	53.6	2.6	4.9	19.7	53.7	19.1	0.1
文教、工美、体育和娱乐用品制造业	4966	53.6	5.7	7.7	15.6	52.7	18.3	0.1
石油加工、炼焦和核燃料加工业	1092	58.2	3.8	6.6	23.7	49.8	16.1	
化学原料和化学制品制造业	15079	61.3	5.2	7.5	21.9	51.4	13.9	0.1
医药制造业	5561	73.8	4.8	6.5	22.3	56.4	9.9	0.1
化学纤维制造业	1022	56.2	4.5	6.9	25.0	47.5	15.9	0.2
橡胶和塑料制品业	9985	54.6	3.9	6.3	20.6	51.6	17.4	0.2
非金属矿物制品业	17470	49.9	3.1	4.8	18.6	51.5	21.8	0.2
黑色金属冶炼和压延加工业	4312	50.7	3.1	4.4	21.5	51.7	19.1	0.2
有色金属冶炼和压延加工业	4071	58.0	4.5	6.5	21.1	50.3	17.4	0.2
金属制品业	11501	55.4	4.7	6.2	21.1	51.1	16.8	0.1
通用设备制造业	15206	64.2	5.2	7.6	22.0	51.6	13.6	0.1
专用设备制造业	11707	66.5	5.9	8.8	22.8	50.9	11.5	0.1
汽车制造业	9583	66.1	4.8	7.3	21.3	54.0	12.4	0.2
铁路、船舶、航空航天和其他运输设备制造业	3114	62.9	5.2	7.9	21.2	52.2	13.4	0.2
电气机械和器材制造业	15711	66.6	5.2	7.7	21.1	54.1	11.7	0.1
计算机、通信和其他电子设备制造业	10607	69.7	6.4	9.3	20.1	53.6	10.4	0.2
仪器仪表制造业	3244	74.8	7.0	10.9	23.6	49.1	9.3	0.1
其他制造业	987	52.3	5.0	9.5	18.8	49.5	17.1	
废弃资源综合利用业	695	43.9	2.4	2.9	20.9	51.5	22.0	0.3
金属制品、机械和设备修理业	220	58.8	4.5	7.7	20.5	46.4	20.5	0.5
电力、热力、燃气及水生产和供应业	5588	53.2	4.3	4.6	22.1	44.2	23.7	1.0
电力、热力生产和供应业	3944	54.3	4.9	5.1	22.7	43.3	22.9	1.0
燃气生产和供应业	797	53.2	4.1	3.9	19.8	45.7	25.0	1.5
水的生产和供应业	847	48.7	2.1	2.8	21.5	47.1	25.9	0.6

16-2 续表 2

项目	制定创新战略目标的企业数(个)	制定创新战略目标企业占全部企业的比重(%)	在制定创新战略目标企业中，制定下列目标的企业占比(%)					
			保持本领域的国际领先地位	赶超同行业国际领先企业	赶超同行业国内领先企业	增加创新投入，提升企业竞争力	保持现有的技术水平和生产经营状况	其他目标
四、按地区分								
东部地区	125879	57.3	5.1	7.0	20.4	51.7	15.7	0.2
中部地区	51187	57.7	3.0	5.1	19.9	54.1	17.9	0.1
西部地区	30403	58.0	3.1	5.1	19.5	54.3	17.8	0.3
东北地区	7901	43.9	5.7	7.9	21.8	44.8	19.5	0.2
北　京	2259	67.6	8.4	9.5	24.3	45.9	11.5	0.4
天　津	3313	63.7	7.7	7.9	23.5	47.5	13.1	0.2
河　北	8138	55.1	4.3	6.4	21.4	51.8	16.0	0.1
山　西	2062	58.0	3.0	5.3	19.9	49.5	22.2	0.1
内蒙古	1912	44.5	3.2	5.5	19.8	49.6	21.5	0.4
辽　宁	3305	41.2	7.4	8.6	22.8	43.5	17.5	0.2
吉　林	2772	46.2	5.2	8.2	20.9	46.4	19.2	0.1
黑龙江	1824	46.1	3.6	6.2	21.5	44.8	23.7	0.1
上　海	5089	60.9	10.8	10.7	22.9	42.4	12.9	0.3
江　苏	30035	62.7	5.0	7.0	22.0	50.8	15.1	0.1
浙　江	25653	63.9	4.2	7.3	20.3	53.5	14.5	0.2
安　徽	12271	61.9	3.1	5.1	20.8	55.4	15.5	0.1
福　建	8743	50.6	3.9	5.9	18.1	53.4	18.6	0.1
江　西	5764	52.7	3.3	6.9	22.3	51.4	16.0	0.1
山　东	21385	54.1	4.2	5.9	19.4	52.3	18.2	0.1
河　南	12949	54.7	2.4	4.0	17.8	54.6	21.1	0.1
湖　北	9860	60.5	3.2	5.4	19.3	54.5	17.4	0.2
湖　南	8281	57.6	3.3	5.2	20.7	53.7	16.9	0.2
广　东	21050	49.3	5.7	7.4	18.1	53.2	15.5	0.2
广　西	2962	54.3	2.5	4.9	16.7	55.2	20.4	0.4
海　南	214	63.5	8.9	3.7	21.0	48.6	16.4	1.4
重　庆	4116	60.7	3.5	5.5	19.4	55.6	16.0	0.1
四　川	7902	57.2	3.0	5.2	19.5	53.9	18.3	0.2
贵　州	2730	53.3	3.4	5.2	19.4	54.6	17.1	0.3
云　南	2791	66.6	2.8	4.0	16.5	60.6	15.6	0.5
西　藏	80	74.1	1.3		31.3	55.0	12.5	
陕　西	3675	62.7	3.1	6.0	23.0	51.8	15.9	0.2
甘　肃	1327	63.3	3.2	4.7	21.7	51.7	18.5	0.2
青　海	382	64.4	1.6	5.0	20.2	59.7	13.4	0.3
宁　夏	757	64.5	2.4	5.2	20.9	53.2	17.7	0.7
新　疆	1769	61.1	3.3	4.0	18.2	52.6	21.4	0.5

16-3 资质等级以上建筑业企业创新战略目标制定情况

项目	制定创新战略目标的企业数(个)	制定创新战略目标企业占全部企业的比重(%)	在制定创新战略目标企业中，制定下列目标的企业占比(%)					
			保持本领域的国际领先地位	赶超同行业国际领先企业	赶超同行业国内领先企业	增加创新投入，提升企业竞争力	保持现有的技术水平和生产经营状况	其他目标
总计	**20014**	**49.5**	**1.9**	**2.4**	**15.0**	**58.2**	**22.3**	**0.2**
#有创新活动的企业	8874	79.0	2.2	3.3	18.8	59.6	16.1	0.1
#有技术创新活动的企业	5081	85.8	2.7	4.0	21.0	61.8	10.5	0.1
一、按规模分								
大型企业	1948	85.3	3.2	5.0	26.6	57.8	7.1	0.2
中型企业	9948	55.2	1.6	2.1	14.5	60.8	20.8	0.3
小型企业	7058	43.5	1.8	2.1	13.4	55.3	27.2	0.2
微型企业	1060	27.2	2.2	2.6	9.4	54.0	31.2	0.6
二、按登记注册类型分								
内资企业	19818	49.5	1.9	2.4	15.0	58.2	22.3	0.2
国有企业	763	55.1	1.4	2.0	14.9	61.2	20.1	0.4
集体企业	402	41.4	2.0	1.0	7.0	58.0	32.1	
股份合作企业	55	45.8			9.1	52.7	38.2	
联营企业	10	40.0			20.0	80.0		
有限责任公司	8284	52.7	2.0	2.6	15.2	59.4	20.6	0.2
#国有独资公司	614	71.4	1.8	4.1	20.8	60.6	12.4	0.3
股份有限公司	946	53.9	3.1	3.5	18.0	56.2	18.8	0.4
私营企业	9351	46.7	1.7	2.2	14.9	57.2	23.9	0.2
其他企业	7	31.8				85.7	14.3	
港、澳、台商投资企业	129	48.1	1.6	5.4	15.5	55.0	20.9	1.6
合资经营企业	91	51.1	1.1	6.6	16.5	57.1	17.6	1.1
合作经营企业	10	66.7	10.0			60.0	30.0	
港、澳、台商独资经营企业	24	41.4			20.8	41.7	33.3	4.2
外商投资企业	67	46.2	9.0	1.5	16.4	56.7	16.4	
中外合资经营企业	41	47.7	4.9		12.2	70.7	12.2	
中外合作经营企业	4	44.4			25.0	50.0	25.0	
外资企业	21	43.8	19.0	4.8	23.8	28.6	23.8	
三、按行业分								
房屋建筑业	9234	49.6	1.5	1.8	12.4	60.6	23.4	0.2
土木工程建筑业	4570	55.8	2.4	2.7	17.2	57.7	19.8	0.2
建筑安装业	2525	45.7	2.3	3.0	19.7	53.9	20.9	0.2
建筑装饰和其他建筑业	3685	45.5	1.9	3.0	15.5	55.8	23.5	0.3

16-3 续表

项　　目	制定创新战略目标的企业数(个)	制定创新战略目标企业占全部企业的比重(%)	在制定创新战略目标企业中，制定下列目标的企业占比(%)					
			保持本领域的国际领先地位	赶超同行业国际领先企业	赶超同行业国内领先企业	增加创新投入，提升企业竞争力	保持现有的技术水平和生产经营状况	其他目标
四、按地区分								
东部地区	9502	51.2	1.9	2.5	15.7	59.4	20.4	0.2
中部地区	4729	52.5	1.8	2.3	15.0	59.2	21.5	0.2
西部地区	4330	47.3	1.8	2.1	13.3	56.9	25.4	0.4
东北地区	1453	39.2	2.1	2.5	15.6	51.3	28.1	0.3
北　京	778	48.4	2.6	4.0	20.1	55.3	18.0	0.1
天　津	369	44.7	2.2	3.5	19.2	50.4	24.4	0.3
河　北	666	51.7	2.4	2.6	16.4	56.9	21.5	0.3
山　西	471	47.5	1.9	1.3	13.8	56.5	25.9	0.6
内蒙古	183	44.4	1.6	2.7	9.8	60.1	25.7	
辽　宁	766	41.2	2.6	2.0	16.3	49.6	29.2	0.3
吉　林	318	40.1	1.3	2.8	15.4	54.4	25.5	0.6
黑龙江	369	34.9	1.9	3.5	14.1	52.3	27.9	0.3
上　海	553	41.0	3.8	2.9	16.6	50.1	26.2	0.4
江　苏	2114	51.7	1.8	2.3	15.8	59.8	20.2	0.2
浙　江	1653	56.3	1.2	1.2	14.6	64.2	18.6	0.2
安　徽	744	53.5	1.6	1.7	14.4	58.2	23.5	0.5
福　建	764	49.5	1.2	2.4	15.4	59.9	20.9	0.1
江　西	461	48.5	2.8	2.6	18.0	56.4	20.2	
山　东	1626	56.5	1.8	2.3	13.9	62.0	20.0	
河　南	1520	52.6	1.5	2.5	13.9	60.9	21.1	0.1
湖　北	1006	54.6	2.2	2.9	14.4	60.2	20.2	0.1
湖　南	527	55.5	1.3	2.1	18.2	58.4	19.9	
广　东	933	48.4	2.4	3.9	15.2	58.6	19.8	0.1
广　西	246	51.7	1.2	1.6	11.8	61.4	23.6	0.4
海　南	46	42.2		4.3	6.5	63.0	26.1	
重　庆	568	45.1	1.9	3.0	14.4	53.9	26.6	0.2
四　川	1005	46.5	1.8	1.9	12.5	56.4	26.7	0.7
贵　州	193	48.7	3.1	1.6	21.8	51.8	21.8	
云　南	508	47.3	1.6	1.8	12.6	59.1	24.8	0.2
西　藏	45	37.5	2.2		6.7	64.4	26.7	
陕　西	788	48.7	1.8	2.0	14.8	55.6	25.1	0.6
甘　肃	296	47.1	1.7	1.0	12.5	64.9	19.6	0.3
青　海	86	45.5	2.3	3.5	14.0	45.3	34.9	
宁　夏	145	47.4	2.1	4.1	12.4	58.6	22.8	
新　疆	267	52.3	1.1	3.0	11.2	55.1	28.5	1.1

16-4 规模(限额)以上服务业企业创新战略目标制定情况

项 目	制定创新战略目标的企业数(个)	制定创新战略目标企业占全部企业的比重(%)	在制定创新战略目标企业中，制定下列目标的企业占比(%)					
			保持本领域的国际领先地位	赶超同行业国际领先企业	赶超同行业国内领先企业	增加创新投入，提升企业竞争力	保持现有的技术水平和生产经营状况	其他目标
总 计	**137184**	**44.7**	**3.7**	**4.4**	**18.8**	**51.1**	**21.4**	**0.5**
#有创新活动的企业	65378	73.7	4.4	5.7	21.5	52.7	15.4	0.4
#有技术创新活动的企业	34345	82.8	5.3	7.0	22.6	54.0	10.7	0.3
一、按规模分								
大型企业	6666	72.2	8.9	8.7	26.1	46.4	9.2	0.7
中型企业	39947	53.9	4.4	5.1	22.4	50.2	17.4	0.6
小型企业	75523	42.9	3.1	3.8	16.9	52.3	23.4	0.5
微型企业	15048	31.7	3.2	3.8	15.0	49.8	27.6	0.5
二、按登记注册类型分								
内资企业	129625	44.3	3.0	4.1	18.7	51.9	21.8	0.5
国有企业	4148	47.5	3.0	3.1	15.3	52.9	25.0	0.7
集体企业	1363	32.9	1.5	1.2	7.7	54.0	34.8	0.8
股份合作企业	263	30.7	1.5	1.5	11.8	52.1	31.9	1.1
联营企业	58	27.4	6.9	5.2	5.2	60.3	22.4	
#国有联营企业	13	29.5	15.4		7.7	69.2	7.7	
有限责任公司	50151	47.4	3.1	4.4	19.5	51.9	20.5	0.6
#国有独资公司	3955	55.2	3.1	4.0	19.2	56.7	15.9	1.1
股份有限公司	5728	58.7	5.0	5.9	22.9	52.2	13.4	0.4
私营企业	66476	41.8	2.8	3.8	18.4	51.7	22.9	0.4
其他企业	1438	37.4	1.8	2.3	9.9	55.2	30.5	0.2
港、澳、台商投资企业	3554	50.4	10.6	9.7	23.0	41.2	14.6	0.8
合资经营企业	872	54.8	7.2	8.0	24.8	45.5	14.0	0.5
合作经营企业	77	47.0	6.5	9.1	20.8	50.6	13.0	
港、澳、台商独资经营企业	2395	48.5	12.1	10.4	22.1	39.2	15.3	1.0
港、澳、台商投资股份有限公司	147	62.3	9.5	8.8	25.9	46.3	8.8	0.7
其他港、澳、台投资企业	63	50.4	11.1	9.5	30.2	38.1	11.1	
外商投资企业	4005	52.6	21.0	11.0	17.9	35.3	14.1	0.8
中外合资经营企业	961	56.4	11.4	10.5	24.2	41.3	11.9	0.6
中外合作经营企业	72	51.4	13.9	1.4	22.2	40.3	19.4	2.8
外资企业	2754	51.0	25.3	11.5	15.5	32.2	14.6	0.8
外商投资股份有限公司	117	59.1	12.0	12.0	17.1	37.6	19.7	1.7
其他外商投资企业	101	58.0	8.9	6.9	18.8	54.5	10.9	
三、按行业分								
批发和零售业	80871	41.9	3.4	4.1	17.7	50.7	23.7	0.5
批发业	37963	40.0	4.1	4.7	18.1	48.3	24.3	0.5
零售业	42908	43.7	2.8	3.5	17.3	52.8	23.1	0.5
交通运输、仓储和邮政业	15899	40.5	2.8	3.8	18.5	48.9	25.5	0.6
铁路运输业	117	49.8	4.3	0.9	16.2	45.3	32.5	0.9
道路运输业	9007	38.6	2.1	2.6	16.3	51.3	27.0	0.6
水上运输业	1072	42.3	2.9	4.8	19.7	45.7	26.6	0.4
航空运输业	214	63.1	6.1	6.5	27.1	49.5	10.7	
管道运输业	42	53.8	7.1	7.1	33.3	31.0	21.4	
装卸搬运和运输代理业	2697	38.2	3.8	6.3	22.7	42.3	24.4	0.5
仓储业	1981	44.6	3.3	4.1	17.4	48.8	25.8	0.6
邮政业	769	60.6	4.4	6.8	27.4	48.4	12.4	0.7
信息传输、软件和信息技术服务业	11930	72.0	6.1	6.5	23.5	54.6	9.1	0.3
电信、广播电视和卫星传输服务	1543	63.6	6.2	4.1	22.4	56.6	10.0	0.7
互联网和相关服务	1159	71.7	5.8	5.8	25.6	53.0	9.7	0.2
软件和信息技术服务业	9228	73.7	6.1	7.0	23.4	54.4	8.9	0.3

16-4 续表

项目	制定创新战略目标的企业数(个)	制定创新战略目标企业占全部企业的比重(%)	在制定创新战略目标企业中，制定下列目标的企业占比(%)					
			保持本领域的国际领先地位	赶超同行业国际领先企业	赶超同行业国内领先企业	增加创新投入，提升企业竞争力	保持现有的技术水平和生产经营状况	其他目标
租赁和商务服务业	14890	45.2	4.2	4.4	20.1	52.0	18.5	0.9
租赁业	746	43.3	4.3	5.0	22.1	46.2	21.9	0.5
商务服务业	14144	45.3	4.2	4.4	20.0	52.3	18.3	0.9
科学研究和技术服务业	10954	55.2	4.5	5.7	21.0	51.3	17.0	0.4
研究和试验发展	1264	69.1	9.3	10.0	21.2	48.7	10.1	0.6
专业技术服务业	7129	53.4	3.5	4.8	22.2	50.5	18.6	0.4
科技推广和应用服务业	2561	54.8	4.9	6.2	17.6	54.9	16.2	0.2
水利、环境和公共设施管理业	2640	49.8	2.7	2.8	16.0	58.6	19.5	0.5
水利管理业	96	43.8	6.3	4.2	16.7	41.7	31.3	
生态保护和环境治理业	315	56.6	4.8	4.4	21.6	55.9	13.3	
公共设施管理业	2229	49.3	2.2	2.5	15.2	59.7	19.8	0.6
四、按地区分								
东部地区	80213	43.6	4.4	5.0	20.2	49.0	20.9	0.5
中部地区	27177	46.0	2.4	3.4	16.6	54.7	22.4	0.5
西部地区	24265	49.1	2.7	3.3	16.4	55.0	21.8	0.7
东北地区	5528	38.0	4.7	4.6	19.4	48.1	22.6	0.6
北　京	9075	52.9	6.7	6.8	24.0	46.4	15.6	0.5
天　津	3455	38.7	4.9	5.9	21.9	42.3	24.5	0.5
河　北	3401	47.0	3.0	3.7	19.3	50.4	23.2	0.4
山　西	1886	47.2	1.9	2.8	13.9	55.1	25.6	0.7
内蒙古	1387	42.0	4.0	4.2	15.9	51.1	24.4	0.5
辽　宁	2589	34.9	4.9	5.1	19.3	46.6	23.5	0.6
吉　林	1938	44.5	4.2	4.3	20.4	50.3	20.1	0.8
黑龙江	1001	36.2	4.9	4.0	18.1	47.8	25.0	0.3
上　海	6052	44.4	9.4	8.6	22.6	41.7	17.2	0.5
江　苏	13134	39.8	3.4	4.1	18.5	49.5	24.1	0.5
浙　江	11799	47.2	3.2	4.7	21.0	49.6	20.9	0.6
安　徽	4944	48.7	2.6	3.3	18.0	54.7	20.9	0.6
福　建	6505	42.2	3.0	3.7	18.3	51.6	23.1	0.4
江　西	2638	44.5	3.3	4.5	19.9	53.3	18.4	0.5
山　东	11613	43.9	2.6	3.5	16.3	53.3	24.1	0.2
河　南	7993	43.7	2.2	3.0	13.9	55.8	24.8	0.4
湖　北	5301	47.4	2.5	3.6	17.0	53.2	23.2	0.5
湖　南	4415	46.0	2.3	3.9	18.4	55.4	19.6	0.5
广　东	14727	40.5	5.3	5.5	21.4	49.2	18.0	0.5
广　西	2442	50.6	2.4	2.3	16.3	57.1	21.0	0.9
海　南	452	55.4	2.7	5.1	17.3	55.5	19.0	0.4
重　庆	3863	44.8	2.9	2.9	17.3	53.2	23.2	0.5
四　川	5166	48.3	2.7	3.4	17.1	54.4	21.7	0.8
贵　州	1949	49.7	3.0	4.4	17.8	55.9	18.2	0.7
云　南	2449	56.2	2.6	3.2	14.3	59.2	20.1	0.6
西　藏	97	51.3	3.1	7.2	15.5	54.6	19.6	
陕　西	3253	53.3	2.5	4.2	16.6	54.1	21.9	0.7
甘　肃	1256	49.8	2.3	3.0	14.5	58.7	20.5	1.0
青　海	319	52.5	4.4	1.9	16.0	56.7	20.7	0.3
宁　夏	410	55.9	2.7	3.2	15.4	56.8	20.2	1.7
新　疆	1674	47.9	2.3	2.7	16.0	51.6	26.6	0.8

十七、规模以下企业创新及相关情况（2016 年）

17-1 规模以下企业

项目	调查企业数(个)	#开展创新活动企业	#实现创新企业	#实现产品或工艺创新企业	#实现产品创新企业	#实现工艺创新企业	#实现组织或营销创新企业
总计	**54449**	**10542**	**10241**	**5967**	**4181**	**3027**	**6841**
一、按行业分							
采矿业	1056	108	107	67	27	51	64
制造业	20649	3963	3888	2490	1558	1588	2383
电力、热力、燃气及水生产和供应业	2571	242	234	129	47	95	138
交通运输、仓储和邮政业	8930	1423	1376	637	511	212	1057
信息传输、软件和信息技术服务业	4699	1351	1309	793	668	261	889
租赁和商务服务业	7519	1456	1400	710	586	225	1068
科学研究和技术服务业	5832	1369	1326	809	583	403	850
水利、环境和公共设施管理业	3193	630	601	332	201	192	392
二、按地区分							
东部地区	25091	5278	5117	3040	2091	1676	3303
中部地区	9880	1858	1811	1021	712	482	1260
西部地区	16077	2953	2867	1648	1181	747	1999
东北地区	3401	453	446	258	197	122	279
北京	2105	401	377	257	183	134	224
天津	1386	272	268	148	102	82	167
河北	1802	262	259	124	83	60	170
山西	1846	315	308	177	128	76	218
内蒙古	1102	155	151	83	63	34	98
辽宁	1393	213	212	139	105	73	122
吉林	1076	154	149	76	56	32	96
黑龙江	932	86	85	43	36	17	61
上海	1417	221	213	127	101	56	134
江苏	3018	873	855	438	281	282	599
浙江	4559	759	754	490	366	212	427
安徽	1901	333	328	185	125	85	235
福建	2360	478	459	295	187	155	278
江西	1215	159	157	80	53	43	107
山东	3499	585	569	308	205	171	400
河南	1717	366	354	213	159	103	238
湖北	1542	378	365	195	123	97	260
湖南	1659	307	299	171	124	78	202
广东	4242	1292	1230	772	524	483	809
广西	1701	335	327	185	138	78	236
海南	703	135	133	81	59	41	95
重庆	1979	355	341	192	123	99	235
四川	1725	310	296	180	122	90	195
贵州	1750	358	352	202	132	102	236
云南	1221	254	247	148	113	70	166
西藏	1042	92	87	58	49	15	54
陕西	1382	320	315	171	125	73	223
甘肃	1486	251	242	148	106	69	185
青海	665	103	101	58	39	27	66
宁夏	875	201	194	107	79	45	152
新疆	1149	219	214	116	92	45	153

创新活动分布情况

		在调查企业中占比(%)							
#实现组织创新企业	#实现营销创新企业	#开展创新活动企业	#实现创新企业	#实现产品或工艺创新企业	#实现产品创新企业	#实现工艺创新企业	#实现组织或营销创新企业	#实现组织创新企业	#实现营销创新企业
3997	**4042**	**19.4**	**18.8**	**11.0**	**7.7**	**5.6**	**12.6**	**7.3**	**7.4**
46	32	10.2	10.1	6.3	2.6	4.8	6.1	4.4	3.0
1229	1633	19.2	18.8	12.1	7.5	7.7	11.5	6.0	7.9
98	46	9.4	9.1	5.0	1.8	3.7	5.4	3.8	1.8
712	514	15.9	15.4	7.1	5.7	2.4	11.8	8.0	5.8
477	570	28.8	27.9	16.9	14.2	5.6	18.9	10.2	12.1
624	615	19.4	18.6	9.4	7.8	3.0	14.2	8.3	8.2
545	452	23.5	22.7	13.9	10.0	6.9	14.6	9.3	7.8
266	180	19.7	18.8	10.4	6.3	6.0	12.3	8.3	5.6
1897	1991	21.0	20.4	12.1	8.3	6.7	13.2	7.6	7.9
731	741	18.8	18.3	10.3	7.2	4.9	12.8	7.4	7.5
1210	1141	18.4	17.8	10.3	7.3	4.6	12.4	7.5	7.1
159	169	13.3	13.1	7.6	5.8	3.6	8.2	4.7	5.0
139	131	19.0	17.9	12.2	8.7	6.4	10.6	6.6	6.2
97	92	19.6	19.3	10.7	7.4	5.9	12.0	7.0	6.6
99	94	14.5	14.4	6.9	4.6	3.3	9.4	5.5	5.2
132	127	17.1	16.7	9.6	6.9	4.1	11.8	7.2	6.9
56	59	14.1	13.7	7.5	5.7	3.1	8.9	5.1	5.4
74	71	15.3	15.2	10.0	7.5	5.2	8.8	5.3	5.1
53	58	14.3	13.8	7.1	5.2	3.0	8.9	4.9	5.4
32	40	9.2	9.1	4.6	3.9	1.8	6.5	3.4	4.3
71	87	15.6	15.0	9.0	7.1	4.0	9.5	5.0	6.1
358	353	28.9	28.3	14.5	9.3	9.3	19.8	11.9	11.7
247	244	16.6	16.5	10.7	8.0	4.7	9.4	5.4	5.4
110	151	17.5	17.3	9.7	6.6	4.5	12.4	5.8	7.9
149	175	20.3	19.4	12.5	7.9	6.6	11.8	6.3	7.4
59	67	13.1	12.9	6.6	4.4	3.5	8.8	4.9	5.5
231	226	16.7	16.3	8.8	5.9	4.9	11.4	6.6	6.5
162	130	21.3	20.6	12.4	9.3	6.0	13.9	9.4	7.6
145	161	24.5	23.7	12.6	8.0	6.3	16.9	9.4	10.4
123	105	18.5	18.0	10.3	7.5	4.7	12.2	7.4	6.3
454	527	30.5	29.0	18.2	12.4	11.4	19.1	10.7	12.4
156	115	19.7	19.2	10.9	8.1	4.6	13.9	9.2	6.8
52	62	19.2	18.9	11.5	8.4	5.8	13.5	7.4	8.8
127	140	17.9	17.2	9.7	6.2	5.0	11.9	6.4	7.1
110	121	18.0	17.2	10.4	7.1	5.2	11.3	6.4	7.0
157	139	20.5	20.1	11.5	7.5	5.8	13.5	9.0	7.9
112	84	20.8	20.2	12.1	9.3	5.7	13.6	9.2	6.9
38	26	8.8	8.3	5.6	4.7	1.4	5.2	3.6	2.5
124	131	23.2	22.8	12.4	9.0	5.3	16.1	9.0	9.5
104	123	16.9	16.3	10.0	7.1	4.6	12.4	7.0	8.3
41	38	15.5	15.2	8.7	5.9	4.1	9.9	6.2	5.7
87	89	23.0	22.2	12.2	9.0	5.1	17.4	9.9	10.2
98	76	19.1	18.6	10.1	8.0	3.9	13.3	8.5	6.6

17-2 规模以下工业企业

项目	调查企业数（个）	#开展创新活动企业	#实现创新企业	#实现产品或工艺创新企业	#实现产品创新企业	#实现工艺创新企业	#实现组织或营销创新企业
总计	**24276**	**4313**	**4229**	**2686**	**1632**	**1734**	**2585**
一、按行业分							
采矿业	1056	108	107	67	27	51	64
煤炭开采和洗选业	119	10	10	5	2	5	9
石油和天然气开采业	42	6	6	2		2	5
黑色金属矿采选业	112	6	6	4	1	3	4
有色金属矿采选业	168	13	13	10	5	7	4
非金属矿采选业	371	44	44	26	8	21	29
开采辅助活动	99	12	12	9	6	5	4
其他采矿业	145	17	16	11	5	8	9
制造业	20649	3963	3888	2490	1558	1588	2383
农副食品加工业	881	127	123	66	42	35	94
食品制造业	767	149	145	88	65	41	98
酒、饮料和精制茶制造业	860	146	143	86	57	50	96
烟草制品业	31	6	6	3	1	2	3
纺织业	758	148	144	86	56	49	94
纺织服装、服饰业	891	173	171	92	62	52	120
皮革、毛皮、羽毛及其制品和制鞋业	655	142	138	83	52	48	88
木材加工和木、竹、藤、棕、草制品业	865	145	140	102	60	57	89
家具制造业	884	169	167	113	76	72	98
造纸和纸制品业	725	123	122	69	48	42	81
印刷和记录媒介复制业	815	119	119	66	28	47	82
文教、工美、体育和娱乐用品制造业	737	142	141	94	62	52	73
石油加工、炼焦和核燃料加工业	242	49	49	31	21	17	32
化学原料和化学制品制造业	528	98	97	68	39	43	50
医药制造业	427	109	102	70	45	53	61
化学纤维制造业	271	76	75	34	18	27	55
橡胶和塑料制品业	852	152	149	84	47	58	96
非金属矿物制品业	951	155	154	102	61	70	92
黑色金属冶炼和压延加工业	332	44	42	24	10	22	28
有色金属冶炼和压延加工业	356	54	53	27	14	19	34
金属制品业	1129	207	201	128	71	86	130
通用设备制造业	1155	221	216	146	90	104	125
专用设备制造业	854	231	226	154	91	105	127
汽车制造业	605	134	134	94	58	69	69
铁路、船舶、航空航天和其他运输设备制造业	461	92	92	62	39	35	45
电气机械和器材制造业	773	173	171	128	90	78	95
计算机、通信和其他电子设备制造业	717	208	207	149	98	100	116
仪器仪表制造业	639	160	157	112	84	68	85
其他制造业	624	112	109	63	40	37	71
废弃资源综合利用业	319	31	31	22	9	17	19
金属制品、机械和设备修理业	545	68	64	44	24	33	37

创新活动分布情况

		在调查企业中占比(%)							
#实现组织创新企业	#实现营销创新企业	#开展创新活动企业	#实现创新企业	#实现产品或工艺创新企业	#实现产品创新企业	#实现工艺创新企业	#实现组织或营销创新企业	#实现组织创新企业	#实现营销创新企业
1373	**1711**	**17.8**	**17.4**	**11.1**	**6.7**	**7.1**	**10.6**	**5.7**	**7.0**
46	32	10.2	10.1	6.3	2.6	4.8	6.1	4.4	3.0
8	4	8.4	8.4	4.2	1.7	4.2	7.6	6.7	3.4
2	3	14.3	14.3	4.8		4.8	11.9	4.8	7.1
3	4	5.4	5.4	3.6	0.9	2.7	3.6	2.7	3.6
4	1	7.7	7.7	6.0	3.0	4.2	2.4	2.4	0.6
20	14	11.9	11.9	7.0	2.2	5.7	7.8	5.4	3.8
3	1	12.1	12.1	9.1	6.1	5.1	4.0	3.0	1.0
6	5	11.7	11.0	7.6	3.4	5.5	6.2	4.1	3.4
1229	1633	19.2	18.8	12.1	7.5	7.7	11.5	6.0	7.9
36	74	14.4	14.0	7.5	4.8	4.0	10.7	4.1	8.4
31	79	19.4	18.9	11.5	8.5	5.3	12.8	4.0	10.3
30	78	17.0	16.6	10.0	6.6	5.8	11.2	3.5	9.1
	3	19.4	19.4	9.7	3.2	6.5	9.7		9.7
52	55	19.5	19.0	11.3	7.4	6.5	12.4	6.9	7.3
61	81	19.4	19.2	10.3	7.0	5.8	13.5	6.8	9.1
42	64	21.7	21.1	12.7	7.9	7.3	13.4	6.4	9.8
34	70	16.8	16.2	11.8	6.9	6.6	10.3	3.9	8.1
47	70	19.1	18.9	12.8	8.6	8.1	11.1	5.3	7.9
40	53	17.0	16.8	9.5	6.6	5.8	11.2	5.5	7.3
47	58	14.6	14.6	8.1	3.4	5.8	10.1	5.8	7.1
34	56	19.3	19.1	12.8	8.4	7.1	9.9	4.6	7.6
24	19	20.2	20.2	12.8	8.7	7.0	13.2	9.9	7.9
23	37	18.6	18.4	12.9	7.4	8.1	9.5	4.4	7.0
27	51	25.5	23.9	16.4	10.5	12.4	14.3	6.3	11.9
41	22	28.0	27.7	12.5	6.6	10.0	20.3	15.1	8.1
56	62	17.8	17.5	9.9	5.5	6.8	11.3	6.6	7.3
53	63	16.3	16.2	10.7	6.4	7.4	9.7	5.6	6.6
17	14	13.3	12.7	7.2	3.0	6.6	8.4	5.1	4.2
20	21	15.2	14.9	7.6	3.9	5.3	9.6	5.6	5.9
82	75	18.3	17.8	11.3	6.3	7.6	11.5	7.3	6.6
76	81	19.1	18.7	12.6	7.8	9.0	10.8	6.6	7.0
74	84	27.0	26.5	18.0	10.7	12.3	14.9	8.7	9.8
41	45	22.1	22.1	15.5	9.6	11.4	11.4	6.8	7.4
24	31	20.0	20.0	13.4	8.5	7.6	9.8	5.2	6.7
54	61	22.4	22.1	16.6	11.6	10.1	12.3	7.0	7.9
56	79	29.0	28.9	20.8	13.7	13.9	16.2	7.8	11.0
45	61	25.0	24.6	17.5	13.1	10.6	13.3	7.0	9.5
33	53	17.9	17.5	10.1	6.4	5.9	11.4	5.3	8.5
5	16	9.7	9.7	6.9	2.8	5.3	6.0	1.6	5.0
24	17	12.5	11.7	8.1	4.4	6.1	6.8	4.4	3.1

17-2 续表

项目	调查企业数(个)	#开展创新活动企业	#实现创新企业	#实现产品或工艺创新企业	#实现产品创新企业	#实现工艺创新企业	#实现组织或营销创新企业
电力、热力、燃气及水生产和供应业	2571	242	234	129	47	95	138
电力、热力生产和供应业	1152	88	84	48	10	40	45
燃气生产和供应业	423	51	51	23	15	10	39
水的生产和供应业	996	103	99	58	22	45	54
二、按地区分							
东部地区	13084	2723	2667	1701	1063	1117	1631
中部地区	3801	557	547	333	191	209	353
西部地区	6254	875	857	538	300	343	513
东北地区	1137	158	158	114	78	65	88
北　京	984	171	163	120	84	75	98
天　津	613	132	130	89	56	56	66
河　北	829	86	85	31	18	18	62
山　西	511	64	62	41	21	29	44
内蒙古	336	35	34	18	13	10	21
辽　宁	582	94	94	76	50	45	42
吉　林	252	35	35	21	15	12	24
黑龙江	303	29	29	17	13	8	22
上　海	378	42	41	29	19	18	23
江　苏	2141	638	634	349	215	244	431
浙　江	2406	329	326	226	153	120	145
安　徽	910	145	142	89	56	48	95
福　建	1333	301	291	203	117	117	152
江　西	521	55	55	27	11	21	38
山　东	1612	213	212	121	68	78	147
河　南	756	132	132	78	48	48	80
湖　北	519	97	93	59	27	43	58
湖　南	584	64	63	39	28	20	38
广　东	2455	754	728	496	306	367	471
广　西	588	80	78	47	15	40	49
海　南	333	57	57	37	27	24	36
重　庆	1076	137	135	86	43	56	79
四　川	652	98	94	66	39	41	50
贵　州	714	114	113	77	35	50	55
云　南	462	71	71	45	30	32	45
西　藏	614	41	40	28	20	11	20
陕　西	506	90	87	47	37	20	62
甘　肃	494	63	63	38	21	25	40
青　海	247	35	35	22	9	16	20
宁　夏	307	64	62	33	23	18	49
新　疆	258	47	45	31	15	24	23

#实现组织创新企业	#实现营销创新企业	在调查企业中占比(%)							
		#开展创新活动企业	#实现创新企业	#实现产品或工艺创新企业	#实现产品创新企业	#实现工艺创新企业	#实现组织或营销创新企业	#实现组织创新企业	#实现营销创新企业
98	46	9.4	9.1	5.0	1.8	3.7	5.4	3.8	1.8
41	4	7.6	7.3	4.2	0.9	3.5	3.9	3.6	0.3
20	22	12.1	12.1	5.4	3.5	2.4	9.2	4.7	5.2
37	20	10.3	9.9	5.8	2.2	4.5	5.4	3.7	2.0
866	1090	20.8	20.4	13.0	8.1	8.5	12.5	6.6	8.3
184	236	14.7	14.4	8.8	5.0	5.5	9.3	4.8	6.2
271	325	14.0	13.7	8.6	4.8	5.5	8.2	4.3	5.2
52	60	13.9	13.9	10.0	6.9	5.7	7.7	4.6	5.3
64	58	17.4	16.6	12.2	8.5	7.6	10.0	6.5	5.9
38	37	21.5	21.2	14.5	9.1	9.1	10.8	6.2	6.0
28	38	10.4	10.3	3.7	2.2	2.2	7.5	3.4	4.6
21	32	12.5	12.1	8.0	4.1	5.7	8.6	4.1	6.3
12	14	10.4	10.1	5.4	3.9	3.0	6.3	3.6	4.2
23	28	16.2	16.2	13.1	8.6	7.7	7.2	4.0	4.8
16	15	13.9	13.9	8.3	6.0	4.8	9.5	6.3	6.0
13	17	9.6	9.6	5.6	4.3	2.6	7.3	4.3	5.6
13	15	11.1	10.8	7.7	5.0	4.8	6.1	3.4	4.0
246	274	29.8	29.6	16.3	10.0	11.4	20.1	11.5	12.8
70	91	13.7	13.5	9.4	6.4	5.0	6.0	2.9	3.8
43	66	15.9	15.6	9.8	6.2	5.3	10.4	4.7	7.3
64	113	22.6	21.8	15.2	8.8	8.8	11.4	4.8	8.5
18	25	10.6	10.6	5.2	2.1	4.0	7.3	3.5	4.8
81	95	13.2	13.2	7.5	4.2	4.8	9.1	5.0	5.9
53	50	17.5	17.5	10.3	6.3	6.3	10.6	7.0	6.6
27	42	18.7	17.9	11.4	5.2	8.3	11.2	5.2	8.1
22	21	11.0	10.8	6.7	4.8	3.4	6.5	3.8	3.6
246	342	30.7	29.7	20.2	12.5	14.9	19.2	10.0	13.9
29	25	13.6	13.3	8.0	2.6	6.8	8.3	4.9	4.3
16	27	17.1	17.1	11.1	8.1	7.2	10.8	4.8	8.1
40	51	12.7	12.5	8.0	4.0	5.2	7.3	3.7	4.7
24	32	15.0	14.4	10.1	6.0	6.3	7.7	3.7	4.9
28	37	16.0	15.8	10.8	4.9	7.0	7.7	3.9	5.2
26	30	15.4	15.4	9.7	6.5	6.9	9.7	5.6	6.5
13	10	6.7	6.5	4.6	3.3	1.8	3.3	2.1	1.6
32	40	17.8	17.2	9.3	7.3	4.0	12.3	6.3	7.9
20	28	12.8	12.8	7.7	4.3	5.1	8.1	4.0	5.7
12	12	14.2	14.2	8.9	3.6	6.5	8.1	4.9	4.9
24	31	20.8	20.2	10.7	7.5	5.9	16.0	7.8	10.1
11	15	18.2	17.4	12.0	5.8	9.3	8.9	4.3	5.8

17-3 规模以下服务业企业

项目	调查企业数(个)	#开展创新活动企业	#实现创新企业	#实现产品或工艺创新企业	#实现产品创新企业	#实现工艺创新企业	#实现组织或营销创新企业
总计	**30173**	**6229**	**6012**	**3281**	**2549**	**1293**	**4256**
一、按行业分							
交通运输、仓储和邮政业	8930	1423	1376	637	511	212	1057
铁路运输业	354	45	44	22	19	4	30
道路运输业	2613	345	332	163	141	44	250
水上运输业	853	128	125	50	35	28	101
航空运输业	327	72	71	34	32	3	55
管道运输业	51	10	10	6	2	5	6
装卸搬运和运输代理业	1641	261	249	98	75	38	205
仓储业	1333	150	144	57	37	30	115
邮政业	1758	412	401	207	170	60	295
信息传输、软件和信息技术服务业	4699	1351	1309	793	668	261	889
电信、广播电视和卫星传输服务	1171	320	314	173	151	43	237
互联网和相关服务	1670	436	416	249	210	72	281
软件和信息技术服务业	1858	595	579	371	307	146	371
租赁和商务服务业	7519	1456	1400	710	586	225	1068
租赁业	1816	273	257	131	100	56	201
商务服务业	5703	1183	1143	579	486	169	867
科学研究和技术服务业	5832	1369	1326	809	583	403	850
研究和试验发展	1219	373	360	249	183	137	201
专业技术服务业	2940	567	549	299	211	136	380
科技推广和应用服务业	1673	429	417	261	189	130	269
水利、环境和公共设施管理业	3193	630	601	332	201	192	392
水利管理业	805	123	120	63	31	44	74
生态保护和环境治理业	847	206	193	129	61	95	103
公共设施管理业	1541	301	288	140	109	53	215
二、按地区分							
东部地区	12007	2555	2450	1339	1028	559	1672
中部地区	6079	1301	1264	688	521	273	907
西部地区	9823	2078	2010	1110	881	404	1486
东北地区	2264	295	288	144	119	57	191

创新活动分布情况

		在调查企业中占比(%)							
#实现组织创新企业	#实现营销创新企业	#开展创新活动企业	#实现创新企业	#实现产品或工艺创新企业	#实现产品创新企业	#实现工艺创新企业	#实现组织或营销创新企业	#实现组织创新企业	#实现营销创新企业
2624	**2331**	**20.6**	**19.9**	**10.9**	**8.4**	**4.3**	**14.1**	**8.7**	**7.7**
712	514	15.9	15.4	7.1	5.7	2.4	11.8	8.0	5.8
14	17	12.7	12.4	6.2	5.4	1.1	8.5	4.0	4.8
183	103	13.2	12.7	6.2	5.4	1.7	9.6	7.0	3.9
76	39	15.0	14.7	5.9	4.1	3.3	11.8	8.9	4.6
30	32	22.0	21.7	10.4	9.8	0.9	16.8	9.2	9.8
3	5	19.6	19.6	11.8	3.9	9.8	11.8	5.9	9.8
147	97	15.9	15.2	6.0	4.6	2.3	12.5	9.0	5.9
70	61	11.3	10.8	4.3	2.8	2.3	8.6	5.3	4.6
189	160	23.4	22.8	11.8	9.7	3.4	16.8	10.8	9.1
477	570	28.8	27.9	16.9	14.2	5.6	18.9	10.2	12.1
109	168	27.3	26.8	14.8	12.9	3.7	20.2	9.3	14.3
144	182	26.1	24.9	14.9	12.6	4.3	16.8	8.6	10.9
224	220	32.0	31.2	20.0	16.5	7.9	20.0	12.1	11.8
624	615	19.4	18.6	9.4	7.8	3.0	14.2	8.3	8.2
124	113	15.0	14.2	7.2	5.5	3.1	11.1	6.8	6.2
500	502	20.7	20.0	10.2	8.5	3.0	15.2	8.8	8.8
545	452	23.5	22.7	13.9	10.0	6.9	14.6	9.3	7.8
123	119	30.6	29.5	20.4	15.0	11.2	16.5	10.1	9.8
275	161	19.3	18.7	10.2	7.2	4.6	12.9	9.4	5.5
147	172	25.6	24.9	15.6	11.3	7.8	16.1	8.8	10.3
266	180	19.7	18.8	10.4	6.3	6.0	12.3	8.3	5.6
59	23	15.3	14.9	7.8	3.9	5.5	9.2	7.3	2.9
77	42	24.3	22.8	15.2	7.2	11.2	12.2	9.1	5.0
130	115	19.5	18.7	9.1	7.1	3.4	14.0	8.4	7.5
1031	901	21.3	20.4	11.2	8.6	4.7	13.9	8.6	7.5
547	505	21.4	20.8	11.3	8.6	4.5	14.9	9.0	8.3
939	816	21.2	20.5	11.3	9.0	4.1	15.1	9.6	8.3
107	109	13.0	12.7	6.4	5.3	2.5	8.4	4.7	4.8

17-3 续表

项目	调查企业数(个)	#开展创新活动企业	#实现创新企业	#实现产品或工艺创新企业	#实现产品创新企业	#实现工艺创新企业	#实现组织或营销创新企业
北京	1121	230	214	137	99	59	126
天津	773	140	138	59	46	26	101
河北	973	176	174	93	65	42	108
山西	1335	251	246	136	107	47	174
内蒙古	766	120	117	65	50	24	77
辽宁	811	119	118	63	55	28	80
吉林	824	119	114	55	41	20	72
黑龙江	629	57	56	26	23	9	39
上海	1039	179	172	98	82	38	111
江苏	877	235	221	89	66	38	168
浙江	2153	430	428	264	213	92	282
安徽	991	188	186	96	69	37	140
福建	1027	177	168	92	70	38	126
江西	694	104	102	53	42	22	69
山东	1887	372	357	187	137	93	253
河南	961	234	222	135	111	55	158
湖北	1023	281	272	136	96	54	202
湖南	1075	243	236	132	96	58	164
广东	1787	538	502	276	218	116	338
广西	1113	255	249	138	123	38	187
海南	370	78	76	44	32	17	59
重庆	903	218	206	106	80	43	156
四川	1073	212	202	114	83	49	145
贵州	1036	244	239	125	97	52	181
云南	759	183	176	103	83	38	121
西藏	428	51	47	30	29	4	34
陕西	876	230	228	124	88	53	161
甘肃	992	188	179	110	85	44	145
青海	418	68	66	36	30	11	46
宁夏	568	137	132	74	56	27	103
新疆	891	172	169	85	77	21	130

		在调查企业中占比(%)							
#实现组织创新企业	#实现营销创新企业	#开展创新活动企业	#实现创新企业	#实现产品或工艺创新企业	#实现产品创新企业	#实现工艺创新企业	#实现组织或营销创新企业	#实现组织创新企业	#实现营销创新企业
75	73	20.5	19.1	12.2	8.8	5.3	11.2	6.7	6.5
59	55	18.1	17.9	7.6	6.0	3.4	13.1	7.6	7.1
71	56	18.1	17.9	9.6	6.7	4.3	11.1	7.3	5.8
111	95	18.8	18.4	10.2	8.0	3.5	13.0	8.3	7.1
44	45	15.7	15.3	8.5	6.5	3.1	10.1	5.7	5.9
51	43	14.7	14.5	7.8	6.8	3.5	9.9	6.3	5.3
37	43	14.4	13.8	6.7	5.0	2.4	8.7	4.5	5.2
19	23	9.1	8.9	4.1	3.7	1.4	6.2	3.0	3.7
58	72	17.2	16.6	9.4	7.9	3.7	10.7	5.6	6.9
112	79	26.8	25.2	10.1	7.5	4.3	19.2	12.8	9.0
177	153	20.0	19.9	12.3	9.9	4.3	13.1	8.2	7.1
67	85	19.0	18.8	9.7	7.0	3.7	14.1	6.8	8.6
85	62	17.2	16.4	9.0	6.8	3.7	12.3	8.3	6.0
41	42	15.0	14.7	7.6	6.1	3.2	9.9	5.9	6.1
150	131	19.7	18.9	9.9	7.3	4.9	13.4	7.9	6.9
109	80	24.3	23.1	14.0	11.6	5.7	16.4	11.3	8.3
118	119	27.5	26.6	13.3	9.4	5.3	19.7	11.5	11.6
101	84	22.6	22.0	12.3	8.9	5.4	15.3	9.4	7.8
208	185	30.1	28.1	15.4	12.2	6.5	18.9	11.6	10.4
127	90	22.9	22.4	12.4	11.1	3.4	16.8	11.4	8.1
36	35	21.1	20.5	11.9	8.6	4.6	15.9	9.7	9.5
87	89	24.1	22.8	11.7	8.9	4.8	17.3	9.6	9.9
86	89	19.8	18.8	10.6	7.7	4.6	13.5	8.0	8.3
129	102	23.6	23.1	12.1	9.4	5.0	17.5	12.5	9.8
86	54	24.1	23.2	13.6	10.9	5.0	15.9	11.3	7.1
25	16	11.9	11.0	7.0	6.8	0.9	7.9	5.8	3.7
92	91	26.3	26.0	14.2	10.0	6.1	18.4	10.5	10.4
84	95	19.0	18.0	11.1	8.6	4.4	14.6	8.5	9.6
29	26	16.3	15.8	8.6	7.2	2.6	11.0	6.9	6.2
63	58	24.1	23.2	13.0	9.9	4.8	18.1	11.1	10.2
87	61	19.3	19.0	9.5	8.6	2.4	14.6	9.8	6.8

17-4 规模以下企业技术创新资金来源情况

项 目	在实现技术创新企业中，从以下来源筹集创新资金的企业占比(%)							
	自有资金	众筹	风险投资	银行贷款	政府资金	民间借贷	接受委托资 金	其他
总 计	**87.2**	**2.7**	**0.9**	**16.0**	**5.2**	**9.2**	**0.7**	**1.3**
一、按行业分								
工业	91.1	2.0	0.5	13.3	2.8	7.7	0.4	0.8
采矿业	78.6			21.4		7.1		
制造业	91.4	2.1	0.5	13.3	2.5	7.7	0.4	0.8
电力、热力、燃气及水生产和供应业	85.7			7.1	17.9	7.1		
服务业	83.5	3.3	1.3	18.6	7.6	10.7	1.0	1.8
交通运输、仓储和邮政业	75.9	2.1		21.9	4.3	15.0		1.1
信息传输、软件和信息技术服务业	88.4	4.0	1.7	15.4	5.2	7.8	1.4	1.9
租赁和商务服务业	76.7	3.8		21.8	3.0	12.0		3.0
科学研究和技术服务业	86.8	3.6	2.1	19.5	11.7	12.0	1.8	1.8
水利、环境和公共设施管理业	76.1	0.9	0.9	18.8	14.5	9.4		1.7
二、按地区分								
东部地区	88.6	2.5	1.1	14.3	4.0	7.2	0.5	1.3
中部地区	87.7	2.9	1.0	16.1	5.2	11.9	0.6	1.6
西部地区	83.0	2.9	0.2	21.2	8.0	13.9	1.3	1.5
东北地区	83.6	3.0	1.5	14.9	11.9	9.0	1.5	
北 京	89.3	0.9	1.8	8.0	4.5	8.9	0.9	1.8
天 津	88.2			11.8	5.9			
河 北	79.5	4.5		13.6	6.8	4.5		2.3
山 西	96.4			35.7	3.6	10.7		
内蒙古	100.0					16.7	16.7	
辽 宁	92.6	3.7		14.8	3.7	7.4		
吉 林	76.2		4.8	14.3	23.8	4.8	4.8	
黑龙江	78.9	5.3		15.8	10.5	15.8		
上 海	90.0	10.0	5.0	15.0	20.0	5.0		
江 苏	90.8	1.2	0.8	14.8	2.8	2.8	0.4	1.6
浙 江	85.8	3.6	1.6	21.1	2.8	7.3	0.4	1.2
安 徽	94.3			9.4	7.5	9.4		
福 建	90.5	2.5	1.0	14.0	3.0	3.5		0.5
江 西	88.2			11.8	5.9	23.5		
山 东	80.6	1.4		26.4	6.9	4.2	2.8	
河 南	92.3	6.2	1.5	23.1	6.2	7.7	3.1	
湖 北	84.4	5.2	2.1	12.5	3.1	13.5		4.2
湖 南	76.5			11.8	5.9	13.7		2.0
广 东	90.5	2.7	1.0	10.3	3.9	11.1	0.6	1.6
广 西	82.8	5.2		17.2	12.1	22.4	1.7	1.7
海 南	81.1	2.7		21.6	8.1	10.8		
重 庆	87.0	4.3		21.7		8.7		
四 川	87.4	1.1		14.7	4.2	12.6	1.1	1.1
贵 州	80.4	2.0		27.5	15.7	13.7	2.0	2.0
云 南	73.8	7.1		19.0	7.1	9.5		
西 藏	88.2			41.2	5.9	11.8		
陕 西	86.2		1.1	17.0	5.3	14.9	1.1	2.1
甘 肃	72.2	5.6		22.2	11.1	22.2		5.6
青 海	80.0	5.0		30.0	20.0	10.0		
宁 夏	78.0	4.9		29.3	7.3	9.8	2.4	2.4
新 疆	81.8	9.1		45.5	9.1	9.1		

17-5　规模以下企业技术创新技术来源情况

项　　目	在实现技术创新企业中，利用以下技术来源的企业占比(%)				
	独立研发	合作开发	购买技术	委托开发	其他
总　计	**62.0**	**24.0**	**16.8**	**7.5**	**4.1**
一、按行业分					
工业	64.9	19.9	17.8	6.2	2.7
采矿业	71.4	14.3	7.1	21.4	
制造业	65.1	20.4	17.4	6.2	2.6
电力、热力、燃气及水生产和供应业	53.6	3.6	39.3		7.1
服务业	59.1	28.1	15.8	8.7	5.4
交通运输、仓储和邮政业	37.4	27.8	19.8	6.4	12.3
信息传输、软件和信息技术服务业	70.1	26.1	12.1	11.2	2.9
租赁和商务服务业	43.6	24.8	16.5	8.3	11.3
科学研究和技术服务业	66.7	34.5	13.5	7.2	2.4
水利、环境和公共设施管理业	50.4	21.4	28.2	8.5	5.1
二、按地区分					
东部地区	63.5	21.4	16.9	7.2	3.8
中部地区	61.9	26.5	15.8	7.4	4.8
西部地区	56.3	30.0	17.4	8.2	4.2
东北地区	67.2	29.9	13.4	9.0	4.5
北　京	79.5	16.1	7.1	6.3	1.8
天　津	82.4	17.6			5.9
河　北	65.9	15.9	13.6	4.5	4.5
山　西	64.3	46.4	17.9		
内蒙古	83.3	33.3		16.7	
辽　宁	74.1	14.8	7.4	3.7	11.1
吉　林	57.1	42.9	14.3	9.5	
黑龙江	68.4	36.8	21.1	15.8	
上　海	70.0	25.0	15.0		
江　苏	57.6	17.2	22.8	8.0	4.0
浙　江	68.0	21.5	12.6	7.3	2.8
安　徽	62.3	22.6	20.8	5.7	1.9
福　建	60.5	20.5	16.5	10.5	4.5
江　西	70.6	23.5	23.5		
山　东	68.1	20.8	11.1	2.8	4.2
河　南	78.5	20.0	10.8	6.2	3.1
湖　北	56.3	27.1	12.5	9.4	10.4
湖　南	47.1	27.5	19.6	13.7	3.9
广　东	60.4	25.2	20.0	7.0	4.3
广　西	46.6	41.4	25.9	8.6	5.2
海　南	62.2	24.3	18.9	8.1	5.4
重　庆	39.1	21.7	39.1		4.3
四　川	60.0	30.5	11.6	8.4	6.3
贵　州	45.1	37.3	17.6	13.7	3.9
云　南	69.0	19.0	9.5	7.1	2.4
西　藏	58.8	41.2	23.5	5.9	
陕　西	56.4	29.8	18.1	4.3	3.2
甘　肃	38.9	27.8	22.2	22.2	5.6
青　海	70.0	10.0	20.0		5.0
宁　夏	65.9	26.8	9.8	12.2	4.9
新　疆	63.6	27.3	18.2	9.1	

17-6 规模以下企业技术创新合作情况

项目	有技术创新合作企业所占比重(%)	在技术创新合作企业中，与以下伙伴开展合作的企业占比(%)					
		产学研合作	高等学校	研究机构	客户或供应商	其他企业	其他
总　计	**24.0**	**33.4**	**24.3**	**18.5**	**51.8**	**33.2**	**3.7**
一、按行业分							
工业	19.9	25.6	18.4	16.7	65.4	23.5	2.1
采矿业	14.3	100.0	50.0	50.0			
制造业	20.4	25.1	18.2	16.5	66.2	23.4	2.2
电力、热力、燃气及水生产和供应业	3.6					100.0	
服务业	28.1	38.8	28.4	19.7	42.4	40.0	4.8
交通运输、仓储和邮政业	27.8	13.5	11.5	3.8	51.9	48.1	9.6
信息传输、软件和信息技术服务业	26.1	31.8	26.4	11.8	50.9	50.0	3.6
租赁和商务服务业	24.8	15.2	9.1	6.1	45.5	42.4	6.1
科学研究和技术服务业	34.5	64.3	45.2	38.3	29.6	27.8	1.7
水利、环境和公共设施管理业	21.4	36.0	20.0	20.0	40.0	32.0	12.0
二、按地区分							
东部地区	21.4	30.2	21.3	16.7	57.1	29.6	3.1
中部地区	26.5	34.1	25.6	23.2	40.2	46.3	7.3
西部地区	30.0	37.1	28.0	17.5	47.6	35.7	3.5
东北地区	29.9	55.0	40.0	35.0	45.0	20.0	
北　京	16.1	55.6	44.4	27.8	22.2	38.9	
天　津	17.7	66.7	66.7	33.3		66.7	
河　北	15.9	57.1	28.6	42.9	28.6	14.3	
山　西	46.4	23.1	15.4	15.4	84.6	46.2	
内蒙古	33.3				100.0	50.0	
辽　宁	14.8	50.0	25.0	25.0	50.0	50.0	
吉　林	42.9	66.7	44.4	33.3	33.3	11.1	
黑龙江	36.8	42.9	42.9	42.9	57.1	14.3	
上　海	25.0	60.0	60.0	20.0		60.0	
江　苏	17.2	25.6	14.0	14.0	65.1	25.6	2.3
浙　江	21.5	34.0	24.5	18.9	43.4	41.5	
安　徽	22.6	50.0	33.3	33.3	25.0	25.0	
福　建	20.5	36.6	26.8	19.5	48.8	31.7	2.4
江　西	23.5	25.0	25.0	25.0		75.0	
山　东	20.8	40.0	26.7	13.3	46.7	20.0	
河　南	20.0	53.8	46.2	30.8	53.8	46.2	7.7
湖　北	27.1	23.1	19.2	15.4	30.8	46.2	19.2
湖　南	27.5	35.7	21.4	28.6	28.6	57.1	
广　东	25.2	20.0	13.8	13.1	72.3	23.8	6.2
广　西	41.4	20.8	20.8		58.3	33.3	4.2
海　南	24.3	33.3	22.2	11.1	77.8	33.3	
重　庆	21.7				40.0	60.0	
四　川	30.5	62.1	44.8	27.6	58.6	13.8	6.9
贵　州	37.3	31.6	26.3	15.8	31.6	57.9	
云　南	19.1	12.5		12.5	50.0	50.0	
西　藏	41.2	57.1	42.9	28.6	57.1	14.3	
陕　西	29.8	46.4	35.7	21.4	32.1	39.3	
甘　肃	27.8	20.0		20.0	80.0	20.0	
青　海	10.0	50.0	50.0				50.0
宁　夏	26.8	9.1	9.1	9.1	54.5	54.5	9.1
新　疆	27.3	100.0	66.7	100.0		33.3	

17-7 规模以下企业技术创新中的主要困难情况

项目	在实现技术创新企业中，创新中遇到以下困难的企业占比(%)					
	资金不足	人才短缺	知识产权保护不力	适用技术短缺	市场环境不佳	其他
总计	**49.1**	**49.8**	**8.0**	**18.0**	**34.5**	**2.7**
一、按行业分						
工业	47.0	49.4	8.6	21.1	35.2	2.4
采矿业	42.9	35.7		7.1	64.3	
制造业	46.9	49.7	8.6	21.4	34.9	2.4
电力、热力、燃气及水生产和供应业	53.6	42.9	14.3	14.3	32.1	3.6
服务业	51.2	50.2	7.5	15.0	33.8	3.0
交通运输、仓储和邮政业	42.8	40.6	1.1	17.6	42.2	1.6
信息传输、软件和信息技术服务业	52.5	54.4	7.4	15.4	31.6	3.1
租赁和商务服务业	44.4	42.9	9.0	12.0	36.1	4.5
科学研究和技术服务业	61.0	55.6	10.8	13.5	32.4	2.1
水利、环境和公共设施管理业	40.2	43.6	6.8	17.1	29.1	6.0
二、按地区分						
东部地区	45.5	50.7	8.5	19.4	33.0	3.2
中部地区	49.4	50.3	7.7	16.8	37.7	1.6
西部地区	59.2	47.9	7.4	14.9	37.0	1.9
东北地区	58.2	40.3	3.0	14.9	34.3	3.0
北京	49.1	50.0	2.7	12.5	34.8	6.3
天津	41.2	64.7			29.4	
河北	52.3	34.1	4.5	11.4	29.5	4.5
山西	60.7	46.4	10.7	39.3	67.9	
内蒙古	83.3	33.3		16.7	33.3	16.7
辽宁	63.0	29.6	3.7	11.1	37.0	3.7
吉林	57.1	52.4		23.8	19.0	
黑龙江	52.6	42.1	5.3	10.5	47.4	5.3
上海	45.0	55.0		5.0	35.0	10.0
江苏	32.8	56.0	8.4	28.0	31.2	1.6
浙江	42.1	52.6	13.0	17.4	23.9	2.4
安徽	34.0	49.1	11.3	22.6	35.8	5.7
福建	41.0	46.0	8.0	22.0	36.0	2.0
江西	52.9	41.2	5.9	11.8	35.3	
山东	43.1	43.1	4.2	16.7	33.3	1.4
河南	53.8	56.9	3.1	15.4	36.9	
湖北	54.2	52.1	8.3	8.3	33.3	2.1
湖南	43.1	45.1	7.8	17.6	33.3	
广东	52.8	51.1	9.1	19.6	36.7	4.3
广西	72.4	41.4	3.4	12.1	44.8	
海南	64.9	51.4	13.5	10.8	37.8	
重庆	56.5	34.8	4.3	13.0	43.5	13.0
四川	54.7	38.9	9.5	13.7	35.8	3.2
贵州	62.7	52.9	5.9	13.7	23.5	
云南	45.2	50.0	11.9	26.2	35.7	
西藏	41.2	64.7	11.8	17.6	29.4	
陕西	62.8	48.9	7.4	9.6	36.2	1.1
甘肃	66.7	44.4		16.7	33.3	5.6
青海	60.0	55.0	15.0	20.0	35.0	
宁夏	56.1	63.4	4.9	22.0	46.3	
新疆	54.5	63.6	9.1	9.1	54.5	

17-8　规模以下企业享受创新政策情况

项　目	享受了创新相关政策的企业占开展创新活动企业比重(%)	在享受创新相关政策企业中，享受了以下相关政策的企业占比(%)						
		税费减免	金融服务	人才保障	知识产权保护	政府采购	平台支撑	其他
总　计	**47.2**	**69.0**	**9.2**	**12.2**	**12.8**	**4.7**	**17.9**	**2.9**
#实现技术创新的企业	47.6	74.2	8.9	10.2	16.7	5.8	15.1	3.2
一、按行业分								
工业	39.8	61.9	10.8	14.5	15.4	2.1	18.7	3.3
采矿业	31.8	28.6	28.6	14.3			28.6	
制造业	39.7	61.9	10.3	14.4	15.6	2.1	18.5	3.3
电力、热力、燃气及水生产和供应业	48.9	72.7	22.7	18.2	13.6	4.5	22.7	4.5
服务业	53.3	73.3	8.2	10.8	11.1	6.3	17.4	2.7
交通运输、仓储和邮政业	47.5	66.7	8.3	9.6	2.6	4.4	25.9	2.2
信息传输、软件和信息技术服务业	55.6	80.2	6.1	8.9	14.5	7.6	11.2	2.3
租赁和商务服务业	49.7	69.5	9.8	13.4	6.1	7.9	19.5	1.2
科学研究和技术服务业	58.2	73.6	7.7	11.0	15.7	4.7	18.1	3.9
水利、环境和公共设施管理业	51.3	67.5	13.7	15.4	10.3	7.7	17.1	3.4
二、按地区分								
东部地区	45.7	66.8	9.9	13.2	13.5	4.2	17.4	3.5
中部地区	53.8	75.4	10.9	9.6	13.1	5.1	19.2	1.9
西部地区	49.1	70.0	5.9	12.1	10.6	5.9	18.7	2.2
东北地区	38.7	73.9	6.5	4.3	10.9	4.3	15.2	
北　京	55.4	86.0	2.8	8.4	15.0	2.8	6.5	0.9
天　津	48.8	60.0	5.0	10.0	10.0	10.0	10.0	
河　北	42.9	61.5	10.3	20.5	10.3		10.3	5.1
山　西	49.2	79.3	3.4	6.9	6.9		20.7	
内蒙古	38.5	60.0	20.0	40.0			20.0	
辽　宁	42.3	90.9	9.1	9.1			13.6	
吉　林	35.5	45.5			45.5	18.2	9.1	
黑龙江	36.1	69.2	7.7				23.1	
上　海	45.7	68.8		25.0	6.3		18.8	
江　苏	55.1	55.3	17.4	15.8	9.2	3.0	26.6	3.3
浙　江	55.5	75.4	9.2	10.6	12.1	7.2	15.9	4.8
安　徽	44.7	78.3	15.2	13.0	15.2	2.2	15.2	4.3
福　建	24.9	67.9	21.8	15.4	15.4	2.6	12.8	3.8
江　西	38.7	66.7	8.3	8.3	25.0	8.3	16.7	
山　东	54.9	56.2	16.9	18.0	19.1	7.9	16.9	1.1
河　南	55.0	70.9	9.1	7.3	16.4	7.3	16.4	3.6
湖　北	57.2	74.8	12.2	10.3	12.2	5.6	20.6	1.9
湖　南	62.7	78.1	10.9	9.4	10.9	6.3	21.9	
广　东	38.6	69.8	2.9	10.9	16.7	3.2	15.5	4.4
广　西	52.0	86.5	3.8	9.6	13.5	11.5	11.5	
海　南	55.2	62.5		15.6	12.5	9.4	21.9	3.1
重　庆	39.0	62.5		6.3			37.5	6.3
四　川	41.5	74.6	1.7	5.1	6.8	8.5	18.6	3.4
贵　州	56.4	60.4	5.7	9.4	11.3	5.7	22.6	3.8
云　南	50.7	61.1	2.8	19.4	19.4	2.8	25.0	
西　藏	72.0	72.2	5.6	16.7	16.7	5.6	16.7	
陕　西	44.7	57.5	10.0	17.5	12.5	1.3	23.8	2.5
甘　肃	71.4	75.0	10.0	10.0	5.0	10.0	5.0	
青　海	38.7	66.7	25.0	16.7	8.3	8.3	8.3	8.3
宁　夏	51.2	81.4	4.7	11.6	7.0	9.3	11.6	2.3
新　疆	63.2	91.7			8.3		16.7	

17-9 影响规模以下企业创新政策落实的主要因素

项 目	在开展创新活动企业中，对影响创新政策落实的原因作出以下判断的企业占比(%)					
	不知道有相关政策	不满足享受政策的条件	政策吸引力不足	政策办理手续繁琐	政策执行力度不够	其他
总 计	**41.2**	**37.9**	**14.4**	**19.9**	**13.8**	**3.3**
#实现技术创新的企业	43.7	36.0	14.8	22.9	15.2	3.3
一、按行业分						
工业	44.1	39.0	14.2	18.6	13.3	2.8
采矿业	31.8	40.9	22.7	18.2	9.1	4.5
制造业	44.3	38.8	14.1	18.7	13.3	2.7
电力、热力、燃气及水生产和供应业	42.2	42.2	13.3	15.6	15.6	6.7
服务业	38.9	37.1	14.6	21.0	14.3	3.7
交通运输、仓储和邮政业	38.8	33.8	14.6	14.0	12.3	3.5
信息传输、软件和信息技术服务业	39.2	40.2	13.0	25.6	14.4	2.8
租赁和商务服务业	39.1	35.2	11.8	18.2	14.8	6.1
科学研究和技术服务业	36.3	38.0	18.7	23.7	15.7	3.1
水利、环境和公共设施管理业	44.3	35.1	13.2	18.4	13.6	4.4
二、按地区分						
东部地区	42.8	39.3	13.3	20.1	12.1	3.3
中部地区	33.2	38.5	16.5	20.3	18.0	2.9
西部地区	41.1	34.1	16.7	20.1	16.8	3.0
东北地区	45.4	30.3	15.1	12.6	10.9	5.0
北 京	34.2	39.4	9.8	25.9	9.8	4.7
天 津	46.3	29.3	19.5	2.4	4.9	4.9
河 北	35.2	24.2	20.9	13.2	9.9	5.5
山 西	16.9	54.2	11.9	28.8	22.0	1.7
内蒙古	46.2	30.8	7.7	30.8	30.8	7.7
辽 宁	42.3	32.7	17.3	11.5	5.8	9.6
吉 林	41.9	32.3	6.5	19.4	19.4	
黑龙江	52.8	25.0	19.4	8.3	11.1	2.8
上 海	54.3	34.3	14.3	28.6	14.3	
江 苏	35.9	45.1	16.1	16.5	14.9	1.1
浙 江	42.9	38.6	13.1	22.0	12.1	3.2
安 徽	28.2	45.6	17.5	16.5	17.5	
福 建	44.7	43.1	11.5	13.1	8.9	3.2
江 西	48.4	32.3	16.1	25.8	19.4	
山 东	30.2	48.1	14.2	18.5	14.8	4.3
河 南	40.0	44.0	15.0	25.0	19.0	1.0
湖 北	33.7	30.5	20.3	16.6	18.2	4.3
湖 南	35.3	33.3	12.7	19.6	14.7	6.9
广 东	50.6	35.7	11.7	23.7	11.6	4.2
广 西	44.0	40.0	20.0	24.0	18.0	1.0
海 南	44.8	32.8	12.1	29.3	20.7	3.4
重 庆	48.8	31.7	17.1	14.6	14.6	
四 川	40.8	31.0	21.8	15.5	16.9	2.8
贵 州	45.7	31.9	7.4	20.2	11.7	7.4
云 南	38.0	25.4	26.8	8.5	5.6	2.8
西 藏	52.0	32.0	12.0	16.0	24.0	
陕 西	38.0	34.1	16.2	23.5	19.6	3.9
甘 肃	42.9	39.3	10.7	25.0	14.3	3.6
青 海	35.5	29.0	16.1	19.4	32.3	
宁 夏	38.1	45.2	11.9	22.6	16.7	1.2
新 疆	31.6	31.6	15.8	36.8	15.8	5.3

17-10 规模以下企业创新成效情况

项目	在开展创新活动企业中，取得了以下创新成效的企业占比(%)									
	降低了生产经营成本	增加了利润	提高了生产效率	扩大了出口	增加了产品或服务的品种	提高了产品或服务的质量	扩大了市场份额	减少了环境污染	改善了工作条件	其他
总计	**25.3**	**19.7**	**27.7**	**3.2**	**28.4**	**35.9**	**19.2**	**9.6**	**16.7**	**2.5**
#实现技术创新的企业	30.5	23.3	33.0	4.5	38.2	39.2	19.0	12.6	13.2	1.5
一、按行业分										
工业	28.0	19.2	39.3	5.2	28.2	34.3	18.8	12.0	16.2	1.3
采矿业	31.8	13.6	36.4		18.2	22.7		27.3	22.7	
制造业	27.7	19.2	39.1	5.4	28.8	34.6	19.1	11.4	16.2	1.4
电力、热力、燃气及水生产和供应业	37.8	22.2	46.7	2.2	6.7	26.7	15.6	28.9	13.3	
服务业	23.1	20.1	18.3	1.5	28.6	37.2	19.5	7.7	17.2	3.4
交通运输、仓储和邮政业	25.8	17.1	17.5	2.9	19.0	33.8	18.5	4.0	20.4	3.8
信息传输、软件和信息技术服务业	22.6	23.3	17.0	1.3	34.9	41.2	21.1	3.1	12.7	2.8
租赁和商务服务业	20.3	16.7	15.8	0.3	26.1	28.2	20.9	6.4	19.7	5.5
科学研究和技术服务业	22.1	21.8	20.2	1.9	33.7	42.0	19.3	10.4	17.8	3.6
水利、环境和公共设施管理业	25.0	17.1	22.8	0.4	20.2	33.3	14.9	24.6	19.3	1.3
二、按地区分										
东部地区	25.5	19.0	30.5	4.1	28.5	35.3	18.2	9.1	16.1	2.2
中部地区	24.9	18.6	23.0	1.9	30.2	35.7	17.9	9.1	17.0	2.4
西部地区	25.8	23.3	22.6	1.3	27.8	37.1	22.4	11.6	19.0	2.9
东北地区	17.6	14.3	22.7	3.4	21.8	42.0	25.2	10.9	14.3	6.7
北 京	15.5	15.0	20.7	1.6	33.2	33.2	15.0	8.3	9.3	5.2
天 津	17.1	9.8	14.6	2.4	29.3	17.1	24.4	9.8	19.5	
河 北	18.7	20.9	29.7	5.5	26.4	28.6	14.3	4.4	8.8	2.2
山 西	23.7	22.0	13.6	1.7	27.1	33.9	15.3	6.8	22.0	1.7
内蒙古	46.2	23.1	46.2		30.8	38.5	30.8	23.1	30.8	
辽 宁	21.2	9.6	23.1	3.8	11.5	42.3	25.0	11.5	19.2	5.8
吉 林	16.1	16.1	32.3	3.2	35.5	41.9	22.6	12.9	19.4	3.2
黑龙江	13.9	19.4	13.9	2.8	25.0	41.7	27.8	8.3	2.8	11.1
上 海	37.1	17.1	25.7		28.6	57.1	22.9	17.1	28.6	8.6
江 苏	24.6	15.6	34.1	2.2	22.6	33.7	15.6	7.6	18.8	0.5
浙 江	27.3	22.3	24.1	5.4	34.6	37.5	19.0	9.1	13.1	1.1
安 徽	17.5	16.5	25.2		23.3	35.0	13.6	6.8	21.4	1.9
福 建	26.5	24.3	32.6	3.2	31.9	26.2	16.9	7.7	11.2	0.6
江 西	19.4	6.5	22.6	3.2	32.3	51.6	29.0	9.7	16.1	
山 东	31.5	24.1	22.8	3.7	19.1	32.7	19.8	11.7	14.2	2.5
河 南	34.0	30.0	27.0	4.0	38.0	42.0	21.0	11.0	16.0	2.0
湖 北	23.5	17.1	23.5	1.6	32.6	31.6	17.6	11.8	15.5	3.2
湖 南	28.4	13.7	21.6	2.0	26.5	34.3	17.6	5.9	13.7	2.9
广 东	26.7	18.2	35.2	5.4	29.2	39.9	20.7	9.7	19.1	3.4
广 西	27.0	17.0	23.0		23.0	38.0	20.0	5.0	21.0	1.0
海 南	25.9	19.0	25.9	8.6	29.3	39.7	12.1	17.2	19.0	1.7
重 庆	29.3	24.4	26.8		14.6	31.7	12.2	4.9	22.0	2.4
四 川	29.6	28.9	21.1	2.1	32.4	33.8	23.2	21.1	19.0	5.6
贵 州	21.3	14.9	18.1	1.1	33.0	45.7	17.0	7.4	19.1	4.3
云 南	18.3	21.1	22.5	2.8	36.6	47.9	18.3	8.5	15.5	1.4
西 藏	20.0	24.0	40.0		8.0	32.0	20.0	24.0	44.0	
陕 西	19.0	29.6	20.7	1.7	29.6	33.5	26.8	8.4	14.5	1.1
甘 肃	42.9	14.3	25.0		25.0	35.7	25.0	28.6	32.1	3.6
青 海	35.5	25.8	29.0		29.0	25.8	25.8	9.7	22.6	3.2
宁 夏	27.4	23.8	17.9	2.4	25.0	36.9	27.4	7.1	15.5	4.8
新 疆	42.1	10.5	31.6		10.5	47.4	15.8	26.3	5.3	5.3

17-11 规模以下企业创新发展规划情况

项　目	有创新发展规划的企业占开展创新活动企业比重(%)	在有创新发展规划企业中，有以下规划企业占比(%)					
		开　发新产品	获　取新技术	引　进新设备	拓展市场或采用新的营销手段	涉足新的行业或领域	其他
总　计	**89.0**	**47.6**	**31.9**	**28.1**	**53.1**	**14.5**	**1.5**
#实现技术创新的企业	92.9	61.2	40.3	33.8	45.6	14.9	1.4
一、按行业分							
工业	89.8	59.4	31.8	38.8	45.7	9.5	1.0
采矿业	100.0	22.7	22.7	54.5	45.5	9.1	
制造业	89.7	60.8	31.4	38.4	46.2	9.7	1.0
电力、热力、燃气及水生产和供应业	86.7	20.5	51.3	46.2	25.6	2.6	
服务业	88.4	37.9	31.9	19.1	59.2	18.6	1.9
交通运输、仓储和邮政业	83.8	17.9	14.4	17.9	70.6	16.7	1.2
信息传输、软件和信息技术服务业	92.2	52.0	37.9	14.4	54.3	19.6	1.5
租赁和商务服务业	84.5	20.1	15.8	22.2	65.6	21.5	2.9
科学研究和技术服务业	91.2	47.2	43.0	22.3	54.2	19.9	2.7
水利、环境和公共设施管理业	84.6	32.1	41.5	24.4	56.0	11.9	1.6
二、按地区分							
东部地区	89.7	51.0	31.4	28.0	51.0	12.1	1.6
中部地区	87.1	44.8	34.9	25.4	56.4	15.4	1.4
西部地区	90.6	37.7	31.6	29.6	57.4	20.8	1.2
东北地区	72.3	57.0	29.1	32.6	53.5	20.9	2.3
北　京	86.5	51.5	38.9	13.2	46.7	13.2	5.4
天　津	82.9	35.3	11.8	17.6	52.9	17.6	2.9
河　北	83.5	35.5	27.6	23.7	38.2	9.2	2.6
山　西	83.1	55.1	49.0	24.5	49.0	6.1	2.0
内蒙古	100.0	38.5	38.5	30.8	61.5	23.1	7.7
辽　宁	65.4	47.1	17.6	23.5	70.6	29.4	
吉　林	80.6	72.0	36.0	48.0	40.0	24.0	
黑龙江	75.0	55.6	37.0	29.6	44.4	7.4	7.4
上　海	85.7	46.7	26.7	26.7	53.3	16.7	3.3
江　苏	89.3	44.8	27.6	28.2	52.7	9.3	
浙　江	94.1	58.1	31.1	26.8	46.2	12.3	2.0
安　徽	72.8	46.7	30.7	22.7	64.0	16.0	1.3
福　建	87.5	56.9	28.5	31.8	40.1	6.2	1.1
江　西	100.0	48.4	19.4	19.4	64.5	22.6	
山　东	88.3	39.2	37.1	23.8	50.4	11.2	1.4
河　南	96.0	51.0	39.6	35.4	59.4	29.2	1.0
湖　北	85.0	43.4	29.6	25.2	54.1	12.0	1.9
湖　南	95.1	33.0	40.2	20.6	52.6	9.3	1.0
广　东	90.8	54.5	33.8	31.3	56.9	14.8	1.7
广　西	95.0	33.7	24.2	23.2	69.5	22.1	1.1
海　南	89.7	42.3	28.8	36.5	65.4	25.0	
重　庆	87.8	25.0	19.4	38.9	63.9	5.6	
四　川	88.0	52.0	33.6	36.0	45.6	21.6	2.4
贵　州	93.6	36.4	29.5	28.4	59.1	28.4	1.1
云　南	85.9	31.1	37.7	26.2	54.1	14.8	1.6
西　藏	96.0	33.3	37.5	29.2	50.0	16.7	4.2
陕　西	88.3	34.2	33.5	29.7	58.2	16.5	
甘　肃	92.9	42.3	30.8	34.6	50.0	23.1	
青　海	96.8	40.0	30.0	30.0	40.0	20.0	
宁　夏	90.5	38.2	31.6	23.7	69.7	31.6	1.3
新　疆	89.5	35.3	47.1	35.3	52.9	17.6	

十八、国际比较

18-1 部分国家企业创新活动

国　　别	企业数	开展创新活动企业数	#实现创新企　　业	#既有产品或工艺创新，也有组织或营销创新的企业	#只有产品或工艺创新，没有组织或营销创新的企业
欧盟28国平均	775329	380455	362352	183272	102205
欧盟15国平均	600172	334246	318094	165376	86331
比利时	13543	8690	8447	4719	2438
丹麦	7768	3844	3765	2311	644
德国	135984	91120	85459	49330	22221
爱尔兰	6736	4108	4059	2789	501
希腊	13843	7057	6824	3931	1426
西班牙	64463	23470	21975	8664	6466
法国	70355	39672	38072	19194	9601
意大利	111892	54458	51981	26461	14985
卢森堡	1751	1140	1115	563	172
荷兰	25239	13963	13311	6366	5560
奥地利	16645	9901	9801	5433	1955
葡萄牙	18601	10044	9830	5430	2901
芬兰	8576	4742	4610	2693	1449
瑞典	17808	9651	9377	4665	3226
英国	86967	52386	49468	22826	12786
保加利亚	14255	3725	3488	1031	1406
捷克	21559	9063	8648	4501	3185
爱沙尼亚	3639	966	912	369	387
塞浦路斯	1602	670	670	383	154
拉脱维亚	5002	1276	1237	413	275
立陶宛	7613	3300	3203	1424	1381
匈牙利	14720	3764	3543	1317	1364
马耳他	890	367	350	189	84
波兰	58776	12347	11867	4279	5003
罗马尼亚	28380	3645	3399	852	988
斯洛文尼亚	4157	1906	1875	915	457
斯洛伐克	7646	2432	2339	887	663
克罗地亚	6918	2748	2727	1336	527
冰岛	827	489	473	298	117
挪威	9115	5250	5058	2968	1242
瑞士	23454	17661	17133	9386	2986
土耳其	82510	42323	39656	22904	8490
澳大利亚					
加拿大					
智利					
以色列					
日本					
韩国					
墨西哥					
巴西					
印度					
俄罗斯					

注：1. 澳大利亚报告期为2012-2013年，加拿大、以色列报告期为2010-2012年，智利报告期为2009-2010年，日本、巴西报告期为2009-2011年，韩国、俄罗斯报告期为2011-2013年，墨西哥、印度报告期为2010-2011年。本章以下各表同。

2. 对于"有产品或工艺创新"，加拿大、智利、以色列、墨西哥、巴西、印度和俄罗斯仅指实现了产品或工艺创新，其他国家不仅包括实现了产品或工艺创新，也包括有正在进行或中止的产品或工艺创新活动。本章以下各表同。

总体情况(2012-2014年)

单位：个、%

#只有组织或营销创新,没有产品或工艺创新的企业	在全部企业中占比				
	开展创新活动企业	实现创新企业	#既有产品或工艺创新,也有组织或营销创新的企业	#只有产品或工艺创新,没有组织或营销创新的企业	#只有组织或营销创新,没有产品或工艺创新的企业
94976	49.1	46.7	23.6	13.2	12.2
82542	55.7	53.0	27.6	14.4	13.8
1532	64.2	62.4	34.8	18.0	11.3
890	49.5	48.5	29.7	8.3	11.5
19568	67.0	62.8	36.3	16.3	14.4
818	61.0	60.3	41.4	7.4	12.1
1700	51.0	49.3	28.4	10.3	12.3
8340	36.4	34.1	13.4	10.0	12.9
10877	56.4	54.1	27.3	13.6	15.5
13011	48.7	46.5	23.6	13.4	11.6
405	65.1	63.7	32.2	9.8	23.1
2037	55.3	52.7	25.2	22.0	8.1
2514	59.5	58.9	32.6	11.7	15.1
1713	54.0	52.8	29.2	15.6	9.2
601	55.3	53.8	31.4	16.9	7.0
1761	54.2	52.7	26.2	18.1	9.9
16774	60.2	56.9	26.2	14.7	19.3
1288	26.1	24.5	7.2	9.9	9.0
1377	42.0	40.1	20.9	14.8	6.4
210	26.5	25.1	10.1	10.6	5.8
132	41.8	41.8	23.9	9.6	8.3
588	25.5	24.7	8.3	5.5	11.8
495	43.3	42.1	18.7	18.1	6.5
1077	25.6	24.1	8.9	9.3	7.3
94	41.2	39.3	21.2	9.4	10.6
3066	21.0	20.2	7.3	8.5	5.2
1805	12.8	12.0	3.0	3.5	6.4
534	45.9	45.1	22.0	11.0	12.8
883	31.8	30.6	11.6	8.7	11.5
884	39.7	39.4	19.3	7.6	12.8
74	59.2	57.3	36.1	14.2	9.0
1039	57.6	55.5	32.6	13.6	11.4
5290	75.3	73.0	40.0	12.7	22.6
10929	51.3	48.1	27.8	10.3	13.2
	64.1	58.0	42.9	12.9	6.8
		68.6	41.5	11.9	15.3
	23.7	23.7	11.6	7.3	4.9
	49.0	48.4	20.6	2.7	25.1
	47.9	46.2	17.9	9.6	20.4
	31.1	28.7	8.7	8.2	14.2
		11.7		8.2	
	73.1	72.3	30.7	5.0	36.6
	63.7	56.2	11.6	6.7	37.9
	10.3	9.1	1.3	6.6	1.3

18-2 部分国家制造业企业创新

国　别	企业数	开展创新活动企业数	#实现创新企　业	#既有产品或工艺创新，也有组织或营销创新的企业	#只有产品或工艺创新，没有组织或营销创新的企业
欧盟15国平均	270431	158574	150552	81269	46563
比利时	5449	3841	3704	2192	1095
丹麦	2961	1420	1391	930	247
德国	62331	45256	42517	25447	12362
爱尔兰	1985	1349	1334	952	196
希腊	5971	3289	3155	1737	795
西班牙	28434	11181	10341	4462	3609
法国	29714	17760	16929	8907	5133
意大利	67936	34506	32883	17440	10394
卢森堡	309	200	196	107	38
荷兰	8205	4847	4579	2248	2166
奥地利	6397	4102	4050	2377	1030
葡萄牙	10682	5719	5593	3104	1771
芬兰	3443	2083	2020	1210	661
瑞典	6317	3601	3450	1652	1478
英国	30298	19420	18410	8504	5588
其他欧盟国家					
保加利亚	7255	2184	2020	600	1019
捷克	11228	5276	5018	2679	1992
爱沙尼亚	1645	443	414	166	194
塞浦路斯	524	192	192	97	61
拉脱维亚	1936	559	548	206	125
立陶宛	2926	1280	1243	586	564
匈牙利	7127	1832	1727	643	725
波兰	29954	6691	6439	2490	3041
罗马尼亚	13389	1754	1671	493	403
斯洛文尼亚	1987	990	978	499	265
斯洛伐克	3489	1149	1098	429	390
克罗地亚	3361	1390	1383	689	272
其他国家					
冰岛	345	200	195	121	53
挪威	3061	1771	1681	1011	492
瑞士	9625	7755	7568	4553	1441
土耳其	43399	23756	22434	13614	4731
澳大利亚					
加拿大					
智利					
以色列					
日本					
韩国					
墨西哥					
巴西					
印度					
俄罗斯					

活动总体情况(2012-2014年)

单位：个、%

#只有组织或营销创新，没有产品或工艺创新的企业	在全部企业中占比					
	开展创新活动企业	实现创新企业	#既有产品或工艺创新，也有组织或营销创新的企业	#只有产品或工艺创新，没有组织或营销创新的企业	#只有组织或营销创新，没有产品或工艺创新的企业	
30740	58.6	55.7	30.1	17.2	11.4	
554	70.5	68.0	40.2	20.1	10.2	
243	48.0	47.0	31.4	8.3	8.2	
7447	72.6	68.2	40.8	19.8	11.9	
201	68.0	67.2	48.0	9.9	10.1	
757	55.1	52.8	29.1	13.3	12.7	
3109	39.3	36.4	15.7	12.7	10.9	
3720	59.8	57.0	30.0	17.3	12.5	
6672	50.8	48.4	25.7	15.3	9.8	
56	64.9	63.4	34.5	12.3	18.1	
433	59.1	55.8	27.4	26.4	5.3	
694	64.1	63.3	37.2	16.1	10.8	
843	53.5	52.4	29.1	16.6	7.9	
212	60.5	58.7	35.1	19.2	6.2	
472	57.0	54.6	26.2	23.4	7.5	
5328	64.1	60.8	28.1	18.4	17.6	
565	30.1	27.8	8.3	14.0	7.8	
606	47.0	44.7	23.9	17.7	5.4	
82	26.9	25.2	10.1	11.8	5.0	
34	36.6	36.6	18.5	11.6	6.6	
229	28.9	28.3	10.6	6.4	11.8	
130	43.7	42.5	20.0	19.3	4.4	
456	25.7	24.2	9.0	10.2	6.4	
1160	22.3	21.5	8.3	10.2	3.9	
858	13.1	12.5	3.7	3.0	6.4	
225	49.8	49.2	25.1	13.3	11.3	
330	32.9	31.5	12.3	11.2	9.5	
429	41.3	41.1	20.5	8.1	12.8	
26	58.0	56.5	35.1	15.4	7.5	
268	57.9	54.9	33.0	16.1	8.8	
1761	80.6	78.6	47.3	15.0	18.3	
5411	54.7	51.7	31.4	10.9	12.5	
	60.8	54.6	39.5	13.5	5.3	
		74.8	46.4	16.8	11.6	
	33.8	33.8	18.6	10.2	5.0	
	54.7	53.1	27.3	5.5	20.3	
	49.8	47.8	22.8	10.2	16.9	
	34.6	30.9	12.0	13.3	9.3	
		14.4		11.5		
	73.3	72.6	30.4	5.2	37.0	
	63.3	55.7	11.9	6.7	37.2	
	13.4	12.0	2.0	8.5	1.5	

18-3 部分国家服务业企业创新

国别	企业数	开展创新活动企业数	#实现创新企业	#既有产品或工艺创新，也有组织或营销创新的企业	#只有产品或工艺创新，没有组织或营销创新的企业
欧盟28国平均	394004	187569	179159	88212	43300
欧盟15国平均	311763	167198	159618	80485	37428
比利时	7825	4690	4590	2469	1272
丹麦	4618	2325	2277	1326	386
德国	68845	43309	40588	22832	9160
爱尔兰	4562	2665	2632	1764	292
希腊	7491	3595	3507	2117	573
西班牙	33981	11639	11047	3971	2666
法国	38653	20915	20176	9808	4257
意大利	40533	18424	17643	8430	4155
卢森堡	1397	916	895	444	131
荷兰	16604	8914	8543	4022	3329
奥地利	9709	5499	5450	2881	869
葡萄牙	7385	4060	3986	2188	1051
芬兰	4756	2510	2446	1402	752
瑞典	10970	5824	5703	2902	1704
英国	54434	31913	30135	13929	6831
保加利亚	6511	1424	1357	415	348
捷克	9441	3490	3352	1718	1077
爱沙尼亚	1812	464	444	187	153
塞浦路斯	1025	454	454	278	85
拉脱维亚	2793	654	627	195	119
立陶宛	4361	1841	1799	779	701
匈牙利	7058	1828	1718	646	598
马耳他	603	242	232	122	45
波兰	26038	4970	4780	1644	1546
罗马尼亚	13721	1802	1643	340	563
斯洛文尼亚	1985	838	821	381	181
斯洛伐克	3801	1183	1145	437	245
克罗地亚	3091	1181	1170	585	212
冰岛	448	270	259	163	61
挪威	5357	3115	3046	1797	669
瑞士	13154	9435	9107	4707	1460
土耳其	36860	17601	16385	8869	3471
澳大利亚					
加拿大					
智利					
以色列					
日本					
韩国					
墨西哥					
巴西					
印度					
俄罗斯					

活动总体情况(2012-2014年)

单位：个、%

#只有组织或营销创新，没有产品或工艺创新的企业	在全部企业中占比				
	开展创新活动企业	实现创新企业	#既有产品或工艺创新，也有组织或营销创新的企业	#只有产品或工艺创新，没有组织或营销创新的企业	#只有组织或营销创新，没有产品或工艺创新的企业
56057	47.6	45.5	22.4	11.0	14.2
49284	53.6	51.2	25.8	12.0	15.8
949	59.9	58.7	31.6	16.3	12.1
614	50.3	49.3	28.7	8.4	13.3
11317	62.9	59.0	33.2	13.3	16.4
609	58.4	57.7	38.7	6.4	13.3
905	48.0	46.8	28.3	7.6	12.1
5001	34.3	32.5	11.7	7.8	14.7
6850	54.1	52.2	25.4	11.0	17.7
5839	45.5	43.5	20.8	10.3	14.4
341	65.5	64.1	31.8	9.4	24.4
1563	53.7	51.5	24.2	20.0	9.4
1749	56.6	56.1	29.7	9.0	18.0
821	55.0	54.0	29.6	14.2	11.1
356	52.8	51.4	29.5	15.8	7.5
1218	53.1	52.0	26.5	15.5	11.1
11153	58.6	55.4	25.6	12.5	20.5
661	21.9	20.8	6.4	5.3	10.2
695	37.0	35.5	18.2	11.4	7.4
124	25.6	24.5	10.3	8.4	6.8
91	44.3	44.3	27.1	8.3	8.9
341	23.4	22.5	7.0	4.2	12.2
361	42.2	41.3	17.9	16.1	8.3
586	25.9	24.3	9.2	8.5	8.3
75	40.1	38.5	20.2	7.5	12.4
1780	19.1	18.4	6.3	5.9	6.8
899	13.1	12.0	2.5	4.1	6.6
276	42.2	41.4	19.2	9.1	13.9
500	31.1	30.1	11.5	6.4	13.2
384	38.2	37.8	18.9	6.9	12.4
46	60.3	57.8	36.4	13.6	10.3
650	58.1	56.9	33.5	12.5	12.1
3268	71.7	69.2	35.8	11.1	24.8
5261	47.8	44.5	24.1	9.4	14.3
	65.2	60.2	42.5	13.4	8.4
		65.0	38.6	9.0	17.4
	21.5	21.5	10.0	6.7	4.9
	47.5	47.0	18.8	1.8	26.4
	47.1	45.6	14.4	9.2	23.5
	28.2	27.0	6.1	3.9	18.1
		10.0		6.1	
	70.3	68.9	32.9	3.9	32.0
	66.0	57.8	11.3	8.2	38.3
	9.0	8.0	1.0	5.8	1.2

18-4 部分国家企业产品和工艺创新情况(2012-2014年)

单位：个、%

国别	企业数	开展产品或工艺创新活动企业数			在全部企业中占比				
			#实现产品创新企业	#实现工艺创新企业	开展产品或工艺创新活动企业	#实现产品创新企业	#实现工艺创新企业	仅实现产品创新企业	仅实现工艺创新企业
欧盟28国平均	775329	285474	185518	167652	36.8	23.9	21.6	10.6	8.3
欧盟15国平均	600172	251702	163907	145064	41.9	27.3	24.2	12.3	9.2
比利时	13543	7158	4315	5257	52.9	31.9	38.8	10.5	17.4
丹麦	4618	1712	1896	1843	37.1	24.4	23.7	12.0	11.4
德国	135984	71551	46796	32803	52.6	34.4	24.1	19.0	8.7
爱尔兰	6736	3290	2403	2547	48.8	35.7	37.8	9.2	11.4
希腊	7491	2690	3243	4095	35.9	23.4	29.6	5.7	11.8
西班牙	64463	15130	7241	9560	23.5	11.2	14.8	4.8	8.4
法国	70355	28795	19463	19097	40.9	27.7	27.1	9.8	9.3
意大利	111892	41446	27586	27379	37.0	24.7	24.5	9.0	8.8
卢森堡	1751	735	504	450	42.0	28.8	25.7	12.4	9.3
荷兰	25239	11926	8203	7089	47.3	32.5	28.1	15.5	11.1
奥地利	16645	7388	5123	5455	44.4	30.8	32.8	9.9	11.9
葡萄牙	18601	8331	5284	6586	44.8	28.4	35.4	7.5	14.5
芬兰	8576	4141	2962	2747	48.3	34.5	32.0	13.2	10.7
瑞典	17808	7890	5586	4592	44.3	31.4	25.8	15.6	10.0
英国	86967	35612	23303	15565	40.9	26.8	17.9	15.1	6.2
保加利亚	14255	2437	1556	1315	17.1	10.9	9.2	5.8	4.1
捷克	21559	7686	5410	4824	35.7	25.1	22.4	10.5	7.7
爱沙尼亚	3639	756	402	474	20.8	11.0	13.0	5.3	7.3
塞浦路斯	1602	537	367	442	33.6	22.9	27.6	5.9	10.6
拉脱维亚	5002	688	424	486	13.8	8.5	9.7	3.2	4.4
立陶宛	7613	2805	1594	2387	36.8	20.9	31.4	3.8	14.2
匈牙利	14720	2683	1761	1411	18.2	12.0	9.6	6.6	4.2
马耳他	890	273	174	185	30.7	19.6	20.8	7.2	8.4
波兰	58776	9282	5603	6424	15.8	9.5	10.9	3.9	5.3
罗马尼亚	28380	1840	1018	1216	6.5	3.6	4.3	1.1	1.8
斯洛文尼亚	4157	1372	1046	941	33.0	25.2	22.6	9.1	6.6
斯洛伐克	7646	1549	961	987	20.3	12.6	12.9	5.4	5.7
克罗地亚	6918	1863	1294	1496	26.9	18.7	21.6	4.9	7.8
冰岛	827	414	299	281	50.1	36.2	34.0	12.2	10.0
挪威	9115	4210	3003	2451	46.2	32.9	26.9	15.0	8.9
瑞士	23454	12371	9789	6103	52.7	41.7	26.0	23.2	7.5
土耳其	82510	31394	18695	22125	38.0	22.7	26.8	5.4	9.6
澳大利亚					55.8	35.5	39.5		
加拿大					53.4	40.4	36.2		
智利						11.6	15.6		
以色列					26.1	15.8	16.8		
日本					27.5	15.8	15.6		
韩国					16.9	10.6	5.4		
墨西哥						6.6	4.8		
巴西					38.2	18.1	31.7		
印度					35.4	11.6	12.2		
俄罗斯					8.3	5.4	5.4		

18-5 部分国家制造业企业产品和工艺创新情况(2012-2014年)

单位：个、%

国别	企业数	开展产品或工艺创新活动企业数	#实现产品创新企业	#实现工艺创新企业	在全部企业中占比				
					开展产品或工艺创新活动企业	#实现产品创新企业	#实现工艺创新企业	仅实现产品创新企业	仅实现工艺创新企业
欧盟15国平均	270431	127832	84522	76057	47.3	31.3	28.1	13.3	10.1
比利时	5449	3287	2006	2493	60.3	36.8	45.8	10.4	19.3
丹麦	2961	1177	775	740	39.8	26.2	25.0	12.9	11.7
德国	62331	37809	25157	17764	60.7	40.4	28.5	21.1	9.2
爱尔兰	1985	1147	906	907	57.8	45.6	45.7	10.5	10.5
希腊	5971	2530	1481	1906	42.4	24.8	31.9	5.7	12.8
西班牙	28434	8072	4178	5030	28.4	14.7	17.7	6.2	9.2
法国	29714	14040	9276	9541	47.3	31.2	32.1	10.5	11.4
意大利	67936	27834	18994	18674	41.0	28.0	27.5	9.9	9.4
卢森堡	309	144	101	107	46.7	32.6	34.7	9.5	11.7
荷兰	8205	4414	3105	2608	53.8	37.8	31.8	17.7	11.6
奥地利	6397	3407	2427	2497	53.3	37.9	39.0	12.4	13.5
葡萄牙	10682	4876	3110	3979	45.6	29.1	37.3	6.6	14.7
芬兰	3443	1871	1391	1271	54.3	40.4	36.9	13.9	10.4
瑞典	6317	3130	2024	1956	49.5	32.0	31.0	14.2	13.1
英国	30298	14093	9591	6584	46.5	31.7	21.7	17.5	7.6
其他欧盟国家									
保加利亚	7255	1619	1074	840	22.3	14.8	11.6	8.0	4.8
捷克	11228	4671	3363	3016	41.6	29.9	26.9	11.6	8.5
爱沙尼亚	1645	361	216	218	21.9	13.1	13.3	5.9	6.1
塞浦路斯	524	158	120	121	30.1	22.8	23.1	6.9	7.3
拉脱维亚	1936	330	221	228	17.0	11.4	11.8	4.7	5.0
立陶宛	2926	1150	759	981	39.3	25.9	33.5	4.0	11.6
匈牙利	7127	1371	930	756	19.2	13.0	10.6	6.7	4.3
马耳他									
波兰	29954	5531	3688	3787	18.5	12.3	12.6	4.8	5.1
罗马尼亚	13389	896	624	660	6.7	4.7	4.9	1.1	1.4
斯洛文尼亚	1987	764	606	525	38.4	30.5	26.4	10.8	6.8
斯洛伐克	3489	820	525	481	23.5	15.0	13.8	7.3	6.0
克罗地亚	3361	961	689	758	28.6	20.5	22.5	5.7	7.7
其他国家									
冰岛	345	174	125	120	50.4	36.2	34.8	13.6	12.2
挪威	3061	1503	1046	899	49.1	34.2	29.4	14.8	10.0
瑞士	9625	5994	4503	3141	62.3	46.8	32.6	25.6	11.5
土耳其	43399	18345	11136	13712	42.3	25.7	31.6	5.1	11.0
澳大利亚					53.0	36.1	26.5		
加拿大					63.2	46.1	48.0		
智利						19.3	22.8		
以色列					36.6	24.0	23.7		
日本					33.0	19.6	20.2		
韩国					25.3	17.1	7.4		
墨西哥						9.7	6.8		
巴西					37.9	17.3	31.7		
印度					35.6	12.1	12.1		
俄罗斯					10.9	8.1	6.4		

18-6 部分国家服务业企业产品和工艺创新情况(2012-2014年)

单位：个、%

国别	企业数	开展产品或工艺创新活动企业数	#实现产品创新企业	#实现工艺创新企业	在全部企业中占比：开展产品或工艺创新活动企业	#实现产品创新企业	#实现工艺创新企业	仅实现产品创新企业	仅实现工艺创新企业
欧盟28国平均	394004	131512	85075	74053	33.4	21.6	18.8	10.3	7.5
欧盟15国平均	311763	117914	76859	65061	37.8	24.7	20.9	11.9	8.1
比利时	7825	3741	2265	2658	47.8	29.0	34.0	10.8	15.8
丹麦	4618	1712	1101	1058	37.1	23.8	22.9	11.8	10.8
德国	68845	31992	21074	14097	46.5	30.6	20.5	18.1	7.9
爱尔兰	4562	2056	1444	1571	45.1	31.7	34.4	8.7	11.5
希腊	7491	2690	1700	2068	35.9	22.7	27.6	5.9	10.8
西班牙	33981	6638	2941	4246	19.5	8.7	12.5	3.9	7.8
法国	38653	14065	9875	9018	36.4	25.5	23.3	9.7	7.5
意大利	40533	12584	8024	8012	31.0	19.8	19.8	7.7	7.7
卢森堡	1397	575	391	332	41.2	28.0	23.8	13.0	8.8
荷兰	16604	7352	5016	4359	44.3	30.2	26.3	14.8	10.8
奥地利	9709	3750	2572	2766	38.6	26.5	28.5	8.4	10.4
葡萄牙	7385	3239	2072	2422	43.9	28.1	32.8	9.1	13.8
芬兰	4756	2154	1523	1389	45.3	32.0	29.2	13.3	10.5
瑞典	10970	4606	3479	2506	42.0	31.7	22.8	16.9	8.1
英国	54434	20760	13382	8559	38.1	24.6	15.7	14.1	5.2
保加利亚	6511	763	466	438	11.7	7.2	6.7	3.6	3.2
捷克	9441	2795	1943	1653	29.6	20.6	17.5	9.8	6.7
爱沙尼亚	1812	340	172	212	18.8	9.5	11.7	5.0	7.2
塞浦路斯	1025	363	239	305	35.4	23.3	29.8	5.6	12.1
拉脱维亚	2793	314	191	217	11.2	6.8	7.8	2.5	3.4
立陶宛	4361	1480	764	1262	33.9	17.5	28.9	3.6	15.0
匈牙利	7058	1243	802	608	17.6	11.4	8.6	6.8	4.0
马耳他	603	167	107	101	27.7	17.7	16.7	8.6	7.6
波兰	26038	3190	1765	2185	12.3	6.8	8.4	3.0	4.6
罗马尼亚	13721	903	376	522	6.6	2.7	3.8	1.2	2.3
斯洛文尼亚	1985	562	419	377	28.3	21.1	19.0	8.0	5.9
斯洛伐克	3801	682	418	467	17.9	11.0	12.3	4.1	5.4
克罗地亚	3091	797	553	644	25.8	17.9	20.8	4.5	7.5
冰岛	448	224	165	146	50.0	36.8	32.6	11.8	7.6
挪威	5357	2465	1843	1411	46.0	34.4	26.3	16.2	8.1
瑞士	13154	6167	5160	2803	46.9	39.2	21.3	22.3	4.4
土耳其	36860	12340	7287	7965	33.5	19.8	21.6	5.9	7.8
澳大利亚					55.9	39.7	41.8		
加拿大					47.6	37.0	29.2		
智利						10.0	13.2		
以色列					23.1	13.5	14.9		
日本					23.6	13.3	12.2		
韩国					10.0	5.2	3.7		
墨西哥						4.5	3.5		
巴西					39.9	27.1	31.5		
印度					39.5	4.6	16.6		
俄罗斯					7.4	4.6	4.9		

18-7 部分国家企业组织和营销创新情况(2012-2014年)

单位：个、%

国 别	企业数	实现组织或营销创新企业数	#实现组织创新企业	#实现营销创新企业	在全部企业中占比：实现组织或营销创新企业	#实现组织创新企业	#实现营销创新企业	#仅实现组织创新企业	#仅实现营销创新企业
欧盟28国平均	775329	278038	211489	176841	35.9	27.3	22.8	13.1	8.6
欧盟15国平均	600172	247700	190910	155565	41.3	31.8	25.9	15.4	9.5
比利时	13543	6252	4866	3843	46.2	35.9	28.4	17.8	10.2
丹麦	7768	2987	2342	2254	38.4	30.1	29.0	9.4	8.3
德国	135984	68899	51429	48808	50.7	37.8	35.9	14.8	12.8
爱尔兰	6736	3607	2991	2667	53.5	44.4	39.6	14.0	9.1
希腊	13843	5631	3536	4495	40.7	25.5	32.5	8.2	15.1
西班牙	64463	17004	14039	10183	26.4	21.8	15.8	10.6	4.6
法国	70355	30071	24593	17771	42.7	35.0	25.3	17.5	7.8
意大利	111892	39472	27462	26260	35.3	24.5	23.5	11.8	10.7
卢森堡	1751	968	822	597	55.3	47.0	34.1	21.2	8.3
荷兰	25239	8403	6348	5052	33.3	25.2	20.0	13.3	8.1
奥地利	16645	7946	6208	4965	47.7	37.3	29.8	17.9	10.4
葡萄牙	18601	7143	4812	5388	38.4	25.9	29.0	9.4	12.5
芬兰	8576	3293	2549	2223	38.4	29.7	25.9	12.5	8.7
瑞典	17808	6425	4044	5009	36.1	22.7	28.1	8.0	13.4
英国	86967	39600	34869	16050	45.5	40.1	18.5	27.1	5.4
保加利亚	14255	2319	1535	1671	16.3	10.8	11.7	4.5	5.5
捷克	21559	5878	3694	4419	27.3	17.1	20.5	6.8	10.1
爱沙尼亚	3639	579	380	440	15.9	10.4	12.1	3.8	5.4
塞浦路斯	1602	516	401	409	32.2	25.0	25.5	6.7	7.1
拉脱维亚	5002	1001	743	681	20.0	14.9	13.6	6.4	5.2
立陶宛	7613	1919	1270	1424	25.2	16.7	18.7	6.5	8.5
匈牙利	14720	2401	1413	1658	16.3	9.6	11.3	5.0	6.7
马耳他	890	283	235	178	31.8	26.4	20.0	11.8	5.4
波兰	58776	7345	5268	4563	12.5	9.0	7.8	4.7	3.5
罗马尼亚	28380	2657	1898	1875	9.4	6.7	6.6	2.8	2.7
斯洛文尼亚	4157	1449	1015	1043	34.9	24.4	25.1	9.7	10.4
斯洛伐克	7646	1770	1121	1287	23.1	14.7	16.8	6.3	8.5
克罗地亚	6918	2221	1606	1629	32.1	23.2	23.6	8.6	8.9
冰岛	827	372	276	264	45.0	33.4	32.0	13.1	11.6
挪威	9115	4007	2733	2860	44.0	30.0	31.4	12.6	14.0
瑞士	23454	14676	10773	11837	62.6	45.9	50.5	12.1	16.6
土耳其	82510	33833	23530	27754	41.0	28.5	33.6	7.4	12.5
澳大利亚						43.7	24.4		
智利						13.8	10.0		
以色列						30.4	36.5		
日本						28.3	22.5		
韩国						16.6	13.1		
墨西哥						3.4	1.7		
巴西						58.1	41.7		
印度						38.6	36.4		
俄罗斯						3.0	1.9		

18-8 部分国家制造业企业组织和营销创新情况(2012-2014年)

单位：个、%

国别	企业数	实现组织或营销创新企业数	#实现组织创新企业	#实现营销创新企业	在全部企业中占比				
					实现组织或营销创新企业	#实现组织创新企业	#实现营销创新企业	#仅实现组织创新企业	#仅实现营销创新企业
欧盟15国平均	270431	111917	84360	70648	41.4	31.2	26.1	15.3	10.2
比利时	5449	2746	2190	1678	50.4	40.2	30.8	19.6	10.2
丹麦	2961	1080	849	818	36.5	28.7	27.6	8.9	7.8
德国	62331	32894	24429	22910	52.8	39.2	36.8	16.0	13.6
爱尔兰	1985	1153	939	815	58.1	47.3	41.1	17.0	10.8
希腊	5971	2494	1434	2071	41.8	24.0	34.7	7.1	17.8
西班牙	28434	7571	6117	4726	26.6	21.5	16.6	10.0	5.1
法国	29714	12627	10335	7170	42.5	34.8	24.1	18.4	7.7
意大利	67936	24112	16094	16255	35.5	23.7	23.9	11.6	11.8
卢森堡	309	163	126	105	52.6	40.8	34.0	18.6	11.8
荷兰	8205	2681	2062	1557	32.7	25.1	19.0	13.7	7.5
奥地利	6397	3072	2293	1980	48.0	35.8	31.0	17.1	12.2
葡萄牙	10682	3947	2536	2977	37.0	23.7	27.9	9.1	13.2
芬兰	3443	1422	1089	954	41.3	31.6	27.7	13.6	9.7
瑞典	6317	2123	1390	1558	33.6	22.0	24.7	8.9	11.6
英国	30298	13832	12477	5074	45.7	41.2	16.7	28.9	4.5
其他欧盟国家									
保加利亚	7255	1165	759	844	16.1	10.5	11.6	4.4	5.6
捷克	11228	3284	2010	2455	29.2	17.9	21.9	7.4	11.4
爱沙尼亚	1645	248	160	192	15.1	9.7	11.7	3.5	5.4
塞浦路斯	524	131	89	113	25.1	17.1	21.6	3.5	8.0
拉脱维亚	1936	434	314	306	22.4	16.2	15.8	6.6	6.2
立陶宛	2926	716	471	508	24.5	16.1	17.4	7.1	8.4
匈牙利	7127	1106	631	753	15.5	8.9	10.6	4.8	6.6
波兰	29954	3650	2541	2367	12.2	8.5	7.9	4.3	3.7
罗马尼亚	13389	1350	927	970	10.1	6.9	7.2	2.8	3.2
斯洛文尼亚	1987	725	492	525	36.5	24.8	26.4	10.1	11.7
斯洛伐克	3489	759	508	553	21.8	14.6	15.8	5.9	7.2
克罗地亚	3361	1118	772	874	33.3	23.0	26.0	7.2	10.3
其他国家									
冰岛	345	147	107	100	42.6	31.0	29.0	13.6	11.6
挪威	3061	1279	806	918	41.8	26.3	30.0	11.8	15.5
瑞士	9625	6314	4712	5064	65.6	49.0	52.6	13.0	16.6
土耳其	43399	19025	12675	16387	43.8	29.2	37.8	6.1	14.6
澳大利亚						38.1	20.6		
智利						18.4	17.1		
以色列						35.6	35.9		
日本						28.8	22.9		
韩国						16.4	12.1		
墨西哥						3.2	1.8		
巴西						58.0	42.4		
印度						38.0	35.5		
俄罗斯						3.9	3.0		

18-9 部分国家服务业企业组织和营销创新情况(2012-2014年)

单位：个、%

国别	企业数	实现组织或营销创新企业数	#实现组织创新企业	#实现营销创新企业	在全部企业中占比				
					实现组织或营销创新企业	#实现组织创新企业	#实现营销创新企业	#仅实现组织创新企业	#仅实现营销创新企业
欧盟28国平均	394004	144158	111502	92210	36.6	28.3	23.4	13.2	8.3
欧盟15国平均	311763	129658	101483	81995	41.6	32.6	26.3	15.3	9.0
比利时	7825	3418	2599	2142	43.7	33.2	27.4	16.3	10.5
丹麦	4618	1828	1423	1398	39.6	30.8	30.3	9.3	8.8
德国	68845	34149	25651	24796	49.6	37.3	36.0	13.6	12.3
爱尔兰	4562	2373	1977	1802	52.0	43.3	39.5	12.5	8.7
希腊	7491	3022	2008	2364	40.3	26.8	31.6	8.8	13.5
西班牙	33981	8973	7505	5242	26.4	22.1	15.4	11.0	4.3
法国	38653	16658	13531	10331	43.1	35.0	26.7	16.4	8.1
意大利	40533	14269	10441	9521	35.2	25.8	23.5	11.7	9.4
卢森堡	1397	784	675	480	56.1	48.3	34.4	21.8	7.8
荷兰	16604	5585	4164	3441	33.6	25.1	20.7	12.9	8.6
奥地利	9709	4630	3697	2852	47.7	38.1	29.4	18.3	9.6
葡萄牙	7385	3009	2149	2284	40.7	29.1	30.9	9.8	11.6
芬兰	4756	1758	1363	1228	37.0	28.7	25.8	11.1	8.3
瑞典	10970	4120	2532	3332	37.6	23.1	30.4	7.2	14.5
英国	54434	25082	21768	10781	46.1	40.0	19.8	26.3	6.1
保加利亚	6511	1076	711	799	16.5	10.9	12.3	4.3	5.6
捷克	9441	2413	1553	1864	25.6	16.4	19.7	5.8	9.1
爱沙尼亚	1812	311	207	237	17.2	11.4	13.1	4.1	5.7
塞浦路斯	1025	369	297	289	36.0	28.9	28.2	7.8	7.1
拉脱维亚	2793	536	409	357	19.2	14.7	12.8	6.4	4.5
立陶宛	4361	1140	747	877	26.1	17.1	20.1	6.0	9.0
匈牙利	7058	1232	736	873	17.5	10.4	12.4	5.1	7.0
马耳他	603	197	167	129	32.7	27.7	21.4	11.3	5.0
波兰	26038	3424	2514	2063	13.2	9.7	7.9	5.2	3.5
罗马尼亚	13721	1239	915	868	9.0	6.7	6.3	2.7	2.4
斯洛文尼亚	1985	657	471	485	33.1	23.7	24.4	8.7	9.4
斯洛伐克	3801	937	567	684	24.7	14.9	18.0	6.7	9.7
克罗地亚	3091	969	724	689	31.3	23.4	22.3	9.0	7.9
冰岛	448	209	156	151	46.7	34.8	33.7	12.9	11.8
挪威	5357	2446	1684	1805	45.7	31.4	33.7	12.0	14.2
瑞士	13154	7975	5751	6476	60.6	43.7	49.2	11.4	16.9
土耳其	36860	14130	10322	10971	38.3	28.0	29.8	8.6	10.3
澳大利亚						42.9	29.9		
智利						11.9	10.0		
以色列						29.0	36.6		
日本						28.2	22.9		
韩国						16.9	13.9		
墨西哥						3.7	1.7		
巴西						58.7	36.2		
印度						38.6	33.7		
俄罗斯						2.6	1.6		

18-10　部分国家企业创新合作情况(2012-2014年)

单位：个、%

国　　别	开展产品或工艺创新活动的企业数	所占比重			
		开展创新合作企业	#与供应商合作	#与客户合作	#与高校或研究机构合作
欧盟28国平均	285474	33.1	19.3		13.2
欧盟15国平均	251702	33.1	19.0		13.6
比利时	7158	56.4	43.4	19.9	20.4
保加利亚	2437	20.6	13.1	7.6	3.9
捷克	7686	33.0	20.5	11.3	12.2
丹麦	1712	38.2	27.3	19.5	15.4
德国	71551	21.8	7.7	7.2	14.1
爱沙尼亚	756	57.0	45.8	24.1	14.6
爱尔兰	3290	31.2	17.8		11.0
希腊	2690	40.0	32.7	17.9	9.9
西班牙	15130	32.1	14.6	10.1	10.9
法国	28795	35.8	20.2	11.1	12.2
意大利	41446	19.5	10.1	3.9	7.0
塞浦路斯	537	38.2	32.3	15.3	6.0
拉脱维亚	688	24.1	18.0	11.1	7.3
立陶宛	2805	44.6	32.6	9.1	8.0
卢森堡	735	23.9	15.8	13.7	11.0
匈牙利	2683	38.5	24.8	14.3	12.3
马耳他	273	15.4	8.4	4.0	4.0
荷兰	11926	38.5	26.7	19.3	14.5
奥地利	7388	50.6	28.5	18.5	22.7
波兰	9282	28.2	15.7	7.6	10.6
葡萄牙	8331	19.2	10.3	7.4	9.2
罗马尼亚	1840	30.6	17.8	14.2	12.2
斯洛文尼亚	1372	44.5	31.5	19.8	19.9
斯洛伐克	1549	48.5	39.6	21.6	12.8
芬兰	4141	38.2	30.9	29.6	23.0
瑞典	7890	32.9	25.3	22.3	15.3
英国	35612	61.4	40.1	40.0	18.9
克罗地亚	1863	28.7	23.7	11.5	8.0
冰岛	414	43.2	28.3	21.7	13.5
挪威	4210	43.7	31.6	22.7	14.5
瑞士	12371	17.9	11.9		9.9
土耳其	31394	17.6	15.2	14.0	10.3
澳大利亚		24.9	11.9	12.0	
智利		7.3	3.4	2.9	3.5
以色列		27.6	17.9	14.9	11.7
日本		41.2	27.8	30.0	19.8
韩国		28.2	11.3	15.4	15.6
巴西		16.6	12.5	10.1	6.3

注：欧盟国家与高校和研究机构合作的企业仅指与高校或其他教育机构开展创新合作的企业。

附　录

附录 1　2016 年全国企业创新调查简要技术说明

附录 2　主要指标解释

附录 1　2016 年全国企业创新调查简要技术说明

调查依据：国家统计局《企业创新活动统计报表制度》（国统字[2016]125 号）。

调查时期：调查的标准时点为 2016 年 12 月 31 日，调查的报告期为 2016 年度。与 2014 年调查相比，定性指标报告期长度由 2 年变为 1 年。

调查对象：规模以上企业包括规模以上工业企业，特、一、二级总承包、专业承包建筑业企业，限额以上批发和零售业企业，规模以上交通运输、仓储和邮政业，信息传输、软件和信息技术服务业，租赁和商务服务业，科学研究和技术服务业，水利、环境和公共设施管理业企业。与 2014 年调查相比，增加资质等级二级建筑业，减少金融业。

规模以下企业包括规模以下工业企业，规模以下交通运输、仓储和邮政业，信息传输、软件和信息技术服务业，租赁和商务服务业，科学研究和技术服务业，水利、环境和公共设施管理业企业。与规模以上企业相比，不包括建筑业、批发零售业。

调查方法：规模以上企业对上述范围内的调查对象采用全面调查方法。调查样本量共计 72.6 万家，其中规模以上工业企业 37.9 万家，特、一、二级总承包、专业承包建筑业企业 4 万家，限额以上批发和零售业企业 19.3 万家，规模以上重点服务业企业 11.4 万家。

规模以下企业对上述范围内的调查对象采用抽样调查与重点调查相结合的方法。对企业创新活动分布和创新类型等基本情况实施抽样调查，对创新资金和技术来源、创新合作、创新政策、创新成效、创新规划等相关情况实施重点调查。抽样调查有效样本量约 5.4 万家，重点调查有效样本量约 1.9 万家。

统计标准：调查执行国家有关统计分类标准及规定。其中，规模以上工业企业包括年主营业务收入 2000 万元及以上的工业企业法人；特、一、二级建筑业企业包括资质等级为特级、一级和二级的总承包和专业承包建筑业企业法人；限额以上批发和零售业企业包括年主营业务收入 2000 万元及以上的批发业、年主营业务收入 500 万元及以上的零售业企业法人；规模以上服务业企业包括年营业收入 1000 万元及以上，或年末从业人员 50 人及以上的重点服务业企业法人；规模以下工业企业包括年主营业务收入在 2000 万元以下的工业企业法人；规模以下服务业企业包括年营业收入 1000 万元以下且年末从业人员 50 人以下的重点服务业企业法人。国民经济行业分类采用 GB/T 4754-2011 标准。其他统计标准的具体内容可查询国家统计局网站：http://www.stats.gov.cn/tjsj/tjbz/。

调查表式：规模以上企业创新调查的基层表式有 6 张，包括供工业企业、建筑业企业和服务业企业分别填报的创新情况表（3 张），供工业企业、建筑业企业和服务业企业分别填报的企业家问卷（3 张）。国家统计局统计一套表中的其他调查表式，特别是工业企业科技活动年度统计调查的部分内容作为此调查的重要补充。规模以下企业创新调查有基层表式 1 张。

数据处理：国家统计局通过联网直报平台布置调查表，完成数据采集、审核、汇总和上报等工作。联网直报平台数据处理程序由国家统计局统一研制并提供。联网直报平台地址：http://www.lwzb.gov.cn。

调查特点：调查在第 3 版奥斯陆手册的基本框架下开展，可满足国际比较的基本要求；调查在国家统计局一套表统计调查体系下开展，部分统计结果取自其他调查内容，保持了统计调查的一致性；调查针对我国实际情况对大量内容进行了调整和改进，向调查对象代表、主要有关部门、有关专家学者、基层统计部门广泛征求了意见，在满足政策需求和降低填报负担之间、符合国际标准和体现本国特色之间取得了较好的平衡。总的来说调查基本兼顾了科学性、适用性、系统性、可比性和可操作性。

国际比较：国际比较中各国数据基本都为奥斯陆手册体系下以 CIS 为标准问卷或参考设计的调查结果。奥斯陆手册（Oslo Manual）是目前国际上在创新调查领域使用范围最广、权威性最强、认同度最高的标准规范。CIS 即欧盟创新调查（Community Innovation Survey），是 OECD 和欧盟统计局组织开展的企业创新调查，为目前国际上影响较大、发展较成熟、开展较广泛的创新调查。

附录2 主要指标解释

创新：指本企业推出了新的或有重大改进的产品或工艺，或采用了新的组织管理方式或营销方法。此处的“新”是指它们对本企业而言必须是新的，但对于其他企业或整个市场而言不要求一定是新的。

产品创新：指企业推出了全新的或有重大改进的产品。产品创新的“新”要体现在产品的功能或特性上，包括技术规范、材料、组件、用户友好性等方面的重大改进；不包括产品仅有外观变化或其他微小改变的情况，也不包括直接转销。

这里的产品既包括货物，也包括服务。对工业企业而言，货物方面产品创新的例子有新能源汽车、新功能手机等；服务方面产品创新的例子有新的保修服务，如显著延长的新产品保修期限等。对建筑业企业而言，货物方面产品创新的例子有功能或特性有重大改进的房屋、桥梁或配套的建筑构配件、建筑制品等；服务方面产品创新的例子有新形式的装修售后服务等。对服务业企业而言，货物方面产品创新的例子有新面世的盒装或下载版软件等；服务方面产品创新的例子有新型理财产品、显著改进的咨询服务、有突破进展的设计方案等。

工艺创新：指企业采用了全新的或有重大改进的生产方法、工艺设备或辅助性活动，其中辅助性活动是指企业的采购、物流、财务、信息化等活动。工艺创新的“新”要体现在技术、设备、软件或流程上；不包括单纯的组织管理方式的变化。

对工业企业而言，生产工艺方面工艺创新的例子有采用新型自动化包装生产线替代人工包装等；对建筑业企业而言，施工工艺方面工艺创新的例子有新工法、显著改进的工具等；对服务业企业而言，推出服务或产品的方法方面工艺创新的例子有采用新型自动控制系统调配交通工具等。辅助性活动方面工艺创新的例子有首次采用条形码追踪原材料走向、开发新的软件进行财务管理等。

技术创新：产品创新和工艺创新统称为技术创新。

组织创新：指企业采取了此前从未使用过的全新的组织管理方式，主要涉及企业的经营模式、组织结构或外部关系等方面；不包括单纯的合并或收购。应是企业管理层战略决策的结果。

经营模式方面组织创新的例子有首次使用供应链管理、质量管理、信息共享制度等；组织结构方面组织创新的例子有首次使用机构设置、职责划分、权限管理、决策方式等；外部关系方面组织创新的例子有首次使用商业联盟、新式合作、外包或分包等。

营销创新：指企业采用了此前从未使用过的全新的营销概念或营销策略，主要涉及产品设计或包装、产品推广、产品销售渠道、产品定价等方面；不包括季节性、周期性变化和其他常规的营销方式变化。

产品设计或包装方面营销创新的例子有对现有产品的创意设计、为特定消费群体推出饮料新口味等；产品推广方面营销创新的例子有首次使用新型广告媒体、全新品牌形象、推出会员卡等；产品销售渠道方面营销创新的例子有首次使用电子商务、直销、特许经营、独家零售等；产品定价方面营销创新的例子有首次使用自动调价、折扣系统等。

创新活动：指为实现创新而进行的科学、技术、组织、商业等各种活动的总称。具体包括：开展了产品或工艺创新活动，或实现了组织或营销创新。

产品或工艺创新活动：是研发活动以及为实现产品创新或工艺创新而进行的各种活动的总称。主要的产品或工艺创新活动包括内部研发活动、外部研发活动、获得机器设备和软件、从外部获取相关技术，以及相关的培训、设计、市场推介、可行性研究、测试、工装准备等活动。产品或工艺创新活动不仅包括成功的，也包括正在进行的和中止的；它本身可能具有新颖性，也可能并不新颖却是实现创新所必需。

正在进行的产品或工艺创新活动：指正在进行、尚未完成预定目标任务的产品或工艺创新活动。

中止的产品或工艺创新活动：指由于各种原因中断、延期、放弃或失败的产品或工艺创新活动。

新颖度类别：指产品或工艺的新颖程度，按照从低到高依次分为无创新、本企业新、国内市场新、国际市场新。其中无创新是指未推出新的产品或工艺，或原有的产品或工艺未发生重大改进；本企业新是指产品或工艺对于本企业而言是全新的或有重大改进的，但对于其他企业或整个市场而言并不是；国内市场新是指产品或工艺对于国内市场而言是全新的或有重大改进的，但对于国际市场而言并不是；国际市场新是指产品或工艺在世界范围内是全新的或有重大改进的。

国际市场新的产品或工艺同时一定也是国内市场新和本企业新的；国内市场新的产品或工艺同时一定也是本企业新的。

建筑业和服务业的调查中将国内市场新与国际市场新合并称为市场新，指产品或工艺不仅对于本企业而言是全新的或有重大改进的，对于国际或国内市场及其他企业而言同样也是。

内部研发：研发是研究与试验发展(Research and Experimental Development,即 R&D)的简称，指在科学技术领域，为增加知识总量、以及运用这些知识去创造新的应用进行的系统的创造性的活动，包括基础研究、应用研究、试验发展三类。内部研发指本企业内部开展的研发活动。

外部研发：指企业委托其他单位或与其他单位合作开展的研发活动。

创新合作：指企业与其他企业或机构共同开展产品或工艺创新活动。创新合作要求企业必须是积极主动参与的，不包括纯外包项目，双方不一定要取得商业利益。

专利：是专利权的简称，是对发明人的发明创造经审查合格后，由专利局依据专利法授予发明人和设计人对该项发明创造享有的专有权。包括发明、实用新型和外观设计。反映拥有自主知识产权的科技和设计成果情况。

发明专利：指对产品、方法或者其改进所提出的新的技术方案。是国际通行的反映拥有自主知识产权技术的核心指标。

期末有效发明专利数：指报告期末企业作为第一专利权人拥有的、经境内外知识产权行政部门授权且在有效期内的发明专利件数。这里不包括实用新型和外观设计专利。

先发优势：指企业由于率先开发出某种产品或工艺创新，或率先进入某一个领域，从而获得领先其他企业的市场竞争优势。

东部地区：包括北京，天津，河北，上海，江苏，浙江，福建，山东，广东和海南 10 个省市。

中部地区：包括山西，安徽，江西，河南，湖北和湖南 6 个省市。

西部地区：包括内蒙古，广西，重庆，四川，贵州，云南，西藏，陕西，甘肃，青海，宁夏和新疆 12 个省区市。

东北地区：包括辽宁，吉林和黑龙江 3 个省。

欧盟 28 国：包括奥地利、比利时、卢森堡、保加利亚、塞浦路斯、捷克、丹麦、爱沙尼亚、芬兰、法国、德国、希腊、匈牙利、爱尔兰、意大利、拉脱维亚、立陶宛、马耳他、荷兰、波兰、葡萄牙、罗马尼亚、斯洛伐克、斯洛文尼亚、西班牙、瑞典、英国和克罗地亚。

欧盟 15 国：包括奥地利、比利时、卢森堡、丹麦、芬兰、法国、德国、希腊、爱尔兰、意大利、荷兰、葡萄牙、西班牙、瑞典和英国。